WEN JIN XUE ZHI

⊙《文津學志》編委會 編

文津学志

任继愈題

國家圖書館出版社

第二十輯

圖書在版編目（CIP）數據

文津學志. 第二十輯/《文津學志》編委會編. —北京：國家圖書館出版社，2023.10
ISBN 978 – 7 – 5013 – 7906 – 4

I. ①文… Ⅱ. ①文… Ⅲ. ①古籍—善本—研究—中國—叢刊 Ⅳ. ①G255.1 – 55

中國國家版本館 CIP 數據核字（2023）第 186728 號

書　　名	文津學志（第二十輯）
著　　者	《文津學志》編委會　編
責任編輯	景　晶　王　雷

出版發行	國家圖書館出版社（北京市西城區文津街 7 號　　100034）
	（原書目文獻出版社　北京圖書館出版社）
	010 – 66114536　63802249　nlcpress@ nlc. cn（郵購）
網　　址	http://www.nlcpress.com
印　　裝	北京武英文博科技有限公司
版次印次	2023 年 10 月第 1 版　2023 年 10 月第 1 次印刷

開　　本	787 × 1092　1/16
印　　張	26
字　　數	555 千字
書　　號	ISBN 978 – 7 – 5013 – 7906 – 4
定　　價	150.00 圓

編 委 會

目　録

1

《永樂大典》録副本的謄録、圈點及總葉數

張 升

内容提要：《永樂大典》謄録由官員與非官員組成，在署名頁中分別著録爲：寫書官＋官名＋姓名，書寫＋身份＋姓名。謄録的來源有二：從兩房官（包括中書舍人及帶衛辦事官員）中選派，從在京的舉人、監生、生員、儒士内考選。日常在館的謄録數爲 110 名（每館各 11 名），日常在館圈點者共 20 名（每館各 2 名）。圈點者應該都是由在朝大學士及録副館的高層官員舉薦入館的監生，其工作除了圈點外，還可能兼任校對。謄録、圈點者在館期間均是會變化的，故前後在館之人數要遠超額定之數。《永樂大典》總葉數略大于 550000 葉。據此可以推算出録副的總耗時（約 4 年零 8 個月）及正本編纂時的日常在館謄録數（約 531 人）。

關鍵詞：《永樂大典》 謄録 圈點 總葉數

當前《永樂大典》（以下簡稱《大典》）研究已經取得諸多成果，但是關于《大典》編修、録副的具體運作等基本問題的研究仍頗爲滯後。究其原因，主要是材料方面的欠缺。目前來看，今後發現更多、更重要的《大典》研究相關材料的可能性比較小。因此，就現有材料進行"精耕細作"，仍是今後很長時間内要做的主要工作。正是基于這一認識，并考慮到有關《大典》録副的材料稍多一些，《大典》殘本也多有署名頁，故本文擬在已有研究的基礎上就一些基本材料作進一步考察，試圖更詳細地揭示《大典》録副本的謄録、圈點及總葉數。由于《大典》正本與副本在諸多方面的相似性（如書籍的基本形態、書館之運作等），故上述考察亦有助于反推《大典》正本相關情況。

一、謄録

（一）謄録的身份

存世《大典》署名頁均著録有每冊《大典》的謄録者（每冊一人），之前已有學者做過統計，如顧力仁《永樂大典及其輯佚書研究》及李紅英、汪桂海《〈永樂大典〉録副諸人考略》[①]。從其統計可以看出，謄録者的身份可歸爲兩大類：

其一爲官員，包括主簿、知事、監正、評事、司務、寺正、序班、中書等。署名頁中的著錄方式爲：寫書官＋官名＋姓名，如寫書官主簿鄭瑶、寫書官知事李中等。

其二爲非官員，包括當該吏、辦事吏②、儒士、監生、生員等。署名頁中的著錄方式爲：書寫＋身份（如"當該吏"等）＋姓名，如書寫當該吏吳邦彥、書寫儒士程道南、書寫生員汪增光等。

以上這兩類合稱爲謄録官生。需要注意的是，謄録在館期間其身份是會變化的。最突出的莫過於吳邦彥，署名頁中顯示其三種不同稱呼：書寫儒士吳邦彥，書寫當該吏吳邦彥，書寫辦事官吳邦彥。

（二）謄録的來源

徐階《處理重録大典奏一》載："重録《大典》，每人一日約寫三葉，計每人每年可寫千餘葉。但簡帙數多，今兩房官不及往時之半，中間況有年大不能細寫者，勢須添人同寫。合無照往年修書事例，敕下吏、禮二部，廣收善寫之人，糊名考試，進呈定奪。"③據此可看出，謄録的來源主要有兩個途徑：

其一是兩房官。兩房，指内閣誥敕房與制敕房，其常設之官爲中書舍人（或稱中書，從七品），此外還有帶他銜在兩房辦事之官員④。這些帶銜辦事官員雖然官職不同，但都在兩房任事（或稱辦事官，或稱書辦等）。例如，《明英宗實録》卷二一五載，景泰三年（1452）四月二十日，升中書舍人黃以春爲禮部員外郎，仍于内閣書辦⑤。嘉靖二十年（1541），選各部主事、大理寺評事，帶原銜直誥敕、制敕兩房。後來帶銜辦事官員不止這兩類，例如，内閣敕房辦事大理寺左寺副孫能傳，是指孫能傳在内閣敕房辦事，但所帶是大理寺左寺副銜。明《四譯館增訂館則》卷七"屬官·本朝屬員"中多有這方面的記載：進歷通政司知事制敕房辦事，進歷禮部儀制司郎中制敕房辦事，進歷大理寺寺副誥敕房辦事，進歷山東布政司右參議制敕房辦事，等等⑥。徐階所説的"兩房官"即指前述的中書舍人及帶銜辦事官員，而《大典》寫書官中中書舍人之外的人員多是指的這些帶銜辦事官員。這兩類人員一般來説都是善書者，但人數少，且有一些年紀已大，故不敷《大典》謄録之用。

其二，考試選取，即"照往年修書事例，敕下吏、禮二部，廣收善寫之人，糊名考試，進呈定奪"。關于這一點，李默《吏部職掌》有更明確的記載："凡遇纂修合用供事官員，俱由内閣題請。其善書官生，内閣題行本部會同禮部于舉人、監生、生員、儒士内考選。其書辦官吏本部揀考，俱題送内閣分撥供事。"由于當時考選安排很倉促（參下文所述徐階《處理重録大典奏一》《處理重録大典奏二》的寫作時間可知，前後不到十日），應該祇是召考在京的舉人、監生等。從目前統計的《大典》謄録可以看出，其中從儒士中選取最多，因爲儒士一般都是憑書法入選的，而當時朝廷中有不少這樣的儒士（如禮部儒士等）⑦，入選謄録的禮部儒士程道南即是其中之一。

需要注意的是，在館期間上述人員（包括官員和非官員）的身份是會變動的。例如，前述的吳邦彥即是如此。又如，據《大典》署名頁，吳自成，原爲書寫儒士，後爲寫書官主簿（九品）；鄭瑶，原爲寫書官序班（從九品），後爲寫書官主簿。叢恕，原爲寫書官寺正（六品），後爲寫書官監正（五品）⑧；李中，原爲寫書官知事（八品），後爲寫書官評事（七品）。

有些謄録的情況比較複雜。例如，吴自成在《大典》署名頁分別爲：書寫儒士和寫書官主簿。據《山東通志》卷二六"選舉一·明·薦辟·洪武"載："吴自成〔單縣人，由儒士舉至少卿〕。"⑨可見他是儒士出身。《明世宗實録》卷二九四載，嘉靖二十四年（1545）正月，"序班吴自成等四員俱鴻臚寺主簿"。卷三八八載，嘉靖三十一年（1552）八月，叢恕、吴自成的身份是中書舍人。《明穆宗實録》卷四載，隆慶元年（1567）二月，隆慶因爲登極升賞官員，其中"鴻臚寺主簿吴自成爲本寺右寺丞"。右寺丞爲從六品。隆慶元年四月，《大典》書成頒賞時，吴自成被升爲尚寶司少卿兼侍書（五品）。如果上述記載都没有錯，那麽可以看出，吴自成是以儒士的身份入朝廷供事的，後任序班，再後來任鴻臚寺主簿，再後來任中書舍人。但是，在入館前（一般來說不太可能是入館後）可能被削職，又爲儒士。在館期間又復職爲鴻臚寺主簿，然後升爲右寺丞。據上述看，吴自成應該是以儒士身份考試入館的。當然還有一種可能：中書舍人一職是誤記，而且《大典》中署名爲儒士也是誤記，吴自成是以兩房辦事官的身份（兼衔爲鴻臚寺主簿）被選派入館的。但這種可能性比較小。

總之，《大典》謄録的來源是多元的，而且在館期間其身份也是多有變化的。我們如果進一步考察其身份變化的時間及其謄寫之卷次，還可以推斷謄寫卷次的先後。而且，考察謄録與分校的組合，也可看出哪些謄録屬于同一分館的。

（三）謄録的數量

前已引徐階《處理重録大典奏一》載："重録《大典》，每人一日約寫三葉，計每人每年可寫千餘頁。"當時還未召收謄録，故祇是大致估算謄抄進度。每日三葉的任務，應是經徐階認真考慮過的，也有可能參考了當時内廷修書或者《大典》正本的抄録進度。之後徐階可能即讓人統計總葉數，并據以確定選取謄録數以及每人的抄寫量。

徐階《處理重録大典奏二》稱已録取了謄録。參上文可知，這些謄録應都是從兩房官及在京的舉人、監生、生員、儒士中選取的，故主事者能比較迅速地完成謄録選取工作。因爲要參考總葉數來決定選取謄録數，故相關人員當時應該已統計出《大典》之總葉數。

徐階《處理重録大典奏三》載："官生一百九員名，分爲十館。……每日須寫三葉，每人須足五千葉外……"這裏已經明確了謄録的分配與任務（"須寫三葉，每人須足五千葉"，而不是前面所提的"約寫三葉"）。因此，選取的謄録總數應該在前一奏疏（寫于嘉靖四十一年八月初一前）之前已決定了，也就是在八月初一前已決定了謄録總數，即"官生一百九員名"。

這109名官生肯定都是謄録，因爲：

其一，徐階明確説將其分爲十館，不會有錯。而且，《實録》載："乃選各色善楷書人禮部儒士程道南等百餘人，就史館分録，而命拱等校理之。"可證選了百餘人，而且明確説所選是善楷書者。

其二，這109人不太可能含有繪圖與圈點者，因爲據徐階《處理重錄大典奏二》載：“內府御用監撥畫匠。”可見繪圖者是由御用監撥付的；圈點者的選取渠道又不同（應是由推薦選用，且不必是善書者。可參下文），而且徐階的三篇奏疏均沒有提及圈點之事，故圈點者可能是後來纔入館的。

但是，“官生一百九員名，分爲十館”，這樣的安排明顯不合理，怎麼分配呢？錄副共分爲十館，每館配分校一名，而謄錄也應該平均分配，否則會不公平。當時爲什麼不多召一名謄錄，以便每館能平均分配11名謄錄呢？善書者相對比較好選，何況祇是多選一人；而且徐階在回覆嘉靖諭旨中即提到對書法不會特別講究，祇是強調要按原格式抄錄⑩。可見，109名應該是徐階有意選擇的謄錄數。

另據徐階《處理重錄大典奏一》載：“校書官并寫書者俱每日早于閣中領書，至晚交書，例該典籍二員收掌。但今書數既多，而典籍止有一員，合無容臣等于兩房官內選補典籍一員。仍擇勤慎者二員，不妨書寫協同收掌。”最後一句提到，從兩房官中選取兩人，既負責謄錄（書寫）又兼收掌。這兩員是兼職，故可能祇算作一名謄錄，此兩人的抄書總量相當于其他謄錄中一名謄錄的抄書量。如此説來，加上這一名謄錄，則共爲110名謄錄，而每館平均爲11名謄錄。

綜上所述，錄副開館時的謄錄數爲110名，每館各11名謄錄。這應該也是日常在館的謄錄數。至于後來在館的謄錄數是否有變化，不得而知。但應該沒有變化，因爲如果謄錄數有變化，則分校數可能也會相應變化。而項旋認爲，錄副期間總校、分校人數并沒有變化⑪。不過，期間謄錄人員的變動（即離館或新入館）肯定是有的。從李紅英、汪桂海的統計看，謄錄至少有103名。這一數字主要是據現存《大典》殘本署名頁統計出來的，而殘本祇有原書百分之四的篇幅，因而這一統計數肯定會有欠缺。而且，前引李默《吏部職掌》所載錄副完成後的受賞人員中的梅元紹應該也是謄錄，但不在上述103人的名單中。因此，實際入館謄錄人員應超過110人。

二、圈點

所謂圈點，是指《大典》正文中以紅色小圓圈斷句與注音⑫。這些圈點均是借用專門的工具鈐印上去的。圈點之大小，據正文大小字體而有所區分。斷句圈點之位置，有右下角與正下方之區分，分別表示斷句（停頓）與輕微之停頓⑬。至于注音（即“點發”或“圈發”），則標示于多音字的四角，分別表示四聲：左下平聲，左上上聲，右上去聲，右下入聲。例如，《大典》卷七三九〇葉十上最末，“共”字此處讀平聲，故圈點標于其左下角⑭。

（一）圈點的人數

《大典》每册署名頁均著錄有圈點者兩人。據現存殘本署名頁，可以統計出圈點者人數。前引顧力仁書、李紅英文對圈點者分別統計得出共45人的名單，其中44人是一致的，祇是顧書統計多出陳□杰（應與名單中的“陳惟杰”爲同一人），而李文統計多出管希仲（與名單中"管仲希"應爲同一人）。綜合二者統計，可得圈點者44人名單如下：叢仲楫、徐璜、尹之先、李湄、馬承志、尼三顧、祝廷召、曹惟章、陳惟傑、林汝松、畢三留、傅道立、周芬、曹忠、吳璈、徐克私、歐陽卿、傅拱章、敖河、孫世良、徐浩、陶大恒、蔣洲、蘇泰、雷辰化、馬宗孝、董仲輅、陳于廷、曲成學、扈進第、李莊春、蘇性愚、林民表、翁嘉言、馮柟、董于翰、喬承華、許汝孝、龔良相、管希仲[15]、包漸林、唐虞、李繼文、姚燦[16]。上述統計其實仍有遺漏之處，如《大典》卷八〇八九至八〇九〇册署名頁著錄圈點生爲：陳于廷、王穉登。其中王穉登没有出現在上述名單中。

以上的統計是據殘本而來的，而殘本祇有原書百分之四的篇幅，因而這一統計數肯定會有欠缺。例如，前引李默《吏部職掌》所載録副完成後的受賞人員中的圈點者還有吳序、陳有成、萬國瑞、李春[17]，可以補充上述統計名單。

與謄録一樣，圈點者應該也是按館平均配置的。據《大典》每册署名頁圈點者均爲兩人推測，每一分館應額設兩位圈點者。該館所録副的《大典》每册都會署上這兩位圈點者之名，而不管其中是否有圈點。例如，《大典》卷一三〇二〇的正文全是表格，無圈點（類似的卷册在《大典》中應還有一些，如卷一三六二九等），但是册後署名也有兩位圈點生，可見他們的職責是就一館之任務而言的，而不是就具體某一册而言的。

録副《大典》機構共分爲十館，每館有謄録11人，每名謄録每日抄三葉，一日共計爲33葉。兩位圈點者依次對此33葉進行圈點，每日的任務并不重。因此，一館設兩位圈點者即可。如此計算，十館共應有20位圈點者。但是，目前統計的圈點者總數即遠不止20人，這是爲什麼呢？這主要是因爲圈點者多有流動。如同上述的謄録一樣，圈點者在館期間是會變化的，前後在館之人數要遠超20人。而其在館時間亦有長短之分。故李默《吏部職掌》載："隆慶元年四月重録《大典》書成，大學士徐題該本部查例題准，……圈書監生蘇性愚等各照在館久近分行超選。"例如，下文提到的王穉登在館中工作時間不到一年，而且他是在嘉靖四十三年（1564）纔入館做圈點的[18]。王穉登在館時間較短，且在録副完成前早就離館，所以最後的議叙、頒賞就没有惠及他。

儘管常有人員流動，但每館總保持兩位圈點者，故每册署名頁都著錄有兩位圈點者。因此，我們可據分校官與謄録、圈點者的相對固定關係，來推測哪些人員是同一分館的。

（二）圈點者的身份和來源

《大典》每册署名頁所著錄的圈點者，其身份無一例外均爲監生（圈點監生）。而且，從目前瞭解到的一些圈點者的身份看，如包漸林、王穉登等，當時就是國子監監生，可證録副圈點者應該都是監生。

據前文統計看，圈點者與謄録者没有重複的，説明兩者分工不同，人員亦不同。至于這些圈點者的選取途徑，目前來看不太清楚。徐階的三篇奏疏既没有提到圈點之事，更没有提到圈點者的人選。如果説徐階没有注意到《大典》録副需要圈點可能説不過去，那麼，最有可能是徐階認爲：圈點是録副中的小事，沒有什麼難度，謄録可以順便兼做。但是，開館後可能考慮到謄録工作任務固定，不便兼做圈點，故隨後又選取了一部分監生專任圈點工作。這些圈點監生應該是在開館後不久纔入館的。

那麼，這些圈點監生是如何被選入館的呢？首先，圈點工作比較簡單，應該不必通過專門的考試（如書法高下）來選取圈點者。其次，目前所知的圈點者王穉登當時就是在大學士袁煒家中任記室的監生，經由袁煒舉薦入館的[19]，而相關材料并沒有提到其曾經參加考試而入選圈點者。因此，圈點者應該是被舉薦入館的。清代四庫館纂修以上的館臣均可以推薦人選入館謄録[20]，據此類推，《大典》録副圈點者也有可能主要由在朝大學士及録副館的高層官員推薦入館。當時（開館期間）在朝大學士有徐階、袁煒、嚴訥、李春芳，而《大典》館中重要人員（據頒賞名單）及總校官有徐階、高拱、秦鳴雷、張居正、瞿景淳、胡正蒙、陳以勤、王大任、李春芳、郭樸、嚴訥，以上這些人可能均有資格舉薦圈點者。正因如此，圈點者往往與舉薦者有特殊的私人關係，如前述的王穉登與袁煒，又如圈點者包漸林是徐階的孫女婿。

（三）圈點者的工作

儘管看不到正本，但依目前我們掌握的證據來推斷，正本應該是有圈點的：其一，如前所述，副本是據正本謄録的，副本有圈點，正本也應有圈點。如果正本沒有圈點，録副時肯定會作説明。因爲這是與正本不同之處，而且是相當重要且又明顯的不同之處，但相關材料并沒有提到這一點。并且從録副最初的安排來看，根本沒有提到圈點的事和人，故圈點在録副中并無特別之處，與正本并無不同。其二，儘管相關材料很少，但確實有材料提到正本的圈點者。據黃淮《介庵集》卷六"梅窗先生金公墓志銘"載："公諱祺，……被召赴文淵閣點《永樂大典》，有寶抄之賜。"[21]在《大典》正本編修中，圈點是比較後期的工作，且謄録等都可以兼做，故可能沒有廣泛徵集他人專做圈點，而相關材料就很少記載。也許正因如此，有關《大典》正本編修職名的記載（如《春明夢餘録》等）也就沒有提到圈點一職。其三，朝廷敕修之書加圈點，往往是爲了方便皇帝閱讀，故明代內府刻書多有圈點，如《勸善書》《五倫書》等。永樂十五年（1417）內府刻本《神僧傳》還同時附刻句讀、讀音[22]。《大典》也是供永樂皇帝閱覽的，當然應該有圈點。此外，如果録副時新加圈點，那有可能還要核對原文獻。但從録副程式和徐階最初的規劃看，録副時不可能核對《大典》所引書的原文獻，也不會添加什麼新內容，因爲這樣做既麻煩又容易出錯。

既然正本有圈點，那麼録副時圈點者所做的工作就是照着正本將圈點照鈔於副本之上。這一工作要比謄録簡單得多。爲何每冊還需要兩位圈點者，而每冊的謄録却祇有一人呢？如果我們結合每日的工作量，則更不好理解這一點：謄録每日抄三頁，每館有 11 位謄録，一日共抄 33 葉，而兩位圈點者如果每日祇點這 33 葉，未免也太輕鬆了。而且，兩位圈點者是如何分工的呢？是先後點，還是一人點，一人校？是一人點大字，一人點小字？一人點句讀，一人點注音？事實上，無論如何分工，這樣的操作都太簡單了，很難理解需要兩個人從事這些工作。因此，除圈點之外，圈點者應該還會兼做其他一些工作。

由于圈點者都是監生的身份，不是什麼知名者，因此其基本上很難留下什麼材料。不過，有一位圈點者頗有名，亦有著作存世，就是前述的王穉登。據王穉登《王百穀集·燕市集》卷上"初直史館"（嘉靖四十三年甲子詩）載："經將魚字校，觀以虎名開。"《王百穀集·竹箭編》卷下"廣長庵主生壙志"載："是時右相袁文榮公，……薦直史館，校《永樂大典》，名一日滿都下，户外車轍旁午。""明故光禄監事顧君汝所暨配郁孺人墓志銘"載："當嘉靖之季，不佞嘗給事史館云，日隨諸生請大官飡錢。""憶昔行會稽還吳邑宰召傭書作"載："憶昔校書芸閣年，青袍白馬何蹁躚。天子時時賜筆札，大官日日給飡錢。布衣出入金鑾殿，常侍中郎爭識面。蓬萊曉日對揮毫，太液春波供洗硯。斜陽下直長安遊，結交七貴兼五侯。"《王百穀集·屠先生評釋謀野集》卷二"與余少宰丙付"載："嘉靖間嘗從事史館，日竊大官飡錢，蠹魚乎群籍。"[23]從以上記載可以看出作爲圈點者王穉登的工作情況：校書；每日都要入館；早上去，下午回[24]；館中提供餐食。尤其需要注意的是，儘管有的人可能也會將圈點泛稱或雅稱爲校書，但王穉登反複提到校書而根本不提圈點之事，説明其工作應該包括校書甚至主要是校書。

爲何圈點者要承擔分校工作而不名爲分校官呢？我認爲，其一，如前所述，主事者原來可能是希望謄録兼做圈點，但是後來因爲工作量大[25]，故增設了圈點者專門負責圈點。其二，既然增設了此職，但其祇負責圈點似乎又過于簡單，故將前期的校對工作委任其承擔。其三，由于任此職者身份均爲監生，并不需要特別的專長，人選充裕，故爲了校對更準確，便設定了兩位圈點者，分別進行校勘。這可以極大地分擔分校官和總校官的壓力。事實上，由于分校官和總校官面對的稿子很多，不太可能一一細校，因此在其之前增加分校者也是合理的。其四，因爲録副館中已經有了分校官，且增設的圈點者其本職工作即爲圈點，故儘管其也承擔分校的工作，但不便稱其爲分校官。

因爲録副圈點是對着正本來鈐印的，所以一般來説不會有誤。但是，從目前所見《大典》殘本看，也還是偶有漏點、誤點之處。例如，《大典》卷二四〇七梳字下葉十二下，倒數第三行"比余一作疎柂非"，此句中間失點。卷一〇一一二葉十三上中的小字有若干句失點[26]。卷一二〇一五葉十七上第二行"幼失父追念之"，此句中間失點[27]。卷一九八六五葉五開頭的小字失點。此外，文廷式《純常子枝語》卷三載："《大典》中引書必用朱圈斷句，卷末結銜有圈點監生二人，然往往有誤，詞曲尤甚。如卷二千四百七'梳'字下録元《姚牧庵集》'玉梳贈内子（虞美人）'詞云……。此詞句調顯然，而圈者以七字爲一句，八句適盡，遂使'玉德斯堪愛尚慚'爲句矣，可笑之甚。"上述問題，如果是正本即如此，副本圈點者其實可以比較容易加以補正。如果不是正本的問題，則説明這些是副本圈點者的失誤。無論是哪種情況，都説明副本圈點者的工作確實有疏誤[28]。

三、總葉數

《大典》一共有多少葉，史上并無明確記載，而現存《大典》祇有殘本，亦難以據殘本推測全書之葉數。《大典》正本與副本的總葉數應該是一樣的，那麽《大典》錄副時所提到關于葉數的信息就特別重要。徐階《處理重錄大典奏三》載："官生一百九員名，分爲十館。……每日須寫三葉，每人須足五千葉外，其論葉數須以實寫之字扣算，凡圖畫等項不許概作葉數混開，如遇差錯，發與另寫，不拘一次、二次，只算一葉。"據此，每名謄錄的總抄寫量約爲 5000 葉。而據前文考證，日常在館的謄錄應有 110 人。那麽，我們可以估算錄副的總抄寫量大致爲：110 乘 5000，即 550000 葉。550000 葉，應接近于《大典》的總葉數。

如前所述，錄副之前肯定有總葉數的統計，纔會定下每人須足五千葉的抄寫量。《大典》每卷均有總葉數，祇要將各卷之總葉數相加即可得出全書之總葉數，故當時有關人員應該比較方便來統計出全書總葉數。需要注意的是，據上引徐氏奏疏文意推測，這 550000 葉應該是不包括圖畫等葉的。也就是説，《大典》總葉數應該會超過 550000 葉。但是會超過多少呢？這比較難判定，因爲：一方面，圖畫等葉不清楚是否包括表（如年表）、示意圖（如八卦圖，河圖洛書等）等葉。從《大典》殘本看，這些表、示意圖其實亦多由文字構成，而且往往祇占一葉的一部分。另一方面，從《大典》殘本看，除了一些地圖外，絕大多數的圖祇占一葉的一部分（如半葉、小半葉、大半葉是圖），餘下的葉面亦多有文字。因此，要確切統計這些圖畫等所占的葉數是比較困難的。本人推測，統計者認爲圖畫等葉的數量并不多，所以祇取總葉數之整數 550000 葉作爲謄錄抄寫的總量。也就是説，在總葉數中，除去一部分圖畫等葉，就是謄錄所抄的總量 550000 葉。謄錄的人數（110 人）應該是據總葉數來定的，即 5000 葉可以整除之數。因此，加上圖畫等葉，《大典》之總葉數應該略大于 550000 葉。

綜上所述，《大典》總葉數略大于 550000 葉。《大典》共 22937 卷（含目録），平均每卷約爲 24 葉。

上述推斷有其合理性，因爲：

其一，事實上，古書中一卷大多數也就是 20 餘葉。從《大典》殘本看，每卷 20 葉左右亦占大多數。

其二，虞萬里據現存《大典》殘本統計分析指出："其他 804 卷，共有 18272 頁，平均每卷達 22.726 頁。"[29] 儘管 804 卷祇有原卷數的百分之三點五，但此一統計數仍具有重要的參考價值，應與真正的每卷葉均數相距不遠。我們可以據此葉均數來推算《大典》的總葉數。《大典》共 22937 卷（含目録），平均每卷 22.726 葉，則總葉數約爲 521266 葉。這一總數與上述的總數（550000 葉）相去不遠。

總之，《大典》正、副本的總葉數略大于 550000 葉，平均每卷約爲 24 葉。

依據總葉數，我們可以嘗試推測副本的抄寫時間、正本的抄寫時間和謄錄數[30]。

其一，副本的抄寫時間。

《大典》錄副一直都是按照既定計劃進行的。項旋《〈永樂大典〉副本署名頁之價值考論》一文即通過分析總校官等的任職時間與負責之卷次的關係證明，錄副至隆慶元年（1567）四月完成是很正常的事情。其中也提到謄錄的工作："如果按照徐階最初設計的進度，109 名抄寫人員在保證每人完成 5000 葉的情況下，若按照每天 3 葉，一年 365 天，預計完成《大典》錄副預計需要大約 4 年 6 個月時間。"[31]不過其論述稍嫌簡單，這裏再作補充論述。

據《明世宗實錄》卷七三載，嘉靖四十一年八月乙丑（十三日）下詔重錄《大典》。這是正式錄副的開始。《明穆宗實錄》卷七載，隆慶元年四月庚子（十五日）以重錄《大典》成進行頒賞。錄副應該在此之前完成（姑且定在 4 月 13 日）。根據陳垣《中西回史日曆》，嘉靖四十一年八月十三日至隆慶元年四月十三日，共 1714 日[32]。因爲還要留給校對、總校、修改、裝訂時間，因此，純粹的抄錄時間應該較實際的日數要少一些。但不會少很多（當時都是隨抄、隨校、隨裝的）。如果再加上每年約休假十日[33]，以上合計，大約要減去 50 多日，則實際抄書日數共約 1660 日。前述 550000 葉的總抄書量，按每人每日抄 3 葉、共 110 人抄寫計算，需要 1667 日完成。兩者日數相差無幾。可以看出，《大典》錄副是按原來的計劃進行的（抄至隆慶元年四月完成）。而且前述關于總葉數的推斷是基本合理的，其與抄書的進度與完成時間可以相互驗證。

其二，正本的抄寫時間及謄錄數。

孫承澤《春明夢餘錄》卷一三提到《大典》正本的謄錄數：謄寫一千三百八十一人。如果這 1381 人每人日抄 3 葉，要抄完 550000 葉需要 133 日，大約爲四個半月。但是，前引虞萬里文考證指出，永樂五年（1407）十一月十五日完成《大典》初稿，然後開始清抄定本，至永樂六年十二月初一清抄完成。也就是說，抄一部正本所需時間是一年，與前述的四個半月并不一致，這是爲什麽呢？本人認爲，當時在館的謄錄并沒有 1381 人那麽多。考慮到實際抄錄時間會較虞萬里所考證之時間開始稍晚而結束稍早的情況，則抄錄正本（清本）的時間範圍大致是：永樂五年十一月二十日至六年十一月二十日，共約十二個月，約 355 日[34]。如果我們仍按每年休假十日計算，則實際抄錄時間約爲 345 日。如果按照每人一日 3 葉，550000 葉的總抄寫量，345 日內抄完計算，可推算出當時參與抄寫的謄錄共 531 人。

因此，抄錄正本時的在館謄錄共約 531 人，而這也有可能是《大典》正本編修時日常在館的謄錄數。至于孫承澤所提到的 "1381 人" 的謄錄數，應是統合前後而言的（包括那些中途入館或中途離館之謄錄）。

【本文係 2021 年國家社科基金特別委托項目 "《永樂大典》綜合研究、復原"（項目編號：21@ZH046）階段成果】

注釋：

① 二者在個別錄副人認定上有差別，顧力仁《永樂大典及其輯佚書研究》（文史哲出版社，1985 年，163—165 頁）收入姜金和（侍讀），但姜氏其實是分校官（可參卷八五八七至八五八八冊之署名頁），這裏應爲誤收。李紅英、汪桂海《〈永樂大典〉錄副諸人考略》（《文獻》2008 年第 3 期）就不收姜金和。

② 還有稱 "辦事官" 的，比較特殊，不太清楚是官員抑非官員。本人估計不是官員，因爲其前綴爲 "書寫" 而不是 "寫書官"。

③（明）徐階：《世經堂集》卷六，《四庫全書存目叢書》集部，第 80 冊，齊魯書社，1997 年影印明

萬曆間徐氏刻本。本文所引徐階的奏疏均出于此卷，以下不再注明。

④ 張金梁《明代書學銓選制度研究》（上海書畫出版社，2008 年，135 頁）指出："兩房職員的組成主要包括：一是被任命的兩房中書舍人，二是帶銜辦事官員，三是未官學習辦事者。"

⑤《明英宗實錄》卷二一五，臺北"中央研究院"史語所，1962 年影印本。本文所引《明實錄》均據此版本，以下不再注明。

⑥（明）呂維祺輯，（清）曹溶、錢綎輯，（清）許三禮、霍維翰增輯：《四譯館增定館則》，民國影明崇禎刻清康熙補刻增修後印本。

⑦ 明代注重儒士的選拔，士子因擅長書法、篆刻等技藝，經地方有司薦舉至中央，再經朝廷考試合格後可獲得"儒士"頭銜，并可選入禮部鑄印局及其他部門中任職。可參管宏杰《明代儒士身份確認問題探究》，《廣東第二師範學院學報》2016 年第 4 期。

⑧ 顧力仁《永樂大典及其輯佚書研究》（165 頁）提到叢恕的身份是監生，應該是寫錯了。

⑨（清）趙祥星修，（清）錢江等纂：《山東通志》，清康熙四十一年（1702）刻本。

⑩（明）徐階《世經堂集》卷二"答重錄《大典》諭"。

⑪ 項旋：《〈永樂大典〉副本署名頁之價值考論》，《中國典籍與文化》2014 年第 2 期。

⑫ 袁暉、管錫華、岳方遂《漢語標點符號流變史》（湖北教育出版社，2002 年，174—181 頁）較詳細討論了《大典》圈點問題。

⑬ 小朱圈表示語氣輕微的停頓。（宋）陳騤、（宋）佚名撰，張富祥點校《南宋館閣錄》卷三"校讎式"（中華書局，1998 年，23 頁）載："其有人名、地名、物名等合細分者，即于中間細點。"

⑭ 本文所標的《永樂大典》分冊、葉碼，若不特別說明，均以中華書局 1986 年影印本爲據，以下不再注明。

⑮《大典》署名頁中既有管希仲又有管仲希，但前者七見而後者祇一見，而且管希仲更符合取名慣例，故應以管希仲爲正。

⑯ 顧力仁《永樂大典及其輯佚書研究》（166 頁）的統計有一些誤字：敖河，誤作教河；曹忠，誤作曾忠；陳于廷，誤作陳子廷；董于翰，誤作董子翰。李紅英、汪桂海《〈永樂大典〉錄副諸人考略》的統計也有個別誤字，如喬承華（可參《大典》卷二〇一八一至二〇一八二冊的署名頁），誤作喬永華。

⑰ 上文統計的圈點者中有一位李莊春，不知是否與李春爲同一人。

⑱ 據張帥《王百穀年譜簡編》（碩士學位論文，蘇州大學文學院，2011 年，19—22 頁），嘉靖四十三年春王穉登到北京，當年即因父喪南還。

⑲ 張帥：《王百穀年譜簡編》，20 頁。

⑳ 張升：《四庫全書館研究》，北京師範大學出版社，2012 年，223 頁。

㉑（清）張寶琳修，（清）王棻、孫詒讓纂，永嘉縣地方志編纂委員會整理《（光緒）永嘉縣志》（中華書局，2010 年）卷一七"人物志五"亦載："金祺字原祺（案：舊志作元祺），號梅窗……祺篤學孝友，領洪武癸酉鄉薦，除永豐教諭，重修廟學。九載升襄陽府教授，丁內艱。服闋，改常州，……召赴文淵閣，點《永樂大典》，有寶抄之賜。"

㉒ 可參馬學良：《明代內府刻書考》，上海古籍出版社，2021 年，140 頁。

㉓（明）王穉登：《王百穀集》，明刻本。

㉔（明）徐階《世經堂集》卷六"處理重錄大典奏三"載："催攢官、收掌官俱總管各館，催攢官總置簿一扇，開列各官生職名，每日責令畫卯畫酉。"

㉕ 因爲要一字字端楷抄寫，又要對照正本，又有朱筆與墨筆之分，又有大小字之分，有時還有其他字體，等等，3 葉 2000 多字的抄寫量即已不小。另可參：四庫館規定，謄錄的任務是每日抄 1000

10

字（可參張升《四庫全書館研究》，239 頁）；石祥《"出字"：刻書業的生產速度及其生產組織形式》（《中國出版史研究》2021 年第 3 期）一文提到，品質中上的寫樣速度約爲每日 1000 字或略高。

㉖ 許仲毅編：《海外新發現〈永樂大典〉十七卷》，上海辭書出版社，2003 年，315 頁。

㉗ 下文還將"亳州"誤寫成"毫州"。

㉘ 顧力仁《永樂大典及其輯佚書研究》（158 頁）指出："不惟內文常有誤寫脱文者，亦有因誤寫而擦拭之痕迹，亦有許多字因誤寫而寫至一半即輟筆者；至于全文句讀皆爲朱色小圈，而圈點脱漏及誤點者亦所在多有。《大典》錄副乃爲機械式手抄，原本容有誤者，于此皆應校出改正，無如副本誤漏仍數見不鮮，可見所謂'校對'者在施行上頗不嚴謹，徒法具文而已。"

㉙ 虞萬里：《有關〈永樂大典〉幾個問題的辨正》，《史林》2005 年第 6 期。

㉚ 由于圖畫等葉是由專門的畫匠繪製的，故以下分析抄寫進度，祇是就 550000 葉的總量而言的。

㉛ 載《中國典籍與文化》2014 年第 2 期。

㉜ 陳垣：《中西回史日曆（下）》，陳智超主編《陳垣全集》第五冊，安徽大學出版社，2009 年，781—784 頁。

㉝ 當時法定的假期大約有十日（參孔潮麗《明代官員的休假制度》，《文史知識》2002 年第 8 期）。當然可能還有一些臨時性的賜假以及病假、事假等，但應該不會太多，而且這些假期耽誤的抄寫量有可能會通過平日抄寫彌補回來。（明）徐階《世經堂集》卷六"處理重錄大典奏一"所載："重錄《大典》，每人一日約寫三葉，計每人每年可寫千餘頁。"一年要得千餘葉，則一年要抄 334 日以上。他沒有提到休假情況，可見其認爲休假時間是可以忽略不計的。

㉞ 陳垣：《中西回史日曆（下）》，704 頁。

（作者單位：北京師範大學歷史學院）

《永樂大典》自動輯録研究

肖 禹

内容提要： 基于《永樂大典》的文獻特性編製輯録規則，分析文本數據中的版式信息，生成帶有版式屬性的文本碎片，通過軟件實現基于規則的自動輯録，可將碎片數據組合成結構化的輯録數據，并對引文來源字段進行自動標引，生成引書的題名、著者和著者時代。

關鍵詞：《永樂大典》 數字化 輯佚

《永樂大典》研究主題包括編纂起因、編製體例、纂修人員、（正、副本）存佚、資源開發等[①]。而輯佚和佚文考訂是重要的組成部分。以《永樂大典方志輯佚》爲例，據 1986 年中華書局《永樂大典》影印本（797 卷）和公私藏家持有的《永樂大典》殘卷複印件（10 餘卷），輯得方志 900 種，即總志 7 種，方志 893 種，其中可確定時代的宋元方志有 170 多種[②]。

《永樂大典方志輯佚》具有參考資料豐富、輯佚内容全面、保持輯佚内容原始性、方便實用等特點，是迄今爲止輯佚《永樂大典》中方志成果最爲豐碩的一部著作[③]。但是該書也存在一定的缺漏，以其中的湖南方志爲例，主要存在五個方面的問題：一是輯佚文字錯字較多，二是部分標點不準確，三是輯佚存在脱漏的情況，四是對《永樂大典》中一些明顯的訛誤没有改正，五是將其他省份的方志歸入湖南省[④]。在傳統出版環境下，受各種因素的制約，輯佚成果難免存在上述問題，且已知的問題無法儘快修改，最新的相關學術成果也無法納入其中。

在數字人文視角下，輯佚是一個動態過程，如圖 1 所示，《永樂大典》數字化以後獲得文本數據，依據文獻特性將文本數據碎片化形成結構化或半結構化數據，先對碎片數據[⑤]進行切分或基礎標注，再引入時間、人物、文獻等本體庫對碎片數據進行二次標注，之後形成引文數據，并在此基礎上引入其他資料庫、本體庫、知識庫等，對引文數據進行自動、半自動或人工處理，形成標引數據，最後參考相關學術成果，由用户人工或半自動創建佚文數據。在整個輯佚過程中，以《永樂大典》圖像和文本數據爲基礎，基于軟件工具自動完成碎片化和自標注，生成引文數據，這一過程稱爲輯録；獲得引文數據後，引入相關數字資源，進行自動、半自動或人工處理，生成標引數據，上述過程稱爲考訂；最後以用户爲主導，軟件工具祇起輔助作用，結合已有學術成果，獲取佚文數據，以上全部過程稱爲輯佚。

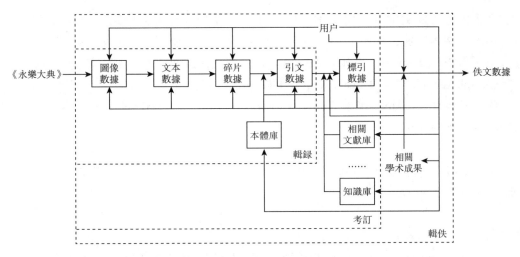

圖1　輯佚流程圖

　　在整個輯佚過程中，用户獲取各種類型的數據、文獻、知識等，同時用户對已有數據的需求、調用、修改等也會反饋到整個系統中。輯佚是一個不斷循環的過程，無論是用户、已有數據、引入數據、相關學術成果等發生任何變化，在軟件工具的支持下，都可以在短時間内生成新的輯佚數據。隨着用户反饋纍積、資源不斷豐富、軟件工具日益智能化，整個系統的功能性、可用性和正確性將逐漸提高。

　　本文重點論述輯録過程及其實現方法。

一、文本數據

　　整個輯録過程以文本數據爲基礎，文本數據必須充分體現《永樂大典》的文獻特性。《永樂大典》半葉8行，如圖2所示，卷端題"永樂大典卷之XXXXX"，小字爲韵部；頂格、"○"後、空三字等，大字爲字頭，小字爲説明；空一字，大字爲類目，紅色小字爲引文來源或説明，黑色小字爲引文；卷末題"永樂大典卷之XXXXX"。

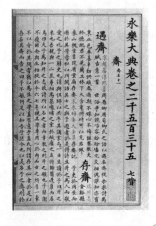

圖2　《永樂大典》圖像樣例[6]

文本數據有純文本、位置文本、版式文本等類型，考慮到輯錄系統的需求，本項目使用版式文本數據，即數據中包含原書的内容信息和版式信息，與圖像數據一一對應，采用 XML（Xtensible Markup Language，可擴展標記語言）格式，樣例如下：

```
〈? xml version = "1.0" encoding = "UTF – 8"?〉
〈pageTextData xmlns: xsi = "http://www.w3.org/2001/XMLSchema – instance" xsi:
noNamespaceSchemaLocation = "page.xsd"〉
    ……
    〈pageText pageID = "ylda02535003" width = "1422" height = "2772" imgLink = "
ylda02535003" pageOption = "半葉"〉
        ……
            〈lineText id = "1"〉
              〈region pointA = "1120,555" pointB = "1270,2250"/〉
              〈singleText textID = "1"〉
                〈region pointA = "1120,555" pointB = "1270,2015"/〉
                〈text〉永樂大典卷之二千五百三十五〈/text〉
              〈/singleText〉
              〈singleText textID = "2"〉
                〈region pointA = "1120,2125" pointB = "1270,2250"/〉
                〈text〉七皆〈/text〉
              〈/singleText〉
            〈/lineText〉
            〈lineText id = "2"〉
              〈region pointA = "970,940" pointB = "1120,1255"/〉
              〈singleText textID = "3"〉
                〈region pointA = "970,940" pointB = "1120,1070"/〉
                〈text〉齋〈/text〉
              〈/singleText〉
              〈mutliText linelevel = "1" lineNumber = "1" position = "right"〉
                〈region pointA = "970,1070" pointB = "1120,1255"/〉
                〈mutliTextPart id = "1"〉
                  〈region pointA = "1045,1070" pointB = "1120,1255"/〉
                  〈singleText textID = "4"〉
                    〈region pointA = "1045,1070" pointB = "1120,1255"/〉
                    〈text〉齋名十一〈/text〉
                  〈/singleText〉
                〈/mutliTextPart〉
              〈/mutliText〉
```

〈/lineText〉
〈lineText id = "3"〉
　〈region pointA = "820,690" pointB = "970,2450"/〉
　〈singleText textID = "3"〉
　　〈region pointA = "820,690" pointB = "970,940"/〉
　　〈text〉遇齋〈/text〉
　〈/singleText〉
　〈mutliText linelevel = "1" lineNumber = "2"〉
　　〈region pointA = "820,940" pointB = "970,2450"/〉
　　〈mutliTextPart id = "1"〉
　　　〈region pointA = "895,940" pointB = "970,2450"/〉
　　　〈singleText textID = "4" textColor = "red"〉
　　　　〈region pointA = "895,940" pointB = "970,1325"/〉
　　　　〈text〉宋趙蕃淳熙薰〈/text〉
　　　〈/singleText〉
　　　〈singleText textID = "4"〉
　　　　〈region pointA = "895,1325" pointB = "970,2450"/〉
　　　　〈text〉周愚卿用荀卿氏之語以遇名齋從余求詩爲〈/text〉
　　　〈/singleText〉
　　〈/mutliTextPart〉
　　〈mutliTextPart id = "2"〉
　　　〈region pointA = "820,940" pointB = "895,2450"/〉
　　　〈singleText textID = "4"〉
　　　　〈region pointA = "820,940" pointB = "895,2450"/〉
　　　　〈text〉賦古意一首 世俗争知競冶容。紛紛墻穴交相從。誰知亦有〈/text〉
　　　〈/singleText〉
　　〈/mutliTextPart〉
　〈/mutliText〉
〈/lineText〉
〈lineText id = "4"〉
　〈region pointA = "670,690" pointB = "820,2450"/〉
　〈mutliText linelevel = "1" lineNumber = "2"〉
　　〈region pointA = "670,690" pointB = "820,1600"/〉
　　〈mutliTextPart id = "1"〉
　　　〈region pointA = "745,690" pointB = "820,1600"/〉
　　　〈singleText textID = "4"〉
　　　　〈region pointA = "745,690" pointB = "820,1600"/〉

```
          ⟨text⟩秉正色。奉養辛勤供織春。過期不嫁心不悔。偃蹇數夫⟨/text⟩
        ⟨/singleText⟩
      ⟨/mutliTextPart⟩
      ⟨mutliTextPart id = "2"⟩
        ⟨region pointA = "670,690" pointB = "745,1600"/⟩
        ⟨singleText textID = "4"⟩
          ⟨region pointA = "670,690" pointB = "745,1600"/⟩
          ⟨text⟩終德配。君不見。蘭生林下久含章。得時可以充君佩⟨/text⟩
        ⟨/singleText⟩
      ⟨/mutliTextPart⟩
    ⟨/mutliText⟩
    ⟨singleText textID = "3"⟩
      ⟨region pointA = "670,2000" pointB = "820,2250"/⟩
      ⟨text⟩存齋⟨/text⟩
    ⟨/singleText⟩
    ⟨mutliText linelevel = "1" lineNumber = "2"⟩
      ⟨region pointA = "670,2250" pointB = "820,2450"/⟩
      ⟨mutliTextPart id = "1"⟩
        ⟨region pointA = "745,2250" pointB = "820,2450"/⟩
        ⟨singleText textID = "4" textColor = "red"⟩
          ⟨region pointA = "745,2250" pointB = "820,2450"/⟩
          ⟨text⟩臨川志⟨/text⟩
        ⟨/singleText⟩
      ⟨/mutliTextPart⟩
      ⟨mutliTextPart id = "2"⟩
        ⟨region pointA = "670,2250" pointB = "745,2450"/⟩
        ⟨singleText textID id = "4"⟩
          ⟨region pointA = "670,2250" pointB = "745,2450"/⟩
          ⟨text⟩金溪縣⟨/text⟩
        ⟨/singleText⟩
      ⟨/mutliTextPart⟩
    ⟨/mutliText⟩
  ⟨/lineText⟩
    ……
```

　　《永樂大典》文本數據由一系列 XML 文件組成，每個 XML 文件對應原書的半葉，Schema 使用 page. xsd⑦。板框、字體字號等信息保存在 fileHeader 標簽中，集外字位置、描述等信息保存在 gaijiList 標簽中，輯錄所需的內容信息和版式信息保存在 pageText 標

16

簽中。原書的每一行用 lineText 標簽表示，region 子標簽表示該行在原書圖像中的位置，text 子標簽表示文字内容；singleText 子標簽表示單行字，textID 屬性表示字號，textColor 屬性表示文字顏色；mutliText 子標簽表示多行字，linelevel 屬性表示級別，lineNumber 屬性表示行數，position 屬性表示位置。原書中的單行大字用 singleText 子標簽描述，雙行小字用 mutliText 子標簽和 singleText 子標簽組合描述。上述樣例對應圖 1 的 1 至 4 行。

二、自動輯録

自動輯録是依據《永樂大典》的文獻特性，在 XML 數據的基礎上，生成以引文和引文來源爲核心的結構化或半結構化數據，具體過程可分爲以下四步：

第一步，從 XML 數據中提取 text 標簽的内容及 textID、textColor 屬性、lineText 標簽的 id 屬性和 pageText 標簽的 pageID 屬性，并將提取的數據寫入中間數據表的 text、textID、textColor、line 和 page 列。如圖 3 所示，爲了降低後續處理的難度，將《永樂大典》卷端的卷數和韵部在 note 列標記爲 "c"，字頭和相關説明標記爲 "w"，卷末的卷數標記爲 "n"。若《永樂大典》原書版式存在明顯錯誤或文字跨卷、表格、插圖、原書文字模糊、缺葉等特殊情況，在 textID 和 textColor 列人工調整後，note 列標記爲 "e"。

text	textID	textColor	line	page	note	dataType	dataNum
永樂大典卷之二千五百三十五	1		1	ylda02535003	c	A	0
七皆	2		1	ylda02535003	c	B	0
齋	3		2	ylda02535003	w	C	0
齋名十一	4		2	ylda02535003	w	D	-1
遇齋	3		3	ylda02535003		E	0
宋趙蕃淳熙藥	4	red	3	ylda02535003		F	1
周愚卿用荀卿氏之語以遇名齋從余	4		3	ylda02535003		G	1
賦古意一首　世俗爭知競冶容。紛	4		3	ylda02535003		G	2
秉正色。奉養辛勤供織春。過期不	4		4	ylda02535003		G	3
終德配。君不見。蘭生林下久含章	4		4	ylda02535003		G	4
存齋	3		4	ylda02535003		E	0
臨川志	4	red	4	ylda02535003		F	1
金谿縣	4		4	ylda02535003		G	2
象山槐堂書院。有堂扁存齋。	4		5	ylda02535003		G	2
宋朱晦庵大全集	4	red	5	ylda02535003		F	1
存齋記　予吏於同安而	4		5	ylda02535003		G	1
游於其學。嘗私以所聞。語其士	4		5	ylda02535003		G	2
愛之。比予之辭吏也。請與俱歸也	4		6	ylda02535003		G	3
來也。吾親與一二昆弟。相為築環	4		6	ylda02535003		G	4
焉。惟夫子為知升之志。敢請所以	4		7	ylda02535003		G	5
不穫。因念與生相從於今六年。	4		7	ylda02535003		G	6
不以介於其間。嘗竊以為生之學。	4		8	ylda02535003		G	7
存名其齋而告之曰。予不敏。何足	4		8	ylda02535003		G	8
吾子之志。竊自以為庶幾焉耳矣。	4		1	ylda02535004		G	9
吾子既自知之。予又奚以語吾子	4		1	ylda02535004		G	10

圖 3　中間數據表

第二步，依據中間數據表的 textID、textColor 和 note 列，結合 dataType 已有值，判定 dataType 和 dataNum 列的值。運算規則如表 1 所示。dataType 爲數據類型，取值範圍是 A（《永樂大典》卷數）、B（韵部）、C（字頭）、D（字頭説明）、E（類目）、F（引文出處或説明）、G（引文）、H（引文小字）、N（暫不處理文字）。dataNum 爲數據計數器，dataType 爲 A、B、C 和 N，dataNum 值爲 0；dataType 爲 E，dataNum 值爲 0 或 N（N≥1）；dataType 爲 F 和 G，dataNum 值爲 N（N≥1）；dataType 爲 D、H，dataNum 值爲 N（N≤-1）。

表 1　dataType 和 dataNum 運算規則表

條件				結果	
textID 值	textColor 值	note 值	上一行 dataType 值	dataType 值	dataNum 取值範圍
1		c		A	[0, 0]
2		c		B	[0, 0]
3		w		C	[0, 0]
3		Null or e	≠E	E	[1, 1]
3		Null or e	E	E	[1, N]（N≥1）
4		w	≠D	D	[-1, -1]
4		w	D	D	[N, -2]（N≤-2）
4	red	Null or e	≠F	F	[1, 1]
4	red	Null or e	F	F	[2, N]（N≥2）
4	≠red	Null or e	≠G	G	[1, 1]
4	≠red	Null or e	G	G	[2, N]（N≥2）
5		Null or e	≠H	H	[-1, -1]
5		Null or e	H	H	[N, -1]（N≤-2）
		n		N	[0, 0]

第三步，依據中間數據表的 dataType 和 dataNum 列操作中間數據表：删掉 dataType 值爲 "N" 的各行；將 dataType 值爲 "E" 的連續各行，按照 dataNum 值由大到小的順序將連續各行的 text 字段進行合并到 dataNum 值爲 "0" 的行，再删掉其他行；將 dataType 值爲 "D" 或 "H" 的連續各行，按照 dataNum 值由大到小的順序將連續各行的 text 字段進行合并到 dataNum 值爲 "-1" 的行，再删掉其他行；將 dataType 值爲 "F" 或 "G" 的連續行，按照 dataNum 值由大到小的順序將臨近各行的 text 字段進行合并到 dataNum 值爲 "1" 的行，再删掉其他行；最後將 dataType 值爲 "H" 的行的 text 字段首尾加上圓括號，向上合并到最近的 dataType 值爲 "G" 的行，將 dataType 值爲 "D" 的行的 text 字段首尾加上圓括號，向上合并到最近的 dataType 值爲 "C" 的行，删掉 dataType 值爲 "C" 和 "H" 的行。結果如圖 4 所示。

18

text	textID	textColor	line	page	note	dataType	dataNum
永樂大典卷之二千五百三十五	1		1	y1da02535003	c	A	0
七皆	2		1	y1da02535003	c	B	0
齋（齋名十一）	3		2	y1da02535003	w	C	0
遇齋	3		3	y1da02535003		E	0
宋趙蕃淳熙藁	4	red	3	y1da02535003		F	1
周愚卿用荀卿氏之語以遇名齋從余	4		3	y1da02535003		G	1
存齋	3		4	y1da02535003		E	0
臨川志	4	red	4	y1da02535003		F	1
金谿縣象山槐堂書院。有堂扁存齋	4		4	y1da02535003		G	1
宋朱晦庵大全集	4	red	5	y1da02535003		F	1
存齋記　予吏於同安而游於其學。	4		5	y1da02535003		G	1

图4　中間數據表2

第三步完成後，dataType 值爲 "F" 和 "G" 的行 dataNum 值爲 "1" 的行，若 dataType 值爲 "F" 的行 ID 爲 i，值爲 "G" 的行 ID 爲 i + 1，這 2 行可稱爲一個 FG 組；dataType 值爲 "E" 的行後面有 L（L≥1）個 FG 組，這 2L + 1 行可稱爲一個 EFG 組；dataType 值爲 "C" 的行後面有 M（M≥1）個 EFG 組，這 $1 + \sum_{m=1}^{M} (2L_m + 1)$ 行可稱爲一個 CEFG 組；dataType 值爲 "A" 和 "B" 的 2 行後面有 N（N≥1）個 CEFG 組；dataType 值爲 "A"、"B"、"C" 和 "E" 的行 dataNum 值均爲 "0"。

FG 組爲一條包含出處的引文數據，與之相關的 dataNum 值爲 "0" 行可視爲屬性，dataType 值爲 "A" 表示《永樂大典》卷數，"B" 表示韵部，作用域爲 N 個 CEFG 組；"C" 表示字頭（含字頭説明），作用域爲 1 個 CEFG 組，即 M 個 EFG 組；"E" 表示類目，作用域爲 1 個 EFG 組。

第四步，以 FG 組爲基礎生成一條新數據，將 dataType 值爲 "F" 行 text 列的數據寫入 literature 列，將 dataType 值爲 "G" 行 text 列的數據寫入 content 列；再將作用域內 dataType 值爲 "A" 行 text 列的數據寫入 volumn 列，dataType 值爲 "B" 行 text 列的數據寫入 yunbu 列，dataType 值爲 "C" 行 text 列的數據寫入 zitou 列，dataType 值爲 "E" 行 text 列的數據寫入 word 列。結果如图 5 所示。

word	literature	content	zitou	yunbu	line	page	volumn
遇齋	宋趙蕃淳熙藁	周愚卿用荀卿氏之語以遇名齋從余求…	齋（齋名十一）	七皆	1	y1da02535003	永樂大典卷之二千五百三十五
存齋	臨川志	金谿縣象山槐堂書院。有堂扁存齋。	齋（齋名十一）	七皆	4	y1da02535003	永樂大典卷之二千五百三十五
存齋	宋朱晦庵大全集	存齋記　予吏於同安而游於其學。嘗…	齋（齋名十一）	七皆	5	y1da02535003	永樂大典卷之二千五百三十五

图5　輯録數據表

輯録軟件基于 LGFDS[⑧]（The Local Gazetteers Fragmentation and Data Extraction System，地方志碎片化與數據抽取系統）原型開發，運行環境爲 Python3.8，使用 MySQL8.0 數據庫。

三、自動標引

除了在中間數據表 note 列需人工添加少量標記外，輯録軟件可以自動將《永樂大典》文本數據轉換爲輯録數據，但是 literature 列和 content 列仍需進一步處理。

以 literature 列爲例，該列爲引文來源，可將表 2 中樣例歸納爲四種類型的，可以進一步自動或半自動切分爲結構化數據，結果如表 2 所示。

表 2　輯錄數據 literature 列樣例分析表

構成模式	樣例	結構化數據		
		時代	著者	題名
題名	宋史			宋史
	臨川志			臨川志
	楊誠齋集			楊誠齋集
著者＋題名	吳澄支言集		吳澄	支言集
	王明清揮麈録		王明清	揮麈録
	許綸涉齋集		許綸	涉齋集
朝代＋題名	宋毛東堂先生集	宋		毛東堂先生集
	元程雪樓集	元		程雪樓集
	國朝宋濂集	國朝		宋濂集
朝代＋著者＋題名	宋陳元晋漁墅類稿	宋	陳元晋	漁墅類稿
	元吳澄支言集	元	吳澄	支言集
	國朝孫作滄螺集	國朝	孫作	滄螺集

在表 2 中，"吳澄支言集"和"元吳澄支言集"通過自動標引可以判定爲同一種書。但是《永樂大典》中存在大量的同書異名現象，例如宋趙汝騰《庸齋集》題爲"趙庸齋集""庸齋蓬萊閣紫霞州集""庸齋瑣闥集"等⑨，通過自動標引無法處理，必須引入其他數據，再進行手動或半自動標引。

四、正確率分析

史廣超在《〈四庫全書〉中"永樂大典本"宋文重出誤收原因考》中指出，文淵閣本《四庫全書》收録宋人別集言明爲"永樂大典本"者達 128 種，載文者有 111 種，存在誤收文者達 67 種近 400 篇次，糾其原因，包括以下三方面：第一，與《永樂大典》體例特點有關；第二，與《永樂大典》編纂錯誤有關；第三，與四庫館臣疏漏有關⑩。

與人工輯佚類似，自動輯録系統的設計以《永樂大典》體例爲基礎，不能自動糾正《永樂大典》編纂的錯誤。而輯録系統的性能決定于輯録規則，受《永樂大典》文本數據的制約；若輯録規則正確，輯録數據正確率較高，不易發生意外錯誤；若出現輯録規則中未包含的特例，必須人工處理。

與《永樂大典》原本相比，圖像數據（全彩、高分辨率、低壓縮比）能夠反映底本的原貌，圖像正確率趨向于 100%；文本數據（包含版式信息）在當前技術條件下，

OCR（Optical Character Recognition，光學字符識別）的正確率在85％到95％之間，在文本加工系統中引入多種校對方法，文本正確率趨向于99.99％；輯錄系統基于規則自動輯錄的正確率在80％到90％之間，少量進行人工干預或特例處理，輯錄數據正確率趨向于99％；若對輯錄數據進行自動標引，處理後的輯錄數據正確率趨向于90％，若引入其他本體庫或資料庫，處理後的輯錄數據正確率在50％到80％之間。

爲了保證輯錄系統的正確性，輯錄軟件生成了大量的中間數據，輯錄規則適度冗餘，還可以通過少量人工操作提高正確率。同時，輯錄系統中引入少量的自動標引，標引數據作爲輯錄數據的附加屬性，不影響輯錄數據的正確性。

自動輯佚流程，既是數據生成過程，又是正確率下降的過程。考慮到系統的可實現性和有效性，本文以自動輯錄爲重點，對自動標引做了少量討論。

五、餘論

張忱石在《〈永樂大典〉史話》中詳列已知《永樂大典》所存818卷和5個零葉，及另有8冊11卷下落不明[①]，2014年美國洛杉磯漢庭頓圖書館發現《永樂大典》1冊（卷一○二七○和卷一○二七一），2020年法國博桑—勒費福爾拍賣行拍賣《永樂大典》2冊（卷二二六八和卷二二六九、卷七三九一和卷七三九二）。而通常使用的影印本是1986年中華書局《永樂大典》（10冊）797卷和2003年上海辭書出版社《海外新發現永樂大典十七卷》（其中16卷是首次公諸于世，另外1卷，中華書局影印本雖已收入，但有缺葉），合計813卷[②]。愛如生《中國類書庫》中的《永樂大典》數據也是以上述影印本爲底本。

隨着《永樂大典》殘卷的新發現、出版和數字化，現有的輯佚成果、相關研究等可能需要更新或修改。在數字人文環境下，輯佚是一個動態過程，輸入新的數據，很快就能獲得更新後的輯佚數據；引入新的研究成果，也可以同步更新輯佚數據。通過軟件工具或智能方法，提高輯錄的完整性和正確性。

在印本時代，人們手工完成資料的綫性閱讀和點狀獲取。全文檢索大大加快了資料的獲取速度，點狀閱讀和點狀獲取方式也隨之出現。而在數字人文視角下，資料完全碎片化，可以在不同粒度下自由操作，數據可以具備各種屬性，在使用過程中，還可以加入其他屬性，用戶可以操作數據、加入方法、定製工具。自動輯錄祇是可能的應用方式之一。

【本文係國家社科基金重大項目"中國古籍數字化工程研究"（項目編號：12@ZH016）研究成果之一】

注釋：
① 代洪波：《1979—2012年國內〈永樂大典〉研究述略》，《山東圖書館學刊》2013年第1期，98—100頁。

② 馬蓉等:《永樂大典方志輯佚》, 中華書局, 2004 年, 前言。

③ 蒲霞:《一部集大成的方志輯佚著作——論〈永樂大典方志輯佚〉的特點和價值》,《中國地方志》 2008 年第 5 期, 42—43 頁。

④ 周方高, 宋惠聰:《〈永樂大典方志輯佚〉湖南部分整理失誤舉例》,《湖南工程學院學報》2019 年 第 1 期, 51—54 頁。

⑤ 肖禹:《地方志碎片數據研究》,《文津學志》2019 年第 12 輯, 322—332 頁。

⑥《永樂大典》, 明抄本, https://www.wdl.org/zh/item/3019/#q=%E6%B0%B8%E6%A8%82% E5%A4%A7%E5%85%B8 (2020.12.28 檢索)。

⑦ 肖禹:《古籍文本數據格式比較研究》, 上海遠東出版社, 2017 年, 220—232 頁。

⑧ "中國地方志數字化關鍵技術研究與演示平臺設計" 完成情況述略, http://www.nlc.cn/newhxjy/ wjsy/wjls/wjqcsy/wjd63q/201811/P020181123502953091757.pdf (2020.12.28 檢索)。

⑨ 曹之:《〈永樂大典〉編纂考略》,《圖書館》2000 年第 5 期, 69—71 頁。

⑩ 史廣超:《〈四庫全書〉中 "永樂大典本" 宋文重出誤收原因考》,《鄭州航空工業管理學院學報 (社會科學版)》2020 年第 1 期, 65—69 頁。

⑪ 張忱石:《〈永樂大典〉史話》, 國家圖書館出版社, 2014 年, 84—118 頁。

⑫ 史廣超:《〈永樂大典〉輯佚述稿》, 復旦大學, 2006 年, 序 2 頁。

(作者單位:國家圖書館古籍館)

《歲華紀麗》性質考

——兼論《四庫全書總目》類書觀

楊仕君

内容提要：《四庫全書總目》子部類書類存目一著録的《歲華紀麗》一書，在明代之前多被歸在子部農家類或史部時令類，但是由于多種原因，《四庫全書總目》將其改歸子部類書類。實際上，四庫館臣對《歲華紀麗》的歸類并不準確，考察歷代目録的著録情况，結合《歲華紀麗》自身特點，其更應該歸入史部時令類。《歲華紀麗》的歸類反映了《四庫全書總目》類書觀問題的一面，《四庫全書總目》在繼承前代目録的基礎上，一方面從類書類中剔除了政書、叢書，另一方面又著録了姓氏書、時令書，并將部分書籍由其他類目調整入類書類，四庫館臣對這些書籍的調整既有合理的，也有值得商榷的。

關鍵詞：《歲華紀麗》時令書 類書《四庫全書總目》

《歲華紀麗》，宋代《新唐書·藝文志》《郡齋讀書志》將其著録于子部農家類，《崇文總目》《直齋書録解題》則將其歸入史部時令類，明清《趙定宇書目》《脉望館書目》《楝亭書目》《四庫全書總目》又將其列入子部類書類，自《四庫全書總目》之後，各家目録多將其歸入子部類書類。不同書目對《歲華紀麗》歸類的不同，表明古人對《歲華紀麗》性質認識的不同。近代學者對《歲華紀麗》一書性質亦多有論及，如劉葉秋認爲《歲華紀麗》不是"考證節令的著述，而是匯抄詞語、出典，以備取資的類書"[①]。張滌華認爲《歲華紀麗》等時令書應從類書類中"悉從沙汰，轉免糅雜"[②]。王金躍認爲《歲華紀麗》是具有類書特徵的民俗文獻志[③]。于麗萍則認爲"《歲華紀麗》内容較農家而言更貼近歲時類，但是就其編纂方式來看，他又接近于類書"[④]。《歲華紀麗》一書在中國傳統學術體系中應歸于類書類，還是應歸于時令類，目前學界暫無統一認識。《四庫全書總目》作爲中國古代最爲重要的一部學術文化史著作，弃宋人之法，從明人之説，將《歲華紀麗》由時令類改歸類書類，亦暗含了《四庫全書總目》的類書觀。通過考察《歲華紀麗》一書的性質，以及《四庫全書總目》類書觀，有利于我們更好地認識《歲華紀麗》與《四庫全書總目》類書類。

一、歷代目録所見《歲華紀麗》

目録學具有"辨章學術，考鏡源流"之用，通過考察歷代目録對于《歲華紀麗》

一書的著録情況，可以明晰歷代對于《歲華紀麗》一書性質認識的變化過程，從而可以更好地促進我們認識《四庫全書總目》爲何將之歸入子部類書類。

一般認爲《歲華紀麗》成書于晚唐五代時期，爲唐人韓鄂所撰。此書自《崇文總目》之後歷代官私目録多有著録，且對其歸類明顯存在時代特徵，明清之前多將其視作時令書而非類書，而清代之後多將其視作類書。現將其列表如下：

表1　歷代目録所見《歲華紀麗》

年代	書名	著録情況	類別
北宋	崇文總目	歲華紀麗二卷	史部歲時類
北宋	新唐書·藝文志	歲華紀麗二卷	子部農家類
南宋	中興館閣書目	歲華紀麗四卷	史部時令類
南宋	直齋書録解題	歲華紀麗七卷	史部時令類
南宋	郡齋讀書志	歲華紀麗四卷	子部農家類
南宋	文獻通考	歲華紀麗四卷	史部時令類
元	宋史·藝文志	歲華紀麗四卷	子部農家類
明	國史·經籍志	歲華紀麗二卷	史部時令類
明	澹生堂藏書目	歲華紀麗四卷	史部記傳類風土
明	趙定宇書目	歲華紀麗	子部類書類
明	脈望館書目	歲華紀麗	子部類書類
明	玄賞齋書目	歲華紀麗	史部時令類
明	徐氏家藏書目	歲華紀麗四卷	經部禮類月令類
清	讀書敏求記	歲華紀麗七卷	史部時令類
清	棟亭書目	歲華紀麗四卷	子部類書類
清	浙江采集遺書總録	歲華紀麗四卷	子部類事類
清	四庫全書總目	歲華紀麗四卷	子部類書類
清	天一閣書目	歲華紀麗七卷	史部時令類
清	孫氏祠堂書目	歲華紀麗四卷	子部類書類
清	邵亭知見傳本書目	歲華紀麗四卷	史部時令類
清	皕宋樓藏書志	歲華紀麗四卷	史部時令類
清	持靜齋書目	歲華紀麗四卷	子部類書類
清	鄭堂讀書記	歲華紀麗四卷	子部類書類
民國	燕京大學圖書館目録初稿——類書之部	歲華紀麗四卷	類書博物門乙專記時序之屬
1949—	中國古籍總目	歲華紀麗	史部時令類
1949—	日藏漢籍善本書録	歲華紀麗四卷	子部類書類

《歲華紀麗》一書始著録于《崇文總目》，其與《荆楚歲時記》《四時纂要》等書同歸史部歲時類。《崇文總目》歲時類序稱"自夏有小正，周公始作時訓、日星、氣節、七十二候，凡國家之政、民生之業皆取焉"。《歲華紀麗》一書之歸于歲時類，蓋由其内容皆氣節也。然《新唐書·藝文志》又將《歲華紀麗》歸入子部農家類，則與《新唐書·藝文志》史部不設歲時類有關，《新唐書·藝文志》將薛登《四時記》、裴澄《乘輿月令》、韓鄂《四時纂要》《歲華紀麗》等《崇文總目》歸入史部歲時類之書皆附于子部農家類之後。此後宋元官私書目多如《崇文總目》《新唐書·藝文志》，如全書并設史部時令類（或稱歲時類）、子部農家類，則《歲華紀麗》歸入史部時令類，如全書不設史部時令類僅設子部農家類，則《歲華紀麗》歸入子部農家類。

其實在宋元之間，《歲華紀麗》無論是被歸入史部時令類還是子部農家類，都不能改變其被視作時令之書的事實。因爲在宋元之間之際，史部時令類、子部農家類實際上是若即若離的狀態。晁公武稱"前世録史部中有歲時，子部有農事，兩類實不可分，今合之農家"⑤，陳振孫史部時令類序又云："前史時令之書，皆入子部農家類。今案諸書上自國家典禮，下及里閭風俗悉載之，不專農事也。故《中興館閣書目》別爲一類，列之史部，是矣。今從之。"⑥由晁公武、陳振孫所說可知時令書與農家書關係密切，其既可以單獨爲一類，也可以附于農家類之中。

然而到了明代之後，《歲華紀麗》除被歸入史部時令類和子部農家類外，祁承爜《澹生堂藏書目》又將其歸入史部記傳類風土之屬，《趙定宇書目》《脉望館書目》《楝亭書目》又將其歸入子部類書類，徐𤊹《徐氏家藏書目》則又將其歸入經部禮類月令之屬。祁承爜《澹生堂藏書目》在史部政實下有時令之屬、子部有設農家類的情況下却將《歲華紀麗》歸入了史部記傳類風土之屬，蓋誤將《歲華紀麗》《荆楚歲時記》與《歲華紀麗譜》視爲一類之書。然《歲華紀麗譜》一書實與《歲華紀麗》截然不同，《歲華紀麗譜》乃是記述宋代成都風俗的著作。徐𤊹《徐氏家藏書目》經部禮類附月令之屬、史部不設時令類，子部雖然設農圃類，但《歲華紀麗》顯然并非農圃之書，故《歲華紀麗》很可能根據以類相從的原則而被歸入了月令之屬。

《趙定宇書目》《脉望館書目》《楝亭書目》不設史部時令類，亦無子部農家類（此三書分類詳見表2），故據前例《歲華紀麗》一書乃無類可歸。

表2 《趙定宇書目》《脉望館書目》《楝亭書目》類目表

書名	類目
趙定宇書目	經類、類書、經濟、理樂書、子書、總文集、六朝文集、唐人文集、宋人文集、元人文集、本朝文集、晋人文集、小説書、佛書、道家書、詞、志書、小學書、術家書、醫家書、楊升庵書集目録、雜目

續表

書名		類目
脉望館書目	經部	經書總類、易經、尚書、毛詩、春秋左傳、禮記、周禮、儀禮、大學、中庸、論語、孟子、四書、孝經、爾雅
	史部	正史、雜史、職官、起居注、編年、史評、傳記、偽史霸史、總志、河、南直、北直、南京各衙門、北京各衙門、南九邊志、北九邊志、外國諸夷志、聖制、經濟、吏部、户部、禮部、兵部、刑部、工部、附詞、楊升庵集、山東、山西、河南、陝西、四川、雲南、貴州、福建、廣東、廣西、湖廣、江西、浙江、附福建
	子部	總子、儒家、雜子、名家、墨家、兵家、法家、縱横、醫書類、類書、附元人文集、佛家、仙家、雜術門類、字學、書畫、書目、小説、附樂書、雜説、曆家、譜牒、大西人術
	集	奏議、經濟、總文、總詩、漢魏六朝、四六、詩話、唐人文集、宋人文集、附李詩、杜詩、雜畫十六幅、硯板一方、本朝文集
		舊板不全書、佛經
	舊板書	經、史、子、集、小學、醫、佛家、仙家
		帖
	續增	書、畫、帖
棟亭書目		經（即總經義）、易、詩、書、春秋、禮、樂、小學、理學、韵學、字學、史（即正史、別史、史抄、史評）、鑒、明史、外國、經濟、地輿、子、釋藏、道藏、書畫、類書、説部、雜部、文集、詩集、詩類、漢魏六朝人集、唐人集、宋人集、元人集、明人集、詞、曲

　　《趙定宇書目》將《齊民要術》《農書》等農書附在佛書之後⑦。《脉望館書目》將《月令通考》收入子部雜術門類選擇類⑧。《棟亭書目》將《荆楚歲時記》放入了地輿類，將《月令廣義》《歲序總考》《齊民要術》放入子部雜部⑨。顯然《趙定宇書目》《脉望館書目》《棟亭書目》不設農家類或時令類并非不收農家類、時令類書籍，而是將農家類、時令類書籍散入他類之中，《歲華紀麗》應即是在無類可歸的前提下，被按以類相從的原則調整入了子部類書。至于《國史·經籍志》《玄賞齋書目》則皆如宋元之例，如全書并設史部時令類（或稱歲時類）、子部農家類，則《歲華紀麗》歸入史部時令類，如全書不設史部時令類僅設子部農家類，則《歲華紀麗》歸入子部農家類。

　　概而觀之，在清代之前《歲華紀麗》一般還是被視作時令書，明代《趙定宇書目》《脉望館書目》將《歲華紀麗》歸入子部類書是極爲特殊的情況。然而在清代之後將《歲華紀麗》歸入類書類成爲并不少見的現象。《四庫全書總目》《持静齋書目》《鄭堂讀書記》即使設有史部時令類仍將《歲華紀麗》歸入類書類，這反映了人們對《歲華紀麗》性質認識的改變。

26

二、《歲華紀麗》性質説辨

《歲華紀麗》一書性質如上文所説，其在清代之前一般被視作時令書，但是《四庫全書總目》却將其歸入了子部類書類，《四庫全書總目》對《歲華紀麗》的性質判斷是否合適有待商榷。

首先，《歲華紀麗》在明清時期被歸入類書類與其編纂特徵直接相關，但是四庫館臣衹看到了《歲華紀麗》與類書的相似之處，忽視了《歲華紀麗》與類書的不同。明人沈士龍"《歲華紀麗》序"：

> 至唐，而俳偶益工，《初學》等書，便專取事對。今觀歲時一部便有專帙，當時崇尚可知已。⑩

《四庫提要分纂稿》"姚鼐稿"：

> 《歲華紀麗》者，起自元正，訖于除歲，擇其事之典麗者編爲駢句，分彙于各時之下。馬氏端臨亦載其目于《通考》歲時類中。然今傳本實類書也。⑪

《四庫全書總目》"《歲華紀麗》提要"：

> 其書以四時節候分門隸事，各編爲駢句，略如《北堂書抄》《六帖》之體。⑫

由此可知，《歲華紀麗》被歸入類書類主要是因爲，其以駢句行文，且與《北堂書抄》《初學記》《白氏六帖事類集》體例相似。實際上通過對比《歲華紀麗》《北堂書抄》《白氏六帖事類集》《事類賦》的類目，我們可以看到《歲華紀麗》與唐宋類書在類目設置與排列上存在明顯不同。

《北堂書抄》《白氏六帖事類集》《事類賦》等類書編排大體上都是進行類分，比如將天部内容與歲時内容相區分，四季與節日物候相區分，其中《白氏六帖事類集》的分類雖稍顯雜亂，比如在露後附瑞露，冰後附藏冰、開冰，火後附火灾、救火、禳祭，春後附立春、春分、正二三月，但是看其節日部分以及風、雨、雪等自然現象，可知《白氏六帖事類集》基本上還是以類而分。《歲華紀麗》則是按照時間順序將四季、節日物候以及相關天部内容依次排列，其與類書的編排明顯不同，其與《歲時廣記》《月令通考》等月令書更爲相似。

其次，從《四庫全書總目》以及今人對于類書義界的認識來看《歲華紀麗》等時令書不應該由時令類改歸類書類。《四庫全書總目》"類書類序"載："類事之書，兼收四部，而非經、非史、非子、非集，四部之内乃無類可歸。……其專考一事，如同《姓名録》之類者，別無可附，舊皆入之類書，今亦仍其例。"⑭這段話對《四庫全書總目》的性質及收書範圍進行了大概説明，其認爲類書從經、史、子、集四部中彙集材料編纂而成，但又與經、史、子、集四部之書有所區别，非經、非史、非子、非集。《歲華紀麗》一書收録材料涵蓋經史子集四部，但其并非無類可歸，在歷代書目中多將其歸入史部時令類，在《四庫全書總目》設有史部時令類的情況下，嚴格來説《歲華紀麗》是不符合《四庫全書總目》類書類的收録要求的。

表3　《北堂書抄》《白氏六帖事類集》《歲華紀麗》《事類賦》相關類目對比表⑬

北堂書抄		白氏六帖事類集	歲華紀麗		事類賦	
卷一五三歲時部一	物篇、律篇、曆篇、五行篇、歲篇、閏篇	卷一　天、地（地理、土附）、日（慶瑞、灾食附）月（慶瑞、灾食附）、星（慶瑞、灾食附）、明天文、晨夜、律曆、律呂、雲（慶瑞附）、雨、雪、風、（灾附）、霞、霰、雷（霹靂、電附）、雹、虹、天河、霜（灾異附）、露（瑞露附）、霧、冰（藏冰、開冰附）、火（火灾、救火、禳祭）、灰、塵、叙四時、春（立春、春分、正二三月）、夏（立夏、夏至、四五六月）、秋（立秋、秋分、七八九月）、冬（立冬、冬至、十一十二月）、歲陽、歲名、月陽、寒、熱、陰陽（望氣）、元日、人日、正月十五、晦日、社日、中和節、寒食（附清明）、三月三、五月五、伏日、七月七、七月十五、九月九、歲除、閏月、臘	卷一　春、正月、元日、人日、上元、晦日、二月、中和節、二月八日、社日、三月、上巳、寒食	卷一天部一	天日月
卷一五四歲時部二	春篇、夏篇、秋篇、冬篇		卷二　夏、四月、四月八日、五月、端午、熱、旱、雲、瑞雲、風、風灾、占風、雨、六月、伏日	卷二天部二	星風雲
卷一五五歲時部三	元正、祖、臘、臈、伏、腰、小歲會、三月三日、五月五日、七月七日、九月九日、春分、秋分、夏至		卷三　秋、七月、七夕、中元、露、瑞露、霜、霜灾、月、瑞月、灾蝕、八月、九月、重陽	卷三天部三	雨霧霜雪雷
				卷四歲時一	春夏
卷一五六歲時部四	冬至篇、寒篇、熱篇、豐稔篇、凶荒篇		卷四　冬、十月、寒、十一月、冬至、雪、冰、藏冰、開冰、十二月、日、臘、儺	卷四歲時二	秋冬

　　此外，雖然學界中類書存在寬嚴不同的兩種義界⑮，但是誠如劉全波所説"在今天的研究情況下，我們應該采取更加嚴格的態度"⑯，如兼收并蓄，則如朱紫易淆，如慎取明辨，則同涇渭之終別⑰。《歲華紀麗》確實具有某些類書的特徵，但是今天我們應該以嚴格的態度去審視其是否爲類書，從以下幾點來看，我們認爲《歲華紀麗》不應從《四庫全書總目》改入類書類而應回歸時令類。首先，《歲華紀麗》雖然類目下彙集的資料采用了類書式的編纂方式，但是其在類目的安排上明顯是時令書的體例。其次，時令類典籍在《龍圖閣書目》中就已經初步實現了類目獨立⑱，《歲華紀麗》等以歲時知識爲內容主體的書籍并非無類可歸。再者，《歲華紀麗》在明清之前大多都歸屬時令類（歲時類）、農家類，明人趙用賢、趙琦美父子將《歲華紀麗》歸入類書類很重要的原因是其未設時令類，《四庫全書總目》等書目在設有時令類的情況下，祇看到了《歲華紀麗》與類書的共同點，忽視了兩者的不同。最後，以《四庫全書總目》爲例，其將《歲華紀麗》《錦帶》等書歸入類書類使得類書類書籍多而雜，而時令類書

籍則少而缺[19]。

綜上，我們認爲類書收錄範圍應該從嚴處理，對于《歲華紀麗》等具有類書某些特徵的書籍，我們不能僅僅看到其與類書的共同點而更應該看到其自身的獨特性以及與其他書籍的聯繫。

三、《四庫全書總目》的類書觀

對于《四庫全書總目》的類書觀，一般認爲到《四庫全書總目》編寫時，人們對于類書的性質與特點認識已經比較準確[20]，但是通過考察《歲華紀麗》一書，結合《四庫全書總目》"類書類序"以及各書提要，我們可以看出《四庫全書總目》類書類雖然在繼承前代目錄的基礎上又有所發展，但是其仍然存在缺失。

首先，《四庫全書總目》是對歷代官方史志目錄的繼承。從類書類的歸屬上看，官方史志目錄多將"類書類"置于子部，如《隋書·經籍志》將類書類書籍附于子部雜家之後，《舊唐書·經籍志》在子部獨立設置"事類"一類，《崇文總目》改"事類"爲"類書"，此後官方史志目錄皆將"類書"一類置于子部之中。而私家目錄對"類書"一類的位置認識多有不同，鄭樵《通志·藝文略》分爲經、禮、樂、小學、史、諸子、天文（星數）、五行、藝術、醫方、類書、文十二大類，類書自成一類[21]。鄭寅《鄭氏書目》分爲經、史、子、藝、方技、文、類書七類，其將類書與經、史、子并列[22]。到了明代，人們對于類書的歸類各不相同，胡應麟甚至提出"別錄二藏及贗古書及類書爲一部，附于四大部之後"[23]，但是《四庫全書總目》認爲胡應麟所說"無所取義，徒事紛更，則不如仍舊貫"[24]。最終《四庫全書總目》沿襲了官方史志目錄對類書的歸類，將類書類置于子部。從具體書目的著錄來看，《四庫全書總目》沿襲了《郡齋讀書志》《宋史·藝文志》等書對《同姓名錄》姓氏書的歸類。《郡齋讀書志》類書類，首條便是《同姓名錄》[25]，雖然，《同姓名錄》等姓氏書不是類書，但是《四庫全書總目》仍依其例將《同姓名錄》著錄于首位。

其次，《四庫全書總目》類書類相對于對前代書目有所進步，其將一些書籍從類書類中剔除，試圖使類書"純潔化"。《四庫全書總目》類書類相較于《文淵閣書目》將《文獻通考》《通典》等書從類書類改歸政書類，將《通志》改歸別史類[26]。《四庫全書總目》相較于《千頃堂書目》將屠隆《漢魏叢書》，胡震亨、姚士粦《秘冊彙函》，司馬泰《文獻彙編》《古今彙說》和毛晋《津逮秘書》等叢書從類書類汰除[27]。

最後，《四庫全書總目》還將一些書籍由他類改歸類書類，其中有比較合理可以理解的，亦有受四庫館臣自身思想影響不合理的。

第一是可以理解的，比如《四庫全書總目》將《說略》《王制考》等書由他類改歸類書類。《明史·藝文志》小說類載："顧起元《說略》六十卷。"[28]《四庫全書總目》類書類二著錄《說略》三十卷，"其書雜采說部，件系條列，頗與曾慥《類說》、陶宗儀《說郛》相近，故《明史》收入小說家類。然詳考體例，其分門排比編次之法，實同類書"[29]。朱彝尊《經義考》禮記類著錄"李黼《王制考》一卷"[30]。《四庫全書總目》類書類存目一著録《王制考》四卷，"是書采經史中有關制度者，以《周禮》《禮記》《春秋左傳》《國語》凡先王之法類聚于前，以《史記》《漢書》以下凡後世之法類聚于後，統爲七十四篇。自序謂他日下陳場屋，上對明廷，蓋爲舉業對策設也。其書成于正德中。本四卷，朱彝尊《經義考》誤作一卷。且此書雜采經史，自分門類，非疏解《禮記》之《王制》，彝尊列之《禮記》，亦爲失考"[31]。《四庫全書總目》著録《三場通用引易活法》九卷，"不著撰人名氏。蓋南宋人取説《易》之詞，分類排比，以備場屋之用者也。其詞雖皆解《易》，而其體則全爲類書，不可復列之經類，故改隸子部篇"[32]。《四庫全書總目》結合各書體例内容，將《説略》《王制考》等書改歸類書類是比較合理的。

第二，是不合理的部分，這些書籍本有所歸但因四庫館臣認爲其價值不足以入其本類而被改歸類書類。《四庫全書總目》"時令類序"載："至于選詞章，隸故實，誇多鬥靡，浸失厥初，則踵事增華，其來有漸，不獨時令一家爲然。汰除鄙倍，采擷典要，亦未始非《豳風》《月令》之遺矣。"[33]依《四庫全書總目》"時令類序"所説，其認爲"選詞章、隸故實"的時令類書書籍并非"《豳風》《月令》之遺"，不應該歸入時令類。《錦帶》《錦帶補注》《歲華紀麗》等書，皆因此被四庫館臣由其本類改歸類書類。除《歲華紀麗》等時令類書籍之外，《五經總類》《春秋内外傳類選》等不屬于類書，但因四庫館臣以其價值不足入其本類，而被强行歸入類書類。《千頃堂書目》"經解類"著録"張雲鸞《五經總類》四十卷，無錫人"[34]，《四庫全書總目》因《五經總類》"不過爲舉業之用，本不爲經義立言，亦無足深論"，而將其"退置類書類中"[35]《春秋内外傳類選》一書，四庫館臣亦因其"以《左傳》《國語》各標題目，分編二十三門，以備時文之用。間旁注音訓一二字，亦皆淺陋，與經學毫無所關。而又非《文章正宗》選録《左傳》之例。無類可附，姑從其本志，入之類書類焉"[36]。從《歲華紀麗》等時令書以及《五經總類》《春秋内外傳類選》不歸其本類而入類書類的原因來看，四庫館臣是從維護封建統治的官方立場上來看待這些書籍的。對于時令類書籍，其認爲時令類書籍是"本天道之宜，以立人事之節"，時令書所載民事即王政也[37]，而《歲華紀麗》等書是"采詞章，隸故實"，非"《豳風》《月令》之遺"。對于《五經總類》，其認爲《五經總類》并非爲經義立言，不足以入經類。而在濃厚的官方色彩下，必然存在學術缺失，對于《歲華紀麗》等歲時類書籍便是如此，在學術上其本有"家"而在《四庫全書總目》中却被逐出了"家門"。對于類書類四庫館臣則認爲"隸事分類，亦雜言也，皆旁資參考"[38]，這便導致一些非類書而被歸于類書類之中。

綜上，《四庫全書總目》類書類是對前代目録的繼承與發展，其一方面在繼承前朝目録的基礎上試圖使類書"純潔化"，汰除《通典》等政書以及《漢魏叢書》等叢書，而另一方面又在實際操作過程中將一些書籍從他類改歸類書類，其中既有可以理解的也有不妥的。

四、結 語

《歲華紀麗》一書在清代之前大多被視爲時令書，明人趙用賢、趙琦美父子始將其

30

歸入類書類，此後《楝亭書目》《浙江采集遺書總錄》《四庫全書總目》亦將其歸入類書類。趙用賢、趙琦美父子將《歲華紀麗》歸入類書類出于多重原因，其一就是《趙定宇書目》《脉望館書目》沒有設立時令類或農家類。《四庫全書總目》將《歲華紀麗》收入類書類既與《歲華紀麗》體例有關，又與《四庫全書總目》類書觀有關，《四庫全書總目》對《歲華紀麗》性質認識有待商榷。《歲華紀麗》一書在類目安排上，實際上明顯與《北堂書抄》等類書不同，其與月令體書籍更爲相似。在時令類早已獨立成類的情況下，我們更應該將《歲華紀麗》歸入史部時令類而非子部類書類。

　　從《歲華紀麗》歸入類書類的原因來看，《四庫全書總目》雖然在繼承前朝目錄的基礎上有所發展，但是受官學思想影響，四庫館臣將部分書籍以其不足以入其本類爲由，而改歸類書類，這就導致了《四庫全書總目》類書觀在官學影響下存在缺失。《四庫全書總目》作爲中國古代最爲重要的一部學術批評史和學術文化史著作[39]，對後世影響深遠。受《四庫全書總目》類書思想影響，《燕京大學圖書館目錄初稿——類書之部》甚至單獨設立姓名類，并在博物門下專設時序之屬[40]，雖然其采用互著法稱姓名類互見譜牒，但是在明代《文淵閣書目》中《古今同姓名錄》《元和姓纂》等姓氏書就已單獨成姓氏一類[41]，《四庫全書總目》不設譜牒類或姓氏類，故被强行歸入類書類。從前代目錄來看，《四庫全書總目》對于姓氏書、《歲華紀麗》等時令書的歸類本身就存在問題，而後人反而受其影響以誤傳誤。在新時代研究類書我們應該審慎看待《四庫全書總目》類書類對書籍性質的判斷，取其精華去其糟粕，對于類書收錄範圍應從嚴處置。

注釋：

① 劉葉秋：《類書簡説》，上海古籍出版社，1980 年，6—7 頁。
② 張滌華：《類書流別》，商務印書館，1985 年，5 頁。
③ 王金躍：《〈歲華紀麗〉與唐代民衆歲時民俗》，碩士學位論文，青島大學，2012 年，15 頁。
④ 于麗萍：《〈歲華紀麗〉研究》，碩士學位論文，西南交通大學，2021 年，27 頁。
⑤ （宋）晁公武撰，孫猛校證：《郡齋讀書志校證》卷一二《農家類》，上海古籍出版社，1990 年，572 頁。
⑥ （宋）陳振孫撰，徐小蠻、顧美華點校：《直齋書錄解題》卷六，上海古籍出版社，2015 年，189 頁。
⑦ （明）趙用賢：《趙定宇書目》，上海古籍出版社，2005 年，47—48 頁。
⑧ （明）趙琦美：《脉望館書目》，中華書局編輯部編《宋元明清書目題跋叢刊（明代卷）》第一册，中華書局，2006 年，953 頁。
⑨ （清）曹寅：《楝亭書目》卷二《輿地》，金毓黻主編《遼海叢書》第四册，遼瀋書社，1985 年，2643 頁；曹寅：《楝亭書目》卷三《雜部》，金毓黻主編《遼海叢書》第四册，遼瀋書社，1985 年，2664—2665 頁。
⑩ （唐）韓鄂：《歲華紀麗》"沈士龍序"，明崇禎時期汲古閣刊本，2a 頁。
⑪ （清）翁方綱等著，吳格、樂怡標校《四庫提要分纂稿》，上海古籍出版社，2006 年，414 頁。亦見于張升：《〈四庫全書〉提要稿輯存》第五册，北京圖書館出版社，2006 年，75 頁。
⑫ （清）紀昀、陸錫熊、孫士毅等撰，四庫全書研究所整理：《欽定四庫全書總目》卷一三七《類書

類存目一》，中華書局，1997 年，1799 頁。

⑬ 該表《北堂書鈔》采用天津古籍出版社 1988 年版，《白氏六帖事類集》采用文物出版社 1987 年影印傅增湘舊藏蜀宋紹興本，《歲華紀麗》采用哈佛大學圖書館藏明崇禎時期汲古閣刊本，《事類賦》采用文淵閣四庫全書本。

⑭《欽定四庫全書總目》卷一三五《類書類序》，1769 頁。

⑮ 王三慶：《敦煌類書·總序》，麗文文化事業股份有限公司，1993 年，4 頁。

⑯ 劉全波：《類書研究通論》，甘肅文化出版社，2018 年，97 頁。

⑰ 同注②，5 頁。

⑱ 劉全波、代金通：《論時令類典籍的目録學流變》，北京師範大學民俗典籍文字研究中心《民俗典籍文字研究》二十八輯，北京：商務印書館，2021 年，83—86 頁。

⑲《四庫全書總目》歲時類僅著録《歲時廣記》《御定月令輯要》二書，存目著録《四時宜忌》《四時氣候集解》等十一部書，其數量遠遠少于明朝焦竑《國史·經籍志》的三十八部。而《四庫全書總目》類書類雜收時令、姓氏等書，類書類共六十四部，存目二百一十七部。

⑳ 孫津華：《〈四庫全書總目·類書〉探析》（《圖書館工作與研究》2005 年 2 期，48—52 頁）認爲類書自産生以來，其性質已日益爲世人所認識，到《四庫全書總目》作者手中，對某書是否應歸入類書，可以說已經相當明確了。顏文武《論〈四庫全書總目〉的類書思想》（《圖書館學刊》2009 年 4 期，85—87 頁）認爲《四庫全書總目》類書類序對類書的性質及歸屬作了精當的論述，《四庫全書總目》的類書類序及各書提要體現了四庫館臣較爲成熟的類書思想，《四庫全書總目》對類書的性質與特點的認識已經比較準確。

㉑ "星數類第七" 在《通志·藝文略》中即爲 "天文類第七"，參見（宋）鄭樵：《通志二十略·校讎略》"編次必謹類例六篇"，中華書局，2009 年，1804 頁。

㉒《鄭氏書目》今已不存，《直齋書録解題》有載其類目情況。參見（宋）陳振孫撰，徐小蠻、顧美華點校：《直齋書録解題》卷八，上海古籍出版社，2015 年，237 頁。

㉓《郡齋讀書志校證》卷一四《類書類》，646 頁。

㉔ 同注⑭，1769 頁。

㉕（明）胡應麟：《少室山房筆叢》卷二九《九流緒論下》，上海書店出版社，2009 年，287 頁。

㉖（明）楊士奇：《文淵閣書目》卷一一《類書》，王雲五主編《叢書集成初編》，商務印書館，民國二十四年（1935），141—143 頁。

㉗（清）黃虞稷撰，瞿鳳起、潘景鄭整理：《千頃堂書目（附索引）》卷一五《類書類》，上海古籍出版社，2001 年，400—411 頁。

㉘《明史》卷九八《藝文三·小説家類》，中華書局，1974 年，2435 頁。

㉙《四庫全書總目》以《明史·藝文志》載《説略》六十卷爲偶誤，但是實際上《明史·藝文志》不誤，《説略》三十卷本萬曆間刻，六十卷本天啓間刻，《北京圖書館善本書目》收有此書兩種版本。參見《欽定四庫全書總目》卷一三六《類書類二》，1792 頁。

㉚（清）朱彝尊撰，林慶彰等主編：《經義考新校》卷一四八《禮記十一》，上海古籍出版社，2010 年，2740 頁。

㉛ 同注⑫，1810 頁。

㉜ 同注⑫，1805 頁。

㉝《欽定四庫全書總目》卷六七《時令類序》，919 頁。

㉞（清）黃虞稷撰，瞿鳳起、潘景鄭整理：《千頃堂書目（附索引）》卷三《解經類》，上海古籍出版社，2001 年，85 頁。

㉟《欽定四庫全書總目》卷一三八《類書類存目二》，1823 頁。

㊱ 同上，1817 頁。

㊲ 同注㉝，919 頁。

㊳《欽定四庫全書總目》卷九一《子部總叙》，1191 頁。

㊴ 周積明：《文化視野下的〈四庫全書總目〉》，中國青年出版社，2001 年，266 頁。

㊵ 鄧嗣禹：《燕京大學圖書館目録初稿——類書之部》，燕京大學圖書館，民國二十四年（1935），
Ⅰ 頁。

㊶（明）楊士奇：《文淵閣書目》卷一二《姓氏》，商務印書館，民國二十四年（1935），156—
157 頁。

（作者單位：蘭州大學敦煌學研究所）

張燮《七十二家集》編刻考

戴　聰

內容提要：在明朝復古運動的影響和前輩的示範下，張燮極力推崇漢魏六朝文學，以一己之力編就《七十二家集》。作爲總集體的漢魏六朝文集，《七十二家集》收録自宋玉迄薛道衡之作，體量龐大，體例嚴謹，遠超前人，不僅是現存漢魏諸多名家文集的最早輯本，也是張溥編就《漢魏六朝百三名家》的基礎。然有關此書的編纂過程與刊刻情況尚存有一些疑惑不明之處，倘藉由張燮之著述及其與友人的來往書信，可得以澄清。

關鍵詞：張燮　《七十二家集》　編纂　刊刻

　　張燮（1574—1640），字紹和，號汰沃，別號海濱逸史、石户主人等，明漳州府龍溪縣錦江（今福建省漳州市龍海區石碼鎮）人。張燮著有《霏雲居集》《群玉樓集》等，又編纂刊刻《七十二家集》《初唐四子集》等。其中，《七十二家集》包括《漢魏七十二家集》與《唐賢七十二家集》兩種，可惜後者并未付梓刊刻。徐𤊹《寄楊南仲》記崇禎十三年正月事：“登紹和萬石山……郡伯與紹和議梓《唐賢七十二家》，允爲盛典，𤊹亦預校讎。此集行，亦大愉快也。”[①]然張燮同年三月卒，《唐賢七十二家集》似輯而未刻。故後世所稱《七十二家集》，通常指《漢魏七十二家集》。

　　此收録漢魏六朝名家別集的《七十二家集》，是明中後期文學復古風氣影響下重編漢魏六朝人集的代表成果之一。清萬斯同《明史·藝文志》有著録，僅有目，未明卷數。明徐興公《徐氏紅雨樓書目》、清黃虞稷《千頃堂書目》皆著録“三百五十一卷”，《續修四庫全書》著録“三百四十三卷”，今人瞿冕良《中國古籍版刻辭典》録爲“346 卷”。《七十二家集》初爲明末張燮自刻本，因明張溥《漢魏六朝百三名家集》（以下簡稱《百三家集》）緊隨其後迅速揚名，有取而代之之勢，《七十二家集》并未廣泛流傳，重刊重刻亦少，《續修四庫全書》據明末張燮刻本有影印本。中國國家圖書館庋藏有明末刻本，《北京圖書館古籍善本書目》《中國古籍善本書目》著録爲“明天啓、崇禎間刻本”。現存凡三百四十六卷、附録七十二卷，裒輯先唐七十二位名家別集，上起楚之宋玉，下訖隋之薛道衡。半葉九行，行十八字，小字雙行同，上下單邊，左右雙邊，單魚尾，白口，書口題別集之名，部分集子版心下刻有刻工姓名和字數[②]。

　　張燮編刻《七十二家集》之事，在與友人的書信中常有提及，故其編纂、刊刻過程也有迹可循。緣此，本文擬對張燮的漢魏文集編纂與刊刻活動進行一個以時間爲序的事實考證。

一、編纂動機與材料來源

鴻篇巨製，絕非一朝一夕而就，《七十二家集》長達三百餘卷，合之爲叢編總集，分之爲諸家別集，更非隨意而作，自有其編纂動機。但徒有動機，尚且不足，還需前人的文獻材料，加上張燮本人經年纍月的搜輯與積纍。

（一）動機與緣起

明倡復古，漢魏六朝文學也愈見推重，已有總集、別集已經難以滿足文人的需求，諸多有志之士開始從叢書、類書、史傳等材料裏重新輯佚，對漢魏六朝集部文獻進行重編，此風一興，愈演愈烈。佼佼者如梅鼎祚、焦竑、汪士賢等人，對張燮或多或少都有影響。張燮原也有志于此，他認爲自己生不逢時，"今久承平，士大夫多疏武略，又鈍文心"，一心嚮往六代之季，雖"兵戈雲擾"，但文人輩出，諸家"胸中往往富萬卷書"，文壇"鸞龍爭奮"。他自苦"遭世恨晚"，"無從拍昔賢之肩而撫其背"，故退而求其次，"唯從册府之藏、市門之懸，間取披閱，如同晤展，與共揚較③，以書爲媒，與古人先賢對話，聊以自慰。

前輩們重編漢魏文集的豐碩成果，無疑是點火送風，燎起了張燮自輯自編的野心，他在《答蔡仁夫》中寫道：

> 乃猛自出脱，呼幼兒檢校殘書，從造物乞作蠹魚長，以此逃生。業從兩京六朝諸有傳播者，悉爲匯次，裒作一家言。此書若成，亦是宇宙間一麗矚，正恐造物還複妬也。④

前人所編文集的可圈點處，張燮欣然借鑒，前人編纂不足之處，張燮在嘆惋之餘，也力求修正，以期盡善盡美。《七十二家集‧凡例》中道：

> 先代鴻編，歲久彫耗，一家之言，傳播者寡。近所刻漢魏文集，各具一臠，然掛漏特甚。即耳目數習慣者，尚多見遺，因爲采取而補之。又念代興作者，豈惟數公，不宜録此弃彼，乃推廣他氏，自宋玉而下訖薛道衡，大地精華、先輩典刑，盡于此矣。⑤

又《寄張夢澤觀察》：

> 近見漢魏六朝諸有集者，俱非全書，欲足而補之，稍正其亥豕。其未有集行，散見他刻者，間爲裒合，成一家言。⑥

已有文集，或是篇目失收，有諸多缺漏，或是存此去彼，遺漏別家，故張燮決意自輯，一來補足已有名家別集，盡力完善，二來搜羅有價值却未有集行的文人作品，致力于輯存先賢筆墨。

（二）材料來源

前輩輯佚之成果，雖有未盡善處，但也爲《七十二家集》提供了基本的文獻材料。

王京洲認爲梅鼎祚、焦竑以及《漢魏諸名家集》可能對張燮《七十二家集》有直接影響。梅氏、焦氏作爲父執輩，自身成就斐然，對張燮不僅僅有潜移默化的影響，或許也曾出于愛重之心有意提携引導過。"署名爲汪士賢編刻的《漢魏諸名家集》，在形式上爲《七十二家集》的編刻奠定了堅實的基礎。"《凡例》所言的"近所刻漢魏文集""多見遺""惟數公"，當指向《漢魏諸名家集》⑦。前有引路人，張燮漢魏文集的編纂，也不算太艱難，但要憑一己之力編就一部匯輯七十二家别集的叢編總集，這還遠遠不够。

叢編之書，多輾轉相襲，或有捃摭遺逸，僅做增補。然張燮編七十二家，自輯之數量遠遠大于前人所輯，且對前人成果，也并非一味承襲。有舊本行世者，張燮據舊本增補删削，重新編定，無舊本傳世者，則搜輯放佚，躬自新編。既要補遺，又要新編，就須拓寬文獻來源，詩文集自不用説，張燮又翻盡《藝文類聚》《太平御覽》等類書，也閲遍了其他叢書和史志文獻，誠如《凡例》所言"若稗乘山經，間偶披剔而得全文"⑧。也常常向友人求書，如《寄張夢澤》："先生二酉所羅，倘有可補入者，無吝惠教，匡我不逮，是所望也。"⑨有時甚至不拘于叢籍，碑刻文獻也是搜羅作品的重要途徑。他在《寄張夢澤觀察》自述云："斷碣荒碑，搜索殆遍，每得一篇，爲耳目不甚經見，劇喜如獲球琳。"⑩

但如此苦心輯佚，仍難免有一些遺憾。其一，誤書多訛不精，"古詩文散見諸處，苦無善本，即諸史所載，已覺魯魚間出……傳訛者殆不勝指矣"⑪。張燮唯有網羅群籍，參合數本以裁定正誤，有形聲可尋的，也能自行決斷，但遇到無可參訂的文章，就不得不一仍其舊。其二，零星抄録，難成全篇，佚失篇目多輯自叢殘，但"完制無多，碎金仍瑣"，"割截太過，不無遺恨"。或有同一篇目，一書載一二語，他書又載兩三句，張燮則"尋其脉絡所通，爲之增入，上下不接，則題一又字，另附于後"⑫。

如此日復一日年復一年的積纍，匯成了編纂《七十二家集》的重要文獻依據，雖亦難免有失收之篇，但也足以成就一部青出于藍的重編本漢魏文集。張燮《寄魏仲雪水部》云：

> 比來撰著，度已次第流播雞林，不特都下競爲傳寫也。僕弃鱗養角，自擴長霄，獨有一種文心，未隨韶華俱盡。<u>數年覓得從古高壇遺製成帙者，起周漢，訖于隋代，計七十有二家</u>，愛我者業已次第爰付殺青，第私心尚慮采取未廣，間成罅漏……⑬

二、編纂原則與全書體例

張燮編纂《七十二家集》自有標準與體例，小至别集收文之取捨校勘，大至各家卷首卷末之撰寫，用功之勤，用心之苦，非後起《百三家集》可輕易取締。

（一）編纂原則

關于《七十二家集》的編纂原則，《凡例》已有説明。

首先，收録作者上起宋玉下至薛道衡，"遞以年代相次"，以作者生平最著名的官職（帝王爲廟號）作爲別集之名。收文下限“以六朝爲界”，因“唐後雄文蔚起，然篇帙既廣，殆不勝收，體格漸離，宜從姑舍”，且張燮亦輯有《唐賢七十二家集》，故此書不收唐後文集。至于隋朝的五部文集，張燮解釋道：“架累高塵，或撰述成自先朝，乃身名容參後祀。如江淹入梁，盧思道入隋，咸以所屆爲其駐足之鄉，大較以史書署在何代爲準。”⑭且隋朝承襲自六朝，僅存續兩代，文章風格也一脈相承。所以，也并無違逆“六朝爲界”的原則。

其次，收文範圍僅限于集部作品，“集中所載，皆詩賦文章，若經翼史裁、子書稗説，其別爲單行，不敢混收”。張燮認爲“四部元自分途”，故“不宜以經史子而入集”，比如董仲舒之《春秋繁露》屬經部，班固之《漢書》、沈約之《宋書》屬史部，梁元帝之《金樓子》、任昉之《述異記》屬子部，“俱置不録，録其似集中體者”⑮，僅做文獻來源之用，比如嵇康之《高士傳》，又名《聖賢高士傳贊》，本屬史部，別自爲書，張燮輯《嵇中散集》時單獨收録了其中的“贊”。

再次，七十二家，不乏有難得輯佚者，但“諸家最少，亦以二卷爲率”，如漢之《王諫議集》、晉之《孫馮翊集》和梁之《劉户曹集》等，均輯得二卷，且在現存輯本中，又當以《七十二家集》本爲最早。至于“其不能足二卷者”，則“存而不論，徐俟廣收”⑯，可見張燮之搜輯苦心。

（二）全書體例

《七十二家集》有其編纂原則，自當也有其編纂體例，一言以蔽之：體例井然，條理分明。開篇先發凡起例，道明作者之用心，凡例之後，列七十二家總目，諸家別集又另有子目，可謂環環相扣，自成乾坤。具體如下：

1．總目與子目、正文

七十二家總目以時代爲序，小字標明各代人數，以作者官職爲別集之名，帝王則以廟號爲名，集名之下小字列籍貫、作者，大字列卷數，如“郭弘農集 河東郭璞著六卷”。具體如下：

表1 《七十二家集》總目表

朝代		別集名	卷數	
1	周（1）	宋玉	《宋大夫集》	三卷	3
2	漢（12）	賈誼	《賈長沙集》	三卷	44
		司馬相如	《司馬文園集》	二卷	
		董仲舒	《董膠西集》	二卷	
		東方朔	《東方大中集》	二卷	
		王褒	《王諫議集》	二卷	
		揚雄	《揚侍郎集》	五卷	
		馮衍	《馮曲陽集》	二卷	

續表

朝代		別集名		卷數	
		班固	《班蘭臺集》	四卷	
		張衡	《張河間集》	六卷	
		蔡邕	《蔡中郎集》	十二卷	
		孔融	《孔少府集》	二卷	
		諸葛亮	《諸葛丞相集》	二卷	
3	三國魏（7）	曹操	《魏武帝集》	五卷	41
		曹丕	《魏文帝集》	十卷	
		曹植	《陳思王集》	十卷	
		王粲	《王侍中集》	三卷	
		陳琳	《陳記室集》	二卷	
		阮籍	《阮步兵集》	五卷	
		嵇康	《嵇中散集》	六卷	
4	晋（11）	傅玄	《傅鶉觚集》	六卷	51（實47）
		孫楚	《孫馮翊集》	二卷	
		夏侯湛	《夏侯常侍集》	二卷	
		潘岳	《潘黄門集》	六卷	
		傅咸	《傅中丞集》	四卷	
		潘尼	《潘太常集》	二卷	
		陸機	《陸平原集》	八卷	
		陸雲	《陸清河集》	八卷	
		郭璞	《郭弘農集》	六卷（實二卷）	
		孫綽	《孫廷尉集》	二卷	
		陶淵明	《陶彭澤集》	五卷	
5	南朝宋（5）	謝靈運	《謝康樂集》	八卷	25（實24）
		顏延之	《顏光禄集》	五卷	
		鮑照	《鮑參軍集》	六卷	
		謝惠連	《謝法曹集》	二卷	
		謝莊	《謝光禄集》	四卷（實三卷）	
6	南朝齊（2）	謝朓	《謝宣城集》	六卷	10
		王融	《王寧朔集》	四卷	

續表

朝代			別集名	卷數	
7	南朝梁（18）	蕭衍	《梁武帝集》	十二卷	108
		蕭統	《梁昭明太子集》	五卷	
		蕭綱	《梁簡文帝集》	十六卷	
		蕭繹	《梁元帝集》	十卷	
		江淹	《江醴陵集》	十四卷	
		沈約	《沈隱侯集》	十六卷	
		陶弘景	《陶隱居集》	四卷	
		任昉	《任中丞集》	六卷	
		王僧孺	《王左丞集》	三卷	
		陸倕	《陸太常集》	二卷	
		劉孝標	《劉戶曹集》	二卷	
		王筠	《王詹事集》	二卷	
		劉孝綽	《劉秘書集》	二卷	
		劉潛	《劉豫章集》	二卷	
		劉孝威	《劉中庶集》	二卷	
		庾肩吾	《庾度支集》	三卷（實四卷）	
		何遜	《何記室集》	三卷	
		吳均	《吳朝請集》	四卷（實三卷）	
8	南朝陳（5）	陳叔寶	《陳後主集》	三卷	23
		徐陵	《徐僕射集》	十卷	
		沈炯	《沈侍中集》	三卷	
		江總	《江令君集》	五卷	
		張正見	《張散騎集》	二卷	
9	北魏（2）	高允	《高令公集》	二卷	4
		溫子升	《溫侍讀集》	二卷	
10	北齊（2）	邢邵	《邢特進集》	二卷	5
		魏收	《魏特進集》	三卷	
11	北周（2）	庾信	《庾開府集》	十六卷	19
		王褒	《王司空集》	三卷	

朝代			別集名	卷數	
12	隋（5）	楊廣	《隋煬帝集》	八卷	18
		盧思道	《盧武陽集》	三卷	
		李德林	《李懷州集》	二卷	
		牛弘	《牛奇章集》	三卷	
		薛道衡	《薛司隷集》	二卷	
共計 72 人				351（實 346）卷	

　　《七十二家集》收周 1 人、漢 12 人、三國魏 7 人、晉 11 人、南朝宋 5 人、南朝齊 2 人、南朝梁 18 人、南朝陳 5 人、北魏 2 人、北齊 2 人、北周 2 人、隋 5 人，計 12 朝 72 人，故名。諸家最少者 2 卷，至多者 16 卷，總目計有 351 卷，但總目標明《郭弘農集》六卷，正文實爲二卷，《謝光祿集》四卷實爲三卷，《庾度支集》三卷實爲四卷，《吳朝請集》四卷實爲三卷，可能是張燮誤刻，所以實有 346 卷。《續修四庫全書》著録 343 卷，可能正是國家圖書館的傅增湘藏版，總目用墨筆將《陸清河集》改爲四卷，《郭弘農集》改爲二卷，其餘未改，實缺《陸清河集》後四卷，故總目計 343 卷。

　　諸家別有子目，列出詳細篇目。集中文體排列有序，一般首爲賦，次爲詩，再次爲文。文下又分有疏、書、論、表、序、對問等體，視作者作品而收，不一而足。正文分卷，一般每卷首頁分兩行竪題作者和編者，如《宋大夫集》，“宋大夫集卷之一”後題“楚郢中宋玉著”“明閩漳張燮纂”，有的文集如《司馬文園集》題編者時爲“明閩漳張燮紹和纂”，還有一些文集將編者題于目録首頁，如《魏武帝集》目録首頁題“明海濱逸使張燮纂”、《梁武帝集》題“明海濱逸使張燮紹和纂”，作者則題于分卷首頁。位置之差異，也反映出此書之刊刻應非一時而成。

　　《七十二家集》收文，亦有匠心，“其同時贈答諸語，即附于是篇之後。蓋氣誼之酬酢，音旨之往還，開卷可悉也。間或彼此雙收，不妨叠見耳”。獨有魏氏、梁氏兄弟父子間酬酢來往詩文甚多，且卷帙接連，張燮方纔“不需更贅，聊用省煩”[17]。所收詩文，也經過張燮父子校勘，有條件者往往參詳數本，無對校條件的，也盡可能據詩文自身邏輯加以裁定。

2．卷首集序

　　諸家別集，除了子目外，還另有卷首之集序和卷末之附録。

　　七十二家中，卷首有叙録文字者五十七家，内容上評騭人物，品評詩文，多采用知人論世和連類比較的方法，具有較高的文學鑒賞價值，非一般序跋可比。諸家之卷首，分之可作各家專論，合之亦可爲文學簡史。

　　卷首題名不一，有“序/叙”“引/小引”“題辭/題詞”三種，筆者統稱爲“集序”。其中，序 19 篇、叙 1 篇，合 20 篇；引 23 篇、小引 3 篇，合 26 篇；題辭 6 篇、題詞 5 篇，合 11 篇。命名有別，并非隨意而爲，張燮《群玉樓集自序》解釋道：“若乃集序之外，有題詞，有書後，有引，有跋，雜曳後塵……"[18]據統計，"序/叙"的篇幅最長，"題辭/題詞"次之，"引/小引"篇幅最短。"序"最長者《重纂陶隱居集序》有501字，最短者《宋大夫集序》有287字；"題辭/題詞"最長者《庾度支集題詞》有274字，最短者《揚侍郎集題詞》有224字；"引/小引"最長者《張散騎集引》有219字，最短者《重纂東方大中集引》有148字。除了字數之別，王京洲認爲三種文體還有命意深淺之差："序和題辭篇幅較長，命意往往較爲深刻，而引大多不足二百字，閃轉騰挪的空間不大，命意也相對淺顯。"[19]

五十七家之外，另有四篇集序，收錄于《群玉樓集》，可能是刊刻《七十二家集》時，張燮尚未及撰寫所致。此四篇，依序爲《魏武帝集序》《傅中丞集序》《潘太常集引》《張散騎集引》[20]，其中《魏武帝集序》，有目無文，臺北"國家圖書館"、河南省圖書館藏《群玉樓集》皆有缺頁，無法求得正文。故就現存文獻觀之，張燮至少曾撰六十一家集序，餘下十一家，可能是因爲刊刻時間緊迫，無暇撰寫。

另，集序多爲手書，落款也常題有作者、時間和地點，據統計，五十七家中，多數爲手書上版，軟體字，但《夏侯常侍集引》《重纂謝法曹集序》《重纂任中丞集引》《隋煬帝集題辭》《李懷州集題辭》五家非手書，爲明顯的硬體字，亦可證編刻應非一時之功，詳下文表3。

3. 卷末附録

七十二家卷末皆有附録，合72卷，關于附録的内容，《凡例》説之甚詳：

綴屬既已竟篇，別爲附録，壓以本傳，而他錄記及後人追頌等篇，以次具焉。同時贈答諸草，有集中本文已失，而他人語獨存者，亦載附録中。事有本傳不載，而雜見他書者，別爲遺事，口頌一遍，可當肉譜也。

張燮對漢魏諸家往往以温和包容的態度加以體察，不因人廢言，也很少以政治、道德的眼光審視，這一體認在卷首表現爲集序，在卷末則表現爲集評，故附録多"以集評終焉"[21]。

有時張燮也自撰詩文，列于"遺事"之前。另，"集評"之後，篇目有爭議者，另立"糾謬"一門，詳列所以駁出之故，用以考辨真偽、裁奪訛傳。詳下表：

表2　《七十二家集》附録表

朝代	作者	別集名	附録	
			自撰詩文	糾謬
周（1）	宋玉	宋大夫集	/	微咏賦
漢（12）	賈誼	賈長沙集	賈長沙	/
	司馬相如	司馬文園集	司馬長卿	/
	董仲舒	董膠西集	/	越有三仁對
	東方朔	東方大中集	東方曼倩	√（口語非筆録者删歸本傳及遺事）

續表

朝代	作者	別集名	附錄	
			自撰詩文	糾謬
	王褒	王諫議集	/	吊萇弘賦
	揚雄	揚侍郎集	揚子雲	√（删去屬經部《太玄經》的《玄攤》）
	馮衍	馮曲陽集	/	/
	班固	班蘭臺集	/	/
	張衡	張河間集	/	/
	蔡邕	蔡中郎集	/	劉鎮南碑
	孔融	孔少府集	/	/
	諸葛亮	諸葛丞相集	/	/
三國魏（7）	曹操	魏武帝集	/	/
	曹丕	魏文帝集	/	/
	曹植	陳思王集	/	/
	王粲	王侍中集	/	/
	陳琳	陳記室集	/	/
	阮籍	阮步兵集	竹林七賢贊	/
	嵇康	嵇中散集	/	（注：目錄有"糾謬"，正文缺）
晋（11）	傅玄	傅鶉觚集	/	/
	孫楚	孫馮翊集	/	/
	夏侯湛	夏侯常侍集	/	/
	潘岳	潘黄門集	/	思遊賦（係摯虞作，删）
	傅咸	傅中丞集	/	/
	潘尼	潘太常集	/	/
	陸機	陸平原集	/	晋劉處士參妻王氏夫人誄
	陸雲	陸清河集	/	/
	郭璞	郭弘農集	書郭璞傳後	/
	孫綽	孫廷尉集	/	/
	陶淵明	陶彭澤集	過陶靖節故里	（注：目錄有"糾謬"，正文缺）

42

續表

朝代	作者	別集名	附錄	
			自撰詩文	糾謬
南朝宋（5）	謝靈運	謝康樂集	/ （注：張燮有《書謝靈運傳後》，不見于《七十二家集·謝康樂集》附錄，見于《霏雲居集》卷五二）	/
	顏延之	顏光祿集	/	/
	鮑照	鮑參軍集	/	/
	謝惠連	謝法曹集	/	/
	謝莊	謝光祿集	/	/
南朝齊（2）	謝朓	謝宣城集	/	/
	王融	王寧朔集	/	/
南朝梁（18）	蕭衍	梁武帝集	書梁本紀後	
	蕭統	梁昭明太子集	蠟鵝辯	√（昭明太子集混收簡文之作，另其他冒收之作）
	蕭綱	梁簡文帝集	/	原宥北人詔
	蕭繹	梁元帝集	/	/
	江淹	江醴陵集	/	/
	沈約	沈隱侯集	/ （注：張燮有《書沈約傳後》，不見于《七十二家集·沈隱侯集》附錄，見于《霏雲居集》卷五二）	/
	陶弘景	陶隱居集	書陶弘景傳後	√（混收沈約、庾肩吾、簡文帝之作）
	任昉	任中丞集	/	/
	王僧孺	王左丞集	/	/
	陸倕	陸太常集	/	/
	劉孝標	劉户曹集	讀史考誤	/
	王筠	王詹事集	/	/
	劉孝綽	劉秘書集	/	/
	劉潛	劉豫章集	/	/

續表

朝代	作者	別集名	附録	
			自撰詩文	糾謬
	劉孝威	劉中庶集	/	/
	庾肩吾	庾度支集	賦得庾子慎	/
	何遜	何記室集	/	/
	吳均	吳朝請集	/	岩棲賦、竹賦
南朝陳（5）	陳叔寶	陳後主集	/	/
	徐陵	徐僕射集	/	√（混收沈炯之作）
	沈炯	沈侍中集	/	/
	江總	江令君集	/	/
	張正見	張散騎集	/	/
北魏（2）	高允	高令公集	/	/
	温子升	温侍讀集	/	/
北齊（2）	邢邵	邢特進集	/	/
	魏收	魏特進集	/	/
北周（2）	庾信	庾開府集	/	彭城公夫人爾朱氏墓志銘、伯母東平郡夫人李氏墓志銘
	王褒	王司空集	/	/
隋（5）	楊廣	隋煬帝集	/	/
	盧思道	盧武陽集	/	/
	李德林	李懷州集	/	/
	牛弘	牛奇章集	/	/
	薛道衡	薛司隸集	/	/

自撰詩文篇幅較短者如《賈長沙》《司馬長卿》《東方曼倩》《揚子雲》《過陶靖節故里》《賦得庾子慎》，爲張燮所撰之詩，篇幅較長者如《竹林七賢贊》《書郭璞傳後》《書梁本紀後》《蠟鵝辯》《書陶弘景傳後》《讀史考誤》則類似于張燮的讀書筆記，計有 12 篇。其中，無集序而有詩文者，如《郭弘農集》《梁武帝集》有書後，王京洲認爲足以當作一篇集序[②]。

附録有"糾謬"者，有《宋大夫集》《董膠西集》《東方大中集》《王諫議集》《揚侍郎集》《蔡中郎集》《潘黃門集》《陸平原集》《梁昭明太子集》《梁簡文帝集》《陶隱居集》《吳朝請集》《徐僕射集》《庾開府集》，計 14 家。此外，《嵇中散集》《陶靖節集》兩家目録列有"糾謬"，但正文缺。

卷末的附録，盡可能地詳盡作者之生平身世、文學源流，爲後人提供了豐富的考訂材料，尤其是"遺事""集評""糾謬"三門，堪稱一絶。卷末亦可與卷首之集序相互參看，合以正文，則是對諸家百般人生的最佳注解。

《七十二家集》體例精嚴，可見編者之匠心，然而集中也常有不統一之處：其一，題名編者時有在分卷首頁者，亦有在目録首頁者；其二，有書葉版心題有刻工姓名和版面字數，有的書葉没有；其三，部分别集前面没有卷首集序，有集序者，有的是手寫上版，有的則非手寫。如此種種，也算是白玉微瑕，可能是因爲張燮在輾轉刊刻之時祗能大處落墨，小處則無暇顧及。

三、編刻時間、地點考

《七十二家集》卷帙浩繁，其書之編撰、刊刻皆非于一時一地完成，故王鳴盛稱之"匯刻"㉓。張燮在編刻期間，常常與友人有尺牘往來，其文多收録于《群玉樓集》，裏面言及刊刻《七十二家集》者亦多。另，今所見諸家集序，部分有落款標明時間、地點，雖然撰寫集序的時間、地點，與文集刊刻的時間、地點，并無絶對的關係，但也可作一參考。

（一）刊刻階段

張燮《寄張夢澤》云："《七十二家集》，在吳刻北朝及陳、隋；在閩刻周、漢、魏。"㉔此處"吳"指金陵，"閩"指福建建陽。又，《寄林咨伯》："數載以來，覓得古人存一家言者，自宋玉而下，訖隋薛道衡，計七十二家。南、周二中丞便欲代爲梓行，亦風流罪過也。"㉕此處"周"指周起元（字仲先），"南"指南居益（字思守），二人分别于吳、閩兩地資助張燮刻書。據此，大致可以把《七十二家集》的刊刻分爲三個階段：

1. 金陵：北朝、南朝陳、隋集 16 種

天啓二年（1622）春，張燮曾過金陵。天啓三年（1623）冬，張燮《上南中丞書》："《七十二家文集》已付縣中謄寫，俟其竣事，當效讎校，然後馳上羽陵。"㉖此時已付梓擬刻。天啓四年（1624），張燮至姑蘇，與周起元即席酌酒唱和，周起元《紹和先生初度酌霞蔚館賦呈》"一解"："霞蔚間，何醃靄，庭前瑞草飄書帶。昨年觸舉霏雲居，今歲獻爵在吳會。""三解"："飽蠹魚，枕鴻寶，七十二代饒探討。塵世不磨金石聲，天家大事青萍老。"㉗張燮另有《周仲先爲餘刻諸家集發篋付之欣然成咏》七言一首。《七十二家集》之北魏、北齊、北周、陳、隋集十六種，應當就是這幾年所刻。

張燮在致其他友人的書信中，也多次言及此事，如：

諸家集，<u>周仲先</u>業爲發刻，<u>北朝、陳、隋</u>，共十餘家，計蘇先生所樂聞。㉘（《寄蘇弘家》）

燮所類纂六朝前諸集，計<u>七十二家</u>。近<u>周仲先</u>爲梓行數種……㉙（《寄張夢澤》）

近因朝紳有疏薦不肖者，乃并長安亦不敢往，因而棲遲<u>吳會</u>。有書數百卷，

<u>友人</u>刻之<u>金陵</u>……㉚（《寄賀參知》）

但是，張燮自覺叨擾周起元已久，"自惟一生未嘗以杖頭累人，今累殺青……"，念及"其未刻尚多，因携至<u>建陽</u>，自刻成之"㉛。

2. 建陽：周、漢、魏集 20 種

天啓五年（1625）四月十八，張燮抵達建陽。《寄周仲先》云：

> 比弟<u>十八</u>下午<u>抵建陽</u>，而小力歸自<u>會城</u>，恰以是日至。<u>南中丞</u>遣一役<u>持刻資</u>候弟，亦與俱至。

附周起元答書："弟四月十日抵里……"㉜南居益遣人持刻資相候，"欲爲悉刻所未竟者"㉝，張燮亦很快投入其中，他在《答南中丞》中道刻書一事以四月念九起工。

又，《寄南中丞》云：

> <u>梓人</u>陸續至者二十許人，此曹事事費手，賴別駕整持之，差有頭緒。燮又于<u>麻沙</u>自募<u>十八</u>人不隸書妨者，人殊樸茂，無費敲推。報竣之期，度在鵲橋以後。㉞

此處之"書妨"，蓋著名的刻書中心建陽書坊。張燮自聘十八名刻工一事，也說明書坊應祇是委托刻書，僅出工出力，書版的一應要求，都應聽從委托人張燮㉟。此次刻書，張燮預計七夕以後告竣。

刻書之資，除南居益慷慨解囊外，張燮在致南居益的書信中也感謝了茅參知、郭董二郡公及高吳興、傅崇安等人。署篆鄭別駕于監工一事上也多加襄助。然餘下諸集，終究未能悉數付梓。南居益將移建州。與金陵之行同，張燮自覺累南公太甚，"不宜重累鈴閣"，意在刻成周漢魏三代即止。

> <u>陳思</u>以前，<u>半月</u>內可報竣矣。燮初欲暫還<u>漳水</u>，安頓書籠……燮意且謄寫<u>王</u>、<u>陳</u>、<u>嵇</u>、<u>阮</u>于臨行，後倩別駕代爲政，燮不妨先離<u>建溪</u>，若久累主人，非褚伯玉本色矣。㊱（《寄南中丞》）

> 燮留滯<u>建溪</u>，遂過百日。鳩工既煩，雛校亦苦……稍完<u>魏集</u>之半，便料理<u>南</u>還……㊲（《寄丁亨文》）

九月，張燮回漳。至于餘下之魏集，應如其言，交由鄭別駕代爲監工。

3. 龍溪：晉、南朝宋、南朝齊、南朝梁集 36 種

金陵、建陽已刻強半，餘下三十六種，張燮于龍溪家中刻梓。但一來就舉步維艱，其一，資費拮据，張燮自嘲云："其未刻一半，歸當鬻境堉數頃，以供鑴資，了次公案。"㊳爲籌刻資，不惜賣地，有時也不得不先以書贈，進而求助友人，如《寄張夢澤》："今餘子尚閟篋中，明公倘有意乎？"㊴其二，刻工短缺，《寄南司空二首》："但漳中刻工絕少，成事苦難。"㊵

如此周折下，張燮仍矢志刻書，從其與友人的尺牘可略知刊刻進度：

> <u>魏集二種</u>，<u>梁集四種</u>，散帙奉去，不足充牙籤末隊，乃以享帚累丁先生乎。㊶（《答丁亨文》）

> <u>梁集六種</u>，奉充輿中寓目。㊷（《寄呂爾搏》）

梁集十種，是家中刻成者，拮據歲餘，僅而了此，餘帙浩煩，且以愚公移山之力需之也。㊸（《寄子環中丞》）

今以舊成數部，附呈清覽，齊、梁亦差報竣，容嗣致也。㊹（《寄張夢澤》）

晉、齊、梁集，後來新成者，附呈清覽，慚無佳物以答瓊瑶。㊺（《答朱參知》）

梁集十八種，奉呈鄴架。晉、宋諸人亦已次第就緒，差不甚多。㊻（《寄蘇太傅》）

南朝梁集十八種，較早刻完，南朝齊集二種較少，應也先于晉、南朝宋集完成。

崇禎元年（1628），《寄南思受》：“七十二家梓完者已六十四……”附思守南居益答書：“七十二家殺青告竣，初擬托胡公差役携帶，而弟忽忽出門，胡公亦復謝去，遂失此緣。”㊼可知，張燮回鄉至于此年，至少刻就二十八種。七十二家文集之刊刻，大約于崇禎初年間盡數完成。

（二）集序撰寫時間、地點

《七十二家集》卷首附集序 57 家，落款兼題時間、地點者 35 家，僅題時間者 1 家（《謝光禄集序》），僅題地點者 2 家（《增定阮步兵集序》《陳後主集題辭》），未題時間和地點者 19 家，詳下表：

表3　《七十二家集》集序表

朝代	作者	集序				
		集序名	落款時間	系年	地點	印章/牌記
周（1）	宋玉	宋大夫集序	甲子元日	天啓四年正月初一	霏雲居	張燮之印、霏雲居印
漢（12）	賈誼	賈長沙集引	/ （紹和張燮撰并書）			張燮之印、紹和
	司馬相如	重纂司馬文園集引	甲子人日	天啓四年正月初七	麟角堂	紹和、群玉樓
	董仲舒	重纂董膠西集小引	甲子仲春哉生明日	天啓四年二月初三	覓蠹軒	紹和、張燮之印
	東方朔	重纂東方大中集引	甲子上巳	天啓四年三月初三	瑞桃塢	紹和、石戶農

續表

朝代	作者	集序				
		集序名	落款時間	系年	地點	印章/牌記
	王褒	王諫議集引	天啓甲子莫春朔日	天啓四年三月初一	汰沃浮蹤	張燮之印、群玉樓
	揚雄	揚侍郎集題詞	/ (張燮識)			紹和
	馮衍	馮曲陽集引	乙丑夏五日	天啓五年五月初五	幔亭峰麓	紹和、石戶農
	班固	班蘭臺集序	乙丑早秋	天啓五年七月	建陽蒲與	/
	張衡	張河間集引	/ (霏雲主人張燮撰并書)			張燮之印、霏雲主人
	蔡邕	重纂蔡中郎集題辭	昭陽大淵獻之歲朱明月	天啓三年五月	桐樹下	紹和、張燮之印
	孔融	孔少府集序	昭陽大淵獻首夏晦日	天啓三年四月三十	園垂	張氏紹和、群玉樓
	諸葛亮	諸葛丞相集序	辛酉首夏哉生明日	天啓元年四月初三	竹間	張燮之印、霏雲主人
三國魏（7）	曹操	/	/			
	曹丕	/				
	曹植	重纂陳思王集序	壬戌春暮	天啓二年三月	東阿道中	張氏紹和、張燮之印（損）
	王粲	王侍中集引	/ (紹和張燮識)			張燮之印、紹穌

48

續表

朝代	作者	集序				
		集序名	落款時間	系年	地點	印章/牌記
	陳琳	陳記室集小引	旃蒙赤奮若中秋月	天啓五年八月	黃華山麓	/
	阮籍	增定阮步兵集序		/	碩人之園	/
	嵇康	重纂嵇中散集序		/		
晋（11）	傅玄	傅鶉觚集引	上章敦牂至後二日	崇禎三年冬至後二日（推測在十一月二十至廿二）	離垢庵	/
	孫楚	孫馮翊集引	/ （紹和張燮識）			張燮、漱石枕流
	夏侯湛	夏侯常侍集引（硬體字）	/ （紹和張燮識）			張燮、蔣藥蹊
	潘岳	/		/		
	傅咸	/	（注：張燮有《傅中丞集序》，該集序不見于《七十二家集·傅中丞集》卷首，見于《群玉樓集》卷四〇，《張燮集》第3冊，729頁）			
	潘尼	/	（注：張燮有《潘太常集引》，該集序不見于《七十二家集·潘太常集》卷首，見于《群玉樓集》卷八三，《張燮集》第4冊，1379頁）			
	陸機	/				
	陸雲	/		/		
	郭璞	/				
	孫綽	孫廷尉集題詞	重光協洽元正下澣	崇禎四年正月下旬	石隱書巢	紹和、閩張燮氏
	陶淵明	重纂陶彭澤集序	壬戌重九日	天啓二年九月初九	東籬	紹和、蓬蒿長

續表

朝代	作者	集序				
		集序名	落款時間	系年	地點	印章/牌記
南朝宋（5）	謝靈運	謝康樂集叙	/			/
			（石户農張燮題）			
	顏延之	顏光禄集引	崇禎辛未花朝前二日	崇禎四年二月十三	清音亭子	紹和、張燮
	鮑照	鮑參軍集序	崇禎己巳秋日	崇禎二年秋	離垢庵	/
	謝惠連	重纂謝法曹集序（硬體字）	/			/
			（石隱山人張燮識）			
	謝莊	謝光禄集序	庚午早秋	崇禎三年七月	/	/
南朝齊（2）	謝脁	/	/			
	王融	/				
南朝梁（18）	蕭衍	/	/			
	蕭統	昭明太子集序	重光作噩之歲南呂月	天啓元年八月	半規嶼	紹和燮、石户農
	蕭綱	/	/			
	蕭繹	/				
	江淹	/				
	沈約	重纂沈隱侯集序	壬戌夏五	天啓二年五月初五（壬戌夏五閏漳張燮識于金華道中/南海朱光夜書）	金華道中	紹穌、張燮之印、朱未央
	陶弘景	重纂陶隱居集序	丁卯首夏	天啓七年四月	蒔藥蹊	張燮、蒔藥蹊
	任昉	重纂任中丞集引（硬體字）	甲子暮春下弦日	天啓四年三月二十二或二十三	舫齋	/

50

續表

朝代	作者	集序				
		集序名	落款時間	系年	地點	印章/牌記
	王僧孺	王左丞集引	/ (張燮識)			/
	陸倕	陸太常集引	旃蒙赤奮若早春日	天啓五年正月	吳舫	紹和、張燮
	劉孝標	劉户曹集小引	甲子暮春望日	天啓四年三月十五	覓菡軒	張燮之印、石户農
	王筠	王詹事集題詞	柔兆攝提格律在應鐘月	天啓六年十月	群玉樓	張氏紹和、霏雲主人
	劉孝綽	劉秘書集序	旃蒙赤奮若林鐘月	天啓五年六月	風雅堂	張燮之印、汰沃
	劉潛	劉豫章集引	/ (張燮識)			/
	劉孝威	劉庶子集引	/ (張燮識)			群玉樓
	庾肩吾	庾度支集題詞	/ (張燮識)			張氏紹和、蓬蒿長
	何遜	何記室集序	癸丑嘉平	萬曆四十一年十二月	梅島	張燮、汰沃、張燮
	吳均	吳朝請集引	/ (張燮識/陳正學書)			張燮

續表

朝代	作者	集序				
		集序名	落款時間	系年	地點	印章/牌記
南朝陳 (5)	陳叔寶	陳後主集題辭		/	金陵	張爕之印、紹和
	徐陵	徐僕射集序	天啓元年中秋日	天啓元年八月十五	麟角堂	紹和、張爕之印
	沈炯	沈侍中集引		/		張爕之印、群玉樓
	江總	江令君集序	旃蒙赤奮若	天啓五年	金陵	張爕之印、墨卿醉侯
	張正見	/	（注：張爕有《張散騎集引》，該題辭不見於《七十二家集·張散騎集》卷首，見於《群玉樓集》卷八四，《張爕集》第 4 冊，1387 頁）			
北魏 (2)	高允	高令公集題辭	天啓甲子嘉平月朔日	天啓四年十二月初一	姑蘇蔚霞館	張爕之印、霏雲主人
	溫子升	溫侍讀集引	天啓甲子秋日	天啓四年秋	錢塘舟中	張爕之印、群玉樓
北齊 (2)	邢邵	邢特進集引		/ （紹和張爕題）		張爕之印、紹和
	魏收	魏特進集引	甲子秋日	天啓四年秋	芊原舟中	張爕之印、群玉樓

52

朝代	作者	集序				
		集序名	落款時間	系年	地點	印章/牌記
北周（2）	庾信	重纂庾開府集序	天啓元年重九日	天啓元年九月初九	群玉樓	張燮之印、群玉樓
	王褒	王司空集題辭	甲子天中節日	天啓四年五月初五	留霞洞	張燮之印、紹和
隋（5）	楊廣	隋煬帝集題辭（硬體字）	壬戌清和月	天啓二年四月	邗溝道中	紹和、張燮之印
	盧思道	盧武陽集引	/ （紹和張燮撰并書）			/
	李德林	李懷州集題辭（硬體字）	甲子首夏日	天啓四年四月	覓蠹軒	張燮之印、霏雲主人
	牛弘	牛奇章集引	/ （張燮識）			張燮、汰沃
	薛道衡	薛司隸集題詞	/ （張燮識）			/

題時間者 36 家，其中《何記室集序》撰寫最早，撰于萬曆四十一年（1613），此時《七十二家集》尚未開始刊刻。撰于天啓元年（1621）、天啓二年者各 4 家，天啓三年者 2 家，天啓四年者 12 家，天啓五年者 6 家，天啓六年、天啓七年、崇禎二年（1629）者各 1 家，崇禎三年（1630）、崇禎四年者各 2 家。由此，張燮撰寫集序的時間集中在天啓四年前後，這段時間，張燮正先後奔波于金陵、建陽兩地，料理殺青之緒。其間所撰集序，也多集中于兩地所刻的朝代。另，《顏光祿集引》撰寫最晚，又《寄尚宰》："《顏光祿》殺青初了，附呈斲架。"[49] 專門提及顏延之文集殺青一事，且《群玉樓集》收錄尺牘大體以時間爲序，此篇略後，推知宋之《顏光祿集》，應是較晚刊刻的宋集一種，則《七十二家集》附卷首的刊刻工作最早于崇禎四年告竣。

題地點者 37 家，因張燮往往在刻書之餘撰寫集序，故地點也隨刊刻階段分爲三類。據《霏雲居雜咏十二首》《霏雲居記》《家居四銘》[50]，張燮有居所麟角堂、霏雲居、群玉樓等，其中霏雲居內有招隱齋、翠幄亭、遽然室、蓬蒿徑、嘯臺、覓蠹軒、薇蘅榭、訪藥蹊、種藥蹊[51]、藏真別界、澄院、迎風臺、瑞桃塢、留霞洞、舫齋、梅島、半規嶼、忘筌臺、汰沃浮蹤、鏡亭、丹崖等建築。撰于天啓五年以前的集序，所題地點多在群玉樓、麟角堂和霏雲居內，此爲第一類。有的則應是在旅途中或刻書地所寫，如有集序題"東阿道中""邗溝道中""金華道中""芊原舟中""錢塘舟中""幔亭峰麓"。天啓四年，張燮作《高令公集題辭》于姑蘇蔚霞館，正和與周起元酬酢一事相合；天啓五年作《江令君集序》《陳後主集題辭》于金陵、作《班蘭臺集序》于建陽蒲與，也與刻書時間吻合。此爲第二類。崇禎元年，張燮買萬石山，次年移家萬石山房，則其後所題地點"離垢庵""石隱書巢""清音亭子"，可能是萬石山房內建築，此爲第三類。另，集序後的印章，有時也會點明地點，如《重纂陶隱居集序》末題"丁卯首夏汰沃子張燮識于蒔藥蹊"，後亦有"蒔藥蹊"之印。

由此，集序撰寫時間、地點雖與文集刊刻并非絕然同步，但此二事也多纏繞交織在一起，不可完全割裂。張燮刻書，校讎既煩，又需監工，手眼無暇之際還要撰寫集序，可謂勞心勞力。所以，有諸多集序未及撰寫，另有四篇，後來撰寫但已無法補入《七十二家集》，也是情有可原。

四、結語

《七十二家集》體量不及張溥《百三家集》，又因刊刻時間緊迫，細節尚不完善，然而從全書之體例，至于諸家別集之讎校，無一不是張燮嘔心瀝血所成，價值斐然。尤其是其中諸多別集，爲現存最早的輯本，應當予以重視。然自明迄今，學者們多把目光聚焦于張溥及其《百三家集》，對《七十二家集》的研究則相對較少。至于近年，王京洲《七十二家集題辭箋注》以國家圖書館藏明末刻本爲底本，輔之以臺北"國家圖書館"、河南省圖書館藏《群玉樓集》，對《七十二家集》進行了較爲全面詳贍的整理，有抉微發凡之功。張燮其人其書的研究，尚待後進繼續補充。

注釋：

① 《上海圖書館未刊古籍稿本》編輯委員會編：《上海圖書館未刊古籍稿本》第43冊，復旦大學出版社，2008年，134頁。

② （明）張燮輯：《七十二家集》，明末刻本。

③ （明）張燮：《群玉樓集》卷六三《寄張夢澤觀察》，陳正統主編《張燮集》第4冊，中華書局，2015年，1050頁。

④ 《群玉樓集》卷六三《答蔡仁夫》，1044頁。

⑤ （明）張燮：《七十二家集·凡例》，王京洲箋注《七十二家集題辭箋注》，上海古籍出版社，2020年，412頁。

⑥ 同注①。

⑦ 王京洲箋注：《七十二家集題辭箋注》，前言4—7頁。

⑧ 同注③，413頁。

⑨ 《群玉樓集》卷六八《寄張夢澤》，《張燮集》第4冊，1159頁。

⑩ 同注③，1051 頁。

⑪ 同注⑤，413 頁。

⑫ 同注⑤，412—413 頁。

⑬《群玉樓集》卷六七《寄魏仲雪水部》，《張燮集》第 4 册，1138 頁。

⑭ 同注⑤，414—415 頁。

⑮ 同注⑤，412 頁。

⑯ 同注⑤，415 頁。

⑰ 同注⑪。

⑱《群玉樓集自序》，《張燮集》第 4 册，1 頁。

⑲ 同注⑦，前言 14—15 頁。

⑳《魏武帝集序》，見《群玉樓集》卷四〇，《張燮集》第 3 册，717 頁，僅存目，無正文；《傅中丞集序》，見《群玉樓集》卷四〇，《張燮集》第 3 册，729 頁；《潘太常集引》，見《群玉樓集》卷八三，《張燮集》第 4 册，1379 頁；《張散騎集引》，見《群玉樓集》卷八四，《張燮集》第 4 册，1387 頁。

㉑ 同注⑤，414 頁。

㉒ 同注⑦，422 頁。

㉓ 劉明：《五種叢編本漢魏六朝人集編刻考論》，《圖書館理論與實踐》2017 年第 10 期，52—58 頁。

㉔《群玉樓集》卷七〇《寄張夢澤》，《張燮集》第 4 册，1192 頁。

㉕《群玉樓集》卷六八《寄林咨伯》，《張燮集》第 4 册，1143 頁。

㉖《群玉樓集》卷六六《上南中丞書》，《張燮集》第 4 册，1103 頁。

㉗《群玉樓集》卷六《初度日仲先中丞以詩見贈即席依韻奉答》附仲先周起元《紹和先生初度酌霞蔚館賦呈》，《張燮集》第 3 册，94 頁。

㉘《群玉樓集》卷六八《寄蘇弘家》，《張燮集》第 4 册，1145 頁。

㉙ 同注⑨。

㉚《群玉樓集》卷六九《寄賀參知》，《張燮集》第 4 册，1161 頁

㉛ 同上。

㉜《群玉樓集》卷六九《寄周仲先》附仲先周起元答書，《張燮集》第 4 册，1165 頁。

㉝《群玉樓集》卷六九《寄蔡敬夫》，《張燮集》第 4 册，1171 頁。

㉞《群玉樓集》卷六九《寄南中丞》，《張燮集》第 4 册，1166 頁。

㉟ 方彦壽：《增訂建陽刻書史》，福建人民出版社，2020 年，269 頁。

㊱ 同注㉞，1173—1174 頁。

㊲《群玉樓集》卷六九《寄丁亨文》，《張燮集》第 4 册，1177 頁。

㊳《群玉樓集》卷六九《寄南司空》，《張燮集》第 4 册，1177 頁。

㊴ 同注㉔，1192 頁。

㊵《群玉樓集》卷七〇《寄南司空二首》，《張燮集》第 4 册，1189 頁。

㊶《群玉樓集》卷七一《答丁亨文》，《張燮集》第 4 册，1211 頁。

㊷《群玉樓集》卷七一《寄吕爾搏》，《張燮集》第 4 册，1214 頁。

㊸《群玉樓集》卷七一《寄子環中丞》，《張燮集》第 4 册，1216 頁。

㊹《群玉樓集》卷七二《寄張夢澤》，《張燮集》第 4 册，1237 頁。

㊺《群玉樓集》卷七三《答朱參知》，《張燮集》第 4 册，1247 頁。

㊻《群玉樓集》卷七四《寄蘇太傅》，《張燮集》第 4 册，1262 頁。

㊼《群玉樓集》卷七四《寄南思受》附思守南居益答書，《張燮集》第 4 册，1269—1270 頁。

㊽ 此“姑蘇蔚霞館”，當即周起元《紹和先生初度酌霞蔚館賦呈》之“霞蔚館”。

㊾《群玉樓集》卷七四《寄尚宰》，《張燮集》第 4 册，1285 頁。

㊿（明）張燮：《霏雲居集》卷五《霏雲居雜咏十二首》，《張燮集》第 1 册，119—122 頁；《霏雲居集》卷二八《霏雲居記》，第 1 册，544—546 頁；《群玉樓集》卷四九《家居四銘》，第 3 册，837 頁。

(51) 訪藥蹊、種藥蹊、蒔藥蹊疑爲一處。

（作者單位：四川大學文學與新聞學院）

鈕緯生平及其《世學樓書目》考

韓　超

內容提要：會稽鈕氏世學樓爲明代浙中著名藏書樓，然其主人鈕緯生平、家世等鮮爲學者所知，現今關于其生平的研究仍多局限于葉昌熾《藏書紀事詩》及王欣夫《補正》所載。筆者搜集方志、登科録、家譜、文集等載有會稽鈕氏之史料，對鈕緯家世作了較爲全面的梳理，補充更多鈕緯生平細節。又今傳世學樓藏書目録《會稽鈕氏世學樓珍藏圖書目》已被證實爲僞書，不足以據之討論鈕氏藏書。2018 年江蘇兩漢拍賣公司拍了一部《世學樓書目》，經考證確爲鈕氏藏書目録之真本，筆者據其本照片略述其版本、內容、編纂體例、性質及著録特色。

關鍵詞：鈕緯　世學樓　藏書目録

　　會稽鈕氏世學樓是明嘉靖時期浙中著名藏書樓，但學界至今對世學樓主人鈕緯生平尚未有較爲詳明的認識，相關史料的利用仍局限于葉昌熾《藏書紀事詩》及王欣夫《補正》所載。筆者在葉、王二氏基礎上，進一步搜集方志、登科録、家譜、文集等載有會稽鈕氏之史料，對鈕緯家世作一較爲全面的梳理，補充更多鈕緯生平細節。而于世學樓藏書，過去部分學者以《會稽鈕氏世學樓珍藏圖書目》爲據討論，現在證明這是一部書賈製造的僞書[①]。然鈕氏世學樓藏書目録并未亡佚，2018 年"江蘇兩漢·徐州 2018 年秋季古籍文獻及藝術品拍賣會"拍出一部殘本《世學樓書目》，即爲真本鈕氏藏書目録。該本爲我們研究世學樓藏書提供了全新、可靠的材料。筆者今據該本照片略作考述，拋磚引玉，就教于方家。

一、鈕緯家世生平考

　　會稽鈕氏，源出吳興，約于元中期遷入會稽[②]，始遷祖爲鈕純一。徐渭《徐文長佚草》卷九《鈕太學墓志銘》曰："琳之先有純一翁者，自吳興客會稽，家焉。"[③]純一生道宗（字敬之），道宗生文貴（號貴齋），文貴生達（字時通，號拙菴），達生清[④]。清即鈕緯祖父，也正是從鈕清開始，會稽鈕氏方有出仕之人，奠定了鈕氏爲越中世家的基礎。鈕清字宗源，號宜菴，別號濯纓子。生于正統十一年（1446）正月廿六，卒于正德二年（1507）六月初三。成化十四年（1478）進士。歷官吉安府推官、湖廣道監察御史，山東按察司僉事、副使。清元配馮氏，生二子，一曰廷詔，一曰廷信。繼配侯氏，生子廷詢、廷言⑤。廷信即鈕緯父，字朝節，號玉泉，邑廩生。鈕氏至鈕緯達于鼎盛，居會稽東郭門⑥，所築世學樓藏書萬卷，遂爲越中世族。

鈕緯，字仲文，號石溪，浙江會稽縣人。嘉靖十三年（1534）舉人。《（萬曆）紹興府志》卷三二《選舉志三·舉人》"嘉靖十三年"條載"鈕緯，清之孫"⑦。二十年（1541），爲進士，時年三十四。《嘉靖二十年進士登科錄》三甲五十名："鈕緯，貫浙江紹興府會稽縣民籍，國子生，治《詩經》，字仲文，行十五，年三十四，七月二十四日生。曾祖達，贈按察司僉事。祖清，按察司副使。父廷信，母陳氏，慈侍下。兄經，弟緒、繹。娶劉氏。浙江鄉試第六十名，會試第二百七名。"⑧若以出生即一歲來算，鈕緯當生于正德三年（1508），爲鈕廷信次子，上有兄鈕經，下有弟鈕緒、鈕繹。

嘉靖二十二年（1543），鈕緯任徽州府祁門縣知縣。《（嘉靖）徽州府志》卷五《縣職官志·祁門縣》"國朝知縣"條："鈕緯，浙江會稽人。由進士，嘉靖二十二年任。"⑨二十四年（1545）十二月，由祁門知縣升禮科給事中。《明世宗實錄》卷三〇六："（嘉靖二十四年十二月甲寅），徐良傅、宋伊、楊思忠、鈕緯、黃宗槼、張思誠俱爲給事中……緯，禮科。"⑩又《掖垣人鑒後集》卷一四曰："鈕緯，字仲文，浙江會稽人。嘉靖二十年進士。二十四年十二月，由直隸祁門知縣選禮科給事中。"⑪

二十九年（1550）二月，由禮科給事中升江西按察司僉事，尋以原官謫爲常熟縣丞。《明世宗實錄》卷三五七："（嘉靖二十九年二月甲寅），升禮科給事中鈕緯……俱爲按察司僉事……緯，江西。"⑫《掖垣人鑒後集》卷一四云："二十九年，升江西僉事，尋以原官降直隸常熟縣丞。"⑬又《（萬曆）常熟縣私志》卷七《敘官》："鈕緯，會稽人，號石溪。美豐容。以司諫謫丞。議論侃侃，王令有大政必與咨詢，每出并興行。"王鈇《重修廟學記》曰："鈕公由禮科而臬憲，以事誣遷貳是邑。"又云："公諱緯，字仲文，浙之會稽人。"⑭鈕緯謫爲常熟縣丞的時間史未明載，或在嘉靖三十一年至三十二年（1552—1553）間。王鈇《重修廟學記》曰："壬子夏四月，予方忝職是邦……會會稽鈕公署邑，銳意作興，言之當道，出之公帑，行之典史，顏君伯芳俾任其勞。乃春正月聚材鳩工。"《（雍正）昭文縣志》卷二"先師廟"條："嘉靖九年，改稱先師廟，易像以主。三十三年，縣丞鈕緯修，縣令王鈇記。"⑮王鈇于嘉靖三十一年任常熟知縣，鈕緯較王氏晚至常熟。三十三年（1554）春正月修廟學，此前鈕緯已"言之當道"，故必于三十三年前已至。綜之，則其履常熟縣丞當在三十一年四月至三十二年間。

三十三年，任福建福清知縣。《（萬曆）福州府志》卷一四《歷官·福清縣》"國朝知縣"條載："鈕緯，會稽人。"然未著具體任職時間。《（康熙）福清縣志》亦未載，然卷一《城池》有嘉靖三十三年鈕緯築城事，可見其任職當在此時。其曰："嘉靖三十三年，海上有警，巡撫王忬奏請城濱海諸邑，因城福清。高一丈八尺，厚一丈四尺，周九百九十三丈，女墻一千三百，警鋪二十四，建門樓、四水關二，邑人參政陳仕臣爲之記。時邑令鈕緯急于成功，相度未審。"鈕緯任知縣當至嘉靖三十六年（1557），後升爲安徽太平府同知⑯。《（嘉靖）重修太平府志》卷三《職官志》"國朝同知"條載："鈕緯，浙江會稽人。進士。嘉靖三十六年任。"⑰

58

四十三年（1564），由廣東僉事任山東按察司僉事[18]，充武德道兵備僉事。《（嘉靖）山東通志》卷一〇《職官》"僉事"條曰："鈕緯，仲文，浙江紹興府會稽縣人。辛丑進士。由廣東僉事調今職。嘉靖四十三年任，管武德道事。"[19]武德道爲整飭兵備道之一，駐武定州，明例以按察司副使、僉事分司之。鈕緯管武德道事，即以按察司僉事充兵備僉事。《（萬曆）武定州志》卷一〇"兵備僉事"條曰："鈕緯，會稽人，嘉靖辛丑進士。四十三年任。"[20]《（道光）濟南府志》卷二六《秩官四》"明武德道"條載："武德道設自明正德時，《武定志》云：'正德七年置兵備僉事，駐武定州治。'而《德州志》載：'武德道，崇禎五年移駐德州。'故秩官自崇禎始。然《德州·宦迹》已載嘉靖時人，前後未免兩歧，兹合載之，以備參考云。"[21]其下載："鈕緯，浙江會稽人，進士，以僉事任。"山東僉事當是鈕緯最後所任官職，《掖垣人鑒後集》卷十四"鈕緯"條云："歷山東僉事，以憂歸。"[22]

歸里後，鈕緯銳意藏書，并構藏書樓曰世學樓。徐渭《世學樓賦》云："當盛年而縮緌，思退處以垂綸。選文園而卜築，得古桂于南郊。"又曰："既構兹樓，爰題世學。運群籍于舊藏，出繁緗于新鑰。牙籤萬隻，色搖徽軫之囊；玉軸千頭，光映厄彝之橐。既招文史，亦集賢豪。"[23]鈕緯不僅藏書，更出所藏而刊刻流布，且親與校讎之役。商濬《稗海叙》云："吾鄉黃門鈕石溪先生，銳情稽古，廣構窮搜，藏書世學樓者，積至數千函，百萬卷[24]。余爲先生長公館甥，故時得縱觀焉。每苦卷帙浩繁，又皆手錄，不無魚魯之訛。因于暇日撮其紀載有體、議論的確者，重加訂正，更旁收縉紳家遺書，校付剞劂，以永其傳，以終先生惓惓之夙心。凡若干卷，總而名之曰'稗海'。"[25]又《校閱稗海姓氏》"總校"下有"鈕緯，字仲文，浙江會稽人"[26]的記載。

萬曆六年（1578）左右，鈕緯卒。徐渭爲鈕緯子琳撰《鈕太學墓志銘》，曰："至是翁媚祥禫先後幾五年矣。乃無月不哭者，心脾兩臟已離決，自脉曰：'我當以某月日死。'至其時果劇命。"[27]鈕琳死于"萬曆十一年癸未九月十八日"，至是已祭其父五載，則鈕緯卒在萬曆六年左右。鈕緯有子三人，其伯仲未知名，季子即鈕琳。琳字粹甫，號鼎巖。生子承玄、承敏、承爽。生平詳見徐渭《徐文長佚草》卷九《鈕太學墓志銘》。鈕緯長子有一女，適同里商濬，商氏《稗海叙》云"余爲先生長公館甥"即指此。又陶望齡《壽外嫂鈕孺人序》云："鈕孺人，吾外兄半塾商君元配，而前給事中石溪先生孫女也。"又有鈕承芳，字汝實，與鈕緯同校《稗海》[28]。其行字爲"承"，當屬鈕緯孫輩，然未知爲何子所出。

綜上所述，會稽鈕氏自純一遷入會稽，五世而至清，再傳至緯。鈕緯生于正德三年，卒于萬曆六年左右。嘉靖二十年進士，歷官至山東按察司僉事。約于嘉隆之際歸里，構世學樓，積書萬卷。有子鈕琳、孫承芳，繼乃父乃祖之志，亦能讀書。崇禎初，其書初散。黃宗羲《天一閣藏書記》曰："古今書籍之厄，不可勝計，以余所見者言之，越中藏書之家鈕石溪世學樓其著也。余見其小說家目錄亦數百種，商氏之《稗海》皆從彼借刻。崇禎庚午間，其書初散，余僅從故書鋪得十餘部而已。"[29]此蓋鈕緯家世、生平及書籍聚散之大略。

二、《世學樓書目》的發現及其内容

（一）《世學樓書目》版本情況

會稽鈕氏藏書目録，今傳有題爲"會稽鈕氏世學樓珍藏圖書目"者，中國國家圖書館、山東大學圖書館有藏，後經《明代書目題跋叢刊》影印而益爲人知㉚。然該書《藝文類聚》下注"張月霄小字本"，張月霄即清代著名藏書家張金吾，可知該書爲書賈贋造。故論世學樓藏書，該本不足爲據。

因目録闕如，故鈕氏藏書規模與種類久不爲人所知，學者論及其藏書惟引黄宗羲"小説家目録亦數百種"而已。可幸的是，"江蘇兩漢·徐州 2018 年秋季古籍文獻及藝術品拍賣會"拍出一部《世學樓書目》，乃真本世學樓藏書目録，其版式特徵與上海圖書館藏世學樓抄本《孤樹裒談》一致。這也是目前發現的唯一一部世學樓藏書目録，爲我們瞭解世學樓藏書提供了全新的史料。

《世學樓書目》不分卷，明藍格稿本，紙本一册。開本原高 26 厘米，廣 18 厘米，後天頭爲人裁剪，實高 23.5 厘米。版框高 20 厘米，廣 14 厘米㉛。半葉十行，白口，四周單邊。中縫上書"世學樓書目"㉜，中書類目名，下鐫"世學樓"三字。鈐"雲叡"朱文方印、"無竹齋藏"朱文方印、"西周邨□"白文方印，未知印主。此本有殘缺，"文集"類僅存半，其後各類并缺。此本經妄人涂畫，末葉有"木本在家上下"六朱筆大字，覆書于文上，目録葉又爲墨筆數字覆蓋，使得部分文字不可辨識。此本在拍賣前又經修補裝幀，書衣及護葉粘今人題簽——"世學樓書目，管峻題"。

此本卷端題"世學樓書目"，次行下署"賜還病叟類纂"。正文頂格朱筆書類目，換行低一格書各書名，自然分爲上下兩欄（即一行内分上下共記兩部書），書名下以朱筆注明貯藏該書之櫃號。書前有鈕緯撰題記二則，述其撰作體例、種數及藏書經過。此本編成于萬曆二年至六年（1574—1578）間，是經過兩次編輯後的謄清本。初撰于萬曆二年，鈕氏曰："書目一册，是余萬曆甲戌秋親筆所記也。"甲戌即萬曆二年㉝。其後書籍不斷增加，故鈕氏又在原編基礎上添入新收書目，其云："後續有所益，數日有加。"但由于書有殘損，第二則題記僅存前半，不知撰于何時。筆者考證鈕氏卒于萬曆六年左右，所以當不會晚于此時。

（二）《世學樓書目》的編纂體例

《世學樓書目》共分 38 類，類下繫書，又以天干標櫃號，注于每書之下。鈕氏題記曰："右書目分爲三十八類，共一千二百二十七種，自經史典章之外，凡可備參考，廣聞見者亦咸收之。"又曰："書目一册，是余萬曆甲戌秋親筆所記也。列爲三十八類，共計一千二百二十七種。後續有所益，數日有加。其下紅筆書'子''丑'等字，以此書置之此號之匵也。一號即爲一號即爲一□㉞，查注甚明。"如"制書"類載："皇明祖訓，巳。"即《皇明祖訓》這部書分類于"制書"，藏置于"巳"號櫃。

《世學樓書目》的分類主要繼承了《文淵閣書目》而有所損益，今將二者類目列表于下（表1）⑮，以見其因革關係。

表1　《世學樓書目》《文淵閣書目》類目比較

世學樓書目	文淵閣書目
1. 制書（22 種）⑯	1. 國朝
2. 易（14 種）	2. 易
3. 書（5 種）	3. 書
4. 詩（7 種）	4. 詩
5. 春秋（18 種）	5. 春秋
6. 三禮（17 種）	6. 周禮
	7. 儀禮
	8. 禮記
7. 禮書（11 種）	9. 禮書
8. 樂書（8 種）	10. 樂書
9. 諸經總録（9 種）	11. 諸經總類
10. 四書（17 種）	12. 四書
11. 性理（26 種）	13. 性理
12. 性理附（23 種）	14. （性理）附
13. 子書（36 種）	19. 子書
14. 子雜（29 種）	20. 子雜
	21. 雜附
15. 史（38 種）	16. 史
16. 史附（27 種）	17. 史附
17. 史雜（13 種）	18. 史雜
18. 經濟（41 種）	15. 經濟
19. 國朝典故（50 種，45 種）⑰	
20. 小説（55 種，52 種）	
21. 科試（18 種，17 種）	
22. 文集（203 種）⑱	22. 文集
23. 詩詞集（145 種）	23. 詩詞
24. 類書（43 種）	24. 類書
25. 韵書（16 種）	25. 韵書
26. 姓氏（1 種）	26. 姓氏

續表

世學樓書目	文淵閣書目
	27. 法帖
	28. 畫譜（諸譜附）
27. 政書（19 種）	29. 政書
28. 刑書（20 種）	30. 刑書
29. 兵法（15 種）	31. 兵法
	32. 算法
30. 輿地書（9 種）	38. 古今志
31. 陰陽書（16 種）	33. 陰陽
32. 醫書（81 種）	34. 醫書
33. 志書（71 種）	38. 古今志
34. □邑志附（33 種）	39. 舊志 40. 新志
35. 志雜（32 種）	38.（雜志附）㊴
36. 藝書（36 種）	35. 農圃
37. 道書（23 種）	36. 道書
38. 佛書（13 種）	37. 佛書

從上表可以看出，在整體的類目排序上，《世學樓書目》大致將史部書調整至子部書之下，類目設置則在《文淵閣書目》基礎上增删并改。增"小説""科試""國朝典故"三類，删"法帖""畫譜""算法"三類，并"周禮""儀禮""禮記"爲"三禮"類，這些都是根據世學樓藏書實際作出的調整。"小説""科試"之書《文淵閣書目》不載，故新增。《文淵閣書目》編纂之時明朝開國未久，故除敕撰之書外私家史記無多，至鈕緯之時私人所撰本朝史漸廣，故新設"國朝典故"，凡與本朝人物、史事有關之私人著述皆録于此。"法帖""畫譜""算法"三類或因世學樓未藏相關書籍而删去。"周禮"等則因每類收藏之書較少，且性質又較爲接近，故合爲一類。"改"是將《文淵閣書目》中某些性質相近的書籍根據新的分類依據重新分類，并設立新的類目名稱。如《文淵閣書目》將地理書（方志）分爲"古今志""舊志""新志"，從名稱設置上即知其依據大致是成書時間。《世學樓書目》對于這類書籍主要按書籍性質分類，雖然今存者已無此部分内容，但從 33、34、35 三類的類目名來看，至少在方志分類上《世學樓書目》主要依據志書性質與行政區劃級别進行分類。從"辨章學術、考鏡源流"的角度看，顯然《世學樓書目》的分類依據較《文淵閣書目》更爲合理。

以上 38 類，鈕緯題記云共載書 1227 種，然從 19、20、21 三類的實際著録數量超過目録統計數量來看，正文著録之書總合當在 1227 種以上。爲什麽實際著録會比目録統計更多呢？這并不是鈕氏統計的失誤，而是目録統計爲第一次編目時的數據，正文所載包括後續所收之書，鈕氏在第二次編輯目録時并未對新增書籍重新統計。鈕氏第二則題記曰："後續有所益，數日有加。"祇是這一增加并未在目録統計上體現。此外，《世學樓書目》所載"小説"類僅55種，這與黃宗羲所言"余見其小説家目録亦數百種"差距甚大。這是否説明此本亦是僞造的呢？筆者以爲否。因爲《世學樓書目》實際上并不記載鈕氏自抄之書（詳下文），或許鈕氏還有一部自抄書的目録，該目上著録的小説家種類較此本爲多。如今存著名的世學樓抄本《説郛》即載有大量小説類書，此本并未載。

三、《世學樓書目》的性質與特色

（一）《世學樓書目》的性質

《世學樓書目》爲鈕氏藏書目録毋庸置疑，那麼它的性質如何呢？是總目，還是善本書目呢？筆者認爲，《世學樓書目》是鈕氏從別處收得之書的總目，其自抄之書并未載于此書目。因爲今傳世學樓抄本均不見于此目，而書目所載世學樓舊藏刻本多有見于此目者。如《善本書室藏書志》載"儀禮二十二卷，明刻紙字本，鈕氏世學樓藏書""大樂律呂元聲六卷附律呂考注四卷，明刊本，鈕氏世學樓舊藏""唐荊川先生文集十二卷，嘉靖刊本，世學樓藏書""宋文鑒一百五十卷，明弘治嚴州刊本，鈕氏世學樓藏書"，分別見于《世學樓書目》"三禮""樂書""文集"類。據《中國古籍善本書目》《中國古籍總目》等載，今傳世學樓抄本主要有以下13種（表2），無一種見于此目。如果説部分書籍的分類在亡佚部分（若"抱朴子"或爲"道書"類），那麼明顯屬于史類或國朝典故的《平蜀記》《兩湖塵談録》何以亦不在此目呢？《世學樓書目》不著録版本，然從《善本書室藏書志》著録鈕氏舊藏之本來看，多是當世之本，故此目亦非善本書目。

表 2　世學樓抄本 13 種

序號	書名/卷數	朝代/作者	館藏地
1	平蜀記一卷	明鄧士龍編	上海圖書館
2	乾象通鑒一百卷	宋李季撰	中國社會科學院圖書館
3	程氏續考古編十卷	宋程大昌撰	中國國家圖書館
4	野客叢書三十一卷	宋王楙撰	中國國家圖書館
5	三餘贅筆一卷	明都卬撰	上海圖書館
6	澠水燕譚録十五卷	宋王闢之撰	中國國家圖書館
7	孤樹裒談二十卷	明李默輯	上海圖書館
8	兩湖塵談録一卷	明許浩撰	上海圖書館

序號	書名/卷數	朝代/作者	館藏地
9	抱朴子外篇五十卷⑩	晋葛洪撰	北京市文物局
10	類説六十卷	宋曾慥輯	台灣"國家圖書館"
11	太平御覽一千卷⑪	宋李昉等輯	上海圖書館
12	説郛一百卷□□種⑫	元陶宗儀編	中國國家圖書館
13	蓉塘詩話一卷	明姜南撰	上海圖書館

綜上所述，筆者以爲《世學樓書目》是鈕氏除自抄之本外的藏書總目，其數量或許并不如其自抄本多。因爲今傳卷數繁重的《太平御覽》《説郛》等均是鈕氏抄本，且商濬《稗海叙》云："每苦卷帙浩繁，又皆手録，不無魚魯之訛。"亦是以"手録"抄本爲鈕氏藏書大宗。

（二）著録特色

明代書目自《文淵閣書目》始即以注重實用爲一大特色，具體表現就是用千字文爲書籍位置編號。著録時先著録樹號，表明其下著録之書的位置；再著録類名，顯示該樹書籍的分類。其後《秘閣書目》《趙定宇書目》《脉望館書目》等采用了類似的方法。一般情況下，此類目録書樹編號的順序與分類順序是一致的，即書籍先按類排序，再按千字文順序依次放入樹中。這種方式與現代圖書館按類、號爲序的圖書排架方式類似，但某類中有大量圖書插入時需要大規模倒架或在相應位置增添書架。私人藏書按這樣的方法排架没有問題，不過在實際操作過程中定會有較多的麻煩，于是《世學樓書目》采用了更爲簡便的編號貯存方式。

世學樓藏書的編號順序與分類順序并不一致，就是説書籍并不以分類順序依次按編號順序擺放，而是較爲隨意地貯藏于不同的櫃中（筆者以爲當是書籍入藏的順序）。在這樣的情況下，若按櫃號著録書籍，那麼編成的書目祇能成爲純粹的簿賬，且不利于查檢。爲了查檢就需分類著録，而爲了取書又必須有對應的編號，要使分類順序與編號順序一致卻需要大量挪動藏書。如何解決三者之間的矛盾？這時我們會發現，祇有書籍與櫃號是客觀存在的，藏書位置的變動必然引起其自身櫃號的變動。但書目是主觀的，我們可以用自己喜歡的任何方式將藏書著録成一個目録。既然如此，那祇需將書籍和櫃號捆綁起來，然後將每一部捆綁後的書籍按類編排就可以了。然後我們就能按類索書，視書知號，據號取書。如查閱《左傳注疏》，我們祇要在"春秋"類中找到該書，隨之發現與之捆綁的櫃號爲"子"，即知此書藏于"子"字號櫃中。實際上，當今各大圖書館古籍藏書就是采用的這種編號方式，書籍本身較少按類排放。但在出版藏書目録時，我們發現多數目録是按經、史、子、集的類序排列，而不是按其在庫房中的編號順序排列。這也給當今古籍編目一個啓示，就是在出版館藏目録時將索書號一項編入目録中，這樣可以方便讀者因目求書，而不至于成爲單純的分類館藏目録，缺乏一定的實用性。

可見，《世學樓書目》的著録是將排架目録與分類目録有機結合，主體看起來是分類目録，查閱書籍時又可作排架目録，兼顧了學術性與實用性。并且，同書的複本、不同版本，以及後續購入的書，不需要按類插入相應櫃中，祇需在目録中體現注明不同的櫃號即可。如世學樓藏《周易傳義》共有六部，書目著録時祇在該書下注明各自所在櫃號爲"子辰申酉亥乾"，書名祇出現一次。

四、結　語

鈕氏世學樓是與范氏天一閣齊名的浙中藏書樓，惜其歷代書樓主人因史料闕如而鮮爲人知。筆者提要鈎沉，所見生平亦多以仕宦爲主，于其書事則仍未能知之更詳。世學樓藏書今見于各大圖書館者多鈐"會稽鈕氏世學樓圖籍"朱文大方印，據此尚可見其藏書之一斑，然其藏書規模却僅能憑黃宗羲"小説家目録亦數百種"之述而略作推想。因此，作爲目前所知的唯一一部世學樓藏書目録，即使祇是一部殘本，《世學樓書目》的價值仍是不言而喻的，它爲我們瞭解世學樓藏書規模、種類提供了可靠的依據。這一發現也印證了明代目録較少著録版本，一般不撰提要的時代風氣，爲研究明代藏書及書目的發展提供了新的個案。《世學樓書目》拍賣後爲私人所藏，其能否公開尚不得而知。爲便于學者研究，筆者將之整理後附于文末。學力不逮，或有錯訛，敬請方家指正。

附：鈕緯編《世學樓書目》

右書目分爲三十八類，共一千二百二十七種，自經史典章之列，凡可以補參考、廣聞見者，亦咸收之。積歲盈籍，難聚易散，乃作世學樓以藏之，而自手録其書目，將使後之人繩繩繼繼而永守勿失也，毋負乎余今之所深望。時萬曆三年秋八月朔旦識。

書目一册，是余萬曆甲戌秋親筆所記也，列爲三十八類，共計一千二百二十七種。後續有所益，數日有加。其下紅筆書"子""丑"等字，以此書置之此號之匵也。一號即爲一□[43]，查注甚明。此余一生心力盡在于此，不許……[44]

國朝典故（四十五）、小説（五十二）、科試（一十七）、文集（二百三）、詩詞集（一百四十五）、類書（四十三）、韵書（一十六）、姓氏（一）、政書（一十九）、刑書（二十）、兵法（一十五）、輿地書（九）、陰陽書（一十六）、醫書（八十一）、志書（七十一）、□邑志附（三十三）、志雜（三十二）、藝書（三十六）、道書（二十三）、佛書（一十三）。

制書

皇明祖訓（巳）　　　　　　　大誥（亥）
大誥武臣（丑）　　　　　　　大誥三編（亥）
大誥續編（亥）　　　　　　　大明令（丑坤）
皇明詔敕（午）　　　　　　　皇明詔制（乾）
皇明詔令（午戌）　　　　　　洪武禮制（卯乾）
禮儀定式（丑）　　　　　　　稽古定制（丑）
教民榜文（丑）　　　　　　　大名會典（亥）
洪武聖教記（寅）　　　　　　孝慈録（丑）
存心録（亥）　　　　　　　　五倫書（乾）
孝順事實（乾）　　　　　　　聖學心法（巳）
高皇帝御製文集（乾）　　　　皇明制書（子）

易

周易本義（酉亥）　　　　　　周易傳義（子辰申酉亥乾）
周易大全（子丑）　　　　　　周易注疏（子）
周易要義（丑）　　　　　　　周易旁注（戌）
焦氏易林（寅乾）　　　　　　橫渠易説（戌坤）
誠齋易傳（午）

易占經緯（乾）　　　　　　　古易經傳訓測（乾）
易外別傳（申）　　　　　　　易學象數舉隅（乾坤）
易學四同

書

書經集□（子申亥乾）　　　　書經注疏（子）
書經大全（丑）　　　　　　　書集傳（乾）
書經旁注（戌）

詩

詩經集注（子申酉戌亥乾）　　詩經大全（子丑）
毛詩注疏（子坤）　　　　　　詩經旁注（丑戌）

呂氏讀詩記（辰）　　　　　　毛詩名物解（子）
詩説解頤（申坤）

春秋

春秋胡傳（辰申戌）　　　　　春秋大全（子丑）
春秋左傳（辰申戌）　　　　　春秋公羊傳（辰酉）

66

春秋榖梁傳（辰酉）　　　　　春秋四傳（子申亥乾）

左傳注疏（子）　　　　　　　公羊注疏（子）

榖梁注疏（子）　　　　　　　春秋集傳纂例（辰申酉）

國語（寅）　　　　　　　　　春秋繁露（酉乾）

春秋左氏補注（戌）　　　　　春秋屬辭（戌乾）

春秋師說（戌）

春秋周正考（坤）

春秋列傳（坤）　　　　　　　春秋私考（申坤）

三禮

禮記集說（子申酉戌亥乾）　　禮記大全（丑）

三禮（寅申）　　　　　　　　儀禮（酉）

周禮（寅辰酉戌）　　　　　　儀禮注疏（子申酉）

周禮注疏（子申乾）　　　　　禮記注疏（子）

儀禮經傳（寅）　　　　　　　儀禮圖解（亥）

周禮互注（乾）　　　　　　　二禮集解（辰酉戌）

三禮考注（辰）

大戴禮（辰酉戌）　　　　　　經禮補逸（寅子□）

禮經會元（丑坤）

三禮圖注（辰午酉）

禮書

禮書（戌）

家禮儀節（丑申戌亥坤）

家禮考正（乾）　　　　　　　家禮會通（酉）

飲射圖解（乾）　　　　　　　射禮集要（坤）

射禮節要編（丑酉）　　　　　家禮易簡編（子卯）

讀禮疑圖（丑）　　　　　　　廟制考義（乾）

樂書

樂書（戌）

律呂別書（坤）　　　　　　　九代樂章（亥）

樂章音注（坤）　　　　　　　律呂元聲（亥）

樂律纂要（坤）　　　　　　　文廟禮樂圖譜（坤）

律呂新書圖注（乾）

諸經總錄
　　六經白文（卯戌）　　　　　　六經正誤（乾）
　　五經白文（辰）　　　　　　　五經明音（卯）
　　孝經注疏（子）　　　　　　　爾雅注疏（子）
　　爾雅（辰乾）　　　　　　　　爾雅翼（亥）
　　埤雅（酉乾）
四書
　　四書白文（乾）　　　　　　　四書集注（子卯申酉亥乾）
　　四書大全（丑）　　　　　　　四書或問（午）
　　四書旁注（戌）
　　論語注疏（子）　　　　　　　孟子注疏（子）
　　老泉孟子（酉坤）
　　大學衍義（寅午）　　　　　　大學衍義補（寅酉乾）
　　中庸輯畧（戌）
　　風林四書（乾）
　　大學舊本（戌）　　　　　　　大學衍義輯要（酉）
　　大學衍義補畧（辰）　　　　　中庸發明要覽（酉）
　　四書人物考（坤）
性理
　　孔子家語（寅申）　　　　　　性理大全書（丑午）
　　二程子全書（寅亥）　　　　　程氏遺書（亥）
　　皇極經世書（寅）　　　　　　近思錄（丑申酉戌乾）
　　小學集注（卯戌）　　　　　　小學句讀（寅亥坤）
　　延平問答（乾）　　　　　　　伊洛淵源（乾）
　　伊洛淵源續錄（坤）　　　　　明道先生語畧（亥）
　　朱子語類大全（丑）　　　　　朱子晚年定論（辰）
　　觀物外篇釋義（申酉乾）　　　大儒心學語錄（寅）
　　宋四子抄釋（卯）　　　　　　象山語錄（坤）
　　龜山語錄（乾）　　　　　　　北溪字義（卯乾）
　　天原發微（寅辰）　　　　　　魯齊全書（戌）
　　道一編（酉）　　　　　　　　二程子抄釋（坤）
　　真西山心政經（坤）　　　　　研幾圖（辰）
性理附
　　朱子實紀（午）　　　　　　　諸子纂要（乾）
　　象山年譜（坤）　　　　　　　性理三解（亥）
　　性理彝訓（坤）　　　　　　　百氏統要（乾）
　　黃四如譜藁（坤）

68

薛文清公讀書録（乾坤）　　　薛文清公讀書要語（申）

荷亭辨論（戌）　　　　　　　觀微子内篇（坤）

正蒙會稿（酉）　　　　　　　傳習録（午坤）

說理會編（酉）　　　　　　　孔孟事迹圖譜（巳乾）

讀書管見（坤）　　　　　　　困知記（乾）

四先生粹言（坤）　　　　　　心學精義（乾）

楊忠愍公年譜（乾）　　　　　信心録（坤）

古注參同契分釋（坤）　　　　元夕稿（坤）

子書

管子（戌）　　　　　　　　　墨子（卯）

子華子（卯）　　　　　　　　孔叢子（坤）

鬻子（卯）　　　　　　　　　鶡冠子（卯）

公孫龍子（卯）　　　　　　　無能子（卯）

韓非子（申酉亥）　　　　　　尹文子

鬼谷子（卯）　　　　　　　　玄真子（卯）

天隱子（卯）　　　　　　　　抱朴子（卯）

素履子（卯）　　　　　　　　橐籥子（卯）

淮南子（丑戌乾）　　　　　　劉子（卯）

文中子（寅）　　　　　　　　六子書（卯辰申酉戌）

文子白文（寅坤）　　　　　　十二子（子）

七十二子粹言（辰）　　　　　三子口義（寅申）

戰國策（子申戌）　　　　　　呂氏春秋（戌）

晏子春秋（丑）　　　　　　　說苑（卯）

中論（巳午戌坤）　　　　　　鹽鐵論（乾）

太玄經（辰酉戌乾）　　　　　韓詩外傳（卯午亥坤）

淮南子鴻烈解（亥）　　　　　老子集解（坤）

意林（坤）　　　　　　　　　南華經別編（坤）

子雜

女誡（午）　　　　　　　　　論衡（丑戌）

風俗通（寅辰□酉亥）　　　　顏氏家訓（□）

釋名（辰）　　　　　　　　　事物紀原（□）

崇正辨（坤）　　　　　　　　王子年拾遺記（子）

畏軒札記（坤）

困學紀聞（乾）

　　　　　　　　　　　　　　同胞録（坤）

楊子折衷（辰戌乾坤）　　　　中說考（申）

空同子（辰）	海樵子（坤）
正學編（申）	慎言集（坤）
白沙至言（戌）	陽明則言（申戌）
陸詩別傳（亥）	友間集（坤）
存齋教言（申）	古源二論（子坤）
物原（坤）	古學選注（坤）
感時論（坤）	八行遺事集（戌）
百忍箴（乾）	百忍圖集（坤）

史

史記（子巳戌坤）	前漢書（丑巳午申）
後漢書（巳午）	三國志（巳）
晋書（巳乾）	宋書（巳）
南史（巳）	北史（巳）
梁書（巳）	南齊書（巳）
北齊書（巳）	陳書（巳）
魏書（巳）	後周書（巳）
隋書（巳）	唐書（巳）
五代史（巳坤）	遼史（巳）
金史（巳）	宋史（巳）
元史（巳）	舊唐書（巳）
史記題評（寅）	資治通鑑（寅申）
通鑑節要（亥乾）	通鑑續編（亥）
南唐書（子）	元史節要（乾）
前漢紀（寅酉）	後漢紀（寅酉）
東都事畧（辰）	通鑑綱目前編（子坤）
資治通鑑綱目（子申酉亥）	續資治通鑑綱目（子坤）
憲臺通鑑（卯）	
世史正綱（坤）	荆川批點漢書（乾）
荆川批點史記（乾）	

史附

通鑑紀事本末（巳）	穆天子傳（□）
吳越春秋（乾）	越絶書（午申）
路史（丑）	漢雋（申）
高士傳（子）	列女傳（寅）
金陀粹編（午）	金陀續編（午）
諸史會要（辰）	名賢確論（乾）

70

斑馬异同（卯酉坤）

史纂左編（卯）　　　　　　　　史通（戌）

帝鑒圖説　分類通鑑（酉）

宋元史發微（乾）　　　　　　　末後宋統擬（乾）

文苑春秋（乾）　　　　　　　　日記故事（卯酉戌亥）

史鉞（申）　　　　　　　　　　史抄（亥）

史斷（辰）　　　　　　　　　　邵文莊公學史（申）

史雜

三輔黄圖（寅申酉）　　　　　　三國志通俗演義（酉）

忠義水滸傳（乾）　　　　　　　桯史（乾）

唐餘紀傳（寅）　　　　　　　　華陽國志（□）

宋名臣言行録（丑乾）　　　　　宋名臣琬琰録（坤）

西湖游覽志（午乾）　　　　　　太平人物志（乾）

天下古今人物志畧（坤）　　　　漢唐逸史（乾）

南北宋史傳演義（坤）

經濟

太平經國書（申）　　　　　　　經濟文衡（午）

皇明經濟文録（午）　　　　　　皇明名臣經濟録（寅酉）

皇明名臣經濟録選（丑申戌）　　皇明疏議輯畧（辰）

歷代名臣奏議（戌）　　　　　　包公奏議（坤）

李忠定公奏議（辰）　　　　　　范文正公政府奏議（辰）

　　　　　　　　　　　　　　　勘邊七議（乾）

于肅愍公奏牘（辰坤）　　　　　馬端肅公奏議（戌）

胡端敏公奏議（坤）　　　　　　關中奏議（辰）

桂文襄公奏議（辰戌）　　　　　晉溪本兵敷奏（午）

維石奏議（寅）　　　　　　　　浚川奏議集（□）

渭厓疏要（丑坤）　　　　　　　撫夷節畧（寅）

陸太常遺疏（乾）　　　　　　　題淮恩例（乾）

□垣奏議（坤）　　　　　　　　文江奏疏（乾）

林小泉奏稿（坤）　　　　　　　虞山奏草揀編（坤）

大褅議（坤）　　　　　　　　　廟議稿（亥坤）

誠□録（坤）　　　　　　　　　督府奏議（坤）

愚衷疏草（寅卯）　　　　　　　劍泉奏議（坤）

□□奏疏（乾）　　　　　　　　會議邊儲條件（乾）

□山集（坤）　　　　　　　　　問水集（乾）

巡撫河南奏議（坤）　　　　　　　南臺奏議（乾）

國朝典故

皇明開國功臣錄（丑）　　　　　　皇明啓運錄（卯亥坤）

皇明成憲錄（巳乾）　　　　　　　皇明名臣琬琰錄（子）

皇明資治通紀（子申）　　　　　　皇明名臣言行錄（戌）

皇明名臣言行錄新編（寅乾）　　　龍興名世錄（辰）

龍飛紀畧（戌坤）　　　　　　　　國朝謨烈輯遺（亥乾）

國朝英烈傳（卯）　　　　　　　　隨志（卯）

近代名臣言行錄（坤）　　　　　　傳信錄（卯）

皇朝文獻考（卯）　　　　　　　　枝山野記（卯坤）

蓬窗類記（卯）　　　　　　　　　立齋閒錄（卯）

震澤紀聞（戌）　　　　　　　　　都公譚纂（酉亥）

群忠錄（申）　　　　　　　　　　雙槐歲抄（辰）

北征錄（丑）　　　　　　　　　　交泰錄（丑卯午）

天順日錄（丑亥）　　　　　　　　皇明紀畧（丑申）

孤樹裒談（子戌）　　　　　　　　廣孤樹裒談（戌）

殿閣詞林記（子亥）　　　　　　　近峰聞畧（辰）

治世餘聞（巳）　　　　　　　　　繼世紀聞（寅）

革除遺事（巳）　　　　　　　　　遺忠錄（寅亥）

群忠備遺錄（戌）　　　　　　　　吾學編（戌）

炎徼紀聞（坤）　　　　　　　　　金姬傳（戌）

明良集（坤）　　　　　　　　　　後鑒錄（坤）

毗陵忠義錄（子）　　　　　　　　褒忠錄（申）

日本考畧（坤）　　　　　　　　　使朝鮮錄（申）

使琉球錄（乾）　　　　　　　　　畜德錄（乾）

西夷事迹（乾）　　　　　　　　　征南事迹（乾）

國朝典故（坤）　　　　　　　　　革除編年

小說

博物志（坤）　　　　　　　　　　續博物志（坤）

西京雜記（坤）　　　　　　　　　酉陽雜俎（乾）

杜陽雜編（乾）　　　　　　　　　宣室志（乾）

述异記（坤）　　　　　　　　　　尚論編（坤）

東京夢華錄（坤）　　　　　　　　續觀感錄（戌）

中華古今注（酉）

封氏聞見記（坤）　　　　　　　　石林燕語（乾）

冷齋夜話（坤）　　　　　　　　　癸辛雜識（乾）

鶴林玉露（辰）　　　　　　　　齊東野語（坤）

西溪叢語（寅）　　　　　　　　澠水燕譚（乾）

雲麓漫抄（坤）　　　　　　　　捫虱新語（乾）

侯鯖録（乾坤）　　　　　　　　虞初志（子）

南村輟耕録（辰亥乾）　　　　　草木子（丑午）

十家小説（坤）　　　　　　　　二十家小説（寅）

舊四十家小説（丑巳酉亥）　　　新四十家小説（寅申戌）

筆疇（辰亥坤）　　　　　　　　异聞摠録（乾）

聞見續集（巳）　　　　　　　　兩山墨談（寅）

今獻彙言（子戌亥坤）　　　　　龍江夢餘録（亥）

餘冬序録（寅申乾）　　　　　　震澤長語（酉戌）

水東日記（乾坤）　　　　　　　陸文裕公外集（戌）

勸善録（丑）　　　　　　　　　灼艾録（坤）

丹鉛餘録（辰）　　　　　　　　丹鉛續録（□）

丹鉛要録（卯）　　　　　　　　丹鉛總録（亥）

小説類編（酉）　　　　　　　　濯纓亭筆記（午坤）

客座新聞（戌）　　　　　　　　逸史搜奇（坤）

梓吴（亥）　　　　　　　　　　臺山靈异録（酉坤）

東岑子（乾坤）

孤竹賓談（戌）　　　　　　　　剪燈録（乾）

科試

宋紹興十八年登科録（亥）　　　元泰定四年登科録

歷科浙江鄉試録（未）　　　　　歷科會試録（未）

歷科進士登科録（未）　　　　　歷科進士同年録（午）

宜翁三試録　石溪三試録

皇明浙江鄉貢考（午酉）　　　　皇明進士登科考（卯）

進士同年近録（亥）　　　　　　浙江甲午同年録（午乾）

辛丑進士同年録（午）　　　　　重刻辛丑同年録（丑）

戊午應天武舉録（丑）　　　　　皇明進士號録（午）

皇明吉安進士録（坤）　　　　　正統戊午鄉闈録（亥）

文集

金石古文（辰坤）　　　　　　　左粹類纂（卯申戌）

修辭左選（亥）　　　　　　　　秦漢文（寅酉）

秦漢魏晋文選（子亥）　　　　　三史文類（坤）

西漢三子至文（乾）　　　　　　古文苑（午）

古文集（亥）　　　　　　　　　　古文關鍵（戌）
崇古文訣（卯午）　　　　　　　　妙絶古今（丑）
文章正宗（丑辰申酉亥乾）　　　　文章辨體（酉戌乾）
古賦辨體（寅酉戌）　　　　　　　續文章正宗（乾）
文苑英華（丑）　　　　　　　　　文苑英華纂要（寅）
文翰類選大成（午申）　　　　　　學約古文（子）
文則（寅卯酉）　　　　　　　　　文瑞集（寅）
文章軌範（辰酉）　　　　　　　　續文章軌範（辰）
文心雕龍（坤）　　　　　　　　　古文類抄（坤）
漢文選（丑午申酉戌）　　　　　　廣文選（辰申乾）
文選增定（亥）　　　　　　　　　文選補遺（酉）
文選雙字類要（酉）
蔡中郎集（卯午戌）　　　　　　　武侯文集（乾）
唐文粹（卯）　　　　　　　　　　唐文鑒（坤）
顏魯公文集（乾坤）　　　　　　　曹子建文集（亥）
駱賓王文集（乾坤）　　　　　　　白氏長慶集（亥）
王右丞集（戌）　　　　　　　　　重編王右丞文集（寅）
韓柳文（辰午戌亥坤）　　　　　　曲江集（戌）
昌黎集（申酉亥）　　　　　　　　河東集（丑申酉）
朱文公校昌黎先生集（申）　　　　樊川集（卯酉）

宋文鑒（卯午坤）　　　　　　　　歐陽文（申戌）
歐陽文粹（子申酉戌亥）　　　　　歐陽文忠公全集（丑乾坤）
嘉祐集（午酉）　　　　　　　　　三蘇文粹（子申）
三蘇文選（卯）　　　　　　　　　蘇文忠公全集（丑亥）
南豐文集（卯）　　　　　　　　　南豐文粹（卯）
趙清獻公文集（戌乾）　　　　　　徐節孝文集（乾）
臨川集（子申戌亥）　　　　　　　荆公文集（戌丑）
范文正公集（寅戌）　　　　　　　豫章黃先生□集（丑）
黃太史精華錄（丑坤）　　　　　　豫章文集
司馬文正公集署（丑戌亥）　　　　淮海集（辰戌乾）
梅谿文集（午）　　　　　　　　　會稽三賦（丑申酉戌亥坤）
高達夫文集（乾）　　　　　　　　歐陽行周文集（申）
止齋文集（午）　　　　　　　　　源流至論（午）
秋崖小藁（申酉戌）　　　　　　　香溪文集（寅）
程氏文集　南軒文集節要（□）

晦翁文集（辰）	晦翁文抄（辰）
象山全集（辰午）	雲峰文集（坤）
漫塘文集（辰）	浮溪文粹（戌）
黃四如集（辰坤）	文溪集（坤）
龜山先生集（坤）	渭南文集（午乾）
尹和靖文集（辰酉）	疊山文集（酉）
葉水心文集（丑）	文山文集（子亥坤）
元文類（辰巳）	
道園學古錄（辰午）	淵穎文集（丑午坤）
青陽文集（亥乾）	大明一統賦（寅）
石門集（辰）	大明一統賦補（申）
皇明文衡（辰）	高太史大全集（辰酉）
誠意伯文集（乾坤）	宋學士全集（寅申）
潛溪集（卯）	陶學士文集（丑申）
遜志齋集（寅乾）	
篁墩文集（辰午坤）	黃墩文粹（午）
薛文清公全集（午乾）	東里文集（子酉乾）
瓊臺會藁（巳）	
一峰文集（乾）	楓山文集（乾）
醫閭先生集（亥）	定山集（乾）
何氏集（卯戌）	空同集（辰申酉戌）
石龍集（亥）	震澤集（寅）
改亭稿（坤）	椒丘文集（乾）
石淙文稿（午）	方洲文集（亥）
碧川文選（申）	靳文僖公文集（乾）
陽明文錄（卯午坤乾）	居夷集（申）
甘泉文錄（乾）	湘皋集（坤）
崔氏垣詞（戌）	邊萃泉集（午坤）
中峰文選（午）	容春堂集（卯亥）
春雨堂稿（卯）	泉齋勿樂集（辰）
浚川內臺集　張文定公文選（寅午）	
周恭肅公集（乾）	蘭暉堂集（戌）
西川文集（坤）	古山文集（申）
圭峰文集（亥）	桂洲集（午）
巽峰集（酉）	荊川文集（丑酉）
東郭文集（酉乾）	王履吉集（寅）

念菴文集（子坤）　　　　　梓溪文集（乾）

宦游雜録（亥）　　　　　　昭貽雜記（乾）

皇明三都賦（乾）　　　　　褒節録（坤）

唐宋元名表（卯）　　　　　四六菁華（□）

表則（寅）　　　　　　　　文式（乾）

秦漢書迹（□）　　　　　　兩漢書疏（辰亥）

赤牘清裁（申亥）　　　　　山谷刀筆（申亥）

内簡尺牘（乾）　　　　　　四六刀筆（坤）

類拙（坤）

崔氏墓志銘（坤）　　　　　胡伯子墓志銘（坤）

注釋：

① 詳見張雷：《〈會稽鈕氏世學樓珍藏圖書目〉辨偽》，《古籍研究》1995 年第 4 期；李丹：《明代私家書目偽書考》，《古籍研究》2007 年第 1 期。

② 按：《黄鈕同宗譜》（民國二十二年鉛印本）于會稽鈕氏第二世道宗旁注曰："元天順初遭回禄，木主被毀，故生卒年皆無考。"則其遷居當在此前。

③ （明）徐渭：《徐文長佚草》，《續修四庫全書》第 1355 册影印清初息耕堂抄本，上海古籍出版社，2002 年，570 頁。

④ 鈕永建：《黄鈕同宗譜》附録三《會稽鈕氏世系》，民國二十二年鉛印本。

⑤ 同上。

⑥ 《黄鈕同宗譜》附録三《會稽鈕氏譜略》曰："東郭門。宜菴公之孫曰東溪、石溪、洪溪，居延慶橋之西，雙溪居後衙地北澨。"

⑦ （明）蕭良幹、張元忭等纂修：《（萬曆）紹興府志》，《四庫全書存目叢書》第 201 册影印明萬曆刻本，齊魯書社，1996 年，135 頁。

⑧ 《嘉靖二十年進士登科録》，明嘉靖二十年刻本。

⑨ （明）何東序、汪尚寧纂修：《（嘉靖）徽州府志》，《原國立北平圖書館甲庫善本叢書》第 324 册影印嘉靖四十五年（1566）刻本，國家圖書館出版社，2013 年，68 頁。

⑩ （明）張溶、張居正等纂修：《明世宗實録》，"中央研究院"歷史語言研究所校印《明實録》第 45 册，1962 年，5781 頁。

⑪ （明）蕭彥等撰：《掖垣人鑑》，《四庫全書存目叢書》第 259 册影印明萬曆十二年刻本，齊魯書社，1996 年，295 頁。按：李丹《明代私家書目偽書考》云《掖垣人鑑》作"鈕緝"，恐是誤讀。（《古籍研究》，2007 年第 1 期，136 頁）

⑫ 同注⑩，6412 頁。

⑬ 同注⑪，295 頁。

⑭ （明）姚崇儀輯：《（萬曆）常熟縣私志》，《中國華東文獻叢書》第 11 册影印民國二十三年（1934）抄本，學苑出版社，2010 年，46—47 頁。

⑮（清）勞必達修，陳祖範等纂：《（雍正）昭文縣志》，《中國地方志集成·江蘇府縣志輯》第19册影印雍正九年（1731）刻本，江蘇古籍出版社，1991年，207頁。按：《常昭合志》載此事于明嘉靖三十四年（1555），然鈕緯于三十三年又任福清知縣，故當以《（雍正）昭文縣志》爲確。

⑯按：《（康熙）福清縣志》卷三載羅向辰于嘉靖三十三年任福清知縣，有誤。鈕緯前知縣爲張楙，嘉靖三十年任，其後爲葉宗文、羅向辰。葉宗文何時任職未載，然《明世宗實録》卷四五八“嘉靖三十七年四月丙申”載“倭攻建清縣，破之，執知縣葉宗文”。又《（萬曆）承天府志》載羅向辰嘉靖三十四年任京山縣知縣。羅氏任職在葉宗文後，又未見其兩任福清知縣的記載，因此羅氏任福清知縣當在三十七年葉氏被執後，非三十三年。

⑰（明）林鉞修、鄒璧纂：《（嘉靖）重修太平府志》，《稀見中國地方志彙刊》第22册影印嘉靖刻本，中國書店，1992年，837頁。

⑱按：鈕緯何時任廣東僉事未知，筆者檢今傳各時期《廣東通志》，未見載。

⑲（明）陸釴等纂修：《（嘉靖）山東通志》，明嘉靖十二年（1533）刻萬曆四十七年（1619）續刻本。

⑳（明）桑東陽、邢侗纂修：《（萬曆）武定州志》，《原國立北平圖書館甲庫善本叢書》第329册影印明萬曆十六年（1588）刻本，國家圖書館出版社，2013年，455頁。

㉑（清）成瓘等纂修：《（道光）濟南府志》，《中國地方志集成·山東府縣志輯》第1册影印道光二十年（1840）刻本，鳳凰出版社，2004年，517頁。

㉒同注⑬。

㉓（明）徐渭：《徐文長三集》卷一，明萬曆二十八年（1600）商濬刻本。

㉔按：“數千函百萬卷”，鄭振鐸《劫中得書續記》録商序作“數百函將萬卷”。筆者疑鄭氏抄録有誤，然以理度之，世學樓藏書“百萬卷”似亦不實。查慎行《人海記》卷下《藏書之厄》曰“會稽鈕氏之萬卷樓”，則“萬卷”之數或當之。

㉕按：鄭振鐸《劫中得書續記》録商序作“稗海大觀”，并云：“《稗海》之初名《稗海大觀》，實無人曾論及者。”筆者檢臺北漢學研究中心藏明萬曆商氏刻本（僅十五葉，存陶望齡、商濬序、校閲姓氏及目録），未有“大觀”二字，今據此本録文。

㉖《稗海》，明萬曆間會稽商氏刻本。

㉗同注③。

㉘按：筆者别見陳士元撰《皇明浙中登科考》，明萬曆三十一年（1603）刻本，亦署鈕承芳汝實校。

㉙（明）黄宗羲：《南雷文定》卷二，《續修四庫全書》第1397册影印清康熙二十七年（1688）靳治荆刻本，上海古籍出版社，2002年，272、273頁。

㉚馮惠民、李萬健等選編：《明代書目題跋叢刊》，書目文獻出版社，1994年。

㉛《徐州首届全國古籍文獻交流展——江蘇兩漢2018年秋季古籍文獻及藝術品拍賣會》，江蘇兩漢拍賣有限公司，2018年。

㉜按：墨筆下依稀見鎸刻之“目”字，筆者疑原書名乃鎸刻而成，則此紙專爲書目而造。這也可以從上海圖書館藏《孤樹裒談》一書得到印證，其中縫書名即是鎸刻而成。

㉝按：此是鈕氏第二次題記，鈕氏第一次題記的落款時間爲“萬曆三年秋八月朔旦”，與此矛盾，筆者疑是謄録時誤“二”爲“三”。

㉞按：此字殘缺，疑當是“匱”字。

㉟按：此本“文集”類後殘缺，目録前半殘缺，然相互補充正可完整恢復38類類目。

㊱ 按：括號内爲該類書籍種數，據正文實際著録統計。

㊲ 按：國朝以下目録與正文具存，目録統計數字與正文著録種數有出入，故兼録實際種數與目録著録種數。前者爲實際種數，後者爲目録著録。

㊳ 按：文集以下殘缺，故種數統計僅據目録著録。

㊴ 按：此類在《文淵閣書目》中附于"古今志"。

㊵ 存卷一至二九。

㊶ 存卷二五至三四、五八至六六、一四一至一四七、二九〇至二九九、三一五至三二一。

㊷ 存卷一至九〇、九四至一〇〇。

㊸ 文中用"□"表示之字，或是破損，或是經人塗抹難以辨識。正文中未能識別者主要是照片模糊所致，希望有機會再次見到原書，補充相應文字。

㊹ 此下原書有缺，并目録前一部分亦有缺。

（作者單位：南京圖書館歷史文獻部）

韓國學中央研究院藏《深衣制度》考述

徐文躍

内容提要： 深衣作爲儒服，歷來爲儒者所關注。隨着禮學在東亞世界的流布，深衣在朝鮮時代受到時人的普遍關注。韓國學中央研究院所藏《深衣制度》一書，博采衆説又有所折衷，是朝鮮後期研究深衣的專著，反映了包括深衣制度在内的禮學在朝鮮王朝的流行與接受程度。

關鍵詞： 韓國學中央研究院　深衣制度　鄭述

深衣作爲儒服，歷來爲儒者所關注。隨着禮學在東亞世界的流布，深衣在朝鮮時代受到時人的普遍關注。韓國學中央研究院藏有《深衣制度》一册，本文考述此書著者、内容，深衣制度在中國的起源、演進，以及在朝鮮半島的傳播和發展。

一、鄭述的師承與其撰著

韓國學中央研究院所藏（下文簡稱"韓藏"）《深衣制度》入藏時歸于經部禮類雜禮，索書號爲 A05E-0026。此書高 24.9 厘米，寬 16.4 厘米，爲手寫本，綫裝，不分卷，計有 83 葉，封面以墨書題寫書名"深衣制度"四字。該書卷首冠有著者"歲丙午中冬"所撰的自序，書末則附著者"歲己酉夏日追書"的跋語①。序中，著者認爲朱子所定深衣古制，前後共有三個版本：其一見于《儀禮集傳集注》，祇采《戴記》和鄭玄之注，"其文頗略，未易尋曉"，是朱子"早年草定，未暇删改者"；其二見于《家禮》，是朱子中年所編，但其制仍不完備；其三見于《性理大全》，"乃其最後所定，而其説甚詳，靡有遺憾"。朱子所定深衣，後儒多有錯解，致使本旨不彰、古制不存，由是"諸家之新説"競出，"則真朱子所稱詭異不經，近于服妖"，而世間好奇之士往往取之，可謂愈久愈亂。有感于此，著者依據《性理大全》所載深衣制度，兼采可資參考的諸家之説，附于各條之下，而有悖于朱子之説的新説則斥去不論，僅就諸儒錯解之處證正一二②。跋内，著者又自述其"所以述之之由與其所以自記之意"，謂：

> 余于丙午一歲之内，遭期功之慽二焉，又身遘毒痁數月未愈，而病裏又兼悲情不能作工夫。適念及深衣制度，文公既有定論，而爲諸家錯解，多失本制，因即隨手札論，不能遽已，聊以爲悲病中排日之資。蓋偶然所筆者，而忽成一部册子。今方其述此之時，猶恨鄉居文獻不備，于諸家之説不能無挂漏之嘆矣。既

而乃悔之于其心曰：吾之此書，雖未始有意于作，然顧余之謏聞末學，而上下數千百載之間，肆論先儒之得失，若是其無難乎？則雖余之自期，亦未能必保其一一皆當于理也。若使後人見之，又安知不曰僭矣其書乎，又安知不曰妄矣其人，又安知不曰陋哉其言乎！遂不敢易其藁，而投之篋中已四年矣。今夏偶檢舊書，復出而讀之，曰：夫夫芻蕘之言，聖人擇焉。況吾之言，雖未必一一無差，而亦未必一一可廢也。業已述之矣，則寧錄而存之，以備後人之擇焉，不亦可乎？因略整齊之，以爲定本。③

根據序、跋可知《深衣制度》一書乃著者作于丙午年居喪養病期間，三年之後的己酉年，著者翻檢而出，稍作整齊，終成定本。書中所見，筆迹不一，時而工整，時而潦草。書眉處多以小字批注，筆迹同樣工、草不一，這些批注應是己酉年所增補。書中卷首附有更定的《性理大全》所載深衣制度全文，"深衣制度"下，有以小字所書"并圖"二字，文末亦以小字注云"圖則付于卷末"④。書中論及緇冠，著者亦云"今依《家禮》本文尺寸制度，別爲新圖形制，庶幾與溫公畫像相合。而仍列舊圖于左，使相質證"⑤。不過，通觀全書，卷末未見深衣圖式。那麼，此書也并非全本。

是書卷末，另有近人金和鎮（號松士）甲辰年（1964）十一月初三日所題的跋語。金和鎮的跋語不長，具録如次：

南涯安君，好古之士也。一日，示余寒岡先生《深衣制度》一卷，曰：此不過衣制。詳考則閱四星霜而成者，可不寶諸！余曰：否否。雖名衣制，三代禮儀、唐宋諸説，會在其中，矧考古大典，先生頃心血而成者矣，不可以衣制忽之。敬先生篤古之義，南涯請其實，遂書此而歸之。甲辰南至月哉生明。金和鎮松士甫題。⑥

據此，知此書原爲書志學者安春根（1926—1993，號南涯）的舊藏。書中多處鈐有"安春根藏書記""南涯精賞"兩方藏書印，正是舊時的藏者所留。跋中，以《深衣制度》的著者爲朝鮮中期的禮學大家寒岡先生鄭逑（1543—1620）。此書後歸韓國學中央研究院，院方在著録此書時，即從其説。果真如此，則《深衣制度》一書初成于萬曆三十三年（宣祖三十九年，丙午年，1605），後在三十七年（光海君元年，己酉年，1609）勒爲定本。

二、韓藏《深衣制度》并非鄭逑編著

（一）鄭逑及其《深衣制度》

鄭逑，字道可，號寒岡，清州人，嶺南禮學的宗長⑦。據其年譜，鄭逑5歲即"歧嶷英秀，异于凡兒，見者稱爲神童"⑧。12歲，手摹孔子畫像，日必瞻拜。21歲，中鄉解進士試。22歲，赴會試不入禮闈而歸，潛心學問。38歲，拜昌寧縣監，疏辭，不允，始出仕。此後，歷任地方和中央。萬曆四十八年（光海君十二年，1620）正月初五日，終于持敬齋，享年七十八。天啓五年（仁祖三年，1625），賜謚文穆。

　　鄭逑最初從吳健問學，既而游于李滉門下，後又受學于曹植。李滉和曹植并爲嶺南學派兩大支柱，而吳健既是曹植的門人，又出入李滉門下。鄭逑13歲始從吳健學《易》，21歲投于李滉門下，24歲又拜曹植爲師。鄭逑28歲時，李滉辭世，30歲時，曹植謝世，32歲時，吳健物故，至此，鄭逑拜師求學的歷程結束。但這段經歷，爲其學問奠定了堅實的基礎。特別是在禮學方面鄭逑受到李滉的教誨，後來成爲“退溪之嫡”，與柳成龍、金誠一并稱李滉門下“三杰”。鄭逑畢生致力于禮學的整理研究，倡導禮治，并注重禮的實踐，強調禮的實用性。于其禮學，其門人多有稱道。侄婿張顯光謂“先生初據朱子家禮遵行于一身一家，知其不可一日廢也。而究其大全，總之爲家鄉邦國，條之爲吉凶軍賓嘉。又參之以歷代增損之制，質之以兩宋諸儒之論。禮之本末，于是乎備矣”。此雖就《五先生禮説》而發，但“亦可見先生之禮學矣”⑨。門人李埈以爲自鄭逑撰述諸書之後，“禮文大備，開卷瞭然。初學後生，昭昭若披雲而睹天。其有功于禮學，我東一人而已”⑩，可謂推崇備至。門人郭赾所云“我國先賢，道紹閩洛，講明禮學者前後相望。而至于勇往直踐，使冠昏喪祭之禮無不畢舉，燦然復古，惟吾先生耳”⑪，則指明鄭逑禮學注重實踐的特點。博洽通明、勇于踐行之外，鄭逑禮學還有一個特點，那就是并不盲目遵從古禮、家禮或者時俗，而是注重與時代狀況和生活實際相結合。鄭逑在精究證訂上古三代以迄漢唐諸儒及宋之群賢講禮之書的同時，也對明朝的政書與朝鮮當時的禮書、政書有所參考，“本之以《儀禮》，參之以時制，冠婚喪禮，各編儀節，使可行于今而不悖于古”⑫。

　　鄭逑治學不泥俗學，追求古聖賢的“全體大用之學”，“制心律己、居家在官、事君臨民”，均以李滉和朱子爲模範⑬。“當其盛年，抱負甚大，宇宙間事無不以爲己責，算數、兵陣、醫藥、風水俱曉源委，爲文章亦宗晦庵”⑭，博覽群書，涉獵廣博，却又能不止于一節一藝。鄭逑精研禮學并堅持學以致用，這也突出表現在辛勤的著書編撰事業上⑮。其所編次撰著之書，從種類上來說，涵括方志、史傳、文學、醫學、性理、禮儀等諸多方面，充分體現了鄭逑治學的通博。鄭逑著述閎富，外任期間編纂多部邑志外，據其年譜，31歲，改定李滉《朱子書節要》總目，撰《家禮集覽補注》。37歲，撰《昏儀》。40歲，撰《冠儀》。56歲，編次《中和集説》《古今忠謨》。57歲，編次《古今會粹》《樂天閑適》《朱子詩分類》。59歲，編次《聖賢風範》。61歲，撰《五先生禮説》《心經發揮》。62歲，編次《濂洛羹墻録》《洙泗言仁録》，撰《景賢續録》《卧龍岩志》《谷山洞庵志》。64歲，撰《治亂提要》。65歲，撰《古今人物志》《儒先續録》。72歲，改撰《五先生禮説》。73歲，編次《禮記喪禮分類》。75歲，成《五服沿革圖》。而年譜所未録者，又有58歲時所撰的《醫眼集方》，72歲時所著的《廣嗣續集》⑯，及不詳撰著年歲的《歷代紀年》《葬儀》《契儀》《深衣制度》。

　　所纂《深衣制度》，鄭逑在給士友的書信中多有提及。其《答金希元長生》一信，與金長生（號沙溪）論及深衣，謂“曾略有深衣説，頗發明淺見。今亦欲書上，而自不能執筆，又未得倩筆之人。來便亦告忙未及，擬于後便録上，仰承證規焉”⑰。在另一信《答金希元》中，也説“前者妄撰《深衣制度》，曾入于家僮之失火。偶被朋友傳寫一件，而今爲他有。未及呈證，深恨深恨"[18]。鄭逑 72 歲時家中失火，"所撰群書盡入灰燼中，唯若干帙幸免"[19]，大部分被焚毁，"而火灾之餘，今存者《心經發揮》《五先生禮説》《五服沿革圖》《深衣制度》《武夷志》《歷代紀年》而已"[20]，所用"大帶、幅巾、緇冠、方履，而盡入灰燼"[21]。鄭逑晚年曾據所纂《深衣制度》，"爲之累製而服之"[22]，其門人記曰"先生晚年以深衣、幅巾儼然端坐，日與遠近士友講道論學"[23]，"深衣、幅巾之制，廢而不行久矣。先生仿古制創爲廣布造深衣、幅巾、大帶，時時着之，端拱終日。見之者或笑而怪之，先生不以爲意"[24]。鄭逑生前，《深衣制度》就已爲時人所參考。其《答金邦良德民》一信，言及：

> 深衣制度，今承下論，始覺前日慶尹《不忘記》中所録，非僕之所纂《深衣制度》也。慶尹見僕所纂，自言"吾亦曾爲之集録，願與相質而用其所長"云。僕求見之，則即許而書之《不忘記》中矣。其後慶尹未及見寄，而僕昏然全忘其曲折。頃于相對之日，亦懨恍莫省。今得示教，有同夢中之所聞，誠可羞嘆。若蒙因便見寄，則欲知慶尹令公所參取之如何。[25]

慶尹即慶州府尹尹孝全，金德民之壻。其時尹孝全剛過世，所以鄭逑又説"而又慮靷發之前，未及奉還也，不敢强請耳"[26]，信末且就葬儀作了回覆。而鄭逑的身體力行，也對其有所影響。鄭逑《祭尹慶州孝全文》有句云"公有舊莊，驪水西滸。謝笏他年，深衣幅巾。于焉抱經，婆娑逍巡。此願莫償，孰瞑其瞑"[27]，突顯了尹孝全未能達成致仕後以深衣、幅巾優游度日這一願望的莫大遺憾。

（二）韓藏《深衣制度》非鄭逑編著

如前所述，鄭逑所纂，確有《深衣制度》一種。韓國學中央研究院所藏，書題"深衣制度"，自然很容易讓人聯想鄭逑編著的《深衣制度》一書。那麼，韓國學中央研究院所藏《深衣制度》是否就是鄭逑編著的《深衣制度》，或者説傳世的《深衣制度》一書的編著之人是否就是鄭逑呢？

韓藏《深衣制度》著者曾感嘆鄉居文獻不備，于諸家之説不無挂漏，所以改定之時又加有批注。在論及大帶時，書中提到"下文云如緣之色，則此緣字恐是飾字之誤，《家禮》亦作飾"，此句之上頁眉處注云"此小注"[28]。而此句前後，則添畫有起訖符號"「」"。這一批注無關宏旨，且就內容來説大可不必出注，如果是出自他人之手，則此批注實無必要。著者事後厘定文本、統一格式，注意及此，隨手所加，則事屬當然，也順理成章。僅此一條，可知書中批注乃出自著者之手。書中所見，徵引的有韓百謙、金長生、曹好益諸説，及《退溪集》《國朝五禮儀》諸書。韓百謙（1552—1615），字鳴吉，號九菴，著有《深衣説》。金長生（1548—1631），字希元，號沙溪，纂有《家禮輯覽》，于深衣亦有解説。鄭逑與二人均有書信往來，且都對深衣有所考證，鄭逑《答金希元長生》信中別紙曾謂：

> 曾蒙韓鳴吉寄示深衣之制，與臆造賤制頗不合。欲爲之奉報商確，而略已起草，無便未及呈送。適被有門下友人經過拜謁，仍詳道其曲折，則鳴吉聞之，甚不服，猶我之不服彼制也。將具以往復争辨未及焉，已忽聞渠訃，悲恨兩深，迨

不自已也。㉙

曹好益（1545—1609），字士友，號芝山，撰有《家禮考證》，亦考深衣。《退溪集》爲鄭逑之師李滉文集，李滉的言行自然爲鄭逑所熟悉。《國朝五禮儀》是朝鮮初年所纂的禮書，《寒岡先生言行録》曾記鄭逑"上自三代，下至歷代諸儒，及宋朝群賢，凡講禮之書，無不精究證訂，以至大明典禮及我《國朝五禮儀》《大典》等書，亦皆衰聚互證"㉚。如果祇是根據這些，韓藏《深衣制度》的著者當然不能排除是鄭逑的可能。

不過，書中正文所引另有尤翁（尤菴）、尹子仁諸說，并提及春翁先生後孫，眉批則言及尤翁、李最之、羅月谷、九菴、三淵先生諸人。尤翁即尤菴宋時烈（1607—1689），其說主要見于《經禮問答》。尹子仁則爲尹拯（1629—1714），其說見于《儀禮問答》。春翁先生名宋浚吉（1606—1672），既曰後孫，則晚于孫，去宋浚吉更遠。李最之（1696—1774），字季良，撰有《深衣考》，黃胤錫（1729—1791）曾具録其文。關于李最之及其深衣說，黃胤錫在庚寅年（1770）的日記中記曰：

> 是日，李子敬言：李定山最之季良，白江庶子，敏哲從孫，而麟祥之叔也。敏哲已以星曆儀象之藝聞于世。麟祥亦清修多才，文學書畫篆隸，俱冠絶，仕止陰竹縣監。而最之見識尤卓，今年七十五，嘗究《禮記》之《深衣》《玉藻》二篇所載深衣制度，考定舊注，以破諸儒之謬，因爲問答，以發明之。其說皆非無據，吾家頃爲先人壽衣也，實用此制。間以示金咨議鍾厚鍾秀之兄，居廣州官村，子敬中表親則曰：此制固好，但恐古人制度，不至穩便如許耳。㉛

羅月谷，名浚，生卒年歲待考。九菴爲尹鳳九（1683—1767）之號，三淵則金昌翕（1653—1722）之號。又，眉批所見，又有滄洲精舍，而滄洲精舍乃趙德鄰（1658—1737）所築。此中所涉諸人，鄭逑逝世時，宋浚吉、宋時烈二人尚未成年，其餘諸人則還没出生。既如此，韓藏《深衣制度》的作者并非鄭逑，可以無疑。另據黃胤錫癸卯年（1783）的日記，"近日李最之所定也既本經文，旁參衆說，達識公評之士，將亦有以就質，頃已得而録之"㉜，其時李最之之說尚屬新說。《深衣制度》眉批有云"新說如白雲朱氏、韓九菴、李最之之法"，并說"李最之法亦可觀"㉝，可見《深衣制度》的著者也曾注意到這一新說，但祇此一見，書中未作采録。那麼，《深衣制度》一書初成的丙午年最有可能就是距黃胤錫日記所記最近的丙午年（1786），而著者亦當與黃胤錫約略同時。

鄭逑所纂《深衣制度》，在其《答金希元》一信中曾自言此書大概，謂"蓋鄙人頗取白雲朱氏之說。而腰半下、齊倍腰，則一依本法。在旁之衽，不與于本衣。所謂續衽鉤邊者，恐無背于古人之說。其于注釋之不相合，與後人論議之異同，皆不敢盡信焉耳"㉞。不過，韓藏《深衣制度》對白雲朱氏（右）之說未有太多采信。《深衣制度》之外，鄭逑另撰有《深衣製造法》一篇，今收于其文集《寒岡先生文集》內。鄭逑自言《深衣製造法》"參詳經傳，專主朱夫子而兼采諸儒之說，要不出于古制而亦便于被服"㉟。比較鄭逑《深衣製造法》與韓藏《深衣制度》，兩者在內容上多有差异。

如《深衣製造法》中，衣采馮公亮之説，袂引《事林廣記》，領取丘濬之説，續袵鈎邊從朱右之説，而韓藏《深衣制度》絕未見馮公亮之説，也未引《事林廣記》，領既不取丘濬之説又批評其説爲“無稽之説”㊱，“丘氏一朝臆決如此，而斷然不復致疑，甚矣其自信也”㊲，續袵鈎邊既未引朱右之説更別説采用其説。《深衣製造法》内有“萬曆庚戌至月戊辰述識”等字樣㊳，那麼《深衣製造法》中的内容必然有部分成于此前。萬曆庚辰爲萬曆三十八年（光海君二年，1610），如果改定于己酉年的韓藏《深衣制度》確實是鄭述編著的話，相隔僅一年的《深衣製造法》與韓藏《深衣制度》兩者内容上的差異當不至于如此懸殊。内容上的出入，也説明韓藏《深衣制度》并非鄭述編著。

三、韓藏《深衣制度》所考之深衣

韓藏《深衣制度》所考深衣，著者在序中自言一以《性理大全》所載深衣制度爲據，兼采諸家之説，斥有悖朱子之説的新説不論。所以，此書一開始先就《性理大全》的文本作了考辨。《性理大全》所載深衣制度，原是“大書者提要，而分注備言，如《通鑑綱目》《家禮》之例”，但後人爲了便于閲讀，“并與其分注者而皆從大書，祇于他行低一字以别之”，此即當時見行的版本。著者認爲這既違舊例又失編書之體，所以“更定此本，以復乎其初，載之卷首，使後人復見文公之舊”㊴。其後，根據《性理大全》所載深衣制度文本，逐句逐條加以解説，首列“大書”，如有“分注”則在“大書”之後隨附，“分注”之下或又有注説，再列“參考”亦即諸家之説，而諸説之内或又有辨説。其格式是，先列“大書”，“大書”如有“分注”則隔行低一字書寫，再隔行低二字書寫“參考”二字，而“參考”的内容另隔行低一字書寫，其内或另有注説則再隔行低二字書寫。如文本起首的“深衣制度”四字之後，隔行低二字書寫“參考”，再隔行低一字遍引《禮記》中《玉藻》《深衣》諸篇的鄭注、孔疏，及陳祥道《禮書》，藍田吕氏（大臨），嚴陵方氏（愨），司馬溫公，朱子，樂平馬氏（端臨），瓊山丘氏（濬）關于深衣制度的論説與故實。諸人注疏與論説之後，或亦有所辨證，著者的觀點或藉此表明。其後深衣制度中的布、尺度、衣、裳、圓袂、方領、曲袷、緣飾、大帶、緇冠、幅巾、黑履，大抵如此。

體例既明，再説它的内容。“深衣制度”總論深衣，兼論野服。野服之制，詳載羅大經《鶴林玉露》，著者以其説不合于禮。同時，提到宋時烈曾製野服并在逝後用爲襲衣，“當時門人等遂取其衣，作爲圖本，并著尺寸之度甚詳。吾家亦傳其本一”㊵，其裳前三幅、後四幅，皆襞積，合于古禮，但與羅大經之説不同。不過，到了著者生活的年代，野服之制“今不可考也”㊶。針對馬端臨所説朱子休致後以野服從事，著者謂馬氏考之不精，認爲朱子不用野服祇用深衣。深衣所用之布，著者稱“今人深衣必練之，又必搗之”，以爲練之則古，而搗之非古，因爲布帛之搗禮經并無明文。同時，著者提到“余嘗見春翁先生所服深衣尚傳于其家者，乃練而不搗也。後孫狃于俗見，認爲後來之所浣，余爲翻其裏見其裁痕，即知其非浣也”，因而懷疑“深衣用搗，其來蓋不久"[42]。著者因宋浚吉後孫而得見春翁深衣，可知其人亦當與宋浚吉後孫約略同時。著者還對深衣布的精粗、升數存有疑問，并針對"東人好古者作深衣非北道十五升布不用"的情形，指出其實不必，"深衣布雖不滿十五升，亦不害爲從儉之道"[43]。裁制深衣所用尺度，論列諸説之後，著者主要駁斥了《性理大全補注》的説法。衣主要圍繞衣幅、尺寸、形制等展開討論，認爲"温公裁衣衹以人身爲準，而忽略于尺寸之説"[44]，《性理大全》圖"欲以末世巧製之陋習而牽合于先王之遺制，其謬甚矣"[45]。深衣的形制宋時如直領衫，對此，作者指出朱右"加襟之説固失矣，而《補注》定以對襟爲制者亦未爲得也"[46]。同時，著者也提到"東俗亦以加襟爲直領"，"如朱氏之制以對襟者爲方領"，與"如《補注》之制"的對襟，皆與文公之説不合，"此等皆屬新説，固不足深論"[47]。《性理大全補注》以綴小帶爲非古，著者以爲見于古書的衣制均不提小帶，非獨深衣如此，但不見得就不用小帶。宋時烈曾言"深衣雖無綴小帶之文，方領注曰衽在掖下，則無小帶而能之乎"[48]，著者表示認同。裳則就其裳幅、殺縫（有襞積與否）、尺寸、續衽鈎邊而論。裳之尺寸，著者駁斥《性理大全補注》之説，認爲"其説尤爲無據"[49]。續衽鈎邊，則參考節齋蔡氏（淵）、信齋楊氏（復）、家禮圖、丘濬諸説，指出"蔡氏、楊氏所論鈎邊之義，恐皆未然"[50]。裳的形制，"《性理大全》圖及丘氏《儀節》圖裳齊前後低，而左右昂"，著者以其"與經旨相反"[51]。圓袂，原注有云"去徑一尺二寸"，著者疑"徑"乃"飾"字之誤，又引金長生之説，但又説"終未必然"[52]，疑不能決。"參考"所引又有鄭注及温公、吕大臨、楊復、恒軒劉氏（懋）諸説。方領問題，著者認爲温公雖致疑小兒交領之説而旁引曲證，未免枝蔓之病，但其"領之交會處自方"的定論并無問題，所以朱子"就其説而稍演其字句，以爲之定制"[53]。蔡淵以爲"司馬方領之制不得古意"[54]，著者不予認同。對于領緣及其尺寸，著者以丘濬之説是"有緣而無領"[55]，"似是而實非"[56]，"蓋丘氏驟看經文，不復深究，而率爾立言如此也"[57]。談及曲裾，同時論及衽、續衽鈎邊，遍引鄭注、孔疏及温公、蔡淵、楊復諸説，著者批評"蔡氏、楊氏二説蓋皆出于以意增損，而實非文公之本義也"[58]。衣裳緣飾，《家禮》用黑緣，著者主要討論了緣飾的技法與尺寸等問題。衣緣尺寸，宋時烈曾言"深衣領《家禮》不言其廣，而《禮記》以二寸爲度，今當準此"，著者不同意此説，認爲"當依《禮記》緣寸半似宜"[59]，并感嘆"尤翁之深于考禮，而一爲丘氏之所欺，不復細勘，可惜可惜"[60]。

大帶之制，著者"取《玉藻》本文及諸家异同之説，而一皆折衷于文公"[61]，主要討論束帶之法再繚的含義，間亦涉及尺寸，所援引的有金長生、韓百謙、曹好益、宋時烈諸説。著者并對宋時烈之説提出异議，"尤翁必以繚以周垣之繚當之，則恐亦推之太過也"，感慨"以尤翁之善讀《家禮》，而亦不免此失，禮學名數信乎難窮也"[62]，認爲"再繚之義，莫詳于陳氏禮書之説"[63]。緇冠之制，著者認爲緇冠即古玄冠遺制，但其制無徵，所以"文公之冠衹存其名而已，其制則蓋以意取法以適身服之宜而已"[64]。同時，著者對丘濬緇冠即緇布冠一説作了辯駁，批評丘濬"不講于雜服之學"，"而每得一據輒容易論判如此，使讀者不能無惑于文公之制。嗚呼！亦妄矣而已矣"[65]。對于緇冠的形制、尺寸，著者曾"別爲新圖形制"，"仍列於舊圖之左"[66]，今未見。幅巾之制，針對丘濬幅巾并非古制一說，著者認爲"文公亦未嘗以幅巾爲古制也"，"丘氏此説亦恐太拘泥矣"[67]。書中，引及《退溪先生言行録》所記李滉以幅巾似僧巾而改用程子冠之事，評論道"我國嶺南人士皆不着幅巾，其説蓋自退溪始也。宋時諸賢于冠簪之制既取于道家，則幅巾之偶似僧巾庸何傷乎！況幅巾之制本非取法于僧家者乎！退溪之説恐亦過矣"[68]。針對金長生對當時幅巾弃帾子不用這一做法的批評，著者補充説"沙溪之世着幅巾者皆不作帾子，故其説如此。若今人則無不作帾子者，以有沙溪之説也"，但同時指出"今俗幅巾亦多失本制"[69]，并感嘆"此等謬制雖不知始于何時，而傳之既久漸成國俗矣"[70]。文末，著者特別批評尹拯的誤説，"至尹子仁之徒務欲角勝尤翁而見尤翁，于凡禮制必一從文公，遂創立皂表青裏幅巾之制，而其縫緝之法則亦一一從俗，則文公遺制其存者無幾矣。嗚呼！可勝嘆哉"[71]。黑履之制，討論的主要是履上的裝飾絇、繶、純。著者認爲"文公制度不言絇、繶、純、綦當用何物，此則當考古文爲據也"[72]。文末，著者引朝鮮《國朝五禮儀》中王及世子冕服之舃緋緞爲表白繒爲裏而文武官之履則黑皮爲之的記載，指出"《五禮儀》于文武官祇許用皮履者，似亦取完且不費之義也，然則我國之人不如且從我國之制也"[73]，主張從其國俗。

四、深衣在中國的起源與演進

深衣最早見于《禮記》中的《王制》《玉藻》《深衣》諸篇，《深衣》篇且論及深衣五法，深衣衣身、衣袖等的大概尺寸，帶結繫的位置，及穿用深衣的重要意義。深衣得名之由，按唐人孔穎達的理解是"深衣衣裳相連，被體深邃，故謂之深衣"[74]。深衣出現的時間，一般認爲是在春秋戰國之際，也有的認爲更早。不過，根據已知的考古發掘材料，并沒有能與《禮記》所記深衣相一致的出土實物與相關形象。深衣純以形制蘊含五法，人爲設計的痕迹較爲明顯。其所取法的規、矩、繩、權、衡，實際上在鄭玄給《深衣》篇作注時"已難得具體準確"[75]。《禮記》所記雖爲先秦禮制，但多有附會。所以，有一種觀點認爲經書所記的深衣，或是一種理想上的設計，未必是現實中的穿着[76]。

中古之世，深衣更多的祇是見于經書的注疏，絕少現實中的製作與穿用。這一局面，直到宋代纔有所改變。宋代，貴族勢衰，平民崛起，門閥制度崩潰，社會階層流動性顯著增強。在此形勢下，上下共用的新禮變得迫切，而新禮的實現則是通過復歸古禮。深衣，在時人的理解中乃上下所通用[77]。由此，深衣受到當時士人的關注。嘗試復興深衣的第一人，是司馬光。司馬光《書儀》一書專門列有《深衣制度》一節，以《禮記》鄭注、孔疏及相關文獻爲據，對深衣作了考證[78]。另外，司馬光還製作并穿用深衣。邵伯温《河南邵氏聞見前録》曾記云"司馬温公依《禮記》作深衣、冠簪、幅巾、縉帶。每出，朝服乘馬，用皮匣貯深衣隨其後，入獨樂園則衣之"[79]。復興深衣具有開創之功的是司馬光，但使其光大的則是朱熹。温公所創深衣後被朱子《家禮》吸收繼承，從而具有劃時代的意義。《家禮》卷一通禮首列祠堂，次即深衣制度，并首次爲深衣繪製了插圖[80]。

朱子對深衣的關注，在其致友人、門人的書信中多有反映[81]。其中，答覆顏度的兩通，言之較詳。朱子曾將自製的深衣送呈顏度，但對大帶所用紐約尚多疑問。同時，朱子對時人各自爲制，造作出詭異的冠服也多有感慨，希望能有博聞好禮之人將深衣之制"表而出之"[82]，以廣傳播。在與門人問答時，朱子也間或提及深衣。門人竇從周曾問及丈夫爲妻子服喪，未葬或已葬而未除服，是否應當祭祀，如果祭祀穿什麼衣服合適。朱子回答"恐不當祭。熹家則廢四時正祭而猶存節祠，祇用深衣、涼衫之屬，亦以義起，無正禮可考也"[83]。與司馬光一樣，朱子對深衣的熱情也并不僅限于經義上的考釋，現實中也同樣穿用。門人及女婿黃榦《朱子行狀》記朱子"其間居也，未明而起，深衣、幅巾、方履，拜于家廟以及先聖"[84]。《朱子語類》亦載"先生以子喪，不舉盛祭，就影堂前致薦，用深衣、幅巾。薦畢，反喪服，哭奠于靈，至慟"[85]。朱子在病重臨終之際，以深衣及所著書傳授黃榦，并托付道"吾道之托在此，吾無憾矣"[86]。這些例子均可見出朱子身體力行的一面，及深衣在其心中的分量。

朱子歿後，深衣并未普及，仍僅限于朱子門人及小部分好古的儒者之間。即便是朱子，晚年閑居所用，也不止深衣一種。朱子休致後閑居曾效法呂希哲，"遵用舊京故俗，輒以野服從事"[87]。對此，宋元之際的馬端臨曾頗爲感慨[88]。不過，溫公、文公之後，風氣已開，而且後來朱子之說影響漸廣，深衣的討論與實踐漸多。朱子門人姜大中曾考得深衣之衽，并製作深衣。得知此事後，同爲朱子門人的陳文蔚去信，"以所疑于注疏者質之"[89]。與朱子約略同時的楊簡，也曾自製方領深衣穿用，但領子"久則前墜，近于今之圓領，則後世變而爲圓領，亦其勢之自然"[90]。結合自身實踐與當時實際，楊簡還對深衣五法、續衽鉤邊等問題作了辨證。其後，又有卓有立用力于深衣，所著《深衣述》曾經陳著寓目，但陳著以爲"深衣惟當據經以求合而已"，關于續衽鉤邊，司馬溫公之說"正當"，卓氏不必再曲爲之說。二人"屢圖再會，相謀以決"，但陳著連年衰病、卓氏亡故，未果[91]。宋末，文天祥也撰有《深衣吉凶通服說》，論證深衣乃吉禮、凶禮所通用。文中，文天祥對與深衣所配的冠履也提出看法，認爲諸侯、大夫、士以至庶人，定非同用一冠，"今世而服深衣者，其爲冠履也既不載于經，則其隨時也爲得矣"。文天祥提出，如果深衣作爲吉服，"則今之緇冠爲不必易也"，作爲凶服，則受吊者、往吊者當用練冠，不用玄冠[92]。

宋末以降，以迄元明之世，朱子之學大興，涌現出一批致力于深衣研究的專門之論。江心宇《深衣說》，何堯《深衣圖說》，馮公亮《深衣考正》，鄭起《深衣書》，舒岳祥《深衣圖說》，金履祥《深衣小傳》《深衣外傳》，許判古《深衣訂》、車垓《深衣疑義》，王幼孫《深衣圖辨》，陳櫟《深衣說》，劉莊孫《深衣考》，程時登《深衣翼》，汪汝懋《深衣圖考》，牟楷《深衣刊誤》，朱右《深衣考》，黃潤玉《深衣古制考》，岳正《深衣纂誤》，楊廉《深衣纂要》，高均《深衣考》，左贊《深衣考正》，潘葵《深衣說》，鄭瓛《深衣圖說》，夏時正《深衣考》，王廷相《深衣圖論》，夏言《深衣考》，侯一元《深衣辯》，楊暹《深衣考正》，吳顯《深衣圖說》[93]，均是可以考見的專論。這些論著雖然大多亡佚，存世無多，却也可以見出人們對深衣的關注。此外，時人對經書、禮書的注解于深衣也多有論及，如楊復《儀禮圖》，敖繼公《儀禮集說》，吳澄

《禮記纂言》，丘濬《文公家禮儀節》等。同時，衆多專論和注説也表明，朱子之後，世人對深衣的理解并不一致，圍繞方領、曲裾、續任鈎邊、裳等問題，衆説紛紜，聚訟不已[94]。

深衣之制衆説不一，這也導致深衣不可能普遍流行，其行用仍祇限于部分好古之士。至元十四年（1277），趙與𤋮以深衣、幅巾朝見元世祖于上京，"言宋亡根本所在"，"世祖傾屬"，于是入翰林爲待制，爲直學士，纍遷爲真學士[95]。明代，王艮"按禮經制五常冠、深衣、條絰、笏板，行則規圓矩方，坐則焚香默識"[96]。這是元明時期較爲知名的兩例，但深衣也并未通行。所以，明遺民朱舜水在答日人問及深衣行用情形時，也説"明朝如丘文莊亦嘗服之，然廣東遠不可見。王陽明門人亦服之，然久而不可見"[97]。生前穿用外，深衣還用于入殮。由宋入元的舒岳祥《聞鄞兵入仙居二首》其二，即有句云"深衣斂形日，嗟我一枝筇"[98]。明初楊士奇預立遺囑，交代身後也用深衣入殮。其正統二年（1437）遺訓，内一條云"用平日私居所服深衣斂棺中，悉屏金銀等物"[99]。正統九年遺訓，内一條亦云"祇用幅巾、深衣斂"[100]。不過，明代所用之制并非朱子深衣。朱舜水曾記云"深衣之制有二：一見于《玉藻》，溫公之所創、《家禮》之所輯是也；其一爲明室之制，明室之制有衣而無裳"[101]。入清，深衣無所施用，不過仍有黃宗羲《深衣考》，戴震《深衣考》，江永《深衣考誤》，任大椿《深衣釋例》等數種專著，大體多是解經之作。唯黃宗羲《深衣考》一種，或有濟于製作。黃宗羲臨終前，遺命"即以所服角巾、深衣殮"[102]。時已入清，深衣似非當時所能用，入殮所用深衣當由其自身考定。黃宗羲之外，又有遺民屈大均，生前留有遺訓"吾死後，以幅巾、深衣、大帶、方舄成殮，大帶書碣明之遺民"[103]。

五、深衣在朝鮮半島的傳播與發展

深衣在朝鮮半島的傳播與朱子學的東傳有關，而朱子學的東傳又與入華之人關係甚巨。高麗末期傳播、發展朱子學的安珦、李穡、鄭夢周等人均有入華經歷。不過，高麗前期已有使用深衣的記載。高麗睿宗元年（遼乾統六年，1106）正月"癸丑，遼祭奠吊慰使祭肅宗虞宮，王服深衣助奠"[104]，這是目前可知高麗時代使用深衣的最早記錄，但僅此一見。其時朱子尚未出世，顯然不是後世的朱子深衣。早期朱子學的傳習更多側重性理，隨着朝鮮儒家化進程的推進，便于士庶躬行實踐的禮學逐漸興盛。16世紀以降，冠婚喪祭四禮相關的著作大量涌現，并對當時社會形成籠罩性的影響，朱子學在權域大放异彩。曹好益《家禮考證》，金長生《家禮輯覽》《疑禮問解》，申湜《家禮諺解》，俞棨《家禮源流》，鄭重器《家禮輯要》，李宜朝《家禮增解》，李縡《四禮便覽》，李爀《四禮纂説》，沈宜元《四禮輯要》，申義慶《喪禮備要》，姜銑《喪祭輯要》，南道振《禮書札記》，朴聖源《禮疑類輯》，鄭鎡《禮儀補遺》，宋時烈《經禮問答》，尹拯《儀禮問答》，權尚夏《寒水齋先生禮説》，洪直弼《梅山先生禮説》，等等，都是朝鮮中後期基于《家禮》研究禮學的專門之作，内中對深衣多有辨證。至于師弟子間的講論，更是數不勝數，朝鮮士人文集所見比比皆是。

師弟子間對深衣的討論，或以李滉爲最早⑩。李滉與其門人較早關注深衣，并嘗試製作。李滉與其門人論學的書信，對此多有反映。在給金就礪的信中，辛酉一信李滉言及喪禮由于考據所需的儀注書因在別處，所以未嘗下手，接着，提到深衣，“深衣制度，可疑處終未究得，不知都中有能知者否”⑩。庚午一信，李滉問及深衣製作之事，“深衣已製否？暮春間安道來時，付之爲佳”⑩。別書又云“奇明彦書問深衣製造與否，素所願也，製造事傳白爲望”⑩。另一信中，李滉寫到“李咸亨奴來，得書。今又安道等來，承書及深衣、幅巾、大帶、梅竹盆等，且見別紙所云。山居岑寂之中，殊極慰豁。但安道纔到奉化，今朝始送書封等物。深衣時未試著，亦未詳其制之如何耳”⑩。另一信中，李滉頗費筆墨地對深衣作了一次詳細討論。論及幅巾，謂：

> 從《朱子大全》本傳而製出。當額幠子，奇明彦使反向裏。而今考本文，幠子向外。制度吾所未解，今未敢有議于其間，且其制殊似駭俗，不可戴。且以所云程子冠代之，但未知程冠合制否耳⑩。

奇大升（字明彦）對幅巾亦有考證，但李滉以爲不確，并認爲幅巾之制駭俗，當以程子冠代替，却又不確定是否合于制度。論及深衣，則稱：

> 依下送畫寸紙樣而造指尺以製之。若裳不及踝，即衣裳合縫改綴，令裳稍長何如？幅廣不准尺，故袂加一幅以爲袪，而反屈及肘爲準。試著數日，其長怡然及踝，不待改綴而稱身，可知指尺爲不虛也⑩。

金就礪奉送深衣、幅巾、大帶，似也一同送上了“畫寸紙樣”。此信所述，李滉似有據金就礪所送紙樣另造深衣之舉，但對其作了改動。信後論及方領、裳、曲袷，李滉亦有辨析，并説“今制深衣，專用《家禮》，而裳下際裏面并爲緣耳，未知合規與否”⑩，“用丘制則宜于曲袷，而似嫌于太鑿。爲新制，今依《家禮》，自爲得體，但于曲袷微有未恰耳”⑩。論及大帶，謂“《家禮》大帶下復以五彩條約其相結之處，長與紳齊，今欲爲此。不知條制當何如，奇明彦不言其制耶”⑩。據此，李滉對深衣并非完全依照金就礪所説，而是在其所制深衣的基礎上有所損益改動，改動的根據則是《家禮》。

李滉門人禹性傳對喪禮所用冠服感興趣，他注意到金就礪（字而精）所製的深衣，信中問李滉“金而精製上深衣、幅巾，果不戾于古制耶”⑩。李滉答曰“而精製寄深衣，未知盡合古制與否，而大概似得其體，間中可時著了。惟幅巾，未敢便以爲得古制，且其著用，非但駭俗，于己亦殊不便，故不用而姑以程子冠之類代之”⑩。金就礪所製深衣用綿布，禹性傳疑其當用白麻布。在接獲金就礪“禮言麻布者是麻布，祇言布者皆是綿布也”的回覆後，李滉自己也有疑惑，在給禹性傳的覆信中，説到“五服之布亦不言麻布，而祇云生熟。此其爲麻布，則深衣白細布之獨爲綿布何義耶？亦未的知是何布，然綿布韌，無乃好乎”⑩，可見李滉師弟子對金就礪所製深衣也并非確然無疑。門人金誠一，于其師的“飲食衣服之節”就記云“金就礪造幅巾、深衣以送。先生曰幅巾似僧巾言失其制。著之似未穩，乃服深衣而加程子冠。晚年齋居如此，客來則改以常服焉”⑩。

圍繞深衣的方領、曲袼、續衽鈎邊、裳等問題，後世經師每有注說，且因師說不同形成衆說紛紜的局面。朝鮮深衣，跟中國一樣，注者衆多，莫衷一是。能够自成一家的，頗有其人。黃胤錫的日記有云"蓋自鄭注賈疏流以後，溫公、晦翁俱未有定論，而丘瓊山、朱白雲、敖繼公以至我東韓久庵、鄭寒岡諸公之說，不可勝記"[119]。又記深衣之說自朱子之後言人人殊，"以至吾東李退溪、奇高峰、金而精、鄭寒岡、韓久庵，與夫柳馨遠祖久庵者，不可勝紀。其專守《家禮》，則丘瓊山以外，宋龜峰、金沙溪、鄭守夢、宋尤庵、俞市南、權遂庵諸賢是已"[120]。諸人之外，又有尹得觀。尹得觀（1710—?），字士賓，號竹菴。尹得觀及其深衣說，亦嘗爲黃胤錫所注意，其庚寅年（1770）的日記記云"近又有尹得觀所定深衣說，亦自成一家"[121]。己亥年（1779）的日記有曰：

> 李應之言：自少已識尹教傅丈得觀，游從甚久。尹丈即黎湖朴文敬公弼周門人，治禮學，旁及易學。嘗辨深衣及衰服制度見于《儀禮》注疏及《家禮》者俱失古人本意，至有成說則黎湖深許，而其喪用尹丈所製深衣之制。[122]

尹得觀的深衣說無由具知，但其師朴弼周的答書中多有涉及[123]，可知大概。有感于"今李、尹愈出愈新，未知折衷者將有誰也"[124]，黃胤錫後來撰有《深衣會通新制》，其本意是欲使諸說有所折衷，不過似未能達到預期的效果，影響有限。

古制，"深衣則自天子至庶人皆可服之"[125]。不過，自溫公創制以來，似僅限于士林。後世帝王冠服中，中單等或"如深衣制""襯用深衣之制"[126]，但終非深衣。反倒在朝鮮，深衣真正做到了上下通行、君臣共用、吉凶同制，"上下不嫌同名，吉凶不嫌同制"[127]，切合古制。韓國今存有韓末興宣大院君肖像多軸，均由李漢喆、李昌鈺繪製，韓弘迪裝潢，内一軸所用冠服爲幅巾、深衣。興宣大院君爲高宗生父，而李漢喆、李昌鈺則是圖寫御容的畫師，韓弘迪則爲御容裝潢人。歷史上，翼宗、高宗、純宗的御容中均有幅巾（深衣）本。在高宗諸本御容中，且以幅巾本最爲肖似。可惜的是，這些幅巾本的御容均毀于火，未能傳世。

六、結 論

關于深衣，鄭述所撰有《深衣制度》與《深衣製造法》二種，其說多采明人朱右之說。而韓藏《深衣制度》所引，朱右之說并未占有太大比重，且著者對其說多有批判。又，韓藏《深衣制度》正文及著者自注的眉批内，對後于鄭述時代的諸人多有提及，這些後起之說、後來之人非鄭述生前所能親身聞見。由此，可以判定韓國學中央研究院所藏《深衣制度》一書絕非鄭述編著。據黃胤錫庚寅年（1770）日記，當時關于深衣的新說有李最之、尹得觀二人之說，但韓藏《深衣制度》提到新說祇及李最之一人。那麽，韓藏《深衣制度》一書的著者是否有可能是另一新說的提出者尹得觀呢？尹得觀深衣說的具體内容，今未見，不過其說的大略仍可見于朴弼周戊午年（1738）、己未年（1739）給尹得觀的覆信。比較韓藏《深衣制度》與朴弼周的覆信特别是《答尹士賓己未》一信的内容，在對衽、續衽鈎邊、裳幅及裳的尺寸等諸多方面的理解考釋上，韓藏《深衣制度》與尹得觀之説二者之間互有參差。這些差异表明，韓藏《深衣制度》的著者也不可能是尹得觀。韓藏《深衣制度》跋語中，著者自言丙午一歲曾連遭兩喪，後續對此書著者的探求當在這一點上突破。至于跋語中言及的此書初成時的丙午歲與勒爲定本時的己酉歲，因韓藏《深衣制度》與黄胤錫庚寅年的日記均提及李最之説爲當時的"新説"，那麽這兩個年份應是距庚寅年最近的丙午年和己酉年，亦即 1786 年和 1789 年，對應于傳統紀年則是乾隆五十一年（正祖十年）、五十四年（正祖十三年）。

注釋：

① 《深衣制度》，己酉年手寫本，韓國學中央研究院藏。韓國學中央研究院在著録此書時，以著者爲鄭逑，則己酉年爲萬曆三十七年亦即光海君元年，也就是 1609 年。韓國學中央研究院此説不確，詳見下文。

② 《深衣制度》，1a—1b 頁。

③ 同注②，83a—83b 頁。"諸家錯解"原作"諸侯家錯解"，"侯"字邊上標一符號，表示删除。"夫夫窈蒍之言"原作"夫夫窈蒍之人言"，"人"字邊上標一符號，意爲删除，"夫夫"疑爲"狂夫"之誤。

④ 同注②，2a、3a 頁。

⑤ 同注②，70b—71a 頁。

⑥ 此跋書于封底背面。

⑦ 關于鄭逑的師承與撰著，盧仁淑《朝鮮朝寒岡鄭逑的禮學和〈五先生禮説分類〉》一文多有論及。見［韓］盧仁淑：《朝鮮朝寒岡鄭逑的禮學和〈五先生禮説分類〉》《當代韓國》2002 年第 1 期。

⑧ 《寒岡先生年譜》卷一，1a 頁，刊年未詳刻本，韓國學中央研究院藏。

⑨ 張顯光等：《寒岡先生言行録》卷一，17a 頁，刊年未詳刻本，韓國學中央研究院藏。

⑩ 張顯光等：《寒岡先生言行録》卷一，18a—18b 頁。

⑪ 同注⑩，18b—19a 頁。

⑫ 同注⑩，17b 頁。

⑬ 同注⑩，13b 頁。

⑭ 編者未詳：《見睆録》卷三，65b 頁，正祖年以後手寫本，韓國學中央研究院藏。

⑮ 見［韓］盧仁淑：《朝鮮朝寒岡鄭逑的禮學和〈五先生禮説分類〉》，《當代韓國》2002 年第 1 期。

⑯ 《醫眼集方》《廣嗣續集》二書撰述時的年歲，據盧仁淑：《朝鮮朝寒岡鄭逑的禮學和〈五先生禮説分類〉》。

⑰ 鄭逑：《寒岡先生文集》卷三，28b 頁，刊年未詳刻本，韓國學中央研究院藏。

⑱ 鄭逑：《寒岡先生文集》卷三，30b 頁。

⑲ 《寒岡先生年譜》卷一，22a 頁。

⑳ 張顯光：《旅軒先生文集》卷一一，27a 頁，刊年未詳刻本，美國伯克利大學東亞圖書館藏。

㉑ 鄭逑：《寒岡先生文集》卷三，28b 頁。

㉒ 同注㉑，31a 頁。

㉓ 同注⑩，4b 頁。

㉔ 張顯光等：《寒岡先生言行録》卷二，8b 頁。

㉕ 鄭逑：《寒岡先生文集》卷四，7b 頁。
㉖ 同注㉕，7b 頁。
㉗ 鄭逑：《寒岡先生文集》卷一二，17b 頁。
㉘ 同注②，54a 頁。
㉙ 同注㉑，28a 頁。
㉚ 同注⑩，17b 頁。
㉛ 黄胤錫：《頤齋亂藁》16 册，“庚寅十月二十七日己亥”條。
㉜ 黄胤錫：《頤齋亂藁》35 册，“癸卯七月三十日癸未”條。
㉝ 同注②，1a 頁。
㉞ 同注㉑，30b 頁。
㉟ 鄭逑：《寒岡先生文集》卷九，22b 頁。
㊱ 同注②，42a 頁。
㊲ 同注②，53b 頁。
㊳ 同注㉟，28a 頁。
㊴ 同注②，3a 頁。
㊵ 同注②，13a 頁。
㊶ 同上。
㊷ 同注②，17a 頁。
㊸ 同注②，17b—18a 頁。
㊹ 同注②，21b 頁。
㊺ 同注②，23a 頁。
㊻ 同注②，24a 頁。
㊼ 同注②，24b 頁。
㊽ 同注②，25a 頁。
㊾ 同注②，27b 頁。
㊿ 同注②，29a 頁。
(51) 同注②，30a 頁。
(52) 同注②，30b—31a 頁。
(53) 同注②，39a 頁。
(54) 同注②，39a—39b 頁。
(55) 同注②，39b 頁。
(56) 同注②，40a 頁。
(57) 同注②，41a 頁。
(58) 同注②，45b 頁。
(59) 同注②，53b 頁。
(60) 同注②，54a 頁。
(61) 同注②，54b 頁。
(62) 同注②，66b 頁。
(63) 同上。陳氏禮書指陳澔集説的《禮記集注》。

(64) 同注②，67b 頁。
(65) 同注②，70a—70b 頁。
(66) 同注②，70b 頁。
(67) 同注②，73b 頁。
(68) 同注②，74a 頁。
(69) 同注②，74b 頁。
(70) 同注②，75a 頁。
(71) 同注②，75a—75b 頁。
(72) 同注②，78b 頁。
(73) 同注②，81b—82a 頁。
(74) 孫希旦撰，沈嘯寰、王星賢點校：《禮記集解》，中華書局，1989 年，1378 頁。
(75) 沈從文：《中國古代服飾研究》，《沈從文全集》第 32 卷，北岳文藝出版社，2002 年，89 頁。
(76) ［日］相川佳予子：《漢代衣服史小考》，《東方學報》第 47 册，1974 年，191—216 頁。轉引自［日］吾妻重二：《深衣考——近世中國、朝鮮及日本的儒服問題》，《愛敬與儀章：東亞視域中的〈朱子家禮〉》，上海古籍出版社，2021 年，272—320 頁。吾妻重二此文應是目前可見對深衣在東亞世界的發展傳播研究得最爲全面一篇文章。相川佳予子，吾妻重二《深衣考——近世中國、朝鮮及日本的儒服問題》漢譯誤作相川佳代子。
(77)（元）馬端臨：《文獻通考》卷一一一，中華書局，1986 年，1003 頁下欄至 1004 頁上欄。
(78)（宋）司馬光：《司馬氏書儀》卷二，《叢書集成新編》第 35 册，新文豐出版公司，1985 年，23—24 頁。
(79)（宋）邵伯温：《河南邵氏聞見前録》卷一九，《叢書集成新編》第 83 册，新文豐出版公司，1985 年，613 頁。
(80)（宋）朱熹：《晦庵先生朱文公文集》卷六八，《四部叢刊初編》集部，上海書店，1989 年，6a—10b 頁。
(81) 現存《深衣制度》一書對此亦多徵引。
(82)（宋）朱熹：《晦庵先生朱文公文集》卷三七，44a 頁。
(83)（宋）朱熹：《晦庵先生朱文公文集》卷五九，14a—14b 頁。
(84)（宋）黄榦：《勉齋先生黄文肅公文集》卷三四，19a 頁。
(85)（宋）黎靖德編：《朱子語類》，《景印文淵閣四庫全書》第 702 册，臺北商務印書館，1986 年，18b 頁。
(86)（宋）朱熹：《晦庵先生朱文公文集》卷二九，24b 頁。
(87)（宋）朱熹：《晦庵先生朱文公文集》卷七四，32a 頁。現存《深衣制度》作者認爲朱子不用野服衹用深衣，則信之太過，并不可從。
(88) 同注(77)，1004 頁上欄。
(89) 陳文蔚：《陳克齋集》卷五，《景印文淵閣四庫全書》第 1171 册，8a—10b 頁。
(90)（宋）楊簡：《慈湖遺書》卷九，《景印文淵閣四庫全書》第 1156 册，51a 頁。
(91)（宋）陳著：《本堂集》卷四七，《景印文淵閣四庫全書》第 1185 册，1a—1b 頁。
(92)（宋）文天祥：《文山先生全集》卷一〇，《四部叢刊初編》集部，上海書店，1989 年，35a—38b 頁。

㊈㉓ 此據黃虞稷《千頃堂書目》、朱彝尊《經義考》、《（雍正）浙江通志》諸書。

㊈㉔ 現存《深衣制度》所引諸家之説，就可見這種情形。

㊈㉕ （元）蘇天爵編：《元文類》卷五一，商務印書館，1958 年，741—742 頁。

㊈㉖ （明）董燧等編：《王心齋先生年譜》，《北京圖書館藏珍本年譜叢刊》第 45 册，北京圖書館出版社，1999 年，30 頁。

㊈㉗ （明）朱舜水：《舜水先生文集》卷二三，23a 頁。日本正德五年（1715）刊本，內閣文庫藏。

㊈㉘ （宋）舒岳祥：《閬風集》卷五，《景印文淵閣四庫全書》第 1187 册，3b 頁。

㊈㉙ （明）楊士奇：《東里續集》卷五三，《景印文淵閣四庫全書》第 1239 册，23a 頁。

⑩⓪ 同注㊈㉙，25b 頁。

⑩① （明）朱舜水：《舜水先生文集》卷一四，14a—14b 頁。

⑩② （清）江藩：《漢學師承記》卷八，《叢書集成新編》第 99 册，新文豐出版公司，1985 年，709 頁。

⑩③ 歐初、王貴忱主編：《屈大均全集》第 3 册，人民文學出版社，1996 年，155 頁。

⑩④ 鄭麟趾撰：《高麗史》，《四庫全書存目叢書》第 159 册，史部，齊魯書社，1996 年，258 頁上欄。

⑩⑤ 現存《深衣制度》亦多涉及李滉之説。吾妻重二亦對李滉師弟子間的書信多有引及，見吾妻重二：《深衣考——近世中國、朝鮮及日本的儒服問題》，《愛敬與儀章：東亞視域中的〈朱子家禮〉》，272—320 頁。

⑩⑥ 李滉：《退溪先生文集》卷二八，第 33a 頁，宣祖三十三年（1600）後刻本，韓國學中央研究院藏。

⑩⑦ 李滉：《退溪先生文集》卷三〇，28b 頁。

⑩⑧ 同注⑩⑦，29b 頁。

⑩⑨ 同注⑩⑦，30a 頁。

⑩⑩ 同注⑩⑦，35b 頁。

⑩⑪ 同注⑩⑦，36a 頁。

⑩⑫ 同注⑩⑦，37a 頁。

⑩⑬ 同注⑩⑦，38a 頁。

⑩⑭ 同注⑩⑦，37a—37b 頁。

⑩⑮ 李滉：《退溪先生文集》卷三二，28a 頁。

⑩⑯ 同注⑩⑮，28a—28b 頁。

⑩⑰ 同注⑩⑮，35b—36a 頁。

⑩⑱ 權斗經編：《退溪先生言行錄》卷三，4a 頁，英祖三十三年（1757）木版本，韓國學中央研究院藏。

⑩⑲ 黃胤錫：《頤齋亂藁》16 册，"庚寅十月二十七日己亥"條。

⑫⓪ 黃胤錫：《頤齋亂藁》35 册，"癸卯七月三十日癸未"條。

⑫① 同注⑩⑲。

⑫② 黃胤錫：《頤齋亂藁》30 册，"己亥七月十四日丙申"條。

⑫③ 朴㢡周：《黎湖先生文集》卷一五，見 https://www.krpia.co.kr/viewer/open? plctId = PLCT00005160 &highlight = % E7% AD% 94% E5% B0% B9% E5% A3% AB% E8% B3% 93&nodeId = NODE05602678#none（2022. 1. 12 檢索）。

⑫ 同注⑲。

⑫ 同注⑰，1004 頁上欄。

⑫ 申時行等修，趙用賢等纂：《大明會典》，《續修四庫全書》第 790 册，上海古籍出版社，2001 年，
    202 頁上欄、209 頁下欄。

⑫ 同注⑰，1003 頁下欄。

李鴻卓 "葉子戲" 詩與清代紙牌

艾俊川

内容提要： 清代紙牌上承葉子之緒，下開麻將之源，在博藝史中地位重要，但研究史料相對不足。清嘉道間人李鴻卓的《葉子戲次云蘅浦韵》詩，是一篇相對全面反映清晚期紙牌及其游戲面貌的文字。以歷代文獻和實物資料注釋李詩，可進一步疏通紙牌源流，探討歷史上與葉子、紙牌相關的諸多問題。

關鍵詞： 葉子 葉子戲 紙牌 馬吊 麻將 棍牌 李鴻卓

葉子戲，即用葉子或稱紙牌玩的游戲，起源于唐宋，盛行于明清。

對葉子戲的記載，以明代爲較詳，傳世有潘之恒《葉子譜》《續葉子譜》、龍子猶（即馮夢龍）《馬吊脚例》等牌譜專著[①]。至清代，葉子戲已是尋常事物，不復能激發人們的記録興趣，故未再出現專門著作。現存能反映清代葉子戲大致面貌的資料，僅見乾隆時人金學詩所撰《牧猪閑話》中《紙牌》和《馬吊》二文[②]，筆墨寥寥，難稱詳盡。

清代紙牌上承葉子之緒，下開麻將之源，在博藝史中地位重要，而對其研究面臨資料不足的困難，需要深入挖掘，增加認知。清李鴻卓的《葉子戲次云蘅浦韵》詩，就是一篇可以有效補充史料的文字。

李鴻卓是江西南城人，嘉慶二十四年（1819）進士，曾任貴州清溪知縣，升黄平知州[③]。其詩集爲稿本，"葉子戲"詩當作于嘉慶、道光之間，唱和的云蘅浦仕履不詳。此詩涉及紙牌形制、游戲規則、玩家感受等諸多方面，可視爲一篇綜合性記録，有助于瞭解清代後期紙牌及其游戲的細節、麻將牌基本元素的來歷。下文擬結合歷代文獻記載和晚清紙牌實物，箋釋詩義，疏通源流，探討葉子和紙牌相關問題。

一、從葉子戲詩看紙牌源流

詩文録如下：

葉子戲次云蘅浦韵

嘉名傳葉子，勝友忽招邀。手教憑談劇，心花各動摇。拂筵新柳嫩，着指小桃嬌。剗紙裁形細，秦關取數饒。姓名多識别，頭角巧摹描。義向泉刀借，形如肉好雕。結繩應貫索，若網認同條。用九還乘四，餘三并挂么（錢貫索各九張，以四乘之，得一百八張。又千貫、毛公、枝花三幺，各四張，得十二張。合之凡一百二十張）。窺斑能識豹，辨種即知苗（左角記號微而顯）。別有星同聚（百二十張之外又添五星），渾如味待調。經營心獨苦，倍蓰算來驕。偏伍須縫闕，儀秦以類招（位置有縱橫之別）。卷舒疑摺扇，層纍恍抽蕉。時墮林間簜，仍收爨下焦。閑方尋蝶夢（閑家亦云夢家），勝輒奪龍標。亦或因貪失，能無聒耳囂。銅山忻漸滿，玉鈚笑潛凋。茗碗侵晨集，膏油入夜燒。喜添神勃勃，倦振羽譙譙（時冒雨赴約）。妙悟登場戲，消閑足永朝。

"嘉名傳葉子"至"秦關取數饒"句，記友人邀玩葉子戲。這是一種紙牌游戲，全副牌有120頁。

葉子戲之名始見于唐代，如蘇鶚《杜陽雜記》卷下言"韋氏諸家好爲葉子戲"，事在咸通九至十年（868—869）間。歐陽修《歸田錄》卷二云："葉子格者，自唐中世以後有之。説者云：因人有姓葉號葉子青撰此格，因以爲名。此説非也。唐人藏書皆作卷軸，其後有葉子，其制似今策子，凡文字有備檢用者，卷軸難數卷舒，故以葉子寫之，如吳彩鸞《唐韵》、李郃《彩選》之類是也。骰子格本備檢用，故亦以葉子寫之，因以爲名爾。唐世士人宴聚盛行葉子格，五代、國初猶然，後漸廢不傳。今其格世或有之，而無人知者。"④

葉子格本爲"骰子格"，是唐人玩骰子游戲時用來查找規則、名目、賞格的卷子，因不便翻檢，故用摺成葉子的紙册來書寫，稱"葉子格"，再後來又演化出葉子戲。晁公武《郡齋讀書志》著録有《葉子戲格》一書。

唐代葉子格和葉子戲，至宋代已難得其詳，清代葉子的直接源頭可上溯至明初。陸容《菽園雜記》記昆山葉子戲，略云：

> 鬥葉子之戲，吾昆城上自士夫下至僮豎皆能之。予游昆庠八年，獨不解此，人以拙嗤之。近得閱其形制：一錢至九錢各一葉，一百至九百各一葉，自萬貫以上皆圖人形，萬萬貫呼保義宋江，千萬貫行者武松，百萬貫阮小五，九十萬貫活閻羅阮小七……一萬貫浪子燕青。⑤

陸容十六歲游庠，時在景泰二年（1451），則此前以文錢、百文錢（索）、萬貫、十萬貫爲鬥類，以銅錢、錢索和水滸人物爲圖案的葉子已流行于昆山。明晚期最爲流行的葉子戲是馬吊，40葉（頁、張）一副。延至清代，又演化出60葉或120葉一副的"紙牌"游戲，與馬吊分道揚鑣。

明清葉子以厚紙裱成，表面塗蠟，又稱"蠟牌"。如明黎遂球《運掌經》云"乃就鄰里少年爲蠟牌戲"，又云"凡蠟牌各從其類"⑥。蠟牌手感細滑，故李鴻卓説"着指小桃嬌"。"秦關取數饒"則用杜詩"休道秦關百二重"句義，指牌數共有120頁。金學詩《牧猪閑話·紙牌》説：

> 紙牌長二寸許，橫廣不及半，繪畫雕印，凡六十頁爲一具……聚客四人，案設厯俎，乃出戲具，拈一人爲首，以次抹牌，每人各得十頁，謂之默和。餘二十

頁另一人掌之，以次分遞在局者，謂之把和，亦曰轟角，因其在座隅也……又或于六十頁之外更加一具，爲一百二十頁，或更加半具，爲一百五十頁，則每種各五頁，可集五六人爲之，每人各得二十頁以外，其餘頁皆掩覆，次第另抹，以備弃取，名曰碰和，原本默和之法而推衍之。

《牧猪閑話》有乾隆四十八年（1783）序，則當時紙牌游戲以60頁的默和牌爲主流，120頁的碰和牌爲別格。

"碰和"又寫作"碰壺"。《揚州畫舫録》卷一一云：

> 畫舫多作牙牌、葉格之戲……葉格以馬吊爲上……次之碰壺，以十壺爲上……紙牌始用三十張，即馬吊去十子一門，謂之鬥混江，後倍爲六十，謂之擠矮，又倍之爲一百二十張。⑦

據此"十壺"爲"碰壺"的主要玩法。李鴻卓所玩牌戲的牌數與打法均與十壺牌相同。

"姓名多識別"至"渾如味待調"，記葉子牌的名色、圖案、數量。

《牧猪閑話·紙牌》云："萬貫皆繪人形。"據陸容所記，萬貫門人物爲九萬雷橫、八萬索超、七萬秦明、六萬李俊、五萬李逵、四萬柴進、三萬關勝、二萬花榮、一萬燕青，均爲著名水滸人物。

圖1　晚清晋華齋印造紙牌中的水滸人物圖像（美國賓夕法尼亞大學博物館藏，29-238-12）

"錢"門取義及圖案模仿銅錢，故云"義向泉刀借，形如肉好雕"。泉刀爲錢幣古稱，"肉"爲銅錢外緣，"好"爲内緣。"錢"門後來又稱爲"餅"。

"索"門取義錢索，潘之恒《葉子譜》云"索以貫錢，百文爲索"。"結繩"句典出《尚書·禹貢》孔穎達疏："萬國同其風化，若物在繩索之貫。""若網"句典出《漢書·董仲舒傳》："臨淵羡魚，不如退而結網……夫帝王之道，豈不同條共貫與？"皆言"索""條"之爲用。紙牌及麻將的"索"門又稱"條"，文字記載以李鴻卓此詩爲最早。

紙牌"錢貫索"三門，每門9張，計27張，外加"幺"牌3張，各乘以四，共120張。詩中所述整副牌的組成與《牧猪閑話》吻合而詳細。《牧猪閑話》云：

> 紙牌……凡六十頁爲一具，具各有耦⑧，共三十種，分爲三門，曰萬貫，曰索

子，曰文錢，皆自一至九，共二十七種。餘三種曰幺頭……又或于六十頁之外更加一具，爲一百二十頁，則每種各四頁。

祇寫“餘三種爲幺頭”，未及具體名目，李鴻卓則寫明“三幺”分別爲千貫、枝花、毛公。

據潘之恒《葉子譜》，嘉靖時昆山葉子有萬字門、索子門各九張，十萬門自二十萬至九十萬，另有百萬、千萬、萬萬，共十一張；文錢門自一錢至九錢，另有“空没文”和“半文”（又稱一枝花），也是十一張，合計四十張。

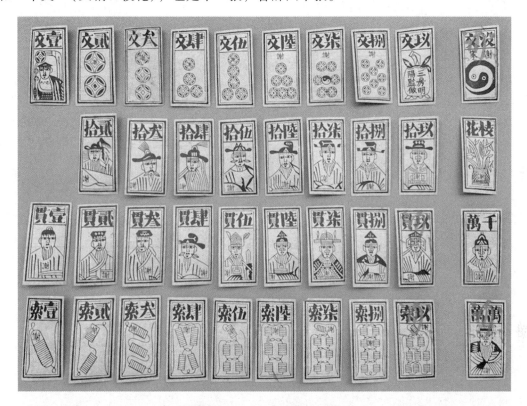

圖　晚清馬吊牌（即明昆山葉子苗裔，缺“百萬”，美國賓夕法尼亞大學博物館藏，29-241-140）

《續葉子譜》云：

　　鬥虎取昆山牌四十張，去十門，惟選千兵以領三路，其專轄者惟萬，他有所不屑制也。

“鬥虎”是“看虎”的別名，其牌去掉昆山葉子的十萬門，保留“千兵”以統領萬字門，再加上索子門、文錢門，合計30張。“千兵”即“千萬貫”[9]。到《牧猪閑話》時，千兵、空没文、半文三張牌已脱離原來門類，另組成“幺頭”。從李鴻卓詩注看，“千貫”即“千萬貫”，“枝花”即“半空”，“毛公”即“空没文”。

看虎牌的形成，爲清代紙牌奠定基礎。合四副看虎牌爲120張，即成“碰和牌”，其“錢索萬”3門、每門9種、每種4張的基本牌制，通過麻將延續到今天。4門40

種、每種均爲單張的馬吊牌，獨立流行，現在已經式微。

"窺斑能識豹，辨種即知苗（左角記號微而顯）"，言紙牌左角有微小而顯明的記號，展成扇形時可方便地認出是哪張牌。"別有星同聚（百二十張之外又添五星）"指附加的花牌。《揚州畫舫錄》所記較詳："又增以'福禄壽財喜'五星，計張一百二十有五。五星聚于一人，則共賀之。"

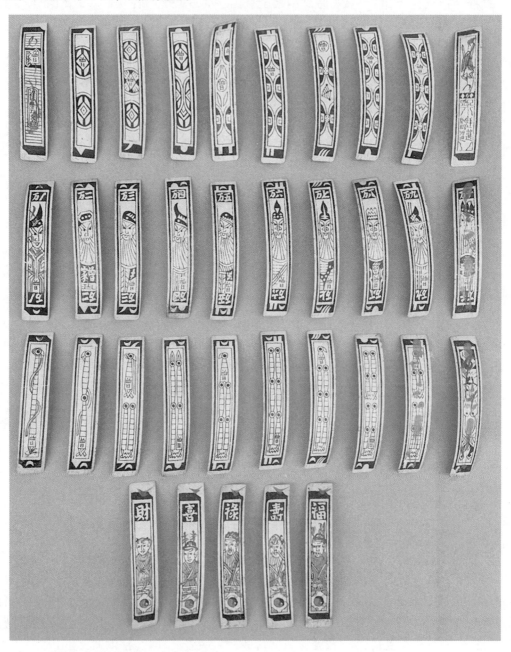

圖3　清末紙牌（"錢索萬"三門及"三么"，添加"福禄壽喜財"五星，
牌的上角有辨認記號。美國賓夕法尼亞大學博物館藏，29 – 238 – 6）

"經營心獨苦"至"勝輒奪龍標"一段，寫打牌須苦心經營并熟悉規則。

《牧猪閑話》記默和玩法："其法：以三四頁配搭連屬爲一副，三副俱成爲勝，兩家俱成以拈在先者爲勝。凡牌未出皆覆，既出皆仰，視仰之形，測覆之數，以施斡運，則在神而明之。"又記碰和玩法："抹得三頁同色者曰坎、曰碰，四頁同色者曰開招。"即"偏伍須縫闕，儀秦以類招（位置有縱橫之別）"，是紙牌游戲的幾個主要規則。

同門中三牌數字相連，如兵士之成伍，補足闕牌可成一副，在《續葉子譜》"看虎品"中稱"序三爲順"，在《牧猪閑話》中稱"坎"，此爲縱嚮；同一數字牌凑齊三張也可成副，即"碰"，此爲橫嚮。這些玩法和名詞均被麻將繼承，祇有凑成四張的"開招"改稱"開杠"。

"卷舒"句言牌在掌中開合，"時墮"句言出牌抹牌。

"閑方尋蝶夢（閑家亦云夢家），勝輒奪龍標"，是麻將未能繼承的玩法。《揚州畫舫録》記十壺牌："四人合局，三人輪鬥，每一人歇，謂之作夢。"這個"作夢"之人，就是"夢家"。夢家雖不參與出牌，但在牌局結束時也跟隨莊家結算勝負。這很像西方橋牌中的"明手"，故早年翻譯橋牌之書，往往將"明手"譯作"夢家"。而且這一玩法在後世也有傳承，如現流行于客家地區的六虎牌局中就有夢家⑩。近人張兆明在《花湖》一文中回憶花湖牌（又作"花和""挖花"，是一種骨牌游戲）玩法時說："'花湖'四人成局，每付牌三個人打，一個夢家休息。"⑪如果没有乾隆、道光間的記載，人們也許會認爲這是受到橋牌的影響。

"亦或因貪失"至終章，言游戲者的患得患失和痴迷沉溺。

二、從紙牌實物看葉子變遷

我們可以看到，《葉子戲次云薇浦韵》詩的可貴之處在于承前啓後——它印證了《牧猪閑話》和《揚州畫舫録》等文獻記載，并補上若干缺漏，有助于更準確地認識晚清紙牌及麻將。

現存年代明確的晚清紙牌，以美國賓夕法尼亞大學博物館所藏最夥，大多數是英國外交官威爾金遜（William H. Wilkinson）的舊藏。威爾金遜于1889年開始在中國的多個地區收集紙牌，并送到1893年芝加哥萬國博覽會上展覽，後于1903年轉讓給賓大博物館。威爾金遜于1895年發表的文章⑫、美國人類學家古林（Robert S. Culin）同年出版的書⑬，均對這些紙牌做過介紹。其中"錢索萬"三門加"三幺"、30張一副、四副合一的牌，威爾金遜說是用來玩"khanhoo"游戲的。它們從牌制看是前述"碰和"或"碰壺"，但讀音同于明代的"看虎"，由此可見傳統之頑強。

李鴻卓詩中提到的葉子形制，在這些看虎牌和當時人記録中也能找到對應。如賓大所藏，有數副牌添加"五星"，來自香港、重慶、九江的牌均爲"福禄壽喜財"⑭，來自南京的牌則爲"仁義禮智信"。清末牌中的"三幺"名稱不一，"千貫"稱"千萬"或"老千""武松"，"枝花"稱"白枝"或"白花"，"毛公"稱"紅花"或"空湯"，還有其他異名，不一而足。"毛公"未見于看虎牌，却出現在馬吊牌系統的六虎牌中⑮。混亂的名稱，説明紙牌的傳承演化十分複雜，傳統可以長久延續，但變化隨時隨地都在發生，研究葉子和紙牌，不能僅據某一副牌、某一條記載執象以求，否則容易以偏概全。

"毛公"的"變與不變"就很有代表性。這張牌，潘之恒《葉子譜》稱作"空没文"，在文錢門中最尊，但《續葉子譜》又稱爲"空湯"。汪道昆《數錢葉譜》，列"空湯瓶"爲第一品，説"舊稱空没文，文門所尊，今居四門之首"⑯，是明嘉靖、萬曆間已有二名，至清道光時復稱"毛公"。按《史記》卷七七《魏公子列傳》謂"趙有處士毛公藏于博徒"，則"毛公"乃今之所謂"賭神"，其時在牌中仍居尊位。1889年1月，張德彝在《五述奇》中記紙牌有"白枝、紅人與老千"，"紅人"即"毛公"；威爾金遜稱"王英"和"紅花"；廣州晉華齋的牌上則稱"空湯"，這又回到明朝的名字上了。

現存晚清紙牌中，這枚牌有時也標明"王英"。如賓大博物館29－238－1號藏品，"王英"二字寫在牌面人物的帽子中；又如29－238－2藏品，"王英"寫在頭頂。在這裏，紙牌暗中沿襲了明代葉子的另一個傳統。《葉子譜》"圖像品"文錢門"空没文"下注："原貌波斯進寶形，標曰空一文。其形全體而矬足黑靴，或題爲矮脚虎。"王英在《水滸傳》中綽號矮脚虎，故用他來比擬"矬足黑靴"的牌中人形象。

圖4　晚清紙牌中的"王英"

葉子牌所繪人物，如潘之恒所言，"十字門計十一葉，畫形皆半身，萬門仿此"⑰，畫出全身的祇有"空没文"一位，原型也非水滸好漢，而是來中土獻寶的波斯人。這

102

也許是更早時期葉子遺留下來的圖像化石。19 世紀末，德國探險隊在我國吐魯番地區發現一枚紙牌，上繪一短腿黑靴人物（衣帽也與晚清"王英"牌相似），畫框外上寫"管換"，下寫"賀造"，被認爲是 1400 年左右的紙牌。此牌若確爲明代印製，根據人物形象，應是一張"空没文"牌或其前身。牌中人物上方有"三分"二字，如果像明代葉子一樣標識的是貨幣數額，那麼它反映的不是明代的銅錢本位幣制，而是元代的白銀本位，再次説明它包含了早期葉子的元素。

AN OLD CHINESE PLAYING
CARD

Found near Turfan. Date un-
certain, but probably about 1400.
(9.5 x 3.5 cm.)

Museum für Völkerkunde.

圖 5　發現于吐魯番附近的紙牌（德國柏林人類文化博物館藏）[18]

　　威爾金遜又將擁有"錢索萬"和"三幺"，三十張爲一副、四副爲一套的紙牌稱作 kun p'ai，漢語發音爲"棍牌"，又稱 ma chioh，即"麻雀"。他説："They are known in central China by the name of kun p'ai, staff or baton cards, or ma chioh, 'hempen birds'." 可見是華中地區的叫法。古林説在美國工作的廣東人也稱其爲"棍牌"，于是將牌名用廣東音拼爲"kwan p'ai"，意譯爲"stick cards"。現在賓大博物館的這類藏品，均定名爲"Stick cards"及"Gun Pai 棍牌"。

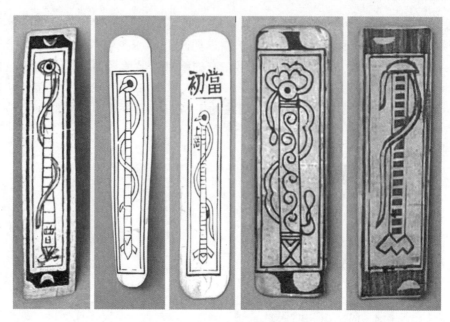

圖6　威爾金遜藏紙牌中部分圖案類似棍棒的"一索（條）"

　　紙牌爲何叫棍牌？王乃驥認爲係因牌型細長，猶如短棍[19]。然而古林在介紹"索"門時説："sok，'strings'，or kun，'rouleaux'."謂此門名"索"，即繩索；或名"棍"，即錢幣疊高卷起形成的棍狀物（rouleaux）。如此，"棍牌"一名很可能緣于"索"的圖案形似棍棒。張德彝記北方紙牌有"條餅萬"三門，以"條（索）"領銜，則時人用"棍"來指稱紙牌也就容易理解了。至于"ma chioh（麻雀）"，王乃驥認爲"索"門的錢貫繩結圖案形似麻雀頭，故而得名。但威爾金遜原藏的17副"棍牌"，"索"門圖案一部分爲棍棒形，一部分爲魚形，未見麻雀形狀，而其繩結是否可看作"麻雀頭"，乃至能否代表整副牌名，皆有討論的餘地。

圖7　威爾金遜藏紙牌中部分圖案繪作魚形的"一索（條）"

威爾金遜的中國紙牌，收集于 1889 年至 1893 年。美國駐華外交官彌俄禮（Oliver B. Bradford）携帶回美國的一副牌，要比威爾金遜所得稍早一些。彌俄禮于 1862 年來華任職，1878 年回國，帶回一副 30 張的牌，缺失一索、五索、五餅和八萬 4 張。其"一餅"上印"晋華齋"，白花上印"晋記"，中印"汪家"，下印"假冒晋華，男盗女娟"[20]。賓夕法尼亞大學藏有數副晋華齋印造紙牌，編號爲 29 – 238 – 17 的一副，白花中印"汪家"，下印"晋華齋鋪在雙門底"。雙門底是廣州地名，則晋華齋是廣州的紙牌店鋪，主人汪姓。至于存世紙牌是否還有年代更早的，因其牌面并不標識年月，圖案風格又複雜多樣，遂難認定。

三、餘論

最後順帶探討一下唐宋葉子戲的起源與流變問題。

記録骰子游戲賞格的書册"葉子格"，爲何會變成一種游戲？史書并無記載，但原理可以推知。

唐朝擲骰子，使用的骰子數可多達 6 枚，擲出後會形成數十、上百個點數組合，難以單憑記憶判斷勝負賞罰。而且事關賭博，口説也難保公平，因此需要使用寫明勝負規則、組合名目和賞罰標準的骰子格。這又引出歐陽修所説的問題——當時的長卷不便翻檢，賭博之人又往往處于醉酒亢奮狀態，紙卷反復打開收起極易碎裂。于是人們將骰子格寫在摺成竪條的葉子上，每葉一則，成爲"葉子格"。實際上是一本摺紙爲册的書，可以隨意開合檢尋。

葉子格的出現，讓人們没有骰子也能"擲骰子"：翻開葉子格隨機指認一葉，與用骰子擲出點數然後到葉子格中翻查賞格的功能和效果完全一致，葉子格也就成爲可替代骰子的博具。時日既久，將葉子格拆爲單葉，玩法更加複雜，形成新的規則，葉子戲也就誕生了。

唐代葉子戲盛極一時，至宋代漸漸衰微，北宋以後少見記載，是否説明它完全消失了？從牌具上看也許有這種可能性，從游戲看則未必如此。因爲北宋興起了另一種根源于骰子的游戲，即宣和骨牌（相傳起源于宣和二年，故得此名）。骨牌的牌面圖案是兩枚骰子正面的點數組合，與葉子的設計思路一致。宋代的葉子和骨牌，很大可能内容未變，祇是牌的材質發生改變，葉子從文獻記載中消失，實際上是其骨牌化的反映。這正如清代紙牌，在同治、光緒間完成骨牌化，變身麻將，基本元素和玩法得到延續，但紙質牌具則慢慢退出牌桌和記載。

注釋：

① 均輯入清汪師韓《葉戲原起》，見《叢睦汪氏叢書》，清光緒十二年（1886）刻本。

②（清）金學詩《牧猪閑話》，見《昭代叢書》别集類，清道光二十九年（1849）刻本。

③ 見《（同治）南城縣志》卷七，清同治十二年（1873）刻本。

④（宋）歐陽修：《歸田録》卷二，《歐陽文忠公集》，《四部叢刊》影印元刻本。

⑤（明）陸容：《菽園雜記》卷一四，《景印文淵閣四庫全書》子部，1041 册，363 頁。

⑥ 見《葉戲原起》。

⑦ （清）李斗：《揚州畫舫録》卷一一，清乾隆六十年（1795）刻本。

⑧ "具各有耦" 費解，"具" 或係 "頁" 字涉上而誤。

⑨ 陸容記 "千萬貫" 人物爲武松，清末紙牌有 "老千" 標明武松，尚存遺制。

⑩ 見陳春香、何雨陽《六虎牌》，林繼富主編：《中國民間游戲總匯·棋牌卷》，湖南文藝出版社，2016 年，336 頁。

⑪ 轉引自王乃驥《麻將粹諦史》，臺北里仁書局，2021 年，121 頁。

⑫ William H. Wilkinson, "Chinese Origin of Playing Cards". *American Anthropologist*. Vol. 8. no. 1. pg. 61—78，1895.

⑬ Robert S. Culin, *Korean Games*, *with Notes on the Corresponding Games of China and Japan*. . Philadelphia. University of Pennsylvania, 1895.

⑭ 美國賓夕法尼亞大學博物館藏品號：29-238-4，29-238-5，29-238-6。

⑮ 藏品號爲 29-239-22 和 29-238-22。

⑯ 見《葉戲原起》。

⑰ 見《葉子譜》"圖像品"。

⑱ 感謝王丁教授提供清晰圖片。

⑲ 同注⑪，175 頁。

⑳ 事見《不至异國 當得异書》，艾俊川《且居且讀》，廣西師範大學出版社，2021 年，164—168 頁。

（作者單位：金融時報社）

106

手書題跋的要素、認定與异名考辨
——題跋研究筆記之一

劉　鵬

内容提要：手書題跋是由創作者、收藏家及其"收藏共同體"題寫在紙（絹）本文獻前後的文字。其要素包括：内容上以對廣義收藏活動的記録爲中心，結尾署有日期或作者姓名、字號，前後多鈐有作者印章。"手書題跋"的内容、書風、墨色、位置、鈐印等具有特殊性，與"刊印題跋"相比，保留了更多信息。校跋、題（觀）款、部分題端（簽）、題詩（詞）均可歸入題跋範疇，批校、摘録則不屬題跋。與"題跋"名异而實同者包括"題識""題記"，三者本義有别，但自明清以來在紙（絹）本文獻的題寫實踐中含義相同。

關鍵詞：手書題跋　要素　認定　題記　題識

手書題跋是廣泛見于書籍、碑帖與書畫前後的文字。各類詞典中對"題跋"的解釋大同小异，而以《漢語大詞典》較有代表性："題，指寫在書籍、字畫、碑帖等前面的文字；跋，指寫在書籍、字畫、碑帖等後面的文字，總稱'題跋'。内容多爲品評、鑒賞、考訂、記事等。"[1]

不過，詞典的解釋簡明扼要，却遠未能描述出在大量閱讀散見于各類紙（絹）本文獻前後的題跋墨迹之餘所産生的那種豐富而微妙的感覺。"手書題跋"作爲涵蓋藝術與文獻兩大領域的文體，其多樣與靈活，體現在内容上，涉及人物、時事、掌故、鑒賞、學術乃至風俗、信仰；體現在文風上，或直抒胸臆，心手相應；或好整以暇，從容不迫；或言簡意賅，備體而已；亦時有大塊文章，連篇纍牘。可謂水無常形，蔚爲大觀。

本文將習稱的"題跋"強調爲"手書題跋"，亦别有用意——容易爲當代習慣閱讀刊印文字的學者忽略的是，"手書題跋"與經過整理的"刊印題跋"并不完全等同。從内容上說，二者的關係好似"稿本"與"印本"。從"手書題跋"到"刊印題跋"，訛誤與疏漏往往會得到訂補（當然也可能訛誤更多，比如清末以來多次刊印、標點的黄丕烈題跋），但書寫的"私密性""自適感"和"時間點"會遭到消减，比如書寫時的隱秘心思、涉及當時人事的敏感文字、書寫時或静觀或對衆的不同筆意、書寫時間等信息時常被删、略而去。這種現象不僅發生在題跋作者結集刊印的自我審查時，有時也發生在後人整理前人題跋的過程中。

從形式上說，二者的差异更不啻雲泥。手書題跋在顏色上以墨色爲主，亦間有朱、黄、紫、緑諸色；書體上以楷、行爲主，兼有篆、隷、草諸體，輔以朱色印鑒，可謂琳瑯滿目。不僅在整體觀感上給人以美的享受，其昭示的遞藏源流、聚散曲折，也使其在無形之中成爲原文獻（書畫、書籍、碑帖）不可分割的一部分。在"字如其人"的傳統觀念下，賞鑒者還可以根據字迹的大、小、端、欹、秀、拙、凝、放，與歷史給書寫者們的"蓋棺定論"相互參證，從書法角度一窺其人。

在題寫位置上，手書題跋其實亦不限于文獻前後，函套書衣，天頭地角，字裏畫間，乃至夾簽附箋，均可見前人留下的題跋手迹，無意中可以透露給我們許多信息。如周密《齊東野語》卷六《紹興御府書畫式》云："應搜訪到法書，多係青闌道，絹襯背。唐名士多于闌道前後題跋。令莊宗古裁去上下闌道，揀高格者，隨法書進呈，取旨揀用。依紹興格式裝褫。"[②]由此我們可以知道唐代有題跋于原作四周的風氣，祇不過後來不再流行[③]。又如傳世名畫、法帖中的題跋，多書于卷、冊前後餘紙，以昭敬重。而有一位自詡"十全老人"的"法天隆運至誠先覺體元立極敷文奮武欽明孝慈神聖純皇帝"，則經常不惜筆侵畫芯，墨踐隔水，動輒題跋（詩）、鈐印數十，這些行爲，都昭示了乾隆帝的滿滿自信、強烈的表達欲望和能力，以及最重要的，敬畏感的缺乏，這是我們在"刊印題跋"中無法體會的。

與手書題跋相比，"刊印題跋"可謂"千篇一律"，不僅內容可能有所遺失，原題跋那些獨特的風格、位置信息，也已不見其蹤。更重要的，刊印本還可能打破題寫場景，將一些實際屬于題跋的文字歸屬于其他分類。比如文獻後的題詩、題詞，在題寫場景下，與其他散文體的跋語是一體的、渾融的，但在收入作者文集時，卻只會歸入"詩""詞"卷，而不會歸入"題跋"卷（對這一問題後文還有闡述）。業界有時將手書題跋稱爲"題跋真迹"[④]，這個"真"字，突出了手書題跋"保留更多原始痕迹"的特點，可謂一語中的。

明清以來，學者已經有意識地輯録手書題跋，許多墨迹亡佚的題跋，內容賴此而存。當代以來，隨著書畫、古籍珍品的大半公藏和學術研究的不斷深入，存世海量手書題跋的價值，更從"文物性"擴展到"學術性"。作爲藝術史、版本目録學、印刷史、書籍史、閱讀史、思想史、文化史研究重要的原始文獻，受到廣泛關注。各類題跋影印、整理著作層出不窮，有的已成體系和品牌。不過，絕大多數出版對象都是古代"刊印題跋"或其標點本，而絕少據"手書題跋原迹"校正、補充，是以不僅訛誤、刪略得以延續，古今的連接也被打斷。即到底哪些題跋原迹尚存，目前存在何處，書號多少，與傳世的刊印題跋文字有何異同，題跋之後還有哪些遞藏軌迹，往往并不反映在整理、影印本中。從這一角度來看，這種整理自然有很大的意義，但遺憾也是明顯的。

好在近年來部分公藏單位和學術界亦有計劃地整理、公布館藏手書題跋，以孚衆望。其規模較大者，書畫題跋所見有《中國歷代書畫題跋精粹》[⑤]《中國歷代書畫題跋注釋集成》[⑥]。古籍題跋所見有《"國立中央圖書館"善本題跋真迹》《標點善本題跋集録》[⑦]《上海圖書館善本題跋真迹》《上海圖書館善本題跋輯録（附版本考）》[⑧]《天津圖書館善本題跋真迹》[⑨]《國家珍貴古籍題跋叢刊》[⑩]。碑帖題跋所見有《上海圖書館善本碑帖綜録》[⑪]《中國國家圖書館善本碑帖綜録》[⑫]《國家圖書館未刊石刻題跋輯録》[⑬]

等等。這些著作多將題跋手迹與釋文同時刊出，滿足了不同受衆的需要。此外，《文獻》《文津學志》等文獻類刊物也長期刊登手書題跋考釋論文，和前述題跋整理著作一道，極大地推動了相關研究的進步。

2010 年以來，筆者因工作機緣，參與了國家圖書館善本題跋的整理和《國家珍貴古籍名録》各收藏單位題跋的審校。尤其是 2020 年至 2021 年，用前後半年時間，將 3000 餘條、60 餘萬字的《國家珍貴古籍名録》古籍題跋集中校閱兩過。通過此項工作以及平時所閱多種書畫題跋影像，筆者對手書題跋初步形成了一些粗淺的認識。偶言之于師友，多蒙勉勵，故不揣淺陋，將部分研習筆記連綴成文，以就教于大雅君子。

本文擬以書籍題跋爲中心，輔以書畫、碑帖題跋中的用例，從組成要素、認定標準和"異名"考辨三個方面，討論手書題跋的幾個基本問題。

一、手書題跋的組成要素

筆者認爲，僅僅依靠詞典中的定義去理解手書題跋是不够的，我們需要根據閱讀和整理實踐，歸納手書題跋的要素，再一一拆解。歸納和拆解的過程，同時也是深入體察手書題跋豐富內涵的過程。

筆者認爲，手書題跋，是由紙（絹）本文獻（主要包括書畫、書籍、碑帖）的創作（抄録）者或"收藏共同體"（包括而不限于收藏家及其同好、名流、後學等），題寫在文獻前後的文字。其形式靈活，以"收藏共同體"共同締造的創作、收藏、賞鑒、校録、研究、流通、複製等"收藏活動"爲中心，廣泛涉及歷史、時事、人情、學（藝）術等多個領域。

手書題跋的作者，主要是紙（絹）本文獻的"收藏共同體"。這一共同體既包括收藏者本人，也自然而然地延伸到在收藏者處一飽眼福後"文興勃發"或"應請命筆"的同好、名流、後學。此外，文獻的創作者和抄録者，也常有題跋留存。如故宮藏宋徽宗繪《祥龍石圖》後即有作者自序及題詩，國圖藏明朱存理輯録稿本《珊瑚木難》中所録作品之後也常有朱氏記録其觀覽經過的題跋。而佛經之後由抄寫人留下一段説明緣起文字的現象，更是可以上溯到漢代。

因爲創作、抄録的"一次性""短暫性"和收藏的"重複性""持續性"，兩類題跋的數量差距很大。從閱讀印象來看，"收藏共同體"的題跋占十之八九，創作者和抄録者的題跋僅占十之一二。

定義、作者問題之外，本節擬從手書題跋的內容、署名、鈐印三個方面，探討其組成要素。

（一）内容

手書題跋的内容以對收藏活動的記録爲中心。所謂"收藏活動"，是廣義概念，實際上包括了文獻的創作、收藏、賞鑒、校録、研究、流通乃至複製、刊印等一系列彼此相關的活動。在收藏活動持續的過程中（這一過程可能長達數十、數百乃至上千年），作爲創作者、抄録者和"收藏共同體"的題寫者，同時也在經歷歲月不居、時節如流，也在經歷世事治亂，生老病死。這些生命體驗和人間感慨也自然而然地被他們形諸筆墨，融入題跋之中。這些内容，大大增加了手書題跋内容的鮮活感或厚重感，也成爲每一個閱讀、欣賞者與藏品深入共情的要徑和捷徑。

此外，手書題跋作爲正式撰寫的"序言"（前序、後序、跋語）的"變體"，其形式多數時候較爲靈活、隨性，平均不過百餘字。少數長篇且論述嚴謹的題跋，多出現在晚清民國，已經和書籍前後刊印的"序跋"趨同，不是"手書題跋"的正體。

（二）署名

作爲文體正式性的象徵，手書題跋結尾多署有日期或作者姓名、字號。這也是其區別于文獻中批校、評點、摘録等手書文字的重要特徵之一。

前人的手書署名往往經過特別設計，具有特別的韻味，這也構成了手書題跋的一個欣賞要素。比如翁方綱的署名，"公"字上半部分的"八"常與"羽"間隔較遠，似爲獨立一字；而"方綱"兩字往往較小，且距離較近，如上下結構之字，而與"翁"字間隔較遠。還有一些署名也是將兩字連書，形同一字，但會簡省上字的下半部或下字的上半部。如李鴻章的部分署名中，"鴻章"二字連書，"章"字被寫作草體，僅保留下半部分。又如清稿本《儀禮蠡測簽注》（國圖藏號：17773）[14]諸家題跋署名中，趙懷玉的"懷玉"二字連書，"玉"字上半部被省略；而黃戉簽名兩字連書，省略的便是黃字下部的"八"；戴聯奎則後二字連書，并無省略，看起來却像是上下結構，兩字大小也與"戴"字相同，成爲"戴　連奎"，不細辨幾被瞞過。這些設計，都和古人自上而下的書寫方式息息相關。今人簽名多橫書，這種技巧便無法取用。

（三）鈐印

明清以來，隨着手書題跋作爲一種傳統的確立，其内容、書法愈加講究，形式上也愈加正式，相當數量的題跋其前後開始如其他書法作品一般鈐有作者印章。這些鈐印與題跋文字同時産生，爲題跋而鈐，該"題跋"實際上理應包括文字和鈐印兩部分内容。部分題跋整理著作并未著録題跋鈐印，這也是一種遺憾。

這類題跋鈐印，可以分爲兩種情况。

第一種情况，少數印鑒專爲題跋而刻，是名副其實的"題跋印"。如"藏園題識"（傅增湘）、"節子題識"（傅以禮）、"茗理題記"（章鈺）、"欣夫題記"（王大隆）、"茗生題記"（邵鋭）諸印即是。又如故宮博物院所藏《五牛圖》長卷後有乾隆題詩及諸臣和詩，詩末群臣鈐印多有專爲題跋（詩）而刻者。如蔣溥鈐"臣蔣溥""筆露恩雨"二印，汪由敦鈐"臣由敦""敬書"二印，裘曰修鈐"臣裘曰修""敬書"二印，錢維城鈐"臣錢維城""筆沾春雨"二印，觀保鈐"臣保""敬書"二印，董邦達鈐"臣邦達印""染翰"二印，如此齊整。很可能還是同僚間相約共同爲"應命題跋（詩）"而鎸刻的。再如國圖藏清初抄本《滏水文集》（藏號：8500）首册書衣韓應陛跋後鈐有"應陛手記印"，顯然也是爲題跋所刻。

110

除了這些有明確信息的"題跋印"，有一些印鑑印文并不如上述諸印明確，但尺寸較小，多爲姓名、字號章，也基本可以確定是專爲書寫題跋、題詩一類小字時所鈐，如前述《瀅水文集》書衣另有韓應陛蠅頭小字短跋一則，後即鈐一極小"淥卿"（韓氏字）印。

第二種情況更爲常見，即將一些小印同時當作收藏印和"題跋用印"，既鈐于書之卷端，也鈐于題跋前後。正因係借用藏書印，有時也不甚講究，用大印鈐于小字題跋之後，與"印一般小于字"的書法慣例不合。

題跋用印的位置，往往參考了書法的章法。跋前之印，往往鈐于文首之右上方；跋後之印，一般鈐于署名之後（少量鈐于姓名之上）。整理時應注意將其位置描述清楚。關于題跋用印問題，筆者擬專文探討，此不贅述。

在實際工作中，要將"題跋印"與"收藏印"區別開來，更要將同一方印章用作收藏印和用于題跋前後的情況區別開來。整理題跋時，應僅著錄"題跋印"或"題跋用印"，而不著錄收藏印。尤其需要避免將鈐于題跋附近、與題跋者不相干的他人收藏印著錄爲題跋用印的情況發生。

如前所論，"標準"的題跋格式當如下文：

> 嘉慶丙寅孟夏月，杭州書友介其族人陶蘊輝售宋刻李注《文選》于余，以此《續幽怪錄》二冊爲副。蘊輝曰："此書向于東城書坊獲之，後歸知不足齋。今仍返故土，古書殆亦有靈耶？"余檢卷中藏書家圖記，有"鄭印敷教"一章，則其爲東城故物無疑。桐庵先生秋水軒，其去余縣橋新居不遠，同里旭亭韓丈曾言之。茲書歸吳，而余適遷居東城，因遂得此，以慰書之願云爾。蕘翁。（國圖藏宋臨安府太廟前尹家書籍鋪刻本《續幽怪錄》卷四末黃丕烈跋，首鈐"士禮居"印，尾鈐"黃丕烈印"印，藏號：6944）

二、手書題跋的認定

正如前文所闡述的，手書題跋雖然文體較靈活，但需要具備一些要素，有一定之規。不過，隨着時間的推移，其"文體"範圍得以擴大、演變，出現了一些"模糊地帶"。其中部分書寫形式本來各有所屬，但又逐漸融入了題跋的一些要素，已經難以截然區分，是以在實踐中，我們也將其與題跋一起整理。此外，本節也將討論幾種不屬于題跋的情況。

（一）可以視作題跋的情況

除了前文所引黃丕烈跋這類典型者之外，校跋、題（觀）款、部分題端（簽）跋、題詩（詞）也是"手書題跋"常見的形式。

1. 校跋

書籍中常有收藏者的批校。批校往往針對書中的具體問題，書寫在天頭、地脚相應位置，一般不屬于題跋。但與批校相關者，尚有"校跋"。這類"校跋"即"校勘跋"，是批校書籍者書于各卷首、末葉（有時也在天頭、地脚出現），記録校勘情形、進度之題跋。往往有年月而無署名，或有署名而無年月，多數祇有寥寥數語。其内容、格式、書寫位置都有一定的特殊性，但又符合題跋的基本要素。

近人中傅增湘先生最喜校書，因而此類校跋極多，但多未收入其《藏園群書題記》。已故王菡老師曾輯《藏園群書校勘跋識録》[15]兩册900餘頁（絶大部分是校跋），可見其數量之巨。

校跋之例如：

> 此序用元妙觀《道藏》本校。復翁。（津圖藏明萬曆程榮刻漢魏叢書本《穆天子傳》卷首黄丕烈跋，藏號：Z146）

> 戊辰正月初四日，螱叟閲至此。（湖南圖書館藏稿本《説文釋例》卷四末何紹基跋，藏號：善193.3/70）

> 甲子三月初九日校。[國圖藏明嘉靖十年（1531）安國桂坡館刻本《初學記》卷二末傅增湘朱筆跋，藏號：227]

據筆者所知，這類跋語以往在題跋著録、整理中常被忽略。正是因爲著録、整理者并未將其視作題跋。但即使祇有寥寥數語或祇是"流水賬"，百年而下，也成爲少見的記録題跋者日常生活的文字。如前引津圖藏《穆天子傳》黄丕烈校跋，尚有：

> 吃年夜飯畢，手校此卷。（卷二末朱筆）

> 大除晨起校。（卷三末朱筆）

> 午前校。（卷四末朱筆）

> 飯畢校。（卷五末朱筆）

> 校畢此卷，已將夕矣，予以病軀，得閑校此，雖憂亦樂也。（卷六末朱筆）

在"年夜飯""大除晨""將夕""病軀"等詞彙的烘托下，一位大藏書家"校書亦以勤"的形象已躍然紙上。無獨有偶，明萬曆二十八年庚子（1600）歲除前後多日，前南京國子監祭酒馮夢禎也在忙着校勘《水經注》，祇有元日當天没有校勘記録[16]。

有些校跋文字過于簡略，若單獨衡量，已與"標準"題跋相去甚遠（如前引黄丕烈"飯畢校"三字）。但綜合考量，其屬于一時段校勘行爲的一部分，屬于一組校跋之一，仍應歸入"題跋"之列。如明抄本《古今雜劇》（國圖藏號：774）各册有明清常道人趙琦美校跋多則，長者如"萬曆四十三年乙卯二月十九日，校抄于小穀藏本。于即東阿穀峰于相公子也。清常道人記"（第七册《董秀英花月東墻記》卷末），短者如"于小穀本録校"（第十三册《陶母剪髮待賓》卷末），甚至"于小谷（今按原字如此）本"（第十四册《宋上皇御斷金鳳釵》卷末），應以全局觀念，一體視作校跋。

部分校跋叙述人事，有一定的史料價值，如國圖藏王念孫《廣雅疏證》清嘉慶刻本（藏號：3021）各卷都有洪亮吉的點讀和校跋，詳細記録了嘉慶四年（1799）四月至八月，他在任教習庶吉士并于《實録》館供職之餘，點讀、校勘王念孫贈書的全過程。但是校書未畢，他就因上疏直陳時弊，在八月二十五日辛亥被革職審訊[17]，隨即"蒙恩"遣戍伊犁，數月後又戲劇性地被赦還鄉。這段經歷，不僅是洪亮吉人生的大起伏，也是嘉慶初期牽涉時局、轟動一時的大事。卷一〇上的末葉，洪亮吉時隔數年後補校全書完畢，再回憶這段歷史，也是感慨萬千：

> 上半卷係己未八月廿日外校。未幾即獲罪，蒙恩遣戌伊犁，此冊即怔忪入篋中，爲兒子飴孫携歸。至癸亥長夏，甫檢得之，始獲校竣。隔別五六年，往還三萬里，又死生憂患間之，可慨也矣。

部分校跋文辭、意境頗爲優美，其文學價值亦不可忽視：

> 四月十九日校對時，積雨初止，瀹天泉，煮新茗，簾幃不卷，凉氣侵人，正麥莠寒時也。喜無客至，自侵晨至午餘閱畢此本，爲之一快。綠意軒識。（山東省圖書館藏明抄本《石湖居士文集》卷一四末吳貫勉朱筆跋，後鈐"秋屏"印，藏號：善3639）

上述兩類校跋，自校勘事擴展而到人事或生活，內容上已和普通題跋接近。但其書寫位置固定在某卷之末（而非書前書末），和校勘進度密切相關，且文字更簡，可見校跋屬于題跋而稍有特殊之處。

綜合而言，筆者以爲"校跋"仍是題跋的一種，既不必區別著錄，更不應略而不錄。

2. 題款、觀款

《漢語大詞典》對"題款"的定義是："在書畫、楹聯、書信、禮品等上面題寫上款或下款。"[18] 而"上款"的定義是："謂在書畫等上端題寫的受物者的姓名、稱謂、事由等字樣。"[19] 下款則曰："送人的字畫、書籍，給人的信件等上面所寫的自己的名字。"[20]

"款"在書寫中有"題名""署名"之意，"題款"原常見于書畫之落款，少數袛署名、號者稱"窮款"；多數題款文字稍多，包含題寫緣由、日期和署名，典型者如"某某先生雅屬"（上款）、"某年月日某某敬書"（下款）。再多寫幾句，便成了"長款"，實際上與題跋無異。

在部分書籍題跋的著錄中，目前也借用了書畫中"題款"的說法。但實際上頗有不同，從各收藏單位所著錄的"題款"用例[21]來看，有的是書籍收藏者之題名，往往不過寥寥數字。如：

> 甫里陸氏家傳珍玩。陸德懋學。[國圖藏宋紹興十七年（1147）婺州州學刻本《古三墳書》卷二末，藏號：8691]

> 泰興縣季振宜滄葦氏珍藏。[國圖藏宋乾道七年（1171）蔡夢弼東塾刻本《史記》書末，後鈐"季振宜印"印，藏號：9591]

> 虞山邵氏蘭雪齋收藏。[黑龍江省圖書館藏唐洪贊寫本《大般若波羅蜜多經》卷末，後鈐"松年所藏"印，藏號：C120942]

有的則是簡短的書籍購買、獲贈、裝幀乃至借閱、校勘記錄，如：

> 光緒辛丑仲秋，申珠馬佳寶康購此冊于留離廠市，其值五十金。（國圖藏宋紹興十七年婺州州學刻本《古三墳書》書末，後鈐"長白""孝劼"印，藏號：8691）

弘治丁巳五月，鄉達張企翱先生饋此書。［國圖藏明成化二十一年（1485）張習刻本《眉庵集》書末，後鈐"王獻臣"印，藏號：9646］

元統二年八月日重裝于樂志齋。吳下張雯。（國圖藏宋臨安睦親坊陳宅經籍鋪刻本《賓退錄》書末，後鈐"張氏子昭"墨印，藏號：7540）

道光庚寅仲春，古歙程恩澤向芙川兄借讀。［國圖藏元至正六年（1346）日新堂刻本《漢唐事箋對策機要》卷二末，藏號：6922］

俞子容家藏書。唐寅勘畢。（上圖藏宋臨安府陳解元宅刻本《王建詩集》書末，藏號：788289-92）[22]

此外尚有著錄作"觀款"者，望文知義，是借書者或訪問者的觀書記錄（書畫亦然）。如：

吳縣董國華觀。（上圖藏北宋拓本《三藏聖教序》，後鈐"董國華印"印，藏號：18A352）

康熙丁酉壯月，觀于武英直廬。義門何焯。（上圖藏南宋拓本《三藏聖教序》，後鈐"何焯私印""屺瞻"印，藏號：76B1739）

在實際著錄中，部分館（如上圖）著錄爲觀款，部分館（如國圖）則將觀款并入"題款"類中。

可以説，"題款"在書目中的著錄，已經和其原始意義大爲不同。很多題款與題跋無異，不同"題款"彼此間唯一可以找到的共同點，就是"文字較少"，實際上也可以視作一種"短跋"。這一概念何以被借用到古籍編目中？是否在編目前輩的觀念中，這類文字和"題跋"是不同的，需要額外有一種叫法？還需要進一步考察。

3. 部分題端（簽）

在書畫引首、書籍前護葉以大字爲之題名，稱爲題端。以簽條置于書畫包首、書籍書衣，爲書畫、書籍題名爲題簽。一般的題端、題簽自然不是題跋，但正如"窮款"不是題跋而"題款""長款"即屬題跋；題端（簽）者在題名、署名之餘，復又在其後或同簽條上以小字記錄了題寫時間乃至感悟、紀事，往往大字用篆書、端楷，小字用小楷、行書，這樣的題端（簽），可以算作題跋的一種予以收錄。如：

宋刊《纂圖禮記》二十卷。康熙甲午秋日，鹿原林佶題。（國圖藏宋紹熙福建刻本《纂圖互注禮記》卷首林佶篆書題端并楷書跋，後鈐"林佶""鹿原"印，藏號：7273）

《凈因道人傳》。嘉慶壬申四月十日，賜進士及第授通奉大夫前山東督糧道陽湖孫星衍題，時在虎丘孫子祠。（國圖藏稿本《凈因道人傳》卷首孫星衍篆書題端并行書跋，首鈐"五色雲見"印，後鈐"孫氏伯淵""臣星衍印"印，藏號：17243）

《半巖廬詩卷》。咸豐元年，爲許子雙太姻丈書者。癸丑誦芬姑母檢還世守。孫孝章謹題眉。（國圖藏稿本《半巖廬詩》首卷包首錦綾邵章題簽并跋，後鈐"邵章"印，藏號：18193）

114

元槧《大戴禮記》。元至正甲午，劉貞刻于嘉興路儒學。孔巽軒未見此真本，致誤劉貞爲劉貞庭。得此考正之，大快，屺懷其寶之。光緒丙申，樾記。〔國圖藏元至正十四年（1354）嘉興路儒學刻本《大戴禮記》木製書匣上刻俞樾綠筆跋，藏號：10696〕

　　《靈巖寺詩記題名》，宋拓本。此抱殘守缺齋藏物，古色古香，宋拓最精本□。癸卯于都中見之，鐵髯出以相示，撚鬚縱譚，今無其人矣。筠盦重見，因題此以志墨緣。（南圖藏宋拓本《靈巖寺宋賢詩記題名》護葉簽條李瑞荃題簽并跋，藏號：120782）

部分被著録作"題款"者，實際上是題端，如：

　　《承清館印譜》初續集。光緒甲申閏月，侯官楊浚題耑。（浙江圖書館藏明刻鈐印本《承清館印譜》書前，藏號：善000193）

4. 題詩（詞）

唐人文集中即多有題畫之詩，存世書畫、古籍上，亦時見有前人題詩（詞）散見于諸家題跋之中，有時其前後還會附有一段相關的説明文字。如：

　　忽睹奇書至，來從五硯樓（此書耳熟已久，雲莊有親程念鞠于去秋曾以書目一紙，需直五百金，一并售去，此書與焉。冬間鮑丈來蘇，云獨買此書，須待歲暮。及季冬中浣，果由袁綬堦處携來，始得見之）。歲闌驚客去（得書之日，綬堦先有札來，云鮑丈急欲歸去，如不成議，即還之。余因出城面晤），金盡動余愁（鮑丈前晤時曾説五十金，既綬堦札中有非百金斷不可之説，時余因往購宋本《咸淳臨安志》，摒擋殆盡，携六十金而去，餘就非石處暫貸之）。秘册誰先購（此書爲郡中毛榕坪購得，雲莊其親也，豪奪而去。澗薲爲余言），餘函待續收（書目一紙，有元吳草廬《春秋纂言》、高注《戰國策》、大字元本《唐律疏義》廿四本、《王摩詰集》二本、宋板《孟浩然集》五本、宋本《韋驤集》、宋本《林之奇集》、《元秘史》。今《戰國策》既爲余得，而韋、林兩集余亦見過，當訪其全）。所藏吾許借（余有影宋抄孫之翰《唐史論斷》，雲莊曾托念鞠來借校，余惜書癖復萌，拒之。後以抄本托校，又因補録文繁，未及竣事。雲莊遂有嫌，屬鮑丈以此書來蘇，可歸袁，勿歸黃），好作浙東游（澗薲與雲莊友善，去秋見書目，屬念鞠取示各樣本，未之許，擬買舟往訪之）。

　　二月二十六日，積雨悶人，非石著屐見訪，出書索非石詩，因題于首。余復用此詩韵續補前跋所未盡之意，率成一首。適綬堦亦來，在書塾與方米聚談，遂録于後。仍請非石、綬堦、方米諸君正之。莪圃。（國圖藏宋紹興刻本《戰國策》書前，藏號：8668）

又如：

　　繡梓簪花格。鎖行縢、虹光隱隱，琅嬛雙瞉。早滕香奩青雀舫，幾見庭柯榮落。漸歷盡、春闈閑寠。凄絶元詩曾換米，補牽蘿、誰更情痴却。別我去，等行陌。紅襟晚踐雕梁約，便烏衣、門巷未改，尺波猶托。細省翰林珠玉句，舊日官脂

似著。夢還渡、蓬萊水弱。墜簡蟫仙多暗泣。料不愁、無主愁非昨。憑寄語，掩
芸閣。

　　《虞伯生詩續編》，曾由羅叔言影印入之《雲窗叢刻》中，校閱乃蕘翁所得第
二本也。此第一本，抄配較少，爲海昌蔣氏舊藏。昔已贈嫁查氏，展轉流傳，仍
爲覲圭仁兄所得。屬題簡末，調寄《賀新郎》歸之。　　［國圖藏元後至元六年
（1340）劉氏日新堂刻本《伯生詩續編》書末，後鈐"邵章私印""伯褧填詞"
印，藏號：10720］

　　對于這類詩詞，目前實際上存在兩種分類方式。作者本人或其友朋、後人爲作者
編定文集時，"詩""詞"和"題跋"一般均各自成卷，這類屬于韵文的詩詞一般歸入
"詩""詞"卷中，屬于散文的跋文則歸入"題跋"卷中。而題跋彙編尤其是手書題跋
整理類著作，則多將此類詩詞與其他散體跋文一同選入。

　　這兩種做法各有其理。但如果站在手書題跋的角度，從書寫場景來說，這類詩詞
雖是韵文，但與散文體題跋并無二致。面對同一文獻，一衆友朋同時或先後題寫，有
人題詩，有人題詞，有人撰文（即如宋書棚本《唐女郎魚玄機詩》後的黃丕烈友朋文
字），無疑均應屬于題跋。此處還涉及到一個題跋文體的問題，值得我們思考——即
"手書題跋"是不是祇能是散體文？

　　對于這類詩詞的著錄，筆者贊同目前業界通行的處理方式，即仍著錄爲"某某題
詩（詞）"，這樣便于詩詞研究者從中搜集材料。而在題跋整理時，則亦將其收入。

（二）不屬于題跋的情況

1. 批校

　　批校包括批語（對書中内容的隨文評論）、注釋（對書中内容的解釋）、校勘（對
書中文字的本校、他校、理校等）和圈點（對書中内容的圈畫和句讀）。除圈點直接施
于原書文字之上，其餘一般書寫于天頭、地脚相應位置。以國圖藏明汲古閣刻本《劍
南詩稿》（藏號：13874）爲例，此本有鮑廷博朱墨圈點及批校、題跋：

　　按《藥囊》以下諸詩俱入庚午歲，爲寧宗嘉泰三年，係放翁之絶筆。内"嘉
定三年正月後"二句，遂成不起之讖；至末《示兒》一首，實易簀時所作。（卷
八五《題藥囊》詩天頭批語）

　　張震字真父，《宋史》不立傳，其于高宗末年奏罷朱倬相，事見周公謹《齊東
野語》。（卷一《寄張真父舍人》天頭注釋）

　　統，放翁長子也。（卷一《統分稻晚歸》詩題下注釋）

　　"雲開寒日上漁梁"，"開"刻誤"間"。（卷二六《冬晴閒步東村由故塘還舍
作》詩"雲間寒日上魚㉞梁"句葉夾簽校語）

　　重七頁，少第四頁。（卷二九第三葉後"第七葉"天頭校語。該葉位置應爲第
四葉，故校語云此本第七葉重出，而缺第四葉）

　　嘉慶九年歲次甲子十二月六日，通介叟再讀訖。時年七十七。（卷八五末校跋）

116

與批校關係密切的"校跋"，已詳前文。難點在辨析何爲批校，何爲校跋，畢竟二者都是針對一書的原創性文字。一般而言校跋内容相對宏觀，批校内容相對微觀，校跋後有校勘日期或署名。但個别情況下二者亦不易分辨，衹能酌情處理。如前引津圖藏明萬曆程榮刻漢魏叢書本《穆天子傳》卷首王漸刻書序天頭黄丕烈墨筆云：

> 因續見范刻本，用硃筆校之。復以九行二十二字覆勘，悉注九行本間。有用墨圈者，亦九行本也。丙寅五月三日記。

這段話視作批校或題跋，似均無不可。

有時"批語"與"短跋"間亦不易區分。如國圖藏蒙古中統二年（1261）段子成刻明修本《史記》（藏號：7342）卷首袁克文跋以該本爲宋刻，出于蒙古中統本。袁跋天頭有張元濟書云：

> 中統本即段子成所刊。全是囈語，應毁去。元濟。

這段話視作批語或題跋，似亦均無不可。

筆者個人的傾向是，凡批校中内容相對較宏觀，或有署名、日期者，可以視作題跋（類似校跋）。

2. 摘録

摘録與本書有關文字以爲參考者，不屬題跋。如河南省圖書館藏明萬曆二十五年（1597）沈一貫抄本《新編顏子》（藏號：1813）書前有羅振常書：

> 蔣宗海，字春巖，號春農，丹徒人。乾隆壬申進士，官内閣中書。工詩，能篆刻，善丹青。著有《春農吟稿》。深于校讎之學，有與商古籍者，則屈指唐鐫宋槧，某書某板缺某處，如數家珍。聊城楊氏所藏宋刻《大戴禮記》，即潤州蔣氏藏書。
>
> 右録《藏書記事詩》卷五。（書前護葉羅振常録）

這一段自然不是題跋。又如國圖藏元至正五年（1345）俞楨抄本《存悔齋詩》（藏號：4408）書前有明人王騰程抄録（據文字旁鈐印判斷）的一段話，詳細介紹此書作者元人龔璛生平，結尾以小字"《蘇州志》"標注文字來源，也屬摘録而非題跋。

但如果在摘録原文後又有所評論，并有署名或日期，可以視作題跋。如國圖藏元刻本《周易象義》（藏號：3344）書中紅格夾葉上，季錫疇先摘録《永樂大典》中本書文字兩段，復于其後云：

> 此二條大典本有，而宋本無之，附録以備參。錫疇校後記。

這一段便應屬于題跋了。

三、題跋"异名"考辨

翻開各收藏單位的古籍書目，某人"跋"（"題跋"）、"題記"、"題識"等各種説法并存不悖。細察之下，即可發現各館對這些詞語的使用，似乎各有其講究。一般而言，有一種將三者有所區分的傾向。典型的例子如上圖藏宋嘉定三年（1210）温陵莊夏刻本《東觀餘論》（藏號：754334-37），著録有"豐坊題記、項元汴跋、惠兆壬題識"。

筆者認爲，"題跋""題記"與"題識"三者雖然初始意義有所差別，但在明清以來用于古籍、書畫等文獻領域時，意思完全等同，彼此可以通用。本節擬結合史料，予以證明。

（一）題跋

以筆者管見，"題跋"一詞并不見于宋前文獻。其廣泛使用，大約起于宋代，如沈括《夢溪筆談》卷五"《菩薩蠻》墨本"談及曾見唐昭宗《菩薩蠻》詞墨迹"後人題跋多，盈巨軸矣"[24]，出現反而較"題記""題識"爲晚。祇不過明清以降，成爲文獻前後"收藏共同體"手書留痕的指代用語，更爲通用，故此處不贅述。

（二）題記

1. 古人之用例

"題記"二字較早的用例，出現在前秦王嘉撰、南朝梁蕭綺録《拾遺記》卷四"秦始皇"節。言張儀、蘇秦"非聖人之言不讀。遇見墳典，行途無所題記，以墨書掌及股裏，夜還而寫之"[25]。此處"題記"當是"題寫""記録"之意。

唐人使用"題記"，多有在風景名勝之地"題名"（類似觀款、題款）之意，類似"到此一游"。如顔真卿《華岳廟題名》云：

> 皇唐乾元元年歲次戊戌冬十月戊申，真卿自蒲州刺史蒙恩除饒州刺史。十有二日辛亥，次于華陰，與監察御史王延昌、大理評事攝監察御史穆寧、評事張澹、華陰令劉嵩、主簿鄭鎮同謁金天王之神祠。顔真卿題記。[26]

又如唐司空圖《次韵和秀上人游南五臺》："中峰曾到處，題記没蒼苔。"[27]也是同一用例。

面對各類景觀，在"題名"之外，另有記叙或抒懷，是非常自然的。于是"題記"有時也就用于"頌""記""序"這一類文體結尾自署，有"撰寫""書寫"之意。如釋履空《浮屠頌》，末署"大唐景龍三年（709）歲次己酉題記"[28]。白居易《江州司馬廳記》，末署"元和十三年（818）七月八日題記"[29]。李騭《題惠山寺詩序》，末署"咸通十年（869）二月一日，江南西道都團練觀察處置等使中散大夫檢校左散騎常侍使持節都督洪州諸軍事兼洪州刺史御史中丞上柱國賜紫金魚袋李騭題記"[30]。

《漢語大詞典》中"題記"下的兩個含義，第一個便是"就名勝古迹或有紀念性的文物等著文抒懷。亦指所著之文"，此即上文所論。第二個含義爲"文體名"，引清人姚華《論文後編》語云"而一文之後，有所題記（如《儀禮後記》，亦出漢儒），後人稱曰'書後'，亦或曰'跋'"，并云"魯迅《南腔北調集》《熱風》《墳》等均有《題記》專文"[31]。已經明確"題記"即是"題跋"。而魯迅先生的諸篇《題記》，讀來的感受，也不過就是創作者的白話文題跋而已（每篇都長約千餘字）。

今試從史料角度，再對"題記"作爲"題跋"的早期用例作一番梳理。

至遲在中唐時代，"題記"已經用于書畫作品領域。唐武宗時人朱景玄在其《唐朝名畫錄》（又名《唐畫斷》）"神品下七人"中言張藻善繪松石，"所繪圖障，人間至多。今寶應寺西院山水松石之壁，亦有題記。精巧之迹，可居神品也"[32]。稱王維善畫山水、松石，"故庾右丞宅有壁畫山水兼題記，亦當時之妙。故山水、松石，并居妙上品"[33]。不過，這裏的"題記"到底是指有較多內容的作者"題跋"，還是僅僅指作者"題名"或題款、落款，仍可以有不同理解。

到了宋代，題記仍多書寫（刻石）于名勝之地，但有些用例，其篇幅、內容已經和"題跋"無異。北宋沈括《夢溪補筆談》卷三記載"禁中舊有吳道子畫鍾馗，其卷首有唐人題記曰"：

> 明皇開元講武驪山，歲□翠華還宮，上不懌，因痁作，將逾月，巫醫殫伎不能致良。忽一夕夢二鬼，一大一小。其小者衣絳犢鼻，屨一足，跣一足，懸一屨，搢一大筊紙扇，竊太真紫香囊及上玉笛，繞殿而奔。其大者戴帽，衣藍裳，袒一臂，鞹雙足，乃捉其小者，刳其目，然後擘而啖之。上問大者曰："爾何人也？"奏云："臣鍾馗氏，即武舉不捷之士也，誓與陛下除天下之妖孽。"夢覺，痁若頓瘳而體益壯。乃詔畫工吳道子，告之以夢，曰："試爲朕如夢圖之。"道子奉旨，恍若有睹，立筆圖訖以進，上瞠視久之，撫几曰："是卿與朕同夢耳，何肖若此哉！"道子進曰："陛下憂勞宵旰，以衡石妨膳而痁得犯之。果有蠲邪之物以衛聖德。"因舞蹈上千萬歲壽，上大悅，勞之百金，批曰："靈祇應夢，厥疾全瘳，烈士除妖，實須稱獎。因圖异狀，頒顯有司。歲暮驅除，可宜遍識。以祛邪魅，兼靜妖氛。仍告天下，悉令知委。"[34]

又晁補之《雞肋集》卷三三"題跋"類下有《跋蘭亭序》三百餘字，末署"崇寧丙戌前冬至五日，縉東皋流憩洞李季良出之，晁補之題記"[35]。

其後直至清末民國，在書畫、書籍領域，"題記"與"題跋"在使用上并無實質性的分別。

此外，學術界習慣將寫本佛經後的一些文字稱爲"題記"："有的記錄這部佛經是哪些人翻譯的；有的記錄這些佛經是哪些人抄寫的；有些記錄爲什麼要抄寫這些佛經等等。"[36]而將後世收藏者題寫在寫本佛經上的文字稱爲"題跋"。"題記"例如：

> 光和二年十月八日、天竺菩薩竺佛朗、于洛陽出。菩薩法護、時傳言者、月支菩薩支讖、授與河南洛陽孟福、字元士。隨侍菩薩張蓮、字少安筆受、令後普著、在建安十三年、于佛寺中校定悉具足。後有寫者、皆得南無佛。又言、建安（十）三年，歲在戊子八月八日、于許昌寺校定。（《般舟三昧經》記）

> 齊永明十年歲次實沈三月十日、禪林比丘尼凈秀、聞僧伽跋陀羅法師于廣州、共僧褘法師譯出梵（胡）本善見毗婆沙律一部十八卷。京師未有、渴仰欲見。僧伽跋陀羅其年五月還南、憑上寫來。以十一年歲次大梁四月十日、得律還都、頂禮執讀、敬寫流布。仰惟世尊泥洹已來年載、至七月十五日受歲竟。于眾前謹下一點、年年如此。感慕心悲、不覺流淚。（《善見律毗婆沙》前記）

正始元年二月十四日寫訖。用紙十一張。（《勝鬘義記》一卷題記）

熙平元年、清信女庶令親爲亡夫、敬寫流通讀誦供養。（《大方等陀羅尼經》卷二清信女庶令親題記）[51]

不過，筆者翻檢漢代以來手寫佛經後的"題記"，發現其含有豐富的時間（個別甚至具體到時辰）、地點、人物信息，與題跋的要素十分接近。祇不過緊密圍繞經書的抄寫、翻譯、布施、祈福主題撰寫而已，就是一種"佛教主題題跋"。而且，書寫人對於其書寫行爲的描述用語有"寫""記""寫記""造""修""傳寫""書寫""筆受""抄""抄記""書""校定""供養"等等，卻未見使用"題記"一詞，可見以"題記"指稱此類文字，是當代學術界的約定俗成，欲與後世收藏共同體留下的"題跋"有所區分，并非古人習慣，也并非此"題記"與彼"題跋"在文體上真有什麽實質性區别。

2. 今日之著録

當代以來，部分收藏單位在著録中，有一種傾向，即將"較短的題跋"或者"觀款""題款"著録爲"題記"，以與"標準題跋"加以區别。惟其依據尚不清楚。

如南圖藏宋蔡琪家塾刻本《漢書》（藏號：112084）著録"盧文弨、朱文藻、黄丕烈、錢泰吉、胥繩武、丁丙跋"，又同時著録"鮑廷博、周廣業、陳焯、錢馥、邵志純、張燕昌題記"，細審之下，鮑廷博數人之"題記"，實際上都是觀款，即：

癸丑四月三日，歙鮑廷博以文、海寧錢馥廣伯、錢唐郡邵志純懷粹同觀。（書尾内封，後鈐"博""馥""純"印）

國圖藏宋刻本《南華真經》（藏號：7596）著録"羅振玉跋"，又同時著録"趙世駿、島田翰題記"。兩則"題記"，實際上是"宣統三年歲次辛亥秋七月初六日，南豐趙世駿借觀并題檢""明治庚子夏五朔十又四日，以有栖川威仁親王所藏小野道風《秋萩帖》背記殘本校畢。島田翰識于清遠觀，時年二十又二"這樣的"觀款"（按照前述國圖的著録習慣，應作"題款"）。上圖藏南宋中期四川眉山刻唐六十家集本《杜荀鶴文集》（藏號：828718-21）著録"季振宜題記"，内容是"泰興季振宜滄葦氏珍藏"（國圖則習慣著録爲"題款"）。

可能是編目成于長時、眾手之故，各館著録中時有例外，有時"題記"字數反而接近"長跋"。如國圖藏宋刻本《百川學海》（藏號：7895）"劉占洪題記"，暨南大學圖書館藏清康熙四十九年（1710）何九疇刻本《白沙子全集》（藏號：ZS000209）"章炳麟題記"，長度均近 200 字，是"標準"的題跋長度。

有時"題跋"字數反少于"題記"。如貴州省博物館藏宋寫本《放光摩訶般若波羅蜜經》（藏號：B.1.208）著録"李恩慶題記""周壽昌跋"，二者内容均討論此經筆法、遞藏等，并記題寫歲月，并無大异，然李恩慶之"題記"長達近 200 字，周壽昌之"跋"卻不足百字。

（二）題識

1. 古人之用例

《漢語大詞典》對"題識"主要有兩類解釋。其一云"寫上標記"（動詞）及"標記"（名詞），"識"即標記之意。所舉例證爲《三國志·魏志·華歆傳》，言華歆之賓客、舊人向其"贈遺數百金。歆皆無所拒，密各題識，至臨去，悉聚諸物，……衆乃各留所贈，而服其德"[38]。這裏是將友人的姓名及禮金標記下來，臨行時按照標記退還。

更早的用例，出現在東漢。《儀禮·鄉射禮》"大夫之矢，則兼束之以茅，上握焉"句，鄭玄注云："言大夫之矢，則矢有題識也。"[39]這裏的"題識"，也是某種標記之意。

《漢語大詞典》其二云"猶題跋"及"猶題款"[40]，舉南宋及其後例證數則。其實搜檢史料，大約在唐代，"題識"已有題跋之意，但用例尚少。中晚唐時人張讀所著《宣室志》卷九云：

> 故刑部尚書沛國劉遵古，大和四年節度東蜀軍。先是，蜀人有富蓄群書者，劉既至，嘗假其數百編，然未盡詳閱。……後于群書中，得《周易正義》一軸，筆勢殊妙，字體完古，蓋非近代之書也。其卷尾有題識云："上元二年三月十一日，因讀《周易正義》。從茲易號十二三，歲至一人八千口，當有大水。漂溺之後，當有人舒轉曬曝。衡陽道士李德初題。"[41]

到了宋代，以"題識"表示"題跋"的用例急劇增加。北宋蘇頌《魏公題跋·題枯木賦》云：

> 《枯木賦》，故龍圖閣壽春魏公《家傳》云褚河南書，其卷末題識止云"正（貞）觀四年，爲燕國公書"，而無書人姓名。[42]

南北宋時人董逌著《廣川書跋》卷六《七賢帖》云：

> 長安李丕緒得晉七賢帖，世疑劉伶作靈。李氏謂史容有誤，然其字伯倫，知爲伶也。書尤怪詭不類，然昔經范文正公、歐陽文忠公、蔡文惠公諸人題識，故後世不復議。[43]

南宋周密《齊東野語》卷六《紹興御府書畫式》云：

> 故紹興內府所藏，不減宣、政。惜乎鑒定諸人如曹勳、宋貺、龍大淵、張儉、鄭藻、平協、劉炎、黃冕、魏茂實、任原輩，人品不高，目力苦短。凡經前輩品題者，盡皆拆去，故今御府所藏，多無題識。其源委、授受、歲月、考訂，邈不可求，爲可恨耳。[44]

可見周密觀念中"題識"的內容包括書畫的"源委""授受""歲月""考訂"，正是後世題跋所涉及的主要內容。同卷又云"應搜訪到法書，多係青闈道，絹襯背。唐名士多于闈道前後題跋"，兩處語境略同，也可以說明在周密的觀念中，"題識"與"題跋"并無分別。

關于"題識"出現于書畫、書籍前後的時間，明初宋濂的《題周母李氏墓銘後》

中也得到了呼應："梁太常卿任昉著《文章緣起》一卷，凡八十有五題，未嘗有所謂題識者。題識之法，蓋始見于唐而極盛于宋，前人舊迹或闇而弗彰，必假能言之士歷道其故而申之，有如箋經家之疏云耳。非專事于虛辭也。昧者弗之察，往往建立軒名齋號，大書于首簡，輒促人跋其後，露才之士復鼓譟而扶搖之。嗚呼，何其俗尚之不美也！"⑤這段話還表明了宋濂個人對題識的認識——"如箋經家之疏"——是對原作、原書的進一步解讀。當然，這是與落入頌揚、炫才（"露才之士復鼓譟而扶搖之"）的"俗尚"判然有別的。

2. 今日之著録

"題識"在各單位著録中，有時被視作"較短的題跋"。如上圖藏稿本《元郭翼手寫日記》（藏號：811025-28）著録"周爾墉題識"，内容爲："咸豐四年八月朔日，嘉禾周爾墉識，時客汴垣。"鎮江市圖書館藏稿本《檀園字說》（藏號：9943）著録"譚獻校并題識"，内容爲："同治二年癸亥十月廿有八日，譚獻審定。"

有時長短又與其他題跋長短無異，如南京大學圖書館藏明隆慶刻本《皇明泳化類編》（藏號：56-14800）著録"羅振玉題識"200餘字，清華大學圖書館藏元刻明修本《纂圖互注荀子》（藏號：善乙112.3/3382.01）著録"翁同龢題識"100餘字。

此外，國圖在區別著録"題跋"和"題識"時，有時會因題者自署而區別著録。如國圖藏清抄本《元朝名臣事略》（藏號：11016）著録"陳鱣校跋并録黄丕烈題識鄧邦述跋"，三段文字均在100—200字，内容并無差别。著録作"録黄丕烈題識"，可能是因爲黄跋末自署"蕘翁黄丕烈識"。實際上陳鱣跋在描述黄跋時，已云"蕘翁原跋，今并録之"，并未將"題識"與"題跋"别而視之。當然還有一種可能，國圖編目前輩在某些時段傾向于將"過録跋"著録爲"題識"，因此書目中"張三跋并録李四題識"的著録方式十分常見。

（三）"題記""題識"與"題跋"完全等同

將"較短題跋"著録爲"題記"的做法，依據何在？今尚不能明。但其已實實在在的對今人的觀念産生了影響。筆者在與同道交流中，仍有不少人持類似"題記是短跋"的觀點。將"較短題跋"著録爲"題識"，似尚有一定道理，畢竟在古代某些時候，"題識"與"題款"略同，而題款一般較短。

不過，唐宋以來，"題跋""題記""題識"三者在書畫、書籍中的含義已經逐漸等同，前文所舉史料已經證明了這一點。清代以來的手書題跋中，題寫者更時常將三者交替使用，已無論其長短。

以世所共知的繆荃孫輯《蕘圃藏書題識》和潘祖蔭輯《士禮居藏書題跋記》爲例，至少説明在繆、潘二公心中，"題識"等于"題跋"，無關"長短"。

再舉傅增湘所著《藏園群書題記》爲例。書中自撰《藏園群書題記初集識語》云"右題跋一百六十二首，皆昔年載于天津《國聞周報》者"⑯，又余嘉錫《舊序》云"（江安傅先生）每讀一書，輒爲題跋一首，叙板本之同异，辨字句之訛謬，燭照數計，既精且博。……凡所爲又數百首，目之曰《藏園群書題記》，既鏤板行世矣。……因檢點近歲所爲題跋，得百有六首，匯爲續集"⑰，也説明在傅、余二公心中，"題記"等于"題跋"，無關"長短"。

下再舉數例。

關于"題記"，筆者所知刻有"某某題記"印鑒者有數人，其所鈐之跋語，有長有短，并無一定之規。如章鈺跋國圖藏宋刻宋元明遞修本《南齊書》（藏號：5236）約200字，跋國圖藏清光緒四年（1878）鉛印本《三朝北盟會編》（藏號：14574）31字（係"校跋"），均鈐"茗理題記"印；跋清同治六年（1867）刻本《詞選》（藏號：14642）32字（係"校跋"），後鈐"式之題記"印。汪鋆跋國圖藏稿本《文選樓鑒藏碑目》（藏號：17470）近200字，後鈐"硯山題記"印。王欣夫跋國圖藏明萬曆程榮刻漢魏叢書本《説苑》（藏號：17802）扉頁約千字，跋同書卷七47字（係"校跋"），均鈐"欣夫題記"印。邵鋭跋國圖藏清康熙二十七年（1698）顧氏依園刻本《石湖居士詩集》（藏號：4695）近200字，後鈐"茗生題記"印。鄭文焯跋國圖藏清光緒二十一年（1895）江標刻宋元名家詞本《和清真詞》（藏號：2177）34字（係"校跋"），後鈐"石芝西堪題記"印。李放跋上圖藏元刻本《十七史百將傳》（藏號：789756-57）44字，後鈐"浪翁題記"印。以上各條目前均著錄作"某某跋"，而非按照作者印鑒，著錄爲"某某題記"。又如温州博物館藏唐乾寧四年（897）寫本《太上洞玄靈寶無量度人上品妙經》（藏號：2400）潘伯鷹觀款云"壬寅小雪，觀于就愞軒。伯鷹記"，著錄作"題款"，而跋後作者自鈐"伯鷹題記"印。

至于作者自署"題記"，亦屢見不鮮。其短者如國圖藏清咸豐八年（1858）勞氏丹鉛精舍抄本《敬齋古今黈》（藏號：8239）勞權跋："咸豐戊午十月常熟黄氏抄本影録并校一過，丹鉛精舍題記"，自署爲"題記"，實爲"校跋"，著錄作"校并跋"；上圖藏宋刻本《婺本附音重言重意春秋經傳集解》（藏號：828444-56）雷愷跋："宋本《春秋經傳集解》，何君亞乾藏。乙酉冬日，雷愷讀過題記。同觀者，雷恪、永金、丁海濤、王瘦林"，自署爲"題記"，實爲"觀款"，著錄作"題識"。其長者如南開大學藏明萬曆二十年（1592）游樸刻本《孤樹裒談》（藏號：善857.16288）"張重威跋"600餘字，自署"儀征張重威讀竟題記"；南圖藏宋刻本《龍川略志》附《別志》（藏號：顧0260）"曹元忠跋"700餘字，自署"元忠錫福堂題記"；國圖藏元刻本《國朝風雅》附《雜編》（藏號：7850）"羅振玉跋"800餘字，自署"上虞羅振玉題記"。

關于"題識"，筆者所知刻有"某某題識"印鑒者有二人，其所鈐之跋語，有長有短，并無一定之規。如傅以禮跋國圖藏明抄本《北堂書抄》（藏號：3910）500餘字，跋國圖藏清抄本《三垣筆記》（藏號：4820）61字（係"校跋"），跋國圖藏稿本《存悔齋詩》（藏號：4408）16字（係"觀款"），均鈐"節子題識"印。傅增湘跋國圖藏金刻本《棲霞長春子丘神仙磻溪集》（藏號：2553）千餘字，首題"金刊《磻溪集》跋"，後鈐"藏園題識"印。

至于作者自署之"題識"（或"識"），亦時有所見。其短者如國圖藏宋紹熙福建刻本《纂圖互注禮記》（藏號：7273）程恩澤跋："道光庚寅三月二日，古歙程恩澤觀于芙川先生齋頭，因識"，自署"（題）識"，實爲"觀款"。國圖藏明末毛氏汲古閣刻本《周易本義》（藏號：13345）錢陸燦跋："丙辰年七月二十日，雨色陰晦，理完《周易》一部，時年六五。鐵牛居士識"，自署"（題）識"，實爲"校跋"，著録作"跋"。又如國圖藏南宋初刻本《周易》（藏號：3337）中文嘉跋云："萬曆庚辰三月二日，文嘉閱"，實爲"觀款"，著録作"跋"，但後文文震孟跋却云："去先叔祖文水翁題識時，已五十二年矣。"其長者如國圖藏宋刻元明遞修本《古史》（藏號：8662）"楊守敬跋"400 餘字，楊氏自云"潘君明訓以無意得之，囑爲題識"；上圖藏元至正二十六年（1366）刻明修本《圖繪寶鑒》（藏號：859679-80）"黃丕烈跋"400 餘字，黃氏自云："海寧陳簡莊携此本示余，云是吳君兔床所儲，屬余題識"，署"黃丕烈識"。

筆者不憚辭費，列舉以上例證，就是爲了説明古人題寫在書籍、書畫前後的文字，雖然有題跋、題識、題記等多種名稱，但實際上"題識""題記"都可以視作題跋的"异名"，在使用和著録中不應存在差异，以"某某跋"著録即可。

（本文草成後，多蒙陳先行、林世田、劉波、趙愛學、樊長遠等師友指正，獲益良多，并據以修訂，藉此拜謝！）

注釋：

① 羅竹風主編：《漢語大詞典》第十二卷，漢語大詞典出版社，2001 年，329 頁。

② （宋）周密著，高心露、高虎子校點：《齊東野語》，齊魯書社，2007 年，66 頁。

③ 如書于東晉時期的絹本《曹娥誄辭》（遼寧博物館藏）墨迹左右及上方有南朝梁滿騫、唐懷充、徐僧權押署及唐懷素、韓愈等觀款，便是這種風氣的體現。按：徐邦達先生《傳世王羲之書〈曹娥碑〉墨迹考辨》斷原作與題跋均爲晚唐開成四年（839）以後臨寫者（上海書畫出版社編：《書學論集：中國書學研究交流會論文選集》，上海書畫出版社，1985 年，241—247 頁），即使如此，其也保留了原作的原始題寫狀態。

④ 此類"題跋真迹"，僅就墨迹而言，不包括文字的標點、釋讀。其出版成果詳見後文。

⑤ 曹建主編：《中國歷代書畫題跋精粹》，重慶出版社，2016 年。

⑥ 陳傳席主編：《中國歷代書畫題跋注釋集成》，中國書籍出版社，2020 年。

⑦ 《"國立中央圖書館"善本題跋真迹》，"國立中央圖書館"特藏組，1982 年。《標點善本題跋真迹》，"國立中央圖書館"特藏組，1992 年。

⑧ 上海圖書館：《上海圖書館善本題跋真迹》，上海辭書出版社，2013 年。上海圖書館：《上海圖書館善本題跋輯録（附版本考）》，上海辭書出版社，2017 年。

⑨ 天津圖書館：《天津圖書館善本題跋真迹》，上海辭書出版社，2022 年。

⑩ 國家圖書館（國家古籍保護中心）：《國家珍貴古籍題跋叢刊》，國家圖書館出版社，2022 年。

⑪ 上海圖書館：《上海圖書館善本碑帖綜録》，上海書畫出版社，2017 年。

⑫ 中國國家圖書館：《中國國家圖書館善本碑帖綜録》，上海書畫出版社，2020 年。

⑬ 盧芳玉整理：《國家圖書館未刊石刻題跋輯録》，鳳凰出版社，2021 年。

⑭ 此處"國圖"指"中國國家圖書館"，同下。另本文中"上海圖書館"省稱"上圖"，"南京圖書館"省稱"南圖"，"天津圖書館"省稱"津圖"。

⑮ 傅增湘撰，王菡整理：《藏園群書校勘跋識録》，中華書局，2012 年。

⑯ 此據國圖藏明嘉靖十三年（1534）黄省曾刻本《水經注》（藏號8096）韓應陛過録馮夢禎跋。

⑰ 《清實録》第二八册《仁宗睿皇帝實録》卷四九，中華書局，1986年，637頁。

⑱ 同注①。

⑲ 《漢語大詞典》第一卷，287頁。

⑳ 同注⑲，324頁。

㉑ 按：本節"題款""觀款"之著録，均據"中華古籍網"之"國家珍貴古籍名録數據庫"（http://202.96.31.79/nlcab/public！mlSearch.action）所示。

㉒ 此跋係從别本裁下裝入此本者。

㉓ 今按原書即爲"魚"。

㉔ （宋）沈括著，金良年校點：《夢溪筆談》，齊魯書社，2007年，32頁。

㉕ （前秦）王嘉撰，（南朝梁）蕭綺録，林嵩點校：《王子年拾遺記》，山東人民出版社，2018年，73頁。

㉖ 周紹良主編：《全唐文新編》卷三三九，吉林文史出版社，2000年，3891頁。原文爲句讀，標點爲筆者所加，下同。

㉗ （清）彭定求等編：《全唐詩》，中華書局，1960年，7246頁。

㉘ （清）董誥等編：《全唐文》，山西教育出版社，2002年，5611頁。

㉙ （唐）白居易著，顧學頡校點：《白居易集》，中華書局，1999年，932—933頁。

㉚ 周紹良主編：《全唐文新編》卷七二四，吉林文史出版社，2000年，8306頁。

㉛ 同注①。

㉜ （唐）朱景玄著，吴企明校注：《唐朝名畫録校注》，黄山書社，2016年，52頁。

㉝ 同上，129頁。

㉞ 同注㉔，202—203頁。

㉟ （宋）晁補之：《濟北晁先生雞肋集》卷三三，明崇禎八年（1635）顧凝遠詩瘦閣刻本，24葉。

㊱ 方廣錩：《佛教典籍百問》，今日中國出版社，1989年，104頁。

㊲ 以上四例分别見於池田温編《中國古代寫本識語集録》（東京大學東洋文化研究所，1990年）72頁、94頁、99頁、106頁（括號内説明亦依據該書著録）。此書及相關信息承劉波兄指示。另林世田先生指出此四例中部分題記原跋已佚，現存文字係輾轉過録，已非嚴格意義上的"手書題跋"。因四段文字内容上各有側重，較有代表性，今暫留存，特此說明，并于林、劉二位師友同致謝忱。

㊳ （晋）陳壽撰，（宋）裴松之注：《三國志》，中華書局，1959年，401頁。

㊴ 中華書局編輯部編：《漢魏古注十三經》，中華書局，1998年，57頁。

㊵ 同注①，332頁。

㊶ 陶敏主編：《全唐五代筆記》第3册《宣室志》，三秦出版社，2012年，2086頁。

㊷ （宋）蘇頌撰，（明）毛晉訂：《魏公題跋》，商務印書館，1936年，1頁。

㊸ （宋）董逌：《廣川書跋》卷六，明崇禎間虞山毛氏汲古閣津逮秘書本，2葉。

㊹ 《齊東野語》，61頁。

㊺ （明）宋濂：《宋學士全集》第2册《鑾坡前集》卷一〇，浙江古籍出版社，2014年，695頁。

㊻ 傅增湘：《藏園群書題記》，上海古籍出版社，1989年，正文前第7頁。

㊼ 同上，正文前第1頁。

（作者單位：國家圖書館古籍館）

北京師范大學圖書館藏九種集部古籍題跋輯釋

楊　健　程仁桃

内容提要：北京師范大學圖書館藏集部古籍題跋甚夥，兹選録跋文未刊者 9 部，涉及的題跋者共 11 人，分别爲徐鈞、蒿廬居士（疑即許昂霄）、徐仁釗、莫棠、潘承弼、沈廷芳、張佩綬、高世异、王瑋慶、許漢卿、冒廣生。題跋内容或考證作者生平，或評騭詩文，或考訂版本，或記述得書經過。

關鍵詞：北京師范大學圖書館　集部　古籍題跋　未刊

北京師範大學圖書館藏古籍題跋本以集部最夥，其中不乏名家題跋者。兹選録跋文未刊者 9 部，涉及的題跋者共 11 人，分别爲徐鈞、蒿廬居士（疑即許昂霄）、徐仁釗、莫棠、潘承弼、沈廷芳、張佩綬、高世异、王瑋慶、許漢卿、冒廣生。題跋内容或考證作者生平，或評騭詩文，或考訂版本，或記述得書經過，均有一定的文獻價值。

一、《劉賓客文集》 徐鈞跋

《劉賓客文集》三十卷，唐劉禹錫撰，明萬曆二年（1574）黎民表刻本，徐鈞抄補并校。徐鈞跋云：

> 此亦愛日館秘笈之一，有季振宜印。按泉唐丁氏《藏書志》所載，僅有稽瑞樓舊抄，并云明時曾有刊本流傳甚稀。是乃歸滄葦舊藏，昔已寶貴，今更何如？丁巳七月得于滬瀆，喜而識此。曉霞。

> 右目據景宋本抄補，次第悉依此本。惟名稱稍有异同，即如景宋本稱"雜著"，次二十四卷，此稱"因論"，次第六卷。按目添注以示兩存。按黄蕘圃藏殘宋本四卷，其"袁州碑"次于卷四中，見百宋一廛録，與此合，可見此刊亦據宋本編次。又董氏景宋本此碑乃次入三十卷中，其亦别有所據乎？或宋本不止一刊，或祇此一刊，而傳抄者以意爲之，致使次第有所倒置。近日士大夫過信宋本，明知宋本固亦有誤，而景宋本之據是集更正者亦復不少。是則明刊轉勝于宋本多矣。是集海内傳布及各書目著録多屬抄本，此雖明刊亦可作宋元本觀也。丁巳七月以重值得于滬瀆。愛日館主曉椴甫跋。

按：徐鈞（1878—1955），字曉霞，號懋齋，又號愛日館主。浙江桐鄉人。民國藏書家。姊徐咸安，爲藏書家張鈞衡原配。據《張元濟年譜》：1924 年 10 月 9 日，徐鈞曾致函張元濟，請商務各地分館爲其代購曲譜、歷代題畫詩類書籍①。

泉唐丁氏《藏書志》，即丁丙《善本書室藏書志》。該志著錄有稽瑞樓舊藏精抄本《劉賓客文集》三十卷外集十卷，并云："明時曾有刊本，名《中山集》，流傳甚稀。"黎民表本版心題"中山集"，故名。繆荃孫《劉賓客文集跋》稱："明萬曆二年刊雜文二十卷，書十卷，名《中山集》，黎民表序。民表，嘉靖末廣東參將，爲古田撞所殺。書亦罕見。"②北師館藏本佚黎民表序。卷一首頁鈐"季振宜藏書"。《季滄葦藏書目》（士禮居刻本）著錄有《劉賓客文集》三十卷，不知是否即館藏此本。

景宋本，指民國二年（1913）董康珂羅版影印本，其底本爲日本崇蘭館藏宋刊大字本。卷端題"劉夢得文集"。此本編排次第與明黎民表刊本不同，內藤虎跋影印本曰："此集先文後筆，仍是六朝以來集部體制。若通行本先文後詩，經明刻恣改耳。"內藤虎的論斷并不完全正確，現存另外兩種宋刊本在編排上均爲先文後詩：國家圖書館藏宋刊殘本四卷（即黃丕烈舊藏本），卷一爲賦九篇，卷二至四爲碑十七篇；臺北故宮博物院藏宋紹興八年（1138）董棻刊本《劉賓客文集》，其編排次序及各卷所含篇目與明黎民表本完全相同，黎民表本應自董刊本出。徐鈞校字標注于眉上，其中亦有據黎民表本校正景宋本者，如卷一《問大鈞賦》，黎民表本"彼兼葭之蒼蒼兮，霜霰苦而中堅"。宋本脫一"蒼"，徐鈞校云："景宋無兩'蒼'字銜接，疑脫。"《傷往賦》，黎民表本"飄零日及之蕚，倏忽蜉蝣之衣"。有小字注"日及，槿也，朝生暮落，一名王蒸（《爾雅》）"，景宋本"日及"誤作"日反"，無注。徐鈞校云："日及，景宋誤'日反'，下又無注。"諸如此類。

二、《李長吉昌谷集句解定本》蒿廬居士跋

《李長吉昌谷集句解定本》四卷，唐李賀撰，清姚佺箋，清陳愫、丘象隨等辯注，清初丘象隨西軒刻本。蒿廬居士批注并跋曰：

> 自玉溪作《長吉傳》，備載嘔出心肝之言，與樊川序長吉詩復有牛鬼蛇神之喻，後之讀《昌谷集》者遂欲以不解解之。余嘗反復尋味，覺詭妄之中，畦逕自在，端委可求，蓋其寓意托興不類義山之微遠徵事，取材亦遜義山之奧博也。奈何遂如《錦瑟》一篇，索解人不可得耶？舊有西泉吳正子箋注，援引出處，兼釋文義，雖疎漏尚多足，稱隴西功臣矣。一厄于須溪之評，再厄于曾益之解，而長吉詩意反晦，然未有如姚佺此本之不通者也，乃恫然自以爲定本，殆不復知人間有羞恥事爾。甲子春日蒿廬居士。

按：蒿廬居士，疑即許昂霄，浙江海寧人。約生活于清康乾時期。著有《詞綜偶評》《詞韻考略》。又選編《唐人詩選》，今存抄本四冊。內題"花溪許昂霄選定，門人張宗棣、張載華編輯"。花溪，即今海寧市袁花鎮。

玉溪，即晚唐詩人李商隱（約813—853），字義山，號玉溪生。撰有《李長吉小傳》，記李賀嘔心作詩之事："（長吉）恒從小奚奴，騎距驢，背一古破錦囊，遇有所得，即書投囊中。及暮歸，太夫人使婢受囊出之，見所書多，輒曰：'是兒要當嘔出心

127

乃已爾。'"樊川，即晚唐詩人杜牧（803—852），字牧之，號樊川居士。其在《李長吉集序》中甚稱道長吉之歌詩，有"鯨呿鼇擲，牛鬼蛇神，不足爲其虛荒誕幻也"句。

由于李賀詩之隱晦難懂，後世遂有其詩是否可解的爭議。"以不解解之"，意即心領神會即可，不必執着于確切的答案。明張岱《昌谷集解序》曰："劉須溪（按：南宋劉辰翁）以不解解之，所謂吳質懶態，月露無情，此深解長吉者也；吳西泉亦以不解解之，每一詩下，第箋注其字義出處，而隨人之所造以自解，此亦深解長吉者也。"③吳西泉，即蒿廬居士跋中提及的"西泉吳正子"，南宋人，其《箋注李長吉歌詩》爲最早的李賀詩集注釋本。《四庫全書》著録有《箋注評點李長吉歌詩》，即吳正子箋注和劉辰翁評點的合刊本。

曾益，明末清初山陰（今紹興）人，其注釋《昌谷集》，又名《李賀詩解》，今存明末刊本。

三、《沈下賢文集》徐仁釗跋

《沈下賢文集》十二卷，唐沈亞之撰，民國間抄本。徐仁釗校并跋曰：

> 是書得之杭肆。據書賈云，因得張金吾氏所藏舊抄本，知爲罕見之書，遂倩人傳録數部，并仿書藏各章，希圖珠混。無如書手拙劣，計乃不售，數請以工本原值交易。以其鈔傳本也，遂并鄧文原巴西集抄本得之。異時取校涵芬樓影印明刻沈集，乃知是書訛奪固所不免，然視明本之意爲增删較勝多矣。

> 癸亥四月以明初翻刻本堪校一過，其間誤于抄胥而訛奪者多得訂正焉。然細校之，自知此本之所自出爲舊而善也。十七日乙巳校畢記。適盦。

按：徐仁釗（生卒年不詳），字勉甫，號適盦。江蘇宜興人。爲近代著名記者徐凌霄（1882—1961）之兄弟。其藏書室曰"正誼堂"。

《沈下賢文集》自宋元以降，刊本鮮見，多以抄本流傳。張金吾《愛日精廬藏書目録》卷二十九著録有"沈下賢文集十二卷，舊抄本"，應即書賈所得并傳録之本。又今人魏隱儒謂："抄本《巴西文集》，此書不見刻本傳世。有家書肆據抄本録抄數本，鮑以文校字照録，并在書尾僞作題識……并鈐'以文'朱文長方印，'知不足齋抄傳秘册'等印章。鮑氏手迹見者不多，較之刻本尤難識别，容易受騙。幾家圖書館所藏，皆出一人之手，都誤著鮑以文手抄本。"④徐仁釗所購之《巴西集》或亦書賈傳録之本。

四、《樊川文集》莫棠、潘承弼跋

《樊川文集》二十卷《外集》一卷《别集》一卷，唐杜牧撰，明刊本。清莫棠抄補并跋、潘承弼跋。

莫棠跋曰：

> 此明覆宋熙寧本，今日直與宋槧同貴。明徐興公故書，壬子夏海上所獲。一卷一頁補寫，以其幅廣不能書格，别寫補之而仍存其舊于端。曾見明刻他本板心

少闊，昔之寫者或即依據爲之。癸丑三月裝過題記。

《敏求記》云牧之集舊人從宋本摹寫者，新刻校之，無大异。此翻宋雕之佳也。然錢氏未著別集，未審即此本否。近歲楊君星吾景寫日本楓山官庫宋本重刻于鄂，悉與此同，訛字亦無小异。序後興公題語與《筆精》詳略互异，蓋題跋、筆記體殊耳。

按：莫棠（1865—1929），字楚生，貴州獨山人。晚清大儒、藏書家莫友芝侄。民國後寓居蘇州，富藏書，嫻于目録版本之學。著有《銅井文房書跋》。

此本裴敬序後有"徐惟起"墨筆題跋，云：

《雍録》曰："樊川在長安南杜縣之樊鄉也。高帝以樊噲灌廢丘有功，封邑之于此，故曰樊川，即後寬川也。又名御宿川，在萬年縣南三十五里，杜佑別墅在焉。故裔孫牧目其文爲《樊川集》也。"別集一卷，姚西溪《叢語》以爲許渾之詩；許曾至鬱林，杜未也西粵之役。而別集有"松牌出象州"之句，姚語或有據也。然其中又有"寄許渾"并"華堂今日綺筵開"詩，乃牧之作。然疑信相半，難以別白。萬曆庚子春徐惟起。

徐惟起，即徐燉（1563—1639），字惟起，又字興公。閩縣（今福建福州）人。喜藏書、校書，藏書樓有"紅雨樓""宛羽樓"等。《明史》卷二百八十六有傳。此本首冊《樊川文集序》首頁及他冊首頁右下均鈐"閩中徐燉惟起藏書"朱文方印，莫棠、潘承弼均據鈐印及徐惟起跋斷定此書爲徐燉舊藏，跋文爲徐燉手書。然鈐印篆工、印泥俱劣，跋文筆迹與上海圖書館藏明抄本《少谷山房雜著》內徐燉題跋筆迹稍异，故暫不定爲徐燉親筆跋，姑存疑以俟考。此跋亦收于徐燉《紅雨樓題跋》。又徐氏《筆精》卷三"樊川別集"條，文字與此跋詳略互异：

杜牧《樊川集》語多猥澀，惟別集句調新清。宋姚西溪以別集爲許渾詩，言之有據，且今世許集傳本多鬱林詩，蓋渾曾至鬱林也。杜牧未有粵西之行，而別集忽有"松牌出象州"之句，似可證非牧詩。然其中又有"寄許渾"并"華堂今日綺筵開"詩，乃牧之作。然疑信相半，千載而下，莫能爲之分別也。

別集一卷，爲北宋田槩輯，有熙寧六年（1073）田槩序（館藏本缺，有補抄，殘損），藏書家殆據此定爲覆宋熙寧本。

楊星吾，即楊守敬（1839—1915），字惺吾。清光緒間充駐日公使隨員，撰有《日本訪書記》等。光緒二十二年（1896）楊守敬重刻北宋本《樊川文集》，序云："原本藏日本楓山官庫，無刊板年月，避"'桓''鏡'等字。不避'貞''慎'，當是北宋本。"

潘承弼跋曰：

按《樊川集》二十卷外集一卷別集一卷，此明嘉靖覆宋熙寧本也。熙寧本不復得見，傳本當以此爲最古矣。按是書唐《藝文志》作二十卷，而裴延翰序稱離爲二十編，合爲四百五十首，曾初編止二十卷，無外集、別集也。晁《志》載外集一卷，則宋時已非原本矣。《後村詩話》云：樊川有續別集三卷，十八九皆許渾詩，是後村所見亦經後人補輯，非原本面目矣。按今本別集前有熙寧六年杜陵田槩一序，知宋槧止別集一卷，後村所謂三卷者，抑又不可究詰者矣。又按《西溪叢語》載此別集內有"唯見松牌出象州"之句，以爲許渾詩。許曾至鬱林，杜未有西粵之役。然其中實有《春日寄許渾先輩詩》，幷"華堂今日綺筵開"之句，其爲牧之所作無疑。此別集一案，徒令後世紛紛無可別白耳。牧之剛直有奇節，然所爲文辭冶蕩不羈，意者遭時不遇，托情于美人香草者非耶。是本爲徐興公舊藏，一卷一葉猶是興公補寫者。裝序後有萬曆庚子興公手書跋一則，後歸獨山莫氏者。倭變餘燼，從亂帙中得之，携來滬上。燈窗展玩，蓋增東京夢華之感矣。戊寅孟夏之月二十有六吳縣潘承弼訓于滬濱斜橋寓廬。

按：潘承弼（1907—2004），藏書家、目錄學家。字良甫，號景鄭。江蘇吳縣（今蘇州）人，早年受業于章炳麟和吳梅門下，抗日戰爭時期應顧廷龍之邀，到上海合衆圖書館任職，後在上海圖書館工作。潘承弼與兄承厚均有志于藏書，嘗積書三十萬卷，其藏書處有寶山樓、著硯樓等。

潘承弼與莫棠有深交。《著硯樓題跋》云："比十年來，歷覽故交聚散，如獨山莫氏、常熟丁氏、上元丁氏、江寧鄧氏，未曾易世而雲烟過眼，未嘗不令人氣盡。"莫棠逝後，藏書散出，當時藏書家競相爭購，潘承弼亦有所獲，幷擬"采輯其藏書識語，彙爲一帙。"⑤《樊川文集》應即當時所購莫氏舊藏之一種。抗戰時期，潘承弼避居上海，"不遑盈箱溢篋之藏，迨收拾燼餘，狼藉去半。"此書猶幸存。1956 年潘氏再次移居上海，此後"十餘年中，食指漸繁，不能敷給，往往出以易米。"⑥此書當于其時售出。

五、清抄本《蘇詩》沈廷芳、張佩綬跋

《蘇詩》二卷，宋蘇軾撰，清抄本，清查慎行輯幷評。清沈廷芳朱筆批點幷跋，張佩綬墨筆録查慎行、沈廷芳傳幷跋。

沈廷芳跋曰：

> 乾隆辛巳建子月，依初白先生《詩評》本閱出，仁和沈廷芳幷志于沛南臬廨之挹華齋。

按：沈廷芳（1702—1772）字椒園，一字畹叔。浙江仁和（今杭州）人。清乾隆元年（1736）以監生召試博學鴻詞科，授翰林院庶吉士。散館授編修。纍遷至河南按察使，以母老乞退，後再補山東按察使，乾隆二十七年（1762）以老致仕。任福州鰲峰書院山長。"乾隆辛巳"即乾隆二十六年（1761），時沈廷芳在山東按察使任上。"挹華齋"當爲沈廷芳室名。韓應陛舊藏明抄棉紙藍格本《水經注》有沈廷芳手跋，云："乾隆戊寅（乾隆二十三年，1758）夏初，余甫自東粵歸，道出西門，將赴海昌之石漾……旋補沛臬。"跋後亦署"仁和沈廷芳志于臬署之挹華齋"⑦。"《詩評》本"應即康熙間海寧詩人查慎行所閱蘇詩評本。張載華《初白庵詩評·纂例》⑧云，查慎行

130

"篤好蘇詩，評語較詳"，曾手批宋王十朋纂輯之《集注分類東坡先生詩》及宋施元之等注《施注蘇詩》。沈廷芳所閱評應即當時流傳的查評本。比對北師館藏沈評蘇詩抄本與《初白庵詩評》所輯錄查評蘇詩，可見沈評、查評間關係。如《司竹監燒葦園因召都巡檢柴貽勗左藏以其徒會獵園下》一詩，《初白庵詩評》錄查氏評共四處："'枯槎燒盡有根在'二句""但愛蒙密爭來家""'成兵久閑可小試'四句""'迎人截來耆逢箭'二句"。上述諸句正與沈氏用朱筆圈出句相合。"'迎人截來耆逢箭'二句"，查氏評"二語隱盡《羽獵賦》"。沈氏于此二句作批，"《羽獵賦》，遜其精鍊"。由此可證沈氏所本。又如《荔枝嘆》，查就此詩"'君不見，武夷溪邊粟粒芽'至末"，評曰："耳聞目見，無不可供我揮霍者。樂天諷諭諸作，不過就題還題，那得如許開拓。"沈氏亦用朱筆圈出"武夷溪邊粟粒芽"至末句，評"題外波瀾，層涌不專，爲荔支發嘆。公詩亦北宋詩史也"。查、沈都注意到此詩開拓處，均給予極高評價。汪中《沈公（廷芳）行狀》（《述學·別錄》）"公學詩于海寧查編修慎行及編修弟侍讀嗣瑮"。此抄本可爲見證。

張佩綬曰：

> 查選《蘇詩》二冊，精妙無匹，共計乙百四十首。每讀一通，頓令人撲去俗塵三斗，中間眉批爲茉園先生手筆，尤爲可貴。余以英金二餅購于濮川董氏。用書數語以志翰墨因緣。庚寅春篆日韋孺又筆。

按：張佩綬墨筆先錄《昭代名人尺牘小傳》查慎行小傳、《鶴徵錄》沈廷芳傳，後題此跋。"韋孺"，張佩綬字。據張佩綸《澗于書牘》卷四《致八弟》云："米元章自述'芾'即"黻"也。…大徐謂俗作'綬'。…今爲弟製字曰'韋孺'，字義既明，兼寓性急佩韋之意，亦兄臨別贈言也。"據此，張佩綬乃張佩綸八弟，字韋孺。

六、《熊士選集》高世异跋

《熊士選集》一卷《附錄》一卷，明嘉靖二十二年（1543）范欽刻本，明熊卓撰。有高世异跋：

> 士選詩品在正嘉諸子間如雛鷹出谷，志俊而羽翮未豐，惟因而見重于空同，亦遂有翩翩欲上之勢。其集空同初爲叙刻于正德壬申，板旋漫漶。范東明再刊于嘉靖癸卯，即此本也。頃于滬寧道中晤秀水王蒼虬，爲言去歲有人竊出天一閣書，抄、刻各本幾千餘冊，售于滬肆。其中集部校多，然予所尋者惟藍格所抄之《宸章集》與此集兩種耳。江河滔滔，拳石不流，比諸片羽，寸璧可寶，亦可惜也。戊午立冬後二日。德啓。

按：高世异（生卒年不詳）字尚同，一字德啓，號念陶，華陽（今四川成都）人，官至卓城知縣。清末民初藏書家。家藏圖書甚富。"空同"即李夢陽（1473—1530），字獻吉，號空同。明中期文壇領袖，"前七子"之首。李夢陽與熊卓友善，正德初，兩人同被太監劉瑾矯詔罷黜。劉瑾伏誅，而熊卓已故，李復官江西，哭于其墓，并收輯其詩，選録 60 餘首編成本集。《熊士選集》初刻爲正德七年（1512）吴嘉聰刻本，今不傳。嘉靖二十二年（1543），范欽重刻于袁州知府任内。熊卓詩作成就不高，陳田《明詩紀事》丁籤卷七引王世貞《藝苑卮言》謂熊詩“如寒蟬乍鳴，疏林早秋，非不清楚，恨乏深致”。陳田并謂其詩“不耐多吟，不如録蕭寥短篇，令人涉想”。高世异所云“如雛鷹出谷，志俊而羽翮未豐”，與陳田語意同而稍委婉。

“王蒼虬”即王蔭嘉（1892—1949），字蒼蚪，號殷泉。吴縣（今江蘇蘇州）人，祖籍秀水（今浙江嘉興）。錢幣收藏家。王蒼虬所言“去歲有人竊出天一閣書，抄、刻各本幾千餘册”不確。高世异跋寫于戊午（民國七年，1918），“去歲”，當即民國六年。據陳乃乾《上海書林夢憶録》，天一閣藏書被竊案發在民國三年，“鄉人馮某串同黨徒，黉夜越牆而入，竊出書籍數千册，陸續運帶至滬”⑨。很有可能，民國六年，上海書肆仍有售賣天一閣書者，故王蒼虬即以爲當年竊出。

《熊士選集》著録于《天一閣見存書目》卷四。《宸章集》，疑即《天一閣見存書目》卷四著録之《宸翰集録》，明費宏撰。查《國史·經籍志》《千頃堂書目》《澹生堂藏書目》《四庫全書總目》《明史·藝文志》等書目，均著録爲《宸章集録》。

七、《天啓宫詞》王瑋慶跋

《天啓宫詞》一卷，明秦蘭徵撰；附《崇禎宫詞》一卷《弘光宫詞》一卷，清錢位坤撰，清紅蕉館抄本。有王瑋慶跋曰：

> 此書爲平陽敬翼堂藏本，乙酉秋日由潘石生交借抄。《天啓宫詞》記事甚詳，頗足觀覽。崇禎、宏光二篇稍遜之矣。落生識于京邸之紅蕉館。

按：王瑋慶（1778—1842），字襲玉，號藕塘。山東諸城縣人。清嘉慶十九年（1814）進士，改庶吉士，由吏部員外郎考選福建道御史，官至户部右侍郎。“落生”，當爲王瑋慶别號。“乙酉”，即道光五年（1825）。“敬翼堂”，清山西汾陽人曹學閔藏書、刻書處。曹學閔（1709—1787），字孝如，號慕堂。乾隆十九年（1754）進士，官至内閣學士。藏書鈐“平陽藏書”“敬翼堂印”。“潘石生”，疑爲潘挹奎（1783—1829），字太冲，號石生，又號梟波。甘肅武威人。清嘉慶二十四年（1819）進士，官吏部考功司主事。又此抄本鈐有“藕塘讀過”“王崇焕”。王崇焕爲清末金石學家王懿榮（1845—1900）幼子。著有《王文敏公年譜》。方若《五地見樹室詩話》載其“乙巳二月，借得王文敏公（王懿榮謚號“文敏”）舊藏紅蕉館主藕塘侍郎抄本《天啓宫詞》附《崇禎宫詞》《弘光宫詞》共 90 餘首，天啓宫詞紀事甚詳，其外二篇稍遜。然亦足觀，手録一通。嘆萬古有國之鑒，不暇爲亡明悲也。著者自署江南小臣，原本藏平陽敬翼堂”⑩。則此抄本自紅蕉館流出後，爲王懿榮收藏。

八、稿本《張力臣先生遺集》許漢卿跋

《張力臣先生遺集》不分卷，清張弨撰，清丁晏編訂，清許楗校，稿本。有許漢卿

跋兩則：

力臣先生學問淵深，生前著述甚富，惜未能付梓，遂散佚無存，丁儉卿先生竭力搜訪，僅存此帙。余昔藏力臣先生手書《音學五書》初刻本，書法遒健，出于鍾、王。因津寓不戒于火，乃付焚如。每一思之，惋悵不已。此册爲儉卿先生手抄，余幸得之，不啻枕中鴻寶也。漢卿記于淳齋，時癸未重陽。

《張力臣先生遺集》曩無專集，乃散見各書中。清道光時淮安丁儉卿先生薈萃而裒輯之爲一册，思付梓而未果。册内强半皆儉手抄，可寶也。力臣先生精治六書，亭林自嘆爲弗及。册内《漢隸字原校本》《鮚埼亭敘》比先生于徐、郭、張、盧，亦非溢美。其據《説文》證漢唐人之失，皆確當不移，在當時已爲絶學。降至今日，示以此册，鮮有不以爲迂怪者矣。樸學淪亡，讀書識字，古人所難，況今日耶！惟有付之長太息耳。癸未秋由北平裝成寄來。淳翁讀竟漫識。

按：許漢卿（1883—1961），名福昞，字漢卿。以字行。原籍江蘇鹽城，生于山東。銀行家、收藏家。早年任清政府刑部主事、大清銀行濟南稽核委員、天津造幣廠總收支等職，入民國長期在銀行業任職，曾參與籌辦大陸銀行。中華人民共和國成立後，仍爲大陸銀行總經理。

此册爲丁晏（字儉卿）收集編訂清初學者張弨文集稿本，所録張弨著作《濟州學碑釋文》《瘞鶴銘辨》《和濟州學壁石刻詩韵》《唐昭陵六駿贊辨》《棧行圖詩》《婁機漢隸字原校本》等文，爲丁晏手書。張弨（1625—？），字力臣，號亟齋。山陽（今江蘇淮安）人。精于金石考證。曾躬歷焦山水澨，手拓《瘞鶴銘》而考證之。又入陝謁唐昭陵，遍覽從葬諸王公表碣。顧炎武開雕《音學五書》于淮上，弨與子叶增、叶箕任校寫之役。丁晏（1794—1875），字儉卿，號柘堂，張弨同鄉。清道光元年（1821）舉人，官至内閣中書。究心經學，著作已刊者彙爲《頤志齋叢書》。

稿本前有清道光二十六年（1846）丁晏序，云：“《淮安志·文苑傳》稱力臣書皆散佚，丙子王月并郡志亦毀，後生晚進益無從考求矣。故亟爲裒集一編，以詒好古之君子。”此書有清同治三年（1864）吳氏望三益齋刻本，刻本前丁晏序較稿本序略有增補，云：“力臣書皆散佚。余特捃摭遺集，藏弆篋中，漕帥吳仲宣先生見而韙之，命梓以傳此集。原有許珊林同年序。珊林校刻吾鄉吳山夫先生《金石存》至爲精審。今此集刊行，復就印林校讎并附于後。”署“同治三年甲子夏五月山陽後學丁晏謹叙”。“許珊林”，即許槤（1787—1862），字珊林，海寧人。道光十三年（1833）進士，官至山東平度州知官。篤志經術，精治六書。刻書甚豐，所刻以精善著稱。稿本内有許槤浮簽校字。印林，即許瀚（1797—1866），字印林。山東日照人。博綜經史及金石文字，訓詁尤深。是此稿刊行時，復請許瀚校過。稿本浮簽内原許槤所校，刻本均整合後附于諸文文末。

九、《南坪詩抄》冒廣生跋

《南坪詩抄》八卷，清張學舉撰，清乾隆五十八年（1793）珠光樓刻本。有冒廣生跋四則：

    南坪以雍正十三年舉人，乾隆五年官閩，十七年改官粵，廿八年升福州守。是集編年至三十二年，此封面刻"乾隆癸丑五十八年重鐫"。翁覃谿序則作于五十四年，南坪之没當在覃谿作序之前、編年詩之後。中間丁母憂當在乾隆十三四年間，至十七年起復改官粵也。其喪子在乾隆七年，喪婦在九年，有"雲夢依依廿六年"句，又以《歲暮感懷》當在十二年有"五十行將逾"句，以二十歲要婦計之，當在于康熙三十七八年左右，至丁卯爲四十八九也。其領鄉荐將近四十，服官之年，則正四十矣。疚翁。

    南坪詩一有綬兒亡詩四首。綬嘗名朝綬，其他有朝縉，字松園。初官福建閩縣，終甘肅藩司。《隨園詩話》載其妾名葉春芳，則松園官浙藩時也。弟朝樂，字竹軒，即刻此集者。世傳趙松雪書《兩漢策要》亦竹軒所刊行，松園有宋本《韋蘇州集》，後歸沙健庵編修，今并亡矣。己丑疚翁七十七歲志。（按：卷一有《癸亥立冬日綬兒亡期年矣，和泪賦此四首》）

    集中卷三有懷冒聿修諸子詩一首，聿修名念祖，鑄錯老人裔孫也。父玉簡，名禹書。叔何文，名殷書；箕疇，名福書。福書早殁，妻石氏，五中部郎維崧女，撫孤守節。子泰，貴州玉屏尉，孫弼工，曾孫冠德，曾購復水繪園舊址，繪圖徵題。落筆時誤記聿修爲箕疇子，順其文字，遂至費辭，擲筆有吾衰之嘆。

    吾鄉畫人推史鳴臯、姜恭壽。《南坪集》中有題畫詩，其畫惜未之見。癸巳六月，疚翁年開九秩志。

    按：冒廣生（1873—1959），字鶴亭，號疚齋。江蘇如皋人。蒙古族。明末清初文學家冒襄（1611—1693）的後裔。清光緒二十年（1894）舉人。曾任刑部郎中、農工商部商務司郎中等職。民國成立後，任甌海關監督兼溫州交涉員、廣州勤勤大學教授、上海太炎文學院教授、南京國史館纂修等職。中華人民共和國成立後，任上海市文物保管委員會特約顧問，文史館館員。冒廣生詩、詞、曲均造詣精深。張學舉（生卒年不詳），字雪舫。亦江蘇如皋人，與冒廣生同鄉。清雍正十三年（1735）舉人。乾隆五年（1740）任福建鹽法道庫大使，十七年（1752）任南澳廳同知，歷海陽、番禺知縣，二十八年（1763）升任福州知府。冒廣生跋文考證張學舉生平及諸子情況甚詳。其三子張朝樂任贛州知府時，得毛晋汲古閣舊藏元趙體字抄本《兩漢策要》，延請名工穆大展刊刻。摹刻之精美，纖毫無異，紙用開化，墨如點漆，成清代精刻善本。

    跋文中所云"卷三懷冒聿修諸子詩"，即卷三《蓬窗對月懷里中繆天衢、李松友、胡念詒、石進也、朱有鯤、徐瞻雲、冒聿修、葛右纏、蘇舜庸諸子三十韵》。"鑄錯老人"，即冒褒，字無聲，號鑄錯。冒襄弟。其三子分別爲禹書、殷書、福書。跋文第三則原書爲"父箕疇，名福書，早殁，妻石氏，五中部郎維崧女，撫孤守節。子泰，貴州玉屏尉，孫弼工，曾孫冠德，曾購復水繪園舊址，繪圖徵題"。後墨筆添加"玉簡……名殷書"句及"早殁"前"福書"兩字，故跋稱"落筆時誤記聿修爲箕疇子，順其文字，遂至費辭"。史鳴臯，字苟鶴，號笠亭。清乾隆十六年（1751）進士，曾任象山縣知縣。姜恭壽，字静宰，號香岩，又號東陽外史。江蘇如皋人。清乾隆六年

134

（1741）孝廉，官教諭。《國朝畫徵錄》謂其"善花草竹木，縱逸瀟灑，脱去時習"。又謂史鳴皋畫筆"與恭壽相上下"⑪。

注釋：

① 張樹年主編：《張元濟年譜》，商務印書館，1991 年，248 頁。
② 繆荃孫：《藝風堂文續集》卷七，清宣統二年（1910）刻本。
③ （明）張岱著，夏咸淳輯校：《張岱詩文集》，上海古籍出版社，2018 年，174 頁。
④ 魏隱儒：《古籍版本鑒賞》，北京燕山出版社，1997 年，122 頁。
⑤ 潘景鄭：《著硯樓題跋》，上海古籍出版社，2006 年，222、277 頁。
⑥ 潘景鄭：《寄漚剩稿》，齊魯書社，1985 年，103 頁。
⑦ 鄒百耐整理，石菲編：《雲間韓氏藏書題識彙錄》，上海古籍出版社，2020 年，33 頁。
⑧ 按：張載華《初白庵詩評》輯錄查慎行評點陶淵明、李白、杜甫、韓愈、白居易、蘇軾、王安石、朱熹、謝翱、元好問、虞集諸家詩及詩總集《瀛奎律髓》。有清乾隆四十二年（1777）張氏涉園刻本及民國上海六藝書局石印本。
⑨ 秋禾、少莉編：《舊時書坊》，生活·讀書·新知三聯書店，2012 年，87 頁。
⑩ 轉引自曲振明：《舊書刊擷珍》，上海遠東出版社，2014 年，24—25 頁。
⑪ （清）張庚：《國朝畫徵錄》卷下，清同治八年（1869）刻本。

（作者單位：北京師範大學圖書館）

張金吾愛日精廬與黃丕烈藏書

梁健康

内容提要： 考察張金吾先後編成的《愛日精廬藏書志》四卷本和四十卷本以及相關書目，梳理出其中著録的黃丕烈舊藏善本共 63 種，未著録者 9 種。又張金吾藏書中有"黄跋"但非黃丕烈舊藏的 7 種則另行列出，以示區分。

關鍵詞： 張金吾　《愛日精廬藏書志》　黃丕烈　藏書

張金吾（1787—1829），字慎旃，又字五十，別字月霄，江蘇常熟人。祖仁濟，字傅霖，號敬堂，喜藏書，尤好宋元舊刻，藏書萬卷，室名照曠閣。父光基，字南友，一字心萱。叔父張海鵬（1775—1816），字若雲，號子瑜，亦嗜書，以藏書、刻書聞名。張金吾 13 歲而孤，16 歲而哀，賴叔父撫養成人。20 歲有志收藏，更十年，合舊藏新得，以卷計者不下八萬。清嘉慶二十五年（1820），張金吾以木活字擺印《愛日精廬藏書志》四卷本。清道光三年（1823）重編《愛日精廬藏書志》，增益至三十六卷，六年（1826）編《愛日精廬藏續志》四卷，至次年全部刊竣①。

張金吾與當時藏書家多有交往，黃丕烈（1763—1825）即爲其中之一。張金吾與黃丕烈的交游往還、借校轉歸藏書之事，李文潔《張金吾抄録書籍考——基于〈愛日精廬藏志〉與相關題跋的研究》②一文所述甚詳（後簡稱"李文"），二人交往尚可補充者如：

張氏所藏舊抄本《雪溪詩》（南圖 GJ/KB1094，藏號，下不再説明）上有黃丕烈嘉慶己卯年（1819）題詩：

贈月霄先生

識面緣非偶，談心願始償。一家成學海，萬寶集書囊。賞析期良友，徵求到遠方。自慚聞見少，通假敢相當。君家藏書甚富，而又勤于搜訪，許相通假。故云。

録呈正削。己卯中秋，蕘翁丕烈草。

又《張月霄遺像附名人題識》（國圖 17472）上有黃丕烈道光乙酉年（1825）題詩：

胡君寫我真，結跏收其神。今寫月霄照，斂手束其身。四體不言喻，動静互爲根。伊予有痼癖，所好在斯文。老年始觀空，貪痴愛俱泯。蒲團坐雙趺，萬慮歸烟塵。月霄後來彦，嗜好同鄙人。氣誼最相合，蹤迹亦常親。示我一小影，矜莊貌彬彬。拳拳服膺意，如有所秉遵。蓋其先世教，詒經庭訓真。取義固在此，豈徒留笑嚬。我因重相告，志銳發硎新。慎勿學老朽，裹手觀逡巡。（予無酒時嘗，下體趺坐，上體亦作斂狀，取袖手旁觀之意也。）

乙酉初秋題奉月霄仁兄政。黃丕烈。

另外，李文未曾留意《愛日精廬藏書志》四卷本（國圖 15069）[③]。四卷本以經、史、子、集每部各一卷，共著錄古籍 383 部；于每部書籍下，以小字注明藏書來源，其大致可分爲得自書坊、書賈，得自藏書家（含親友），自家藏書以及其他四類[④]。《愛日精廬藏書志》三十六卷、《續志》四卷本同樣采用了四部分類法，共著錄古籍 801 部[⑤]。除個別書籍僅見于四卷本外，三十六卷本中包含了四卷本所著錄的書籍，但是同時也將大部分四卷本所著錄的書籍來源信息删去，對考察張金吾藏書來源造成不便。

張金吾藏書來源之一，張氏《陳子準別傳》有云：

> 君藏書先金吾十餘年，彼時郡中若周香嚴錫瓚、袁壽階廷檮、顧抱冲之逵、黃蕘圃丕烈四先生輩以藏書相競，珍函秘笈，流及吾邑者蓋寡。及金吾有志儲藏，袁氏書早散不及見，而三家之宋元舊槧及秘不經見者陸續四出，嘉湖書賈往往捆載而來。閱之如入龍宮寶藏，璀璨陸離，目眩五色。君與金吾各擇其尤者互相誇示，而要必以書賈先至其家爲快。五六年中，兩家所得蓋不下三四萬卷。嗚呼！何其盛也！[⑥]

又黃丕烈跋毛刻《洛陽伽藍記》（國圖 02738）有云：

> （嘉慶己卯，1819）中秋後五日，錢唐何君夢華邀余陪琴川陳、張二君。陳字子準，張字月霄，皆近日好購古書之友，談及顧氏小讀書堆書，渠兩家所收頗夥。

黃丕烈嘗跋宋刻本《北山小集》[⑦]云：

> 海虞月霄張君愛書好古，收弆秘册甚多，著有《愛日精廬讀書志》，于一書之源流，纖悉畢具。余所歸之書，亦得附名簡末，此真讀書者之藏書也。

黃丕烈此跋所提到之《愛日精廬藏書志》，正是四卷本。

可見張金吾早期藏書來源有顧之逵、周錫瓚、黃丕烈等。今檢《愛日精廬藏書志》四卷本，標注有“得之郡城顧氏”（顧之逵）有 24 種，“得之郡城周氏”（周錫瓚）有 15 種，“得之郡城黃氏”（黃丕烈）有 12 種。

據筆者統計，《愛日精廬藏書志》四卷本共著錄了黃丕烈藏書凡 18 種，除標注“得之郡城黃氏”的 12 種外，尚有得之四美堂書坊 4 種，得之錢塘何夢華兩種，具體可見下表：

序號	卷數	葉數	書名	版本	來源	現藏地 藏號
1	一	四	纂圖互注毛詩二十卷附毛詩舉要圖一卷	宋刊本	得之四美堂書坊	待訪
2	一	五	劉氏詩說十二卷	影宋抄本	得之四美堂書坊	臺故宮　平圖 000114-000119
3	二	一	史記殘本三十卷	宋刊本	得之郡城黃氏	上圖 758030-46
4	二	九	宋朝大昭令集二百四十卷	影宋抄本	得之錢塘何氏	國圖 03410
5	二	十五	復齋郭公言行錄一卷	元刊本	得之郡城黃氏	國圖 03754
6	二	十八	吳郡志五十卷	校宋本	得之郡城黃氏	臺圖 03254
7	三	四	刑統賦解二卷	舊抄本	得之郡城黃氏	國圖 06831
8	三	十二	太元集注十卷	影宋抄本	得之四美堂書坊	待訪
9	三	十四	白虎通德論十卷	元大德刊本	得之郡城黃氏	國圖 06890
10	四	三	增廣注釋音辯柳先生集四十三卷別集二卷	元刊本	得之四美堂書坊	臺圖 09749
11	四	十八	翠微北征錄十一卷	抄本	得之錢塘何氏	國圖 06597
12	四	二十	藏春集六卷	舊抄校本	得之郡城黃氏	國圖 03593
13	四	二十五	玩齋集十卷拾遺一卷	舊抄校本	得之郡城黃氏	國圖 03617
14	四	二十七	石門集七卷	明刊本	得之郡城黃氏	待訪
15	四	三十一	中州集十卷	元至大刊本	得之郡城黃氏	國圖 07152
16	四	三十二	復齋郭公敏行錄一卷	元刊本	得之郡城黃氏	國圖 03754
17	四	三十三	皇元風雅三十卷	元刊本	得之郡城黃氏	國圖 06666
18	四	三十九	中州樂府一卷	毛氏影寫元至大本	得之郡城黃氏	國圖 06671

以下試舉幾例説明上述表格中對黃丕烈藏書的著録情況：

黃廷鑑嘉慶戊寅年（1818）跋張海鵬墨海金壺本《吳郡志》云"昨秋君從子金吾購得郡城士禮居校宋本"⑧，張金吾所購即宋賓王據宋本校毛刻本。

黃丕烈道光二年（1822）抄本《刑統賦解增注》（國圖 09605）跋有云：

> 此抄本《刑統賦解》二册，分上下卷，舊爲古林曹氏所藏，而查氏得樹樓得之，故前有初白及藥師二跋。余從海鹽張氏購來，己卯夏錢唐何夢華介歸海虞張月霄處。

此清初抄本《刑統賦解》在四卷本中標注"舊抄本，曹倦圃藏書，得之郡城黃氏"。

《愛日精廬藏書志》四卷本著録有《石門集七卷》："明刊本，得之郡城黃氏，元梁寅撰，後附黃蕘圃先生跋。"至三十六卷本則被修改爲"明刊本，元臨江梁寅孟敬撰，門人黎卓崇瞻編次"②，已將黃丕烈相關信息删除，故從三十六卷本上并不能得知此書原爲黃丕烈舊藏。

《愛日精廬藏書志》四卷本中注明從黃蕘圃先生藏本傳録者有6種，分别是《游志續編》《麟臺故事》《鐵崖漫稿》《鐵崖先生詩集》《鐵崖詩集》和《中州啓札》。對照李文統計三十六卷本"從黃丕烈藏本傳録"的12種，其中《游志續編》和《中州啓札》兩種三十六卷本已删除了從黃丕烈藏本傳録的信息，而《鐵崖詩集》二卷本則不見于三十六卷本著録。李文已發現張金吾抄本《鐵崖楊先生詩集》二卷本在南圖，惜未留意到《愛日精廬藏書志》四卷本中已著録了此書。

道光壬午年（1822）秋，由何夢華作介，黃丕烈將部分藏書售與張金吾。何夢華抄本《張來儀先生文集》（上圖790816）黃跋云：

> 此義門手校舊抄本《張來儀先生文集》，余于去秋友人錢唐何夢華介歸海虞張君月霄。夢華録副，易償他書之直。時同歸復同録其副者，爲宋板《歷代紀年》。越歲除，月霄介余年家子邵朗僊易余向年所收故友之物影宋《列子》，周香嚴藏。舊抄何晏《論語集解》日本國本及舊抄《金石録》葉文莊跋本，顧抱冲藏。元刊《名臣事略》，吳枚菴藏。

跋文中列出六種具體書名和版本（下劃綫部分），又黃廷鑑《元本敬齋古今黈跋》云："道光甲申張月霄復購得士禮居所藏舊抄。"⑩可見在四卷本編成後，張氏亦有陸續購得黃丕烈舊藏善本。張金吾于道光七年（1827）刻成《愛日精廬藏書志》四十卷本。據筆者考察，其中著録的黃丕烈藏書除已包含四卷本中的18種外（後文以書名標下劃綫表示四卷本中已收録），另外又增加了46種，共達63種（案《復齋郭公言行録》《敏行録》合裝一册，今國圖用一個索書號，當作一種計算）。後文將根據相應著録文字，結合有關文獻，説明此63種之存藏情况，案語則重點説明其爲黃丕烈收藏的依據。另《愛日精廬藏書志》未著録黃丕烈藏書9種、張金吾藏書中有"黃跋"但并非黃丕烈收藏凡7種則另行列出，以示區分。

一、《愛日精廬藏書志》四十卷本著録黃丕烈藏書63種

（一）經部（9種）

1. 易傳十卷附略例一卷　影寫宋刊本　汲古閣藏書（頁1⑪）
明末毛氏汲古閣公文紙影宋抄本　十册　黃丕烈跋（待訪）
　　案：黃丕烈此書後歸陳鱣，《經籍跋文·宋本周易集解跋》著録甚詳，并云"蕘圃爲跋于後"⑫，可知此影宋抄本當有黃跋。之後歸張金吾，但《愛日精廬藏書志》并未輯録黃跋，是書亦下落不明。

2. 纂圖互注毛詩二十卷附毛詩舉要圖毛詩篇目⑬　宋刊本　毗陵周氏九松迂齋藏

139

書（頁38）

宋刻本［存十六卷　卷一至十、十五至二十］五冊（待訪）

著録：《求古居宋本書目》葉八"小字毛詩殘本　五冊"⑭。

案：國圖07916《監本纂圖重言重意互注點校毛詩》黃跋云："其時適有別本宋刻小板者，亦屬殘本……余自購求書籍以來，于宋刊《毛詩傳箋》附釋文本凡五見，而有其三……一爲毘陵周九松藏本。"又《曝書雜記》録錢天樹批注《愛日精廬藏書志》云："《纂圖互注毛詩》，昔藏吳門讀未見書齋，書友携來，曾一寓目。"⑮均可證此本即爲黃丕烈舊藏。

3. 詩説十二卷　抄本（頁45）

清抄本［存十卷　卷一、三至八、十一至十二、總説全］六冊（臺故宮　平圖000114-000119）

案：是書有藏書印"士禮居藏"（朱長）、"平江黃氏圖書"（朱方）、"愛日精廬藏書"（朱方）、"張月霄印"（朱方）。

4. 春秋繁露十七卷　明蘭雪堂活字本（續志卷一，頁770）

明正德十一年（1516）華堅蘭雪堂銅板活字印本　陸心源校（静嘉堂）

案：傅增湘于民國己巳年（1929）到日本静嘉堂借閱是書，著録于《藏園群書經眼録》卷一，云"黃丕烈士禮居藏書，有跋。又有愛日精廬藏印"⑯。

5. 論語集解十卷　日本舊抄本　述古堂藏書（頁93）

日本舊抄本　五冊　黃丕烈、翁廣平跋（静嘉堂）

著録：《静嘉堂秘籍志》⑰卷二。

案：《藏園批注讀書敏求記校證》卷一之上《何晏論語集解十卷》（頁72）黃丕烈批注云："是書向藏碧鳳坊顧氏，予曾見之，後歸城西小讀書堆，今復散出，因以重價購得。"某氏批注云："此本原藏小讀書堆，後歸士禮居，于壬午春歸常熟愛日精廬。"

6. 輶軒使者絶代語釋別國方言十三卷　影寫宋刊本（頁113，輯録黃跋）

明正德己巳年（1509）影抄宋慶元六年（1200）尋陽郡齋刻本　黃丕烈跋（待訪）

7. 博雅十卷　舊抄本（頁114，輯録楊循吉⑱、顧廣圻題跋）

明正德十年（1515）楊循吉影宋抄本　楊循吉、顧廣圻、黃丕烈跋（待訪）

案：《蕘圃藏書題識》卷一"博雅十卷　影宋本"輯録是書道光四年黃跋。另國圖07954明刻本《廣雅》卷首有顧廣圻題跋，標目爲《書影宋抄本博雅後》，又卷末有黃丕烈嘉慶壬戌年跋，揆其內容，實爲此影宋抄本之題跋，或爲錯繫于明刻本上。

8. 汗簡七卷　馮氏巳蒼手抄本（頁118，輯録馮舒題跋）

南明弘光二年（1645）馮舒抄本　三冊　馮舒、黃丕烈跋（國圖06588）

9. 新刊韵略五卷　元大德刊本（頁128，輯録錢大昕題跋）

元大德十年（1306）平水中和軒王宅刻本　三册（待訪）

案：據錢大昕跋云"頃吴門黄蕘圃孝廉得《平水新刊韵略》元槧本，亟假歸讀之"，可知此書爲黄丕烈舊藏。是書後歸海源閣，但已佚失。錢大昕跋《槧書隅録》卷一著録，并云藏書印有"士禮居""復翁"⑩。

（二）史部（18種）

1. 史記殘本三十卷　宋蜀大字本（頁135）

宋紹興間淮南路轉運司刻本［存三十卷　卷五至六、八至十二、十六至十七、三十四至四十、四十八至五十四、五十六、九十九至一百、一百七至一百十］十六册　單學傳、徐渭仁、楊守敬、康有爲跋　莫友芝觀款（上圖758030-46）

案：此書無黄丕烈、張金吾藏書印，《愛日精廬藏書志》四卷本著録，標注"得之郡城黄氏"，今上圖本所存卷數與之記録吻合。

2. 建康實録二十卷　舊抄本　顧氏澗濱據宋本校（頁167）

舊抄本，顧廣圻校并跋　黄丕烈跋（待訪）

3. 後漢書殘本五十八卷　宋嘉定刊本（頁138）

宋嘉定元年（1208）建安蔡琪一經堂刻本［存五十八卷　目録、卷一至二、十下、卷十七、二十至二十四、二十七至三十、三十三至三十四、四十至四十八、五十至五十七、六十、七十四下至七十八、八十一至八十四、八十九至九十；志一至二、十至二十、二十三］（國圖09333）

案：是書無黄丕烈藏書印，但著録所存卷數與《百宋一廛書録·後漢書（第四種）》完全一致，可證其爲黄丕烈舊藏。國圖09333藏本是汪士鐘用黄丕烈舊藏三種《後漢書》殘本配成，此爲其中之一。

4. 後漢書殘本二十八卷　宋刊本（頁138）

宋慶元四年（1198）建安黄善夫刻本［存二十八卷　卷十六、十八至十九、二十五至二十六、三十二、三十五至三十九、六十一至六十三、六十六至六十九、七十三、七十九；志二十二、二十四至三十］（國圖09333）

案：是書無黄丕烈藏書印，但著録所存卷數與《百宋一廛書録·後漢書（第五種）》完全一致，唯已闕失卷三十三至三十四（志二十三至二十四）共兩卷，可證其爲黄丕烈舊藏。國圖09333藏本是汪士鐘用黄丕烈舊藏三種《後漢書》殘本配成，此爲其中之一。

5. 唐書殘本五卷　宋刊本（頁141）

宋紹興兩浙東路茶鹽司刻本［存五卷　卷一百九十下至一百九十四上］（國圖06734部分）

案：國圖06734爲黄丕烈所藏，共六十九卷，此五卷殘帙曾一度散佚歸張氏，再歸汪士鐘。

6. 歷代紀年十卷　宋紹興刊本　述古堂藏書（頁 149，輯録黄跋）

宋紹熙三年（1192）盱江郡齋刻本［存九卷　卷二至十］四册　黄丕烈跋（國圖 06595）

7. 華陽國志十二卷　舊抄本　錢磬室藏書（頁 230，輯録黄跋）

明影宋抄本，何焯校、黄丕烈跋（待訪）

8. 戰國策三十三卷　影寫宋剡川姚氏本　陸氏敕先手校（頁 172，輯録黄跋）

清初影宋抄本，陸貽典校跋并過録錢謙益跋，黄丕烈跋（待訪）

9. 契丹國志二十七卷　元刊本……闕卷十六至末抄補（頁 170）

元刻本［卷十六至二十七配黄氏士禮居抄本］（待訪）

案：國圖 04209 元刻本《契丹國志》黄跋云："觀書華陽顧氏，見元刻本……顧本自十五卷以下皆缺。"又舊抄本《契丹國志》黄跋云："丐諸顧氏以家刻書易得，復借諸書賈，倩友傳録，照抄本行款補于元刻本後。"可證此本爲黄丕烈舊藏。

10. 宋朝大詔令集二百四十卷　抄本（頁 181）

清抄本［存一百九十六卷　卷一至七十、九十四至一百五、一百十六至一百六十六、一百七十八至二百四十］十六册（國圖 03410）

案：《蛾術軒篋存善本書録・癸卯稿卷二・讀書敏求記》輯録黄丕烈批注《讀書敏求記》卷四《唐大詔令》云："明秘閣書目有《宋詔令》二十四册，即此書也。余于嘉慶壬申冬收得，闕目録上一册，中闕七十七至九十三，又一百六十七至一百七十七，存十九册。"[20] 與以上著録對比，可知流傳至張金吾時已闕失了卷一百六至一百一十五凡十卷共三册。

11. 翠微先生北征録十二卷　舊抄本（頁 582，輯録顧廣圻題跋）

元抄本　三册，顧廣圻跋（國圖 06597）

案：是書顧氏題跋云："世鮮傳者，得觀于讀未見書齋。"故此書當爲黄丕烈舊藏。

12. 國朝名臣事略十五卷　元元統刊本（頁 122）

元元統三年（1335）余志安勤有書堂刻本　六册　吴翌鳳補抄闕葉　黄丕烈跋張金吾校并跋（國圖 06767）

13. 運使復齋郭公言行録一卷　元刊本（頁 215）；**類編運使復齋郭公敏行録一卷**元刊本（頁 733）

元至順刻本　二册（國圖 03754）

案：四卷本著録，標注"得之郡城黄氏"。是書有藏書印蕘圃（朱方）、黄丕烈印（朱方）。

14. 吴郡志五十卷　毛板　校宋本（頁 247）

明末毛氏汲古閣刻本　十六册，宋賓王校，沈書山手書黄丕烈跋，彭清華題識，

吳湖帆觀款（臺圖 03254）

15. 景定建康志五十卷　舊抄本（頁 257，輯錄黃跋）

舊抄本［卷六至十、二十九至三十三、四十三至四十四凡十二卷配清黃氏士禮居抄本］十二冊　顧廣圻抄補闕葉并跋　黃丕烈跋（待訪）

16. 金石錄三十卷　舊抄本　菉竹堂藏書（頁 317）

明崑山葉氏菉竹堂抄本　葉國華、何焯、顧廣圻跋（待訪）

　　案：上圖 790816《張來儀先生文集》道光癸未年（1823）黃跋云：“月霄介余年家子邵朗僁易余向年所收故友之物……舊抄《金石錄》葉文莊跋本，顧抱冲藏。”實爲葉國華跋，黃丕烈誤記。

17. 隸續十四卷　校影抄宋本……顧廣圻爲蕘圃校（頁 320）

清康熙四十五年（1706）曹寅揚州使院刻本［存十四卷　卷八至二十一］，顧廣圻校并跋（待訪）

　　案：國圖 03205 曹刻本《隸續》卷末有袁廷檮嘉慶庚申年（1800）九月十四日跋并過錄此本顧氏題跋，略云：“壽階袁廷檮照校一本藏于五硯樓。”可知顧氏爲黃丕烈校勘之底本爲曹刻本。黃、顧二人交惡之後，顧氏另校有一部曹刻本《隸續》，現存國圖 15101。

18. 皇朝大事記九卷皇朝中興大事記四卷　舊抄本　千頃堂藏書（頁 323）

明抄本　十冊　黃虞稷跋（臺故宮　平圖 010826-010835）

　　案：是書有藏書印士禮居藏（朱長）、愛日精廬藏書（朱方）。

（三）子部（11 種）

1. 潛夫論十卷　明刊本（頁 328）

明刻本　一冊，黃丕烈、費士璣跋　黃美鎏校　附費士璣致黃丕烈手札一通（國圖 03457）

　　案：是書黃跋云：“幸我好友如月霄二兄，視明刻如宋本，物得其所，于心稍安焉。”可見此本即爲黃丕烈舊藏。

2. 刑統賦解二卷　舊抄本　曹倦圃藏書（頁 337，輯錄查慎行跋）

清初抄本　二冊　查慎行、查岐昌跋　黃丕烈校補并跋（國圖 06831）

3. 刑統賦疏一卷　元人抄本（頁 338）

元抄本　一冊　黃丕烈跋（待訪）

　　案：是書現存一過錄本，即國圖 06833，爲陳揆、常熟瞿氏遞藏，有過錄黃跋。

4. 宋提刑洗冤集錄五卷附聖朝頒降新例　元刊本（續志卷二，頁 783，輯錄黃跋）

元刻本　一冊　黃丕烈跋（待訪）

著錄：《求古居宋本書目》葉四“洗冤集錄　一冊”。

5. 太玄集注十卷　抄本（頁380，輯録黄跋）

清張庚抄本　三册　黄丕烈跋（待訪）

6. 白虎通德論十卷　元大德刊本　項氏萬卷堂藏書（頁391）

元大德九年（1305）無錫州學刻明修本　四册（國圖06890）

案：今國圖本并無黄丕烈、張金吾二人藏書印，目録首葉有"項氏子長"（白方）、"項氏萬卷堂圖籍印"（朱長），卷一首葉有"萬卷堂印"（白方），可見此本即項篤壽萬卷堂藏書。又四卷本云此本附黄丕烈跋，今未見，亦未見前人輯録，或已佚失。

7. 焦氏易林四卷　陸氏敕先校宋本（續志卷三，頁791，輯録陸敕先題跋）

明嘉靖四年（1525）姜恩刻本　二册　陸貽典校并跋　黄丕烈跋（待訪）

案：黄丕烈《刻陸敕先校宋本焦氏易林序》云："往歲，陸手勘者歸予家……陸僅就嘉靖四年所刻以勘而記于上方，云'卷次非宋本'。"又吴晋德嘉慶丙寅（1806）借校此陸貽典校宋本《易林》兩册于自藏明抄本上，"并録敕先暨菀翁跋語于尾"。此吴氏臨校本後歸張元濟，現存國圖（國圖07519）。

8. 論衡三十卷　元刊明修本（頁397）

宋乾道三年（1167）紹興府刻宋元明遞修本　八册　錢謙益批點　黄丕烈跋　葉昌熾觀款（國圖06897）

9. 敬齋先生古今黈殘本十一卷　舊抄本（頁404）

明抄本　二册　黄廷鑑校并跋（上圖829656–57）

案：是書有黄廷鑑道光丁亥年（1827）傳抄本，現存南圖。黄廷鑑跋云："道光甲申張月霄復購得士禮居所藏舊抄，……是書今歸嬭嬛仙館，夏月假歸讀，從殿本逐條對勘一過。"

10. 蘆浦筆記十卷　舊抄本（頁393）

舊抄本（待訪）

案：《藏園訂補郘亭知見傳本書目》卷十著録此本。傅增湘補云："舊寫本，十一行二十二字。有嘉定癸酉自序，後有刻梓自跋。有萬曆三十九年謝兆申跋。鈐黄丕烈、張金吾、吴雲藏印。"[21]

11. 類説殘本　宋刊本　汲古閣藏書（頁414）

宋刻本　一册［存三卷］（國圖03512）

著録：《百宋一廛書録·類説》；《求古居宋本書目》葉六"曾慥類説三種一册"。

（四）集部（25種）

1. 曹子建十卷　明活字本（頁461）

明長洲徐氏活字印本　四册　黄丕烈跋（北大LSB/63）

144

案：此書有藏書印"愛日精廬藏"（朱方）等。

2. 鮑氏集十卷　舊抄本　毛氏斧季手校（頁463）

明正德五年（1510）朱應登刻本　二冊　毛扆校并跋　繆荃孫跋（國圖07610）

案：著錄作"舊抄本"，疑誤。國圖本有毛扆藏書印并校跋，與著錄相符。又有"黃丕烈印"（朱方）、"蕘圃"（朱方）、"士禮居藏"（白方）、"愛日精廬張氏藏書記"（朱長）等。

3. 張説之文集殘本十卷　影寫宋刊本（頁465）

明影宋抄本［存十卷　卷一至十］　錢謙益補抄闕葉　毛扆、黃丕烈跋（待訪）

4. 白氏文集七十一卷　毛氏子晋、斧季合校本（續志卷四，頁801，輯録黃丕烈、黃美鎏跋）

版本不詳，毛晋、毛扆校，毛晋題識，黃丕烈、黃美鎏跋（待訪）

5. 增廣注釋音辯唐柳先生集四十三卷別集二卷外集二卷附録一卷　元刊本　述古堂藏書（頁471）

明正統十三年（1448）刻本　八册　毛友仁、張金吾、孫雲鴻跋（臺圖09749）

案：是書首葉有"丕烈"朱白連珠印。

6. 王黃州小畜集三十卷　宋刊配舊抄本（頁495）

宋紹興十七年（1147）黃州刻遞修本［卷一至十一、十七、二十五至三十配清吕無黨吾研齋抄本］八册　黃丕烈跋（國圖06647）

7. 歐陽文忠公集一百五十三卷附録五卷年譜一卷　明天順刊本（頁508）

明天順六年（1462）程宗廬陵郡庠刻本　四十八册（北大）

案：是書有"黃丕烈""復翁""愛日精廬藏書"等藏書印。

8. 類編增廣黃先生大全文集五十卷　宋乾道刊本（續志卷四，頁803）

宋乾道麻沙鎮水南劉仲吉宅刻本［卷十三至十八配抄本］十六册　沈廷芳、黃丕烈跋（北大 LSB/9085）

9. 南蘭陵孫尚書大全文集七十卷　明初抄本　王文恪公藏書（頁550）

明抄本　二十四册　葉萬校補并跋　錢大昕跋（國圖03709）

案：張蓉鏡倩孫鎣夫婦從張金吾處影抄此書，影抄本現存臺圖（臺圖10426），卷末有張金吾題跋云："《孫尚書大全集》傳世絶稀，明王濟之先生藏本，余以二百金得之郡城黃氏士禮居，載在藏書志中。"

10. 勿軒先生文集六卷　淡生堂抄本（頁588）

明祁氏澹生堂藍格抄本（待訪）

案：明成化刻本《勿軒先生文集》黃跋云："《勿軒先生文集》舊藏有抄本藍格者，出淡生堂，甚古雅。"

11. 藏春詩集六卷　舊抄本　曹倦圃藏書（頁603）

清初曹溶抄本　三册　胡重校并跋　黄丕烈跋（國圖03593）

12. 楚國文憲公雪樓程先生文集三十卷　明洪武刊本（頁626）

明洪武二十八年（1395）與耕書堂刻本［卷五至七配明抄本］十册　顧廣圻影抄闕葉并跋　黄丕烈校（國圖03601）

　　案：是書無黄丕烈藏書印，目録後有顧廣圻跋："嘉慶三年十二月，借周香嚴所藏刻本影寫于士禮居。澗蘋。"可證是書爲黄丕烈所藏，闕葉由顧氏影補。

13. 金華黄先生文集殘本二十三卷　元刊本（頁652）

元刻本［存二十三卷　卷一至十三、二十二至三十一］十册　錢大昕、宗舜年跋（國圖03611）

　　案：是書錢大昕跋云："兹于吳門黄孝廉蕘圃齋見元槧《金華黄先生集》不全本。"

14. 秋聲集十卷　明洪武刊本　吳方山舊藏（頁676）

明洪武十一年（1378）黄鈞刻本［存八卷　卷一至六、九至十］二册　顧起元題寫書名　陸貽典、黄丕烈題籤　張蓉鏡抄補并跋　方若蘅、錢天樹、李兆洛、祝麒跋　舒位、蔣因培、程恩澤、陶廷杰、黄廷鑒、蔣寶齡、朱昂之、沈梧、蔣鹿潭、祝蓮舫、郭堯卿觀款（國圖09641）

　　案：黄丕烈題籤爲"黄鎮秋聲集詩文全"八字。張蓉鏡題識云："上題字爲士禮居包函原題，是黄蕘圃先生親筆，當時列入甲編更宜，何如寶貴耶？味經書屋逸士又記。"又第一册末有題識："嘉慶辛酉季春，舒位從蕘圃年兄士禮居借讀。"

15. 蜕菴詩四卷　明洪武刊本　文瑞樓藏書（頁660）

明洪武刻本　二册（國圖07117）

　　案：此書無黄丕烈鈐印，據國圖08532《蜕菴詩》黄跋所云，黄丕烈從顧應昌處購得一部明刻本，"後跋年號適破損處，以此抄本證之，蓋洪武刻本也"。後又屬顧廣圻將明刻本與陸抄本互校，抄補缺葉。而此書卷末跋文"十年冬"之前的年號剛好破損，又有顧廣圻藏書印，正好符合黄跋所言，故此書當爲黄丕烈舊藏。

16. 貢禮部玩齋集十卷拾遺一卷　舊抄本　宋氏賓王手校（頁662）

清抄本　三册　宋賓王、張金吾校補（國圖03617）

17. 鶴年先生詩集四卷　元刊本（頁685，輯録嘉慶己未年黄跋一則）

明初刻本　黄丕烈抄補闕葉并跋　顧廣圻、黄丕烈、夏文燾聯詩（待訪）

　　案：仁和胡珽清咸豐三年（1853）木活字排印《琳琅秘室叢書》之《丁鶴年集》所據底本爲張金吾所藏影元抄本，卷首附顧、黄、夏三人之聯詩，卷末附黄跋。

18. 石門先生文集七卷　明刊本（頁697）

石門先生文集七卷　（元）梁寅撰　明刻本　黄丕烈跋（待訪）

　　案：是書黄跋未見前人輯録。

146

19. 梧溪集七卷　明洪武刊本　卷一至四舊抄補　汲古閣藏書（續志卷四，頁818）

元至正明洪武間刻景泰七年（1456）陳敏政重修本［卷一至四及他卷闕葉配清初毛氏汲古閣影元抄本］六册　陸貽典校并題識（國圖07126）

　　案：是書有藏書印"士禮居藏"（朱長）。

20. 張來儀先生文集一卷　舊抄本　何氏義門手校（頁699）

清抄本　一册　何焯批校　黃丕烈跋（國圖06657）

21. 文選六十卷　馮氏竇伯、陸氏敕先校宋本（續志卷四，頁821）

明末毛氏汲古閣刻本　馮武、陸貽典、顧廣圻校并跋（待訪）

　　案：顧廣圻跋云："今年秋八月，予囑蕘圃以重價購之，復借薌巖周氏所藏殘宋尤袤本即馮、陸所據者重爲細勘。"

22. 文苑英華纂要八十四卷　元刊本（續志卷四，頁823）

宋刻元修本［卷一至十六、卷二十三至三十七配清抄本　卷七十一配抄本］八册　黃丕烈校并跋　邵淵耀跋　卷末粘附黃丕烈致張蓉鏡手札二通（國圖07135）

著錄：《求古居宋本書目》葉九"文苑英華纂要　缺第一册　七册"。

23. 中州集十卷　元至大刊本（頁723）

元至大三年（1310）平水曹氏進德齋刻遞修本　六册　黃丕烈補抄闕葉并跋（國圖07152）

24. 皇元風雅三十卷　元刊本（頁735，輯錄黃跋）

元建陽張氏梅溪書院刻本　八册　黃丕烈跋（國圖06666）

25. 中州樂府一卷　毛氏影寫元至大本（頁762）

清初影元抄本　一册　李德經抄補并跋　黃丕烈校并跋（國圖06671）

二、《愛日精廬藏書志》四十卷本未著錄 9 種

《愛日精廬藏書志》四十卷本未著錄，但根據相關藏書印及題跋可證爲張金吾所蓄之黃丕烈藏書，筆者搜集有以下 9 種：

1. 易經解四卷　（宋）朱長文撰　舊抄本　四册（臺圖00222）

　　案：書上有藏書印"黃丕烈印"（白方）、"復翁"（白方）、"士禮居藏"（朱長）、"張月霄印"（朱方）、"愛日精廬藏書"（朱方）等。

2. 史記一百三十卷　（漢）司馬遷撰　（南朝宋）裴駰集解　（唐）司馬貞索隱　（唐）張守節正義　明嘉靖六年（1527）震澤王延喆刻本　六十册（傅圖 A 921.13066.7）

　　案：據臺北傅斯年圖書館官網著錄，此書有"黃丕烈印""復翁""愛日精廬藏書"等藏書印。

3. 後漢書九十卷 （南朝宋）范曄撰 （唐）李賢注 北宋刻遞修本［存三卷，卷五十九、六十四至六十五］二冊（國圖06592）

案：此三卷殘本實爲《百宋一廛書録・後漢書（第三種）》之散佚部分，同一版本其餘二十二卷爲國圖09333拼配本之一。

4. 江村銷夏録三卷 （清）高士奇輯 舊抄本 三冊（待訪）

案：《群碧樓善本書録》卷五著録此書，有"平江黄氏圖書""士禮居藏""愛日精廬藏印"鈐印②。

5. 揮塵第三録三卷 （宋）王明清撰 宋刻本 一冊 翁方綱、張蓉鏡題籤 孫原湘繪黄丕烈像并跋 袁克文、項原生跋（國圖08694）

案：是書有藏書印"黄丕烈印"（朱方）、"復翁"（白方）、"愛日精廬藏書"（朱方）等。

6. 冲虛至德真經八卷 （晋）張湛注 影宋抄本（待訪）

案：國圖09617《冲虛至德真經》黄跋云："余舊藏景宋抄本，抱冲曾取與世德堂本較之，多所歧异，幾自矜爲善本矣。"又上圖790816《張來儀先生文集》黄跋云："月霄介余年家子邵朗僊易余向年所收故友之物影宋《列子》，周香嚴藏。"

7. 參寥子詩集十二卷 （宋）釋道潛撰 清抄本 四冊 黄丕烈校并跋（國圖05569）

案：是書有藏書印"復翁"（白方）、"黄丕烈印"（白方）、"張月霄印"（朱方）等。

8. 月泉吟社詩集一卷石湖詩集一卷附録一卷 （宋）吳渭輯 明嘉靖二十二年（1543）刻本 二冊 程恩澤、陶廷杰觀款（臺圖14210）

案：是書有藏書印"蕘圃"（朱文楷圓）、"張金吾藏"（白方）等。

9. 月泉吟社詩集一卷石湖詩集一卷附録一卷 （宋）吳渭輯 明末虞山毛氏汲古閣刊詩詞雜俎本 二冊 毛晋校并跋 黄丕烈、蔣因培跋 程恩澤觀款（臺圖14211）

案：是書有藏書印"蕘圃"（朱文楷圓）、"丕烈"（白文長方）、"張金吾藏"（白方）等。

三、張金吾藏書中有"黄跋"而非黄丕烈收藏者7種

1. 齊乘六卷 （元）于欽纂修 釋音一卷（元）于潛撰 舊抄本 六冊 周錫瓚録黄丕烈跋 黄丕烈校并跋（臺圖03283）

案：此書《愛日精廬藏書志》未著録，有"張氏月霄"（朱方）藏書印。

2. 續顔氏家訓殘本三卷 宋刊本（頁329）

宋刻本［存三卷 卷六至八］一冊 黄丕烈跋（國圖03497）

3. 續談助五卷 茶夢主人手抄本 錢遵王藏書（頁406）

明嘉靖四十一年（1562）茶夢齋姚咨抄本 二册 姚咨、張燮、黃丕烈、孫原湘跋（國圖06624）

4. 李羣玉詩集三卷後集五卷 影寫宋刊本 從吳門黃氏藏宋刊本影寫（頁477，輯録黃跋）

清道光四年（1824）黃氏士禮居影宋抄本 二册 黃丕烈跋（國圖06646）

5. 碧雲集三卷 影寫宋刊本 從吳門黃氏藏宋刊本影寫（頁476，輯録黃跋）

清道光四年（1824）黃氏士禮居影宋抄本 二册 黃丕烈跋（國圖06645）

6. 雪溪詩五卷 舊抄本（頁553）

舊抄本 一册 黃丕烈贈張金吾題詩（南圖GJ/KB1094）

7. 端平重修皇朝文鑑一百五十卷 舊抄本 菉竹堂藏書（頁714）

明菉竹堂葉盛抄本 十六册 葉恭焕、顧之逵、黃美鎬書黃丕烈跋（國圖06665）

注釋：

① （清）張金吾撰，柳向春整理：《愛日精廬藏書志》，上海古籍出版社，2014年，柳向春所撰《整理説明》。

② 李文潔：《張金吾抄録書籍考——基于〈愛日精廬藏志〉與相關題跋的研究》，《文獻》2020年第6期，32—33頁。

③ 筆者所見《愛日精廬藏書志》四卷本爲國圖"中華古籍資源庫"公布的該書電子影像。

④ 具體分類以及數量見趙嘉與筆者合寫之《四卷本〈愛日精廬藏書志〉的文獻學價值》（待刊稿）。

⑤ 石祥：《著録行款：版本學典範的學術史考察》，《國學研究》第四十七卷，中華書局，2022年。

⑥ （清）張金吾撰，鄭永曉整理：《愛日精廬文稿》卷六，鳳凰出版社，2015年，92—93頁。

⑦ 此宋刻本現衹存殘本一册（卷二四至二七），藏臺圖，黃跋葉面亦已遺失。現存世影宋抄本若干部，如國圖04271袁氏貞節堂道光五年（1825）抄本，國圖11401張蓉鏡道光七年（1827）抄本，臺故宮平圖011980—011987清抄本等，均存有從宋刻本上過録之黃跋。

⑧ 此黃廷鑑跋文内容亦見于氏著《第六絃溪文抄》卷三《校刻吳郡志跋》，清道光二十年（1840）刻本。與墨海金壺本跋文相較，無最後的紀年"嘉慶戊寅立夏同郡後學黃廷鑑書"。

⑨ 同注①，697頁。

⑩ （清）黃廷鑑：《第六絃溪文抄》卷三，清道光二十年刻本。

⑪ 此爲2014年上海古籍出版社柳向春點校本頁碼，以便覆核。

⑫ （清）陳鱣撰：《經籍跋文》，《續修四庫全書》史部目録類第923册影印清光緒四年（1878）葉氏龍眠山房成都本，上海古籍出版社，2002年，2頁。

⑬ 有下劃綫者爲曾經四卷本著録之書。

⑭ （清）黃丕烈藏并編：《求古居宋本書目》，稿本，中國國家圖書館，索書號：05493。

⑮ （清）錢泰吉撰，竇水勇校點：《曝書雜記》，遼寧教育出版社，1998年，59頁。

⑯ 傅增湘撰，傅熹年整理《藏園群書經眼録》，中華書局，2019年，74頁。

⑰ ［日］河田羆撰，杜澤遜等整理：《静嘉堂秘籍志》，上海古籍出版社，2016年，43頁。

⑱ 據章鈺考證此影宋抄本題跋署支硎山人者爲楊循吉，詳見《藏園批注讀書敏求記校證》卷一之下

《博雅十卷》，中華書局，2012 年，120 頁。

⑲（清）楊紹和撰，傅增湘批注，朱振華整理：《藏園批注楹書隅錄》，中華書局，2017 年，53 頁。

⑳ 王欣夫撰，鮑正鵠、徐鵬整理：《蛾術軒篋存善本書録》，上海古籍出版社，2021 年，954 頁。

㉑（清）莫友芝撰，傅增湘訂補，傅熹年整理：《藏園訂補邵亭知見傳本書目》，中華書局，2009 年，689 頁。

㉒ 鄧邦述撰，金曉東整理：《群碧樓善本書録》，上海古籍出版社，2014 年，182 頁。

繆荃孫致李盛鐸函札六通考釋

劉佳琪

内容提要： 中國社會科學院近代史研究所藏繆荃孫致李盛鐸信札六通，内容涉及《直齋書録解題》《大金集禮》《政和五禮新儀》《雲自在龕叢書》等珍籍的流傳與校刻，也涉及繆荃孫編纂國史五傳經過、代廣雅書局借抄善本、居京期間的交游等，可爲研究繆李二人的學術歷程提供新材料。

關鍵詞： 繆荃孫　李盛鐸　信札　藏書史

繆荃孫（1844—1919）與李盛鐸（1859—1937）同爲晚清民國時期重要的藏書家。據《藝風老人日記》，二人同寓京城期間往來頻繁。《藝風堂友朋書札》僅收李盛鐸致繆荃孫 1 通，不足以考察二人交游詳情。筆者于中國社會科學院近代史研究所藏李盛鐸檔案中檢得繆荃孫致李盛鐸函札 6 通，兹予以整理，并考察寫作函札時間及所涉人物交游、珍籍抄刻等，以爲相關學術研究參考。

一

前日暢談，幸甚。廿二到史館，查知老伯大人《列傳》尚未派撰，係吏部未曾知照。昨與蔚亭[①]前輩相商辦法，原條呈覽。此上，即請木齋仁兄大人台安。弟荃孫頓首。

按，繆荃孫清光緒八年（1882）十二月充國史館協修，次年三月派國史五傳纂修，十年（1884）九月任國史館總纂，至十四年（1888）五月撰成《儒林》《文苑》等傳稿本。本函當作于這一時期。

《藝風堂文集·國史隱逸傳序》附語曰："荃孫前在史官續修《儒林》《文苑》兩傳（舊稿四卷），創修《孝友》《隱逸》兩傳（有目無書），均有定稿。又接修《公主》《土司》兩傳（有目無書）、《藝文》一志（舊稿十卷），與總裁議不合，乞假歸，初稿尚留荃孫所。"[②]《國史儒林、文苑兩傳始末》明指修撰過程中因拒絶爲紀大奎立傳，繆荃孫與總裁徐桐有隙，五傳終未進呈[③]。之後，《儒林》《文苑》諸稿本屢爲張之洞、王先謙、孫葆田、夏寅官、李詳等借讀。民國三年（1914），繆荃孫任清史館總纂，仍取舊稿增删。

函中"老伯大人"當指李盛鐸之父李明墀。李明墀（1823—1886），字晋齋，號玉階，江西德化人。歷官户部河南司員外郎、福建按察使、湖南巡撫等，著有《撫閩奏稿》《撫湘奏稿》《晋齋尺牘》④。李盛鐸曾祖李恕在德化縣構"木犀軒"爲藏書之所，李明墀又積至數萬卷，李盛鐸"吾國今日唯一大藏書家"之稱號實與李家世代聚書傳統緊密相關⑤。彼時函中提及的陸繼輝時任國史館提調官，繆荃孫常通過其借抄史館藏書，又常與其探討傳記編纂體例。今北京大學圖書館藏繆荃孫稿本《循良傳稿》以及《續碑傳集》《清史稿》中均未見李明墀傳記，有待考證。通過日記、信札可看出繆荃孫對傳記分并去取標準極爲審慎。在致夏孫桐函札中指出："循吏托者必多，然斟酌其間，慎之又慎，相似者六七人（十餘人）一傳，祇可一卷。（仿《明史》）。"⑥這或許是李明墀未能入傳的原因。

二

《龍門》全分一捆呈上，希察收。拙刻呈政，《木犀軒叢書》乞賜一部爲禱。拋磚引玉，殊自愧耳。此請木齋仁兄大人開安。弟制繆荃孫頓首。

按，《藝風老人日記》清光緒十八年（1892）閏六月二十三日記曰："檢自刻叢書，送李木齋，并代購《龍門》全分。……發《叢書》四部，交老常裝訂。"⑦二十四日："李木齋來，送《木犀軒叢書》，并繳《龍門》價。"⑧據此可以確定本函作于光緒十八年閏六月二十三日。

晚清廠估集龍門石窟造像題銘百餘通，謂之"《龍門》全分"。繆荃孫從同治三年（1864）始爲金石之學，歷年所積碑拓達萬餘種。光緒十四年（1888）三月開始分地著録金石，終撰成《雲自在龕金石分地編》。其藏龍門碑拓尤精，《語石》卷二曰："余所見收藏家，惟太倉陸蔚庭、江陰繆筱珊著録多至四百餘通，亦未能罄其寶藏也。"⑨

"拙刻"與《日記》中"自刻叢書"呼應，指荃孫所編刻《雲自在龕叢書》。《叢書》共五集，收書36種，光緒九年（1883）至二十七年（1901）陸續刊出，各集版式頗不一致。《書林清話》卷九稱贊："多補刻故書闕文，亦單刻宋元舊本，雖《平津館》《士禮居》不能過之。孫、黃復生，當把臂入林矣。"⑩其選目"繼承乾嘉派的考訂家法""注重實學""注重鄉邦文獻的搜集"，在校勘和輯佚方面貢獻不少⑪。書版今存廣陵書社。《叢書》中《奉天録》《元和郡縣圖志闕卷异文》《集古録目》《續千文》等卷末附有荃孫跋語，叙述版本源流，考辨前人疏失，文獻價值較大。如：《元和郡縣圖志闕卷异文》跋文作于光緒辛巳（1881），繆荃孫指出傳本之漏落，并輯録諸家引文，補充史料之不足；又如：《續千文》跋文作于光緒辛丑（1901），繆荃孫利用葛文康《丹陽集》所載《續千文序》《侍其公墓志》、葛剛正《再續千文》考證出作者爲"侍其瑋"，指出宋人趙希弁《讀書後志》著録"侍其瑗"之誤，後世廣泛徵引。

《木犀軒叢書》爲李明墀、李盛鐸父子編刻，凡28種142卷，又有續刻6種11卷。李明墀《序言》曰："爰用叢編之例，擇有裨經史者，命兒子盛鐸選督匠氏，付之雕鎪，手自校讎，聊以遣日。年衰目耗，漏落滋多，三歲之間，得三十餘種。"⑫該書主要彙集焦循、嚴可均、包世榮等清儒經學研究著作，兼收孫星衍《廉石居藏書記》《平津館鑒藏書籍記》《平津讀碑記》《孫氏祠堂書目》等目録、金石著作。李氏木犀軒在同治、光緒間還刊刻了《喪服答問紀實》一卷、《先正遺規》二卷、《範家集略》六卷、《香蘇山館詩集》三十六卷、《陵陽先生詩集》四卷等。

三

木齋仁兄大人閣下：

廿四日邀諸君聚談，并未敢請客，務懇便衣早臨爲禱。左笏卿[13]、朱桂卿[14]、黄仲弢[15]兄拘館禮不肯僭坐，亦可。沈氏昆仲[16]係弟戚，莃卿[17]、屺懷[18]則同鄉也，均可。臨時商議，勿却是幸。此訂，即請著安。弟制繆荃孫頓首。

按，《藝風老人日記》光緒十八年八月二十四日云："己卯，晴。録長安金石。發安徽童次山信并寄書。約左笏卿、李木齋、沈子培、子封、王莃卿、費屺懷小飲江南館。仲弢送謝康樂《石門詩》刻兩種、《古籀拾遺》一册。子培假《寓庵集》去。"[19]據以確定此函作于光緒十八年八月。

又據《藝風老人年譜》，光緒十六年（1890）十月二十日父繆焕章去世，光緒十八年八月繆荃孫仍在守制期間，故函中稱"制繆荃孫"。光緒十七年（1891）二月，荃孫因葬親之費無出，赴濟南主講濼源書院。十一月至湖北謁張之洞，受聘經心書院講席。光緒十八年正月，病怔忡，辭館返京[20]。時李盛鐸任江南鄉試副考官，已得袁芳瑛臥雪廬珍籍，木犀軒積書初具規模。荃孫函所涉人物與《藝風老人日記》相合，《左紹佐日記》亦載此事。函札中提到的左紹佐、朱福詵、黄紹箕、沈曾植、王頌蔚均爲光緒六年（1880）進士，繆荃孫居京期間時常召集宴飲，同席者常有葉昌熾、江標、王懿榮等。費念慈與李盛鐸同年，信札往還更爲頻繁。今中國社科院近代史所藏費念慈致李盛鐸書札十餘通，多涉碑拓、蜚英館石印書籍之事。

四

《大金集禮》一函收入，抄手亦舊，俟校畢珍復。《書録解題》二册附上。即請木齋仁兄大人台安。弟禫繆荃孫頓首。

按，《藝風堂友朋書札》所録李盛鐸致繆荃孫一札是本函的起因，云："日前侍教爲暢。《金集禮》歸寓細檢，舊藏者未携行篋，此前歲都中所得，送呈祈察入。《書録解題》乞假讀爲感。敬請筱珊前輩大人箸安。侍盛鐸頓首。"[21]《藝風老人日記》載："（壬辰十二月五日）李木齋送《金集禮》來，假舊抄《書録解題》去。"[22]如此，荃孫札當作于光緒十八年十二月五日。

《大金集禮》四十卷，分類編排金代帝王禮制，列尊號、册謚、祠祀、朝會、燕饗諸儀。《四庫全書總目》言："不著撰人名氏，亦不著成書年月。據黄虞稷《千頃堂書目》，蓋明昌六年禮部尚書張暐等所進。"[23]清代有黄丕烈土禮居、沈氏鳴野山房等數種抄本流傳。荃孫亦藏舊抄本，《藝風堂藏書記》卷四載："原闕第二十六卷、第三十三卷、第六卷《悼平皇后篇》、第二十七卷《立仗篇》，第十二卷至十七卷俱有脫文。廣雅刻是書，荃孫細校一過。中有脫衍錯出及小注誤入正文處，成《校勘記》一卷。收藏有'破車錢氏藏書'，蓋錢冬士家物也。"[24]光緒十八年九月，荃孫委托宋育仁（字芸子）、江標（字建霞）校勘《大金集禮》[25]，然江標《苦篤日記》未記載此事。同年十二月，繆氏又借李盛鐸木犀軒藏本參校，此後撰成《大金集禮校勘記》，稿本今在北京大學圖書館。李盛鐸言《大金集禮》為"前歲都中所得"，從荃孫札"抄手亦舊"可知為抄本。《北京大學圖書館藏李氏書目》著録清抄本（缺卷二及三三），函中所指或為是本。光緒二十一年（1895）廣雅書局刊印《大金集禮》，以巴陵方氏碧琳琅館藏傳抄本為底本，將繆荃孫《校勘記》附于書後。廖廷相《校刊大金集禮識語》云："適同年繆君筱珊自京抄寄一本，大段無異。筱珊復為《校勘記》一卷，正其訛錯，所見亦同。遂合兩本覆校一過，記其續、正者于後。原缺無從考補，而存者亦庶可讀，惜未得見竹汀手校本耳。"[26]自《廣雅書局叢書》收《大金集禮》，該書始有刻本行世。

函中言"《書録解題》二册"，指宋蘭揮[27]藏舊抄本《直齋書録解題》，李盛鐸曾將是本録副。李氏過録本共二册，今存北京大學圖書館。第一册書衣題"癸巳正月從繆筱珊前輩借宋蘭揮藏舊抄殘本過録，木齋記"，第二册書衣題"癸巳三月校畢"，鈐"德化李氏凡將閣珍藏"。《藝風老人日記》光緒十九年（1893）四月六日云："李木齋還舊抄《書録解題》。"[28]二處記載均與本函相合。《藝風藏書記》卷五詳細描述了版本特徵：

> 《直齋書録解題》二十卷。舊抄本。……此抄帙雖不全，尚是陳氏原書。……與《大典》本相校，釋氏類多二條，雜藝類七條，類書類二條，其餘字句亦多同異。荃孫另撰《考證》。收藏有"酥鬆庵"白文長方印、"筠"字朱文圓印、"宋氏蘭揮藏書善本"白文長方印。[29]

值得注意的是，王先謙亦曾借校是本，其致繆荃孫札曰：

> 《書録解題》二册，校畢奉上。……尊藏《解題》抄本，與《大典》本互勘，字句頗多殊異增減之處。雜藝類《唐朝名畫録》一卷，元別為一條，《大典》本據《通考》合之于《畫斷》，賴此猶見元書面目。音樂類亦有數條為《大典》本所無，足見此本之可貴。各卷次第分合，與《大典》本不符，而卷數或有或無。又類書、雜藝、音樂、神仙、釋氏、兵書、曆象、醫書、卜筮應在子録，今雜入集部中，疑抄書者紊亂任意，非原本誤也。兄逐條互校，慮粘簽易脫，輒注上方。又以文繁目眊，既無別本錯雜其間，意趣簡略，不復出"大典本"三字。史席餘閑，或自增之亦可。又《大典》本友人索去，釐存兄前校《大典》抄本取勘，仍恐有誤，暇時望用元本，于簽出處重校一遍，何如？[30]

從王先謙的描述中可看出荃孫曾校勘是本，并將異文逐條注于卷端，或即《藏書記》所云"荃孫另撰《考證》"也。李盛鐸録副本各頁天頭亦有校記，當即荃孫所校[31]。宋蘭揮藏舊抄本今不知流落何處，李氏過録本彌足珍貴，具有重要的校勘價值。

五

奉還《大金集禮》一函，乞察入。尊藏《瑶華集》懇賜假一閲爲荷。此上木齋仁兄大人李大人。弟荃孫頓首。

按，《藝風老人日記》光緒十九年四月六日云："李木齋還舊抄《書録解題》，又借來《瑶華集》。"[32]則本函作于是時。李盛鐸藏《大金集禮》，函札二已論及，繆荃孫借讀四個月後歸還。是年，繆荃孫與朱祖謀、况周頤等廣泛交游，刊成《雲自在龕匯刻名家詞》，反映繆荃孫學術興趣由史志、碑傳逐漸拓展到詞學。

《瑶華集》二十二卷，清蔣景祁輯録，董康《書舶庸譚》稱爲"清詞人最善之選本"[33]。據《北京大學圖書館藏李氏書目》，李盛鐸藏有康熙刻本。繆荃孫致江標信札説明了借校原因："《瑶華集》，無此書。昔年選常州詞，假之李木齋也。"[34]《藝風老人日記》六月三日記："讀《瑶華集》畢。"[35]十二月四日記："校《瑶華集》。"[36]十二月二十日又記："詣李木齋談，還《瑶華集》。"[37]由此知荃孫借讀李氏藏本長達八個月。數年後，又借譚獻藏本、徐乃昌藏本校勘，直至壬子冬月初一纔將《瑶華集》校畢[38]。

六

木齋仁兄大人閣下：

久不詣談，歉甚。廣雅托抄《政和五禮新儀》，弟處祇有不全本（祇數十卷，内有《四庫》所缺之卷，澹生堂抄本也），擬假尊藏録副發刻。如蒙俯允，乞交下，約五個月歸還，決不污損。此布，敬請著安。弟制繆荃孫頓首。十二日。

按，張之洞對繆荃孫一生影響最大，仕途、學術中的多次窘境皆由張之洞出謀化解。光緒十四年至十五年繆荃孫爲繼母薛氏守制期間，張之洞招至廣雅書局，與屠寄合作校印《宋史紀事本末》《宋會要》等書。此後繆荃孫居京，廣雅書局數次委托其借抄京城藏家秘本。《藝風老人日記》光緒二十年（1894）三月十七日記："送《政和五禮新儀》三册與况夔生初校。"[39]光緒二十年五月十九日又記："交《五禮新儀》與静三。"[40]繆荃孫致陶浚宣函札言："弟抄《五禮新儀》，木齋書不能帶出京城，移交静三管照。静三散入水部，意興頓頹，然已派慶典，明年以知府分發候補，猶勝于弟也。"[41]静三，即屠寄。本函或作于是時。

《政和五禮新儀》是北宋徽宗時編定的國家禮典，也是探討唐宋禮制因革的必備著作。《直齋書録解題》曰："《政和五禮新儀》二百四十卷目録五卷，議禮局官知樞密院鄭居中、尚書白時中、慕容彦逢、學士强淵明等撰。首卷祐陵御制序文，次九卷御筆指揮，次十卷御制冠禮，餘二百二十卷，局官所修也。"[42]《遂初堂書目》《文淵閣書目》等均有著録。然是書未見刻本傳世，清代以來僅有數種抄本流布，且卷數殘缺不一[43]。《四庫全書》依馬氏小玲瓏山館藏本抄成。檢《北京大學圖書館藏李氏書目》，李盛鐸藏清抄本，存卷一至一四七、卷一五八至二四〇，相對完整。《藝風堂藏書記》卷四有舊抄本《五禮新儀》百二十卷，言"收藏有'春草閑房'白文方印，'士鍾私印''汪氏閬園'兩朱文方印"[44]。《藝風堂藏書續記》收舊抄本，云"祇存五卷，汪閬源舊藏"[45]。未見繆荃孫函中所言自藏"澹生堂抄本"，《澹生堂藏書記》《澹生堂藏書目錄》亦未著錄。日本静嘉堂文庫藏三種抄本中有一本爲繆荃孫舊藏，未曾經眼，姑俟詳考。汪瀟晨、周佳點校本《政和五禮新儀》[46]曾用繆荃孫舊藏抄本參校，據校勘記可知繆本可補閣本缺漏，較諸抄本爲善。

繆荃孫與李盛鐸的書信往還是晚清民國藏書家交游的映像。19世紀末到20世紀初的動蕩時局中珍籍流通頻繁，許多深藏内府的秘本得以公諸于世，石印、影印等技術革新更是帶動了知識流布。在這種背景下，藏書家、出版家之間的借讀、借校、借抄、借印活動顯著增多，一定程度上促進了藏書文化的發展。繆荃孫致李盛鐸的六通信札，對研究《雲自在龕叢書》《木犀軒叢書》的刊印以及《直齋書錄解題》《大金集禮》《瑶華集》《政和五禮新儀》等重要典籍的流布有重要價值。確定這些信函的寫作時間，亦可爲編纂二人的年譜提供更多資料。

注釋：

① 蔚亭，即陸繼輝（1839—1905），字蔚亭（蔚庭），江蘇太倉人，陸增祥次子。清同治十年（1871）進士。

② 繆荃孫：《藝風堂文集》，張廷銀、朱玉麟主編《繆荃孫全集·詩文一》，鳳凰出版社，2014年，155頁。

③ 繆荃孫：《藝風堂文漫存》，張廷銀、朱玉麟主編《繆荃孫全集·詩文一》，661—662頁。

④ 李盛鐸：《德化李大中丞行狀》，劉家平、蘇曉君編《中華歷史人物別傳集》第54冊，綫裝書局，2003年，109—124頁。

⑤ 李盛鐸家世及藏書研究成果可參考張玉範：《李盛鐸及其藏書》，《文獻》1980年第3期，242—248頁；許麗雯：《近代藏書家李盛鐸與他的木犀軒》，《天一閣文叢》第13輯，2015年，28—32頁；吳密：《訃詞所見李盛鐸生卒年及其生平事迹》，《圖書館研究》2016年第3期，125—128頁等。

⑥ 繆荃孫：《藝風堂書札》，張廷銀、朱玉麟主編《繆荃孫全集·詩文二》，355頁。

⑦ 繆荃孫：《藝風老人日記》，張廷銀、朱玉麟主編《繆荃孫全集·日記一》，220頁。

⑧ 同上，221頁。

⑨ 葉昌熾撰，姚文昌點校：《語石》，浙江大學出版社，2018年，47—48頁。

⑩ 葉德輝撰，漆永祥點校：《書林清話》，北京聯合出版公司，2018年，307頁。

⑪ 楊洪升：《繆荃孫研究》，上海古籍出版社，2008年，355—371頁。

⑫ 李明墀、李盛鐸編：《木犀軒叢書》，清光緒刻本。

⑬ 左笏卿，即左紹佐（1846—1927），字季雲，號笏卿、悔孫，湖北應山人，清光緒六年進士。

⑭ 朱桂卿，即朱福詵（1841—1919），字桂卿，浙江海鹽人，清光緒六年進士。

⑮ 黄仲弢，即黄紹箕（1854—1908），字仲弢，浙江瑞安人，清光緒六年進士。

⑯ 沈氏昆仲，即沈曾植、沈曾桐。沈曾植（1850—1922），字子培，號巽齋，浙江嘉興人，清光緒六

年進士。沈曾桐（1853—1921），字子封，號同叔，沈曾植之弟，清光緒十二年（1886）進士。

⑰ 萉卿，即王頌蔚（1848—1895），江蘇長洲（今蘇州）人，清光緒六年進士。

⑱ 屺懷，即費念慈（1855—1905），字屺懷，號西蠡，晚號藝風老人，別署歸牧，江蘇武進（今常州）人。清光緒十五年（1889）進士。

⑲ 同注⑦，228 頁。

⑳ 繆荃孫：《藝風老人年譜》，張廷銀、朱玉麟主編《繆荃孫全集·雜著》，180 頁。

㉑ 錢伯城、郭群一整理，顧廷龍校閱：《藝風堂友朋書札》，上海人民出版社，2018 年，384 頁。

㉒ 同注⑦，240 頁。

㉓ 《四庫全書總目》，中華書局，1968 年，703 頁。

㉔ 繆荃孫：《藝風藏書記》，張廷銀、朱玉麟主編《繆荃孫全集·目錄一》，66 頁。

㉕ 同注⑦，230—231 頁。

㉖ 《廣雅書局叢書》，民國九年（1920）番禺徐紹棨彙編重印刻本。

㉗ 宋蘭揮，即宋筠（1681—1760），字蘭揮，號晉齋，河南商丘人。宋犖之子。清康熙四十八年（1709）進士。

㉘ 同注⑦，256 頁。

㉙ 同注㉔，80 頁。

㉚ 同注㉑，19 頁。

㉛ 李盛鐸錄副校語可參考朱天助：《〈直齋書錄解題〉宋蘭揮藏本考略》，《中國典籍與文化》2014 年第 3 期，83—88 頁；《〈直齋書錄解題〉宋蘭揮藏本及校記》，《版本目錄學研究》第 6 輯，2015 年 7 月，93—122 頁。朱先生認爲校語爲李盛鐸所作，然根據王先謙函札所言似可商榷。

㉜ 同注⑦，256 頁。

㉝ 董康撰，朱慧整理：《書舶庸譚》，中華書局，2013 年，145 頁。

㉞ 同注⑥，480 頁。

㉟ 同注⑦，264 頁。

㊱ 同注⑦，288 頁。

㊲ 同注⑦，290 頁。

㊳ 繆荃孫：《藝風老人日記》，《繆荃孫全集·日記三》，225 頁。

㊴ 同注⑦，303 頁。

㊵ 同注⑦，311 頁。

㊶ 同注⑥，334 頁。

㊷ 陳振孫撰，徐小蠻、顧美華點校：《直齋書錄解題》，上海古籍出版社，2015 年，185 頁。

㊸ 《政和五禮新儀》現存抄本數種。今國家圖書館藏有抄本三種，一爲鐵琴銅劍樓舊藏（善本書號：03450）；一爲李文駒舊藏（善本書號：05182）；一爲蔣鳳藻、徐坊舊藏（善本書號：11036）。日本靜嘉堂文庫亦有抄本三種，一爲陸心源舊藏；一爲楊守敬舊藏；一爲繆荃孫舊藏。

㊹ 同注⑥，65 頁。

㊺ 同注㉔，234 頁。

㊻ （宋）鄭居中等撰，汪瀟晨、周佳點校：《政和五禮新儀》，浙江大學出版社，2017 年。

（作者單位：東北師範大學歷史文化學院）

早期圖書館學人譚新嘉文獻學成就小考

胡艷杰

內容提要： 隨着現代公共圖書館事業的發展，圖書館培養了一批著名學者專家，也形成了第一批圖書館工作者。譚新嘉作爲早期圖書館學人，對其進行個體研究，將有助于早期圖書館學人群體研究的深入。梳理相關材料可見其編目成果、編目題記、文獻徵集、所刻圖書及編著簡目四個方面的文獻學成就。

關鍵詞： 譚新嘉　編目員題記　國家圖書館　直隸圖書館

　　譚新嘉[①]（1877—1940），字志賢，號胥山蟫叟，浙江嘉興人。歷史地理學家譚其驤從叔。曾游學日本。先後在嘉郡圖書館、直隸圖書館、京師圖書館工作。早在清光緒三十年（1904），就受嘉郡圖書館發起人陶葆霖、沈進忠等的推薦，任嘉郡圖書館館務兼編目員。清宣統二年至民國元年（1910—1912）間應傅增湘邀請到直隸圖書館工作。當時直隸圖書館創建不久，工作人員數量不多，他到任後協助傅增湘完成了新館搬遷、圖書采購、圖書編目等方面的工作。民國元年8月離開天津回到浙江從事教育工作。民國六年（1917）應袁觀瀾邀請，入京師圖書館，在皮藏科四庫書室及編訂科任編輯。民國十六年（1927）8月改任館員。民國十九年（1930）7月任編纂部中文組組長，民國二十四年（1935）改任編纂。民國二十八年（1939）因病退休[②]。

一、譚氏編目成果

　　譚新嘉一生主要從事古籍編目，其目錄學成果包括《嘉郡圖書館藏書目錄》四卷、《天津直隸圖書館目錄》三十二卷《末》一卷、《國立京師圖書館普通本書目二編》、《北平圖書館方志目錄二編》等。

　　清光緒三十年我國第一個公共圖書館——嘉郡圖書館成立。第二年元宵節後，譚新嘉便到該館任職，祇用了十個月左右的時間，就完成了《嘉郡圖書館藏書目錄》的編製，十一月底離職。

　　清宣統二年譚新嘉應傅增湘邀請，入職直隸圖書館，即天津圖書館前身。他與同事一起，用了三年左右時間，完成《天津直隸圖書館目錄》[③]的編製。當時的編目者，還有周維榕、姚大中，張峻明、爨汝僖二人負責繕寫校對。此目按照四部分類法排序，卷一至六經部，卷七至一五史部，卷一六至二三子部，卷二四至三二集部。附卷末：集部附錄，叢書總目。著錄項包括書名、卷數、著者、版本四項。叢書總目對嚴修捐贈圖書，著錄爲"嚴捐"，標明了建館伊始藏書來源。是目編成後，還未來得及印刷，天津機構改組，譚新嘉離開了直隸圖書館，後經韓梯雲校訂，印製出版。是目爲天津圖書館第一部館藏目錄，爲日後各種館藏古籍目錄的編製奠定了堅實的基礎。

譚新嘉在京師圖書館的編目工作始于民國七年（1918），據其《夢懷錄》記載④，先是檢查館中舊藏清內閣地圖集、圖畫及墨迹和拓片，輯成目錄兩册，後將館內後樓十餘間雜亂舊書，及國子監繩愆廳舊書一萬餘册檢出整理。他在京師圖書館的編目更具有拓荒的意義，民國七年（1918）其在日記中記云，該年"無日不在塵封故紙內搜索整理"，"飽嘗塵土況味"⑤。民國八年（1919）三月起，他又開始普通書目的編目工作。歷時八年，于民國十六年完成《國立京師圖書普通本書目二編》。民國二十五年（1936）完成《北平圖書館方志目錄二編》⑥。從國立京師圖書館、北平圖書館到今日國家圖書館，巨大的藏書量，良好的館藏目錄編製體系，應從譚新嘉等第一代編目者開始，便奠定了良好的基礎。

二、編目題記

譚新嘉在天津圖書館、國家圖書館從事編目之職，在藏書中留下了一些編目題記，爲後人整理、研究館藏提供了綫索。上海圖書館藏抄本家譜中，也見其題記二則。圖書館編目員在館藏文獻中題記，是圖書館初創時期的一種特殊情況，現在編目員是不能在館藏文獻上隨便題寫文字和鈐蓋印記的。

（一）天津圖書館藏書所見譚氏編目題記

2007年全國古籍保護計劃實施，天津圖書館對館藏古籍進行全面普查。在這次普查過程中，通過目驗館藏古籍，發現其中有部分署名"天津圖書館編目者識"的編目題記。這些題記墨筆書寫于卷首、卷末空白護葉，或寫于長方形素紙簽條上并粘貼在護葉空白處，記錄編目過程中在目錄、版本、收藏、題記等方面的整理成果，爲後人研究整理提供了綫索。這些題記數量雖不多，却在一定程度上反映了當時編目者的工作情況，以及其編目時間、環境、關注的內容，當時館藏情況變化等信息，爲研究天津圖書館館史、古籍保護工作提供一手史料。筆者所見天津圖書館藏圖書中有譚新嘉題記者共10種。其中有兩種題記末鈐"譚新嘉印"，另8種墨筆題記或落款爲"天津圖書館編目者"，或無落款。但據題記時間"宣統二年"，以及字迹筆體、題記內容可推斷爲譚新嘉題記。下面依據題記時間順序，整理如下：

1.《唐宋明賢百家詞》一百三十一卷，明吳訥輯，明抄本。每半葉十二行二十字，白口，四周單邊，朱格。索書號：Z95。《靜春詞》末有梁啓超跋一則。

　　　　從子廷燦既録此詞副本，乃爲手校一過。無別本可對讎，故于原抄顯然訛誤可確指定本字者，輒以意改正，餘或闕如也。校畢命廷燦逐録于眉端。戊辰七月後二日。梁啓超。

護葉處粘有一簽條，上書題記一則，末署"天津圖書館編目者識"。

此編未載編者姓氏，按《天一閣書目》，《唐宋名賢百家詞》九十冊，紅絲欄抄本，明吳訥輯并序。宣統二年三月天津圖書館編目者識，備考。

2. 《直言篇》七卷，明章黼集，明刻明遞修本。每半葉八行字數不等，黑口，四周雙邊。七冊。索書號：S635。題記末鈐"譚新嘉印"白文方印。

直音七卷，明章黼署，成化十七年鏤板，嘉靖三十八年因火補修。黼所著《韵學集成》見《四庫存目》，此書"四庫"及"天一閣"諸家書目均未著録，惟《善本書室藏書志》稱其湮没已久，爲可珍耳！宣統二年六月十六日天津圖書館編目者識。時氣候酷熱，汗出爲漿，坿記。

按：此則題記編目者查閱《四庫全書總目》《天一閣藏書目》《善本書室藏書志》等藏書目録，得出傳世數量少，提示需要珍惜，好好收藏。

3. 《爾雅》三卷，晋郭璞注，清嘉慶十一年（1806）吳門顧氏思適齋刻本。每半葉八行十七字，白口，四周雙邊。三冊。索書號：S5609。有天津圖書館編目者過録"光緒丙申鏡西"跋及題記。

《爾雅》單注本，明嘉靖間吳元恭所刻，今已罕見。此思適齋刊版，嘉慶中元和顧千里先生（廣圻）以吳本精校付梓，惜流傳頗鮮。按吳本由宋本覆出，此覆吳本則猶見宋本，而思適齋居士校勘精審，尤爲近儒所推服。予得此書什襲裝藏之，不啻得吳本，并不啻得宋本矣，爲之忻忻不已。光緒丙申小春五日，鏡西翦燭偶記。時省中爲水上人，旋里之三日也。

右録浙中姚氏題跋，姚氏原題本已移送保定館中。宣統二年七月初四日，天津圖書館編目者識。是日，戌刻立秋。

按：這則題記記録了館藏流通變化。據此可知天津圖書館早期藏此本至少有兩部。一部爲姚瑩俊（鏡西）舊藏，有其題跋。當時直隸圖書館有兩處館舍，一在天津，一在保定。姚藏《爾雅》移送到保定館前，譚新嘉將姚氏題跋過録到副本上，并記録原本流鄉。據編目者題記時間"宣統二年七月初四日"，姚氏藏本在此之前已經移送到保定館。若觀直隸圖書館藏書全貌，需將天津、保定兩館舍所藏書目一起編目，方可見其全部。

4. 《吕氏春秋》二十六卷，漢高誘注，元至正嘉興路儒學刻明修本。每半葉十行二十字小字雙行同，白口，左右雙邊。索書號：S85。卷末護葉上有墨筆題記一則。

獨山莫友芝《郘亭知見傳本書目》載：《吕氏春秋》二十六卷，有元代嘉禾學官本，半頁十行，行二十字，與此本悉符。新嘉禾人獲睹五百年前家鄉遺刻，欣志墨緣。宣統二年十月朔記于天津圖書館。

按：此則題記未署"天津圖書館編目者識"，但據題中"新嘉禾人"可知爲譚新嘉墨記。

5. 《一齋雜著》六卷，清陳梓撰，清嘉慶二十一年（1816）敬泉堂刻本。每半葉九行二十一字，白口，左右雙邊。二册。索書號：S5310。是書與卷末護葉處有墨筆題記二則，其一爲董沛題記。

> 澧兄服嘗客于餘姚。一日歸，以近刻《一齋雜著》貽我。藏于篋笥，有蠹蝕處，同治八年五月付工裝之。又一部，當完好以貽徐柳泉舍人，諺所謂送人須好物也。惟澧兄之殁距十年，重閲此書爲之心惻，董沛記。

董沛題記後有譚新嘉題記，題記末鈐"譚新嘉印"白文方印。

> 董沛，字覺軒，浙江寧波人。光緒初宦江西知縣，雅負時名。曾見其所刻《判語》四種，據熟諸吏牘者云，頗爲精當。其詩文稿亦付梓行，此惟北方流傳不多。宣統二年重九前一日，天津圖書館編目者識。

按：此則題記對舊有題跋撰者生平進行了考訂。據現有資料，可進一步補充題記內容，即董沛（1828—1895），字孟如，號覺軒，鄞縣縣城人。嗜學，好藏書。除撰有《汝東判語》六卷，還著有《兩浙令長考》《唐書方鎮志考證》《甬上明詩略》《甬上詩話》《六一山房詩集》等。

6.《槐下新編雅説集》十九種十九卷，清魏裔介編，清康熙周廣秋刻本。每半葉九行二十字，白口，四周單邊。存十六種十六卷。五册。索書號：S5445。

> 《雅説集》原書十九卷，此本佚十七卷《剩言》、十六卷《中語》、十九卷《退居瑣言》。宣統二年重陽後二日，天津圖書館編目者識。

7.《史糾》不分卷，明朱明鎬撰，清抄本。每半葉八行十八字，白口，四周單邊。二册。索書號：S2825。

> 四庫書目作六卷。末附《書史异同》一篇。《新舊唐書异同》一卷，上起《三國志》，下迄《元史》。合此本兩册不分卷，且佚《元史》。宣統二年白露日，天津圖書館編目者識。

8.《中説》十卷，題隋王通撰，宋阮逸注，元刻六子本。每半葉十一行二十一字小字雙行二十五字，黑口，四周雙邊。一册。索書號：Z63。

> 《郘亭知見書傳本書目》：隋王通《文中子説》，半頁十一行，行大字二十一小字二十五，前有《文中子纂事》二頁，《年表》一頁。蓋元刊六子本，與此本悉合。宣統二年立冬前四日，天津圖書館編目者識。

按：以上三則題記，側重記録藏書卷次殘存情況，并據書目確定版本。

9.《柘坡居士集》十二卷，清萬光泰撰，清乾隆刻本。每半葉十二行二十三字，白口，四周單邊。四册。索書號：S6307。卷端鈐"陳氏登善堂書畫記"朱文長方印，有清咸豐丙辰（六年，1856）正揚題識。

> 是册爲商邱陳氏遺書，道光癸未携回南者。萬爲嘉慶丙辰薦舉博學鴻詞。隨園云："吾于穉威則師之矣，吾于元木循初則友之矣。"則亦不可及之士乎。前六卷爲榕圍舅氏遺墨，宜更加珍護云。咸豐丙辰七月下澣重加面頁，謹識。正揚。

題記末鈐"正""揚"朱文方印。卷端鈐"天津特別市市立第二圖書館藏書之章", 朱文方印。

天津圖書館編目者題：

> 萬光泰，字循初，號柘坡，浙江秀水人。乾隆元年舉人。有《柘坡居士集》。
> (《國朝詩人征略》)

> 循初少有高才，罷後客津門查氏，著《轉注緒言》二卷，《漢音存正》二卷，
> 《遂初堂類音辨》一卷。(《詞課掌錄》)

> 按：據此，則先生乃乾隆元年舉人，是年，并舉詞科，曾仕，罷官。咸豐丙
> 辰正揚所識云云蓋誤也。宣統二年立冬前五日，天津圖書館編目者識。

按：此則題記編目者通過對著者萬光泰生平考訂，知其爲乾隆元年舉人，推斷
"正揚"題記"嘉慶丙辰薦舉博學鴻詞"内容有誤，應爲乾隆丙辰，與袁枚同舉丙辰
博學宏詞科。書中藏書印"陳氏登善堂書畫記"，爲河南商丘陳崇本藏書印。

10.《揚子法言》十卷，漢揚雄撰，晋李軌、唐柳宗元、宋宋咸等注，元刻六子
本。每半葉十一行二十一字，小字雙行二十五字，黑口，四周雙邊。一册。索書
號：Z64。

> 《纂圖互注揚子法言》一册，與本館所儲之《文中子中説》一册，均會稽徐
> 氏鑄學齋舊藏本，皆元刊六子零種，珍之，保之。中華民國元年立夏前十日，天
> 津圖書館編目者識。

按：此則題跋意在提醒後人此書經著名藏書家收藏，且版本珍貴，要注意收藏、
保管。

天津圖書館藏書中，還有1種藏書題記落款爲"天津圖書館編纂者宜賓曾慶煜
識"，附録于此。可見，早期圖書館編目員，在編目、整理過程中若發現問題，是允許
在護葉上書寫編目題記的，但并不多見。

《詩經古音》二卷，不著撰人，清抄本。每半葉九行十七字，無格。二册。索書
號：S3337。卷端鈐白文方印"小李山房圖籍"。有清李宏信題識。

> 此惠松崖師藏本，予乞假手抄。向有舊刻，今亡矣。惠處亦存抄本。

> 《詩古音》未知誰撰。據王芝房夫子言，惠松崖太老師從宋本録出，童時受業
> 轉抄者也。惠氏漢學相承，必有此本。吾師廣陵散雖絶技，此墨迹如對高山流水，
> 能無凄然。信識。

天津圖書館編目人員題識：

> 按吳才老名棫，宋代建安人，時號通儒。朱晦庵先生謂近世考訂、訓釋之學，
> 唯才老及洪慶善爲優。惠松崖先生名棟，侍讀學士，士奇子，乾隆十五年以明經
> 行修薦。天津圖書館編纂者宜賓曾慶煜識。

按：此則題記編目者對此書著者進行分析判斷。他認爲是宋代吳棫所作，并簡要
記述了惠棟生平事迹。此書爲李宏信舊藏。李宏信字柯溪，昭文（今江蘇常熟）人。
喜藏書，藏書室名小李山房，著有《小李山房書目》。

（二）國家圖書館藏書所見譚氏編目題記

譚新嘉在京師圖書館工作時間最長，長達20餘年，并專事編目之職，完成了大量古籍的原始編目工作。筆者先後檢索到了國家圖書館藏有譚新嘉題記、鈐印圖書15種，主要分布在國立北平圖書館抄藏圖書及其整理家集、譚氏遺書時候所抄寫、整理的文獻之中。

1. 國立北平圖書館抄藏圖書中所見譚氏題記

民國時期國立北平圖書館據清史館藏書抄錄了許多珍本方志。譚新嘉在民國十九年對這批抄錄的方志進行了校對。朱筆校勘，落款爲"館員譚新嘉初校"，偶有校勘日期，鈐"譚新嘉印"白文方印。筆者見其校勘抄自清史館的珍貴方志共有8種，包括《［乾隆］玉門縣志》《［乾隆］岑溪縣志》《［乾隆］鳳凰廳志》《［乾隆］開縣志》《［乾隆］崖州志》《［乾隆］太平縣志》《［乾隆］南籠府志》《［乾隆］蘆山縣志》。這批抄錄的方志卷末有一行格式較爲統一的墨筆題記，記錄志書所據底本、刊刻時間、抄錄時間等。

（1）《［乾隆］玉門縣志》不分卷，佚名纂修，民國十九年國立北平圖書館抄本。索書號：地180.147/34。卷末鈐"國立北平圖書館珍藏""北京圖書館藏"朱文長方印。墨筆題記一行，題"清史館舊藏寫本，民國十九年國立圖書館重抄"。小字朱筆題"十九年一月三十燈下譚新嘉校"，鈐"譚新嘉印"白文方印。

（2）《［乾隆］岑溪縣志》四卷[⑦]，清何夢瑤纂修，清劉廷棟續纂修，民國十九年國立北平圖書館抄本。索書號：地340.209/34。卷四末鈐"國立北平圖書館珍藏"朱文長方印，朱文印"館員□□□初校"，空格處鈐"譚新嘉印"白文方印。另有墨筆題記二行，題"清史館舊藏乾隆間刻本。民國十九年二月國立北平圖書館抄藏"。

（3）《［乾隆］鳳凰廳志》二十三卷，清潘曙、楊盛芳修，清凌標纂，民國十九年國立北平圖書館抄本。索書號：地270.247/134。卷二三末鈐"國立北平圖書館珍藏"朱文長方印，朱文印"館員□□□初校"，空格處鈐"譚新嘉印"白文方印。墨筆題記二行，題"清史館舊藏乾隆間刻本。民國十九年二月國立北平圖書館抄藏"。

（4）《［乾隆］開縣志》不分卷，清胡邦盛纂修，民國十九年國立北平圖書館抄本。索書號：地280.251/34。《藝文》末鈐"國立北平圖書館珍藏"朱文長方印，朱文印"館員□□□初校"，空格處鈐"譚新嘉印"白文方印。墨筆題記一行，題"清史館舊藏乾隆間刻本，民國十九年二月國立北平圖書館抄"。

（5）《［乾隆］崖州志》十卷，清李如柏修，清黃德厚纂，民國十九年國立北平圖書館抄本。索書號：地370.13/134。卷十末鈐"國立北平圖書館珍藏"朱文長方印，朱文印"館員□□□初校"，空格處鈐"譚新嘉印"白文方印。墨筆題記二行，題"清史館舊藏乾隆間刻本。民國十九年二月國立北平圖書館抄"。

（6）《［乾隆］太平縣志》二卷，清鍾蓮纂修，民國十九年國立北平圖書館抄本。索書號：地280.303/34。鍾蓮序後鈐"國立北平圖書館珍藏"朱文長方印，朱文印"館員□□□初校"，空格處鈐"譚新嘉印"白文方印。墨筆小字題記一行，題"清史館舊藏抄本，民國十九年二月國立北平圖書館重抄"。

（7）《［乾隆］南籠府志》八卷《首》一卷《末》一卷，清李其昌纂修，民國十九年國立北平圖書館抄本。索書號：地 360.149/134。卷八末朱文"館員□□□初校"，空格處鈐"譚新嘉印"白文方印。墨筆小字題記二行，題"清史館舊藏乾隆間刻本。民國十九年二月國立北平圖書館抄"。

（8）《［康熙］蘆山縣志》二卷，清楊廷琚、劉時遠纂修，民國十九年國立北平圖書館抄本。索書號：地 280.335/32。鈐"國立北平圖書館珍藏"朱文長方印，朱文印"館員□□□初校"，空格處鈐"譚新嘉印"白文方印。墨筆題記一行，題"清史館舊藏康熙間刻本，民國十九年二月國立北平圖書館抄"。偶見朱筆批校文字，在"顧向"條天頭處，朱筆題"上册，知縣表重複十一人"，等等。

上述譚新嘉初校題記的方志，其底本均爲從清史館抄錄的，據此推測其民國十九年，譚新嘉專門負責清史館抄錄文獻的校勘、驗收。

民國時期國立北平圖書館所抄書共 233 種[⑧]，方志外，還涉及其他四部圖書，所見有譚新嘉校勘題記者 3 種。

（1）《倘湖遺稿》十卷，明來集之撰，《附來舜和先生稿》一卷，明來繼韶撰，民國十九年國立北平圖書館抄本。民國二十年（1931）譚新嘉朱筆校并識。題記末鈐"志賢"朱文方印。索書號：23708。

> 中華民國十九年冬國立北平圖書館借抄武進董氏誦芬室藏《倘湖遺稿》十卷《附來舜和先生稿》一卷，俱未刻稿本。次年孟春嘉興譚新嘉校。

（2）《三朝遼事實錄》十七卷《總略》一卷，明王在晋撰，民國二十年（1931）國立北平圖書館抄本。每卷卷末，譚新嘉對所用校本作了説明。索書號：4873。

總略、卷一〇至一二、一六、一七末："此卷以國立北京大學藏傳抄本校。"

卷一至四、七末："此卷以國立北京大學藏傳抄本校。又以藍絲欄傳抄殘本校。"

卷五至六、八末："此卷以國立北京大學藏傳抄本校。又以藍絲欄傳抄殘本校。又以明版殘本校。"

卷九、一三至一五末："此卷以國立北京大學藏傳抄本校。又以明版殘本校。"

卷一七末題記一則，末鈐"志賢"朱文方印。

> 民國二十年六月二十四日館員嘉興譚新嘉校畢。時館屋落成，從事遷移，暫停工作，在此期間校本館新抄《明末忠烈紀實》及此書。

（3）《明末忠烈紀實》二十卷，清徐秉義撰，民國二十年國立北平圖書館抄本。據"朱希祖抄本"抄錄。索書號：4873。譚新嘉題記云：

> 脱誤處海鹽朱遜先先生據《南疆逸史》等書校補。所不解者，間有用朱字補填又以朱筆點去。此本係照朱校過錄，非余點去。內中托誤處尚不勝之多，不敢妄有增改，僅就兩本互異者更正之。

2. 國家圖書館藏譚氏抄錄圖書中所見譚氏題記

譚新嘉在圖書館工作期間，一邊從事館藏編目、整理工作，一邊留心譚氏一族文獻的收集，從文獻中抄録、整理相關資料，編印《嘉興譚氏遺書》。所見相關文獻兩種。

（1）《三經見聖編輯存》二卷，明譚貞默撰，譚新嘉輯，民國二十六年（1937）譚新嘉抄本。緑絲欄，版心上鎸"行篋叢書"，下鎸"嘉興譚新嘉編"。索書號：1278。卷末譚新嘉題跋二則。題記末鈐"志賢"朱文方印、"譚新嘉"白文方印。

> 此書《經義考》作《四書見聖編》一百□卷，《四庫存目》作《經見聖編》一百八十卷。余髫齡時曾聞族高祖雲波公言，清道咸間吳門潘氏尚有藏本，自洪楊兵燹後未聞有見過者也。余于光緒中修家譜時，獲見《埽庵詩存》附刻《見聖頌》，自以畢生精力，盡于此書。去年編梓先世遺書總目，始知日本內閣文庫圖書第二部《漢書目録》有《三經見聖編》一百八十卷卷首四卷，順治二年刊，七十二冊。雖卷帙浩繁，目前無從措手，异時倘從海外録副，得謀續刻，遂列嗣出續目。旋于陸隴其所著《正續四書講義》《困勉録》中輯獲所見《聖編》七十餘條，厘爲二卷，名曰《輯存》，不過什一于阡陌耳。且公之書，雖以章句爲原則，然與程朱牴牾處不少，故《四庫》稱其可謂敢爲异説者矣。此七十餘條，爲清獻公欽心，必其不牴牾于程朱，可無疑也。若以全書而論，尤非公精心獨到處耳。中華民國二十六年春分前五日，裔孫新嘉志賢甫敬跋。

> 遷禾九世祖梁生公諱貞默，恤贈太僕寺卿。昌言公長子，字埽庵，少增三中副車，以明天啓甲子登順天鄉試賢書，崇禎元年戊辰進士授工部主事，督理軍器等差，以勞瘁致疾，假歸。好博覽，于書無所不讀。家居十五年杜門益著書，明亡後却瞿忠宣公之聘，洪文襄公之薦，年七十餘卒嘉郡。稱文學宗工者，自明李太僕曰華外推公爲主盟云。民國初年里人建高士祠于南湖之濱，祀歷代遺老，公亦與祀。（省志參彪湖遺老集）。

按：《三經見聖編》爲譚新嘉民國三十五年（1946）刻印《嘉興譚氏遺書》所列待刻圖書之一。由此則題記可知，此書卷帙浩繁，且藏于日本，一時間難以整理，故列爲嗣出書目，此爲其抄録節本。

（2）《先著輯存》一卷《整書漫録》二卷，譚新嘉編，譚新嘉抄本。索書號：96084。

> 壬子以來所搜集的先世文字，有的已入《碧漪集續編》，有的在續編後未及刻入。

按：此書于每卷卷首題《碧漪集内外編補遺》，已入《碧漪續集》者，于天頭處題"已編刻《碧漪續集》"字樣。偶有朱筆校字。概爲《碧漪集》出版後，譚新嘉繼續整理先輩遺作的稿本，時間在民國元年至其去世之前，即1912年至1939年。

3．其他

（1）《[康熙] 弋陽縣志》八卷，清譚瑄纂修，清康熙二十二年（1683）刻本。索書號：地250.85/32。卷首護葉上有譚新嘉抄録《弋陽名宦傳》，并題識一則。《傳》末鈐"新嘉之印"白文方印。

弋陽名宦傳

見錦州周蓮浦（鐔元）康熙五十二年修《廣信府志》卷八。

譚瑄嘉興人，由舉人知弋陽。性慈才敏，時邑經閩變，人民寥落，田地荒蕪，瑄多方撫集，勸懇荒田數百頃，增市廛二百戶，重新學宮，修飾俎豆，禁鬻女之習，以變風俗。每朔望宣揚聖諭，反覆演繹，務俾知愚咸，曉復勸課士，其法皆本先正。一時民返于淳，士勵于學，邑之賢書絕響四十年矣。甲子季廷勳舉于鄉，丁丑捷南宮，皆瑄振作起衰之力也。行取禮科給事，歷工科掌印給事中，今祀名宦。

譚新嘉題識：

客秋，余來襄館事，獲見《[康熙] 弋陽縣志》，乃吾家遷禾十世祖左羽公諱瑄宰弋陽時纂修，愛不釋手，爰以二十七萬錢抄錄一部，并以公之名宦傳抄冠印本之首。河南西平係南宋祖籍，公以祖籍中順天鄉試，故志中著錄均稱西平人，事詳《西平縣志》選舉表。民國七年處暑前五日，十八世孫嘉興譚新嘉謹識。

按：譚新嘉據國家圖書館藏《[康熙] 弋陽縣志》抄錄一副本，并將其列入《嘉興譚氏遺書總目》待刻書目之中，後印有《[康熙] 弋陽縣志節本》，爲其整理譚氏先輩著述之一。此則題記爲譚新嘉到國家圖書館後第二年所題。

（2）《明發檔案》不分卷《附議覆檔案》，清常泰等譯，徐致喜覆閱，抄本，朱格。卷首護葉處有民國二十三年（1934）譚新嘉題記二則。題記末鈐有"譚新嘉"白文方印。索書號：2882。

右光緒朝《明發檔案》，原每年每季一冊，樣覆一冊，計每年完全共五簿冊。內光緒庚子、辛丑、戊申三年原不全，丁丑、戊子、丁酉、乙巳、丁未五年各失一冊，統共壹佰十陸簿冊。今改并自光緒元年起，至卅四年止，每年一冊，共叁拾四冊，惟二十七年一冊，不滿拾葉。二三．十．四，志賢記。

此項《明發檔案》專錄京旗漢軍、蒙古及理藩院、東三省、青海等處事務，各直省均不在內。其中有用滿蒙文者，故每季冊首有某某謹譯。次日又記。

按：譚新嘉題記二則。其一，說明其在整理此檔案時，對卷冊進行了重新整理，將每季一冊，改爲每年一冊，合并爲34冊。其二，對文中的內容略作揭示，爲閱讀者提供簡單的綫索。

譚新嘉《夢懷錄》記載其在京師圖書館工作、生活止于民國十七年（1928），是年因國內政局形勢變化，京師圖書館關閉了善本書庫、唐人寫經室、四庫全書室等，祇留普通書庫，應付閱覽。其後，譚新嘉在京師圖書館編目工作及其生活情況不得而知。這些編目題記爲我們研究譚新嘉民國十七年以後的工作、生活提供了史料，尤其是可對其民國十九、二十、二十三、二十六年的工作管窺一斑。譚新嘉在京師圖書館工作20餘年，始終任編目之職，國家圖書館藏書中或有其更多遺留的題記，還待進一步收集、整理。

（三）上海圖書館藏書所見譚氏題記

上海圖書館藏年譜中有譚新嘉題記者兩種。這兩種年譜均爲抄本，抄寫時間在民國二十三年。

1.《黃侍郎公年譜》三卷，清顧鎮輯，民國二十三年許氏杏蔭堂抄本。索書號：綫普長53102。卷末有譚新嘉朱筆題記一則，末鈐"譚新嘉印"朱文方印。

> 《黃侍郎年譜》三卷，卷端不書"侍郎"之名，蓋門生故吏尊，不敢稱之意。譜中直至公四十七歲起三次述有稱黃叔琳云：此宋以後著述之陋習，實未免欲揚反晦也。此譜流傳不多，原本精刻初印曾藏長沙葉郎園德輝處，今歸國立北平圖書館。杏蔭堂主人借抄一本，中華民國二十三年十二月浙西胥山蟬叟讀一過并識。

按：此抄本據國家圖書館藏本抄録。

2.《嚴廉訪年譜》一卷[⑨]，清嚴金清撰，抄本。四周單邊，十行二十一字，黑口，版心上題"嚴廉訪年譜"及頁碼，左側板框外印有"國立北平圖書館抄書紙"。索書號：404535。卷末有譚新嘉、許穀人朱筆題記，一同書于末頁。譚新嘉題跋在後，每行低一格。許穀人題跋在前，每行低二格。

> 譜中光緒二十年甲午，公年五十八歲，隨邵陽魏公會于天津，旋命赴大城、靖海兩縣，招馬隊二營，委公兼統。此原書本文，非寫官舛誤也。按：靖海衛遠在山東，大城在今河北省，當是"靜海"之誤，則與大城兩邑毗連，故改正之。乙亥立冬日，浙江胥山蟬叟校記。（末鈐"譚新嘉印"白文方印）

> 先父在日，頗喜收藏年譜，凡是初見而不易購致者，必設法托人代抄。此冊在二十年前余隨父寓北京時所見，乃倩人録副，久藏于家。今父已弃養，余特檢取此冊，移贈上海圖書館，俾永遠保存，并可紀念先父云爾。丙申三月，許穀人跋。（末鈐"穀人"陽文方印，紫色）

按：譚新嘉題記落款"乙亥立冬"是指民國二十四年，可知此本在民國二十四年已經抄録完成，譚新嘉發現其中的錯誤之處，出校記改正之。又據許穀人題記可知，此書爲其二十年前跟隨父親到北京時，請人抄録。由此推之，此本或爲譚新嘉據國家圖書館藏本抄録，并以題記形式指出原書本文"靖海"，當爲"靜海"，非抄録錯誤。1956年，許穀人將此冊捐贈給上海圖書館。

三、文獻徵集

譚新嘉參與文獻徵集，主要是在直隸圖書館期間。清光緒三十三年（1907）十一月，直隸提學使盧靖以"保存國粹，宣傳文化，輔助學校教育，增長社會知識"爲宗旨，開始籌建直隸圖書館。轉年六月九日，正式開館，館址在直隸學務公所內。直隸圖書館是我國早期開辦的公共圖書館之一。宣統二年（1910）二月，37歲的譚新嘉應傅增湘的邀請，乘船北上來到天津，擔任天津圖書館提調。是年，在河北公園內與學務公所毗連處的洋樓獨立門戶，開始大批量購買新書，擴大館藏。在編目之餘，譚新嘉參與了忻氏舊藏與莊和庵藏書的選購。

清宣統三年（1911）他協助傅增湘完成忻氏舊藏的收購。忻寶華（約1882—?），字虞卿，齋號暇嬾齋，嘉興人，學者、藏書家。有《滄庵書目》。藏書印有"嘉興忻氏""嘉興忻氏曾藏""嘉興忻虞卿氏三十年精力所聚"。是年，忻寶華約40歲，經葛星槎介紹，傅增湘派譚新嘉到嘉興，第一次購得忻氏舊藏3000冊左右，約費2300餘元；同時，譚新嘉又購兩三處零星舊書，約費壹百數十元。這是忻氏舊藏第一批入藏天津圖書館。其中包括《至元嘉禾志》等珍貴文獻，書中鈐"嘉興忻虞卿氏三十年精力所聚"白文方印。

譚新嘉參與的第二次古籍選購工作，是購藏其同鄉莊和庵舊藏。莊和庵由南京到天津，欲出售祖上舊藏。其中雖多善本，但索價高，經過四個月的商談，都未能達成購買協議。直到中秋前後，最終議定5000元的價格，先付1000元定金，中秋過後到南京點收藏書。但因武昌起義購書取消，天津圖書館與莊和庵舊藏擦肩而過。

四、所刊圖書及其編著簡目

譚新嘉刊刻圖書以收集整理家族先輩詩文遺稿爲主。他30歲後即在圖書館工作，日日與書爲伴，從事編目。同時，以收集整理先人著述爲業，名其刻書室爲"承啓堂"。他早年就已留心先輩詩文輯錄，光緒三十一年（1905）入嘉郡圖書館工作，朝夕流覽諸家文集，遇有夾載先人詩文、互相投贈之作，便摘錄抄訂。後入直隸圖書館，所見圖書益富，在編校之餘，他廣搜先人遺句逸文，抄積成帙。先後刊刻了《碧漪集》《碧漪續集》《碧漪三集》《嘉興譚氏遺書》。

（一）刊刻家集《碧漪集》《續集》《三集》

譚新嘉于清宣統三年秋九月刊刻了第一部家集，即《碧漪集》四卷。《碧漪集》體例仿明王氏《深溪集》、浦江戴氏《建溪集》編撰，即內編"先著輯存"，外編"名賢投贈詩文"。是書正編收錄譚昌言、譚貞默、譚貞良、譚瑄、譚吉璁、譚孚尹6人詩文，外編收錄名賢投贈詩文。取名《碧漪集》，源自朱彝尊《懷鄉口號》中"碧漪坊里譚公齋"之句。卷首有魯寶清序，卷末譚新嘉跋。卷端開列《碧漪集內外編采用書目》70種，每首詩文末列其出處。

入京師圖書館工作後，譚新嘉繼續整理先輩遺作，于民國二十四年先後刊刻了《碧漪續集》二卷，卷首《碧漪集內外編采用書目》計26種。《碧漪三集》四卷，卷首《碧漪三集內外編采用書目》計62種。此三集列入《嘉興譚氏遺書十種》中。

（二）刊刻《嘉興譚氏遺書》

民國二十四年譚新嘉刊刻先輩遺著10種，名曰《嘉興譚氏遺書》。包括《憨山老人年譜自叙實錄》二卷，明釋德清編、福征述疏；《曹溪中興憨山肉祖後事因緣》一卷，明福征撰；《譚子雕蟲》二卷《校補闕文》一卷《附録》一卷，明譚貞默撰；《埽庵集》一卷，明譚貞默撰；《歷代武舉考》一卷，清譚吉璁撰；《蕭松録》一卷，清譚吉璁撰；《鴛鴦湖棹歌》一卷《續》一卷，清譚吉璁撰；《續刑法叙略》一卷，清譚瑄撰；《［康熙］弋陽縣志節本》二卷首一卷，清譚瑄撰，譚新嘉節録；《碧漪集》四卷《續集》二卷《三集》四卷《附録》一卷，譚新嘉輯。是書卷首有金蓉鏡民國三年（1914）序，傅增湘民國二十四年序。《譚子雕蟲》卷前有宜賓爨汝僖序，譚新嘉民國八年及二十五年跋。

卷前《嘉興譚氏遺書總目》中開列"嗣出圖書"共4種，即譚貞默撰《三經見聖編》一百八十卷卷首四卷；譚貞默撰《埽庵詩存》一卷；譚吉璁撰《［康熙］延綏鎮志》六卷；譚瑄撰《［康熙］弋陽縣志足本》八卷。這4種待刻圖書中，譚貞默撰《埽庵詩存》一卷，《［康熙］弋陽縣志節本》二卷首一卷，付梓；而《三經見聖編》《［康熙］弋陽縣志足本》，因卷次浩繁、版本等原因未能付梓。

（三）譚新嘉編著簡目

筆者所知譚新嘉一生編著圖書14種，分類列簡目于下，以備詳考。

1. 著作

（1）《嘉興譚氏家譜》不分卷，清光緒三十一年慎遠義莊刻本。

（2）《先叔文問梅公事略》不分卷，清光緒間慎遠義莊刻本。

（3）《譚其瑜墓志》不分卷，民國二十二年（1933）刻石。

（4）《西山紀游》不分卷，民國間稿本。

（5）《清宮紀游》不分卷，民國間抄本。

（6）《增補鶴魚軒雜存》不分卷，民國間抄本。注：爲浙江嘉興譚氏家譜增補材料。

（7）《夢懷録》不分卷，譚新嘉抄本。

2. 編纂

（1）《碧漪集》《碧漪續集》《碧漪三集》（詳見上文）。

（2）《嘉興譚氏遺書》十種（詳見上文）。

（3）《近代六十名家畫傳》不分卷，清末至民國初年抄本。

（4）《嘉興譚埽庵祭酒貞默著述目録》不分卷，民國二十四年嘉興譚氏承啓堂藍印本。

（5）《崇效寺牡丹花名記附南海東北隅諸景》不分卷，民國間抄本。

（6）《先著輯存》一卷《整書漫録》二卷，譚新嘉稿本。

3. 摘録：

《［康熙］弋陽縣志節本》，清譚瑄纂修，譚新嘉摘録，民國八年譚新嘉抄本。

五、結語

譚新嘉作爲老一輩圖書館古籍工作者，一生從事古籍編目工作，在古籍編目、圖書校勘、文獻徵集、編印圖書等方面作出自己的貢獻并取得一定的學術成果。對其學術活動進行整理研究，不僅可推進其所供職機構館藏編目歷史、館藏目録體系、館藏資源建設等方面的研究，也可爲學界在近代圖書館史、藏書史、圖書館學人研究等方面提供新的史料。

注釋：

① 文中涉及譚新嘉 1877 年至 1928 年生活經歷均據《夢懷録》記載，譚新嘉：《夢懷録》，國家圖書館藏稿本。

② 董馥榮：《國家圖書館民國時期所抄書綜述》，《文津學志》第十四輯，2020 年，124—136 頁。

③ 譚新嘉、韓梯雲等：《天津直隸圖書館書目》，民國二年（1913）鉛印本。

④ 譚新嘉：《夢懷録》，53 葉、56 葉。

⑤ 同上，53 葉。

⑥ 譚新嘉：《北平圖書館方志目録二編》，《圖書季刊》1936 年第 3 期。

⑦ 董馥榮《國家圖書館民國時期所抄書綜述》附表《國家圖書館民國時期所抄書目録》此條及《鳳凰廳志》《崖州志》《南籠府志》底本説明漏著“清史館舊藏乾隆間刻本”。

⑧ 同注②，124 頁。

⑨ 陳先行、郭立暄：《上海圖書館善本題跋輯録附版本考》，上海辭書出版社，2019 年，205 頁。《上海圖書館善本題跋真迹》，上海辭書出版社，2013 年，第 5 册，203 頁。

（作者單位：天津圖書館古籍文獻部）

經史學家楊筠如學術年譜補正

王建軍

内容提要：楊筠如爲民國時期的杰出學人，現有楊筠如生平事迹研究漏載、誤載之處頗多。參酌中國第二歷史檔案館藏“國立中央大學檔案”、民國校史資料、日記、書信、報刊、同學録、回憶録、地方志等資料，可更全面揭示補正楊筠如的求學經歷、執教情形、著述發表、師友交誼等情況。

關鍵詞：楊筠如　東南大學　清華研究院國學門　預科　年譜

楊筠如（1903—1946），字德昭，又字守晋①，湖南常德人。早年求學于東南大學、清華學校，爲清華研究院國學門（以下稱清華研究院）第一届學生。楊筠如在清華研究院修業問學期間，親炙王國維先生，并以甲一等級暨最優成績畢業，所著《尚書覈詁》更得王國維先生作序褒獎，爲觀堂門下唯一得導師賜序者。楊筠如從清華研究院畢業後，先後任教于廈門集美學校、廈門大學、中山大學、暨南大學、青島大學、湖南大學、河南大學、四川大學等高校，并在先秦諸子、漢魏制度等諸多領域頗有建樹，對民國教育與學術均有一定貢獻，在多個經史領域具有開拓之功。其《周代官名略考》爲最早系統利用金文研究《周官》的文章，《九品中正與六朝門閥》亦是近代九品中正制研究的開山之作，至于《尚書覈詁》，更被顧頡剛視爲“在這三百多年中，最可紀念的《尚書》學著作”之一，爲治《尚書》者不可不參考之書。

因各種因素，學界對楊筠如的生平與學術成就知之甚少，夏曉虹教授在編輯《清華同學與學術薪傳》時，也不無遺憾地稱“未能找到傳記資料”②。幸前輩學人何廣棪作《經史學家楊筠如事迹繫年》（以下簡稱《何文》）③稍補此憾，其後李學勤先生又撰《關于楊筠如先生晚年事迹的補正》一文④，有關楊筠如卒年及晚年事迹更爲確鑿。在此基礎上，李輝選編《楊筠如文存》時補作《楊筠如的生平與學術成就》《楊筠如學術年譜》（以下簡稱《李文》）⑤，詳細梳理了楊筠如的生平事迹與學術履歷，楊筠如的學術人生始有初步的參考資料。

上述學人的研究允稱詳瞻，唯條件所限，部分檔案資料未能得見，各類著述所載楊筠如求學經歷、執教情形、著述發表等情況，遺漏、誤載之處仍不稀見，有進一步充實補正的需要。僅楊筠如求學東南大學一事，相關研究對楊筠如考入東南大學的時間、科系、身份，是否畢業等問題，均誤載或漏載。甚至有關楊筠如所處時代與所屬籍貫這類最基本的記載，竟錯訛頗多，如楊筠如竟被誤以爲是清人⑥，而楊筠如的清華研究院同學周傳儒竟稱楊氏爲湖南長沙人⑦。

　　兹參考何廣棪、李輝等學人的研究成果，以民國檔案與民國校史資料爲主，輔以日記、書信、報刊、同學錄、回憶錄、地方志等資料，編訂楊筠如學術年譜。考察學人的學術貢獻，最重要的根據是其學術論著。本年譜以楊筠如學術論著爲核心，輔以其學術活動，本着"詳人所略，略人所詳"原則，對楊筠如的著述、生平、學緣與交游等史實全面梳理、臚列。同時對楊筠如求學東南大學情形、多所高校任教情況、學術論著發表等關鍵內容進行補正，稍補前人之未逮，以饗學界同好。

清光緒二十九年（1903）　1 歲

本年生于湖南常德。

民國五年（1916）　14 歲

入湖南省立第二中學讀書。

民國九年（1920）　18 歲

中學畢業，任高小教職。

　　按：《李文》稱楊筠如 1919 年中學畢業，1920 年入東亞同文書院，1921 年入東南大學。根據壬子癸丑學制規劃，中學校修業年限爲 4 年⑧，楊筠如 1916 年考入湖南省立第二中學，應在 1920 年中學畢業。同時，若楊氏 1920 年中學畢業，則以此類推，楊氏當 1921 年入東亞同文書院，1922 年入東南大學，而楊氏 1922 年入東南大學有直接史料證據多條（詳後）。

民國十年（1921）　19 歲

考入東亞同文書院預科，甫及半年，以該院爲日人所辦，弃學而去⑨。

　　　余永梁：（楊筠如）畢業後，曾任高小教職。嗣以非終生業，乃弃去，與二同學赴滬入東亞同文書院。甫及半年，又以該院爲日人所辦，不欲受日人豢養，遂轉考入南京東南大學。⑩

　　按：所謂與二同學赴滬入東亞同文書院，此二同學即黃棟臣、徐嗣同⑪。黃棟臣，湖南常德人，生平事迹不詳。徐嗣同，湖南長沙人，東亞同文書院畢業後，曾任中華書局編輯，暨南大學"錢幣銀行學"教員，著有《社會科學名著題解》《日本帝國主義侵略下東北的產業》等，與學者舒新城爲友⑫。

民國十一年（1922）　20 歲

考入東南大學預科，并在文理科就讀，同學有余永梁、浦江清、趙萬里等人⑬。

　　　余永梁：（楊筠如）遂轉考入南京東南大學，時君年十九，頗有志數理，因與數目字爲緣者屢年，卒以性之所近，專究國學，于諸子哲學多所論述。

　　按：前賢皆稱楊筠如 1921 年考入東南大學國文系，很可能是相關論者徑據楊筠如 1925 年考入清華研究院一事。按大學本科 4 年學制，倒推其 1921 年考入東南大學，并無史料佐證⑭。1922 年考入東南大學預科的同學，有後來同在 1925 年考入清華研究院的余永梁，1925 年入清華研究院任王國維助教的趙萬里（後人也因此推論余永梁、趙萬里 1921 年考入東南大學），1926 年入清華研究院任陳寅恪助教的浦江清。中國第二歷史檔案館所藏"國立中央大學檔案"，收有東南大學 1923 年 5 月制定的《國立東南大學預科生一覽表》，該表明確記載，楊筠如、余永梁、浦江清、趙萬里四人在 1922 年考入東南大學預科，楊筠如、余永梁、浦江清在文理科就讀，趙萬里在教育科就讀[15]。

民國十三年（1924）　21 歲

3 月，發表《評孟荀哲學》于《國學叢刊》第二卷第一期[16]。

6 月 5 日，作《孔子仁説》一文，并發表于該月出版的《國學叢刊》第二卷第二期。

按：1925 年 10 月，《國學叢刊》第二卷第四期出版，該期《國學叢刊》在總結評論前兩卷所刊論文時，認爲前兩卷之論文"瑕瑜互見"，但其中也"不乏高深之研究，精確之考證"，楊筠如所著《孔子仁説》即是其中之一，并得到"總論一家學説內容，條貫列舉，具見整理之勞"的肯定[17]。

民國十四年（1925）　23 歲

7 月 6 日至 9 日，參加清華研究院招生考試。

8 月，清華研究院録取名單公布，楊筠如被録取[18]。

9 月，以肄業生身份入學清華研究院，師從王國維。楊筠如在就讀期間，與湖南同鄉方壯猷、蔣傳官、王競、李鴻樾等四人得到湖南省教育司每年一百元的津貼補助[19]。

按：當時的大學學制仍在摸索之中，按壬子癸丑學制的規劃，預科學制 2 年或 3 年，本科 3 年或 4 年，大學加預科年限爲 6 年至 7 年[20]。在實際執行中，不同學校有細微的調適，東南大學預科生常就讀一年或兩年即可轉爲本科生，本科修業年限則爲 3 年或 4 年。同時，1922 年東南大學預科招生簡章規定學制爲約 5 年，以此而論，楊筠如 1922 年以預科生身份入學，似不可能在 1925 年本科畢業，楊氏等人應在 1927 年左右畢業[21]。前人均稱楊筠如 1925 年 6 月從東南大學畢業，與事實并不完全相符。

10 月 16 日，《清華周刊》刊登清華研究院學生研究題目，楊筠如研究題目爲《尚書》。

10 月，發表《伊川學説研究》于《國學叢刊》第二卷第四期，後收入許嘯天主編的《國故學討論集》第三册第四集"人的討論"。

11 月，因修業年限未滿，又未申請肄業退學，楊筠如與同學趙萬里、余永梁被東南大學宣布除名[22]。

民國十五年（1926）　24 歲

6 月，完成《尚書覈詁》《滕》《春秋時代之男女風紀》三篇畢業論文，并以甲一等級從清華研究院畢業。楊筠如在清華研究院讀書期間，除專心修業問學外，還曾擔任清華研究院同學會會計，服務同學。

9 月，與清華研究院同學余永梁、劉紀澤任教于廈門集美學校國學專門部，教授"中國通史""歷史研究法""作文"諸科[23]。楊筠如在集美任教期間，頗得學生歡迎，歸鄉湖南時，學生包樹棠贈詩云：

送楊先生筹如歸湖南余先生永梁歸四川

鍵門補注伏生經（楊先生作尚書覈詁），甲骨遺文苦發硎（余先生研甲骨文）。

別後相思何處寄，洞庭水碧蜀山青。[24]

民國十六年（1927）　　25 歲

5 月，王國維爲楊筹如所著《尚書覈詁》作序。

6 月 2 日，王國維自沉于頤和園昆明湖。

6 月，發表《縢》于《國學論叢》第一卷第一號[25]。

8 月，國立第四中山大學（由原東南大學等校合并而成，即中央大學前身）審查裁并各校合格舊生名單揭曉，前東南大學共有 917 名合格，楊筹如名列其中[26]。

11 月 5 日，王國維所作《尚書覈詁序》刊載于《國立第一中山大學語言歷史學研究所周刊》第一集第三期。

民國十七年（1928）　　26 歲

2 月，離開集美學校并任教于廈門大學，爲該校文科歷史系講師，本科兼預科國文教員[27]。

按：《何文》未論楊筹如任教廈門大學一事，《李文》則徑言其 1927 年 3 月任教廈門大學，未詳所據。《集美學校廿周年紀念刊》明確記載了楊筹如任教集美學校的起止時間分別爲：民國十五年九月、民國十七年二月，則楊筹如任教廈門大學時間比《李文》所説晚近一年[28]。

又按：楊筹如在福建任教期間，與蔡斗垣爲友，有蔡氏詩文爲證：

楊筹如先生——湖南常德人。東南大學文學系畢業。集美國學專門文史教授，後轉任廈門大學講席。每星期六必在廈買名酒，携至集美敝寓參加聚餐會。曾以所撰《今文尚書解詁》稿本，請余轉商校主爲其印行，校主却之。

每携名酒佐賓筵，白鷺江中漾客船。

伏勝尚書新解詁，未能付印愧周全。[29]

3 月 6 日，發表原作于 1926 年 5 月 27 日之《春秋時代之男女風紀》于《國立中山大學語言歷史學研究所周刊》第二集第十九期[30]。

3 月 13 日，發表《周代官名略考》于《國立中山大學語言歷史學研究所周刊》第二集第二十期。

3 月 20 日，發表《三老考》于《國立中山大學語言歷史學研究所周刊》第二集第二十一期。

11 月 7 日，發表《尚書覈詁卷一·虞夏書》之《堯典》于《國立中山大學語言歷史學研究所周刊》第五集第五十三、五十四期合刊。

11 月 14 日，發表《尚書覈詁卷一·虞夏書》之《皋陶謨》于《國立中山大學語言歷史學研究所周刊》第五集第五十五期。

12 月 5 日，發表《尚書覈詁卷一·虞夏書》之《禹貢》于《國立中山大學語言歷史學研究所周刊》第五集第五十七、五十八期合刊。

12月19日，發表《堯舜的傳説》于《國立中山大學語言歷史學研究所周刊》第五集第五十九、六十期合刊；發表《尚書覈詁卷一·虞夏書》之《甘誓》，《尚書覈詁卷二·商書》之《湯誓》《盤庚》《高宗肜日》《西伯戡黎》《微子》于《國立中山大學語言歷史學研究所周刊》第五集第五十九、六十期合刊。

12月26日，發表《堯舜的傳説（續）》于《國立中山大學語言歷史學研究所周刊》第六集第六十一期。

是年，楊筠如在《社會科學雜志》（上海）創刊號上發表《古代媵制之研究》[31]。

按：《李文》稱《古代媵制之研究》發表時間爲1929年2月，《何文》未詳具體時間。1929年2月爲《社會科學雜志》（上海）的創刊號再版時間，據《社會科學雜志》第一卷第三期初版時間爲1928年9月，可知創刊號時間必在此之前。

是年下半年，楊筠如開始任教于中山大學。

民國十八年（1929）　27歲

1月26日，顧頡剛主持國立中山大學語言歷史學研究所編輯部會議，通過"本所周刊論文中成系統研究者，宜印成單行本案"，并議決："本所周刊論文彙刊，以余永梁先生之《金文地名考》，楊筠如先生之《尚書覈詁》二書先印行。"[32]但楊筠如認爲該書尚不到付梓之時。

按：楊筠如《尚書覈詁自序》：翌年有羊城之游，因以此書之一部，刊于中山大學《語言歷史周刊》。又得仲容、益吾二先生之書，知尚有可取者。重加訂補，由友人顧頡剛先生介于上海某書肆，擬付諸剞劂，質之大雅，以爲引玉之資。尋復悔其孟浪，索歸敝篋，決作覆瓿之計。

1月30日，發表《兩漢賦税考》于《國立中山大學語言歷史學研究所周刊》第六集第六十六期。

3月13日，發表《讀何定生君〈尚書的文法及其年代〉》于《國立中山大學語言歷史學研究所周刊》第六集第七十二期[33]。

5月13日，《國立中山大學語言歷史學研究所周刊》編輯余永梁因母親去世請假回籍，楊筠如接手余永梁的編輯工作。

5月15日，發表《姜姓的民族和姜太公的故事》于《國立中山大學語言歷史學研究所周刊》第七集第八十一期，後收入顧頡剛主編之《古史辨》第二册[34]。

7月24日，發表《周公事迹的傳疑》于《國立中山大學語言歷史學研究所周刊》第八集第九十一期。由文末"作者附識"可知，楊筠如自稱撰有《中國上古史》，是書或未完稿，或已亡佚，今已不可得見。

8月7日，發表《春秋初年齊國首稱大國的原因》于《國立中山大學語言歷史學研究所周刊》第八集第九十二、九十三期。

8月，與劉朝陽商討《國立中山大學語言歷史學研究所周刊》編輯與百期紀念徵集文章事宜[35]。

9月5日，離粤赴上海暨南大學任教，《國立中山大學語言歷史學研究所周刊》編輯工作由黃仲琴、劉朝陽等人接手。楊筠如共主持編輯該刊八十一至九十九期[36]。

按：顧頡剛認爲楊筠如離開中山大學，是因顧氏在中山大學受排斥，使楊筠如等與其接近之同事被擯而去，被一一免職，此爲有計劃之破壞[37]。

是年春，因病短暫請假，請清華研究院學弟朱芳圃代課[38]。

是年底，赴日留學，旅居東京，通訊地址爲"東京大岡山八七，紫明館"。

民國十九年（1930）　28歲

4月1日，于日本東京翻譯完成桑原騭藏《由歷史上觀察的中國南北文化》一文。

7月，所譯桑原騭藏《由歷史上觀察的中國南北文化》發表于《國立武漢大學文哲季刊》第一卷第二號[39]。

8月13日，爲張世祿所譯《中國語與中國文》一書作序文[40]。

是年，所撰《九品中正與六朝門閥》由商務印書館出版，爲"中國歷史叢書"之一種。該書出版後，頗受學界關注，先有潘光旦之書評，又有夏定域所作之簡要評介，此外還有谷霽光的商榷補正文章。魯迅亦曾購買是書，并贈送瞿秋白，瞿氏後以《關于整理中國文學史的問題》一文批評該書[41]。

是年下半年，從日本回國，并被暨南大學聘爲歷史社會系教授，講授"中國通史"一課并編有同名講義[42]，學生有後來成爲唐史專家的陳沅遠[43]。

按：《何文》稱楊筠如返國時間不可確知，推論其可能是在1931年9月前已回國。《李文》亦稱楊筠如返國時間不可確知，推測楊氏應該在1931年6月前已回國，并任教暨南大學。楊筠如翻譯桑原騭藏所著《由歷史上觀察的中國南北文化》一文時，曾稱"民國十九年四月一日譯者識于東京寓次"，可知彼時楊筠如還在東京。楊筠如爲張世祿所譯《中國語與中國文》一書所作序文的結尾又稱："中華民國十九年八月十三日，楊筠如序于上海暨南大學"，可知楊筠如此時已回國并任教于暨南大學。由此可推斷楊筠如當在1930年4月1日至8月13日之間回國。又據《申報》1930年7月22日所載，楊筠如當時已被暨南大學聘爲歷史社會系教授[44]，楊筠如大約是在1930年7月左右回國并任教于上海暨南大學。

民國二十年（1931）　29歲

4月，以暨南大學教職員身份，獲選國民會議代表上海市選舉人資格[45]。

6月，發表《中國史前文化的推測》及桑原騭藏《中國人辮髮之歷史》譯文于《暨南文學院集刊》第二集[46]。

8月，任教于青島大學，講授"中國文化史"[47]"中國通史"等課，所教學生有張震澤等人。

> 張震澤《張震澤自述》：一年級時，楊筠如先生教中國通史，闡述歷代社會經濟之變化，我很感興趣，寫了《秦代之經濟》一文，受到楊先生的贊許，後來登在濟南《國民日報》上。這是我破題第一遭寫論文。[48]

按：《何文》《李文》均稱楊筠如于1931年9月受聘青島大學文學院，《國立青島大學一覽》（民國二十年）明確記載楊筠如到校時間爲民國二十年八月[49]。

9月7日，發表《歷史與歷史科學》于《中央日報》副刊《社會科學運動》[50]。

10 月 30 日，在國立青島大學所作《滿蒙問題之中日兩面觀》演講，由黃樹棟記録刊發于國立青島大學"反日救國會宣傳股"編印的《反日特刊》第二期㊿。

12 月，其《荀子研究》由商務印書館出版，爲《國學小叢書》之一。是書後被列爲五華文理學院課外閱讀書目㊿。

民國二十二年（1933）　31 歲

4 月，發表《論中國社會史上所謂士大夫階級》于《湖南大學期刊》第八期。

是年，任教于湖南大學，除講授"中國通史""中國近百年史"二課外，還與劉宗向合開"史部專籍研究"一課，該課課程情況如下：

> 史部專籍研究，教員：劉宗向、楊筠如，每學期三學分，每周授課三小時，二學年修完，本系選修。内容：本學程包括史記，前後漢書，三國志，及資治通鑑。㊿

是年夏，受聘河南大學，任歷史系教授，并繼續在湖南大學兼課，爲湖南大學文學院兼任教員㊿。

民國二十三年（1934）　32 歲

4 月，《尚書覈詁》前半部與裴學海《老子正詁》合印，由北平北强學社出版。該書後有童書業之書評《評楊筠如〈尚書覈詁〉》㊿。

是年，楊筠如母親龍太夫人 60 大壽，楊筠如同門黃淬伯爲其作賀壽文㊿。

民國二十四年（1935）　33 歲

1 月 1 日，發表《尚書覈詁·虞夏書》之《堯典》《皋陶謨》于《北强月刊》第二卷第一期。

2 月 1 日，發表《尚書覈詁·虞夏書》之《禹貢》《甘誓》于《北强月刊》第二卷第二期。

4 月 1 日，發表《尚書覈詁·商書》之《湯誓》《盤庚》《高宗肜日》《西伯戡黎》《微子》于《北强月刊》第二卷第四期。

4 月 28 日，河南大學文學系全體教授在味蒓樓設宴招待黃炎培，楊筠如亦參與㊿。

6 月，發表《尚書覈詁·周書》之《牧誓》《洪範》《金縢》《大誥》《康誥》《酒誥》《梓材》于《北强月刊》第二卷第六期。

是年秋，發表《尚書覈詁·周書》之《召誥》《雒誥》《多士》《無逸》《君奭》《多方》《立政》《顧命》《康王之誥》《柴誓》《吕刑》《文侯之命》《秦誓》于《北强月刊》之《國學專號》㊿。

是年，楊筠如向河南大學贈送其所著《尚書覈詁》一册㊿。

民國二十五年（1936）　34 歲

12 月 1 日，發表《瞽説之一》于《前進》第三期㊿。

是年下半年，任教四川大學㊿，并在史學系承擔了相當重要的三門必修課程。兹録如下：

> 中國上古史：本學程（一）略叙史前之社會與民族分布狀況（二）略述殘缺之夏史（三）略述商周二族發達之歷史與其政治文化之要點（四）略述春秋戰國

之大勢與政治文化之蛻變。

中國中古史：本學程（一）略述秦漢統一之大勢與其政治文化（二）略述魏晉六朝之紛争與離亂之現象。

中國學術思想史：本學程（一）略述先秦時代之學派及其他學術（二）略述兩漢經學及基于經學之各家思想（三）略述佛道二家思想與佛學之發達（四）略述理學之各派及其他學術（五）略述清代之新經學運動與其主要之學術思想。[62]

按：以上三課中，中國學術思想史亦係中國文學系語言文字組必修課，但課程説明略有不同：

中國學術思想史：本學程將中國歷代學術思想之變遷及各時代之特色，作一系統之講述，如周秦諸子、漢代經學、隋唐佛學、宋明理學、清代樸學，扼要簡明，叙其原委，俾學者明瞭中國數千年來學術思想變遷之大勢。[63]

又按：在此之外，楊筠如還爲中國文學系開設了一門選修課：

校讎學：本學程講述校讀古書之方法，取古書數種，以校勘方法，正其文字之訛錯，補其章句之闕逸，俾學生實際練習，養成整理古書之能力。[64]

又按：楊筠如在四川大學任教期間，與蕭滌非頗有往來，有蕭氏所著七絶爲證：

桂湖謁升庵遺像，同楊筠如

昔年嘗喜讀公書，此日登堂思有餘。

應笑後生徇耳目，漫天風雨到吾廬。[65]

民國二十七年（1938）　36 歲
2 月 24 日至 26 日，款待長沙臨時大學湘黔旅行團聞一多一行，時任常德縣立中學校長。

聞一多致父親信：（2 月）24 日抵常德……，同人寓縣立中學，校長楊筠如君系男在青島時同事，故到此頗蒙款待。[66]

本年，《關于〈荀子〉本書的考證》，收開明書店《古史辨》第六册。（實爲《荀子研究》第一章第二節）

民國二十八年（1939）　37 歲
是年下半年，辭去常德中學校長職務，回湖南大學任教一年。

民國二十九年（1940）　38 歲
7 月 15 日，發表《元代對于西南傜區之開發》于《邊聲月刊》第一卷第二期。
是年，楊筠如亦曾考慮去東北大學任教[67]。

民國三十五年（1946）　44 歲
10 月，去世。

顧頡剛致辛樹幟函：余永梁君不幸已于廿餘年前因戀愛失敗而逝世，僅二十餘歲，至堪痛惜。楊筠如君，亦于抗戰中逝世。清華研究院兩個高才生皆不克盡其才，真堪太息。[68]

除譜中所列著述外，另有楊筠如講義著作數種，可能未正式付梓，似已亡佚：《中國通史講義》（山東大學）[69]《中國中古史》與《中國文化史》[70]。據今人研究，楊筠如另有著作數種，但未詳所據，列此存疑：《中國通史》（湖南大學石印本）[71]、《朱子研究》[72]、《荀子思想研究》[73]、《九品中正考》與《中國古史》[74]。

　　【本文係教育部人文社會科學重點研究基地重大項目"抗戰時期的文化與教育研究"（17JJD770007）的階段性成果】

注釋：

① 楊筠如曾字守晉，僅見 1923 年出版的《國立東南大學一覽》，詳參《學生一覽》，《國立東南大學一覽》，1923 年，50 頁。（原書無出版社，以下注釋出現此類著作者、出版社、出版年份不全的情況，不再單獨説明）

② 夏曉虹、吳令華編：《清華同學與學術薪傳》，生活·讀書·新知三聯書店，2007 年，4 頁。

③ 何廣棪：《經史學家楊筠如事迹繫年（一）》，《古籍整理研究學刊》，2010 年第 1 期，59—65 頁；何廣棪：《經史學家楊筠如事迹繫年（二）》，《古籍整理研究學刊》，2010 年第 3 期，2—8 頁。

④ 李學勤：《關于楊筠如先生晚年事迹的補正》，《古籍整理研究學刊》，2010 年第 5 期，1 頁。

⑤ 李輝：《楊筠如的生平與學術成就》，《楊筠如文存》，江蘇鳳凰人民出版社，2015 年，1—53 頁；李輝：《楊筠如學術年譜》，《楊筠如文存》，501—509 頁。

⑥ 楊華：《古禮新研》，商務印書館，2012 年，373 頁。

⑦ 周傳儒：《王靜安傳略》，《中國現代社會科學家傳略》第 1 輯，山西人民出版社，1982 年，37 頁。

⑧ 《1912 年 9 月教育部公布中學校令》，朱有瓛主編：《中國近代學制史料》第三輯（上冊），華東師範大學出版社，1990 年，351 頁。

⑨ 《何文》未言及此事，《李文》稱楊筠如 1920 年考入上海東亞同文書院，是以楊筠如 1919 年中學畢業與 1921 年考入東南大學倒推而來，唯楊氏本 1922 年考入東南大學（詳後），則其當 1921 年入東亞同文書院。

⑩ 見吳其昌編《清華學校研究院同學録》。是書原于 1927 年印行（《李文》誤作 1937 年），無頁碼。今收入夏曉虹、吳令華編《清華同學與學術薪傳》。余永梁爲楊筠如東南、清華二校同學，後又同任教于廈門集美學校、中山大學，二人過從甚密。

⑪ 留學外省外國專門以上各學校畢業生一覽表》，《湖南省教育行政一覽》（下冊），14 頁。

⑫ 教育部：《專科以上學校教員名冊》第二冊，449 頁。

⑬ 《李文》稱楊筠如 1921 年考入東南大學國文系，1925 年 6 月畢業。《何文》亦稱楊筠如 1925 年 6 月畢業，但未詳其考入東南大學之具體時間。

⑭ 1922 年東南大學將新生録取名單在《申報》上連載三日，明確記載録取預科生周振緱等 95 名，其中即包括楊筠如。見《國立東南大學録取新生》，《申報》1922 年 8 月 29 日第 2 版；《申報》1922 年 8 月 30 日第 4 版；《申報》1922 年 8 月 31 日第 1 版。前引《留學外省外國專門以上各學校畢業生一覽表》也明確記載楊筠如考入的是東南大學預科。

⑮ 《東大豫科及插班生一覽表和上海商科大學及附屬中小學新生一覽表》（1922—1923 年），中國第二歷史檔案館，國立中央大學檔案，全宗號：648，案卷號：414。

⑯ 《何文》《李文》均誤作《評荀孟哲學》。

⑰ 《本刊兩卷總目并叙指》，《國學叢刊》第二卷第四期（1925 年），139 頁。

⑱ 分見《北京清華學校考收新生揭曉（民國十四年）》，《申報》1925 年 8 月 13 日第 4 版；《申報》1925 年 8 月 14 日第 3 版；《申報》1925 年 8 月 15 日第 3 版。

⑲ 吳學昭整理注釋：《吳宓日記》第 3 册，1925 年 9 月 1 日，生活・讀書・新知三聯書店，1998 年，64 頁。

⑳ 參朱有瓛主編：《中國近代學制史料》第三輯（上册），27—28 頁。

㉑ 參南京大學校史研究室：《南京大學校史資料選編》第二卷，南京大學出版社，2019 年，245、249 頁；《國立東南大學招收豫科生簡章（十一年五月）》，《江蘇省教育公報》第 5 卷第 6 期，1922 年 6 月。

㉒ 《東南大學教務部爲除名事宜致校長辦公處函》（1926 年 11 月 1 日），中國第二歷史檔案館藏，國立中央大學檔案，全宗號：648，案卷號：393。關于此事，衆多著述中惟《常德縣志》稱楊筠如"未畢業"即考入清華（見常德縣志編纂委員會：《常德縣志》，中國文史出版社，1992 年，627 頁），不過《常德縣志》所載楊筠如簡況錯訛頗多，不被相關研究重視。

㉓ 《本學期各科新聘教職員之履歷》，《厦大周刊》1928 年 2 月 25 日第 179 期，3 頁。

㉔ 括號内文字爲原作者所加。見包樹棠：《送楊先生筠如歸湖南余先生永梁歸四川》，《厦大集美國專學生會季刊》1929 年 6 月第 1 期，125 頁。

㉕ 關于《國學論叢》第一卷第一號出版時間，《李文》稱 1927 年 5 月，《何文》稱 1927 年 6 月，核查該期《國學論叢》之版權頁，明確記載中華民國十六年六月出版發行，則以何文爲是。

㉖ 《國立第四中山大學審查裁并各校合格舊生揭曉一》，《申報》1927 年 8 月 23 日第 2 版；《申報》1927 年 8 月 24 日第 3 版；《申報》1927 年 8 月 25 日第 6 版。

㉗ 厦門大學：《厦門大學七周紀念》，1928 年 4 月 6 日，29、41 頁。

㉘ 福建私立集美學校二十周年紀念刊編輯部：《集美學校廿周年紀念刊》，1933 年，136 頁。

㉙ 《蔡斗垣先生生平及其遺著》，《福建文獻》1971 年第 3、4 期，42 頁。

㉚ 《國立中山大學語言歷史學研究所周刊》，《李文》簡寫爲《中大語史周刊》，《何文》則皆作《國立第一中山大學語言歷史學研究所周刊》，今據原刊封面，復其本名。

㉛ 楊筠如：《古代媵制之研究》，《社會科學雜志》（上海）1928 年第 1 卷第 1 期（創刊號）。

㉜ 國立中山大學語言歷史學研究所：《國立中山大學語言歷史學研究所概覽》，1930 年，74 頁。

㉝ 李文誤作二月。

㉞ 關于《古史辨》第二册之出版時間，該書封面題爲民國十九年八月，版權頁則爲民國十九年九月。

㉟ 劉朝陽：《卷頭語》，《國立中山大學語言歷史學研究所周刊》百期紀念號（1929 年 10 月 9 日），2 頁。

㊱ 《楊筠如啓事》，《國立中山大學語言歷史學研究所周刊》第九集九十八期（1929 年 9 月 11 日）。

㊲ 顧頡剛：《顧頡剛書信集》卷一，中華書局，2011 年，207 頁。

㊳ 李輝：《朱芳圃先生年譜》，《朱芳圃文存》，江蘇人民出版社，2018 年，479 頁。

㊴ 是文部分内容後以《歷代南米漕運數額》爲題，節錄于 1931 年 5 月 1 日出版的《國立中央大學地理雜志》第四卷第三期（總號第八十）。

㊵ ［瑞典］高本漢（Bernhard Karlgren）撰，張世禄譯：《中國語與中國文》序，1—4 頁。

㊶ 參光旦（潘光旦）：《書評：〈九品中正與六朝門閥〉》，《優生》1931 年第 1 卷第 3 期，21—22 頁。定域（夏定域）：《書報提要：九品中正與六朝門閥》，《浙江省立圖書館館刊》第二卷第三期，116—118 頁。谷霽光：《九品中正考》，《益世報》（天津）1936 年 3 月 31 日第 3 版；《中國現代文學史觀的革命興起與反思——以瞿秋白爲中心》，《文藝研究》2014 年第 11 期，52—53 頁。

㊷ 衛聚賢曾引楊筠如《暨大中國通史講義》，參衛聚賢：《古史研究（第三集）》，商務印書館，1937

年，28 頁；衛聚賢：《十三經概論》，開明書店，1935 年，86 頁。此外，衛聚賢所著《中國史學史講義》一書亦提及楊筠如著有《中國史》，但未詳版本，見衛聚賢《中國史學史講義》，102 頁。

㊸ 楊氏曾贈其所著《九品中正與六朝門閥》一書，參周一良：《畢竟是儒生》，天津人民出版社，2016 年，28 頁。

㊹《人才薈萃之暨大》，《申報》1930 年 7 月 22 日第 9 版。

㊺ 國民會議代表選舉上海市事務所：《國民會議代表選舉上海市選舉人總名冊》，1931 年，48 頁。

㊻《暨南文學院集刊》第二集 4 月付印，6 月出版。又據該刊"編輯例略"，是刊定名爲"暨南文學院集刊"，封面亦作此名。但版權頁與目錄頁又作"國立暨南大學文學院集刊"。桑原此文原載日本《藝文雜志》1913 年第 4 卷 2 號及 1927 年桑原騭藏所著之《東洋史說苑》，參李之檀編：《中國服飾文化參考文獻目錄》，中國紡織出版社，2001 年，423 頁。

㊼ 參王昭建：《追思梁實秋和洪深先生》，魏世江主編《走近海大園：魂牽夢縈篇》，中國海洋大學出版社，2007 年，152 頁。

㊽ 張震澤：《張震澤自述》，收高增德、丁冬：《世紀學人自述》第四卷，北京十月文藝出版社，2000 年，164 頁。

㊾《國立青島大學一覽》（民國二十年），王強主編《民國大學校史資料彙編》第三十八冊，鳳凰出版社，2014 年，532 頁。

㊿ 楊筠如：《歷史與歷史科學》，《中央日報·社會科學運動》，第 75 期，1931 年 9 月 7 日。

51 楊筠如演講、黃樹棟筆記：《滿蒙問題之中日兩面觀》，《反日特刊》1931 年 10 月 30 日第 2 期。

52 學山：《五華文理學院學生課外閱讀圖書舉要》，《中央日報（昆明）》1948 年 11 月 30 日第 8 版。

53《湖南省立湖南大學一覽》（民國二十二年），王強主編《民國大學校史資料彙編》第四十六冊，269 頁。

54 湖南省政府秘書處第五科：《湖南年鑒》（民國二十二年），1934 年，532 頁。

55 童書業於 1935 年 10 月 25 日在燕京大學完成此文，該文先發表於 1935 年 11 月 14 日《益世報·讀書周刊》（第二十四期第三張第十二版），後又發表在 1935 年 12 月 31 日《浙江省立圖書館館刊》（第四卷第五期）。

56 淬伯（黃淬伯）：《楊母龍太夫人六十壽序》，《政衡月刊》1934 年第 1 卷第 3 期。

57 中國社會科學院近代史研究所整理：《黃炎培日記》第 5 卷，華文出版社，2008 年，42 頁。

58《何文》《李文》均漏載此事。

59《圖書館鳴謝贈書》，《河南大學校刊》1935 年 12 月第 95 期第 4 版。

60《前進》期刊爲四川大學創辦，楊氏時爲四川大學教授，該刊現亦藏四川大學圖書館，參吳俊等主編：《中國現代文學期刊目錄新編》中冊，上海人民出版社，2010 年，1462 頁。

61 考索歷年出版的《國立四川大學一覽》等校史資料，楊筠如首次出現在教員名錄是在 1936 年下半年，參《國立四川大學一覽》（民國二十五年），王強主編《民國大學校史資料彙編》第四十七冊，559 頁。1936 年 9 月 14 日四川大學開學，時任校長任鴻雋在開學典禮中專門提及新聘教授一批，其中即有楊筠如，任氏稱楊筠如的專長是"中國上中古史"，見收樊洪業、張久春選編：《科學救國夢：任鴻雋文存》，上海科技教育出版社、上海科學技術出版社，2002 年，542—543 頁。

62 見《國立四川大學一覽》（民國二十五年），王強主編《民國大學校史資料彙編》第四十七冊，305、306、308 頁。

63 同上，286 頁。

64 同上，287 頁。

65 蕭光乾整理：《蕭滌非杜甫研究全集：附編》，黑龍江教育出版社，2006 年，14 頁。

⑥ 聞一多：《聞一多書信集》，群言出版社，2014 年，124 頁。

⑥ 1940 年 8 月 27 日，顧頡剛在致信丁山時曾説："筠如兄亦能到東大，極好。"顧頡剛、丁山爲楊筠如在中山大學任教時的同事，顧氏此語，很可能是楊筠如表達了去東北大學任教的意願。見顧頡剛：《顧頡剛書信集》第 3 卷，中華書局，2011 年，137 頁。

⑥ 顧頡剛：《顧頡剛書信集》第 3 卷，278 頁。

⑥ 參丁山：《古代神話與民族》，商務印書館，2017 年，217 頁。原收《國立中央研究院歷史語言研究所集刊》第 3 本第 4 分，532 頁。

⑦ 參《大學叢書目録》，商務印書館，1934 年，14 至 15 頁；《大學叢書目録》，商務印書館，1935 年，14 至 15 頁；《大學叢書目録》，商務印書館，1937 年，16、18 頁。《常德縣志》亦稱楊氏之《中國中古史》已成稿而未付梓，未詳所據，見常德縣志編纂委員會：《常德縣志》，627 頁。

⑦ 常德縣志編纂委員會：《常德縣志》，627 頁。

⑦ 見劉桂榮：《論荀輯要》，安徽師範大學出版社，2016 年，229 頁；陳國代：《朱子學關涉人物衰輯：拱辰集》下册，大衆文藝出版社，2008 年，661 頁。

⑦ 沈雲波：《學不可以已：〈荀子〉思想研究》，上海人民出版社，2016 年，531 頁。

⑦ 尋霖、龔篤清：《湘人著述表（一）》，岳麓書社，2010 年，458 頁。

（作者單位：南京大學歷史學院）

國家圖書館普通古籍分類法歷史述略
——以劉國鈞《中文普通綫裝書分類表》爲中心

謝冬榮

内容提要： 國家圖書館普通古籍在京師圖書館時期使用四部分類；國圖前身之一北京圖書館和北平北海圖書館時期，已開始着手編製新分類法；1929 年 8 月京師館與北海館合并後，劉國鈞主持修訂普通古籍分類法，定型爲 15 大類。此後，隨時代變遷，書籍數量變化，類表不斷修訂，先後在 20 世紀 60 年代、80—90 年代修訂類名、類目，分類法更爲完善。

關鍵詞： 普通古籍　劉國鈞《中文普通綫裝書分類表》

國家圖書館的普通古籍是相對善本古籍而言的，一般指珍貴程度不足以納入善本之中的古籍。在實際工作中，它還包括民國綫裝書，甚至一部分 1949 年以後出版的綫裝書。國家圖書館的普通古籍起初使用四部分類法，之後改用劉國鈞《中文普通綫裝書分類表》，一直沿用至今①。本文主要勾勒出國家圖書館普通古籍分類法變遷的歷史過程，深化對劉國鈞《中文普通綫裝書分類表》的研究。

一、建館初期：四部分類法的采用

清宣統元年（1909）7 月 25 日，學部上奏，擬在京城籌建京師圖書館。同年 12 月 17 日，學部又製訂并發布了《圖書館通行章程》20 條，作爲京師及各省開辦圖書館的依據。《圖書館通行章程》第七條規定："圖書館收藏圖籍分爲兩類，一爲保存之類，一爲觀覽之類。"②

京師圖書館是國家圖書館的前身。1912 年 8 月 27 日，京師圖書館經過幾年籌備，終于在廣化寺開館接待讀者。由于館舍所處偏僻，且毗鄰什刹海，比較潮濕，不利于書籍保存。1913 年 10 月，京師圖書館暫停閱覽，藏書封存。1917 年 1 月 26 日，京師圖書館在方家胡同國子監南學舊址重新開館。不過亦因地址偏遠，交通不便，頗受批評。1926 年 10 月，京師圖書館改組爲國立京師圖書館。1928 年 7 月，改名爲國立北平圖書館。1929 年 1 月 10 日，國立北平圖書館在中海居仁堂新址舉辦開館典禮。此爲早期國家圖書館館名與館址變遷的大概。1931 年遷入文津街新館舍後，始得相對固定。

京師圖書館在建館之初，館藏圖書基本按照《圖書館通行章程》要求分爲兩類：善本書和閱覽書。1913 年 1 月 30 日，京師圖書館在呈文教育部造送書籍數目册中，統計了善本書和閱覽書的數量，其中閱覽書共計“四千五百四十四部十二萬二千九百六十三卷四萬一千五百零四册”③，分經、史、子、集四部以及志書、新書、叢書。閱覽書的名稱後來改爲普通書。1919 年 3 月 31 日，京師圖書館在呈報教育部 1918 年藏書概況時説：“藏書數：民國六年一月開館，原藏書四庫書六千一百四十四夾，善本書一萬二千零六十七册，普通書七萬九千八百三十六册。”④ 1925 年館藏統計時説：“中文：分善本、寫經、四庫、普通四大部。”⑤

京師圖書館的善本書一直以來按照四部分類法進行分類。無論是繆荃孫的《清學部圖書館善本書目》，還是江瀚、夏曾佑等人編纂的善本簡明書目，概莫能外。善本書之外，京師圖書館的閱覽書或普通書，以綫裝書爲主，新書比較少。1914 年 3 月，莊俞參觀位于前青廠的京師圖書館分館時説：“舊書占大多數，而經史等又占舊書之大多數。新書則寥寥，今日所謂致用之書猶鮮。”⑥ 因此，京師圖書館的閱覽書或普通書，主要還是參考四部分類法進行分類。1917 年 1 月 15 日，京師圖書館上報教育部的呈文中説：“現在普通書目亦已編竣。内容仍分四部，每部所屬，分立門類，不主一家，但按其體例仍未十分完備。”⑦ 次年，沈紹期在《中國全國圖書館調查表》中説，京師圖書館的圖書目録“依四庫全書體例，附新書目録”⑧；國圖普通古籍書庫中藏有一部民國苦葉盦抄本《京師圖書館普通本書目》，從其收録新書的時間來看，該目當是 1921 年之後不久編纂的。這部目録即是按照經史子集四部分類法分類編排。

隨着新書購入的增多，普通書的分類法上在四部的基礎上略有變通。1922 年，《本學年考察京津濟寧蘇杭各圖書館事項表》中説：“（京師圖書館）目録編纂法：分經、史、子、集、叢書五部。”⑨ 1929 年，《北平圖書館指南》中載北平圖書館藏書編目説：“分類：中文書單行本參照四庫，約略變通；叢書參照匯刊書目，分爲八類；科學等新書及外國書，暫以檢字法編列。”⑩

總體而言，早期國家圖書館普通古籍的分類法，乃以四部爲準，略有變通，單列叢書、新書單排等。

二、兩館合并：《中文普通綫裝書分類表》的編製

1924 年 9 月，中美兩國政府簽訂協議，共同組建“中華教育文化基金董事會”，負責保管與處理美國第二次庚子退款。次年 10 月，教育部與中華教育文化基金董事會訂立合辦國立京師圖書館契約。契約的内容之一，是教育部承擔該館日常經費的二分之一。由于經費緊張，教育部雖訂有契約，不過遲遲難以履行，合辦之事祇能暫停。1926 年 3 月，中華教育文化基金董事會自行租賃北海公園慶霄樓、悦心殿、静憩軒、普安殿一帶房屋，成立“北京圖書館”。1928 年 10 月，北京圖書館改名爲北平北海圖書館。1929 年 6 月，中華教育文化基金董事會同意繼續履行之前的契約，與教育部合辦國立北平圖書館，將教育部下屬、位于中海居仁堂的國立北平圖書館，與中華教育文化基金董事會下屬的北平北海圖書館合并，成立新的國立北平圖書館。同年 8 月 31 日，兩館合組成立。在新館舍落成之前，中海原國立北平館暫稱第一館，北平北海圖

書館暫稱第二館。

早在兩館合并之前，北京圖書館即已着手開展新分類法的研製。1927 年《北京圖書館第一年度報告》中對此有詳細的記載：

本館以我國自創立新式圖書館以來已有二十年之歷史，部勒庋藏雖已大爲改觀，但中國圖書館所藏書籍自以中籍爲多，而中籍之分類及編目以未有妥善之法，致全體受其影響。是故認此爲一極重要之任務，深注意焉。

自來中國所謂編目皆屬分類，分類與編目截然兩事，匪可相混，惟相互間有極密切之關係耳。分類在今日尤爲當務之急，本館于此特就各種分類法與他館已得之經驗加以詳審之研究，覺他國成法多有所偏，實難吻合我國國學發展之途徑。而四庫法雖在我國沿用最久，且又普遍，但有其主觀性，不甚合乎科學。而後出之書，亦無從容納，頗不適現代圖書館之需求。是非根本別立方案，上接舊學，下開新知，不爲功也。今于立案之先，袪除一切成見，實事求是，純爲客觀的分類法。如編某類，先將此類書籍盡力搜輯，首知書籍之内容，再按其性質詳加分析，逐類草定。然後樹立全部綱領，期于今古群籍皆有所歸，即後有新作亦可隨時增繁子目也。

本館以杜威分類大類爲數僅十，不易分配，難免有如歷史類各國地位不平等及文學與語言相隔太遠之弊，故擬略仿美國國會圖書館之分類法，多立類例。且知識本一整體，雖有分析而亦互有因緣，如采此法，可使分析之中略具連貫之意，既免强割，亦便檢索。其假定之大綱爲三十二類：

1. 總類、2. 哲學、3. 宗教、4. 史學、5. 地學、6. 社會、7. 統計、8. 經濟、9. 政治、10. 法律、11. 教育、12. 游技、13. 藝術、14. 字音、15. 文字、16. 科學、17. 數學、18. 天文、19. 物理、20. 化學、21. 地質、22. 古生物學、23. 生物、24. 農學、25. 醫藥、26. 家政、27. 風俗、28. 交通、29. 商業、30. 工業、31. 軍事、32. 目錄學圖書館學。

每類之中再爲小類之分析，每小類分析完成，又須製類別符號。類別符號爲自來中國所無，不能不借鏡于他法。然現在國内流行之新分類法，皆襲自杜威分類法，全用數字，頗不適用于本館所采之方法。而他法用類別之首字者，雖便于西文書，然以中國之獨體文字則不能采用。本館擬用之法，每一大類即用該類之首字，再用該類下小分類之首字，其下則以數字表之。如總類下有叢書，則其標目即爲總叢。雖連用二字，閱覽者或嫌不便，然較之不相干之數字，或便于解悟多矣。

此類工作浩大，斷非朝夕所可竣事。今已略具眉目者，有書目類、叢書類與總類及目錄學及圖書館學而已，餘則尚待排比也。⑪

上述引文詳細説明了當時北京圖書館創製中文新分類法的緣起及過程。新分類法的特點可以概括爲三點：主要借鑒美國國會圖書館分類法、主要按照學科知識體系來設立類目、類名包括中文文字和數字。這三點奠定了後續劉國鈞《中文普通綫裝書分類表》的基礎。主持此分類法編製的人，筆者以爲當爲袁同禮。袁同禮曾留學美國，又任職國會圖書館，1926 年 3 月任新成立的北京圖書館圖書部主任，1927 年 7 月任副館長，1929 年 1 月任改名後的北平北海圖書館館長。

1926—1927 年北京圖書館創辦第一年，編製的中文新分類法即已初步成型。次年，又繼續着力此事。據 1928 年《北京圖書館第二年度報告》載：

> 分類法則仍思努力進行，故于十六年四月起，即從事于第二次之分類工作。此次爲脚踏實地起見，將本館現藏者加以分析，如美國國會圖書館之辦法分類，取小取易，改革以尚未決定正式之系統，不過暫立基礎而已。今將分類列之如下：
>
> 1. 書目、2. 叢書、3. 類書、4. 經籍、5. 文字、6. 史乘、7. 地理、8. 傳記、9. 政書、10. 通制、11. 古器物、12. 倫理、13. 宗教、14. 術數、15. 天算、16. 醫方、17. 農藝、18. 兵書、19. 藝術、20. 論著、21. 詩文詞曲。
>
> 以上二十一類，不過將舊籍略予變通，作一種過渡之基礎工作，將來固尚有歸并擴充分析之必要也。[12]

新分類法繼續進行修訂，至 1928 年，從最初的 32 類合并爲 21 類。

1929 年 8 月，國立北平圖書館與北平北海圖書館合并成立新的國立北平圖書館之後，蔡元培、袁同禮爲正、副館長。由于蔡元培主要在南京，所以館務由袁同禮主持。同年，時任金陵大學圖書館主任的劉國鈞，被聘爲北平圖書館編纂部主任。劉國鈞曾在美國威斯康星大學哲學系、圖書館專科學校和研究院學習，獲得博士學位，又長年在金陵大學圖書館工作，既有圖書館理論基礎，又有實踐經驗。1929 年剛編製完成《中國圖書分類法》，在圖書館編目方面成就顯著。北平圖書館編纂部下設中文編目、西文編目、索引三組，主要職掌爲：關于編目事項；關于分類事項；關于考訂、讎校及撰擬提要事項；關于出版物之設計及編纂事項[13]。在劉國鈞的主持下，新分類法又進行了修訂，由 21 類合并爲 15 類，普通古籍的分類法最終成型。1957 年 6 月《國立北京圖書館中文普通綫裝書分類表》"前言"中對分類法的編製歷史有詳細的叙述：

> 這個分類表是一九二九年爲我館所藏中文綫裝書編製的。當時要求將綫裝書和平裝書要分別分類庋藏，并且要合于"四庫"分類的體系。可是四庫分類法原有的類目，并不能包括所有的綫裝書，而且没有號碼，不便于圖書館實際出納工作。在這種情況之下，就由當時編纂部主任劉國鈞主持，編製了這個分類表。在實質上，是把四庫分類法原有類目參考現代科學的性質，加以分散或合并，又增加了一些新的類目（如："自然科學""社會科學"等），成爲十五個基本大類。

不過其中并没有指出，其實在此之前，北京（北海）圖書館已經開展了前期工作。

新分類法隨即在北海第二館試用。1930 年《國立北平圖書館館務報告》（民國十八年七月至十九年六月）提到："本館第二館前已擬定分類法一種，原定二十二類，兹就一年來之實驗結果并參考其他之圖書館分類法，略加删并爲十五大類，類各分屬，屬各分目。總期內容足以包括新舊書籍，無扞格偏重之弊。分析以謹嚴細密爲主，尤重于時代的區別，庶一類之著作，不致先後混淆，其著述發達之次第，亦皎然可睹。"[14]及至 1931 年，"第二館之中文書籍，除上年度已編就之經籍門、應用科學門、史乘門、地理門、傳記門、古器物門、文學門、藝術門、總計門之九類外，自上年七月起陸續進行。計已編就者有目錄門、哲學門、宗教門、自然科學門、社會科學門、文字學門六大類。此外，尚有叢書之分析卡片之未加號碼者完全加入，并將書名、著者、分類三種卡片各製詳細導片，以備閱覽者之便利。第二館編目工作現已全部告成矣。"[15]

據國家圖書館出版社前總編徐蜀所藏 1929 年版分類表，當時最初的名字是"普通圖書分類表"，而不是《中文普通綫裝書分類表》。

三、20 世紀 50 年代：《中文普通綫裝書分類表》的修訂總結

中華人民共和國成立以後，馬克思列寧主義相關出版物日益增加，反映到圖書館分類法上，也需要做相應的調整。衹是要在短時期内編製出一部完全適應新時代圖書的分類法，勢必難以完成。因此對原有分類法進行修訂增補，成爲大多數圖書館的主要方法。劉國鈞等人編的《圖書館目錄》指出這個方法是比較合適的："像北京圖書館、北大圖書館都是采用這種辦法的。東北圖書館的圖書分類法也可劃入這一類型，因爲它還是在舊分類法的體系下修改和增補起來的。"[16]當時北京圖書館的中文書使用的是劉國鈞《中國圖書分類法》，"解放之後，北京圖書館就在舊有分類法的基礎上陸續加以增訂，直到 1956 年底全部增訂稿纔算完成"[17]。

1957 年 6 月，北京圖書館中文編目組在《中文普通綫裝書分類表》的"前言"中指出了該分類表存在的問題："在今天看起來，這個表的思想性是局限在舊的分類體系之内的，是不合時代要求的"；也分析了該表的積極意義："可是在某些方面，譬如在類目方面，要求適于舊籍圖書的特點，在號碼編製方面，打破了十進位度，這些對我們目前研究圖書分類上或能提供一些參考。"當時基本上還沒有對該分類表進行大規模的修訂增補，"這本分類表我們衹用作舊綫裝圖書的分類，因而在時代表、地區表或涉及新學科等方面的類目，均未予以增補"。儘管如此，該"前言"也提到："三十年來，在實際工作中，也做了個別改動和增補，就是現在發表的這個表。"

徐蜀在《劉國鈞〈中文普通綫裝書分類表〉源流考》的新浪博客文章中，比較了自己收藏的 1929 年和 1957 年版分類表，認爲涉及的改動與增補，達上百處之多[18]。通過徐老師的研究成果，我們可以認爲，在 20 世紀 50 年代，當時并沒有對普通綫裝書分類表進行專門的修訂，衹是對此前 20 多年使用過程中提出的修改與增訂意見進行了總結。

四、20 世紀 60 年代：《中文普通綫裝書分類表》的類名增訂

1964 年 10 月，北圖中文編目組在《中文普通綫裝書分類表》"再版説明"中提到："這次重印，對原編十五個門類的内容，仍依其舊，未作改動，但由於馬列主義在現時代的發展，用綫裝形式出版的經典著作，特別是毛主席的著作和有關共產主義運動的著作日漸增多，我們爲了突出集中反映，因而新增加了一門類，即馬克思列寧主

義類，并用特字元號標識，列爲全表的第一門類，合原有之十五門類，共爲十六門類。"因此，20世紀60年代對《中文普通綫裝書分類表》的增訂主要是在原有十五大類的基礎上，增加了一個名爲馬克思列寧主義的門類。不過，在實際運用過程中，由于此類的綫裝書并不多，所以這個門類使用較少。工作人員一般還是俗稱《中文普通綫裝書分類表》爲"十五大類"。

五、20世紀八九十年代：《中文普通綫裝書分類表》的類目修訂

據統計，1949年國家圖書館藏普通古籍僅有236264册[⑲]。中華人民共和國成立後，在國家和社會各界人士的大力支持下，經過30餘年的發展，國家圖書館普通古籍的數量增長迅猛。到80年代初，已達近200萬册，主要包括：正編書（約60萬册）、簡編書（近120萬册）、西諦（鄭振鐸）藏書（6萬多册）和未編書（包括陳垣贈書、趙爾巽遺書和李棪書等，共5萬多册）四部分[⑳]。其中祇有正編書采用劉國鈞分類法，其他尚未完整編目，甚至未編目。從1983年開始，國家圖書館開始啓動合流編目工作，即按照劉國鈞分類法，一類一類將上述四部分書合在一起進行編目，編纂出版《北京圖書館普通古籍總目》（現改名《國家圖書館普通古籍總目》）。首先開展的是目錄門，之後是文字學門、自然科學門、古器物門、地方志門、傳記門等。

在合流編目的過程中，由于所編之書在品種和數量方面大大超過劉國鈞分類法擬訂之時，以及中華人民共和國成立之初的普通古籍數量，國家圖書館對于分類表的類目，在1957年版的基礎上又做了一定的修改、增訂。與1957版劉國鈞分類法相比較，這些修訂主要體現在以下幾個方面：第一增加新的下位類。如目110文字學下，增加目111字書、目112音韵、目113訓詁、目117其他，目320清代四庫全書下增加320.8續修四庫全書，目400私藏下增加目460建國後人，地750名勝古迹下增加地758關隘，等等。第二調整區域名稱及分類，這主要涉及地志門的方志、傳記門的各地總傳、古器物門的地方金石志等。如方志，此前地110爲河北，現在改爲北京，增加天津爲地120，删除西康、熱河、察哈爾、綏遠等，外蒙古調整到外國之列，等等。第三修改類名。如目660類名原爲"通俗"，現改爲"公共"，地727類名原爲"巨泊"，現改爲"湖泊"，等等。第四，删除個別類號，如甲骨，删除古240題跋、古250字書、古260義例。此外，傳記門類號中的數字都增加了一位。如原歷代總傳爲傳10，現改爲傳100，原列女爲傳30，現改爲傳300。

20世紀80—90年代，國家圖書館先後完成了目錄門、文字學門、自然科學門、古器物門、地方志門、傳記門等門類普通古籍的合流編目工作。在此過程中，陸續對相應門類的類目進行了修改、增訂。隨後在20世紀末21世紀初，爲適應新技術的發展，普通古籍編目的工作重心轉爲古籍機讀格式書目數據製作與未編文獻整理編目，普通古籍總目編纂一事暫時擱置。近年來，國家圖書館又先後啓動了哲學門、經籍門的總目編纂，在此過程中，相應門類的分類表也將作進一步的修訂完善。

六、結 語

綜上，國家圖書館所藏普通古籍先後采用了四部分類法和劉國鈞《中文普通綫裝書分類表》。劉國鈞《中文普通綫裝書分類表》自誕生至今，已近百年，較好地解决了各時期普通綫裝書的分類問題。隨着時代的變遷、書籍數量的變化等緣由，該分類表的類目始終在不斷地修改、增訂，相信今後也將繼續如此。

注釋：

① 關于國家圖書館普通古籍的分類法，寒冬虹《北京圖書館歷年所編的古籍目録》（《文獻》1989 年第 2 期）、卜書慶《國家圖書館分類法及分類目録百年回顧與思考》（《國家圖書館學刊》2009 年第 3 期）對此略有涉及。專門研究劉國鈞《中文普通綫裝書分類表》的論文有黃建年的《古籍分類的典範：〈中文普通綫裝書分類表〉源流、演化與時代的適用性》（《上海高校圖書情報工作研究》2018 年第 3 期）。

② 《學部官報》1910 年第 113 期，16 葉。

③ 李致忠主編：《中國國家圖書館館史資料長編》，國家圖書館出版社，2009 年，172 頁。

④ 同上，173 頁。

⑤ 同上，174 頁。

⑥ 同上，43—44 頁。

⑦ 同上，178 頁。

⑧ 同上，180 頁。

⑨ 同上。

⑩ 同上，180—181 頁。

⑪ 同上，85—86 頁。

⑫ 同上，87 頁。

⑬ 同上，128 頁。

⑭ 同上，182 頁。

⑮ 同上，183 頁。

⑯ 劉國鈞等編：《圖書館目録》，高等教育出版社，1957 年，226 頁。

⑰ 同上，229 頁。

⑱ 網上新浪博客的文章現已不能查到，承蒙徐蜀老師惠賜大作，獲益匪淺，特此感謝！

⑲ 北京圖書館業務研究委員會：《北京圖書館館史資料彙編（1909—1949）》，書目文獻出版社，1992 年，1109 頁。

⑳ 鮑國强：《北圖工作産品（1）：〈北京圖書館普通古籍總目（目録門）〉》，《北京圖書館通訊》1987 年第 3 期。

（作者單位：國家圖書館古籍館）

喬奇渥《中國地圖》辨析

吴碧華

内容提要：明代萬曆年間，比利時人喬奇渥繪製的《中國地圖》開啓了西方人繪製中國地圖的新紀元，但其描繪的中國與當時的中國實際輪廓和地形地貌特徵都有很大差距。根據兩個 QVANCII 標注位置的地理特徵和其他同類地圖的説明，并根據客家語有關"江西"和"廣西"的發音分析，可以判斷兩個 QVANCII 不是重複"廣西"，應該分别是"江西"和"廣西"。由此進一步分析該圖兩京十三布政使司的内陸地名信息可能主要源自一些口述信息。喬奇渥根據這些口述信息、實測信息并參閲西方地圖，加之基于常識的主觀構想，繪製了第一幅西方人專門描繪中國的地圖。

關鍵詞：CHINAE QVANCII 江西 廣西 信息來源

1584 年，比利時人亞伯拉罕·奧特利烏斯（Abraham Ortelius，1528—1598）出版的拉丁文版《地球大觀》中增加了一幅中國地圖[①]，原圖名爲 "CHINAE, olim Sinarum regionis, noua descriptio, auctore Ludovico Georgio"[②]，意即"中國，原中國區域，新的描繪，作者路鐸維科·喬奇渥"。這是至今已知最早的一幅歐洲人繪製刊印的單幅中國地圖。儘管該圖現在看來十分粗略，與當時中國的實際地理區域輪廓形狀也相去甚遠，但還是比較準確地繪出了明代兩京十三布政使司的區域信息，也是"歐洲人繪製中國地圖的奠基之作"[③]，但圖中的兩處布政使司均標注爲 QVANCII 却使學者們感到困惑。本文擬對是圖中兩個 QVANCII 及該圖信息來源做一簡要辨析。

一、兩處 QVANCII 的辨析

喬奇渥《中國地圖》以上西下東、左南右北爲方位坐標，上下圖廓有緯度標數，但東西兩側圖廓無經度標數。是圖中國區域輪廓像一把菜刀，西部和北部邊境山脉近似垂直相交，東部和南部的海岸走嚮近似圓弧。該圖最引人注目的是標出明代兩京與十三布政使司的名稱，以及一些府、州、縣的名稱。兩京與十三布政使司的名稱用較大字體，且全大寫的拉丁文拼寫標識。府、州、縣的名稱用較小的字體，且衹有首字母大寫，然後用大小不同的建築圖標來區分其行政級別。如布政使司駐地首府的建築圖標是一個多建築組合圖形，圖標較大；而其他府、州、縣的建築圖標衹有一個或兩

190

個建築圖形組合，圖標較小。

該圖的地名標寫有一些問題，如雲南（IVNNA）的位置誤置于湖廣（FVQVAM）之北、山西（SANCII）之南，讓人感覺雲南是在山西和湖廣之間。最令學者們困惑的是有兩個QVANCII，學者們幾乎一致認爲兩個QVANCII是重複廣西，因此也就認爲缺失江西，或認爲江西的標寫與其他布政使司名稱的標寫不同。

周振鶴《西洋古地圖裏的中國——記香港科技大學西洋古地圖特藏》一文認爲："缺江西、四川，又重複廣西，其中北面的廣西上有 superior 字樣，又雲南位置誤置于貴州之北。"④但喬奇渥《中國地圖》裏北面的 QVANCII 上并沒有 superior 字樣。這一點周教授可能是混淆了荷蘭製圖師約道庫斯·洪第烏斯（Jodocus Hondius）繪製的中國地圖，其圖名爲 *CHINA*⑤，其圖上同樣是兩個 QVANCII，其中北面的 QVANCII 上附加有 superior 字樣。《西洋古地圖裏的中國》一文對洪第烏斯一圖也有介紹。

張紅揚《西洋人繪製的第一幅中國分省地圖》一文則認爲："内陸城市有的張冠李戴，位置互換，如貴州和雲南；有的重複標注，如廣西，有的標錯位置，如江西；四川和湖廣則沒有標出。"并將 FVQVAM 釋讀爲"撫州"，以"撫州"取代"江西"，認爲 FVQVAM 是指"江西"⑥。顯然，FVQVAM 應是指"湖廣"，這是毫無疑問的。而且將"QVAM"釋讀爲"州"的拉丁文轉寫，與圖中其他含有"州"的省、府地名的拉丁文轉寫均有很大差別，如貴州爲 QVICHEV。府州則有 chio 和 cheo 兩種形式，如貴州首府注爲 Guichio、北京通州爲 Toncheo，等等。

黃時鑒《巴爾布達〈中國新圖〉的刊本、圖形和内容》一文認爲：在 FVQVAM（湖廣）以東、HONAO（河南）以南有一個大湖，根據其大致方位可以判定是鄱陽湖，湖面上標有 Qiamci（實爲 Quianci），按照巴爾布達圖上所采用的漢字拼音系統，它應該讀作"江西"無疑。因此，Quianci（江西）是被標在鄱陽湖上了，而且所標字母從一等降爲二等⑦。這個 Quianci 讀作"江西"應該沒有問題，但從所標字母的等級來看，不應該是指省級名稱"江西"，結合其圖標來看，應該是指江西布政使司駐地的首府名稱。喬奇渥的《中國地圖》中有多個駐地首府與其省級行政區名稱相同或相似的情況，如廣西首府爲 Quancij、貴州首府爲 Guichio、浙江首府爲 Chiquiano、山東首府爲 Santom，等等。

兩個 QVANCII 是真的"重複廣西"嗎？筆者認爲：喬奇渥的兩個 QVANCII 并不是重複廣西，江西也沒有缺失，而且與其他布政使司名稱的標寫方式完全相同。兩個 QVANCII，其中一個是指廣西，另一個則是指江西。下方（位于是圖左上方）的 QVANCII 是指廣西，而上方（位于是圖右下方）的 QVANCII 則是指江西。

首先，兩個 QVANCII 是不是重複廣西，這可以從其同時代稍晚的其他西方製圖者所繪的中國地圖來判斷。喬奇渥《中國地圖》是至今已知最早的一幅歐洲人繪製刊印的單幅中國地圖。在此之前，未見西方繪製單幅的中國地圖，有關中國的地理信息祇是體現在一些亞洲或世界的地圖上，所及主要是中國沿海的省區地理信息，内陸區域的地理信息很少。喬奇渥的中國地圖出版後，開啓了西方繪製中國地圖的新紀元，隨後有荷蘭製圖師約道庫斯·洪第烏斯（Jodocus Hondius）⑧、英國製圖師約翰·斯皮德

（John Speed）⑨、荷蘭製圖師簡·詹森（Jan Jansson）⑩于 1606 年、1626 年、1636 年相繼繪製了單幅中國地圖，這三位製圖師繪製的中國地圖都與喬奇渥的《中國地圖》非常相似。祇是圖向由上西下東改爲上北下南，圖中同樣有兩個 QVANCII，雲南還是在山西和湖廣之間，陝西境內虛構的圓湖依然保留。不過，洪第烏斯繪製的中國地圖中位置偏上的 QVANCII 上加注了 superior（意爲"上"）一詞。由此可以證明，這些製圖師也知道這兩個 QVANCII 是指的兩個不同的地方，此 QVANCII 非彼 QVANCII，祇是它們的讀音相同或相近而已。爲了避免混淆，洪第烏斯在位置偏上的 QVANCII 旁邊加注 superior 一詞以示區別。從圖中兩個 QVANCII 的位置、superior 的含義以及現實中"江西"與"廣西"的相對位置可以看出，加注了 superior 的 QVANCII 應是指的江西省，而另一個 QVANCII 則爲廣西省。

其次，從其拼讀來看，QVANCII 與 Quianci 的應該一樣。因爲古拉丁文中，v 與 u 經常易用，在該圖中主要表現爲大寫時用 V，小寫時則用 u。當然，使人困惑的是爲什麼江西和廣西都用 QVANCII。這應取決於喬奇渥繪製該圖的信息來源。顯然，喬奇渥《中國地圖》中的拉丁文中國地名是這些地名的漢語音譯轉寫。如果是參考中國的文獻資料翻譯，那可能翻譯不一樣。但是，如果喬奇渥獲取的這些地理信息是通過一些中國人的口頭叙述而得，而這位給予叙述的中國人在説"江西"和"廣西"二字時發出的讀音相同或者相似，那麼喬奇渥將它們拼寫成一樣也就可以理解了。就像"陝西"和"山西"，若按普通話的現代漢語拼音形式，其拉丁文轉寫形式也是一樣的，均爲 Shanxi。但喬奇渥《中國地圖》上的"陝西"和"山西"拉丁文名稱却不同。"陝西"爲 XIAMXII"，而"山西"爲 SANCII"。事實上，在我國南方的一些地方方言中，如粵語、閩南語、客家語等，確實有"江西"和"廣西"二字讀音相同或者相似的情況⑪，如客家語的方言中，"江西"和"廣西"的讀音分別爲 gōngsi 和 gǒngsi，拼讀完全相同。祇是聲調不同，"江西"的聲調是陰平，而"廣西"的聲調是上聲。在粵語中，"江"和"廣"的讀音分別是 gōng 和 gwóng；在閩南語中，"江西"和"廣西"的讀音分別是 kang-sai 和 kńg-sai，其中的"江"和"廣"的讀音也是相似的。"江"和"廣"的讀音相同或相似也可以從是圖中"湖廣"和"浙江"兩省的拼寫中看出來，"浙江"爲 CHEQVIAM"，"湖廣"爲 FVQVAM"，其中"江"和"廣"的拼寫也基本相同。

綜上所述，兩個 QVANCII 不是重複廣西。地圖右下方的 QVANCII 是指江西，其標注在南嶺的北邊，根據圖中水系分布可以判定其位置是在贛江源頭。因此從其所在的地理位置來看，這個 QVANCII 所在的位置應爲江西。這與江西的實際地理位置也是相吻合的。而位于是圖左上方的另一個 QVANCII 則爲廣西。

二、喬奇渥繪製兩京十三布政使司的信息來源

根據當時的現實情形以及該圖的錯誤和失真信息來看，喬奇渥進入中國內陸進行地理測繪的可能性微乎其微。但喬奇渥能够較爲準確繪製和標注明代兩京十三布政使

司的地理位置和名稱，説明他通過某種渠道搜集了一些中國的地理信息。

根據該圖的特徵判斷，喬奇渥繪製兩京十三布政使司的信息來源至少包含下列四個方面：一是通過與中國的海商、船員等交流獲取一些中國的地理信息；二是參閱一些西方繪製的有關亞洲的地圖；三是作爲一名水手親自探測的信息；四是結合各種渠道獲取的不完備信息所做的主觀構想。

（一）口述信息

喬奇渥作爲歐洲人，在那個時代想要直接利用中文文獻，其困難可想而知。喬奇渥繪製該圖的内陸信息應主要來源于與其交流的某些中國人（比如一些海商、船員）的口述信息。之所以如此判斷可以從兩方面來佐證，一是兩京十三布政使司名稱的拼寫形式，二是内陸西部地名和位置的錯亂情形。

1. 地名的拼寫形式

喬奇渥《中國地圖》最重要的成就就是在地圖上標出兩京十三布政使司的名稱，而且這些名稱除西部地名和位置有一些錯亂之外，中部和東部地名及其位置都基本正確。兩京十三布政使司的名稱分别爲：QVINCII、NANQVII、CANTAM、FOQVIEM、CHEQVIAM、XANTON、HONAO、FVQVAM、XIAMXII、SANCII、IVNNA、QVICHEV、SVINAM 和兩個 QVANCII。除 SVINAM 和兩個 QVANCII 外，其他名稱都很容易與明代的省級行政區名稱相對應。上文已述，基本可以確定兩個 QVANCII 分别是江西和廣西。

16 世紀已有不少西方人來過中國，有些回去後還留下了一些記述中國的文獻。還有人雖未曾來過中國，卻通過收集有關中國的資料，撰寫了記述中國的文獻。這其中也有不少記述明代中國兩京十三布政使司名稱的文獻，如葡萄牙人克里斯多弗・維艾拉（Cristóvão Vieira）的書札、葡萄牙史學家若奥・德・巴羅斯（João de Barros）的《亞洲志》、葡萄牙人蓋略特・佩雷拉（Galeot Pereira）的《中國報導》、葡萄牙傳教士加斯帕・達・克路士（Gaspar da Cruz）的《中國志》、西班牙傳教士馬丁・德・拉達（Martin de Rada）的《拉達札記》、西班牙人伯納迪諾・德・艾斯加蘭蒂（Bernardino de Escalante）的《關于葡萄牙人對世界東部國家和省份的旅行，以及中華帝國消息的記述》和西班牙人胡安・岡薩雷斯・德・門多薩（Fr. Iuan Gonçales de Mendoça）的《中華大帝國史》。

單從時間來説，喬奇渥有機會獲取這些西方文獻，但從其《中國地圖》兩京十三布政使司名稱及轉寫形式來看，喬奇渥又似乎没有參閱這些西方文獻。

維艾拉書札中有明代兩京十三布政使司的信息，沿海爲：Cantão、Foquiem、Chequião、Nanquim、Xantão、Pequim；内陸邊境省有：Quanci、Honão、Cuicheu（Tumchou）、Cheanci、Sanci；内陸中間省有：Queanci、Vinão、Honão[12]。共有 14 名稱。但 Honão 有兩個，也許是維艾拉當時獲取的河南與雲南兩省讀音相同。則實際還缺一個省的名稱，大致判斷應該缺失了湖廣。雖然廣西（Quanci）和江西（Queanci）的拼寫接近，但其河南與雲南兩省的拼讀相同，且缺失湖廣。

巴羅斯《亞洲志》中介紹的明代兩京十三布政使司信息，沿海有：Cantam、

Foquiem、Chequeam、Xanton、Nauquij、Quincij；内陸有：Quicheu、Junná、Quancij、Sujuam、Fuquam、Cansij、Xianxij、Honam、Sancij[13]。雖然不同語言的音譯轉寫存在一些差異，但巴羅斯的江西和廣西采用了不同的拼寫形式。依據比較容易判定的廣東（Cantam）和浙江（Chequeam）來判斷，Cansiij 應爲廣西，Quancij 爲江西；但從其排列順序來看，也有可能 Cansiij 爲江西，而 Quancij 爲廣西。

佩雷拉《中國報導》説中國有十三個省，包括有：Foquiem、Cantão、Chequeam、Xutianfu（Pachim）、Chelim（Nanquim）、Quianssi、Quichio、Quansi、Confu、Vrnam、Sichuan，還有兩省名稱不知道[14]。佩雷拉實際叙述了明代兩京和九個布政使司的名稱信息。從其音譯轉寫形式來判斷，江西和廣西應是從 Quianssi 和 Quansi 中各選一個，二者的音譯形式也是比較接近的。但他將北京和南京稱爲 Xutianfu（順天府）和 Chilim（直隸），而 Pachim 和 Nanquim 是作爲他們的首府名稱。

克路士《中國志》中也説中國有十三個省，分別是：Cātão、Cāsi、Fuquē、Chaqueā、Xuteafim（Paquim）、Chilim（Namquim）、Sanxi、Quichio、Fuquom、Quinsi、Vinan、Siquam、Siensi[15]。與佩雷拉類似，克路士也將北京和南京稱爲 Xuteafim（順天府）和 Chilim（直隸），而 Paquim 和 Namquim 是作爲他們的首府名稱。但克路士所記明代兩京和十一個布政使司的名稱，有些名稱的拼寫形式也與佩雷拉的不同。從其音譯轉寫形式來判斷，江西可能是 Quinsi，而廣西可能是 Cāsi，二者完全不同。

《拉達札記》中不僅叙述了明代兩京十三布政使司的名稱信息，還準確叙述了這些省份的位置，如北京（Pacquiaa 或 Pacquin）的西邊是山西（Sancij 或 Suancij），然後是陝西（Siamsay），陝西南邊是四川（Susuam），四川南邊是貴州（Cuychiu），緊挨着是雲南（Olam 或 Onnam），雲南是大明（Taybin）的最南邊，雲南往東是廣西（Cuansij 或 Cansay），接着是廣東（Cuanton 或 Sayntan），繼續往東是福建（Fuquien 或 Hoquien），然後往北是浙江（Chetcan），再往上是南京（Lamquiaa 或 Namquin），再下一個沿海省是山東（Santon 或 Suatan），三個中間省是河南（Holam）、湖廣（Oucun）、江西（Cansay）[16]。雖然《拉達札記》中廣西（Cuansij 或 Cansay）其中一個名稱拼寫與江西（Cansay）相同，但《拉達札記》準確叙述了這些省份的位置。

艾斯加蘭蒂《關于葡萄牙人對世界東部國家和省份的旅行，以及中華帝國消息的記述》中也有明代兩京十三布政使司的名稱信息，沿海有：Caton、Foquien、Chequeam、Xanton、Nanquij、Quinquij，内陸有：Quicheu、Iunna、Quancij、Sujuam、Fuquam、Cansiij、Xianxij、Honan 和 Sancij[17]。艾斯加蘭蒂的兩京十三布政使司名稱與巴羅斯的相近，其江西和廣西采用了不同的拼寫形式。

門多薩《中華大帝國史》中明代兩京十三布政使司的名稱信息分別是：Paguia、Foquiem、Olam、Cyncay、Susuam、Tolanchia、Cansay、Oquiam、Aucheo、Honã、Xanton、Quicheu、Chequeam、Susuam、Saxij[18]，其中 Susuam 有兩個，其他多處地名的拼寫也與喬奇渥《中國地圖》的拼寫有較大差異。門多薩一書比喬奇渥的《中國地圖》晚一年出版，理論上他們有機會參閱相同資料，不過從兩京十三布政使司地名拼寫形式來看，他們的信息來源應該是不同的。

从上述文献中的明代两京十三布政使司名称的拼写形式及其缺漏情况来看，乔奇渥参考前述这些文献的可能性极低。或者乔奇渥虽然看到了这些文献，但他认为自己调查的信息更为可靠，从而摒弃这些文献中的地名拼写形式。乔奇渥《中国地图》的地名拼写形式可能是依据他自己与一些中国人交流的口述信息。

2. 地名标注和位置的错乱情况

乔奇渥《中国地图》虽然对西部省区的地名均有标注，但出现了地理名称和位置混乱的情况。

首先是陕西与山西的混淆。陕西与山西是我国隔黄河相望的两个省，陕西与山西按汉语普通话拼音转写的都是 Shanxi，不过乔奇渥《中国地图》上的地名拉丁转写显然不会与此相同，位于地图西北位置上的两个布政使司地名为 XIAMXII 和 SANCII。虽然没有省区边界，但大致可以确定 XIAMXII 标在了山西的位置，而 SANCII 标在了陕西的位置上。从地名标注所在的位置来说，XIAMXII 指山西，SANCII 为陕西。单纯从音译转写来说，XIAMXII 指山西，SANCII 为陕西也没有任何问题，但黄时鉴教授依据图中 SANCII 旁边的圆湖图标及其说明，对陕西与山西的位置提出了质疑，认为 XIAMXII 应是陕西，而 SANCII 则为山西[19]。由此可见，陕西和山西的位置就可能弄错了。

然后是云南的错位。云南本来是我国的西南边陲。然而在乔奇渥的《中国地图》上，云南（IVNNA）却标在了湖广（FVQVAM）的北边，山西（SANCII）的南边。也就是说乔奇渥《中国地图》的云南变成位于今天的湖北与陕西之间，大致在重庆的位置上。这样的错误不可能出现在中国人绘制的地图上，而西方一些有关中国的资料中或没有地理位置的阐述，也能较准确地说明明代两京十三省的位置，如《拉达札记》。依据云南的错位特征，可以推断其不太可能参考过中国的地图。毕竟这样的错误若出现在中国人绘制的地图上那是非常不可思议的。例如明建文四年（1402）朝鲜学者绘成的《混一疆理历代国都之图》[20]和被认为可能是最早传入欧洲的《古今形胜之图》[21]，它们的"云南"位置都是正确的。

如果说陕西与山西的混淆，存在今人对其音译形式误解的可能性，那云南的错位却是绝对错误的。造成如此错误的原因很可能是给予乔奇渥中国地名信息的人对西部省份的位置不是很熟悉，或描述不清晰。如说"云南在山西的南边"，从一个粗略的方位来说也没有错，但听者却可能会理解为"云南是紧挨着山西的南边"。对口述信息的误会，即使在今天也是不可避免的。

（二）参阅西方地图

虽然乔奇渥是西方第一个绘制单幅中国地图的人，但在他之前，已有不少西方绘制的亚洲或世界地图已包含中国的地理信息。乔奇渥直接参考利用中文文献存在困难，但参考一些西方的文献则是可能的，如葡萄牙的制图师费尔南·瓦斯·多拉多（Fernão Vaz Dourado）描绘旧大陆和新大陆的《波多兰航海图》。

通过比较乔奇渥《中国地图》的中国沿海及外海的描绘，可见图中长江以南的中国海岸线及其沿海岛屿、南海西沙群岛及日本的描绘，与多拉多的《波多兰航海图》

非常相似[22]。

　　喬奇渥《中國地圖》與多拉多《波多蘭航海圖》的長江口形狀相似，且在相同的位置均有一個島嶼，可能爲崇明島；沿長江口南岸至浙江的寧波、舟山均爲一條平直的綫，其上祇有三四個小小的凹口，似把長江口與杭州灣合二爲一；從寧波、舟山至廣西北部灣的海岸綫二者也幾乎完全一樣，珠江口島嶼的大小與布局也基本一致，雷州半島爲一尖角，海南島置于雷州半島東側，北部灣形如魚尾。

　　喬奇渥《中國地圖》沿岸一些較大島嶼的布局和名稱與多拉多《波多蘭航海圖》也基本相同。如海南島形狀相似，喬奇渥《中國地圖》海南島名稱爲"Tnihosa ins"，多拉多《波多蘭航海圖》海南島名稱爲"I:. Tinhosa"，"Tinhosa"變爲"Tnihosa"應是筆誤。

　　喬奇渥《中國地圖》與多拉多《波多蘭航海圖》的南海西沙群島名稱均被稱爲"小島嶼群"，喬奇渥《中國地圖》爲"Pracel Ins."，多拉多《波多蘭航海圖》爲"I:. depracell"。西沙群島的圖形表達方式則完全一樣，爲一個梯形，南邊一條是斜綫，其他三條邊相互垂直。還有南海東邊的菲律賓群島海岸綫均是一條平直的、宛如磚砌的堤壩。還有位于地圖東北角的日本群島，二者的圖形描繪和名稱也基本一致。

（三）實測信息

　　儘管喬奇渥《中國地圖》與多拉多《波多蘭航海圖》對于南海和日本群島的圖形描繪與名稱有諸多相似，然而位于南海和日本群島之間的臺灣島與琉球群島的圖形和名稱却有較大差異。

　　多拉多《波多蘭航海圖》用三個不相連的方塊描繪臺灣島，且祇在北邊的小方塊旁標注有一個名稱爲"llequiopequeno"，意即"小琉球"；喬奇渥《中國地圖》則是用兩個非規則圖形來描繪臺灣島，且分別有自己的名稱，南邊圖形面積相對略大一點的島名爲"Lequeio parua"，北邊圖形面積相對略小一點的島名爲"Ins. Fermosa"。對于琉球群島，喬奇渥《中國地圖》中有一個比較大的圖旁注"Lequeio magna"，意即"大琉球"，同時在"Ins. Fermosa"和"Lequeio magna"之間描繪一些小小的島狀圖，但無名稱；多拉多《波多蘭航海圖》則用7個相對大點的島狀圖緊挨一起，旁注"llequiogramde"，與"llequiopequeno"之間也有一些較小的島狀圖，且注名稱爲"dos Reis magos"，意即"宮古島"。可見，對于臺灣島與琉球群島的描繪，喬奇渥不僅是圖形没有參照《波多蘭航海圖》，連名稱也擯弃了"dos Reis magos"，又補充了"Ins. Fermosa"。

　　"Fermosa"源于葡萄牙語，意爲"美麗"。1554年，葡萄牙人羅伯·霍曼（Lopo Homem）繪製的世界地圖上，最早將位于"大琉球"與"小琉球"之間的一些島嶼標記爲"I. Fremosa"，其後由其子迪奥哥·霍曼（Diogo Homem）修正爲"I. Fermosa"[23]。奥特利烏斯1570年出版的《地球大觀》中"亞洲新圖"（Asiae nova descriptio）、"韃靼與中華帝國圖"（Tartariae sive Magni Chami Regni tÿpus）和"東印度及周邊島嶼圖"（Indiae Orientalis Insularuque Adiacientium Typus）也均有"Fermosa"一名[24]。

196

不過，喬奇渥似乎也沒有參考過這些圖。首先，喬奇渥《中國地圖》中的"Fermosa"島與上述圖中的"Fermosa"島似乎不是指同一個地方。"亞洲新圖"和"東印度及周邊島嶼圖"的"Fermosa"位于"大琉球"與"宮古島"之間，旁爲一些小小的島狀圖。另從"韃靼與中華帝國圖"、"亞洲新圖"和"東印度及周邊島嶼圖"中的經緯網可以看到，"Fermosa"島的位置明顯超過了北緯26°，接近北緯30°。喬奇渥《中國地圖》雖無經緯網，但上、下圖廓中有緯度標，據此可以確定其"Fermosa"島在北緯24°—26°之間。由此，喬奇渥則可能是最早在地圖上把臺灣標爲"Fermosa"的人。另外，"韃靼與中華帝國圖"和"亞洲新圖"中長江以北的海岸綫雖然也是平直的，但山東半島和渤海灣還是有所體現，喬奇渥《中國地圖》中山東北面則是一片崇山峻嶺。

當然，也有可能喬奇渥認爲他們的信息有誤而未參考這些圖。喬奇渥沒有參考這些已有的地圖，則説明他可能有自己的一手信息。也許喬奇渥與多拉多一樣，也是葡萄牙的一名水手、製圖師和畫家。他去過或經過了小琉球、臺灣島和大琉球，從而有自己親手測量的數據。不過，無論他去過還是經過，其測量的肯定是少數幾個點的數據，并沒有看到全貌。把一些本是臺灣島的地點誤以爲是小琉球島，從而出現"以點代面"和"以面代點"的錯誤，以至臺灣島和小琉球島的圖形面積描繪呈現較大的失真。

（四）基于不完備信息的主觀構想

雖然喬奇渥的《中國地圖》含有明代兩京十三布政使司的信息，但就整個中國區域的地理信息來説，許多描繪都與實際情況有很大的差距。如長江以北的海岸綫繪成近乎一條直綫；西部和北部的國境綫也是近乎直綫；除西部和北部邊境是連綿的山脉外，内陸祇繪出了南部和東南部的南嶺與武夷山脉，其他地方則是一馬平川，分布着縱橫交錯、相互連通的河流，幾乎不見一點山頭。這樣的描繪顯然是基于一些不完備信息的主觀構想。

河網密布、交錯相通是我國江南水鄉的重要特徵。雖然通過京杭大運河可以連通黃河、淮河、長江和錢塘江，但喬奇渥將江南、江淮和中西部地區的幹流河流都繪製成交錯相通，以至到了江南和江淮地區的長江、黃河都無法區分。"江南水鄉"的稱呼對于稍微瞭解一些地理知識的人可能都知道，但對中西部地區的地形地貌，若非專門關注或游歷過，一般人可能就不瞭解，西方人喬奇渥就更不可能瞭解。喬奇渥無法得到中西部地區的地形地貌特徵，但對江南地區有所瞭解，這可能是因爲古代最便捷的交通工具是船，主要依靠水路獲取有關中國的地理信息。因此，喬奇渥想當然地將江南地區的河網分布特徵推及到他并不瞭解的中西部地區。

還有鄱陽湖往南的贛江支流章水跨越南嶺，與珠江支流湞水連接在一起。這是因爲從廣東走水路北上，最短而便捷的路徑就是溯東江而上至湞水，到達廣東南雄，翻過梅嶺，進入江西大余的章水，然後順贛江而下到達長江。當時廣東和内陸的商旅往來、人口遷徙、軍隊調動等大都是經過這裏，明代來華傳教士利瑪竇也正是經此道北上進京[25]。喬奇渥顯然知道了這一重要交通通道，但本人應未經過這裏，而且由于水路交通運輸在其意識裏可能具有不替代性，故而認爲珠江支流與贛江支流在梅嶺是相通的。

　　除了一些自然地理特徵的描繪有主觀構想成分外，一些人文地理信息同樣存在主觀構想，比如兩京十三布政使司駐地首府的名稱。根據圖上首府圖標判斷，共有 14 個布政使司首府圖標，13 個有名稱，一個未注名稱。13 個布政使司首府名稱中有 8 個與其布政使司名稱相同或相近，包括南京、福建、浙江、山東、山西、湖廣、江西、廣西和貴州，詳見下表。

表 1　布政使司及首府名稱中文、拉丁文對照表

布政使司名稱		布政使司首府名稱	
中文名	地圖上的拉丁文名	中文名	地圖上的拉丁文名
南京（南直隸）	NANQVII	應天府	Naniquin
浙江	CHEQVIAM	杭州府	Chiquiano
山東	XANTON	濟南府	Samton
山西	SANCII	太原府	Sanci
湖廣	FVQVAM	武昌府	Huquosã
江西	QVANCII	南昌府	Quianci
廣西	QVANCII	桂林府	Quancij
貴州	QVICHEV	貴陽府	Quichio

　　從上表可以看到，布政使司首府的拉丁文名稱與其中文名稱拼讀相差甚遠，但與其布政使司的中文名稱拼讀却是相近，與其布政使司的拉丁文名稱也相近，山西和廣西則基本相同。雖然無法知道喬奇渥是怎樣構想這些首府名稱，但在西方國家，省級行政區名稱與其駐地首府的城市名稱相同或相似的情況却是很常見。即使是今天，我們也能看到很多，葡萄牙和意大利的省級行政區名稱幾乎都與其駐地首府城市名相同。如葡萄牙聖塔倫區名爲 Distrito de Santarém，其首府城市名則爲 Município de Santarém[26]；意大利基耶蒂省名爲 Provincia di Chieti，其首府城市名則爲 Comune di Chieti[27]。也許正是這些常見的現象成爲了喬奇渥的常識，從而認爲中國的一級行政區名稱也應該是與其駐地首府名稱相同。

三、結　語

　　與費爾南·瓦斯·多拉多一樣，路鐸維科·喬奇渥可能是葡萄牙的一名水手和製圖師，經過或在臺灣某些地方駐留過，航行期間結識了説客家語等方言的商人或船員，通過這些商人或船員獲取了一些中國內陸的地理信息。同時喬奇渥手裏恰好有多拉多描繪舊大陸和新大陸的《波多蘭航海圖》。喬奇渥利用自己探測的數據和多拉多《波多

198

蘭航海圖》中國東南沿海信息，結合閩臺商人或船員提供的内陸信息以及其他各種渠道獲取的有關中國的信息，并根據基于常識的一些構想，繪製了第一幅西方人專門描繪中國的地圖。

注釋：

① Ortelius, Abraham：Theatrum Orbis Terrarum, Amsterdam：Abraham Ortelius, 1584 年, 93 葉。

② Ludovico Georgio 被認爲非作者真名，其真名目前通行意見認爲是葡萄牙耶穌會士繪圖員 Luis Jorge de Barbuda, 其拉丁文名字爲 Ludovicus Giorgius。

③ 周振鶴：《西洋古地圖裏的中國——記香港科技大學西洋古地圖特藏》，周振鶴《長水聲聞》，復旦大學出版社，2010 年，190 頁。

④ 同上，191 頁。

⑤ Hondius, Jodocus：CHINA, 1606 年，參見 https://www.raremaps.com/gallery/detail/74615/china-hondius（2022.4.6 檢索）。

⑥ 張紅揚：《西洋人繪製的第一幅中國分省地圖》，《中華讀書報》2005 年 11 月 23 日。

⑦ 黄時鑒：《巴爾布達〈中國新圖〉的刊本、圖形和内容》，黄時鑒《黄時鑒文集三：東海西海》，中西書局，2011 年，267 頁。

⑧ 同注⑤。

⑨ Speed, John：The Kingdome of China, 1626 年，參見 https://collections.library.yale.edu/catalog/15831832（2022.4.6 檢索）。

⑩ Jansson, Jan：China Veteribus Sinarum Regio nunc Incolis Tame dicta, 1636 年，參見 https://www.raremaps.com/gallery/detail/38916/china-veteribus-sinarum-regio-nunc-incolis-tame-dicta-jansson（2022.4.6 檢索）。

⑪《薪典——綫上客語、粤語、閩語辭典》，參見 https://www.syndict.com/（2022.4.6 檢索）。

⑫ Albuquerque, Luís de：Notícias da China e do Tibete, Lisboa：Publicações Alfa, 1989 年，26—27 頁。

⑬ Barros, João de：Décadas da ásia, Lissabon：João da Barreira, 1563 年，186 頁。

⑭ Boxer, C. R.：South China in the sixteenth century, Bangkok：Orchid Press, 2004 年，3—6 頁。

⑮ Cruz, Gaspar da：Tractado em que se cõtam muito por estẽso au cousas da China, Euora：em casa de Andre de Burgos, 1569 年，15—16 頁。

⑯ Boxer, C. R.：South China in the sixteenth century, Bangkok：Orchid Press, 2004 年，265—267 頁。

⑰ Escalante, Bernardino de 著, Frampton, Iohn 譯：A discourse of the nauigation which the Portugales doe make to the realmes and prouinces of the east partes of the worlde and of the knowledge that growes by them of the great thinges, which are in the dominions of China, London：Thomas Dawson, 1579 年，14 頁。

⑱ Gonçales de Mendoça, Iuan：Historia de las Cosas mas Notables, Ritos y Costumbres, del Gran Reyno dela China, Roma：Grassi, 1585 年，11—12 頁。

⑲ 同注⑦，269—271 頁。

⑳ 楊曉春：《〈混一疆理歷代國都之圖〉相關諸圖間的關係》，劉迎勝主編《〈大明混一圖〉與〈混一疆理圖〉研究》，江蘇鳳凰出版社，2010 年，76 頁。

㉑ 曹婉如、鄭錫煌、任金城：《中國與歐洲地圖交流的開始》，《自然科學史研究》1984 年第 4 期。

㉒ Dourado, Fernão Vaz：Portulano, Goa, India：1580 年，11 葉。

㉓ 翁佳音：《"福爾摩沙"由來》，參見 https://archives.ith.sinica.edu.tw/collections_con.php? no = 25

（2022.4.6 檢索）。

㉔ Ortelius, Abraham：Theatrum Orbis Terrarum, Amsterdam：Abraham Ortelius, 1570 年，3、47—48 葉。

㉕ 黄志繁：《梅關古道》，《尋根》2007 年第 3 期。

㉖ 參見 http：//heraldicacivica. pt/dist-santarem. htm （2022.4.6 檢索）。

㉗ 參見 http：//www. comuni-italiani. it/069/022/index. html （2022.4.6 檢索）。

（作者單位：國家圖書館古籍館）

國家圖書館藏萬壽慶典相關樣式雷圖檔述略

翁瑩芳

內容提要： 國家圖書館收藏了近 200 件萬壽慶典相關樣式雷圖檔。這些圖檔均與慈禧六旬萬壽慶典相關，主要記錄了頤和園至紫禁城一路及沿線點景建築，是研究清代萬壽慶典的珍貴史料和研究當時點景工程的一手資料，是揭示清末皇室奢靡生活的不可或缺的資料，反映了清代祝壽文化禮儀和風俗。

關鍵詞： 慈禧　萬壽慶典　樣式雷圖檔

清代帝后壽誕是宮廷乃至全國的重要節日。清代皇帝誕辰稱萬壽節，皇后誕辰稱千秋節，皇太后誕辰稱聖壽節。萬壽節與元旦（春節）、冬至并稱宮中三大節。帝后逢旬誕辰要大慶，尤其逢六十周甲、七十古稀、八十耄耋之年，慶典更爲隆重。康熙皇帝六旬萬壽慶典開啓了清代帝后隆重慶祝萬壽的先例。此後又有崇慶皇太后、乾隆皇帝、嘉慶皇帝、慈禧太后舉辦萬壽慶典。其中乾隆爲八旬慶典，崇慶爲六旬、七旬、八旬，嘉慶爲六旬，慈禧爲六旬、七旬。

2015 年 10 月，故宮博物院爲慶祝建院 90 周年，舉辦了"普天同慶——清代萬壽盛典展"，展出 520 件萬壽盛典相關文物。2017 年，爲慶祝香港特別行政區成立 20 周年，故宮博物院又與香港歷史博物館合作舉辦了"萬壽載德——清宮帝后誕辰慶典"展覽，展出 210 組故宮博物院萬壽慶典相關珍藏。國家圖書館也收藏有清代萬壽慶典相關文物，即樣式雷圖檔中的近 200 件萬壽慶典相關圖檔，其中圖樣約 150 件、文檔約 50 件。

一、萬壽慶典圖檔的製作時間

國圖藏萬壽慶典圖檔基本出自清光緒時期，主要涉及光緒二十年（1894）的慈禧太后六旬萬壽慶典。慈禧出生于道光十五年十月初十日（1835 年 11 月 29 日），總攬同治、光緒兩朝的軍政要務長達 48 年，時間僅次于康熙、乾隆。光緒二十年十月初十日（1894 年 11 月 7 日）是慈禧的六十整壽，所以要舉行隆重的萬壽慶典。清朝入關後，皇太后逢旬誕辰大慶有兩個標準。"其一爲康熙確立的孝惠章皇后標準，其二爲乾隆皇帝確立的崇慶皇太后標準。前者慶祝的規模較小……皇帝僅在宮中予以慶祝……後者慶祝的規模宏大，除前者的各項慶祝內容外，後者最爲重要的則是增加了萬壽點景。"[①]

慈禧參照的是乾隆時期的崇慶皇太后標準。

光緒十八年十二月初二日（1893 年 1 月 19 日），皇帝頒布上諭："諭內閣，慈禧端佑康頤昭豫莊誠壽恭欽獻皇太后至德光昭……甲午年欣逢花甲昌期，壽宇宏開。朕當率天下臣民臚歡祝嘏。所有應備儀文典禮，必應專派大臣敬謹辦理，以昭慎重。着派禮親王世鐸，慶郡王奕劻，大學士額勒和布、張之萬、福錕，戶部尚書熙敬、翁同龢，禮部尚書崑岡、李鴻藻，兵部尚書許庚身，工部尚書松溎、孫家鼐總辦萬壽慶典。該王大臣等，其會同戶部、禮部、工部、內務府恪恭將事，博稽舊典，詳議隆儀，隨時請旨遵行。"②次年春，內務府慶典處成立，專司辦理慶典事宜。諭文所謂"舊典"，即康熙、乾隆時期萬壽慶典成案。國圖藏樣式雷圖檔中就有一冊《［康熙萬壽盛典相關抄文］③》（145－0011）④，抄錄了康熙五十二年（1713）的上諭、疏文及各處牌坊經壇彩棚對聯等，內容涉及康熙六旬萬壽慶典。

慈禧六旬萬壽慶典之年，正值中日甲午戰爭進行之際。是年七月初一（8 月 1 日），中日兩國正式宣戰。慈禧最終調整了慶典流程，取消了最爲隆重的頤和園受賀儀式。光緒二十年八月二十六日（1894 年 9 月 25 日），皇帝"諭內閣，欽奉慈禧……皇太后懿旨……所有慶辰典禮，着仍在宮中舉行，其頤和園受賀事宜，即行停辦，欽此"⑤。據此推測，慈禧六旬萬壽慶典相關樣式雷圖檔基本出自光緒十八年十二月初二日至光緒二十年八月二十六日之間。在現存萬壽慶典圖檔中，明確出現年代的衹有 3 件文字檔（參表 1），時間與推測相符。

表 1

編號	題名	文檔中出現的時間
369—0260	《［西直門外廣通寺西］不列段萬壽聖境點景做法冊》	光緒二十年三月十八日，光緒二十年四月十七日，光緒廿年七月二十六日
369—0263	《西直門外億禄居西至馬廠門止沿途活計做法冊》	光緒二十年三月初二日，光緒二十年六月十一日
369—0266	《分修億禄居西至馬廠門活計段落［冊]》	光緒二十年四月初九日

二、萬壽慶典圖檔的製作者

上文提及，光緒十九年（1893）春成立的內務府慶典處專司辦理慶典事宜。而內務府下屬樣式房是"負責宮室、苑囿、陵墓等修造的工程部……主要的職務是設計。其主要工作內容包括製作建築設計圖即'畫樣'、建築模型即'燙樣'以及設計說明即'工程做法'，欽准後支取工料銀兩，招商承修"⑥。所以，萬壽慶典工程中具體的設計、繪圖等工作由內務府下屬樣式房，即樣式雷負責。

朱啟鈐《樣式雷考》關於第四代樣式雷雷家璽就有相關記載："……又承辦宮中年例燈彩及西廠焰火、乾隆八十萬壽典景樓臺工程，爭妍鬥靡，盛絕一時。其家中藏有嘉慶口年圓明園東路檔案一冊，手紀承值同樂園演劇、鼇山切末、燈彩、扆畫、雪獅等工程。"⑦慈禧六旬萬壽慶典點景等的規劃設計等仍由樣式雷負責。當時擔任内務府樣式房掌案的是第七代樣式雷雷廷昌（1845—1907）。雷廷昌曾協助其父雷思起完成同治年間重修圓明園的勘察工作，後來又主持重修了頤和園，光緒三年（1877）因惠陵金券合龍、隆恩殿上梁受到皇帝的嘉獎。

樣式雷圖檔中的《［萬壽會典繪圖規制相關稟文］》（063－0016－01）也佐證了雷廷昌負責萬壽慶典點景工程這一事實，并且詳細揭示了樣式房的具體工作内容。全文如下：

> 稟
>
> 樣式房雷廷昌謹稟請中堂、王爺、大人座前鈞安。敬稟者：遵諭按照萬壽會典典意原案，謹擬繪圖規制，呈請中堂、王爺、大人臺前閱准有無更改妥協後，恭繪細圖，貼説彩棚兩邊長廊亭座牌坊，按段詳細注明各座丈尺，遵諭前往詳細勘丈地勢，丈量查明，請諭遵行伏候，諭下再爲會同算房約估錢糧造具做法清冊，請諭允准後移容勘估處，爲此謹稟。

樣式房根據太后、皇帝或王公大臣等人的旨意完成繪圖工作後，通常製圖樣一式多份。其中一部分圖樣轉至實際施工單位，即各個木廠。如《［收到彩棚地平畫樣的收條］》（293－0044）内容即爲"今收到彩棚地平畫樣四張　臘月初十日　同和木廠具"；《［仁壽殿前彩棚及平臺給同和廠樣籤字底］》（374－0378－02）中有"仁壽殿立樣千⑧字底給同和廠"字樣。隨後再製作"做法清冊"等，同樣提供給上述各方。如《西直門外億禄居西至馬廠門止沿途活計做法冊》（369-0263）説明工程由德興木廠、同茂木廠共同承擔；《［西直門外廣通寺西］不列段萬壽聖境點景做法冊》（369－0260）《［萬壽慶典］第十六段點景木植根件數目清冊》（369－0261）顯示工程由德興木廠獨自承擔。

三、萬壽慶典圖檔所涉地點

《清實録·德宗實録》記載，光緒十九年二月十七日（1893年3月19日），"朕欽奉慈禧……皇太后懿旨，還宮日由頤和園東宮門外彩殿乘輦，經由石路，至倚虹堂少坐，進西直門、地安門，至西華門内咸安門外彩殿降輦，乘轎還宮"⑨。同年十二月二十六日（1894年1月17日），"又欽奉懿旨，光緒二十年十月初三日申刻，皇帝率領王公百官詣仁壽殿筵燕，皇帝進爵。初四日巳刻，皇后率領妃嬪等位、公主、福晉、命婦等詣仁壽殿筵燕，皇后進爵。初五日辰刻，還宮。初六日午刻，詣壽皇殿行禮。初八日午刻，還頤和園。初十日巳刻，御排雲殿受賀。十二日卯刻，皇帝率領近支王公等詣仁壽殿筵燕，進舞。十三日申刻，皇后率領妃嬪等位、公主、福晉、命婦等家燕。十七日辰刻，還宮，皇帝在萬壽寺進膳"⑩。

這兩道懿旨比較清晰地説明了慈禧從頤和園還宮的路綫，以及持續半個月的萬壽慶典流程。其中頤和園仁壽殿、景山壽皇殿、頤和園排雲殿、萬壽寺以及頤和園東宮門、倚虹堂、咸安門、西華門等是比較重要的地點。國圖藏萬壽慶典圖檔涉及的地點也比較明確，主要有頤和園仁壽殿、頤和園東宮門、西直門外倚虹堂、紫禁城錫慶門、紫禁城咸安宮以及頤和園至西直門沿路、西直門至紫禁城沿路，與原擬萬壽慶典路程、流程一致。

（一）頤和園仁壽殿

仁壽殿在清漪園時期名爲"勤政殿"，咸豐十年（1860）被毀于英法聯軍之手，光緒十二年（1886）重修後，取意《論語》中的"仁者壽"得現名。仁壽殿是頤和園聽政區的主要建築。慈禧和光緒住園期間在此臨朝理政、接受恭賀以及接見外國使節。從上述懿旨可知，仁壽殿是原擬萬壽慶典中最重要的受賀場所之一，慈禧在此分別接受皇帝率領王公百官、皇后率領妃嬪等賀壽。

仁壽殿前的慶典工程包括殿式萬春千秋筵宴彩棚一座七間及前接平臺一座五間，這是慶典中最高規格的彩棚。名爲彩棚，實爲殿式彩棚，即彩殿⑪。仁壽殿前彩棚相關樣式雷圖檔約有 30 件，包括地盤樣、尺寸樣、彩棚正面及兩山立樣、彩棚大木樣、彩棚前接平臺正面及兩山立樣、彩棚內玻璃天景天花式樣、支搭彩棚丈尺冊及應用約算各色彩綢冊、工程略節、籤字底等。

（二）頤和園東宮門

東宮門是頤和園的正門，有宮門五扇。東宮門外有涵虛牌樓，是一座三門四柱七樓的木結構牌樓。出了頤和園東宮門和牌樓，一路向西就是圓明園。東宮門以東牌樓是慈禧從頤和園還宮蹕路的起點。頤和園東宮門前的慶典工程包括彩棚一座五間。相關樣式雷圖檔約有 20 件，包括地盤樣、尺寸樣、彩棚正面及兩山立樣、彩棚大木樣、做法略節及丈尺單、各種籤式底等。

（三）倚虹堂

倚虹堂位于北京西直門外高梁橋附近、長河北岸，是乾隆皇帝爲其母崇慶皇太后六旬壽辰所建的碼頭行宮。倚虹堂坐北朝南，正殿面闊五間。與之相對的長河南岸建有船塢，用來存放龍舟和冰床。倚虹堂是慈禧在慶典日從頤和園還宮的中途休憩處。倚虹堂宮門前的慶典工程包括彩棚一座三間。相關樣式雷圖檔有 10 餘件，包括地盤樣、尺寸樣、彩棚正面及兩山立樣、彩棚大木樣、彩棚丈尺單、各種籤式底等。

（四）咸安宮

咸安宮位于西華門內，原爲清內務府在宮內爲三旗子弟及景山官學優秀者開設的官學，稱咸安宮官學。乾隆十六年（1751），咸安宮改建後稱壽安宮，爲皇太后、妃等居住之所。萬壽慶典期間，咸安宮宮門前有彩棚一座三間。相關樣式雷圖檔約有 10 件，包括地盤樣、尺寸樣、彩棚正面及兩山立樣、各種籤式底等。

（五）錫慶門

錫慶門是紫禁城寧壽宮區西南隅的西向大門，形制爲三座分立的隨墻琉璃門，當中一座略高。錫慶門外有一片開闊的空地，在萬壽慶典期間，這裏也建有彩棚一座五間。《清實錄·德宗實錄》記載，光緒十九年二月，皇帝"諭軍機大臣等，明歲皇太后六旬萬壽，自頤和園還宮，應備彩殿。頤和園東宮門外一座，倚虹堂一座，咸安門外一座，着工部敬謹辦理"[12]此處并未提及錫慶門，不過翁同龢於光緒二十年十月初二日（1894 年 10 月 30 日）記載："是日辰初皇太后乘金輦出蕉園門、三座門、北長街，入西華門，由協和門至錫慶門降輦，蕉園、錫慶皆有彩殿，北長街皆有點景。"[13]相關樣式雷圖檔約有 10 件，包括地盤樣、彩棚大木平樣及立樣等，但是并無彩棚正面圖或兩山圖。錫慶門前彩棚地盤樣有兩種，一座三間及一座五間，可見當初其式樣曾有過變動。

（六）頤和園至西直門沿路

有關頤和園東宮門至西直門沿路點景設計，國圖藏樣式雷圖檔中有一份《［由頤和園宮門前至西直門萬壽慶典典意圖目錄］》（136－0002－01），全文如下：

由頤和園宮門前起至西直門石路兩邊應設萬壽經壇慶祝建設彩棚彩坊長廊彩墻典意圖　第一冊

由頤和園宮門彩棚前至樓門	萬壽慶典典意圖	第一冊
由樓門至大紅橋	萬壽慶典典意圖	第二冊
由大紅橋至龍鳳橋	萬壽慶典典意圖	第三冊
由龍鳳橋至白祥庵	萬壽慶典典意圖	第四冊
由白祥庵至倚虹堂	萬壽慶典典意圖	第四冊[14]
由倚虹堂至西直門	萬壽慶典典意圖	第六冊

據此可知，由頤和園東宮門至西直門石路兩側萬壽慶典典意圖有 6 冊。不過，國圖現存圖檔實爲 30 餘件，均爲草圖，并未按冊整理，但基本能覆蓋全程。這些典意圖均爲長卷形式，中間繪出石路，以對景方式在石路兩側畫出點景立樣，有時有文字標注地名、點景名稱等。

（七）西直門至紫禁城沿路

自頤和園東宮門至紫禁城西華門，共計 60 段，以西直門爲界，城內 27 段，城外33 段。相關樣式雷圖檔有 80 餘件，但目前能確定具體地點的僅有一半，其中城內圖檔明顯少於城外圖檔。明確屬於西直門至紫禁城沿路，即城內蹕路沿路的樣式雷圖檔約有 10 件，所涉路段有西直門內九公主府後身崇壽寺、新街口南祝壽寺、護國寺北羊圈胡同口甬路東、北羊圈胡同西口北側、北長街北口等。城內典意圖一般祇涉及某個點位的點景設計，有時也采用對景方式。

四、萬壽慶典圖檔的內容

（一）點景

萬壽點景始于康熙時期，爲後繼帝王效法之後，成爲清代帝后萬壽慶典的重要內容。點景是指帝后萬壽期間布置于西郊園林（暢春園、圓明園或頤和園）至紫禁城（神武門或西華門）之間道路兩側的景物與景觀，是"一種虛實相間的景觀營造技術……工匠臨時支搭亭臺樓閣等點景工程，以營造出虛實相間、盛絶一時的建築景觀意境。"[15]點景工程的特點之一是披綢挂彩，色彩鮮艷。"慈禧太后六旬萬壽之時，僅宮內及宮外園囿各處殿宇門座即應挂架彩110面，彩綢1114處，總計約需要各色彩綢10萬匹"[16]。紅、黃、藍、綠等艷麗的色彩雖然來源于生活，但又不同于日常生活所見。這些色彩頻繁、高密地出現，創造了濃厚的節日氛圍。

滕德永《清代帝后萬壽點景述論》總結萬壽點景功能分爲五類：一、生活類，包括鋪面房、酒樓等；二、娛樂類，包括戲臺、故事臺、音樂樓等；三、宗教類，包括經壇、經棚等；四、禮儀類，包括龍棚、龍樓等；五、其他新建景觀，例如亭臺樓閣、假山、游廊、牌樓及西洋景觀等。點景還有常設和臨時之分。前者主要指生活類建築，包括店鋪、寺廟、碼頭等，以木石土方建築爲主。這些建築本就位于帝后進出西郊園林必經之地，祇是每逢萬壽慶典得以重新修繕。臨時點景主要指龍棚、彩棚、戲臺及其他新建景觀，以木質建築爲主，偶有鐵質、布料及各種油料。綠植也是臨時點景的重要組成之一。

慈禧六旬萬壽慶典點景工程共有60段。"六十段共搭建龍棚十八座，彩棚、燈棚、松棚十五座，經棚四十八座，戲臺二十二座，經壇十六座，經樓四座，燈樓二座，點景罩子門二座，點景四十六座，音樂樓六十七對，燈游廊一百二十段，燈彩影壁十七座，牌樓一百一十座。"[17]每段內大體都有所述點景建築。例如，《［雙關帝廟至百祥庵萬壽慶典典意圖立樣］》（136 - 0004 - 03）中有四方彩亭、平臺、彩棚、彩廳、龍鳳彩臺、游廊、十字彩亭、彩戲臺、彩樓，《萬壽典景圖：十八號》（137 - 0004）中有彩坊、四方彩亭、燈廊、神棚、牌坊、旗子、鼓亭、平臺、彩戲臺、燈坊。這些點景建築起到美化環境、增加節日喜慶氣氛的作用，擺放一月後差竣即撤。如今僅有兩座轉角樓遺存于北京西城區西四路口的東北角和西北角。

《清實錄·德宗實錄》記載，光緒十九年八月，"禮親王世鐸等奏，請賞給地段，點綴景物，叩祝萬壽。得旨，准其祝嘏，交內務府辦理"[18]。翁同龢于光緒十九年十二月廿七日（1894年2月2日）記載："晨起略坐，即赴西華門關防衙門，群公有先到者矣。待樞廷至巳正一刻，先掣籤定工程，每段約九千兩，余得第三段。又掣點景，不能計，惟一繁一簡，每人兩段。余得第三十七、第五十五，一輕一繁重也，午初三散。"[19]據此可知，王公大臣們抽籤決定各自負責的點景路段，一人兩段，一輕一重。翁同龢于光緒二十年正月十五（1894年2月20日）記載："昨內務府司員送點景兩段畫圖，五十五、三十六。"⑳據此可知，内務府樣式房應該是負責所有點景路段的繪製工作。不過，國圖現存有明確記載的僅有慶親王負責的三十六段、四十一段，熙大人的四十三段，張中堂的四十四段、五十七段，以及福中堂的六十段。相關圖檔爲《西直門内九公主府後身崇壽寺［點景圖］：慶親王第三十六段》《新街口南祝壽寺［點景圖］：慶親王第四十一段》《［護國寺北羊圈胡同口外大街西點景做法説帖：熙大人第四十三段]》《護國寺北羊圈胡同口甬路東［點景圖］：張中堂第四十四段》《［北長街北口點景圖］：張中堂第五十七段》《［北長街靜默寺點景圖］：福中堂第六十段》和《［萬壽慶典燈影壁立樣］：福中堂第六十段》。

國圖藏萬壽慶典相關樣式雷圖檔絶大部分屬于臨時點景圖檔，且以圖樣居多。這些點景按照所涉地理範圍區分，大致可以分爲三種。第一種是路段點景，圖樣一般爲長卷式，如《由頤和園宫門彩棚至樓門萬壽慶典典意圖》《［自倚虹堂至西直門萬壽慶典頭一段典意圖立樣]》等，約有 30 餘件。第二種爲場所點景，圖樣繪出某一場所的所有點景建築，如《萬壽典景圖：十八號》《［慈獻寺萬壽慶典典意圖平樣]》《［北長街北口點景圖］：張中堂第五十七段》等，約有 10 餘件。第三種爲獨立點景，即單個的點景建築，如《倚虹堂宫門前擬搭彩殿正面圖》《［萬壽慶典彩戲臺立樣]》《萬壽點景彩牌樓圖樣》等，這種圖樣最多，約有 100 件。

（二）交通工具

光緒皇帝正式下旨操辦慈禧六旬萬壽慶典是在光緒十八年十二月初二日（1893 年 1 月 19 日）。不過，皇室早在幾年前就開始關注此次慶典。光緒十七年（1891）正月，皇帝頒布上諭："内務府等奏查明應修皇太后儀駕，得旨，皇太后現用儀駕着趕緊修飾，六旬萬壽應備儀駕着敬謹制辦。"㉑光緒十七年六月二十四日（1891 年 7 月 22 日）又有："諭軍機大臣等，慈禧……皇太后六旬萬壽，着工部查照乾隆十六年崇慶……皇太后六旬萬壽乘御金輦，敬謹製備一分。"㉒

萬壽慶典時，慈禧所用金輦轎輿等交通工具均需新造。國圖藏樣式雷圖檔中就有兩張轎輿圖樣，其中一張着色，一張爲未着色糙底。轎身明黄色，上紋不同字體的"壽"字，相當于百壽圖。另有木蘭艒等舟輿圖樣，爲光緒二十三年（1897）慈禧六十三歲萬壽慶典所製。

（三）石路

爲了方便慈禧的金輦在慶典期間通行，當時在頤和園東宫門至西直門之間新修一條石路。這條石路的規劃設計也由樣式雷負責。國圖藏有 8 件與這段路程相關的樣式雷圖檔。

《頤和園至西直門路程圖》（057.63/20.106/1900）繪出了"頤和園東宫門以東牌樓起至西直門内海墁止土道一段、石路十三段，共長十八里六分八厘，計長三千三百六十三丈"。圖中石路沿途標繪地點有：頤和園東宫門以東牌樓、馬廠門土道、虹橋、海甸街西柵欄、龍鳳橋、雙關帝廟、藥王廟、百祥庵、駱駝脖、大柳樹、廣通寺、倚虹堂、十字街、寫橋、西直門內海墁。

《頤和園至西直門修石路圖樣》（337－0135）所繪路綫與上圖基本一致，但是標注地點更多。其中石路沿途主要地點有：扇面河、東扇面河、澄懷園、大虹橋、園寓、官廳、恩佑寺、恩慕寺、集賢院、清梵寺、龍鳳橋、西柵欄、泄水湖、雙關帝廟、藥王廟、白清庵[23]、壽福禪林、駱駝脖、大柳樹、廣通寺、娘娘廟、倚虹堂、高梁橋、寫橋、外門樓、西直門、內門橋。與此圖出自同一底圖的有《[西直門至頤和園接修石路圖樣]》（353-1638）。

另有《[頤和園東門外至西直門路程圖]》（014－0009）、《[西直門至頤和園東宮門路程圖]》（144－0007）、《[西直門至頤和園東宮門各段石路丈尺圖糙底]》（058－0075）及文字檔《由頤和園宮門前至西直門段落丈尺單》（063－0016－02）、《[頤和園東宮門至西直門萬壽點景各路段丈尺略節]》（063－0016－03）。後兩文檔將頤和園宮門前至西直門劃分爲53段，以便修建。

上述圖樣有一個共同特點，自頤和園東宮門以東牌樓至馬廠門均爲土道。而翁同龢于光緒十九年九月廿七日（1893年11月5日）記載："飯後同箴亭至牌樓復查續修之新石路一百十餘丈，此本頤和工程處應辦，今日奉懿旨交承修石路之大臣一并興修，自宮門由東西如意橋接至牌樓前。"[24]即上述圖樣中的土路後來一并修成了石路。

五、萬壽慶典圖檔的意義

首先，國圖藏萬壽慶典相關樣式雷圖檔是研究清代萬壽慶典的重要文獻資料。目前存世的專門記錄萬壽慶典的文獻資料不少，除了歷次繪製的萬壽盛典圖以外，還有康熙年間纂修的《萬壽盛典初集》、乾隆時期纂修的《八旬萬壽盛典》、光緒年間的《皇太后六旬慶典》等。不過國圖藏近200件樣式雷圖檔是一批數量不小且內容特別的清代萬壽慶典相關資料[25]。這批圖檔具有直觀、寫實、圖文俱全等特點。

其次，萬壽慶典圖檔是深入研究點景工程的一手資料。李曉媛《清代萬壽盛典研究》指出，學術界對清代萬壽節的研究主要集中在戲曲、圖像藝術、貢瓷、點景、音樂等；在點景方面，主要研究路綫、內容、材料、布置、經費等[26]。國圖藏萬壽慶典圖檔繪製并記錄了萬壽點景工程的各個階段，是以設計圖紙爲主、最爲客觀直接的一手資料。

再次，萬壽慶典圖檔從慶典、賀壽的角度揭開清末皇室生活的一角，揭示清末統治階級的奢靡生活，是瞭解清末社會變革提供了不可或缺的資料。萬壽慶典活動原本屬于封建社會統治者的個人意志和行爲，但在晚清國家動蕩之際，這一活動足以影響到一個王朝的存亡。儘管慈禧最終調整了慶典流程，取消了最爲隆重的頤和園受賀儀式，但事實上大部分點景工程均已完工，全國投入的精力、財力、物力并未減少多少。關于60段點景的費用，學者們説法不一，但無一不認爲花費巨大。部分經費確實挪用自鐵路經費、邊防經費等。慈禧六旬萬壽慶典對于當時的政治、經濟和社會產生了重大的負面影響，無怪乎大多數學者認爲其舉辦與甲午戰爭的慘敗有直接關係。

最後，萬壽慶典圖檔通過對清代皇室祝壽慶典的描繪和記載，在一定程度上也反映了清代的祝壽文化、禮儀和習俗。

壽爲百福先。自古以來，人們總是期盼延長生命，帝王也不例外。清代皇帝自入關前就非常重視萬壽，認爲皇帝長壽是大德在身、治國有成的標志。至康熙時期，清代帝后慶祝萬壽的方式有了很大變化。皇家的祝壽方式影響着民間，也在很大程度上受傳統習俗的影響。瞭解和研究萬壽慶典相關樣式雷圖檔中的一些圖案元素、文字記載等，也有助於瞭解和研究清代祝壽文化。

注釋：

① 滕德永：《慈禧太后與其六旬萬壽》，《白城師範學院學刊》2015 年第 10 期，61—66 頁。

② 《清實録·德宗實録》（五）卷三一九，中華書局，1987 年，第 56 册，127 頁。

③ 題名中"〔 〕"中的内容係後擬。

④ 此抄本具體抄録時間不詳，但封面及内裏有多處將"康熙 XX 年"改爲"乾隆二十六年"。據此推測，此本原始抄録時間可能在乾隆二十六年（1761）之前，至二十六年略經修改後，被用作籌備崇慶皇太后七旬萬壽慶典的參考。抄録字迹較爲潦草，可能僅爲樣式雷家族内部使用。

⑤ 同注②，463 頁。

⑥ 齊康主編：《中國土木建築百科辭典·建築》，中國建築工業出版社，1999 年。

⑦ 朱啓鈐：《樣式雷考》，《哲匠録》（續），《中國營造學社彙刊》1933 年第 1 期第 4 卷，83—89 頁。

⑧ "千"同"籤"。

⑨ 《清實録·德宗實録》（五）卷三二一，第 56 册，159 頁。

⑩ 《清實録·德宗實録》（五）卷三三一，第 56 册，257 頁。

⑪ 頤和園仁壽殿前及東宫門前、倚虹堂宫門前、紫禁城錫慶門前及咸安宫宫門前均爲彩殿，本文仍用樣式雷圖檔中更常用的"彩棚"一詞。

⑫ 同注⑨，159—160 頁。

⑬ 陳義杰整理：《翁同龢日記》，中華書局，2006 年，第五册，2745 頁。

⑭ 原稿有誤，應爲"第五册"。

⑮ 蔡青：《"點景"式建築景觀的虛擬意境及史實研究》，《古建園林技術》2014 年 02 期，45—50 頁。

⑯ 滕德永：《清代帝后萬壽點景述論》，《故宫學刊》2013 年第 1 期，164—182 頁，原引自中國第一歷史檔案館奏案 05－0992－022"日奏爲明葳恭辦皇太后萬壽慶典事"。

⑰ 李鵬年：《一人慶壽　舉國遭殃——略述慈禧"六旬慶典"》，《故宫博物院院刊》1984 年第 3 期，32—40 頁，原引自清光緒《皇太后六旬慶典》檔卷一五、一九。

⑱ 《清實録·德宗實録》（五）卷三二七，第 56 册，203 頁。

⑲ 同注⑬，2661 頁。

⑳ 同注⑬，2667 頁。

㉑ 《清實録·德宗實録》（四）卷二九三，第 55 册，904 頁。

㉒ 同上，950 頁。

㉓ 即百祥庵。

㉔ 同注⑬，2638 頁。

㉕ 國圖藏古籍中還有一些相關文獻，例如清抄本《萬壽慶典第三十四三十九段内需用龍棚戲臺彩坊

等座大木尺寸應用古銅陳設黃雲緞幡彩綢等物件數目清冊》1 冊、清光緒間抄本《皇太后萬壽加上徽號冊文式樣》1 冊、清光緒間抄本《慈禧皇太后六旬萬壽慶典各段點景段落目録》1 冊、清光緒十九年內務府編刻本《萬壽慶典六十段點景奏稿》1 冊、清光緒間活字印本《萬壽各段景物奏摺》1 冊、清光緒間禮部編活字印本《慈禧萬壽典禮資料》1 冊（附資料6件）等。

㉖ 李曉媛：《清代萬壽盛典研究》，碩士學位論文，山西師範大學歷史與旅游文化學院，2017 年，3—4 頁。

（作者單位：國家圖書館古籍館）

敦煌遺書中西天取經僧繼從寫卷札記

林世田　法　宗

內容提要：敦煌遺書中有兩件西天取經僧繼從寫卷，BD13802 爲繼從宋乾德四年二月科記的《妙法蓮華經》卷二；P. 3023 爲繼從上敦煌大王曹元忠奏表的草稿，包括窺基大師對《妙法蓮華經》的科判、窺基《妙法蓮華經玄贊序》、繼從對窺基《妙法蓮華經玄贊序》的贊文、繼從抄録《杜明福妻持誦〈妙法蓮華經〉靈驗記》四部分內容。繼從科分的 BD13802《妙法蓮華經》卷二可能也是其上呈的文件之一。

關鍵詞：敦煌遺書　絲綢之路　寫本之路　西天取經僧　繼從

隨着西漢張騫鑿空、絲綢之路開通，敦煌由于特殊的地理位置，成爲絲綢之路上的咽喉，東西方文化在這裏交匯，有 “華戎所交一都會” 之稱。這種狀況一直延續到北宋初年。

北宋建立後，宋太祖崇信佛教，中原僧人有感于新譯佛教經典減少，遂有意再啓往西天取經的活動，得到太祖的支持。根據《宋史》卷二，乾德四年（966）“僧行勤等一百五十七人，各賜錢三萬，游西域”[①]。《宋史》卷四九〇記載更爲詳細：“僧行勤等一百五十七人詣闕上言，願至西域求佛書，許之。以其所歷甘、沙、伊、肅等州，焉耆、龜兹、于闐、割禄等國，又歷布路沙、加濕彌羅等國，并詔諭其國令人引導之。”[②] “沙州” 即指敦煌歸義軍政權。這可以説是中國歷史上最大規模的西行求法活動。北宋政府特別重視這次西行求法，詔諭敦煌歸義軍等沿途政權爲求法僧提供幫助。這説明北宋初期，宋與包括敦煌歸義軍政權在內的絲綢之路沿途政權保持良好的關係，絲綢之路暢通無阻。國家圖書館所藏 BD13802《妙法蓮華經》卷二也是見證。

敦煌遺書以殘卷爲主，國家圖書館所藏敦煌遺書首尾完整者祇有 58 號，而本件《妙法蓮華經》卷二即其一。本件全長 1104 厘米，前半卷有朱筆句讀及科分，後半卷僅在個別字上有朱點，卷尾有朱筆題記：“西天取經僧繼從乾德六年（968）二月日科記。” 繼從或許是乾德四年行勤等 157 人求法僧隊伍的一員。乾德六年二月他仍停留在敦煌。科記從開封隨身携帶的《妙法蓮華經》，説明繼從把《妙法蓮華經》作爲自己修行的日常功課。

敦煌遺書中還有一件繼從上敦煌大王奏表的草稿，收藏在法國國家圖書館，編號 P. 3023。首尾完整，沒有首題、尾題及外題。榮新江先生定名爲《妙法蓮華經贊文》③，《法藏敦煌西域文獻》擬名爲《妙法蓮華經繼從序》，陳尚君輯校《全唐文補編》卷一二二將其作爲繼從兩篇文章，分別題爲《上妙法蓮花經序狀》（題擬）、《妙法蓮華經序》。細審原卷，可以發現繼從奏表包括窺基大師對《妙法蓮華經》的科判、窺基《妙法蓮華經玄贊序》、繼從對窺基《妙法蓮華經玄贊序》的贊文、繼從抄錄《杜明福妻持誦〈妙法蓮華經〉靈驗記》四部分内容。

窺基《妙法蓮華經玄贊》對《妙法蓮華經》有兩種全經架構科判，皆以序分、正宗分、流通分爲主體結構，但正宗分涵蓋的範圍不同。第一種以《序品》爲序分，其次的八品或八品半（第十品《法師品》前半部分）是正宗分，以後諸品爲流通分。第二種也是以《序品》爲序分，其後的十九品爲正宗分，剩下的八品是流通分④。繼從選擇第一品爲序分，次八品爲正宗分，後十九品名爲流通分。其後全文照錄窺基的《妙法蓮華經玄贊序》，并稱贊窺基序文：“暫聞者消千劫之災，諷誦者長六根清净。三世諸佛之秘要，勞瀝群生，出生死之流，到涅槃之岸。依指（之）修行，定至菩提。”可見繼從甚至認爲窺基的《妙法蓮華經玄贊序》如同佛經一樣，聽聞者可以消千劫之災，依之修行定至菩提。

窺基序後繼從摘錄《杜明福妻持誦〈法華經〉靈驗記》：“昔時隨（隋）帝杜明福妻持蓮經一部，日夜精通（誦），一報身終，生到長安賈相公家爲男，年登十八，便爲本郡節度使。纔入滑州南門，總憶前生家宅，便問左右：杜明福在否？報言道：在。尋時便唤：識我已否？報言道：我便是先生妻子。經之威力，故得如斯。”

《杜明福妻持誦〈法華經〉靈驗記》亦見于唐唐臨的《冥報記》。故事情節更爲翔實生動：“隋開皇中，魏州刺史博陵崔彦武，因行部至一邑，愕然驚喜，謂從者：‘吾昔嘗在此邑中，爲人婦，今知家處。’回馬入修巷，屈曲至一家，叩門命主人。主人公年老，走出拜謁。彦武入家，先昇其堂，視東壁上，去地六七尺有高隆處，謂主人曰：‘吾昔所讀《法花經》，并金釵五隻，藏此壁中高處是也。經第七卷尾後紙，火燒失文字，吾至今每誦此經，至第七卷尾，恒忘失，不能記。’因令左右鑿壁，果得經函，開第七卷尾及金釵，并如其言。主人涕泣曰：‘亡妻存日，常讀此經，釵亦是亡妻之物。妻因產死，遂失所在，不望使君乃示其處。’彦武又云：‘庭前槐樹，吾欲產時，自解頭髮，置此樹空中。’試令人探，果得髮。主人于是悲喜。彦武留衣物，厚給主人而去。崔尚書敦禮説云然，往年見盧文勵亦同，但言齊州刺史，不得姓名，不如崔具，仍依崔錄。”⑤

唐寶曆二年（826），白敏中奉義成軍節度使李聽之命撰《滑州明福寺新修浮圖記》，所記杜明福妻持誦《法華經》靈驗故事亦來源于《冥報記》，但細節多有不同。錄文如下：“《冥報記》云：隋開皇年中，滑人杜明福妻齊氏，嘗讀《法華經》，没後爲崔氏男子，名彦武。至仁壽四年（604），崔年三十，爲滑守。一日，了然通前生事，顧謂從者曰：吾昔爲此郡人婦，今知家處。因乘馬抵城闕，入修巷，指門而呼杜氏。明福老矣，疾出拜迎。崔入門，先昇堂，指東壁圬墁之隆處，謂明福曰：吾昔所持經、衆金釵藏于此，第七卷紙末火爇字滅，今每念至此，常不終卷。因壞垣，果得經并釵，其末爇處咸如説。復指庭前樹曰：吾常斷髮，置諸穴中。取之又得。明福殆不勝情，云：皆亡室之所遺記也。比計物故之日及生之年，略無差焉。噫，靈驗應兆既如彼，存没契會又如此。感嘆久之，遂請施宅爲寺。崔即日爲之上言，請置寺，因號明福。"⑥

佛教認爲虔誠受持、讀誦、修習、書寫、刊刻、流通佛經，都會招致某種感應，記錄這些感應文字的就是靈驗記。我們今天讀靈驗記自然會認爲這是荒誕不經的，但從最後"崔尚書敦禮説云然，往年見盧文勱亦同，但言齊州刺史，不得姓名，不如崔具，仍依崔録"看，唐臨是以寫實傳真的態度記録杜明福妻持誦《法華經》的靈驗，而非向壁虛構。白敏中亦視爲信史，録入碑文，傳之後世。杜明福妻持誦《法華經》的靈驗故事在唐代應該有多個不同版本，如崔敦禮、盧文勱等不同版本。繼從表文中記隋代杜明福妻轉生到長安賈相公家爲男，18歲便爲本郡節度使，可見其故事并不來源于《冥報記》，而且當時也未出現節度使之稱。《妙法蓮華經》是在中國影響最大的佛經之一，其流傳歷史上產生了衆多靈驗故事。劉亞丁將其分爲惟舌不朽、感生蓮花、天雨寶花、含靈呈祥、入冥滅罪、誦經生天6類，并加以詳細解説⑦。《杜明福妻持誦〈法華經〉靈驗記》不在上述六類之列，屬于感悟前身類。

繼從奏表結尾云："伏惟大王采攬，賜紫沙門繼從呈上。"敦煌地區乾德六年前後的大王，指歸義軍節度使曹元忠，其在位時間是944—974年。據英藏S.2687乾德二年其已稱爲"敦煌王"。曹元忠認爲"若不遠仗天威力，河湟必恐陷戎夷"，于是奉中原政權爲正朔。961年末，與子瓜州刺史曹延敬一同遣使入宋朝貢。962年宋朝下達敕書，確認曹元忠歸義軍節度使等官銜，并賜曹延敬改名爲延恭。這强化了曹元忠在西北各民族政權中的威望。曹元忠繼續以聯姻的方式，與甘州回鶻、于闐王國等周邊民族政權保持友好關係，保障了絲綢之路的暢通無阻，這是歸義軍最爲昌盛的歷史時期⑧。曹元忠既然奉宋朝爲正朔，又得到宋太祖"引導"求法僧的詔諭，加之奏表中有"伏惟大王采攬"一語，可知曹元忠在繼從到達敦煌後，曾召見過繼從，并向他垂詢佛法，于是有了繼從上曹元忠的奏表。隨同奏表一起呈上的應該還有一組《妙法蓮華經》《妙法蓮華經玄贊》等相關文獻。繼從從中原帶來的、并經自己在敦煌科判的BD13802《妙法蓮華經》卷二或許就是上呈給敦煌王曹元忠的文件之一，供曹元忠采攬。

《佛祖統記》卷四三記載：太平興國三年(978)，"開寶寺沙門繼從等自西天還，獻梵經、佛舍利塔、菩提樹葉、孔雀尾拂。并賜紫方袍。"⑨敦煌遺書與傳世文獻相互印證，記載了繼從歷時十餘年的西行求法。繼從精研《妙法蓮華經》，所以西天取經停留敦煌時，如上述科分《妙法蓮華經》，并以窺基《妙法蓮華經》科分、《妙法蓮華經玄贊序》、杜明福妻靈驗故事等上奏歸義軍節度使、敦煌王曹元忠，弘揚《妙法蓮華經》及《妙法蓮華經玄贊》。國圖藏其科分的《妙法蓮華經》卷二可能是其上呈的文件之一。榮新江先生提出絲綢之路也是一條"寫本之路"，"不論是商人記賬目，還是文人做詩文；不論是傳教士沿途的記録，還是求法僧巡禮聖迹的記載，都離不開寫本"⑩，可謂見其真髓。敦煌遺書中保存的兩件繼從寫卷正是寫本之路的見證，由此可見中原求法僧也直接推動了歸義軍時期敦煌佛教的發展。

注釋:

① (元) 脱脱等撰:《宋史》,中華書局,1977 年,23 頁。

② 同上,14104 頁。

③ 榮新江:《敦煌文獻所見晚唐五代宋初的中印文化交往》,《季羨林教授八十華誕紀念論文集》,江西人民出版社,1991 年,955—967 頁。

④ 黃國清:《窺基〈妙法蓮華經玄贊〉科文析論》,《圓光佛學學報》2015 年第 9 期,257 頁。

⑤ 方詩銘輯校:《冥報記　廣異記》,中華書局,1992 年,17 頁。

⑥ (清) 董誥等編:《全唐文》卷七三九,中華書局,1983 年,7630—7631 頁。

⑦ 劉亞丁:《佛教靈驗記研究——以晉唐爲中心》,巴蜀書社,2006 年,200—226 頁。

⑧ 榮新江:《敦煌歷史上的曹元忠時代》,《敦煌研究》2006 年第 6 期,92—96 頁。

⑨《大正藏》第 49 冊,397 頁。

⑩ 榮新江:《絲綢之路也是一條"寫本之路"》,《文史》2017 年第 2 期,77—105 頁。

(作者單位:國家圖書館古籍館;中國佛學院)

國家圖書館藏敦煌《妙法蓮華經》寫本缺題殘卷綴補

張　炎

内容提要：敦煌本《妙法蓮華經》存有三譯，其中鳩摩羅什譯本與崛多、笈多校訂《添品妙法蓮華經》差異不大，整理敦煌文獻時常難以甄别。《國家圖書館藏敦煌遺書》收有該經近 3000 號，其中缺題者不在少數，難以確定經文歸屬。今將敦煌《妙法蓮華經》寫本殘卷（片）58 號綴合爲 25 組，考實 BD10284 等 27 號國圖藏寫本缺題殘卷（片）所屬譯本。

關鍵詞：敦煌遺書　《妙法蓮華經》　《國家圖書館藏敦煌遺書》　綴合

《妙法蓮華經》又稱《法華經》，是大乘佛教的重要經典。在我國流行甚廣，被視爲“諸佛之秘藏，衆經之實體”[1]，并被天臺宗視爲本尊經。先後六譯，現存竺法護譯《正法華經》、鳩摩羅什譯《妙法蓮華經》及崛多、笈多校訂《添品妙法蓮華經》三種。後兩者差異不大，整理敦煌文獻時常難以甄别。《國家圖書館藏敦煌遺書》（以下簡稱《國圖》）收有該經近 3000 號，少數首尾完整，大多數爲殘卷或殘片。缺少完整的品題或首尾題者不在少數，整理者常比照羅什譯《妙法蓮華經》（七卷本）進行定名，但難成定論。不過某些缺題殘卷與存題者綴合後，即可證其所屬譯本，甚至能够明確寫卷卷本系統。秦龍泉已考定不少《國圖》藏該經缺題寫卷[2]，今再將敦煌《妙法蓮華經》寫本殘卷（片）58 號綴合爲 25 組，考實 BD10284 等 27 號《國圖》藏寫本缺題殘卷（片）所屬譯本[3]。具體綴合詳情如下：

一、可考知七卷本者

《妙法蓮華經》在敦煌文獻中主要有七卷、八卷、十卷三種卷本，這三種卷本的差異在于各卷次所含品目不同。兜木正亨《斯坦因、伯希和搜集敦煌〈法華經〉目録》[4]中“卷品開合對照表”列示了三種卷本分卷的差異。針對《國圖》藏該經缺題殘卷的綴合，可發現其中不少與其他存題寫卷綴合後，屬常見七卷本系統。

（一）S. 3384 + BD10284 + BD10210

（1）S. 3384，見《寶藏》28/177A – 193B[5]。首殘尾全。存 652 行，行約 17 字（偈頌 16 或 20 字）。首 20 行下殘。楷書。有烏絲欄。尾題“妙法蓮華經卷四”。卷末存題記：“菩薩戒弟子蕭大嚴敬造/第八百八十九部。”

（2）BD10284（L413），見《國圖》107/222B。小殘片。1 紙。如圖 1 右部所見，存 6 行中部約 3 字。首尾行皆存數字殘筆畫。楷書。有烏絲欄。原卷無題，《國圖》題作“妙法蓮華經卷四”，叙録稱該卷爲 7—8 世紀唐寫本。

（3）BD10210（L339），見《國圖》107/184A。殘片。1 紙。如圖 1 右下部所見，存 14 行下部 1—8 字。楷書。有烏絲欄。原卷無題，《國圖》題作“妙法蓮華經卷四”，叙録稱該卷爲 7—8 世紀唐寫本，所用紙爲打紙。

按：秦龍泉已將 BD10284 + BD10210 綴接，今考 S.3384 可與此二號綴接，S.3384 與 BD10284 上下銜接，原本分屬二號的“是”“人”二字得成完璧。S.3384 與 BD1021 上下左右銜接，銜接處的殘字復合爲“能”“助”“於”“能”“隨”“其”“壽”“聞”“化”等字。三號内容上下連接，BD10284 第 2 行下端殘缺部分可補足“願/爾時”3 字，S.3384 第 3 行底端的“唯佛世尊能”與 BD10284 第 2 行“知我等深”，BD10210 第 2 行“心本”及該行下端所補足的“願”字相連成句，文意完整。又三號行款相同，皆有烏絲欄，書風相似，字迹相同（比較三號皆有的“樓”“我”二字）。三號綴合後，所存内容起“所爲希有”句後 2 字，訖尾題。經文可參《大正藏》T9/27B23 –37A2。[6]

S.3384 首殘尾全，内存品題“妙法蓮華經授學無學人記品第九”“妙法蓮華經法師品第十”“妙法蓮華經見寶塔品第十一”“妙法蓮華經提婆達多品第十二”“妙法蓮華經持品第十三”及尾題“妙法蓮華經卷第四”，據品題次第及分卷情形可判定該號屬羅什譯《妙法蓮華經》（七卷本）卷四，今三號綴接爲一，則 BD10284、BD10210 所屬譯本可定。

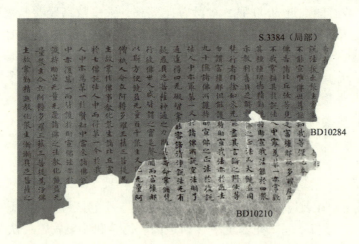

圖 1　S.3384（局部）＋ BD10284 ＋ BD10210 綴合圖

（二）**BD13660 + BD4283**

（1）BD13660（L3789；C55），見《國圖》112/263B – 264A。2 紙。首尾均殘。存 31 行，行約 17 字（偈頌 20 字）。第 11—15 行文字完整，餘行皆下殘。楷書。有烏

絲欄。原卷無題，《國圖》題作“妙法蓮華經卷五”，叙録稱該卷爲8—9世紀吐蕃統治時期寫本。

（2）BD4283（玉83；北5477），見《國圖》58/19B－32A。19紙。首殘尾全。存494行，行約17字（偈頌16或20字）。首行上下殘，第2—3行下殘。尾題“妙法蓮華經卷第五”。楷書。有烏絲欄。《國圖》叙録稱該卷爲9—10世紀歸義軍時期寫本。

按：上揭二號内容前後相續，可以綴接。綴合後如圖2所示，斷痕基本吻合，原本分屬二號的殘字復合爲“有人”“法”三字。二號内容前後連續，BD13660倒數第2行與BD4283首行拼合而成的“有人”2字及BD4283首行底端的“來”字與BD13660倒數第2行上端的“空閑林中”合成完整的一句“空閑林中有人來”，句意貫連。又二號行款相同，書風相似，字迹相同（比較二號皆有的“爲”“佛”“經”“薩”“尊”“修”“説”等字）。綴合後所存可辨識的内容起“□（于）諸如來起慈父想”⑦，訖尾題。相應文字可參《大正藏》T9/38B10－46B14。

BD13660原卷無題，内容同見于《妙法蓮華經》與《添品妙法蓮華經》，難以考其經文歸屬。BD4283首殘尾全，内存品題“妙法蓮華經從地踊出品第十五”“妙法蓮華經如來壽量品第十六”“妙法蓮華經分别功德品第十七”及尾題“妙法蓮華經卷第五”，據品題次第及分卷情形，可判定該號屬羅什譯《妙法蓮華經》（七卷本），《國圖》擬題“妙法蓮華經卷五”可從。今二號綴合爲一，則BD13660亦可據定名。又《國圖》對此二號的寫本斷代判定不一，顯有未妥。

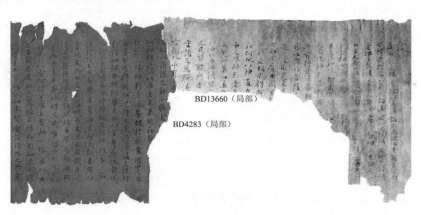

圖2　BD13660（局部）＋BD4283（局部）綴合圖

（三）BD5549＋BD5263

（1）BD5549（珍49，北5719），見《國圖》75/10B－11A。1紙。首尾均殘。存25行，行約17字。首行下殘，尾行存3字筆畫。楷書。有烏絲欄。原卷無題，《國圖》題作“妙法蓮華經卷六”，叙録稱該卷爲7—8世紀唐寫本。

（2）BD5263（夜63，北5673），見《國圖》70/328B－341B。21紙。首殘尾全。存554行，行約17字（偈頌16或20字）。楷書。有烏絲欄。尾題“妙法蓮華經卷第六”。《國圖》叙録稱該卷爲 8 世紀唐寫本。

按：上揭二號内容前後接續，可以綴接。綴合後如圖 3 所示，原本分屬二號的殘字自上而下復合爲“處利根”三字。二號内容前後連續，BD5549 倒數第 2 行底端的“轉”與 BD5263 首行“身得與陀羅尼菩薩共生一處”相連成句，語意連貫。又二號行款相同，書風近似，字迹相同（比較二號皆有的“分”“聽”“爲”“處”“釋”“所”“功”等字）。綴合後所存内容始“如是布施滿八十年已”句後 8 字（皆有殘損），訖尾題。相應文字可參《大正藏》T9/46C13–55A9。

BD5549 原卷無題，内容同見于《妙法蓮華經》與《添品妙法蓮華經》，難以考定其經文歸屬。BD5263 首殘尾全，卷内存品題“妙法蓮華經法師功德品第十九”“妙法蓮華經常不輕菩薩品第二十”“妙法蓮華經如來神力品第二十一”“妙法蓮華經囑累品第二十二”“妙法蓮華經藥王菩薩本事品第二十三”及尾題“妙法蓮華經卷第六”，據品題次第及分卷情形可判定其屬羅什譯《妙法蓮華經》（七卷本），《國圖》定名爲“妙法蓮華經卷六”，甚是。如此，則 BD5549 所屬譯本、卷本得以考實并定名。

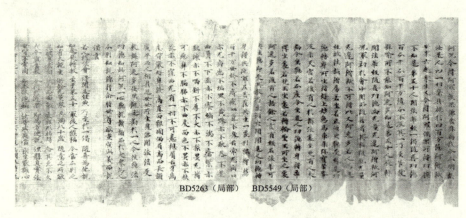

BD5263（局部）　BD5549（局部）

圖 3　BD5549（局部）＋ BD5263（局部）綴合圖

（四）Дх. 3011 + BD12227 + BD5413 + BD5481

（1）Дх. 3011，見《俄藏》10/163A。存 9 行下部 1—10 字。尾行上下殘。楷書。原卷無題。《俄録》題作“妙法蓮華經卷第六隨喜功德品第十八”。

（2）BD12227（L2356），見《國圖》110/337A。1 紙。存 5 行，首行存 1 字殘筆畫，餘 4 行存上部約 10 字（偈頌）。楷書。有烏絲欄。原卷無題，《國圖》題作“妙法蓮華經卷六”，叙録稱該卷爲 7—8 世紀唐寫本，所用紙爲打紙。

（3）BD5413（葉 13；北 5708），見《國圖》73/82A–B。2 紙。首尾均殘。存 24 行，行約 17 字（偈頌 20 字）。首行存 1 字殘筆畫，尾 2 行上殘。楷書。有烏絲欄。《國圖》叙録稱該卷爲 7—8 世紀唐寫本，所用紙爲打紙，背有古代裱補。

（4）BD5481（葉 81；北 5726），見《國圖》74/13A–25B。19 紙。首殘尾全。存

218

513 行，行約 17 字（偈頌 16 或 20 字）。第 2—3 行下殘。尾題"妙法蓮華經卷第六"。楷書。有烏絲欄。《國圖》叙録稱該卷爲 7—8 世紀唐寫本。

按：秦龍泉已將 BD5413 + BD5481 綴接爲一，今考 Дx. 3011、BD12227 亦可與之綴合。今將前三號作綴合圖如 4 所示，BD12227 首 3 行與 Дx. 3011 尾 3 行上下接續，銜接處的殘字可復合爲"踈""爲"二字。BD12227 末行頂端"諸"字左側筆畫撕裂于 BD5413 首行，二號拼合，該字可得其全。三號內容前後相承，BD12227 第 2 行底端的"即"與 Дx. 3011 倒數第 2 行頂端的"爲方便説"連言，句意完整。又比照《大正藏》完整經本內容，BD12227 末行下端殘缺部分可補足"具足六神通/三明八解脱" 2 句偈頌，BD5413 首行頂端的"最後第五十"恰與後一句偈頌先後相連，文意貫通。三號行款相同，書風相似，字迹相同（比較三號皆有的"不""人" 2 字）。三號綴合後，所存內容起"勸于一人令往聽法"，訖尾題。相應文字可參《大正藏》T9/47A21 – 55A9。

BD5413 內存品題"妙法蓮華經法師功德品第十九"，BD5481 內存品題"妙法蓮華經常不輕菩薩品第廿""妙法蓮華經如來神力品第廿一""妙法蓮華經囑累品第廿二""妙法蓮華經藥王菩薩本事品第廿三"及尾題"妙法蓮華經卷第六"，據品題次第及分卷情形可知 BD5413、BD5418 皆屬羅什譯《妙法蓮華經》（七卷本）卷六。今四號綴接爲一，則 BD12227、Дx. 3011 所屬譯本、卷本亦得以考實。

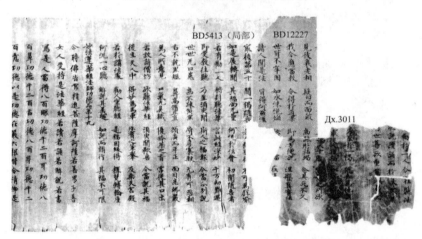

圖 4　Дx. 3011 + BD12227 + BD5413（局部）綴合圖

（五）BD10082 + 上圖 27

（1）BD10082（L211），見《國圖》107/117A。小殘片。1 紙。存 6 行下部 2—10 字。首 4 行上下皆殘，尾行存數字殘筆畫。楷書。有烏絲欄。原卷無題，《國圖》題作"妙法蓮華經卷六"，叙録稱該卷爲 7—8 世紀唐寫本。

（2）上圖 27，見《上圖》1/192A。首殘尾全。存 250 行，行約 17 字（偈頌 20 字）。尾題"妙法蓮華經卷第六"。楷書。有烏絲欄。卷末存題記："儀鳳二年四月上旬净信女陰氏敬爲亡妣敬寫。”

按：上揭二號内容先後相承，可以綴接。綴合後如圖 5 所示，斷裂處的殘筆畫可以復合爲“龍夜叉乾闥婆阿”等字，“夜叉”二字拼合後仍有殘損。比照《大正藏》完整經本，依行 17 字行款，上圖 27 首行上端可補足“六種震動其中”六字，BD10082倒數第 2 行底端的“地皆”與之先後相承，合爲“地皆六種震動”句。又二號行款相同，書風相似，字迹相同（比較二號皆有的“如”“佛”“世界”“復”“悉”等字）。綴合後所存内容起“皆悉遍照十方世界”句前 4 字，訖尾題。相應文字參見《大正藏》T9/51C19 – 55A9。

上圖 27 首殘尾全，卷内存品題“妙法蓮華經囑累品第二十二”“妙法蓮華經藥王菩薩本事品第二十三”及尾題“妙法蓮華經卷六”，據品題次第及分卷情形，可知該號屬羅什譯《妙法蓮華經》（七卷本）。今二號綴合爲一，則 BD10082 可定名爲“妙法蓮華經卷六”。

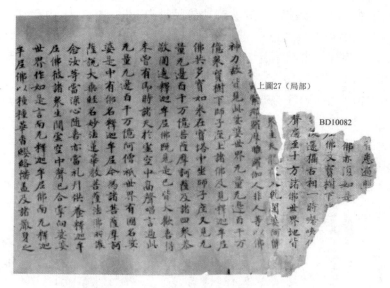

圖 5　BD10082 + 上圖 27（局部）綴合圖

（六）S. 1800 + BD10759 + BD503

（1）S. 1800，見《英圖》28/156B – 157B。3 紙。首全尾殘。存 45 行，行約 17字。楷書。有烏絲欄。首題“妙法蓮華經妙音菩薩品第二十四”。《英圖》叙録稱該卷因殘破廢弃，被人用來作爲包裹某經第十袟的經袟。

（2）BD10759（L888），見《國圖》108/132B。殘片。2 紙。首尾均殘。存 9 行，行約 17 字。尾行存數字殘筆畫。楷書。有烏絲欄。原卷無題，《國圖》題作“妙法蓮華經卷七”，叙録稱該卷爲 7—8 世紀唐寫本。

（3）BD503（荒 3，北 5877），見《國圖》8/1A – 10B。19 紙。首殘尾全。存 484行，行約 17 字（偈頌 20 字）。尾題“妙法蓮華經卷第七”。楷書。有烏絲欄。《國圖》

叙録稱該卷爲9—10世紀歸義軍時期寫本。

按：上揭三號内容彼此相接，可以綴接。綴合後如圖6所示，S.1800與BD10759銜接處的殘字"尊以神通力彼菩薩來令我"得以拼合完整。BD503首行第3字"此"字右側筆畫末梢恰好撕裂在BD10759末行，二號接縫處殘損嚴重，以致該字拼合後仍有殘泐。三號内容前後銜接，S.1800與BD10759拼合而成的"令我"與後者首行"得見"二字相連成句，文意完整。BD10759末行底端的"其面貌端□□（正復）"與BD503首行頂端的"過于□（此）"連言，句意貫通。又三號行款相同，書風相似，字迹相同（比較三號皆有的"菩薩""是""經""尒"等字）。三號綴合後，所存内容參見《大正藏》T9/55A16－62B1。

BD10759卷無存題，難定其譯本，《國圖》擬題作"妙法蓮華經卷七"。BD503首殘尾全，内存品題"妙法蓮華經觀世音菩薩普門品第二十五""妙法蓮華經陀羅尼品第廿六""妙法蓮華經妙莊嚴王本事品第廿七""妙法蓮華經普賢菩薩勸發品第廿八"及尾題"妙法蓮華經卷第七"，據此品題次第及分卷情形可判定該號皆屬羅什譯《妙法蓮華經》（七卷本）。今三號綴接爲一，則BD10759亦可如此判定，《國圖》定名無誤。S.1800首全尾殘，内存品題"妙法蓮華經妙音菩薩品第二十四"，雖可據品題次第判定屬羅什譯本，但其所屬卷本難以考實，《英圖》定名"妙法蓮華經卷七"原未可篤定。今亦可證《英圖》定名不誤。又S.1800用作某經經袟，爲廢弃經卷，則BD10759、BD503當亦于藏經洞封存時已被廢弃。

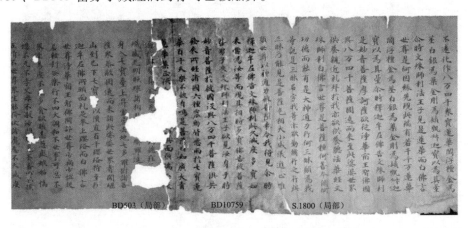

BD503（局部）　　BD10759　　S.1800（局部）

圖6　S.1800（局部）＋BD10759＋BD503（局部）綴合圖

（七）BD8770 + S. 3989

（1）BD8770（讓91），見《國圖》104/65B。1紙。首尾均殘。存12行，行約17字。首尾行存數字殘筆畫，第2—6行下部略有殘缺。楷書。有烏絲欄。原卷無題，《國圖》題作"妙法蓮華經卷七"，叙録稱該卷爲7—8世紀唐寫本。

（2）S.3989，見《寶藏》33/23A－36A。首殘尾全。存492行，行約17字（偈頌20字）。楷書。有烏絲欄。尾題"妙法蓮華經卷第七"。

按：上揭二號内容前後接續，可以綴接。綴合後如圖 7 所示，S. 3989 首行"昧""三昧""遊戲""炬"等字皆有筆畫撕裂在 BD8770 末行，二號拼合，諸字可得其全。二號經文内容左右鄰接，BD8770 倒數第 2 行底端的"集一"與 S. 3989 首行頂端的"切功德三昧"相連，文意貫通。又二號行款相同，書風相似，字迹相同（比較二號皆有的"莊""世""爲""數""衆""戲""尼"等字）。綴合後所存可辨識的内容起"眉間白毫相光"，訖尾題。相應文字參見《大正藏》T9/55A18－62B1。

S. 3989 首殘尾全，内存品題"妙法蓮華經觀世音菩薩普門品第二十五""妙法蓮華經陀羅尼品第二十六""妙法蓮華經妙莊嚴王本事品第二十七""妙法蓮華經普賢菩薩勸發品第二十八"及尾題"妙法蓮華經卷第七"，據品題次第及分卷情形可知該號屬羅什譯《妙法蓮華經》（七卷本），《寶藏》擬題"妙法蓮華經卷第七"可從。今既考二號原屬同卷，則可證 BD8770 定名不誤。

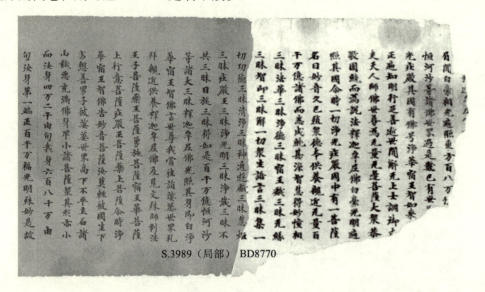

S.3989（局部）　BD8770

圖 7　BD8770＋S. 3989（局部）綴合圖

（八）　**BD10593＋BD5141**

（1）BD10593（L722），見《國圖》108/42B。1 紙。存 7 行中部 1—12 字。楷書。有烏絲欄。原卷無題，《國圖》題作"妙法蓮華經卷七"，叙録稱該卷爲 9—10 世紀歸義軍時期寫本。

（2）BD5141（稱41，北 5869），見《國圖》69/36B－49B。20 紙。首殘尾全。存526 行，行約 17 字（偈頌 20 字）。楷書。有烏絲欄。尾題"妙法蓮華經卷第七"。《國圖》叙録稱該卷爲 9—10 世紀歸義軍時期寫本，有刮改，行間校加字。

按：上揭二號内容先後相續，可以綴接。綴合後如圖 8 所示，BD10593 尾 3 行與BD5141 首 3 行左右相接，原本分屬二號的殘字復合爲"敬""國""尒""眷"等字，其中"敬"字略有殘損，其餘皆可成完字。二號内容前後銜接，比照《大正藏》完整

222

經文，依行 17 字行款，BD10593 倒數第 2 行下端可補足"一菩薩"三字，連同該行底部"有"及 BD5141 第 2 行頂端"名曰妙音"，合成完整的一句"有一菩薩名曰妙音"，句意連貫。又二號行款相同，書風相似，字迹相同（比較二號皆有的"釋""牟""莊""菩薩""爲""解"等字）。綴合後所存內容起"□□（過是）數□（已）"，訖尾題。相應文字參見《大正藏》T9/55A19 – 62B1。

BD5141 內存品題"妙法蓮華經觀世音菩薩普門品第二十五""妙法蓮華經陀羅尼品第廿六""妙法蓮華經妙莊嚴王本事品第廿七""妙法蓮華經普賢菩薩勸發品第廿八"及尾題"妙法蓮華經卷第七"，據品題次第及其分卷情形可判定該號屬羅什譯《妙法蓮華經》（七卷本）。今二號綴合爲一，則 BD10593 亦可如此判定，可證《國圖》定名"妙法蓮華經卷七"無誤。

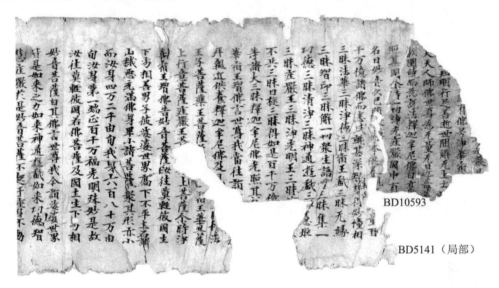

圖 8　BD10593 + BD5141（局部）綴合圖

（九）　**BD11217 + BD4793**

（1）BD11217（L1346），見《國圖》109/81B。2 紙。首尾均殘。存 15 行，行約 17 字。首 3 行上下殘，尾行下殘。楷書。有烏絲欄。原卷無題，《國圖》題作"妙法蓮華經卷七"，敘錄稱該卷爲 9—10 世紀歸義軍時期寫本。

（2）BD4793（號 93，北 5873），見《國圖》64/52A – 64A。19 紙。首殘尾全。存 504 行，行約 17 字（偈頌 20 字）。首行上殘。楷書。有烏絲欄。尾題"妙法蓮華經卷第七"。《國圖》敘錄稱該卷爲 8 世紀唐寫本。

按：上揭二號內容前後接續，可以綴接。綴合後如圖 9 所示，斷痕幾可吻合，原本分屬二號的"其佛言世"四字得以完整。經文內容左右連貫，BD11217 末行的"妙音菩薩白其"與 BD4793 首行的"□（佛）言"相連成句，語意貫通。又二號行款相同，書風相似，字迹相同（比較二號皆有的"净""薩""戲""釋""界""衆"

"男" 等字）。綴合後所存可辨識的内容起 "切功德三昧" 句末 2 字，訖尾題。相應文字參見《大正藏》T9/55A29 – 62B1。

BD4793 首殘尾全，内存品題 "妙法蓮華經觀世音菩薩普門品第二十五" "妙法蓮華經陀羅尼品第二十六" "妙法蓮華經妙莊嚴王本事品第二十七" "妙法蓮華經普賢菩薩勸發品第二十八" 及尾題 "妙法蓮華經卷第七"。據品題次第及分卷情形可知該號屬羅什譯《妙法蓮華經》（七卷本）。今二號綴合爲一，則可判定 BD11217 屬同譯，《國圖》定名甚是。又《國圖》對此二號的寫本斷代判定不一，可再斟酌。

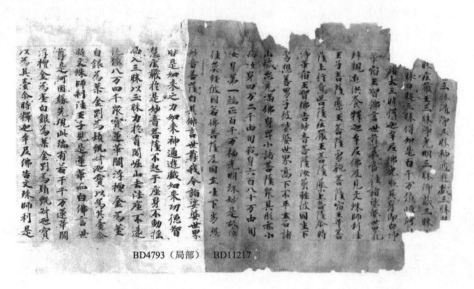

圖9　BD11217 + BD4793（局部）綴合圖

（十）　BD5487 + BD12040

（1）BD5487（果 87，北 5888），見《國圖》74/56B – 61。8 紙。首殘尾缺。存 204 行，行約 17 字（偈頌 20 字）。首 8 行下殘。楷書。有烏絲欄。《國圖》叙錄稱該卷爲 7—8 世紀唐寫本，所用紙爲經黄打紙。

（2）BD12040（L2169），見《國圖》110/217B。小殘片。1 紙。存 6 行下部 2—8 字。楷書。有烏絲欄。原卷無題，《國圖》題作 "妙法蓮華經卷七"，叙錄稱該卷爲 7—8 世紀唐寫本。

按：上揭二號内容先後相續，可以綴接。綴合後如圖 10 所示，BD5487 首 5 行下端與 BD12040 上下相接，原本分屬二號的殘字從右到左復合成 "告" "彼" 二字，"告" 字拼合後略有殘泐。二號内容上下銜接，BD5487 第 2 行下端的 "勇施菩" 與 BD12040 第 3 行頂端的 "薩" 字合成佛名 "勇施菩薩"。又二號行款相同，書風相似，字迹相同（比較二號皆有的 "娑婆世界" "菩薩" 等字）。綴合後所存内容起 "我當往詣娑婆世界" 句後 4 字，訖 "發大清静願"。相應文字參見《大正藏》T9/55B5 – 57C14。

BD5487 首殘尾缺，内存品題 "妙法蓮華經觀世音菩薩普門品第廿五"，前接續

"妙音菩薩品" 經文内容，據品題次第及分卷情形可判定該號屬羅什譯本《妙法蓮華經》（七卷本），《國圖》擬題 "妙法蓮華經卷七" 可從。BD12040 與之綴接，亦可作出同樣判定，《國圖》定名不誤。

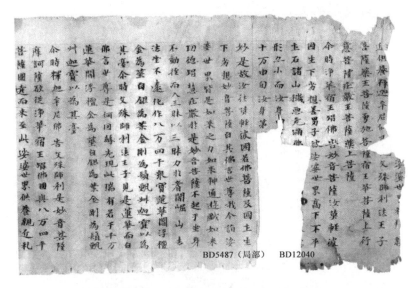

圖 10　BD12040 + BD5487（局部）綴合圖

（十一）　BD2405 + BD16168

（1）BD2405（成 5，北 5876），見《國圖》34/20B - 31A。20 紙。首尾均殘。存479 行，行約 17 字（偈頌 20 字）。首行存 3 字殘筆畫，第 2—4 行上下殘，第 5—16 行下殘。楷書。有烏絲欄。存殘尾題 "……第七"（殘筆畫）。《國圖》叙錄稱該卷爲 7—8 世紀唐寫本。

（2）BD16168（L4086），見《國圖》145/207B。殘片。1 紙。存 10 行下部 2—4字。首行存 3 字殘筆畫。原卷無題，《國圖》題作 "妙法蓮華經卷七"，叙錄稱該卷爲BD3411 號背面揭下的古代裱補紙，爲 7—8 世紀唐寫本。

按：上揭二號内容上下相接，可以綴接。綴合後如圖 11 所示，BD2405 第 4—16 行下端殘缺，BD16168 恰可填補。二號銜接處的殘字復合成 "少" "事" "嫉" "善""不" "見" "欲" "得" "相" 等字，其中 "嫉" "善" "不" "見" 等字因二號接縫處的縫隙難以拼合完整，餘皆可成完璧。二號内容上下銜接，BD2405 第 6 行下端的"而" 與 BD16168 第 3 行 "白佛言" 相連成句，文意完整。又二號行款相同，書風相似，字迹相同（比較二號皆有的 "釋" "尊" "久" "説" "慢" 等字）。綴合後所存可辨識的内容起 "無量百千功德莊嚴" 前 3 字（略有殘損），訖尾題 "妙法蓮華經卷第七" 後 2 字右側殘筆畫。相應文字參見《大正藏》T9/55C12 - 62B1。

BD2405 首尾均殘，内存品題 "妙法蓮華經觀世音菩薩普門品第廿五" "妙法蓮華經陀羅尼品第廿六" "妙法蓮華經妙莊嚴王本事品第廿七" "妙法蓮華經普賢菩薩勸發品第廿八"及尾題"……第七"（殘筆畫）。據品題次第及分卷情形可知該號屬羅什譯《妙法蓮華經》（七卷本）。BD16168 今與之綴接爲一，則亦可如此判定，《國圖》定名不誤。又《國圖》叙録稱 BD16168 爲 BD3411 號背面揭下的古代裱補紙，則可知 BD2405 當屬藏經洞廢弃經卷。

圖 11　BD2405（局部）+ BD16168 綴合圖

（十二）BD11521 + BD1325

（1）BD11521（L1650），見《國圖》109/251A。殘片。2 紙。首尾均殘。存 19 行，行約 17 字。首 4 行上下殘，第 5—6 行上殘，尾 4 行上殘。楷書。有烏絲欄。原卷無題，《國圖》題作"妙法蓮華經卷七"，叙録稱該卷爲 9—10 世紀歸義軍時期寫本。

（2）BD1325（張 25；北 5880），見《國圖》20/64A‒74A。20 紙。首殘尾全。存 431 行，行約 17 字（偈頌 20 字）。首行存 1 字殘筆畫，第 2—4 行下殘。楷書。有烏絲欄。尾題"妙法蓮華經卷七"。《國圖》叙録稱該卷爲 9—10 世紀歸義軍時期寫本，前後字體不同，係兩人抄寫。有硃筆點删字，有删除符號，有剪貼紙補字，卷尾有題記"弟子房鵲子爲己身一心供養"。

按：上揭二號内容先後相承，可以綴接。綴合後如圖 12 所示，原本分屬二號的殘字復合爲"中亦""以""現佛"五字。因二號卷面接縫處邊緣殘損，諸字無法拼合完整。二號内容左右接續，BD11521 倒數第 3 行底端的"現辟支"與 BD1325 第 3 行頂端的"佛形而爲説法"連言，文意完整。又二號行款相同，書風相似，字迹相同（比較二號皆有的"説""經""世界""菩薩""衆"等字）。綴合後所存内容起"或現大自在天身"句第 3 字，訖尾題。相應文字參見《大正藏》T9/56A17‒62B1。

BD1325 首殘尾全，内存品題"妙法蓮華經觀世音菩薩普門品第廿五""妙法蓮華經陀羅尼品第廿六""妙法蓮華經妙莊嚴王本事品第廿七""妙法蓮華經普賢菩薩勸發

226

品第廿八"及尾題"妙法蓮華經卷第七"。據品題次第及分卷情形，可判定該號屬羅什譯《妙法蓮華經》（七卷本）。今二號綴接爲一，則 BD11521 所屬譯本亦得以考實，《國圖》定名可從。又據 BD1325 卷尾題記可知此二號皆屬供養經卷。

圖12　BD11521（局部）+ BD1325（局部）綴合圖

（十三）BD11289 + BD974

（1）BD11289（L1418），見《國圖》109/119B。殘片。1 紙。存 12 行中部 6—7 字，第 6 行空白。尾行存 2 字殘筆畫。楷書。原卷無題，《國圖》擬題"妙法蓮華經卷七"，叙録稱該卷爲 7—8 世紀唐寫本。

（2）BD974（昃 74；北 6080），見《國圖》14/220B – 226B。11 紙。首殘尾全。存 283 行，行約 17 字（偈頌 20 字）。尾題"妙法蓮華經卷第七"。楷書。《國圖》叙録稱該卷第 1 紙背有古代裱補，爲 7—8 世紀唐寫本。

按：上揭二號內容先後相續，可以綴接。綴合後如圖 13 所示，斷痕密合，原本分屬二號的殘字復合成"又""盧伽""邏"等字，皆得成完璧。二號內容上下銜接，BD974 首行底端的"賒"字與 BD11289 倒數第 5 行頂端的"履"字合成完整的經咒"賒履"一詞，語意完整。又二號行款相同，字迹相同（比較二號皆有的"履""膩""世尊""佛""說"等字）。綴合後所存內容起"供養八百萬億那由他恒河沙等諸佛"句末 3 字，訖尾題。相應文字參見《大正藏》T9/58B13 – 62B1。

BD974 首殘尾全，內存品題"妙法蓮華經妙莊嚴王本事品第二十七""妙法蓮華經普賢菩薩勸發品第二十八"及尾題"妙法蓮華經卷第七"，據品題次第及尾題可考定該卷屬羅什譯《妙法蓮華經》（七卷本），《國圖》據此定名該卷爲"妙法蓮華經卷七"。今二號綴接爲一，則 BD11289 譯本、卷本亦可考實。

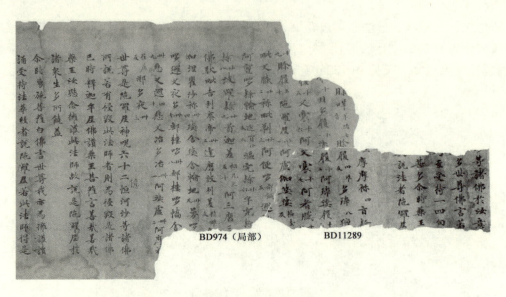

圖 13　BD11289 + BD974（局部）綴合圖

（十四）　**BD8719 + BD6224**

（1）BD8719（讓 40），見《國圖》104/29B。2 紙。首尾均殘。存 23 行，行約 17 字。首行僅存數字殘筆畫。尾 5 行上殘 1—14 字不等。楷書。有烏絲欄。原卷無題，《國圖》題作"妙法蓮華經卷七"。《國圖》叙録稱該卷爲 7—8 世紀唐寫本，所用紙爲經黃打紙。

（2）BD6224（海 24，北 6089），見《國圖》83/74B – 80A。11 紙。首殘尾全。存 231 行，行約 17 字（偈頌 20 字）。尾題"妙法蓮華經卷第七"。楷書。有烏絲欄。《國圖》叙録稱該卷爲 7—8 世紀唐寫本，所用紙爲經黃打紙。

按：上揭二號内容左右相續，可以綴接。綴合後如圖 15 所示，斷痕密合，原本分屬二號的殘字復合爲"氣是十羅""世尊我等亦"等字。二號内容前後相承，BD8719 倒數第 2 行底端的"并其子及"與 BD6224 第 2 行頂端的"眷屬"相連成句，語意貫通。又二號行款相同，字迹相同（比較二號皆有的"説""護""等""尼""衆""那""世"等字）。綴合後所存内容起"□（世）▨（尊）"，訖尾題。相應文字參見《大正藏》T9/59A4 – 62B1。

BD6224 首殘尾全，内存品題"妙法蓮華經妙莊嚴王本事品第二十七""妙法蓮華經普賢菩薩勸發品第二十八"及尾題"妙法蓮華經卷第七"。據品題次第及分卷情形，可知該號屬羅什譯《妙法蓮華經》（七卷本）。BD8719 首尾均殘，卷無存題，今二號綴合爲一，該號當屬同譯，《國圖》定名"妙法蓮華經卷七"不誤。

228

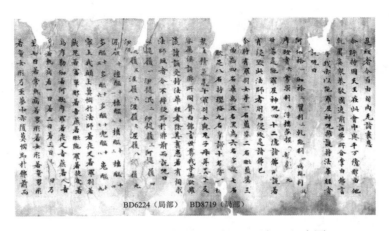

圖14　BD8719（局部）＋BD6224（局部）綴合圖

（十五）　**BD3517 + BD10567**

（1）BD3517（結17，北6121），見《國圖》48/406A－409B。7紙。首殘尾全。存167行，行約17字。尾題"妙法蓮華經卷第七"。楷書。有烏絲欄。《國圖》叙錄稱該卷爲7—8世紀唐寫本。

（2）BD10567（L696），見《國圖》108/29B。1紙。首尾均殘。存5行下部8—10字。尾行存數字殘筆畫。楷書。有烏絲欄。原卷無題，《國圖》題作"妙法蓮華經卷七"，叙錄稱該卷爲7—8世紀唐寫本。

按：上揭二號内容先後相連，可以綴接。綴合後如圖15所示，斷裂處的殘畫可復合爲"是""哉""近""又""如一"等字。二號内容上下接續，BD3517首行底端的偈頌"值佛復難是"與BD10567首行上端的偈頌"説諸難亦難"前後相連，文意貫通。又二號行款相同，字迹相同（比較二號皆有的"難""聽""所""佛""復""哉""願"等字）。綴合後所存内容起"如優曇鉢羅"，訖尾題。相應文字參見《大正藏》T9/60A24－62B1。

圖15　BD3517（局部）＋BD10567綴合圖

BD3517 內存品題 "妙法蓮華經普賢菩薩勸發品第二十八" 及尾題 "妙法蓮華經卷第七"，可據品題次第及分卷情形判定該號屬羅什譯《妙法蓮華經》（七卷本）。今BD10567 與之綴接爲一，亦可如此判定，《國圖》擬題 "妙法蓮華經卷七"，甚是。

二、可考知八卷本或十卷本者

《妙法蓮華經》敦煌寫卷也存有少量八卷本、十卷本，通過綴合，我們可以清楚辨識哪些寫卷屬于該經八卷本，個別可以據以修正文獻定名。

（一）BD12101 + BD4056

（1）BD12101（L2230），見《國圖》110/252A。2 紙。首尾均殘。存 25 行，行 20字（偈頌）。首尾行存數字殘筆畫，第 2—8 行上部殘缺，倒數第 2—11 行下殘。楷書。有烏絲欄。原卷無題，《國圖》題作 "妙法蓮華經卷四"，叙錄稱該卷爲 7—8 世紀唐寫本，所用紙爲經黃紙，背有古代裱補。

（2）BD4056（麗 56；北 5248），見《國圖》55/231A – 240A。16 紙。首殘尾全。存 418 行，行約 17 字（偈頌 16 或 20 字）。尾題 "妙法蓮華經卷第四"。首行上下殘，第 2—7 行上部殘缺。楷書。有烏絲欄。《國圖》叙錄稱該卷爲 7—8 世紀唐寫本，所用紙爲經黃紙，有行間校加字。

按：上揭二號內容先後接續，可以綴合。綴合後如圖 16 所示，BD12101 尾 7 行與BD4056 首 7 行上下左右銜接，原本分屬二號的殘字復合成 "度" "其" "成" "神" "喜禪悅" 等字。二號內容前後相承，BD12101 倒數第 7 行底端的 "度" 與 BD4056 首行上端的 "▨（不）可計衆" 上下相連，文意完整。又二號行款相同，字迹相同（比較二號皆有的 "爲" "所" "護" "數" "等" "聲" "佛" 等字）。綴合後所存可辨識的內容起 "善能教化衆生之類" 句末字，訖尾題。相應文字參見《大正藏》T9/28A2 – 34B22。

BD4056 首殘尾全，內存品題 "妙法蓮華經授學無學人記品第九" "妙法蓮華經法師品第十" "妙法蓮華經見寶塔品第十一" 及尾題 "妙法蓮華經卷第四"，據品題次第及分卷情形可考定該號屬羅什譯《妙法蓮華經》（八卷本），《國圖》據以定名。今二號可考屬同卷，則 BD12101 亦可作出同樣判定，可定名爲 "妙法蓮華經（八卷本）卷四"。

圖 16　BD12101 + BD4056（局部）綴合圖

（二） BD183 + BD15659 + 津圖 49

（1）BD183（黃 83；北 5635），見《國圖》3/358A – 361A。6 紙。首尾均殘。存 144 行，行約 17 字（偈頌 20 字）。首 2 行上下殘，尾行存數字殘筆畫，倒數第 2—4 行上部殘缺。楷書。有烏絲欄。《國圖》叙録稱該卷爲 7 世紀唐寫本，所用紙爲經黄打紙。

（2）BD15659，見《國圖》144/133B。首殘尾缺。存 16 行，行約 17 字。首 6 行上殘。楷書。有烏絲欄。原卷無題，《國圖》題作"妙法蓮華經卷六"，叙録稱該卷爲《國圖》叙録稱該卷爲 7—8 世紀唐寫本，所用紙爲經黄打紙。

（3）津圖 49，見《津圖》38。首尾均缺。存 17 行，行約 20 字（偈頌）。楷書。有烏絲欄。原卷無題，《津圖》題作"妙法蓮華經卷六"。

按：上揭三號内容前後銜接，可以綴接。綴合後如圖 17 所示，BD183 與 BD15659 銜接處的殘字可拼合爲"馬香牛羊等香"諸字。三號内容彼此鄰接，比照《大正藏》完整經本内容，BD183 與 BD15659 拼合而成的諸字上端殘缺，可補足"復别知衆生之香/象香"等字，BD183 倒數第 2 行底端的"又"字與所補足句前 6 字連言，句意貫通。BD15659 末行底端的"而説偈言"與津圖 49 首行頂端的"是人鼻清静"先後銜接，文意完整。二號字迹相同（比較二號皆有的"所""亦""遊戲""等""悉""鼻"等字，參表 1）。又三號下端皆存類似污漬印記，彼此對接并拼合成形，可資比勘。三號行款相同，可資參證。三號綴合後，所存内容起"以須曼瞻蔔"句首 3 字，訖"出處及所在"。相應文字參見《大正藏》T9/46A23 – 49A17。

BD183 内存品題"妙法蓮華經隨喜功德品第十八""妙法蓮華經法師功德品第十九"，卷前接續"隨喜功德品"，屬第十七品"分别功德品"内容，據品題次第及分卷可考知該號屬羅什譯《妙法蓮華經》（八卷本）卷六，《國圖》已據以定名。今三號綴接爲一，則 BD15659、津圖 49 皆可定名爲"妙法蓮華經（八卷本）卷六"。

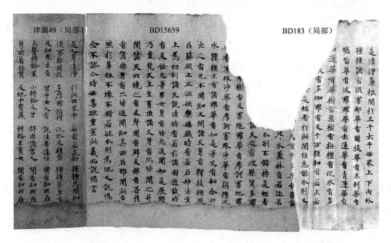

圖 17　BD183（局部）+ BD15659 + 津圖 49（局部）綴合圖

表1　BD15659 與津圖 49 用字比較表

例字\卷號	所	亦	遊戲	等	悉	鼻
BD15659	所	亦	遊戲	等	悉	鼻
津圖 49	所	亦	遊戲	等	悉	鼻

（三）　BD10046 + S. 9631 + BD3342

（1）BD10046（L175），見《國圖》107/94A。1 紙。存 9 行上部 2—11 字。首 2 行及倒數第 2 行上下殘，尾行存數字殘筆畫。原卷無題，《國圖》擬題"妙法蓮華經卷五"，叙録稱該卷爲 7—8 世紀唐寫本。

（2）S. 9631，見 IDP 彩版。存 6 行下部 1—8 字。楷書。有烏絲欄。原卷無題。

（3）BD3342，見《國圖》45/416B – 422A。11 紙。首殘尾全。存 239 行，行約 17 字（偈頌 20 字）。首 3 行上殘。楷書。有烏絲欄。尾題"妙法蓮華經卷第六"。卷末存題記"比丘尼莊嚴受持"。《國圖》叙録稱該卷爲 8 世紀唐寫本，有刮改。

按：上揭三號內容前後接續，可以綴接。綴合後如圖 18 所示，BD10046 與 S. 9631 上下相接，銜接處的殘筆畫可復合爲"摩""婆""已從"等字。因 BD3342 卷端略有褶皺，BD10046 與 BD3342 接縫處難以密合，原本分處二號的"至人""當善聽若"等字復合爲一，"至"字仍有殘缺。三號內容先後接續，BD10046 首行的偈頌"□▨（其有）聞是經"與 S. 9631 首行上端的偈頌"▨▨（若能）隨喜者"前後銜接，文意貫通。BD10046 尾 3 行與 BD3342 首 3 行上下左右銜接，前者倒數第 3 行底端的"復"與 BD3342 首行頂端的"行轉教"相連成句，語意貫連。又三號行款相同，字迹相同（比較三號皆有的"如""所"二字）。三號綴合後，所存內容起"□▨（其有）聞是經"，訖尾題。相應文字參見《大正藏》T9/46B25 – 50B22。

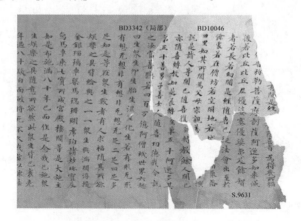

圖 18　BD10046 + S. 9631 + BD3342（局部）綴合圖

BD3342 首殘尾全，內存品題"妙法蓮華經法師功德品第十九"及尾題"妙法蓮華經卷第六"，據品題次第及分卷情形可判定該號屬羅什譯《妙法蓮華經》（八卷本），《國圖》據以定名。今既考定三號原屬同卷，則 BD10046 當據改定名爲"妙法蓮華經（八卷本）卷六"，S.9631 亦可如此定名。

（四）BD7877 + BD15969

（1）BD7877（制77，北6177），見《國圖》99/174B－176A。4 紙。存 78 行下部 6—15 字。楷書。有烏絲欄。《國圖》敘錄稱該卷爲 7—8 世紀唐寫本，又稱所用紙爲經黄打紙，通卷上邊有火燒殘缺，與《大正藏》本對照，分卷不同，相當于八卷本卷七，或十卷本卷九。

（2）BD15969（簡71483），見《國圖》145/63B。1 紙。存 8 行下部 8—15 字。楷書。有烏絲欄。原卷無題，《國圖》題作"妙法蓮華經卷七"，敘錄稱該卷爲 7—8 世紀唐寫本。

按：上揭二號內容左右接續，可以綴接。綴合後如圖 19 所示，BD15969 首行底端的"不"字右側筆畫末梢恰好撕裂在 BD7877 末行頂端，二號拼合，該字可成完璧。二號內容先後相連，BD15969 通卷上端皆有殘缺，比照《大正藏》完整經文內容，BD15969 首行上端可補足"如來"二字，BD7877 倒數第 2 行底端"又問訊多寶"與之先後相連，文意貫通。又二號行款相同，字迹相同（比較二號皆有的"釋""修""尊""德""薩""願""世"等字）。綴合後所存可辨識的內容起"汝當以神通之力守護是經"句後 2 字，訖"佛告華德菩薩"句前 4 字（第 2—3 字有殘缺），相應文字參見《大正藏》T9/54C24－56A3。

BD7877 通卷上邊有火燒殘缺，但仍可見存錄品題部分文字如"經妙音菩薩品第廿四"，據品題次第可知該號當屬羅什譯《妙法蓮華經》，今二號綴合爲一，則 BD15969 可作出同樣判定。二號拼合後仍缺少具體分卷信息，因 BD7877 所存"妙音菩薩品"前有接續文字，并無分卷，不同于常見七卷本，尚難以斷定此二號屬于八卷本卷七還是十卷本卷九。

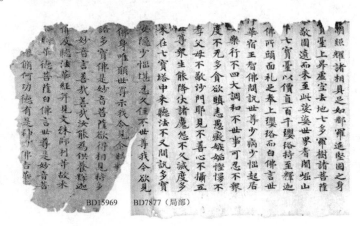

圖19　BD7877（局部）+BD15969 綴合圖

三、僅可考知譯本者

《國圖》藏該經敦煌寫卷中，有不少還難以確證卷本系統，僅可考知所屬譯本，整理者也祇能據常見該經七卷本進行定名。

（一）津藝 294 + BD15740

（1）津藝 294，見《津藝》6/204B。首殘尾缺。存 418 行，行約 17 字（偈頌 16 或 20 字）。楷書。有烏絲欄。《津藝》敘錄稱該卷爲唐寫卷。

（2）BD15740（簡 71484），見《國圖》144/184A。1 紙。首尾皆缺。存 18 行，行約 17 字。楷書。有烏絲欄。原卷無題，《國圖》題作"妙法蓮華經卷三"，敘錄稱該卷爲 7—8 世紀唐寫本，所用紙爲經黃打紙。

按：上揭二號內容前後相承，可以綴接。綴合後如圖 20 所示，津藝 294 尾行底端的"說"與 BD15740 首行頂端的"是經已"相連成句，文意完整。又二號行款相同，字迹相同（比較二號皆有的"是""聲""解""衆""佛""說""等"，參表 2）。綴合後所存內容起"觀知一切諸法之所歸趣"句後 3 字，訖"是十六菩薩"句首字。相應文字參見《大正藏》T9/19A25 – 25B19。

津藝 294 內存品題"妙法蓮華經授記品第六""妙法蓮華經化城喻品第七"，該卷"授記品"前存續"藥草喻品"內容，崛多、笈多校訂《添品妙法蓮華經》于該品補足羅什譯本所缺梵文本內容。該品二經差異較大，比照《大正藏》經文內容，可據卷前接續"藥草喻品"內容考定該號屬羅什譯《妙法蓮華經》。BD15740 首尾皆缺，今將之與津藝 294 綴接，可考實屬羅什譯經。

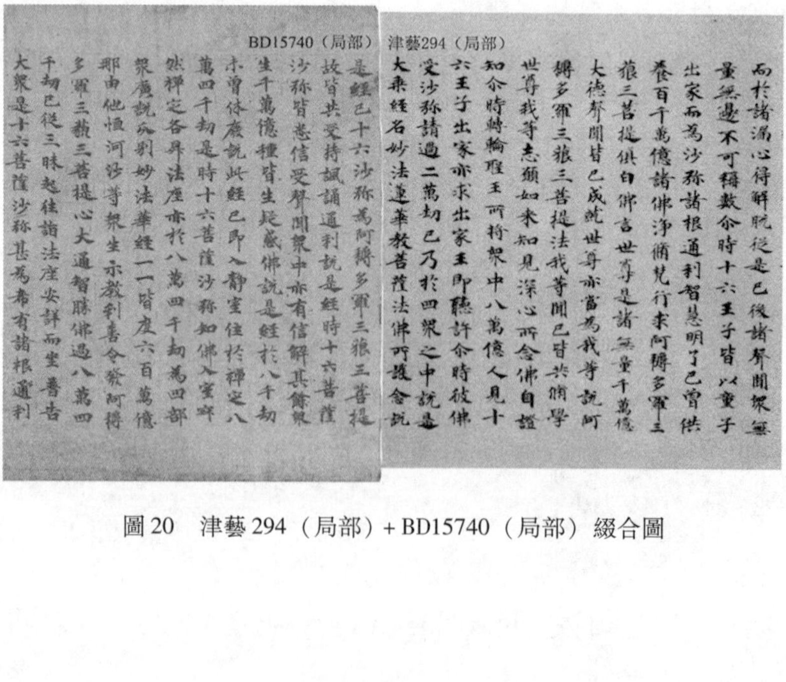

圖 20　津藝 294（局部）+ BD15740（局部）綴合圖

表 2　津藝 294 與 BD15740 用字比較表

卷號　　例字	是	聲	解	衆	佛	説	等
津藝 294	是	聲	解	衆	佛	説	等
BD15740	是	聲	解	衆	佛	説	等

（二）　BD8701＋Дх. 805…Дх. 10632＋BD7178

（1）BD8701（讓 22），見《國圖》104/14B－15B。2 紙。首尾均殘。卷面上端存等距殘缺。存 51 行，行約 16 字（偈頌）。首行存數字殘筆畫。楷書。有烏絲欄。原卷無題，《國圖》題作"妙法蓮華經卷三"，叙録稱該卷爲 7—8 世紀唐寫本。

（2）Дх. 805，見《俄藏》7/126B。殘片。首尾均殘。存 9 行，行約 16 字（偈頌）。第 4—5 行完整，餘行皆有殘缺。《俄藏敦煌漢文寫卷叙録》（以下簡稱《孟録》）[8] 稱該卷爲 8—10 世紀寫本，并指出 Дх. 10632 爲該卷同一殘片，但不相連接。

（3）Дх. 10632，見《俄藏》14/353A。首尾均殘。存 26 行，行約 17 字（偈頌 16 字）。通卷上部有等距殘破。原卷無題。《俄藏敦煌文獻叙録》（以下簡稱《俄録》）[9] 擬題"妙法蓮華經卷第三授記品第六"。

（4）BD7178（師 78，北 6173），見《國圖》95/290A－291B。3 紙。首尾均殘。存 70 行，行約 17 字（偈頌 16 或 20 字）。通卷上下皆有等距殘缺。《國圖》叙録稱該卷爲 9—10 世紀歸義軍時期寫本。

按：《孟録》已指出 Дх. 805、Дх. 10632 屬同卷，但并不相接。今查 BD8701、BD7178 可分別與此二號綴接，如圖 21、22 所示，BD8701 與 Дх. 805 衔接處的殘字拼合爲"增""潤""譬喻""開示"等字。三號內容前後相連，BD8701 倒數第 2 行底端的"各得成實"與 Дх. 805 第 3 行頂端的"▨（迦）葉當知"先後相連，文意貫通。BD10632 與 BD7178 左右連續，比照《大正藏》完整經本，依行 17 字行款，BD7178 首行頂端可補足"天人師佛"四字，Дх. 10632 末行底端的"調御丈夫"四字恰可與之先後相連，不缺一字。又二號字迹相同（比較二號皆有的"爲""解""説""法""净""數""後"等字，參表 3）。且四號行款相同。四號綴合後，所存可辨識的內容起"則能信解"，訖"梵天王雨衆"後 2 字。相應文字參見《大正藏》T9/19C13－22B26。

Дх. 805 存品題"▨（妙）法蓮華經授記品第六"，據卷前所接續的"藥草喻品"內容可考定該號屬羅什譯《妙法蓮華經》。今四號綴合爲一，則餘三號皆可判定屬羅什譯《妙法蓮華經》。又《國圖》對 BD8701、BD7178 寫卷抄寫時代判定不一，可再斟酌。

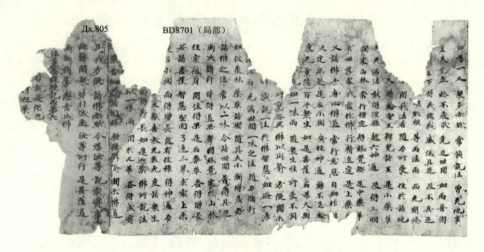

圖 21　BD8701（局部）＋Дх. 805 綴合圖

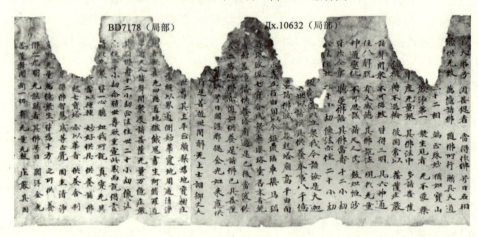

圖 22　Дх. 10632（局部）＋BD7178（局部）綴合圖

表 3　Дх. 10632 與 BD7178 用字比較表

例字 卷號	爲	解	説	法	净	數	後
Дх. 10632							
BD7178							

（三）　**BD10032 + BD5681**

（1）BD10032（L161），見《國圖》107/86B。1 紙。存 12 行上部 1—10 字（偈頌）。隸楷。有烏絲欄。原卷無題，《國圖》題作"妙法蓮華經卷三"，叙録稱該卷爲

236

5—6 世紀南北朝寫本。

（2）BD5681（李81，北5032），見《國圖》76/185B‐196B。16 紙。首殘尾全。存478 行，行約 17 字（偈頌 16 或 20 字）。隸楷。有烏絲欄。尾題“妙法蓮華經卷第三”。《國圖》叙錄稱該卷爲 5—6 世紀南北朝寫本。

按：上揭二號内容前後相承，可以綴接。綴合後如圖 23 所示，比照《大正藏》完整經文，BD10032 尾行下端可補足“言辭/演説一法”六字，後 4 字偈頌與 BD5681 首行頂端偈頌“▨（于）佛智慧”前後相連，文意貫通。又二號行款相同，字迹相同（比較二號皆有的“樹”“處”“得”“尊”“漏”“所”“衆”等字，參表4）。綴合後所存内容起“一切衆生”，訖尾題。相應文字參見《大正藏》T9/20A21‐27B9。

BD5681 首殘尾全，内存品題“妙法蓮華經授記品第六”“妙法蓮華經化城喻品第七”及尾題“妙法蓮華經卷第三”，據卷首“藥草喻品”文字内容，可知該號屬羅什譯《妙法蓮華經》，《國圖》擬題“妙法蓮華經卷三”可從。如此，則 BD10032 亦可判定屬同譯，《國圖》定名不誤。

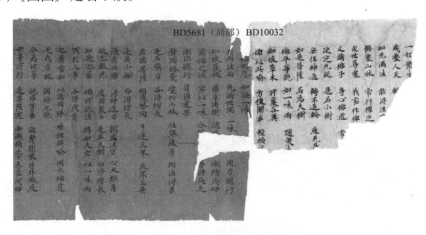

BD5681（局部） BD10032

圖23　BD10032＋BD5681（局部）綴合圖

表4　BD10032 與 BD5681 用字比較表

例字 卷號	樹	處	得	尊	漏	所	衆
BD10032	樹	處	得	尊	漏	所	衆
BD5681	樹	處	得	尊	漏	所	衆

（四）S. 9132 + BD9967

（1）S. 9132，殘片。首行完整，餘 4 行存上部 4—12 字。首題“妙法蓮華經安樂行品第十四”。楷書。有烏絲欄。

（2）BD9967（L96），見《國圖》107/51B。1 紙。首尾均殘。存 5 行下部 5—8 字。楷書。有烏絲欄。原卷無題，《國圖》題作“妙法蓮華經卷五”，敘錄稱該卷爲 7—8 世紀唐寫本。

按：上揭二號内容上下銜接，可以綴接。綴合後如圖 24 所示，斷痕基本吻合，原本分屬二號的“菩”“難”二字復合爲一。二號内容前後相承，S. 9132 首行下端的“文殊師利法王子”與 BD9967 首行的“▨（菩）薩摩訶薩”合成佛名“文殊師利法王子菩薩摩訶薩”，第 2 行亦上下銜接，中無缺字。又二號行款相同，字迹相同（比較二號皆有的“是”“法華經”等字）。綴合後所存内容起首題，訖“于後惡世欲説是經”句後 7 字。相應文字參見《大正藏》T9/37A9—37A15。

S. 9132 存有品題“妙法蓮華經安樂行品第十四”，據品題次第可確定該號爲羅什譯《妙法蓮華經》。BD9967 原卷無題，今二號綴合爲一，則可證該號亦屬羅什譯本。

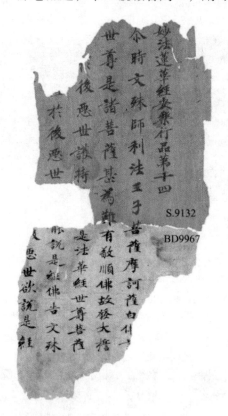

圖 24　S. 9132 + BD9967 綴合圖

（五）S. 6399 + BD15208

（1）S. 6399，見《寶藏》46/66A - 77B。首尾均缺。存 459 行，行約 17 字（偈頌 16 或 20 字）。楷書。有烏絲欄。

238

（2）BD15208（新 1408），見《國圖》140/294A-B。1 紙。首尾均缺。存 28 行，行約 17 字。楷書。有烏絲欄。原卷無題，《國圖》擬題"妙法蓮華經卷五"，叙録稱該卷爲 8 世紀唐寫本，所用紙爲經黄紙，卷首、尾背下均有正方形陽文硃印，印文爲"顧二郎"。

按：上揭二號内容前後相承，可以綴接。綴合後如圖 25 所示，S.6399 尾行底端的"則爲見佛常在耆闍崛"與 BD15208 首行頂端的"山"字相連成句，語意完整。又二號行款相同，字迹相同（比較二號皆有的"此""滅""衆""解""經""能""最"等字，參表 5）。綴合後所存内容起"于一切衆生"句末字，訖"若教人書"句首字。相應文字參見《大正藏》T9/38B12 – 45C19。

S.6399 内存品題"妙法蓮華經從地踊出品第十五""妙法蓮華經如來壽量品第十六"及"妙法蓮華經分别功德品第十七"，從品題次第來看，該號可定爲羅什譯《妙法蓮華經》。今二號綴接爲一，則 BD15208 當屬同譯，但究竟屬七卷本還是十卷本，尚難斷定。

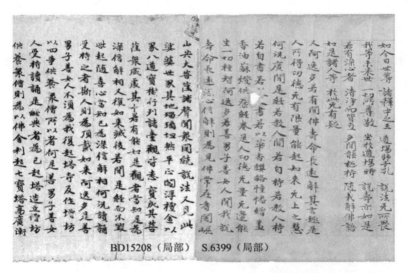

BD15208（局部） S.6399（局部）

圖 25　S.6399（局部）+ BD15208（局部）綴合圖

表 5　S.6399 與 BD15208 用字比較表

例字 卷號	此	滅	衆	解	經	能	最
S.6399							
BD15208							

239

（六）BD5761 + BD16416C

（1）BD5761（奈61；北6043），見《國圖》77/51B－53A。3紙。首尾均殘。存67行，行約17字（偈頌20字）。首2行上下殘缺，尾行存數字殘筆畫，第2—5行中間存一殘洞，第9—16行底端殘1—2字。楷書。有烏絲欄。《國圖》叙録稱該卷爲8—9世紀吐蕃統治時期寫本。

（2）BD16416C（L4481），見《國圖》146/148A。小殘片。存4行，中間2行存2—3字，餘2行皆僅存若干殘筆畫。楷書。有烏絲欄。原卷無題，《國圖》題作"妙法蓮華經卷七"，叙録稱該卷爲8—9世紀吐蕃統治時期寫本，原夾在BD7933中。

按：BD5761第2—5行中間存一缺口，BD16416C恰可填補，二號綴合後如圖26所示，原本分屬二號的殘字復合爲"身而爲""軍""度"（2次）、"現""者"等字。二號內容上下銜接，BD5761第3行上端"即現"與BD16416C第2行"天大將"及BD5761第3行下端的"軍身而爲"，加上BD5761第4行頂端的"説法"2字合成完整一句"即現天大將軍身而爲説法"。又二號行款相同，字迹相同（比較二號皆有的"大將""者即"等字）。綴合後所存可辨識的內容起"即現自在天身而爲説法"句第6—9字（僅"而爲"二字完整），訖品題"妙法蓮華經陀羅尼品第二十六"後5字。相應文字參見《大正藏》T9/57B1－58B8。

BD5761卷尾存品題"妙法蓮華經陀羅尼品第二十六"（前2字缺，第3—8字存右側大部分筆畫），從存録完整的品題次第來看，該號當屬羅什譯《妙法蓮華經》。今二號綴接爲一，則BD16416C所屬譯本亦可判定。二號屬于何種卷本，尚難判定，《國圖》據常見七卷本擬題"妙法蓮華經卷七"，暫可從。

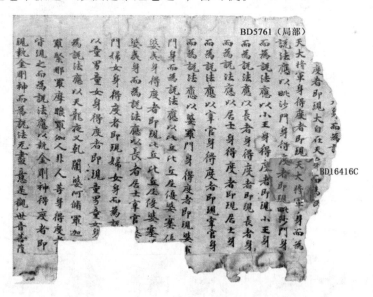

圖26　BD5761（局部）＋BD16416C綴合圖

四、餘論

上文我們把《國圖》藏敦煌本《妙法蓮華經》中 58 號寫本殘卷（片）綴合爲 25 組。在一定程度上恢復了寫卷原貌，進而判定各綴合組別中缺題殘卷的經文歸屬，考實所屬譯本。藉助于綴合後寫本所提供的較爲完整的信息，亦可對相關寫卷的性質、斷代及卷本系統作出更爲客觀可靠的判斷。

《國圖》藏敦煌本《妙法蓮華經》缺題殘卷，除上面所綴合組別外，學界已有的綴合成果考實所屬譯本，也可略作補充如下[⑩]：

BD3787 + BD4022 + BD3820 + BD3821 + BD3788 + BD6842 + BD3857；BD1731 + BD1572 + BD1626 + BD1502 + BD1698 + BD1394 + BD1625 + BD1750；Дх. 1146 + BD2454 + BD7318；BD3239 + BD3241 + BD5741 + BD5738（以上屬卷三）

Ф218 + BD1912 + BD1913；BD2893 + BD435 + BD318B + BD232B + BD14988 + BD15006；Дх. 10551 + 10552（3－1）+ BD7058 + 羽 6；S. 8282 + Дх. 3051 + Дх. 2770 + BD5608 + S. 5842 + BD4363 + BD284 + BD2514（以上屬卷四）

BD8737 + S. 6779 + S. 820；BD2520 + BD2837 + BD2813 + BD3085 + BD3189 + Дх. 10608；BD5299 + BD5544 + BD5644 + BD5375 + 浙敦 85（以上屬卷五）

BD7498 + BD11011 + BD8695 + BD3487 + BD10279 + S. 13058 + Дх. 10547 + 10548－2 + BD8023 + BD8723 + Дх. 10547 + 10548－1 + BD7865…BD8704 + BD10207 + BD3267 + 羽 364 + BD10268；BD10915 + S. 8385 + Дх. 2190 + 北大 D47 + BD7552 + BD6174；BD5127 + BD5164 + BD4863（以上屬卷六）

BD12095 + BD4573 + BD4360 + BD4772 + BD4655；BD252A + BD220 + Ф48（以上屬卷七）

另外，《國圖》藏敦煌《妙法蓮華經》寫卷有些存題相對完整，則可據品題次第及經本內容判定寫卷譯者，少數單憑存題尚難以斷定[⑪]，大量《國圖》缺題殘卷更是無法考實所屬經本。但將這些寫卷與本館藏品或其他各家藏品綴接後，也有助於我們對相關寫卷作出相對客觀準確的判斷。今比照《大正藏》所收七卷本《妙法蓮華經》經文內容，據其是否能考知所屬譯本及各卷綴合後內容先後順序列出：

（一）可知譯本者

BD15010 + 津圖 116 + BD2566；S. 8507 + BD431；S. 9890 + BD5258；S. 7542 + S. 7347 + S. 6698 + BD2814；S. 1851 + BD1978（以上屬卷三）

Дх. 4350 + BD241 + S. 152 + BD2735；BD1848 + BD2082（八卷本）；BD1606 + BD1544 + BD1798 + BD1816（八卷本）；S. 9549 + BD31 + BD413；BD3476 + BD484；Дх. 1247 + BD5049；Дх. 307 + Дх. 310－1 + BD85 + BD401；Дх. 873 + Дх. 10561 + Дх. 10562 + BD13825；羽 128 + BD15238（八卷本）；S. 4112 + BD8767（八卷本）（以上屬卷四）

Дх. 298 + BD13832（八卷本）；Дх. 1574A + BD1400 + 羽149；S. 1669 + BD13817（以上屬卷五）

BD4547 + BD4468（八卷本）；BD1845 + BD1875（八卷本）；BD10855 + BD4775；BD347 + Дх. 2686；BD4875 + S. 11678；S. 7114 + BD6838；Дх. 1187 + BD13835；BD7229 + BD5052；BD15169 + BD8416 + S. 393；BD10665 + Дх. 2476（以上屬卷六）

BD12084 + S. 6599（八卷本）；BD11772 + BD437（八卷本）；BD1422 + P. 4743；S. 9632 + BD6321；S. 8391 + S. 3379 + BD1236；S. 1012 + BD3316；BD14816 + S. 9778（以上屬卷七）

S. 9851 + BD13838（八卷本，卷八）

Дх. 1001 + BD3454（十卷本，卷九）

Дх. 4891 + BD1084（十卷本，卷十）

（二）不可知譯本者

BD8705 + BD10895；BD11026 + Дх. 1834 + Дх. 1829 + S. 9754；Дх. 2238 + BD10861 + Дх. 135…Дх. 2417；BD15021 + BD11914；S. 9848 + BD11859 + BD10653；BD10628 + BD8712 + S. 3601；BD4067 + BD6578；BD15261 + S. 1748；S. 10087 + BD10648 + BD8721 + BD8585；BD11698 + S. 9753 + S. 3509；BD14910 + BD7998；BD10586 + BD11240；BD12232 + S. 6602；BD11290 + BD12072 + S. 9133；S. 10669 + BD10503 + BD10155；BD7568 + S. 9805；BD9216 + BD15542 + 津圖14；BD10186 + BD2076；BD1701 + BD1390 + BD1489；BD15617 + BD15821 + 津圖30 + BD10731 + BD3502 + BD9990 + BD8707 + Дх. 749；BD14909 + BD15766 + 津藝293；BD10510 + BD7593 + S. 11801；津圖86 + BD15744 + 津藝225；BD5019 + BD10896；BD8779 + BD6983 + BD5629；BD8295 + Дх. 5524；BD12256 + BD10196 + BD10888 + S. 10171 + S. 10126；S. 8838 + BD7115 + S. 7389；BD13652 + Дх. 1034 + Дх. 10558 + BD8716（以上屬卷一）

BD14426 + BD3016；BD10633 + BD5606 + BD5616 + BD5356 + BD5435 + BD5334 + BD5248 + BD5306 + BD5403 + BD5484 + BD5448 + BD5427 + BD5496 + BD5503 + BD5471；Дх. 10541 + BD637；S. 9811 + BD12013；BD7613 + Дх. 5789；S. 1935 + BD748；BD640 + BD812；BD8702 + BD1934 + BD1937；BD16173 + S. 2276；BD4816 + BD6953 + BD5694；BD7026 + BD9500；P5589（13）+ BD14469；Дх. 1792 + BD1468；BD77A + BD6238；S. 10158 + BD1853；Дх. 4908 + BD10014 + S. 10351；BD10890 + BD1033；BD572 + BD493 + BD559 + BD784 + BD767 + BD745 + BD596 + BD621；BD7875 + BD16467A + BD5020 + BD5663 + 永博2；甘博65 + BD6181 + S. 3262 + S. 3296；BD207 + BD3124；BD8735 + BD1015；S. 7497 + BD1781；BD7427 + S. 1130；BD5955 + WB32（26）；津圖21 + BD15577（以上屬卷二）

BD12273 + BD15581；BD11411B + BD12114B；BD13665 + BD10063；BD15905 + S. 7221；BD15506 + BD15510；BD15768 + 津圖40；BD9501 + BD15858 + BD15898；Дх. 10542 + BD11357；BD392 + BD209；BD11776 + BD516 + BD6710；BD10713 + 浙敦

120；Дх. 10618 + BD6670（以上屬卷三）

Дх. 2786 + BD3676；BD14539 + BD14900 + S. 322；北大 D151 + BD5852；BD16253E + BD16253B + BD16253D + BD16253A + BD16253C；BD15747 + S. 3646 + S. 3670 + BD4945；BD11339 + BD11117 + BD11324；BD15807 + BD15812 + 津圖 16；BD8692 + BD1050；S. 9012 + S. 13027 + S. 9118 + S. 13585 + BD9875；BD8736 + Дх. 4925；BD15599 + BD15813 + 津圖 33（以上屬卷四）

BD10233 + BD11609 + S. 9823；BD10321 + BD7994 + Дх. 10611；BD15801 + BD15816；BD15803 + 津圖 9；P. 5028（5）+ S. 12127 + BD8268；BD15540 + 津圖 25；BD15576 + BD14601；BD6860 + 津圖 19；BD8750 + BD10060 + BD10815；BD12329（6）…BD12329（5）…BD12329（10）…BD12329（4）…BD12329（7）…BD12329（3）…BD12329（8）…BD12329（14）…BD12329（1）…BD12329（9）…BD12329（12）…BD12329（13）…BD12329（11）…BD13635；BD15970 + 津圖 27；北大 142 + BD2487 + 中村 177 – 16 – 2；BD10486 + S. 10146 + BD11075；BD15568 + Дх. 313；BD8070 + P. 4835 + BD8362；BD10892 + BD16543A；S. 10414 + BD11327 + S. 9798 + S. 9136（以上屬卷五）

Дх. 3098 + BD7469；BD11891 + Дх. 3958 + Дх. 1949；BD15529 + Дх. 6532；S. 10717 + BD15843；BD15659 + 津圖 49；BD15797 + BD15861；BD11936…BD11614（以上屬卷六）

BD9218A + BD16305B … BD11556 + BD9218B + BD16305A + S. 9555 + S. 9597 + S. 3655（八卷本）；BD11635 + 傅圖 12；S. 9592 + BD15547；BD13651 + BD13616；BD15653 + BD14556；Дх. 5778 + BD8726 + BD11122；BD16307 + BD8762 + BD5510；BD11424 + BD11248 + BD12362；BD10931 + BD8804；Дх. 6534 + BD8104；BD7081 + BD3324B；BD12185 + BD10692；BD6156 + BD10138 + S. 7015；BD9194 + BD10241 + BD11027 + BD10224 + BD10926 + BD12097 + BD13636；S. 1118 + BD2473；BD14840EB + BD14840I；BD10031 + S. 12216 + S. 9116；BD10952 + BD3996；BD10150 + BD9936 + BD9925；BD10634 + BD1650；BD8806 + BD8787；BD8793 + BD10313；BD10355 + BD10368；BD12046A + BD12047B … BD12046B + BD12047A；BD15583 + 津圖 77；BD10473 + BD9220 + BD15882；BD12122…BD12238；Дх. 609 + BD8740；BD15748 + 津圖 50；BD11475 + BD15878 + BD15537（以上屬卷七）

最後，將新發現的《國圖》以外其他館藏或藏家的敦煌本《妙法蓮華經》殘卷綴合組目作爲附錄簡單羅列于後：

英藏：S. 16 + S. 9627；S. 306 + S. 805；S. 757 + S. 106；S. 963 + S. 12425；S. 970 + S. 7563；S. 1009 + S. 7087；S. 1114 + S. 1761；S. 1265 + S. 10322；S. 2573 + S. 9566 + Дх. 10588；S. 1929 + Дх. 6681；S. 2577 + S. 12472；S. 2760 + S. 3241；S. 3455 + S. 10113；S. 3499 + S. 5140；S. 3628 – 2 + 津圖 181 + Дх. 2783 + Дх. 4322；S. 4200 + S. 9546；S. 4207 + Дх. 101；S. 4285 + S. 1367；S. 4392 + S. 10088；S. 4596 + Ф254；S. 5209 + S. 12086；S. 5274 + S. 8281；S. 5277 + S. 12219；S. 6461 + S. 9612；S. 6567 +

S. 10342；S. 7121 + S. 9138；S. 7182 + S. 8367；S. 7199 + S. 7160；S. 7246 + 羽 360 +
Дх. 1779；S. 7543 + S. 3791；S. 7282 + S. 9556；S. 7367 + Дх. 5188 + S. 7369；S. 7390 +
S. 11917 + S. 11861；S. 7574 + S. 10327；S. 7599 + S. 7428；S. 8321 + S. 9608；S. 8356 +
S. 9587；S. 8366 + P. 4850 + S. 8363；S. 8463 + S. 12805；S. 8502 + S. 10517；S. 8528 +
S. 10314；S. 8978 + S. 7421；S. 9135 + P. 4829；S. 9557 + S. 13334；S. 9561 + S. 11794 +
S. 4769；S. 9564 + S. 8558；S. 9610 + S. 10153；S. 9613 + S. 637；S. 9636 + S. 3212；
S. 9640 + S. 9647 + S. 8389；S. 9645 + S. 3480；S. 9646 + S. 10851；S. 9648 + S. 1410；
S. 9654 + S. 131；S. 9655 + S. 3006；S. 9560 + S. 12674；S. 9581 + S. 9609；S. 9653 +
S. 3516；S. 9662 + S. 10040；S. 9717 + S. 12989 + S. 13387；S. 9719 + S. 3406；S. 9733 +
S. 11689；S. 9776 + S. 6660；S. 9792 + S. 12960；S. 9802 + S. 9130 + S. 12482；S. 9841 +
S. 5357；S. 9853 + S. 10165 + S. 7181；S. 9864 + S. 12961 + S. 9977 + S. 8255；S. 9865 +
S. 12115；S. 9899 + S. 11905 + S. 8913 + S. 10850；S. 9886 + S. 10122 + S. 6711；S. 9984 +
S. 10140；S. 10029 + S. 8870 + S. 10430；S. 10094 + S. 12433；S. 10115 + S. 7033；
S. 10177 + S. 6429；S. 10253 + S. 10212 + S. 13071；S. 10260 + S. 12049；S. 10297 +
S. 3734；S. 10335 + S. 1493；S. 10361 + S. 10781 + S. 1426；S. 10666 + S. 10422；S. 10838 +
S. 3678；S. 11637 + S. 10835；S. 11853 + S. 8542 + S. 12062；S. 11876 + S. 9170 + S. 9199；
S. 11890 + S. 12315；S. 11950 + S. 1456；S. 11944 + S. 3348；S. 12014 + S. 2896 + S. 10419 +
S. 13610 + S. 12524；S. 12028 + S. 13160 + S. 13679 + S. 9649 + S. 606；S. 12079 + Дх. 2073 +
S. 7367 + Дх. 5188 + S. 7369；S. 12103 + S. 2223；S. 12141 + S. 13470 + S. 12101；S. 12384 +
S. 9614；S. 12489 + S. 12491A；S. 12642 + S. 12591 + S. 8325 + S. 8322；S. 12693 +
S. 2637；S. 12829 + S. 4380；S. 13246 + S. 9644

法藏：P. 2961 + S. 2652；P. 4729 + P. 5028（10）；p. 4827 + p. 5028（6）；P. 5029E +
P. 5023F；P. 5041 + S. 12263；P. 5590（10）+ 酒博 18 + S. 6736；P. 5588P（17）+
P. 5588P（13）+ P. 5588P（16）+ P. 5588P（15）+ P. 5588P（10）+ P. 5588P（1）+
P. 5588P（14）+ P. 5588P（3）；P. 2027 + IOL Khot S. 11

俄藏：Дх. 12187…Ф293 + Дх. 12190；Ф306 − 1 + Ф287 + Ф306 − 2；Дх. 108 + 津圖
15；Дх. 187 + 北大 D243 − 1；Дх. 405 + P. 5025（4）；Дх. 441 + Дх. 7601；Дх. 632 +
Дх. 5275；Дх. 725 + Дх. 5311；Дх. 852 + Дх. 1772 + Дх. 1773 + Дх. 6742；Дх. 881 + S. 13；
Дх. 1039 + Дх. 5340；Дх. 1091 + Дх. 5306；Дх. 1075 + Дх. 11488；Дх. 1148 + Дх. 11690；
Дх. 1504 + Дх. 12243R；Дх. 1475 + Дх. 1476 + Дх. 5738；Дх. 1751 + Дх. 10536 +
Дх. 11113；Дх. 1790A + S. 9731；Дх. 2002 + Дх. 12599；Дх. 2259 + S. 2083；Дх. 2400 +
Дх. 6747 + Дх. 344 + Дх. 6739；Дх. 2231 … Дх. 2421；Дх. 2455 + Дх. 5168 + Дх. 3409 +
Дх. 2390 + Дх. 3407 + Дх. 3414；Дх. 2619 + 羽 630；Дх. 2697 + Дх. 4707；Дх. 2702 +
Дх. 10521 + Дх. 10522 + Дх. 10924 + Дх. 12770；Дх. 2929 + S. 9770；Дх. 2996 + S. 6569；
Дх. 3049 + S. 2333；Дх. 3195 + Дх. 3355B；Дх. 3230 + Дх. 4247；Дх. 3519 + Дх. 4702；
Дх. 3796 + Дх. 3576；Дх. 4292 + 羽 45；Дх. 4641 + Дх. 4700；Дх. 4719 + Дх. 4210；
Дх. 4764 + Дх. 4745A；Дх. 4782 + Дх. 4839 + Дх. 5903 + Дх. 11682 + Дх. 11867 + Дх. 11792 +

Дх. 12602 + Дх. 11950 + Дх. 11833 + Дх. 11971 + Дх. 12663；Дх. 4785 + Дх. 5878 + Дх. 6527；Дх. 4835 + Дх. 1851 + Дх. 365；Дх. 4838 + Дх. 2640；Дх. 4938 + Дх. 5310；Дх. 5066 + Дх. 6873 + Дх. 2525；Дх. 5099 + Дх. 5309；Дх. 5194 + S. 52；Дх. 5249 + Дх. 5747；Дх. 5383 + Дх. 10583；Дх. 5437 + Дх. 5427；Дх. 5458 + Дх. 6529 + Дх. 5431 + Дх. 6604；Дх. 5510 + Дх. 4897；Дх. 5520 + Дх. 906；Дх. 5606 + Дх. 5600 + Дх. 12657 + Дх. 12675；Дх. 5634 + Дх. 5608；Дх. 5638 + Дх. 5625 + Дх. 8879 + Дх. 5697；Дх. 5707 + Дх. 5680 + Дх. 5650；Дх. 5754 + Дх. 1798 + ZSD21 + S. 2157；Дх. 5814 + Дх. 5816 + Дх. 5661；Дх. 5817 + Дх. 5193D；Дх. 5932 + Дх. 1868；Дх. 5962 + S. 4138；Дх. 6139 + Дх. 2250；Дх. 6143 + Дх. 2192 + S. 1047；Дх. 6188 + Дх. 6191；Дх. 6330 + Дх. 7323；Дх. 6428 + Дх. 7169；Дх. 6591 + Дх. 1169；Дх. 6603 + Дх. 5149；Дх. 6600 + Дх. 6542 + Дх. 6545；Дх. 6603 + Дх. 5149；Дх. 6608 + Дх. 6111；Дх. 6680 + Дх. 2386 + Дх. 2397；Дх. 6726 + Дх. 1948 + Дх. 2064 + Дх. 6706；Дх. 6911 + Дх. 6912；Дх. 6977 + Дх. 6982；Дх. 7042 + Дх. 6449 + Дх. 6271；Дх. 7428 + Дх. 9252 + Дх. 1544；Дх. 7579 + Дх. 7734；Дх. 7774 + Дх. 6269；Дх. 7991 + Дх. 7373；Дх. 424 + Дх. 8214；Дх. 8499 + Дх. 8448 + Дх. 8454 + Дх. 8444 + Дх. 7210 + Дх. 7210；Дх. 8622 … Дх. 8623；Дх. 8869 + Дх. 5617；Дх. 8879 + Дх. 5638；Дх. 9744 + Дх. 18681；Дх. 10507 + Дх. 5526；Дх. 10523 + S. 2634；Дх. 10525 + Дх. 753；Дх. 10546 + S. 6900；Дх. 10556 + 10578 + S. 9131；Дх. 10563 + 羽 390；Дх. 10564 + Дх. 10591 + Дх. 11882；Дх. 10569 + Дх. 11695；Дх. 10574 … Дх. 10568 + Дх. 11889；Дх. 10629 + Дх. 5426 + Дх. 1631；Дх. 10639 + S. 1809；Дх. 11553 + Дх. 17436；Дх. 11736 + Дх. 10627；Дх. 11923 + Дх. 12664；Дх. 11983 + Дх. 11872 + Дх. 11956；Дх. 11996 + Дх. 11994 + Дх. 11856 + Дх. 11928；Дх. 12257 + Дх. 12052V + Дх. 12222；Дх. 12276 + 中村 174 − 1 − 15 − 1 + 中村 174 − 1 − 16 − 2 + 中村 174 − 1 − 29 − 1；Дх. 12361 + Дх. 12374；Дх. 12604 + Дх. 12707 + Дх. 12761 + Дх. 11915；Дх. 11811 + Дх. 11844 + Дх. 12641 + Дх. 11819 + Дх. 11883 + Дх. 12610 + Дх. 12617 + Дх. 12640；Дх. 12692 + Дх. 11863 + Дх. 12531 + Дх. 11904 + Дх. 11775 + Дх. 11888 + Дх. 12562 + Дх. 12805 + Дх. 12572 + Дх. 11842 + Дх. 11919 + Дх. 11794 + Дх. 4937；Дх. 12862 + Дх. 8679 + Дх. 8921；Дх. 12904 + Дх. 12898 + Дх. 12858 + Дх. 9299B；Дх. 16021 + Дх. 15786；Дх. 16503 + Дх. 16805 + Дх. 16514；Дх. 16903B + Дх. 16815 + Дх. 16859；Дх. 17001 + Дх. 16700 + Дх. 16516；Дх. 17438 + Ф340

散藏：北大 D243 − 3 + 北大 D243 − 2；津圖 62 + 津藝 296；津圖 169 + 津圖 170；津藝 104 + 津圖 121；津圖 101 + 津藝 188；津圖 78 + 津圖 97；津圖 69 + 津藝 282；津藝 55 + 津圖 130 + 津藝 43；津藝 332 + 津藝 333；敦研 267V + 敦博 33；敦研 246 + 敦研 189 + 敦研 242；ZSD23 − 2 + ZSD34；羽 114 + S. 10515；上圖 144 + 首博 32.542；中村 174 − 3 − 3 − 3 + 中村 174 − 3 − 9 − 3 + 中村 174 − 3 − 9 − 1[⑫]；中村 174 − 3 − 17 − 3 + 中村 174 − 3 − 17 − 2；中村 174 − 5 − 13 − 1 + 中村 174 − 5 − 10 − 2 … 中村 174 − 5 − 1 − 2；中村 175 − 2 − 8 − 2 + 中村 173 − 3 − 5 − 2；中村 176 − 13 − 2 + 中村 174 − 3 − 1 − 1[⑬]；青博 08（2）+ 青博 08（5）

【本文係教育部人文社會科學研究青年基金項目"敦煌《妙法蓮華經》漢文寫本整理與研究"（20YJC730008）、東莞理工學院科研啓動專項經費項目"敦煌漢文佛經文獻綴合整理與研究"（GC300501－149）成果】

注釋:

① （南朝梁）釋僧佑：《出三藏記集》，中華書局，1995，306 頁。

② 可參看秦龍泉《敦煌〈妙法蓮華經〉漢文寫本研究——以八卷本爲中心》（2018 年浙江師範大學碩士學位論文）及其《敦煌〈妙法蓮華經〉缺題殘卷綴合釋例》（《敦煌學輯刊》2020 年第 3 期）。

③ 拙文《敦煌佛經殘卷的綴合與定名——以〈妙法蓮華經〉爲例》（《敦煌研究》2017 年第 5 期）、《敦煌寫本〈妙法蓮華經〉（八卷本）綴合研究》（《中國四庫學》第 10 輯待刊）所綴 11 組 BD11745＋BD3352、BD15265＋BD1846＋BD1916、BD7492＋BD1531＋BD10987、BD3861＋BD4247＋BD4131、Дх.4382＋BD15242 背 1＋BD15165、BD3308＋BD3312、BD9218A＋BD16305B…BD11556＋BD9218B＋BD16305A＋S.9555＋S.9597＋S.3655、BD6156＋BD10138＋S.7015、BD6005＋BD1427、BD13620＋BD4251＋BD6961＋BD2650…Дх.10550＋津藝47－2＋津圖123＋津藝47－1＋Дх.2450…BD8773、BD8666＋BD15101－2，《英藏未定名〈妙法蓮華經〉漢文寫本殘片綴補》（《北京大學中國古文獻研究中心集刊》第 27 輯待刊）所綴 2 組 S.5430＋S.7195＋S.9548＋BD5224＋BD10472、BD10753＋BD2789＋S.10204 已就部分國圖藏該經缺題殘卷作出詳細綴合説明。文中的"BD"指《國家圖書館藏敦煌遺書》（北京圖書館出版社，2005—2012 年，簡稱《國圖》）編號；"S"指英國國家圖書館所藏敦煌文獻斯坦因編號，主要據《敦煌寶藏》（臺北新文豐出版公司，1981—1986 年，簡稱《寶藏》）、《英國國家圖書館藏敦煌遺書》（廣西師範大學出版社，2011 年起陸續出版，簡稱《英圖》）及 IDP（"國際敦煌項目"）網站公布的彩色照片；"IOL Khot S"指大英圖書館藏于闐文敦煌文獻編號（主要據 IDP 網站公布的彩色照片）；"P"指法國國家圖書館所藏敦煌文獻伯希和編號，據《法藏敦煌西域文獻》（上海古籍出版社，1995—2005 年，簡稱《法藏》）；"Ф""Дх"指《俄藏敦煌文獻》（上海古籍出版社，1992—2001 年，簡稱《俄藏》）編號；"津圖"指天津市圖書館藏敦煌文獻編號，據《天津圖書館藏敦煌文獻》（學苑出版社，2019 年，簡稱《津圖》）。"ZSD"指《中國書店藏敦煌文獻》（中國書店，2007 年）編號。"津藝"指《天津市藝術博物館藏敦煌文獻》（上海古籍出版社，1992—2001 年）編號。"北大 D"指《北京大學圖書館藏敦煌文獻》（上海古籍出版社，1995 年）編號；"浙敦"指《浙藏敦煌文獻》（浙江教育出版社，2000 年）編號；"敦研""酒博""甘博""敦博""永博"指《甘肅藏敦煌文獻》（甘肅人民出版社，1999 年）中所載敦煌研究院、酒泉市博物館、甘肅省博物館、敦煌市博物館、永登縣博物館收藏的編號；"傅圖"指臺北"中央"研究院歷史語言研究所傅斯年圖書館藏《敦煌遺書》（"中央"研究院歷史語言研究所，2013 年）中所載敦煌文獻編號；"首博"指《首都博物館藏敦煌文獻》（北京燕山出版社，2018 年）編號；"青博"指《青島市博物館藏敦煌遺書》（北京大學出版社，2018 年）編號；"羽"指《敦煌秘笈》（日本大阪武田科學振興財團，2009—2013 年，簡稱《秘笈》）編號。"中村"指《臺東區立書道博物館所藏中村不折舊藏禹域墨書集成》（東京：株式會社二玄社，2005 年。簡稱《中村》）編號；"WB"指日本國立國會圖書館藏敦煌文獻編號（據日本國立國會圖書館網站公布的彩色照片）。

④ 參方廣錩：《敦煌遺書中的〈妙法蓮華經〉及有關文獻》，楊曾文、杜鬥城主編《中國敦煌學百年文庫·宗教卷》，甘肅文化出版社，1999 年，504—526 頁。

⑤ "《寶藏》28/177A–193B"指《寶藏》第 28 册，177—193 頁（A、B 分别指上、下欄），下同。

⑥ "《大正藏》T9/27B23–37A2"指的是《大正新修大藏經》第 9 册，27 頁 23 行至 37 頁 2 行（A、B、C 分别指上、中、下欄），下同。

⑦ 録文中原卷缺字用"□"表示，殘缺不全或模糊難辨者用"▨"表示。

⑧［蘇］孟列夫主編，袁席箴、陳華平譯：《俄藏敦煌漢文寫卷叙録》，上海古籍出版社，1999 年。

⑨ 邰惠莉主編：《俄藏敦煌文獻叙録》，甘肅教育出版社，2019 年。

⑩ 本文以"～～"表示《國圖》綴合組目，"＿＿"表示秦龍泉綴合組目，"……"表示筆者綴合組目。不同卷號可直接綴合的用"＋"相接，遙綴的卷號用"…"表示。爲凸顯綴合效果，圖版綴接處留一縫隙以示意。

⑪ 據《大正藏》校記，崛多、笈多校訂《添品妙法蓮華經》宋、元、明本有不少品題徑自題作"妙法蓮華經"某品。由此推知，部分敦煌藏經洞出土該經殘卷存題不够完整，單憑存題中經名，恐難以判定其所屬譯本。

⑫ "中村 174-3-3-3"表示《中村》174 第 3 册第 3 個圖版從右而左、自上而下數第 3 個圖片。下同。

⑬ "中村 176-13-2"表示《中村》176 第 13 個圖版從右而左、自上而下數第 2 個圖片。

（作者單位：東莞理工學院中文系）

敦煌文獻所見女子蒙養教育内容淺論

于 瑞

内容提要： 1900 年隨着敦煌藏經洞大批寫本資料的出土，各類蒙書亦公布于世，有關女子蒙養教育的材料雖相當有限，却彌足珍貴，尤以《崔氏夫人訓女文》與《辯才家教》等爲主的敦煌寫卷遵循了封建禮教對女子秩序式、教條式的約束與規範，使我們得以窺探唐代敦煌地區女子蒙養教育之一斑。《崔氏夫人訓女文》等從正面教育爲人婦禮儀規範，《醜婦賦》則從反面悍婦形象警誡教育女子。

關鍵詞： 敦煌遺書 女子 蒙養教育

我國古代女子教育歷史悠久。傳統意義上，女子蒙養教育是女子教育的重要組成部分，二者不可割裂。童蒙時期的女子教育主要是在家庭中進行，并無明確的年齡界限，一般以及笄禮或出嫁爲分割點，將女子行笄禮前或婚前所受的教育視作蒙養教育，亦稱閨閣之教。唐代是中國古代女子教育長足發展的時期，涌現出了一批女教撰述，已知的就有十餘種之多。然僅有侯莫陳邈妻鄭氏《女孝經》及宋若莘、宋若昭姊妹的《女論語》傳世。1900 年敦煌藏經洞的發現，呈現了爲數相當可觀的唐五代蒙書，爲研究唐代女子蒙養教育提供了資料支撐。其中專篇之作——《崔氏夫人訓女文》彌足珍貴；《辯才家教·貞女章》一書立有女子蒙教專章，亦殊爲珍貴；至于其他敦煌蒙書，也有不少涉及女子蒙養内容。這些敦煌文獻基本遵循了封建倫理道德和綱常禮教下的女子行爲準則，多引導女子實現從待字閨中到嫁爲人婦的轉變，代表了正統女教對女子貞孝和倫理道德教育的約束與規範，也是唐代女子蒙養教育的重要内容。

學界對敦煌蒙學的研究素來重視，相關論著數量十分可觀。著作方面，汪泛舟《敦煌古代兒童課本》輯選了敦煌遺書中兒童教材并進行歸類與注解[①]。鄭阿財、朱鳳玉《敦煌蒙書研究》對敦煌蒙書進行整體性梳理與研究，共輯錄蒙書 25 種[②]。此外，鄭阿財、朱鳳玉《開蒙養正：敦煌的學校教育》系統論述了敦煌的官學、寺學教育以及各類教材，是研究唐五代敦煌地區學校教育的專著[③]。敦煌地區蒙書中的女子教育研究論文亦有多種：陳祚龍《關于敦煌古抄李唐〈崔氏夫人訓女文〉——雲樓雜簡之一》較早地對敦煌寫本《崔氏夫人訓女文》作了介紹、校勘和初步研究[④]。鄭阿財《敦煌寫本〈崔氏夫人訓女文〉研究》又對其進行重新校訂，探究其産生的背景及在婚俗上的價值與影響[⑤]。高國藩《敦煌本〈崔氏夫人訓女文〉及其由來》主要介紹了古代"女誡"類詩歌中的這一代表作品，并指出這是唐代百姓以文學形式作爲教育子女的手段而寫成的一種通俗讀物⑥。趙跟喜《敦煌唐宋時期的女子教育初探》對唐宋時期流行于敦煌地區蒙書以及放妻書、咒願文等社會文書中的女子教育內容進行了探討，認爲既要關注相關的家庭教育，也要關注相關的社會教育⑦。朱鳳玉《敦煌蒙書中的婦女教育》通過對《崔氏夫人訓女文》等敦煌蒙書的解讀，討論了當時的婦女教育問題，凸顯庶民百姓女子教育的實用特色與功能⑧。余萬丹、湛芬《敦煌蒙書中女子教育思想研究》主要闡述女子教育思想中的儒、佛文化，及女子教育思想對傳統家訓文化的傳承與發展⑨。以上論著對研究唐代女子蒙養教育具有一定的指導意義。本文以敦煌蒙書爲中心，在吸取前輩學者研究成果的基礎上，通過簡略梳理各類蒙書中有關女子蒙養教育的內容，以及敦煌文獻《醜婦賦》的反面女教實例，探討唐代敦煌地區女子蒙養教育概況。

一、敦煌蒙書所見女子蒙養教育內容舉隅

唐五代時期，流行于敦煌地區的蒙書主要包括德行類蒙書如《辯才家教》《太公家教》《武王家教》《新集文詞九經抄》《百行章》，及知識類蒙書《雜抄》《孔子備問書》等，其中不乏有關女子蒙養教育的材料。

1.《辯才家教》

敦煌蒙書中有《辯才家教》寫本，今所見計有 S. 4329、P. 2515、P. 2717P1 三件。其中 P. 2515 卷末有題記："甲子年四月廿五日顯比丘僧願成俗姓王保全記。"據鄭阿財考證，該寫卷抄寫年代"甲子年"宜爲"唐武宗會昌四年即公元 844 年"⑩。《辯才家教》全篇內容計十二章，前有序，後有跋。勸教對象爲普通民衆，內容多采佛教用語并雜糅佛教思想，旨在強調孝道與家庭倫理教育。

《辯才家教·貞女章第九》專論女子蒙養之教：

> 學士問辯才曰："貞女之門如何？"辯才答曰："貞女聘與賢良，謹節侍奉姑嫜。嚴母出貞女，嚴父出[賢]良。侍奉殷勤莫虧失，免令損辱阿娘。身體髮膚須保愛，父母千金莫毀傷。勸君審量，莫護短，必壽長。內外莫稱揚。行善巧，必無殃。積行惡，招不祥。依律呂，合宮商。但取弱，莫爭強。勤節省，必餘糧。無失錯，大吉昌。"⑪

《辯才家教·本利門章第八》後半段也涉及女子蒙養之教：

> 孝養堂前父母，出入總須安委。夜間即須脫服，旦朝還須早起。待來參却大人，便須庭前掃地。煞可梳頭洗面，處分厨中姊娌。出語切莫高聲，少長□在分義。叔母抱柴着火，伯母則即就水。一個揀擇蔬菜，一個便須淘米。姊娌切須和顏，人人須知次第。大人若有指攝，切莫強來説理。男女恩愛莫偏，遞互莫令有二。孝順和顏姑嫜，切莫説他兄弟。內外總得傳名，親族必應歡喜。若乃依此如行，便是孝名婦禮⑫。

審其內容，強調"貞""孝"，以及女子出嫁後與夫家眷屬（舅姑、叔伯、姊娌）

的相處之道。女子蒙養教育培養"知禮賢孝"之目的，得以詮釋。

2.《太公家教》

《太公家教》見于敦煌文獻 BD08137V、BD09370、BD11408、BD14748、BD16100、BD16465C、P. 2553P1、P. 2564、P. 2600、P. 2690V、P. 2738、P. 2774、P. 2825、P. 2937、P. 2981V、P. 3069、P. 3104、P. 3248V、P. 3430、P. 3569、P. 3599、P. 3623、P. 3764、P. 3797、P. 3894、P. 4085、P. 4588、P. 4880、P. 4995V、S. 0479、S. 1163、S. 1291、S. 1291V、S. 1401、S. 3835、S. 4920、S. 5655、S. 5729、S. 5773、S. 6173、S. 6183、S. 6243、S. 12563、S. 13352、Дх. 00098、Дх. 00513、Дх. 03858、Дх. 06035、Дх. 12696、Дх. 12827、Дх. 17447、歷博寫本48、寧樂美術館藏本等寫卷⑬。其抄寫年代，最早的有 P. 2825 卷末題記"大中四年（850）庚午正月十五日學生宋文顯，安文德寫"，最晚的有 P. 3797 卷背題記"維大宋開寶九年（976）丙子歲三月十三日寫子文書了"。可知在晚唐五代至北宋初，《太公家教》在敦煌地區的廣泛流行。《太公家教》由序言、正文、跋語三部分組成，以四言韵文爲主，内容多取材于古代典籍、民間俗諺箴言。書中有"太公未遇，釣魚渭水"句，後人或以此爲書名，用作啓蒙課本。該篇多次提到"育女之法"：

育女之法，莫聽離母。……女年長大，莫聽游走。……女人游走，逞其姿首，男女雜合，風聲大醜，慚耻宗親，損辱門户。

婦人送客，不出閨庭；所有言語，下氣低聲；出行逐伴，隱影藏形；門前有客，莫出聞聽；一行有失，百行俱傾；能依此理，無事不精。

新婦事君，敬同于父，音聲莫聽，形影不睹。夫之父兄，不得對語。孝養翁家，敬事夫主，親愛尊卑，教示男女；行則緩步，言必細語，勤事女功，莫學歌舞；少爲人子，長爲人母，出則斂容，動則庠序，敬慎口言，終身無苦。希見今時，貧家養女，不解絲麻，不閑針縷，貪食不作，好喜游走。女年長大，聘爲人婦，不敬翁家，不畏夫主；大人使命，説辛道苦，夫罵一言，反應十句。損辱兄弟，連累父母，本不是人，狀同猪狗。

女慕貞潔，男效才良。

養男不教，爲人養奴；養女不教，不如養猪。痴人畏婦，賢女敬夫⑭。

審其内容，對女子在日常生活中的言、行、敬夫侍夫、孝養翁婆、勤事女紅、貞節等各方面皆作嚴格規範，培養"貞孝德勤"之目的，得以詮釋。

3.《武王家教》

《武王家教》見于敦煌文獻 P. 2600、P. 2825、P. 2981、P. 3764、P. 4724、P. 4899 + 5546、S. 0479、S. 11681、Дх. 00098、Дх. 00513 等寫卷。據鄭阿財考證：其抄寫年代最早的與上述 P. 2825《太公家教》同，爲大中四年，最晚的有 P. 3764，題記爲："天復九年（909）己巳歲十一月八日學士郎張厶乙午時寫記之耳。"⑮由此可知，《武王家教》作爲學童的啓蒙教材，在敦煌至少流傳了50多年。《武王家教》採用"武王問太公"問答體的編撰形式，宣説嘉言懿行。其内容以"治家"爲主，涉及女子蒙養之教的僅有："武王曰：'欲教子孫如之何？'太公答曰：'……女教針縫，不犯七出。'"⑯ "女教針縫"，強調女子需要必備的生活技能；"不犯七出"，強調約束婦女的行爲準則與倫理之教，凸顯了中國傳統女子蒙養教育的核心所在。

4.《新集文詞九經抄》

《新集文詞九經抄》爲哀輯九經諸子史書典籍嘉言粹語以教誡童蒙而編，凡所援引的典籍，均一一標舉書名或人名。今存敦煌寫本計有 P.2557、P.2598、P.2914V、P.3169V、P.3368、P.3469V、P.3615V、P.3621、P.3990、P.4525、P.4971、S.5754、S.8336V、Дх.01368、Дх.06019、Дх.06059、上圖 030V 等件⑰。其中涉及女子蒙養之教的內容有：

> 引《史記》云："文王母懷文王，目不視惡色，耳不聽淫聲，口不出惡言，旦夕勤學以進道。"

> 引《莊子》云："一夫不耕，天下受其饑；一婦不織，天下受其寒。"

> 引《禮》云："天子親耕，勸農事；皇后親蠶，勤女工。"

> 引太公曰："夫妻信讒，必見生離。""婦人之禮：言必細行，行必緩步；止則斂容，動則庠序；耳無塗聽，目無邪視；出無冶容，入無廢飾。女有三從之儀：在家從父，出嫁從夫，夫殁從子。""無聚會□輩，不窺于户牖，恭敬君家，勿好戲笑，清潔自守，莫學歌舞。"

> 引《婦誠》云："夫婦者，義以和親；恩以好合，若行楚撻，義欲何依？呵罵若宣，恩欲何止？恩義既廢，夫婦離矣。夫有再娶之義；婦無二適之文。"

> 引孫良曰："夫妻之禮：相敬如賓，和如琴瑟；敬則不辱，和則不疏。"

> 引《毛詩》云："夫婦之禮，尊卑有殊。相敬如賓客，和同如琴瑟。敬則不辱，和則不疏。故上下和睦，夫唱婦隨。"

> 引《禮記》云："夫婦上下，以利爲安。"

> 引諺云："生男如狼狗，恐其鼠；生女如鼠狗，恐其虎。"⑱

從其所援引聖賢要言來看，涉及胎教、日常行爲、生活能力和修養等方面，內容不外乎"三從四德"等傳統禮教閨範，培養"禮順仁和"之目的，得以詮釋。

5.《百行章》

《百行章》，唐杜正倫撰。今存敦煌寫本計有 BD08668、P.2808、P.3053、P.3077（Pel. tib. 151）V、P.3176、P.3306、P.3796、P.4937、S.1815、S.1920、S.3491、S.5540、Дх.02153、Дх.06028、Дх.12523、俄 Ф.247、俄 Ф.247 + Дх.1368、俄 Ф.247 + Дх.2197、俄 Ф.247 + Дх.2752 + Дх.2842、俄 Ф.247 + Дх.2863 + Дх.3076 等件⑲。據鄭阿財考證：《百行章》首尾完整的僅有一件 S.1920，有題記的則有兩件，分別是 P.2808 與北 8442（BD08668），其抄寫年代均在後梁末帝年間，大抵爲唐抄本無疑⑳。《百行章》全篇分爲 84 章，約 5000 字。內容爲摘錄儒家經典中的要言警句。每章約義標題，以忠孝節義統攝全書。其中涉及女子蒙養之教的內容有：

> 《貞行章》：雖遭亂代，不爲強暴之勇；俗有傾移，不奪恭美之操。秋胡賤妾，

積記傳之。韓氏庸妻，今猶敬重。婦人之德，尚自而然。況乃丈夫，寧不刻骨？

《貴行章》：一夫不耕，有受其饑；一女不織，有受其寒。

《護行章》：婦女小兒，勿聽多語㉑。

審其内容，《百行章》教育女子目的在貞、德、女紅、慎言，大體不出儒家思想指導下女子蒙養教育綱要。

6.《雜抄》

《雜抄》（一名《珠玉抄》、又名《益智文》《隨身寶》），見于敦煌文獻 P. 2721、P. 2816、P. 3393、P. 3649、P. 3662、P. 3671、P. 3683V、P. 3769、P. 3906、S. 4663、S. 5658、S. 5755、S. 9491 等件寫本。其中以 P. 2721 卷子本最爲完整，凡 164 行，含首尾題及序文。《雜抄》全文約 5000 字，以問答形式爲主，内容極爲豐富，包含天文、時序、地理、歷史、日常生活等各類知識。其中關乎女子教育的内容有："論婦人四德三從。何名四德？一、婦德，貞順；二、婦言，辭命；三、婦容，婉悦；四、婦功，絲麻。何名三從？婦女在家從父，出嫁從夫，夫死從子。"㉒將約束女子行爲準則與道德規範的"三從四德"觀念灌于蒙教之中，詮釋了傳統女子蒙養教育觀的核心指導思想。

7.《孔子備問書》

今存敦煌寫本《孔子備問書》有 5 個寫卷，均藏于法國國家圖書館。卷號分別爲 P. 2570，P. 2581，P. 2594，P. 3155，P. 3756。其中 P. 2581 號寫卷目前所見最爲完整。全文共計 116 行，約 155 個問答。《孔子備問書》不著撰者，歷代史志典籍亦未見其著録，後世不傳。其内容、形式與《雜抄》相近，係唐代民間通俗讀物。觀其内容，不乏女子蒙養之教，内容爲古代女子婚姻中的"七出""三不去"及"四不娶"：

問曰：何謂婦人七出？

一無子，二□□，三不事舅姑，四口舌，五竊，六妒，七惡疾。但犯一條即合弃之。若無七出，□弃之徒一等。

何名三不去？

一曾持舅姑之服，二取賤後貴，三有所取無所歸。難犯七出，不合去之，違大一等。若犯奸及惡病由士弃之。

問曰：女家有四不可娶何？

第一不孝，二始多病淫色有生離之類，三及逆不順，四寡婦長養女無禮，此之是也㉓。

以上選取了敦煌蒙書中提及女子蒙養教育較爲典型且集中的幾種，藉以管窺蠡測。從敦煌蒙書的分類來看，一般有識字、知識、德行三類。上述援引以德行類蒙書爲重，知識類蒙書次之，識字類蒙書因無法具體界定是否爲女子讀物，因此未計入。然按德行類與知識類所占比重來看，唐代敦煌地區的女子蒙養教育主要以德行教育爲主，具體表現在以教示童蒙基本倫理道德爲依歸。而知識類蒙書所含内容也多爲傳統禮教規範，凸顯了唐五代敦煌地區女子蒙養教育的特質。

二、敦煌寫本《崔氏夫人訓女文》所見女子蒙養教育

《崔氏夫人訓女文》是唐末流行于敦煌民間的通俗讀物，爲古代"女訓"中的一類。鄭阿財等多數學者把此文歸在敦煌寫本德行類蒙書中，筆者認爲此"訓女文"是母親爲訓示臨嫁之女而作的篇章，可視作女子蒙養教育的最後一課。

1.《崔氏夫人訓女文》源流考

《崔氏夫人訓女文》全篇爲七言韵文，共32句。現存的敦煌文獻中，計有 P. 2633、S. 4129 及 S. 5643 三件抄本。茲重新校録《崔氏夫人訓女文》并作題解。

録文底卷編號爲 P. 2633。底卷前殘，正面依次抄寫五篇：《齟齬新婦文一本》《正月孟春猶寒一本》《酒賦一本》《崔氏夫人要女文一本》《楊蒲山咏孝經壹拾捌章》。本篇爲第四篇。底卷背面抄寫"然燈文"等雜抄、習字數行，有"崔氏夫人訓女聞"七字，倒書。

本篇首尾俱全，共13行，書寫工整，字迹清晰。原件無紀年，據《楊蒲山咏孝經壹拾捌章》尾題可知抄寫年代當在"辛巳年正月五日"之前。底卷背面雜抄存三種紀年，即"辛巳年二月十三""辛巳年十二月壹日"；"壬午年正月九日"；"癸未年"。陳祚龍考定"辛巳""壬午""癸未"屬唐咸通年間干支紀年[24]。本篇書寫年代當爲9世紀後半葉歸義軍時期。尾題"上都李家印　崔氏夫人壹本"，知此抄本應係西京李家將《崔氏夫人訓女文》加以刻印，印本流傳至敦煌，再加傳抄而來，可見其盛行之况。陳祚龍考證"上都李家"係當時西京東市中的一大刻印圖籍鋪，經其刻印的圖籍主要包括"訓"俗書及醫書[25]。

本篇又一抄本爲 S. 4129，首全尾殘，存13行，後4行殘缺，首題"崔氏夫人訓女文"。另一抄本爲 S. 5643，首尾俱殘，起"〔　　　〕女文　香車寶馬競争輝"，訖"三日拜堂"，僅存二行。原件題爲"崔氏夫人要女文一本"，《英藏》定作"崔氏夫人訓女文"[26]。茲參酌《英藏》定名。

本篇《敦煌掇瑣》《關于敦煌古抄李唐〈崔氏夫人訓女文〉——雲樓雜簡之一》《敦煌詩集殘卷輯考》《敦煌蒙書研究》等有録文[27]。在參考前賢録文的基礎上，茲據 IDP 彩圖及《法藏》影印本，并用 S. 4129 爲甲本、S. 5643 爲乙本，進行參校，重新校録如下：

崔氏夫人訓女文

香車[28]寶馬競争輝，少女堂前哭正悲。吾今勸[29]汝不須哭，三日拜堂還得歸。教汝前頭行婦禮，但依吾〔語〕[30]莫相違。好事〔惡事〕[31]如不見，莫作本意在家時。在家作女慣嬌憐，今作他婦信前緣。欲語三思然後出，第一少〔語〕[32]莫多言。路上逢人須斂手，尊卑回避莫湯[33]前。外言莫向家中説，家語莫向外人傳，姑章[34]共語低聲應，小郎共語亦如然。早朝堂上起居〔了〕[35]，諸房叔伯[36]并通傳。妯娌相看若魚水，男女彼此共恩憐。上和下睦同欽[37]敬，莫作二意有庸[38]偏。夫聟

（婿）[39]醉來含笑問，迎前扶侍若安朋[40]。莫向人前相罵辱，醒後定是不和顏。若能一一依吾語，何得翁婆不愛憐。故留此法相教示，千古[41]萬秋共流傳。

白侍郎贊：崔氏善女，萬古傳細（名）[42]。名（細）[43]而察之，寶亦周備。養育之法，方擬事人。若乏禮儀，過在父母。

詩一首：亭亭獨步［一］[44]枝花，紅臉青娥不是誇。作將喜貌爲愁貌[45]，未慣離家往聟（婿）[46]家。

又詩一首：拜別高堂日欲斜[47]，紅巾拭淚貴新花。徒來生處却爲客，今日隨夫始是家。

上都李家印　崔氏夫人壹本

"崔氏夫人"當爲托名唐代甲族四姓之首崔姓[48]。據陳祚龍考證："崔氏夫人"是依托會昌年間與白居易并享盛名而以"孝行"聞名的某位唐姓夫人，崔氏是有"崔氏八龍"之稱的崔琪家族[49]。按《新唐書·崔琪傳》曰："崔琪，其先博陵人。父頎，官同州刺史，生八子，皆有才，世以擬漢荀氏'八龍'。……其曾王母長孫春秋高，無齒，祖母唐事姑孝，每旦乳姑。一日病，召長幼言：'吾無以報婦，願後子孫皆若爾孝。'世謂崔氏昌大有所本云。"[50] "祖母唐"即"唐姓夫人"，因"事姑孝"，被立爲家族典範，後被時人加以宣演。作《崔氏夫人訓女文》《崔孝婦仙姑訓孝翁姑章》等篇[51]，澤傳後世。又按《新唐書·崔琪傳》"諸崔自咸通後有名，歷臺閣藩鎮者數十人，天下推士族之冠"[52]及《舊唐書·崔琪傳》"大中以來盛族，時推甲等"[53]，知崔琪家族因才德出衆、皆爲達官，在大中、咸通年間聲名鵲起。而"崔氏夫人"亦應彼時同享盛名，且因孝行彰顯，聲名遠播。故"崔氏夫人"當在大中、咸通年間流芳。又按 P. 2633《崔氏夫人訓女文》的抄寫年代在"辛巳年正月五日"之前，即咸通二年（861）之前。且從西京流傳到敦煌，照理也要花費相當的時間，兩三年亦無足爲奇。由此推測，《崔氏夫人訓女文》產生的時間應約爲大中年間後期。

篇末附有"白侍郎贊"一首及"詩"二首。"白侍郎"，陳祚龍、朱鳳玉、徐俊等學者皆認爲當指白居易，此爲托名。關於此點，具體有如下兩種看法：第一，徐俊認爲，一些流于民間而體非雅正的作品，在作者署名不清的情況下，會托以"白侍郎"之名義[54]；第二，陳祚龍、朱鳳玉認爲，"白侍郎"是他人故意借此托名附益，以增銷路[55]。

這篇訓女文廣爲流傳，大概是源于其內容簡短，文辭通俗，筆調活潑流暢，敘事貼近日常生活，易爲女子記憶與傳誦。據朱鳳玉考證，此"訓女文"爲社會婚姻習俗之需求，纔大爲流行[56]。《禮記·昏義》有云："是以古者，婦人先嫁三月，祖廟未毀，教于公宮；祖廟既毀，教于宗室，教以婦德、婦言、婦容、婦功。"[57]可見，先秦已有此出嫁傳統，後傳至唐代依然較爲興盛。爲母者除教以"四德"外，于女兒臨出嫁時，亦要諄諄訓示。因其爲婚俗所必備，故此類作品頗受關注，廣爲流傳。

2.《崔氏夫人訓女文》內容淺析

《崔氏夫人訓女文》的產生，表明唐五代民間對女子臨嫁前訓示的重視。其內容涉及婚姻、家庭與人際的相處。

如"欲語三思然後出，第一少語莫多言"，要求欲語三思、力戒口禍；"好事惡事如不見，莫作本意在家時"，要求多言不益、力戒讒言；"外言莫向家中説，家語莫向外人傳"，要求勿傳讒言，避免挑撥親族，離間感情。這與敦煌寫本德行類蒙書《太公家教》"治家信讒，家必敗亡……夫婦信讒，男女生分"[38]類似，皆爲强調女子敬順守禮、慎言寡語，做到"言不可失，行不可虧"。

"路上逢人須斂手，尊卑回避莫湯前"，教導女子低腰斂手、恭順知禮；"姑章共語低聲應，小郎共語亦如然。早朝堂上起居了，諸房伯叔并通傳"，教導女子除對舅姑晨昏定省外，對于諸房伯叔亦需早起問安，注意上下和諧親睦，同時與妯娌相處要做到"妯娌相處若魚水"。

又叙"事夫"之道，"夫聲醉來含笑問，迎願扶侍若安朋"，指出爲人妻者，在家要敬夫、侍夫，丈夫醉酒亦要含笑相問，小心服侍就寢。還提倡夫婦和睦，反對互相打罵，要求女子"莫向人前相罵辱"，訓誡夫婦定要"同欽敬"，否則必是"不和顔"。

《崔氏夫人訓女文》是敦煌寫卷中女子蒙養教育的主流代表作品。審其內容，皆古代女訓之作的支流餘緒，不外乎女子卑弱謙恭、夫婦和睦、慎言少語等。目的在于勸誡將要出嫁的女兒如何處理公婆、夫妻、妯娌等家庭內部關係，以及立身處世等原則。

三、敦煌文獻所見女子蒙養教育的反面形象

如果説《崔氏夫人訓女文》是一篇從正面教育女子爲人婦後禮儀規範的蒙養讀物，那麼《醜婦賦》這類作品則是從反面教育女子嫁爲人婦後生活行爲的典型讀物。敦煌文獻中有不少專寫女子反面形象的篇目，通過文學作品的形式，以悍婦形象爲題材進行創作，旨在告誡女子應以此爲誡。如敦煌寫本《齖䶗新婦文》（又作《齖䶗書》）、《醜婦賦》、《金剛醜女因緣》，以及蒙書《王梵志詩》中《家中漸漸貧困》《夫婦相對坐》等篇，皆可視作反面教育女子的代表。這類醜婦文學作品雖談不上是女子蒙養讀物，但因其語言通俗，又專爲寫女子形象之文，筆者推測在一定程度上也對閨閣之中的女子起警示教育作用。即告誡女子爲人婦後有哪些欠妥行爲，借此起訓導之功。在此意義上，該類作品與《崔氏夫人訓女文》有着异曲同工之妙。此以敦煌寫本《醜婦賦》爲例，闡釋女子反面形象的塑造對女子閨閣之教的意義。

伏俊璉對《醜婦賦》作了專門研究，見其《敦煌本〈醜婦賦〉的審美價值和文化意蘊》[59]《敦煌本〈醜婦賦〉與醜婦文學》[60]。敦煌寫本《醜婦賦》有 P. 3716、S. 5752 兩個寫卷。其中，P. 3716 全篇完整，共 16 行，首尾皆題"趙洽醜婦賦一首"；另一寫卷 S. 5752，存 13 行，首尾俱殘。作者趙洽，生平未詳。此賦描繪了一位容貌醜陋、德行低下的女性。摘錄內容如下：

> 畜眼已來醜數，則有兮一人。帽飛蓬兮成鬢，塗嫩甚兮爲唇。無兮利之伎量，有姤毒之精神。天生面上没媚，鼻頭足津。閑則如能窮舌，饞則伴推有娠。耽眠嗜睡，愛斧憎薪。有笑兮如哭，有戲兮如嗔。眉間有千般碎皺，項底有百道粗筋。

……甚没精神，甚没舉止。結束則前褰後踤，披掩則藏頭出齒。以犢速兮爲行，以屈淬兮爲跪。五色鬼之小婦，三家村之大姊。豪豪橫橫，或恐馬而以驚驢；咋咋鄒鄒，即喧鄰兮聒里。仡脂磨邐之面，惡努胮肛之嘴。爾乃祇愛説非，何曾道是。聞人行兮撼戰，見客過兮自捶。打女而高聲怒氣[61]……

塑造了一個活脱脱的醜陋之人，"耽眠嗜睡""甚没舉止""豪豪橫橫""咋咋鄒鄒""祇愛説非""高聲怒氣"，與《崔氏夫人訓女文》中教導女子"敬順守禮""卑弱謙恭""上和下睦""慎言少語"的形象截然相反。此賦塑造的人物形象甚是怪誕，不僅寫出醜婦容貌之醜：鬢如飛蓬、眉似碎皺、面如灰炭；而且也寫出其德行之醜：好吃懶做、不操家務、惡語傷人、挑撥是非。按大多數人的慣有思維，女性形象多爲美、順、善、淑，而《醜婦賦》卻給人以強大反差。《醜婦賦》中"醜女"或許現實并不存在，但作者意在通過藝術的渲染方式，向我們揭示女子中一些惡德、惡行，這些形象與我們熟識的禮儀觀念形成反差對比，從而起到反面教育女子的作用。《崔氏夫人訓女文》與《醜婦賦》一正一反，"訓女文"之"善行"與"醜婦"之"惡德"形成強烈對比，對接受蒙養之教的女子既有警示亦有引導。

四、結語

孔子有言"少成若天性，習慣如自然"[62]，所以要"教婦初來，教子嬰孩"[63]。女子教育應注意開蒙與教導，注重"慎在其始"。縱觀敦煌文獻所見女子蒙養教育的内容，其言辭通俗淺近、明白如話，易于女子誦習，因此得以廣爲流傳；其内容皆曹大家《女誡》之餘緒，大略不出三從、四德、六行之義，意在教誨出"宜其室家"之女子；其思想廣泛存在着"男尊女卑"的主流意識，其觀念規條處處可見封建傳統儒家禮教閨範。值得一提的是，《崔氏夫人訓女文》與《辯才家教》等爲中心的敦煌寫卷，在遵循儒家思想對女子秩序式、教條式的行爲與禮儀約束外，教導女子貞節、柔順、卑弱、奉事翁家、勤作女工等内容更是不絶于書，唐代敦煌地區女子教育之重心可見一斑。

注釋：

① 汪泛舟：《敦煌古代兒童課本》，甘肅人民出版社，2000 年。
② 鄭阿財、朱鳳玉：《敦煌蒙書研究》，甘肅教育出版社，2002 年。
③ 鄭阿財、朱鳳玉：《開蒙養正：敦煌的學校教育》，甘肅教育出版社，2007 年。
④ 陳祚龍：《關于敦煌古抄李唐〈崔氏夫人訓女文〉——雲樓雜簡之一》，《東方雜志》（副刊）1975 年第 9 卷第 2 期。
⑤ 鄭阿財：《敦煌寫本〈崔氏夫人訓女文〉研究》，《中興大學法商學報》1984 年第 7 期。
⑥ 高國藩：《敦煌本〈崔氏夫人訓女文〉及其由來》，《古典文學知識》1995 年第 6 期。
⑦ 趙跟喜：《敦煌唐宋時期的女子教育初探》，《敦煌研究》2006 年第 2 期。
⑧ 朱鳳玉：《敦煌蒙書中的婦女教育》，《朱鳳玉敦煌俗文學與俗文化研究》，上海古籍出版社，2011 年。

⑨ 余萬丹、湛芬：《敦煌蒙書中女子教育思想研究》，《西部學刊》2019 年第 3 期。

⑩ 同注②，398 頁。

⑪ 同注②，394 頁。

⑫ 同注②，393—394 頁。

⑬ 劉毅超：《漢文敦煌遺書題名索引》，學苑出版社，2020 年，821 頁。

⑭ 同注②，350—355 頁。

⑮ 同注②，384 頁。

⑯ 同注②，381—382 頁。

⑰ 同注⑬，951—952 頁。

⑱ 鄭阿財：《敦煌寫卷〈新集文詞九經抄〉研究》，文史哲出版社，1989 年，181—310 頁。

⑲ 同注⑬，24 頁。

⑳ 同注②，325—326 頁。

㉑ 同注②，320—347 頁。

㉒ 同注②，172 頁。

㉓ 同注②，211 頁。

㉔ 陳祚龍：《唐代西京刻印圖籍之一斑》，《敦煌資料考屑》（下冊），臺北商務印書館，1979 年，264 頁。

㉕ 同上，261—265 頁。

㉖ 校録引用文獻一般使用簡稱：《英藏敦煌文獻（漢文佛經以外部分）》簡稱《英藏》（四川人民出版社，1990—2009 年），《法藏敦煌西域文獻》簡稱《法藏》（上海古籍出版社，1995—2005 年）。

㉗ 劉復：《敦煌掇瑣》，《敦煌叢刊初集》第十五冊，臺北新文豐出版公司，1985 年，141—142 頁。陳祚龍：《關于敦煌古抄李唐〈崔氏夫人訓女文〉——雲樓雜簡之一》，68—74 頁。徐俊：《敦煌詩集殘卷輯考》，中華書局，2000 年，290—292 頁。鄭阿財、朱鳳玉：《敦煌蒙書研究》，413—414 頁。

㉘ “車”字，底卷誤作“連”字，茲據甲本校改。

㉙ “勸”字，底卷作“歡”字，甲、乙本作“勸”字，茲據甲、乙本校改。

㉚ 底卷脱“語”字，茲據甲本及文義補入。

㉛ 底卷脱“惡事”二字，茲據甲本及文義補入。

㉜ “第”字，底卷作遞，甲本作“弟”字，茲據文義校改。又底卷脱“語”字，茲據甲本及文義補入。

㉝ 底卷“湯”字，甲本同，當校讀作“趥”；按《玉篇·走部》：“趥，前走也。”

㉞ “姑章”，底卷作“如章”，茲據甲本及文義改；按《匡謬正俗》：“古謂舅姑爲姑章。”

㉟ 底卷脱“了”字，茲據甲本及文義補入。

㊱ “叔伯”，甲本作“伯叔”。

㊲ “欽”字，底卷作“鈰”字，茲據甲本及文義改。

㊳ “庸”字，甲本作“憎”字。

㊴ 底卷“聟”字，爲“婿”的俗寫，古同“婿”。

㊵ “前”字，底卷作“願”字，甲本作“前”字，茲據甲本校改；按《全唐詩·劉希夷》：“迎前含笑著春衣。”“若”字，甲本作“送”字；“朋”字，甲本作“服”字。

㊶ 底卷“古”字，甲本作“秋”字。

㊷ 底卷“細”字，當與下句“名”字互乙，茲據文義校改。

㊸ 底卷“名”字，當與上句“細”字互乙，兹據文義校改。

㊹ 底卷脱“一”字，按《敦煌詩集殘卷輯考》補入。

㊺“貌”字，底卷作“皃”字，兹徑録作“貌”字；按《字彙補》：“皃，同貌。”

㊻ 底卷“聟”字，爲“婿”的俗寫，古同“壻”。

㊼“斜”字，底卷作，與上下文偏旁一致，當爲類化俗字，兹據文義校改。

㊽（宋）歐陽修、宋祁：《新唐書》卷一九九《柳冲傳》，中華書局，1975 年，5678 頁。

㊾ 同注㉔，258—260 頁。

㊿ 同注㊽，5364 頁。“其曾王母長孫春秋高”句中，“其”代指崔珙弟崔璵之孫崔遠。

(51) 同注㉔，253—261 頁。

(52) 同注㊽，5364 頁。

(53)（後晋）劉昫等：《舊唐書》，中華書局，1975 年，4591 頁。

(54) 徐俊：《敦煌 P. 3597 唐詩寫卷輯考——兼説“白侍郎”作品的托名問題》，《文獻》1995 年第 3 期，21—31 頁。

(55) 同注⑧，183 頁。

(56) 同上。

(57) 李學勤主編：《十三經注疏·禮記正義》卷六一《昏義第四十四》，北京大學出版社，1999 年，1622 頁。

(58) 同注②，353 頁。

(59) 伏俊璉：《敦煌本〈醜婦賦〉的審美價值及其意藴》，《社會縱横》1994 年第 1 期，26—28 頁。

(60) 伏俊璉：《敦煌本〈醜婦賦〉與醜婦文學》，《敦煌研究》2001 年第 2 期，123—127 頁。

(61) 伏俊璉：《敦煌賦校注》，甘肅人民出版社，1994 年，316 頁。

(62)（漢）班固撰，（唐）顔師古注：《漢書》卷四八《賈誼傳》，中華書局，1962 年，2248 頁。

(63)（北齊）顔之推撰，王利器集解：《顔氏家訓集解》卷一，中華書局，1993 年，12 頁。

（作者單位：國家圖書館古籍館）

《神策軍碑》與開成會昌政局
——兼論中晚唐的神策軍紀功碑意義

張　策

内容提要：重新考釋柳公權《神策軍碑》碑文及相關信息，可發現該碑樹立與宦官仇士良和唐朝邊境局勢變化密切相關。會昌元年，唐武宗賜仇士良紀功碑以示恩寵。會昌二年，仇氏與武宗關係惡化。當年六月，獲李德裕保舉之回鶻將領嗢没斯率部來降；回鶻烏介部入侵，河東鎮戰敗。七月，武宗巡幸左神策軍。仇士良爲回應武宗之賜碑，請立《皇帝巡幸左神策軍紀聖德碑》，以支持武宗的回鶻政策，改善與武宗的關係。此碑同德宗紀聖德碑、懿宗紀聖德碑一樣，是皇帝、中尉、禁軍三者複雜微妙的政治關係的現實産物和形象縮影。

關鍵詞：《神策軍碑》　仇士良　唐武宗　回鶻歸義軍　紀功碑

《神策軍碑》全稱《皇帝巡幸左神策軍紀聖德碑》，唐崔鉉撰文、柳公權書丹、徐方平篆額，唐會昌三年（843）立于大明宫東内苑。原碑已佚，現僅存拓本上册，藏國家圖書館共 54 頁（不含題跋），爲割裱册葉，高 27cm，寬 16cm[①]。宋代以來，金石資料與碑帖書目對此碑多有著録。近年有學者對此碑進行研究。吴克敬認爲甘露之變導致皇帝與宦官集團關係破裂，武宗繼位後爲了修復兩者關係，巡幸神策軍，而請命立碑是仇士良獻媚之舉[②]，許長裕的看法與之略同[③]。盧芳玉則較爲全面地對該碑各項信息進行了梳理，對崔鉉、柳公權以及武宗同宦官集團的關係作了簡要介紹，認爲該碑是武宗除宦的權宜之計，并依照碑文重新梳理了回鶻嗢没斯部歸唐史事[④]，使此碑價值有了進一步發揮。但總的看來，這些尚不够深入，還有許多問題未能厘清。如該碑請立時間與撰寫時間爲何？立碑動因有無其他因素？立碑地具體在何處，有無特殊含義？碑身高幾何？透過立碑事件，如何理解會昌初年的武宗朝政局？此碑對于神策軍的意義何在？筆者不揣淺陋，擬對這些問題進行系統考察。疏陋之處，祈請方家指教。

一、《神策軍碑》的請立與撰寫時間

要復原《神策軍碑》的樹立經過，厘定其請立與撰寫時間甚爲關鍵。爲便于論述，筆者兹先移録碑文如下[⑤]（劃綫部分爲筆者標注）：

皇帝巡幸左神策軍紀聖德碑并序

翰林學士承旨、朝議郎、守尚書司封郎中、知制誥、上柱國，賜紫金魚袋臣崔鉉奉敕撰

正議大夫、守右散騎常侍、充集賢殿學士判院事、上柱國河東縣開國伯、食邑七百戶、賜紫金魚袋臣柳公權奉敕書

集賢直院官、朝議郎、守衡州長史、上柱國臣徐方平奉敕篆額

我國家誕受天命，奄宅區夏，二百廿有餘載。列聖相承，重熙累洽。逮于十五葉，運屬中興。仁聖文武至神大孝皇帝，溫恭濬哲，齊聖廣泉。會天地之昌期，集謳歌于穎邸。由至公而光符，歷試諭五讓而紹登寶圖。握金鏡以調四時，撫璿璣而齊七政。蠻貊率俾，神祇□懷。□□□初，惟新霈澤。昭蘇品彙，序勸賢能。祗畏勞謙，動遵法度。竭孝思于昭配，盡哀敬于園陵。風雨小愆，虔心以申乎祈禱；蟲螟未息，輟食以軫乎黎元。發揮典暮，興□□讓。敦化九族，咸秩無文。舟車之所通，日月之所照，莫不涵泳至德，被沐皇風。欣欣然，陶陶然，不知其俗之臻于富壽矣。是以年穀順成，災沴不作。惠澤□于有截，聲教溢于無垠。粵以明年正月，享之玄元，謁清廟，爰申報本之義，遂有事于圜丘。展帝容，備法駕，組練雲布，羽衛星陳。儼翠華之葳蕤，森朱干之格澤。盥薦齋樂，□拜恭寅。故得二儀垂□，百靈受職。有感斯應，無幽不通。大輅鳴鑾，則雪清禁道；泰壇紫燎，則氣霽寒郊。非烟氤氳，休徵雜沓。既而六龍回轡，萬騎還宮。臨端門，敷大號，行慶頒賞，宥罪録功。究刑政之源，明教化之本。考臧否于群吏，問疾苦于蒸人。絕兼并之流，修水旱之備。百辟蹌蹌以就位，萬國奔走而來庭。搢紳帶鶡之倫，□□椎髻之俗。莫不解辮蹶角，蹈德咏仁，抃舞康莊。盡以爲遭逢堯年舜日矣。

皇帝惕然自思，退而謂群臣曰："歷觀三五已降，致理之君，何常不滿招損，謙受益，崇太素，樂無爲。宗易簡以臨人，保慈儉以育物。土階茅屋，則大之美是崇。抵璧捐舍，不貪之斯著。□惟荷祖宗之丕構，屬寰宇之甫寧。"思欲追蹤太古之遐風，緬慕前詞。或以爲乘其饑羸，宜事惕戒；或以爲厚其□□，用助歸還。上曰："回鶻嘗有功于國家，勳藏王室，繼以姻戚，臣節不渝。今者窮而來依，甚足嗟憫！安可幸灾而失信于异域耶？然而將欲複其穹廬故地，亦重勞矣。窮困之人，必在使其忘亡，存乎興滅。"乃與丞相密議，繼遣慰喻之使，申撫納之情。頒粟帛以恤其困窮，示恩禮以全其鄰好。果有大特勤嗢没斯者，忠貞生知仁義，達逆順之理，識禍福之辨。荷忠義垂于鴻私，瀝感激之丹懇。願釋左袵，來朝上京。嘉其誠（下闕）

宋代以來，《集古録目》《金石録》《通志》《寶刻叢編》《寶刻類編》《墨池匯觀》《庚子消夏記》《碑帖叙録》等對此碑均有著録[6]。其中歐陽棐《集古録目》著録最早、介紹最詳："唐左神策軍紀聖德碑。翰林學士承旨崔鉉撰，散騎常侍集賢殿學士柳公權書，集賢直院徐方平篆額。武宗常幸神策軍勞策軍士，兼統三軍上將軍仇士良請爲碑以紀聖德，鉉等奉敕書撰。碑以會昌三年立。"[7]趙明誠《金石録》中始見拓片有上下

册之分，在上册條中有崔鉉、柳公權之名，以及會昌三年的年份⑧。鄭樵《通志》録其爲"武宗皇帝巡幸左神策軍紀聖德碑，京兆府，右柳公權"⑨。《寶刻類編》作"左神策紀聖德碑，崔鉉撰，柳公權書，集賢直院徐方平篆額，會昌三年立，京兆"⑩。《寶刻叢編》録自《集古録目》⑪。必須提及的是，元人駱天驤曾親訪故地，言"碑以會昌三年立。碑見在左軍"⑫。可知原碑至元代初期尚存，何時遭毀則不得知。國家圖書館現存孤本清代書畫鑒藏家安歧認爲是五代或宋初所拓，國家圖書館定爲北宋拓本⑬。國圖藏孤本應即《金石録》所録之本，此後經南宋賈似道、元翰林國史院等遞藏，流傳有序⑭。

《神策軍碑》于何時請立文獻無載。據《資治通鑑》，會昌二年（842）四月丁亥（二十三日），群臣爲武宗上尊號仁聖文武至神大孝皇帝⑮，故碑文撰寫當不早于此。碑文記載回鶻將領嗢没斯"願釋左衽，來朝上京"事，《資治通鑑》繫于五月⑯。碑文末又言"嘉其誠（下闕）"，據前文可知，闕文當是唐廷對嗢没斯部的封賞。《資治通鑑》言："六月，甲申，以嗢没斯所部爲歸義軍，以嗢没斯爲左金吾大將軍，充軍使。"⑰故立碑不會早于六月。《新唐書·武宗本紀》載："（會昌二年）七月，（武宗）幸左神策軍閱武。"與碑題"皇帝巡幸左神策軍紀聖德碑"暗合⑱，故該碑請立應在會昌二年七月之後。

從碑文來看，撰者崔鉉結銜有"翰林學士承旨"。傅璇琮先生考證其會昌二年九月二十七日任翰林學士承旨，三年五月拜相。又歐陽棐《集古録目》判斷該碑文是崔鉉在會昌三年上半年在院期間完成⑲。碑文另有結銜爲"朝議郎、守尚書司封郎中、知制誥、上柱國、賜紫金魚袋"，但據《重修承旨學士壁記》可知崔氏于會昌二年十一月遷中書舍人⑳，《新唐書》本傳中亦言其曾任中書舍人。結銜中則未見該職，故可推得崔鉉撰文時間當爲會昌二年九月至十一月之間。結合以上推斷，可知請碑時間在該年七月至九月之間，最遲至十一月。請碑獲允後，崔鉉在九月至十一月間完成了碑文的撰寫工作。明晰此兩點，對重新探討立碑動因至關重要。

二、立碑原因再探

關于《神策軍碑》的請立者，歐陽棐《集古録目》説此碑爲仇士良請立㉑。作爲唐代權宦，仇士良一生最爲史家注目的政治事件爲大和九年（835）的甘露之變。"自是天下事皆決于北司，宰相行文書而已。宦官氣益盛，迫脅天子，下視宰相，陵暴朝士如草芥"㉒。甘露之變後，仇士良等人暫時掌控了朝政。事實上，文宗並没有坐以待斃。兩日内先後任命鄭覃、李石兩人爲相，李石仍掌度支，把控財政。史稱李石"承甘露之亂，人情危懼，宦官恣橫，忘身徇國，故紀綱粗立"㉓。一個月後，鄭覃任命薛元賞爲新任京兆尹㉔，元賞杖殺神策軍將而仇士良無能罪之㉕。開成二年（837）八月，仇士良揭發"國舅"蕭本僞冒，文宗以"三司會審"辨識真僞，而未交付仇士良控制的北司獄，亦可見文宗對司法審判權的掌控㉖。開成三年（838）八月，文宗下詔將甘露之變以來神策將吏自行遷轉而不奏中書的人事任免權收回㉗，有效抑制了神策軍勢力的擴張。正如有學者所指出的："在擁立皇帝的問題上，抑制反對派的權閹是不能輕易廢黜已經擁立的皇帝的。企圖廢黜皇帝意味着給反對者以口實，同時也會使自己脱離主流地位。"㉘開成五年（840）正月三日，仇士良捕殺仙韶院副使尉遲璋，屠其全家，四日文宗駕崩㉙。尉遲璋是唐代後期著名的樂官，曾在文宗的主持下參與修訂雅樂，深得文宗賞識㉚。甘露之變後文宗更沉耽雅樂，故尉遲璋深爲喜好俗樂的仇士良妒忌㉛。不論是俗雅樂之爭，還是出于嫉恨，從"屠家"可見仇士良對尉遲璋的憎恨之深。但即便如此，報復之舉也須等至文宗駕崩之際纔能施展。可見仇氏在文宗朝的實際權勢。

《舊唐書·武宗紀》史臣論言："開成中，王室寖卑，政由閹寺。"㉜頗能代表傳統觀點對仇士良形象的認知。然時人杜牧則説："仇軍容開成末首議立武宗，權力震天下。"㉝又如圓仁所載，會昌四年（844）九月，"仇軍容兒常侍知內省事，吃酒醉癲，觸忤龍顔，對奏曰：'天子雖則尊貴，是我阿耶册立之也'"㉞。可見仇士良權勢最爲顯赫之時，并不在其脅迫文宗的開成初年，而是在其迎立武宗繼位之後㉟。

武宗初繼位時，對仇士良禮敬有加。加其開府儀同三司左衛上將軍，封楚國公，食邑三千户，食實封三百户；後又加食實封兩百户。會昌元年（841）二月，武宗還賜仇士良紀功碑㊱，詔右僕射李程撰文㊲。圓仁《入唐求法巡禮行記》中爲我們保存了完整的迎碑過程，可證其真：

> （會昌元年）〔四月〕九日　開府迎碑，贊揚開府功名德政之事也。從大安國寺入望仙門，左神策軍裏建之。題云："仇公紀功德政之碑。"迎碑軍馬及諸嚴備之事不可計數。今上在望仙樓上觀看。㊳

遺憾的是，或許是由于武宗對仇士良的清算，仇氏紀功碑早已不存，碑文亦無從得見。這或是大中年間與宣宗即位密切相關的仇氏家族復興，唐宣宗爲仇士良樹立神道碑以示"平反"的動因之一㊴。據上引我們可獲悉，武宗所賜此碑，亦立于左軍。有關敕賜德政碑，劉琴麗已指出，至遲在文宗時期，唐前期嚴格的去任後申奏刻碑制度已遭破壞，使德政碑由原本的中央表彰地方政績的激勵逐漸轉變爲唐廷控馭強藩的工具。其所舉之敕賜德政碑，也大多爲唐中後期皇帝籠絡節度使之作㊵。而有唐一代，同樣能够獲得奉敕撰碑殊榮的宦官，唯玄宗朝名宦高力士與憲宗朝護軍中尉彭獻忠兩人㊶，可見武宗在即位之初對仇士良的重視。

開成五年（840）九月，李德裕到任。和武宗一樣，李德裕亦不信佛教㊷。德裕拜相後，向武宗提出"政歸中書"的要求㊸，此後，武宗和李德裕的關係逐漸密切起來。《新唐書》稱："李德裕得君，士良愈恐。"㊹其實，仇士良心中真正的"恐"，并不單單是歐陽修所言來自政治上的被孤立，可能更多地來自于對佛教未來生存地位的擔憂。如所周知，佛教是唐代宦官的主要信仰，仇士良本人兼任左街功德使，深信佛法，自然會對武宗與李德裕的滅佛運動大感震動。

現存最早的有關滅佛的記録來自圓仁的《入唐求法巡禮行記》："（會昌二年）〔三月〕三日，李宰相聞奏僧尼條流。敕下：發遣保外無名僧，不許置童子、沙彌。"㊺這是滅佛的第一步：清除無籍僧侶，不再剃度新僧。這樣的敕令無疑向仇士良釋放了一個緊張的信號。四月宰相爲武宗進尊號，典禮前夕，有人向仇士良報警，言："宰相作敕書，欲減削禁軍衣糧馬草料。士良怒曰：'必若有此，軍人須至樓前作鬧。'宰相李德裕等知之，請開延英訴其事。帝曰：'奸人之詞也。'召兩軍中尉諭之曰：'赦書出自朕意，不由宰相，況未施行，公等安得此言？'士良惶恐謝之。"[46]胡三省指出，"唐制，凡御樓放赦，六軍十二衛皆有恩賚，故云所費甚廣。"[47]那麼按照慣例，受尊號及恩赦典禮後，仇士良及麾下將士都會獲得一筆不菲恩賞，而在典禮前竟然聽聞宰相欲削減禁軍供給，其憤懣可想而知。更耐人尋味的，是武宗向仇士良、魚弘志二人的答語："赦書出自朕意，不由宰相。"根據岑仲勉、傅璇琮等人對李德裕文章時間的考訂，自會昌元年二月起，宰相李德裕就頻繁爲武宗撰寫詔敕，李德裕有時委與翰林學士，武宗言"學士不能盡人意，須卿自爲之"[48]。《李德裕文集》中有言："詔敕凡有敕字者，便行；無敕字者，請翰林添獎飾語。他皆仿此。"[49]可見，李德裕撰寫的不少詔敕不經皇帝再審，亦不經翰林學士，直接由中書門下下發。"況未施行，公等安出此言？"言外之意是即使施行了再告訴也不遲，則一定程度上默認了削減禁軍衣糧的措施。至此，仇士良與武宗的緊張關係明朗化。

此時唐朝北方邊境局勢也在發生變化。回鶻逢亂，部衆離散。南遷回鶻有烏介和嗢没斯兩部。烏介所部實力強大，會昌元年二月烏介自立可汗并獲唐朝册封，又劫掠了太和公主，不時"奉主掠邊"，令唐朝頗爲忌憚。嗢没斯所部于開成五年（840）九月到達天德城下。來年八月，天德軍使請擊之，并獲群臣附奏。然朝堂上李德裕獨不以"叛將"視嗢没斯，主張"以恩義撫而安之"，支持納降[50]。會昌二年四月，李德裕又再度止兵并保舉嗢没斯入朝[51]，最終獲武宗准許。嗢没斯于會昌二年六月二十一日率部衆至京，所部被賜名歸義軍[52]。然而，嗢没斯歸唐造成了唐廷與烏介部的關係全面惡化。史載烏介有兵衆十萬，不斷襲擾唐境，要求唐廷執送嗢没斯。武宗君臣予以回絕[53]。但唐前綫天德城内兵卒甚寡，且戰力不濟[54]。六月，河東節度使劉沔與烏介戰于雲州，不敵而敗[55]。需要注意的是，仇士良女婿李好古此時正任河東監軍，仇士良自然對前綫局勢格外瞭解與關注[56]。圓仁言："回鶻兵馬入秦府城住。節度使逃走，新除節度使在路不敢入。"[57]"秋，（烏介）頻劫東陝已北，天德、振武、雲朔，比罹俘戮。"[58]"（長安）城中有回鶻人數百，准敕盡斬殺訖"[59]，甚至引發了内地乃至京城的不安。

在此背景下，七月武宗即巡幸左神策軍閱武，以鼓舞士氣、安撫京師[60]。《大唐開元禮》中有命蕃客觀講武禮的記載[61]。武宗抑或命嗢没斯同去觀軍容，彰顯其收納"叛將"的繼絕懷柔之心和對戰烏介的堅毅之志。正如《神策軍碑》碑文所言："或以爲乘其饑羸，宜事憯戒；或以爲厚其□□，用助歸還。"朝堂上對待嗢没斯的意見或攻或逐，最終統歸于"上言"。武宗又"與丞相密議"，"繼遣慰喻之使，申撫納之情。頒粟帛以恤其困窮，示恩禮以全其鄰好"。《神策軍碑》的樹立再次確認和支持了武宗的回鶻政策。八月，武宗正式賜詔烏介，正告其應"速擇良圖，無至不悛，以貽後悔"[62]。同時加緊備戰，補修防綫，于九月組建三路大軍[63]，與烏介尋機決戰。

在七月的巡閱活動中，仇士良自然全程陪同了武宗。看到武宗在左軍爲自己敕賜的紀功碑，爲了彌合會昌二年以來同皇帝之間的誤會與不信任，同時爲支持武宗和李德裕的回鶻政策，仇士良向唐武宗請立碑以紀聖德。面對仇氏盛情，武宗命翰林學士崔鉉撰文，將他收納回鶻殘將、興滅繼絕的仁政記敘其中，詔書法名家柳公權書丹，名手徐方平篆額，最終成就了這塊名傳千古的《神策軍碑》。碑文會昌二年撰寫，碑會昌三年得立。君賜臣紀功碑，臣還君紀聖德碑，兩塊石碑的一來一往，完成了武宗和仇士良君臣關係的重新確認。

三、紀功碑視閾下的《神策軍碑》

下面根據此碑性質本身探討其意義。

如所周知，刻碑紀功、勒石以銘是中國古代典型的政治文化現象。自秦始皇東巡泰山以降，歷朝歷代逢遇開疆拓土、國家重大典禮、重大紀念性事件往往都會伴隨碑石的刻立。這些碑石爲我們留下了豐厚的歷史遺產，成爲前賢補證史事的重要依據，更是當下歷史學者推動史學研究邁向更深層次的絕佳素材⁶⁴。宋代以來，歷代學人對碑刻不乏探討。清代著名金石學者葉昌熾曾將公共性紀念碑的立碑動因分爲述德、銘功、紀事、纂言四大類。其中，述德類即德政碑，多爲官員而做。銘功則多爲紀功碑，多爲將領而做，亦有爲皇帝做之紀聖功碑。然而，前輩學者多將紀功碑天然視爲同一類紀念碑作以分析探討，但進一步加以分梳，實則可將紀功碑分爲皇帝紀功碑與其他紀功碑兩大類⁶⁵。

需要明晰的是，在中國古代，皇權從來不單單以政務運行的方式存在，更多的是以登基、朝會、祭祀、巡幸、放赦等典禮儀式類的視覺化形式存在⁶⁶。皇帝紀功碑即是視覺化皇權的一種符號。筆者寡見，有唐一代，皇帝紀功碑有唐貞觀十四年（640）《唐太宗靈州受降紀功碑》、龍朔元年（661）《唐西域記聖德碑》、文明元年（684）乾陵《述聖記碑》、武則天《無字碑》、玄宗開元十三年（725）《華嶽碑》、天寶三載（744）《大唐嵩陽觀紀聖德感應之頌碑》、敬宗寶曆二年（826）王廷湊請立之穆宗聖德碑、武宗會昌三年《皇帝巡幸左神策軍紀聖德碑》、會昌五年（845）《幽州紀聖功碑銘》。這些皇帝紀功碑當中，除《述聖記碑》與《無字碑》立于帝陵外，《唐太宗靈州受降紀功碑》立于靈州，《唐西域記聖德碑》立于顯慶年間重新奪回的吐火羅，均爲邊疆地區，在宣誓唐王朝國家主權的同時，也是對皇帝本人的歌頌；玄宗《華嶽碑》等所建造、銘刻之各種高大醒目的碑銘，都成爲開元盛世與其個人功業的重要標志⁶⁷；王庭湊與張仲武奏立之聖德碑則分別立于成德與盧龍二鎮，假贊頌皇帝功德之名，行強化自身統治合法性之實⁶⁸。以上諸碑，多立于衙署、通衢之處，使得其"政治景觀"的作用能夠進一步發揮⁶⁹。而《皇帝巡幸左神策軍紀聖德碑》立于左神策軍之內，屬大內禁地兼軍事禁區，不要說平常百姓，就連大小官員，無詔或無事也不得隨意進出⁷⁰。但這并不意味着在此樹立皇帝紀功碑便沒有特殊的政治意涵。

拜根興教授指出，隨着唐後期中央政治軍事實力相對下降，紀功碑功能由唐初的開疆拓土演變爲邊疆防禦⁷¹。誠然如是，安史之亂造成了唐王朝政治地理格局上的重構。對外，邊境由曾經的西過蔥嶺被擠壓到涇原一線，對內則藩鎮遍設，"疆臣悍將兵布天下"⁷²。神策軍由邊入內，自統屬中央後，就肩負着外禦吐蕃、內壓藩鎮的政治軍事雙重使命。這種需要重振天威的要求在武宗時期也同樣迫切，在《神策軍碑》開篇即得到了鮮明的體現："我國家誕受天命，奄宅區夏，二百廿有餘載。列聖相承，重熙累洽。逮于十五葉，運屬中興。"李德裕在《异域歸忠傳序》中指出："惟大君戀一德，法兩儀，故能懷异俗之心，盛中興之業。嘔沒斯者，回鶻之貴酋也……"[73]他十分自然地將接納嘔沒斯視爲武宗中興之業的重要表現，故而崔鉉要在記叙皇帝功業的紀功碑中對收納回鶻殘將一事大書特書。這其實也是唐代紀功碑功能演變的另一種表現形式。同時，中興的願望根源上還是需要神策軍的強大軍力作支撑。唐前期素有講武閱武的傳統，肅宗至德三年（758）在大明宮翔鸞閣最後一次舉行閱武儀式，此後遂廢[74]。講武傳統喪失後，皇帝更需時常巡幸軍隊，以及通過狩獵、出幸甚至觀兩軍角抵等方式，加深軍隊對皇帝本人的感知[75]。唐後期每任皇帝都有巡幸神策軍的記錄，尤其穆宗"凡三日一幸左右神策軍"[76]。同時，每逢登基、改元、大赦等典禮，皇帝還要重賞神策軍。賞額則多于北衙其他六軍[77]，更數倍、數十倍優于南衙諸軍[78]。對于皇帝而言，這是自己唯一可以信賴依靠的軍事部隊，需要鞏固軍隊對皇帝的崇拜與認同。而通過將碩大高聳的紀聖德碑樹立在軍隊駐地的方式自是絕佳途徑。在回鶻來襲、前綫作戰失利、人心慌亂之際，在神策軍內樹立該碑，并將武宗年號和在藩封號隱讖其中[79]，列舉武宗繼位以來的諸多風調雨順之兆，昭明武宗繼位之"天屬"，紀武宗中興之功，強調皇帝權威對軍隊的絕對統帥。

在中國古代，樹立紀功碑，尤其是爲皇帝樹立紀功碑，向來不是件隨意的事。立碑背後所表達的政治話語、政局人事，都能夠透露出异常重要的信息。唐代關于皇帝紀功碑的建立，在憲宗元和朝就有一次甚爲著名的爭論。左軍中尉吐突承璀欲于安國寺爲憲宗立聖德碑，憲宗請李絳撰文。李絳言："堯、舜、禹、湯，未嘗立碑自言聖德，惟秦始皇于巡游所過刻石高自稱述，未審陛下欲何所法！且叙修寺之美，不過壯麗觀游，豈所以光益聖德！"[80]儘管此碑最終能成功得立，但李絳的意見仍向我們提示了一個重要信息，即爲皇帝立紀功碑，立碑地的選擇至關重要。因爲其往往關涉碑文内容，直接影響皇帝形象。吐突承璀所立之碑在安國寺，必然記叙憲宗游玩觀賞之事，不符合皇帝君臨天下的政治身份。因此，換一種思路，將紀聖德碑立在禁軍駐地、東西內苑之中，則有所不同。一來閑雜人等不入，二來立碑在此，當記叙皇帝巡幸軍隊、尚武閱武之神武形象，能够起到宣揚皇帝權威的效果。

距憲宗朝未遠的德宗貞元十二年（796），就有在東內苑爲皇帝立紀聖德碑的記錄，《唐會要》載：

> （貞元）十二年四月，左右十軍使奏云："鑾駕去冬巡幸諸營，于銀臺門外立石碑，以紀聖迹。"可之。其碑立于亭子門外，高二丈二尺。[81]

據《新唐書·德宗紀》載，貞元十一年（795）十二月，德宗曾于苑内狩獵，禁軍當扈從左右，或即文中所言"去冬車駕幸諸營"的出處。兩書中皆言碑立于亭子門外，但筆者檢視相關唐代文獻，未見有亭子門之記載。按左銀臺門外爲東內苑，據徐松《唐兩京城坊考》，東內苑内有亭子殿[82]，其内應當有亭子類建築，故此所謂"亭子門"當指東內苑内某個亭子之門[83]，其碑應立于左銀臺門外。東內苑除皇帝外，往來官員稀少，地勢開闊，且苑内有亭臺殿宇，在此立碑有着空間組合的表達效果[84]。北衙十軍爲了凸顯其地位，向德宗表忠心，故而請立紀聖德碑。此碑高二丈二尺，古代一丈爲十尺，唐人一尺爲29.5厘米左右[85]，故碑高應在6.5米左右，與高宗乾陵《述聖記碑》高相當，在東内苑中亦顯得分外高大。值得注意的是，貞元十二年（796）六月，德宗置左右神策護軍中尉監，不久又稱護軍中尉，正式代替原來的左右神策軍使[86]，標志着宦官掌禁軍制的最終確立。四月立碑獻忠之舉或爲此助長了聲勢[87]。

以筆者所見，這或許是與神策軍史上所立第一塊紀功碑。儘管其時神策軍并未成爲禁軍中的唯一力量，但顯然爲其後紀功碑的樹立開啓了先河。明乎此，便可以從神策軍的視角中來理解《神策軍碑》樹立的另一重含義——紀神策軍之功。

儘管是爲皇帝立紀聖德碑，但立碑的中心事件爲皇帝巡幸神策軍，請立者爲神策軍首領神策中尉，碑又立于神策軍駐地，所以在碑文撰寫中，贊揚武宗的同時，勢必會增加神策軍的權重。遺憾的是，由于下册的缺失，我們看不到更多的内容。但仍能從僅存的上册碑文中尋得一些端倪。碑文中在記載武宗會昌元年圜丘祭祀結束後，談到"既而六龍回鑾，萬騎還宮"。其中的"萬騎"，指的主要就是左右神策軍。唐代皇帝出行的大駕鹵簿主要分爲導駕、引駕（前部鼓吹）、車駕、後部鼓吹、後衛部隊五大部分，總計約兩萬人，其中後衛部隊便達九千人之衆[88]。而唐後期南衙諸衛急劇萎縮，北衙禁軍承擔了更多出行儀衛任務，所以武宗南郊祭祀之儀衛隊伍中，車駕部分的禁衛軍和後衛部隊很可能大多都由神策軍充任。圓仁即在元月八日這一天寫道："（皇帝）早朝出城，幸南郊壇。壇在明德門前。諸衛及左右軍廿萬衆相隨。諸奇异事不可勝計。"[89]其二十萬之言或有誇大，但以元和年間在京神策軍已發展至六萬餘人[90]來看，當時應不在少數。神策軍以其人數龐大、威嚴齊整的軍隊軍容，在郊祀過程中極大程度地彰顯了皇帝權威的至高無上，令日僧圓仁印象深刻。

無獨有偶，在大明宫西内苑右神策軍駐地内，亦有一塊《右神策軍碑》。此碑曾著録于宋代陳思《寶刻叢編》、元代駱天驤的《類編長安志》和李好文的《長安志圖》，以及明代于奕正之《天下金石志》。《寶刻叢編》引《京兆金石録》言："唐盧説撰、韓遂安書、董瑰篆額，咸通中立。"[91]《類編長安志》則進一步説道："後遭巢寇焚毁，碑剥落火燒。碑尚在右軍。"[92]李好文記之爲"火餘碑"，言"唐碑，爲巢寇所毁，而尚存者三……其一右軍碑，在城西北"[93]。于奕正《天下金石志》祇言其爲韓遂安書，咸通年立，碑在右軍[94]，或本于前三書。從碑志撰寫的規格與樹立地來看，此《右神策軍碑》亦當爲皇帝紀聖德碑。又立于咸通年間，當爲紀懿宗皇帝聖德之碑。依照皇帝紀聖德碑的政治傳統和立碑慣例，此碑也應該是由盧説等人奉敕撰寫、書丹和篆額。

在近半個世紀的發展歷程中，神策軍從一支邊軍，在北衙十軍中脱穎而出，通過合并等方式，最終成爲唐後期中央唯一的直轄軍隊，爲重振中央政權與皇帝權威做出了不可磨滅的貢獻，必然應有相應的政治表達突顯其地位。通過爲皇帝撰寫聖德碑，由翰林學士撰文，書法名家書丹，篆額名手篆額，并立于大明宫神策軍駐地之内，定能顯示其護衛皇權、獨一無二的政治軍事地位。

此外，仇鹿鳴已經敏鋭地注意到，作爲歌頌皇帝功業的聖功銘或聖德碑，在中晚唐逐漸成爲藩鎮希冀中央權威確認，自求德政碑的另一種變通做法的産物⑥。典型如會昌五年所立之《幽州紀聖功碑銘》。碑文由李德裕撰寫，主要記述武宗繼位以來之"聖功"，尤其是會昌三年消滅回鶻烏介部事件。但碑文對武宗之神武英睿着墨不多，而着力書寫張仲武翦滅回鶻殘部之功⑥。就《神策軍碑》而言，由于請立者身份的緣故，實際也具有類似的效果。

　　唐代宦官掌兵自玄宗始，肅、代頗因之。德宗時一度反正，經歷兩次播遷後，德宗又將禁軍兵權還于宦官，最終正式確立宦官掌禁軍之制。實際上，如何有效地統領這支數萬人的軍隊，也是神策中尉的重要課題。儘管已有學者指出，中晚唐宦官尤其是禁軍首領，與軍人群體之間有着密切的關係，甚至認爲宦官某種程度上是軍人社群的一部分，至少是禁軍集團的一部分⑰。然而，作爲軍事首領的神策中尉，始終無法改變的便是其"閹人"的身份。古代歷來認爲"身體髮膚，受之父母"，不該有所損益。宦官尤爲古代男性所不齒，軍旅之中陽剛雄武之氣更甚。故神策中尉爲了能提升軍隊對自己統帥身份的認同，增强自己在軍中統治的權威，除了依靠有能力的將校，提拔親屬擔任重要官職⑱，并爲將士求得經濟利益⑲外，通過適時地請立皇帝紀功碑，藉皇權强化其皇帝軍事權力代言人的身份，也不失爲一種好的方法。

　　朱玉麒發現唐代西域紀功碑的立碑地有從戰爭爆發地向都護府、四鎮、州縣轉移的趨勢⑩，仇鹿鳴認爲唐代德政碑常選立在治所衙署之外。偶有立于門内的情況⑩。上文所言"紀德宗聖德之碑"便立于"亭子門"外。若據此推測，《左軍碑》和《右軍碑》或也立于東西内苑之内的左右神策軍中尉衙署門外。而元人李好文在《唐禁苑圖》中將兩碑繪製在東西内苑神策軍衙署之中（見下圖），點明了《神策軍碑》的精確位置。

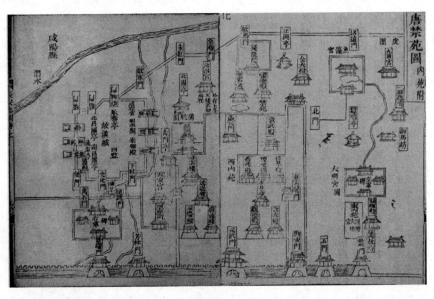

元李好文《唐禁苑圖》内苑圖⑩

　　關于神策軍衙署，日僧圓仁亦有相關記述。開成五年八月，圓仁進左神策軍遞交通狀。他當時從<u>望仙門</u>入大明宮，自<u>玄化門</u>入左軍，入左軍後，"更過<u>內舍使門</u>及總監院，更入<u>一重門</u>，到使衙南門。門內有<u>左神策步馬門</u>。總過六重門。到使衙案頭"[102]。據此可知衙署南門內還有一門即"左神策步馬門"。而李好文圖中祇能看到一門，或許是年代推移，遺迹不存，抑或是李好文未予以細緻展示。不過，圓仁的記述表明過"左神策步馬門"後即到使衙案頭，可見該門的位置應較為偏內。《神策軍碑》縱使不立于"使衙南門"之外，至少當立于此門之外。李好文當時"由潼關而西至長安，所過山川城邑，或過古迹，必加詢訪"[103]。應當探訪過左軍原址。結合唐代紀功碑、德政碑的樹立慣例，在沒有更加精確的記錄被發現之前，我們還是以李好文之圖為準，認為《神策軍碑》立于左軍衙署之中。進一步度之，或可認為碑在"左神策步馬門"之外，又在"使衙南門"內。

《神策軍碑》是仇士良在會昌二年七月請立。當年二月，武宗加仇士良觀軍容使[105]。圓仁稱其便知天下軍事，鄭薰《仇士良神道碑》則明確為"兼統左右三軍"，意為在左右神策軍之上，成為唐中央的最高軍事長官。論者多認為此時的"觀軍容使"為榮譽性虛職，但武宗并未罷黜其左軍中尉之職。圓仁在會昌三年元月，仍以"中尉"稱仇士良。仇士良雖早年曾任職右軍，而自其擔任左軍中尉之後，左軍地位又逐漸恢復到右軍之上。仇氏從開始掌權，到甘露之變後報復朝臣，尤其是開成末册立武宗走向權力巔峰，都是在其擔任左軍中尉任上完成的。故已知天下軍事的仇軍容，仍然十分看重左神策軍在皇帝以及朝廷中的地位。請立神策軍碑于左軍，也是仇士良對自己左神策軍中尉身份地位的強調和確認。圓仁會昌元年記載仇士良敕賜紀功碑之盛景或可為瞭解當時情况提供參考：可以想像，在寬廣的禁苑的神策中尉衙署內，樹立一通高6米以上的石碑[106]，歌頌皇帝聖德；在迎碑過程中，禁軍軍容龐大齊整[107]；作為神策中尉的仇士良，必然會向將士們宣講此碑的碑文內容，解釋樹碑之意義，鼓勵將士向皇帝效忠，再立新功；武宗當臨樓觀看[108]，檢閱軍容。在這場迎碑儀式中，神策軍將士既是演員，也是觀眾，通過迎碑、立碑之舉，皇權本身得到彰顯的同時，請立者神策中尉在將士之中的軍事權威也得以加強。

四、結　語

綜上，會昌三年的大明宮左神策軍駐地內，應當有兩塊石碑：一為《仇士良紀功碑》，一為《皇帝巡幸左神策軍紀聖德碑》，即後世所習稱之《神策軍碑》。因為是皇帝紀聖德碑的緣故，《仇士良紀功碑》自然要從形制、大小、規格上遜色于《神策軍碑》。這兩塊石碑，當相距不遠，交相輝映，象徵着武宗與仇士良君明臣忠的和諧政治關係。而隨着仇士良的去世與仇氏家族在武宗朝的失勢，這樣的政治景觀最終成為會昌政治史上的一記絕唱。仇士良死後，其家族遭到打擊，仇氏紀功碑被毀。大中年間，仇氏一門再度興起，宣宗為其重新立神道碑以示補償。而仇氏所請立之《神策軍碑》因神策軍的地位和威名一直保存至元代。其碑陰差陽錯因書者柳公權名揚後世，但《神策軍碑》本身成立的政治情境，却連同《仇士良紀功碑》一同被湮沒在歷史長河之中，鮮有後人重視。

《神策軍碑》值得重視的還不止其樹立本身，更有其皇帝紀功碑的屬性下的獨特的政治涵義。首先，安史亂後，皇權難振，中央式微。神策軍統歸中央以來，便肩負重振皇權的重任。因此《皇帝巡幸左神策軍紀聖德碑》之所以極力渲染武宗皇帝神武，紀皇帝之功，即是在頌揚皇帝權威，象徵皇帝對神策軍的絕對統帥；同時將武宗接納嗢没斯與其中興大業相聯繫，在會昌二年回鶻犯邊軍情緊張的情況下，亦有激勵將士的作用。第二，中晚唐禁軍爲皇帝立紀功碑的記錄，可追溯到貞元十二年（796）左右十軍使爲德宗在東内苑立的紀功碑，到本文所論之左神策軍碑，再到咸通年間之右神策軍碑。除紀皇帝之功外，顯然遵循着統一的範式，即以皇帝爲主角，以皇帝巡幸神策軍（禁軍）爲中心事件立碑。其意義在突顯神策軍作爲中晚唐天子唯一禁軍的獨一無二、護衛皇權的政治軍事地位。這種地位不容任何人撼動。第三，在立碑迎碑的過程中，神策軍首領神策中尉扮演了中間人的角色，通過浩大的儀式和宣講石碑的方式，借崇揚皇權之機，強化軍隊對其自己的身份認同，增強自己統帥軍隊的軍事權威。

9世紀唐帝國首都長安城大明宫内，皇帝、神策中尉、禁軍三者之間關係複雜而微妙。誠如唐長孺在《魏晉南北朝隋唐史三論》中精闢地談到："儘管神策軍成爲宦官控制政局的政治工具，商人、游手、富家子弟的避役淵藪，但仍然是代表皇室權威的軍事力量。唐皇室和宦官存在着相互依賴又相互矛盾的特殊關係。皇室必須依靠軍隊支持，而迫在肘腋的最親切的禁軍却掌握在宦官手中。宦官是以唐朝皇帝的名義掌握政權的，它代表的是皇權，憑仗兵權的宦官可以發動宫廷政變，操縱皇位繼承，但却不能脱離皇室。皇帝曾經不止一次地設法擺脱宦官的控制，然而失敗了，因爲皇帝不實際掌握兵權。最後，宦官掌握的神策軍已十分衰弱，但還必須借助于方鎮兵纔能鏟除宦官，而宦官既除，與之相互依賴的唐皇朝也喪失了哪怕十分衰弱的一點軍事力量，終至于滅亡。"[⑩]因此，由神策中尉（軍使）請立之皇帝紀聖德碑，恰如其分地成爲了皇帝、中尉、禁軍三者相互依賴又相互鬥爭，從而達致平衡的政治生態的縮影與産物。《神策軍碑》無疑向我們展現了一個生動細緻的個案。有關此碑或此類紀功碑背後所展現的歷史圖景，還值得我們進一步潛心追尋，深刻探究。

（本文在寫作、修改過程中，承蒙王雙懷、拜根興、史睿、盧芳玉、趙貞、蘇小華、黄樓、胡耀飛等老師指導，林澤杰、孔洋學兄提出寶貴意見，謹致謝忱！）

注釋：

① 拓本信息見國家圖書館官網 http://read. nlc. cn/OutOpenBook/OpenObjectPic? aid = 418&bid = 51167. 0&lid = st00506_01&did = %E5%96%84%E6%8B%93506（2020. 12. 5 檢索）。

② 吴克敬：《剛健開闊存骨格——柳公權書法故事》，《紫禁城》2010 年第 1 期，109 頁。

③ 許長裕主編：《柳公權〈神策軍碑〉》，陝西人民美術出版社，2018 年，1 頁。

④ 盧芳玉：《〈神策軍碑〉的傳奇——半通故碑説歷史》，陝西省圖書館編：《陝圖講壇 2016》，三秦出版社，2017 年，265—273 頁。盧文雖較全面地探討了此碑的相關問題，但該文主要依靠兩《唐書》與《資治通鑑》等傳世文獻，對歷史學界的研究成果則參考不多，錯訛之處亦得見閲。如

《神策軍碑》的立碑地在左神策軍駐地大明宮東内苑東側，盧文認爲東内苑在大明宮西［參（清）徐松撰，李健超增訂：《增訂唐兩京城坊考》，三秦出版社，2006年，19頁、35頁］。

⑤ 録文結合了《全唐文補編》與《全唐文補遺》，并參照國家圖書館官網拓片圖與人民美術出版社出版之拓片圖。後文所引碑文皆出于此，不再一一注明。見吳鋼編：《全唐文補遺》，三秦出版社，1998年，7—8頁。陳尚君編：《全唐文補編》，中華書局，2005年，998—999頁。人民美術出版社編：《神策軍碑》，人民美術出版社，2016年。中國國國家圖書館官網，http://read. nlc. cn/ OutOpenBook/OpenObjectPic? aid = 418&bid = 51167. 0&lid = st0050601&did = ?? 506 # reloaded （2021.5.1檢索）。

⑥ 參陳龍海：《柳公權書碑繫年考》，《華中師範大學學報（人文社會科學版）》2000年第2期，117頁。筆者按：陳文遺漏陳思《寶刻叢編》著録情況，一并補充于上。

⑦ （宋）歐陽棐：《集古録目》卷五《唐》，清光緒十四年（1888）朱記榮輯《行素草堂金石叢書》本，9頁b。

⑧ （宋）趙明誠撰，金文明校證：《金石録校證》卷一〇《目録十》，中華書局，2019年，203頁。

⑨ （宋）鄭樵撰，王樹民點校：《通志二十略·金石略·隋唐·唐名家·柳公權》，中華書局，1995年，1882頁。

⑩ （宋）無名氏撰：《寶刻類編》卷六《名臣十三之六·唐》，中華書局，2016年，276頁。

⑪ （宋）陳思：《寶刻叢編》卷八《京兆府中》，浙江古籍出版社，2012年，601頁。

⑫ （元）駱天驤撰，黃永年點校：《類編長安志》卷一〇《石刻》，三秦出版社，2006年，287頁。

⑬ 盧芳玉：《〈神策軍碑〉的傳奇——半通故事説歷史》，276頁。

⑭ 有關其拓本遞藏經過，可參看史睿、冀亞平：《柳公權巔峰之作　唐後期重要史料——宋拓〈神策軍碑〉的千年流轉》，《中國文化報》2009年8月30日第2版。

⑮ 《資治通鑑》卷二四六，唐武宗會昌二年四月甲申條考異，中華書局，1956年，7961頁。

⑯ 同注⑮，唐武宗會昌二年五月條，7962頁。

⑰ 同注⑮，唐武宗會昌二年六月甲申條，7962頁。

⑱ 此次講武記録，不見于《舊唐書》《册府元龜》《唐會要》《資治通鑑》諸史料，唯見于《新唐書·武宗本紀》。《新唐書》本紀部分爲歐陽修負責刊修（參謝保成：《隋唐五代史學》，商務印書館，2007年，450—451頁）。歐公將此次講武繫于七月，即或依據家藏之《神策軍碑》拓片碑文。

⑲ 傅璇琮：《唐翰林學士傳論（晚唐卷）》，遼海出版社，2007年，153—154頁。

⑳ （唐）丁居晦撰，岑仲勉補注：《翰林學士壁記注補》，中華書局，2004年，316頁。

㉑ 同注⑦。

㉒ 《資治通鑑》卷二四五，唐文宗大和九年十一月乙巳條，7919—7920頁。

㉓ 《資治通鑑》卷二四六，唐文宗開成三年正月戊申條，7932頁。

㉔ 《舊唐書》卷一七一《張仲方傳》，中華書局，1975年，4445頁。

㉕ 《資治通鑑》卷二四五，唐文宗大和九年十二月丁亥條，7922頁。

㉖ 參陳登武、羅婷玉：《唐文宗朝真假國舅案的政治與法律問題》，《興大歷史學報》第18期，2007年，107—110頁。

㉗ 《資治通鑑》卷二四六，唐文宗開成三年八月癸未條，7936頁。

㉘ ［日］橫山裕男，區玉瑩譯：《唐的官僚制與宦官——中古近侍政治的終結序説》，《唐史論叢》第31輯，三秦出版社，2020年，62頁。

㉙ 《舊唐書》卷一八《武宗本紀》，584頁。

㉚ 《舊唐書》卷一七三《鄭覃傳》，4495—4496頁。

㉛ 關于文宗朝俗雅樂之爭，可參看柏紅秀：《從樂工尉遲璋的藝術經歷看中晚唐音樂發展及儒家音樂思想》，《藝術百家》2013 年第 8 期，286—288 頁。

㉜ 同注㉙，610 頁。

㉝ （唐）杜牧撰，何錫光校注：《樊川文集校注》卷七《唐故太子少師奇章郡開國公贈太尉牛公墓志銘》，巴蜀書社，2007 年，601 頁。

㉞ ［日］圓仁著，白化文、李鼎霞、許德楠校注，周一良審閱：《入唐求法巡禮行記校注》，中華書局，2019 年，440 頁。

㉟ 有關這種權勢變化的制度化因素，可參看黃日初：《唐代文宗武宗兩朝中樞政局探研》，齊魯書社，2014 年，239—242 頁。

㊱ 關于此碑的性質，《舊唐書》言爲紀功碑，圓仁記爲紀功德政之碑，仇鹿鳴據此認爲時人對德政碑與紀功碑的概念已經混淆。（見氏著：《長安與河北之間：中晚唐的政治與文化》，北京師範大學出版社，2018 年，127 頁注 2。）關于功、德，《左傳》中既有“立德、立功、立言”三不朽的説法，唐人孔穎達將立德定義爲“創制垂法，博施濟衆”，將立功定義爲“拯厄除難，功濟于時”［（清）阮元校刻：《十三經注疏·春秋左傳正義》卷三五，中華書局，2009 年，4297 頁］。儘管對於觀者尤其是普通民衆而言，紀功碑與德政碑的作用似乎不易區分，但政治上層仍應對其區別有着細緻的把握。對於臣下而言，有軍事之功或地處邊疆的臣僚將帥立紀功碑更爲合適；對於內地主政一方的官員，立德政碑更爲普遍。仇士良雖兼左街功德使，但他左軍中尉的身份顯然更加重要，且查檢現存有唐一代碑刻，并無“紀功德政之碑”的説法，故本文仍從《舊唐書》以“紀功碑”稱之。圓仁記載碑題爲“仇公紀功德政之碑”，或因爲他是僧人的緣故，對仇士良“左街功德使”的身份更加關注，所以衍生出“德政”二字。實際也從側面反映出此碑具有紀功碑與德政碑的雙重性質。

㊲ 《舊唐書》卷一八《武宗本紀》，586 頁。

㊳ 同注㉞，《入唐求法巡禮行記校注》，376 頁。

㊴ 黃樓認爲此神道碑的樹立是宣宗爲仇士良“平反”之舉，參氏著：《唐宣宗大中政局研究》，天津古籍出版社，2012 年，21 頁。

㊵ 劉琴麗：《中晚唐時期敕賜德政碑考述》，黃正建主編《隋唐遼宋金元史論叢》第 5 輯，上海古籍出版社，2015 年，73—79 頁。

㊶ 參田宇：《唐代奉敕碑志研究》附表一《唐代奉敕碑志表》，碩士學位論文，吉林大學古籍研究所，2014 年，121—130 頁。

㊷ 湯用彤先生指出會昌滅佛事件中武宗與宰臣李德裕的信仰因素，參氏著：《隋唐佛教史稿》，中華書局，2016 年，40—47 頁。

㊸ 《新唐書》卷一八〇《李德裕傳》，中華書局，1975 年，5335 頁。

㊹ 《新唐書》卷二七〇《仇士良傳》，5874 頁。

㊺ 同注㉞，388 頁。

㊻ 《舊唐書》卷一八《武宗本紀》，590 頁。

㊼ 《資治通鑑》卷二四九，唐宣宗大中十二年二月條胡注，8068—8069 頁。

㊽ 《資治通鑑》卷二四七，唐武宗會昌三年三月條，7976 頁。

㊾ （唐）李德裕撰，傅璇琮、周建國校箋：《李德裕文集校箋》，中華書局，2019 年，75 頁。

㊿ 《資治通鑑》卷二四六，唐武宗會昌元年八月條，7952—7953 頁。

○51 《資治通鑑》卷二四九，唐武宗會昌二年四月條，7960—7961 頁。

○52 有關嗢沒斯部歸唐事件，可參看趙貞：《回鶻歸義軍始末》，《西域研究》2006 年第 2 期，23—

30 頁。

(53)《資治通鑑》卷二四九，唐武宗會昌二年五月條，7962 頁。

(54)《資治通鑑考异》引李德裕伐叛記曰："其時天德城内衹有將士一千人，職事又居其半。"《資治通鑑》卷二四九，唐武宗會昌元年八月條考异，7954 頁。

(55)《新唐書》卷八《武宗本紀》，241 頁。按：河東節度使劉沔兵力多少未知，然從其于來年三月坑殺回鶻歸義軍三千人來看，恐不在少數。又李德裕《請于太原添兵備狀》言會昌元年八月李德裕請撥步兵六千人赴太原，可知會昌二年戰前兵力應有數萬人（傅璇琮、周建國校箋：《李德裕文集校箋》，273 頁）。

(56) 參景亞鸝：《新見宦官〈李好古墓志〉研究——兼論唐代人臣墓上設施之規劃》，《唐史論叢》第 29 輯，三秦出版社，2019 年，377 頁。

(57) 同注㉞，392—393 頁。按：校注本從小野本將此事繫于該年四月，當誤。

(58)《舊唐書》卷一九五《回紇》，5214 頁。

(59)"回鶻軍兵入唐境，今在秦府。國家抽六節度府兵馬遣回鶻界首。城中有回鶻人數百，准敕盡斬殺訖。"（《入唐求法巡禮行記校注》，389 頁。）繫于會昌二年三月，李德裕《請發陳許徐汝襄陽等兵狀》（《李德裕文集校箋》，297 頁）繫于八月十日，當以八月是。

(60) 古往今來，大戰之際常有舉行閲兵活動的慣例。典型如牧野之戰前夕在牧地誓師。唐後期如僖宗朝，黄巢軍攻陷汝州，近逼東都，僖宗往左神策軍閲武，并任命田令孜、楊復光分别爲平叛部隊的正副最高軍事長官。事見《新唐書》卷九《僖宗本紀》，270 頁。

(61)"諸州使人及蕃客立定，吹大角三通，中軍將各以鞞令鼓，二軍俱擊鼓。"見《大唐開元禮》，民族出版社，2000 年，409 頁。

(62)《舊唐書》卷一八《武宗本紀》，593 頁。

(63)《資治通鑑》卷二四六，唐武宗會昌二年九月條，7966 頁。

(64) 參看孫正軍：《近十年來中古碑志研究的新動向》，《史學月刊》2021 年第 4 期，113—117 頁。

(65) 拜根興《唐涇原節度使劉昌紀功碑考述——兼論唐代紀功碑功能的演變》［《山西大學學報》（哲學社會科學版）2016 年第 2 期，61 頁］一文認爲唐代紀功碑可分爲兩大種類，一是紀聖功碑，即與皇帝有關；二是與臣下有關，記載臣僚將帥立功疆埸、使者遠赴异域宣揚國威、保境安民及對敵抗戰的事迹。然該文實際是按照唐代前後期不同的時代特徵來論述唐代紀功碑功能性質的演變，筆者則更傾向于打通唐代前後期，從皇權研究的角度，縱向認識《神策軍碑》在皇權中的意義。

(66) 有關相關研究的系統性梳理，可參看姚魯元：《皇帝的多重身體：中古中國皇帝正當性的實現》，復旦大學碩士學位論文，2020 年，1—23、99—109 頁。

(67) 可參仇鹿鳴：《長安與河北之間：中晚唐的政治與文化》，135—138 頁。

(68) 同注(66)，166—167 頁；秦中亮：《形塑合法性：王元逵興兵澤潞原因新論——以中央與地方權力博弈爲視閾的考察》，《歷史教學》2016 年第 16 期，35—38 頁。

(69) 同注(67)，149—156 頁。

(70) 左右神策軍與大内僅一墻之隔，具有很强的獨立性和封閉性，從其司法權之獨立便可見一斑。貞元十九年，新任御史崔薳誤入右軍巡按，被神策中尉告發，"帝發怒，笞薳四十，配崖州"。事見《册府元龜》卷五二二《憲官部·譴讓》，中華書局，1960 年，6235 頁。

(71) 拜根興：《唐涇原節度使劉昌紀功碑考述——兼論唐代紀功碑功能的演變》，63—64 頁。

(72)《新唐書》卷五〇《兵志》，1324 頁。

(73) 同注㊾，22 頁。

(74)《唐會要》卷二六《講武》，上海古籍出版社，2006 年，587 頁。

⑦⑤ 可參王博：《唐代講武禮實施背景新考》，《隋唐遼宋金元史論叢》第 5 輯，上海古籍出版社，2015 年，228—229 頁。

⑦⑥ 《唐會要》卷二七《行幸》，608 頁。

⑦⑦ 參何先成：《神策軍的收入問題初探》，《唐史論叢》第 22 輯，三秦出版社，2016 年，106—107 頁。

⑦⑧ 參賈志剛：《唐代軍費問題研究》，中國社會科學出版社，2006 年，54—55 頁。

⑦⑨ 碑文中言："會天地之昌期，集謳歌于潁邸。"會昌爲武宗年號，潁王爲武宗即位前之封號。

⑧⓪ 《資治通鑑》卷二三七，唐憲宗元和四年六月條，7661 頁。

⑧① 同注⑦⑥。

⑧② （清）徐松撰，李健超增訂：《增訂唐兩京城坊考》，三秦出版社，2006 年，35 頁。

⑧③ 此點蒙杜文玉老師賜教，謹致謝忱！

⑧④ 仇鹿鳴注意到德政碑往往建有附屬的樓閣亭臺來突顯其政治景觀功能，參氏著：《長安與河北之間：中晚唐的政治與文化》，141 頁。

⑧⑤ 唐代同時行用兩種尺度。小尺約今公制 24.6 厘米左右，用于禮樂、天文、醫藥方面，大尺爲日常用尺，約 29.5 至 29.6 厘米左右。見郭正忠：《三至十四世紀中國的權衡度量》，中國社會科學出版社，2008 年，191 頁。

⑧⑥ 《舊唐書》卷一三《德宗紀下》，383—384 頁。

⑧⑦ 關于貞元時期宦官領袖在神策軍内樹立權威的過程，可參看張照陽：《論貞元時期宦官與神策軍的結合》，《文史》2021 年第 4 輯。

⑧⑧ 羅彤華：《唐朝皇帝巡幸之儀衛——以大駕鹵簿爲中心》，陳俊强主編《中國歷史文化新論——高明士教授八秩嵩壽文集》，元華文創，2020 年，237—267 頁。

⑧⑨ 同注⑧④，359 頁。

⑨⓪ （明）王褘：《大事記續編》卷二六，景印文淵閣《四庫全書》本第 334 册，臺北商務印書館，1986 年，237 頁。

⑨① （宋）陳思撰：《寶刻叢編》卷七《京兆府上》，534—535 頁。

⑨② （元）駱天驤，黃永年點校：《類編長安志》，三秦出版社，2006 年，287 頁。

⑨③ （宋）宋敏求、（元）李好文撰，辛德勇、郎潔點校：《長安志 長安志圖》，三秦出版社，2013 年，59 頁。

⑨④ （明）于奕正編：《天下金石志》，陝西師範大學圖書館藏手抄本，61 頁。

⑨⑤ 同注⑦⑦，166 頁。

⑨⑥ 同注⑭⑨，13—17 頁。

⑨⑦ 陳弱水：《唐代長安的宦官社群——特論其與軍人的關係》，《唐研究》第 15 卷，北京大學出版社，2009 年，195 頁。

⑨⑧ 典型如梁守謙、梁守志兄弟。一爲神策中尉，一爲禁軍高級將領，梁守志之官職隨着梁守謙仕途的變化而升降。參黃樓：《梁守謙與憲宗元和政局——梁守謙家族墓志的再考察》，《碑志與唐代政治史論稿》，科學出版社，2017 年，129—131 頁。

⑨⑨ 唐中央重建禁軍的過程内，偽冒軍籍的現象叢生，長安城内市井之徒"名隸籍而身居市肆"（《新唐書》卷五〇《兵志》，1333 頁），以逃避稅役。代表性研究可參看寧欣：《唐後期禁軍與"市井之徒"》，《河北學刊》2016 年第 1 期，36—42 頁。

⑩⓪ 朱玉麒：《漢唐西域紀功碑考述》，《文史》總第 73 輯，中華書局，2005 年，146 頁。

⑩① 同注⑦⑦，134 頁。

⑩ 同注㊹，10—11 頁。

⑩ 同注㉞，335 頁。

⑭ 同注㊹，序言 7 頁。

⑯ 同注㉞，386 頁。

⑯ 有關《神策軍碑》的具體高度，不見各類文獻記載。該碑現存拓片爲割裱式，分散零落，且不見下册，故不能拼凑得出其原碑文大致高度。然根據唐代皇帝紀聖功碑的傳統，依照述聖記碑、無字碑、華岳碑、上文所提引之貞元德宗聖德碑與元和憲宗聖德碑等碑的高度來看，左右神策軍碑之高度至少在 6 米以上。

⑩ 會昌元年四月九日，仇士良于左銀臺門迎紀功碑，圓仁載是日"迎碑軍馬及諸嚴備之事不可計數"（《入唐求法巡禮行記校注》，376 頁）。

⑩ 會昌元年四月，仇士良于左銀臺門迎紀功碑時，武宗即在望仙樓觀看（出處同上）。

⑩ 唐長孺：《魏晋南北朝隋唐史三論——中國封建社會的形成和前期的變化》，中華書局，2011 年，439—440 頁。

（作者單位：北京師範大學歷史學院）

《洛陽明清碑志》殘碑綴合六例

孫羽浩

內容提要： 新近出版的《洛陽明清碑志》洛寧、伊川二卷中部分殘石可以綴合出包括《郭潔德政碑》《李可秩墓碑》《蕭有富墓碑》《觀音洞碑》《溫君懿行碑》《溫耀禮妻張氏淑德碑》六種，據此可增補這些殘碑的碑文信息，并修正該書對相應殘石的時間著錄，同時有益于我們對相關其他碑刻有更深入的認識。

關鍵詞：《洛陽明清碑志》　殘碑　綴合

　　《洛陽明清碑志》是洛陽市文物考古研究院、洛陽師範學院、洛陽市文物鑽探管理辦公室等單位聯合編纂的系列叢書，現已出版市區卷、偃師卷、洛寧卷、伊川卷、孟津卷、嵩縣卷、新安卷、欒川卷、宜陽卷和汝陽卷等10種16冊，較爲全面地揭示了河南省洛陽市現存明清時期石刻。該叢書不僅提供了石刻的刻立時間、尺寸和立石地點等基本信息及其拓片的高清圖像，還對碑文進行了十分細緻的釋讀，是一項惠及學界的石刻史料整理工作。筆者發現該叢書著錄的部分殘碑，存在可以綴合的情況，即本屬于一種石刻因碎爲兩塊或多塊殘石而被分別著錄。這種情況的出現，不僅造成了石刻史料文本的不完整，各個殘石的基本信息也因此存在一定的缺失，不利于學術界的使用。本文試舉洛寧市及伊川市石刻綴合成果六例，就教于方家。

一、郭潔德政碑

　　碑存兩截。其一見洛寧卷五六[①]，爲碑的上段。首題可見"邑侯郭老爺德政實迹碑記"，額題"德政碑"。碑文計14行，末署"雍正九年歲次辛亥菊月……"。碑周刻花紋，額刻日月祥雲。

　　其二見洛寧卷四五一[②]，爲碑的下段。碑右側損泐嚴重，殘字可見有11行，其中第5、8行爲空行。末署"□□猷撰文，後學賈淵書丹，稷山楊亨刊石"。

　　兩截殘石均存河南省洛陽市洛寧縣城郊鄉余莊村。將下截第1行與上截第4行對齊，前行句末與後行句首詞句、文意皆可連通。如第9行末（以下行序均指上截）、第10行初連成詞組"扶老携幼"等。第9行、第12行行文遇到行首"御""皇"等敬詞，需換行提首二格，故第8行、第11行下截顯示爲空行無字。由此可知，兩殘石屬同一塊殘碑，可綴合。

二者綴合後中部仍殘缺，間隔字數未知。茲整理碑文如下：

邑侯郭老爺德政實蹟碑記

公諱潔，字聖與，號瀛儔。係陝西……/天子重守令之選擇。敏幹有經……/公以關右鴻儒握符來治，永……□□□□□是豈不可以爲政哉。誓以飲水□天，絕/苞苴，屏干謁，釐剔諸弊，莫……□□□□□下市名，順民之所欲而利導之。□計之/而不足，歲計之而有餘。□……如□□□人人自安，咸稱神君。自涖事至今三年矣。/政簡刑清，輕徭薄賦，士勤……□□□□，人無□爭之心。雉馴虎走，物游自得之天。/雖襲黃卓魯諸循吏何以……/御屏。公一旦疾籲上官，賦就……□相□□諸石，以志峴山之思。碑既成，觀者扶老携/幼，相與泣曰：非狄使君……公之同鄉也。公豈慭然于爾百姓哉。予觀/公才富而學優，假使高……/皇猷潤色太平。吾未見其有全……鳳所棲，百里豈驥足之路。暫即恬養，康寧可待。他日/天子徵耆儒而訪道，安車蒲輪，……鹽梅之寄，其所以弘濟天下者，正未艾也。爾等何愛/公之甚而所見者小哉。百……其語而刻諸石。闔邑里民仝立。

□□猷撰文，後學賈淵書丹，稷山楊亨刊石。

雍正九年歲次辛亥菊月……日

　　郭潔，字聖與，號瀛儔，陝西蒲城人。清康熙四十四年（1705）乙酉科舉人[③]，康熙五十四年（1715）乙未科徐陶璋榜進士[④]，雍正三年（1725）任南宮縣知縣，雍正五年（1727）離任[⑤]，是即"以關右鴻儒握符來治"。雍正六年（1728），郭潔任洛寧縣令，至雍正九年（1731）離任，爲臨縣進士賀方泰所取代[⑥]。其中"公之同鄉也"前半句損泐，疑指雍正十年（1732）上任的蒲城舉人藺喬桐。從碑文中可以看出，郭潔深受民眾愛戴，"絕苞苴，屏干謁，釐剔諸弊"，里民"咸稱神君"。以致在他離任後，里民還期待"他日天子徵耆儒而訪道，安車蒲輪"，請他歸來上任。

　　碑文中有"自涖事至今三年矣"一句，"三"原釋爲"五"[⑦]。從拓片上看，該字確似"五"字。但從文獻角度分析，從其上任到離任洽爲三年，故該字當爲"三"，受石花或改刻影響，誤讀爲"五"。

　　此碑用語考究，多引典故。如"……鳳所棲，百里豈驥足之路"，典自《後漢書·仇覽傳》王渙謝遣書所云"枳棘非鸞鳳所棲，百里豈大賢之路"[⑧]。由此可知，"鳳"字前很有可能闕"枳棘非鸞"4字，又前句"吾未見其有全"句未完，故兩段殘碑間當至少相隔5字。

　　該碑刻立于雍正九年九月，文末"日"字前空字位較多，疑爲"吉日"。撰人不詳，名諱僅存末"猷"字。碑爲後學賈淵所書，稷山刻工楊亨所刻。楊亨，山西稷山縣人，雍正年間刻工，除《郭潔德政碑》外，還刻有清雍正二年（1724）《子孫娘娘殿碑》[⑨]、雍正六年《净土寺碑》[⑩]等，自署"稷山楊亨""稷山縣楊亨"或"山西稷山縣楊亨"等。

圖1　《郭潔德政碑》

二、李可秩墓碑

　　碑存兩截。其一見洛寧卷二七四、二七五^⑪，爲碑上段。碑陽中題殘存"李□"，
第二字似爲"公"字上半，額題"大清"，右側有墓記"公諱可秩，字適均"，下有子
輩題名，殘存演、湛、藻三人。碑署"道光拾年歲次庚寅三月"。碑陰爲陝州營前村、
薛家橋和余莊村宗派，詳爲：

　　陝州營前村宗派

　　長門祖諱梨，子戰，子三□，子國恩，子希量，子學詩……/希賢，侄維□，
侄日瑚，子宗□。三門祖諱文芝……/諱將，子三北，子國君，侄生員志雄，侄振
江，侄萬福，子芝蘭……/侄世昌，子伯熊，子至溫。

　　大明壽州同知諱賢。承祭人……

　　薛家橋宗派

　　始祖諱禮，生子三明，子國珍，珍生子二人，長璽，次惠。長璽生廷□……/
子元德。廷佑生子有，有生第，第□□生子淵，淵生……/子海，海生登科。次門

277

惠生子廷贊，贊生子祥。

余莊

八代孫秉信，生有福，福生清輪。秉直生有名、有文。名……/貴生清瑞。秉忠生有榮、有鳳。榮生清純。秉懷生有……/重生有官。秉宏生有德。秉曉生有□。秉醇生有用、有容。……/有輝。秉全生有光。秉乙生有倫。秉正生有全。秉仁生德全。

此段碑陽高83厘米，寬60厘米，碑陰高108厘米，寬63厘米，且碑陰宗派譜記中，余莊一派與余莊村李氏諸支脉世系皆不合（見後文李氏行五公各支脉世系的討論），碑陽、碑陰尺寸與内容均不符，疑著録時將不相干的兩塊殘碑的拓片誤配一起。檢乾隆《壽州志》，明壽州同知（州同）諱賢者有任賢，陝州人，明景泰四年（1453）任[12]，故疑此碑陰或爲任氏宗派碑。

其二見洛寧卷四五四、四五五[13]，實爲碑的下段。碑陽中題殘存"公墓"二字，右側有土地位置題記：

□社置水地一段，計地壹畝式分七厘□□零丈□□……/西畛，東至退水渠，西至渠心，南至李□□，北至李平昌……/其地中長八十竿△二尺，東闊九尺九寸，中闊九尺……/西闊八尺四寸，四闊見地。

左側見有"本支□立"，當爲立碑人題名。依稀可見東奇、東印二人。碑陰爲子孫世系圖，計7代，起于李可秩。

兩截殘石均存河南省洛陽市洛寧縣城郊鄉余莊村。上下兩截除碑陽中題外，均不相連。上截碑陽下李可秩子由左至右依次爲藻、諶、演，與下截碑陰題名順序一致。由此推測，兩殘石（不包括著録中的上段碑陰）屬同一塊殘碑，可綴合。

同村有《李海墓碑》[14]，原據碑陽墓記定名爲《李會歸墓碑》。按，碑陽墓記存"會歸，配王氏，男汝修，孫應□、應□"諸字，考其碑陰子孫世系圖，僅刻李海一支，且汝修爲李海之子，此墓碑墓主當爲李海，字會歸，故更定其名。《李海墓碑》與《李可秩墓碑》的形式和内容有幾處頗爲相近，可資對讀。一是碑陽中題。兩碑碑陽中題均爲雙鈎"李公墓"三字。二是刻立時間。《李可秩墓碑》碑陽署"道光拾年歲次庚寅三月"，《李海墓碑》僅存下半，碑陽殘存"十年歲次庚寅三月吉日"諸字，兩相對照，當同爲道光十年（1830）三月所刻立。三是碑陰的子孫世系圖。《李可秩墓碑》中的世系爲全族世系，當起自李可秩；《李海墓碑》中的世系圖雖然也寫了其他子孫的題名，但用折綫僅標出了墓主李海一支，而且還向上追溯了6代。《李可秩墓碑》所署立碑人可見清與、東奇和東印，《李海墓碑》所署立碑人包括清晏和清合，這些人名均見于兩碑碑陰子孫題名中。

圖2　《李可秩墓碑》與《任賢世系宗派殘碑》

洛寧李氏爲本地大族，自明初遷洛以來綿延數代，且各支族譜記録甚詳，這尤其體現在各類李氏世系碑中。民國三十六年（1947）《李氏行五公二門世系碑》[15]序載：

> 我李氏自明初播遷洛寧余莊，已歷五百餘年，傳二十一世，瓜瓞綿衍，蔚爲盛族。始祖行五公原籍山西洪洞縣，相傳兄弟五人，惟行三、行五于明洪武十三年應詔遷居河南洛寧。行三公卜居嶔山，行五公卜居余莊，即今本鎮李氏全族之始祖也。

李行五父諱亘元，字明春，爲大元庚子孝廉，見于乾隆四十七年（1782）《李敬墓碑》碑陰世系圖[16]。

李氏行五公支脉，居余莊村。行五公諱葆初，有三子，名德、義、長，分別爲長、二、三門之支祖。李氏行五公各支脉世系碑，有民國十七年（1928）《李氏行五公長門世系碑》[17]、民國三十六年《李氏行五公二門世系碑》[18]及光緒三十一年（1905）《李氏行五公三門世系碑》[19]，陽額均題"支祖諱行五"。其二門支祖諱義，李可秩及李海分別爲此支十代、十一代孫，是親父子。此支子孫見于該村碑刻者，還有九代孫李養然（見《李養然墓碑》[20]）、十二代孫李居廉（字静之）（見《李居廉墓碑》[21]及其妻余氏墓碑[22]）、十五代孫李本興（字發科）（見《李本興及妻柴氏墓碑》[23]）等。城郊鄉嶔山村、余莊村分別有李氏行三公支脉和行五公支脉長門、三門的諸多墓碑，在此不多贅述。

三、蕭有富墓碑

碑存兩截。其一見洛寧卷三三一、三三二[24]，爲碑的上段。碑陽中題"曾祖考海山"，額題"皇清"，署"□豐七年歲次丁……"。右側有墓記2行。額刻日月祥雲。碑陰爲子孫世系題記，共計13行，署"邑增廣生員眷晚生雲……"。

其二見洛寧卷一四四、一四五[25]，爲碑的下段。碑陽中題"□一蕭公墓"。左側爲曾孫、元孫、來孫及晜孫題名。右側有墓記2行。碑陰爲子孫世系題記，計12行，署"……朝璋拜序"。

兩截殘石均存河南省洛陽市洛寧縣城郊鄉余莊村。將碑陰子孫世系題記上下拼合後，前行句末與後行句首詞句、文意皆可連通。如第二行末連第三行首可成完句："灝，元配嵊山鎮李君天生女，生子三，長世楨，次世棟，出繼二門，三世楷，女一適辛店灣"；再如第十一行末連第十二行首："錦，娶嵊山鎮王君萬林次女，生子二，長永順，次長娃，俱幼"等。由此可知，兩殘石屬同一塊殘碑，可綴合。

綴合後碑中部稍殘缺。第十一行，上段以"生子四，長"結束，下段以"鐇，次銑，三鉅，四鈺"起首，可以相連。第十、十二行亦相連通。由此可知，上下兩段殘碑的右側（碑陰左側），可以直接相連，不缺字。其落款也可直接相連，即"眷晚生雲朝璋拜序"。茲整理碑陰子孫世系題記如下（劃橫綫者爲擬補）：

公諱有富，字海山，世居馮莊玲公長子也。玲配王氏……長有富，次有儒，三有法，四有彩，五有貴。公配洪崖村楊氏，生子灝，女一，適本村監生/雲君雯。有儒，配嵊山鎮高氏，生子淥，女一適溪村余……有彩，配張村吉氏，無出。有貴早夭。灝，元配嵊山鎮李君天生女，生/子三，長世楨，次世棟，出繼二門，三世楷，女一適辛店灣……鎮王君金第長女，生女三，長適冀莊村郭君建侯三子，次適仁/村馮君世元，三適本村雲君耀龍。淥，配後院村劉氏，生女……世棟承繼，女適余莊鎮郭君文炳。世楨，配嵊山鎮李君九官女，生/子燦，女四，長適在禮村郭君天樞，次適大宋村武生金君廷幹，三適……余君天合次子，四適大宋村程君希元。世棟，配流渠村丁君朝臣/姊，生子煥。世楷，配柏坡周君萬良姊，生子炳，女二，長適嵊山鎮……子，次適嵊山鎮李君九超子。燦，娶嵊山鎮李君長庚女，生/子二，長振坪，次振城，女二，長適辛店灣公君天理長子，次適冀莊村秦君義次子。煥，娶本村劉君繼成女，生子二，長維坤，次維墉，女/三，長適蒼龍橋金君照遠長子，次適辛店灣公君天秩長子，三適在禮村郭君月盛次子。炳，娶流渠村丁君朝臣女，生子元基，/女一，字上溫莊賈君宗德子。振坪，娶辛店灣郭君天順女，生女一，字上溫莊賈君自泰子。振城，娶孫珠村張君文彪女，生子栓住，女/一，俱幼。維坤，娶在禮村馬君振家女，生子二，長錦，次鎮，女一，字辛莊李君永祥次子。維墉，娶吳村劉君景福長女，無出……□長門次子。鎮，承繼元基，娶嵊山鎮王君連升長女，生子四，長鐇，次銑，三鉅，四鈺，女一，尚幼。錦，娶嵊山鎮王君萬林次女，生子二，長/永順，次長娃，俱幼。鎮娶辛莊

280

張君全忠□女，生女一，尚幼。鐠娶孫珠村衛君鄉長女。銑娶嶥山鎮李君福次女。鉅，聘余莊鎮常/君萬祥四女。鈺，尚幼。

邑增廣生員眷晚生雲朝璋拜序

墓主蕭有富，字海山，爲蕭玲長子。其兄弟五人，因碑文殘損，後文衹可見有儒、有彩及有貴名諱。同村有《蕭有儒蕭有法墓碑》[26]，中題署"曾祖考席珍行二守度行三蕭公墓"。其右側墓記云：

公諱有儒，字席珍，弟有法，字守度，海山公之次子、三子也。有儒配高氏，有法配程氏，各合葬焉。

由此可知蕭玲三子諱有法。據《蕭有富墓碑》碑陰，蕭有儒、蕭有法應爲蕭有富二弟、三弟，而海山是蕭有富字，故《蕭有儒蕭有法墓碑》碑陽墓記中稱有儒、有法爲海山公次子、三子顯然是錯誤的，"海山公"當爲"玲公"之訛。同村又有《蕭有彩及妻吉氏墓碑》[27]，亦殘損，僅存下半，原據碑陽中題定名爲《蕭公暨配吉氏墓碑》。其碑陰題記云：

……居行四。公父諱玲，母王氏。有富者，公之伯兄也。公素性□/……歲而卒，遺一子僅七歲。其元配吉氏系永邑張村廷玉/……□□乃撫兹孤兒，矢志柏舟。俄而幼子亦夭，氏曰夫亡子/……遂以死自誓。孝事舅姑，生養死葬，克盡婦道，人哀其志。或告/……人苟寔行無愧，何用名爲？但得奉祀有人足矣。有富許以擇/……至五十而卒。死之日，有富願以己子名浩者繼焉。謀與族衆/……塚孫也，且係隻身，恐得罪于先靈。有富□而言曰：吾寧自絶/……□一歲之子，乳名石當，吾撫育之。幸而成立，則有孫承宗，或者/……慨然以浩繼之，使營葬事。乾隆二十六年十一月初一日合葬/……論曰：弟婦無愧于孝婦之賢，伯兄有似于伯道之義。余忝至/……以表其奇行，特爲之序其始末，以勒諸石。

考其首行，"居行四。公父諱玲，母王氏。有富者，公之伯兄也"，可知墓主當爲蕭有富四弟蕭有彩。

蕭有富有一子名灝。《蕭有彩及妻吉氏墓碑》題記記述了蕭有富將其子蕭浩承繼于蕭有彩夫妻以營葬事，此蕭浩當爲蕭灝。其孫一代有世楨、世楝、世楷，其中世楝承繼于蕭浡蕭有儒之子。曾孫一代有燦、焕、炳三人。玄孫一代有振坪、振城、維坤、維墉和元基。來孫一代有錦、鎮、鐠、銑、鉅、鈺和年幼的拴住。再下一代有永順、長娃，皆蕭錦之子。經核驗，碑陰子孫世系與碑陽子孫題名相符。

碑陽中題有缺斷，有兩字均殘損。參考《蕭有儒蕭有法墓碑》中題"曾祖考席珍行二守度行三蕭公墓"格式，可以知道《蕭有富墓碑》的中題當爲"曾祖考海山行一蕭公墓"。二墓碑碑陽左下的子孫題名一致，疑爲同時所立，故《蕭有富墓碑》碑陽所署時間可以補爲"咸豐七年歲次丁巳二月初四日"。這種同時間爲諸先祖立碑的情況在清代河南洛陽的石刻中比較常見。

依照位置關係，上、下兩段碑陽墓記文之間應衹缺損一字。兹整理碑陽墓記如下：

公諱有富，字海山，玲公之長子也。生于康熙三十九年二月十九日亥時，享壽七十四歲，乾隆十八年十月二十二日亥時/卒。配楊太君生于乾隆四十六年十一月十四日子時，享壽七十歲，乾隆四十一年八月二十日巳時卒，并封此塚。

此段墓記時間記載混亂。考慮到《蕭有儒蕭有法墓碑》碑陽墓記中也將"玲公"誤爲"海山公"例，《蕭有富墓碑》碑陽墓記中的整體結構應該不存在問題，衹是紀年有誤。比如其妻楊氏如生于康熙四十六年（1707），到乾隆四十一年（1776），正好享壽七十歲整，生年的"乾隆"當爲"康熙"之訛。而蕭有富如生于康熙三十九年（1700），享壽七十四歲的話，應當卒于乾隆三十八年（1773），訛爲"乾隆十八年"。如此蕭有富及妻楊氏的生年和他們的卒年均相距不遠，比較合理。

同村另有《蕭世權及妻宋氏合葬碑》[28]，墓主蕭世權，字平衡，與蕭世楨同輩。

撰序者雲朝璋又撰同村《郭崇級妻張氏節孝碑》碑陰[29]。

圖 3　《蕭有富墓碑》

四、觀音洞碑

碑存三塊。其一見伊川卷一九九[30]，爲碑的上段。首題爲"重修觀音洞碑記"，額篆書題"永垂不朽"。碑記存 17 行，後署"嵩邑壬午（後殘）"和"伊邑庠（後殘）"。末署時間存"大清道光三年歲（後殘）"數字。

其二見伊川卷三七四[31]，是碑的右下部分。殘石呈三角形，存碑文 8 行，首行碑文已到行末。

其三同見伊川卷三七四[32]，是碑的左中部分。殘石呈條形，存碑文3行，撰書者2行及刻立時間1行。

三截殘石均存河南省洛陽市伊川縣白元鎮白元村金山寺。三角形殘石與碑的上半部分可直接相連，斷裂處詞句、文意皆可連通。如首行"蓋由俗傳其分形顯化、捨身救難"，"其"字分居兩碑。首行當爲滿行，餘行可據首行補齊字數。末署撰書者刻立時間也可相連，由此推斷，三殘石屬同一塊殘碑，可綴合。

三塊殘石綴合後，全碑下、中部仍有較大的殘缺區域，但較綴合前提供了更多的碑文和碑刻相關信息。茲錄綴合後的碑文如下：

重修觀音洞碑記

以予所聞/觀音者，异乎吾儒之道者也，而世人多尊禮之者，何也？蓋由俗傳其分形顯化、捨身救難，有未可以算數知者，故竭誠虔事，隨在有/之。雖祠宇之規模不同，神聖之形像有异，而要皆精爽，式憑慈雲陰注爲皈依蓮座者五體投地處也。伊之岊子街□□□/白元鎮背金峰，面伊川，又有杜水縈流，映帶左右，爲邑名勝區。東北里許，觀音洞在焉。初築坂作地壓岩成□□□□□□/相一位，外接壁爲屋以供陳設。歲久金碧剝落，棟宇阤隊，瞻禮之際，不澤于觀。時廟祝目睹心惻曰：此□□□□□□□□/愚迷于火宅者也。即不能車渠珠璣爲樓殿之飾，頗黎碼碯耀□砌之榮。而使聖像塵封綠色□□□□□□□□/之有才幹者爲重修之舉。首事者一塵不染，心擬青蓮之池。分□者纖累俱空，劍破□□□□□□□□□□□□□/助貲之不足，又從而募化之。經始于癸未之春，落成于是歲之□。雖非巨製，亦□□□□□□□□□□□/殿三楹。鳧涌鵬騫，言言稱盛。又以文石花磚，層纍臺砌作甬道□。歲成□□□□□□□□□/洞天有別，而亦斯處幽推地也。閑與二三知己携手登臨參拜□□□□□□□□□□□□□□/晴烟一帶，繚繞襟下，頓覺形越神超，如出空外。人□如此□□□□□□□□□□□□□□□□/念彼觀音力耳。爲誦一卷，便令天樂振空，花□□□□□□□□□□□□□□□□□□□□/無佛法云云者，目必塵惑，日捐湛然。常存如□□□□□□□□□□□□□□□□□/誰云苦海易沉，慈波空蕩哉。是役也，約費叁□□□□□□□□□□□□□□□□/蒼柏四圍陰華宫。襟帶杜水碧溶溶，幽隱□□□□□。□□□□兮來空，伝扶傾兮□□。□□□□□□，□□□□□□。/南無佛呪萬法宗，精念誠一獲厥功。諸君協力功德普，再起頹規扶衆苦。如大雲王注法雨，仰瞻□□□□□□。□□□□□□府，雖近囂塵似净土。揚鴻名兮振伊浦，□豐碑兮昭萬古。

嵩邑壬午科舉人魯詹氏董岩沐手……

伊邑庠生湛一氏傅書山沐……

大清道光三年歲次癸未陽月中浣……

283

碑文載道光三年（1823）重修觀音洞事。董岩、傅書山當爲此碑的撰人和書人。董岩，字魯詹，河南嵩邑人，道光二年（1822）舉人，道光十七年（1837）任虞鄉縣知縣[33]。傅書山，字湛一，邑庠生。

圖4　《觀音洞碑》

五、温君懿行碑

　　碑存兩截。其一見伊川卷三八九[34]，爲碑的右上部分。中題存“欽加六品銜”五字，“銜”字僅上部，碑記存7行。周刻花紋，所存右側刻有八仙之漢鍾離。著録爲清代。

　　其二見伊川卷三八四[35]，爲碑的中段，縱裂爲兩半。中題存“武庠生温老先生諱□”，碑記存7行，署“……卓智光午撰文……學張炳煥書丹”，尾刻題名，末署“……仲春上浣”，年月闕載。周刻花紋及八仙，左爲鐵拐李和韓湘子，右爲張果老和曹國舅。著録爲清代。

　　兩截殘石均存河南省洛陽市伊川縣吕店鎮温溝村。碑記上、下兩段文不相連，且下段殘缺，碑文首尾亦無法判別。但考此兩截中題、碑文書體均相同，行款一致，文意不悖，周刻八仙花紋亦合，當屬同一殘碑。

　　綴合後中部殘缺。中題可連爲"欽加六品銜武庠生溫老先生諱□"。碑記第三行，有"有事將他適……而後出，無事依膝下每道瑣事以歡親"句，文當對仗，則中間應闕四字。茲整理碑記如下：

　　　　間嘗略觀史册，采擇遺芳。□□□□□嘗顯達，聲稱傳世。原自不乏如郭林宗、黄叔度，求之難矣。□哉。其惟我……／嶄然見頭角。讀書穎悟非常□□□□爲家務累，不成文而就武，僅以庠生終，非先生不神乎技，命使然也。……／堂色喜余事耳。有事將他適□□□□而後出，無事依膝下每道瑣事以歡親。若先生則可謂養志也。培養……／圮過甚。先生以重修爲念，糾□□□綽其地延師主講謹其事。村中子弟賴以成就，堪曆曆指繼此。咸豐年間，……／敵但效忠信甲胄護身家而已。□□□匪遠去，數年不被蹂躪，先生力也，誠團練中之錚錚者。又光緒三年……／活者不可以數計，方之希文義田□□□舟何讓輿。嗟嗟！先生之德兮雲蒼蒼，先生之風兮水泱泱。夫何異……／列貞珉，索予爲文。予于先生不□□他，僅以事親育才，堵禦救灾，聊志先生之餘芳云爾。

　　此碑綴合後仍殘損嚴重，無法提供更多信息。據碑文所涉清咸光年間事，刻立時間大致爲光緒末。

圖5　《溫君懿行碑》

285

六、温耀禮妻張氏淑德碑

碑存兩截。其一見伊川卷三八八^㉚，爲碑下段。首行爲撰書者："邑人温輯五撰文張□□書丹"，其後有碑記 8 行。尾子孫題名，末刻立時間存"之吉"。此截右下角泐甚。著録爲清代。

其二見國家圖書館藏拓，爲碑的上段。首題存"温公耀禮德配張孺人淑德紀念"，其後有碑記 8 行。尾子孫題名，署"中華民國二十四年孟冬月中（下殘）"。

兩截殘石均存河南省洛陽市伊川縣呂店鎮温溝村。將碑記上下兩段文本對齊後，斷裂處詞句、文意皆可連通。如第五行上段書"三子春亭任廣"，下段書"武縣第四區民團隊長"可相連，其"武"字亦分居兩碑。由此可知，兩殘石屬同一塊殘碑，可綴合。

綴合後除斷裂處部分行有缺字外，可補全此碑。兹整理碑記如下：

　　　　温公耀禮德配張孺人淑德紀念……

　　　　　　　　　　　　　　邑人温輯五撰文　　張□□書丹

　　温母張孺人，耀禮公之内助也。其□孝慈勤勞，卓异乎常人，當適□□□□□□□□□□□□□□/克盡爲婦之道。其事翁姑也，頗盡和順之禮。菽水承歡，問寢視膳，不□□□□□□□□□□□□□衍/身，教子莫不以正大爲懷，故訓子嘗曰"勿羨人有，勿慕人富"。苟能立志，□□□□□□□□□□□□□/晚休，縷續不息。司戛田疇，耕耘不輟。雖歷嘗艱辛，晏如也。既而以子□□□□□□□□□□□□□/廣武兩縣民團總隊長。三子春亭，任廣武縣第四區民團隊長兄弟□□□□□□□□□□□□□□焉。夫/之教而能如是乎。待至晚年，家道豐富，子孫滿堂，壽享七十有九而終。此□□孺人□□□□□爲□廢也。環/方紳董聞之，嘆羨不置，欲壽諸石，以爲婦人者勸，因丐文于余。余本不文，謹就其事實之顛末，援筆以志曰：/

　　孝于親，慈于子。勤勞備，嘗宜乎。永佑慶長壽康，家門熾昌。

　　中華民國二十四年孟冬月中浣之吉

《洛陽明清碑志》著録此碑下段附于清代，今綴合後可知，此碑實爲民國二十四年（1935）十月中浣所立，非清代碑刻。

撰人温輯五，亦見同村《温興漢忠義碑》碑文中^㉟，爲其碑撰文人省立第一中校畢業登邑第一完全小學校校長李樹槐（字庭三）表兄，當爲民國時温氏家族中頗有名望之人。書人損泐不清。

圖6　《温耀禮妻張氏淑德碑》

七、結語

　　綴合是一項極有意義的學術工作，在甲骨、簡牘、敦煌文書等學術領域已經形成較爲成熟的技術方法，并在研究中起到了特別重要的作用。石刻綴合方面，雖然有過一些實踐，也總結出了一些方法，但因實例有限，仍處在一個初步探索的階段[38]。

　　本文僅就《洛陽明清碑志》洛寧、伊川二卷中所見殘碑進行了綴合，除能獲得更爲完整的碑文外，部分實例確實有益於我們對於相關碑刻有更深入的認識。比如《蕭有富墓志》的綴合可以將余莊蕭氏的諸多碑刻相串連，并補正之前著録的不足；又如《温耀禮妻張氏淑德碑》可以修正對原碑刻立時代的錯誤認識；再如《郭潔德政碑》和《觀音洞碑》可以增補碑刻的相關責任信息。

注釋：

① 洛陽市文物鑽探管理辦公室、洛陽師範學院編：《洛陽明清碑志（洛寧卷）》，中州古籍出版社，

2018 年，56 頁。

② 同上，451 頁。

③ 乾隆《蒲城縣志》卷八，清乾隆四十七年（1782）刻本。

④ 同上。

⑤ 道光《南宫縣志》卷八，清道光十年（1830）刻本。

⑥ 乾隆《永寧縣志》卷五，清乾隆五十五年（1790）鉛印本。

⑦ 同注①，796 頁。

⑧《後漢書》卷七六《仇覽傳》，中華書局，1965 年，2480 頁。

⑨ 同注①，46 頁。

⑩ 同注①，51 頁。

⑪ 同注①，274—275 頁。

⑫ 乾隆《壽州志》卷七，清乾隆三十二年（1767）刻本。

⑬ 同注①，454—455 頁。

⑭ 同注①，428 頁。

⑮ 國家圖書館藏石刻拓片，索書號：各地 27539。

⑯ 同注①，163 頁。

⑰ 國家圖書館藏石刻拓片，索書號：各地 27516。

⑱ 同注⑮。

⑲ 同注①，408—409 頁。

⑳ 同注①，276 頁。按：李養然祖向榮爲《李氏行五公二門世系碑》中七代孫，其後子嗣未録，可依次補爲“向榮—學詩—養然—可立—□□—薪傳”等六代。

㉑ 同注①，125—126 頁。

㉒ 同注①，161 頁。

㉓ 國家圖書館藏石刻拓片，索書號：各地 27507。

㉔ 同注①，331—332 頁。

㉕ 同注①，144—145 頁。

㉖ 同注①，333 頁。

㉗ 同注①，104—105 頁。

㉘ 同注①，323 頁。

㉙ 同注①，304 頁。

㉚ 洛陽市文物勘探中心、洛陽師範學院編：《洛陽明清碑志（伊川卷）》，中州古籍出版社，2020 年，199 頁。

㉛ 同注㉚，374 頁。

㉜ 同上。

㉝ 光緒《虞鄉縣志》卷三，清光緒十二年（1886）刻本。

㉞ 同注㉚，389 頁。

㉟ 同注㉚，384 頁。

㊱ 同注㉚，388 頁。

㊲ 國家圖書館藏石刻拓片，索書號：各地 26396。

㊳ 何山：《韓粹彦夫婦墓志殘片考綴——兼談碑刻殘片綴合方法》，《阿壩師範學院學報》2017 年 2 期，43—47 頁。方漢文、丁超、劉曉鳴、雷飛：《鑒裁文明遺産：〈瘞鶴銘〉打撈綴合版》，《江南

大學學報（人文社會科學版）》2020 年 1 期，53—60、68 頁。劉子凡：《唐北庭龍興寺碑再考——以李征舊藏“唐金滿縣殘碑”綴合拓片爲中心》，《首都師範大學學報（社會科學版）》2021 年 5 期，28—36 頁。

（作者單位：國家圖書館古籍館）

國家圖書館西諦舊藏《元朝秘史》批注考略

薩仁高娃

内容提要：國家圖書館西諦舊藏《連筠簃叢書》總譯本《元朝秘史》，其上有陳遹聲過録李文田《元朝秘史注》的部分内容，應爲清光緒十七年順天武科鄉試後所録。此本與國家圖書館和上海圖書館藏稿本、南京圖書館藏一部批注本比較，可還原李文田注本的形成過程。

關鍵詞：《元朝秘史》　總譯本　西諦　陳遹聲　李文田　《元朝秘史注》

明初用 563 個漢字拼寫畏吾體蒙古文《蒙古秘史》正文，附加旁譯（每詞旁標注漢義）和每節内容總譯（將全文分成若干段落，每段落後附加該段内容翻譯）而形成的《元秘史》，共十二卷 282 節（"節"即上句所述段落）。明永樂時期編纂《永樂大典》，將十二卷本《元秘史》全文收入卷五一七九至五一九三中，將 282 節分編十五卷，題名亦改爲《元朝秘史》，爲該經典的流傳和研究起到了重要作用。傳世《元朝秘史》版本衆多①，在十二卷本和十五卷本的基礎上，又有正文、旁譯、總譯俱全的完整本，僅存總譯部分的總譯本，後人注解的批注本等。

國家圖書館藏一部鮮有論及的十五卷《元朝秘史》總譯本（索書號：XD2118）鄭振鐸舊藏，其上陳遹聲墨筆過録李文田《元朝秘史注》（以下簡稱"李文田注本"）部分内容（以下簡稱"陳遹聲過録本"）文獻價值頗高。

一、陳遹聲過録本概況

（一）基本信息

《元朝秘史》十五卷，二册，藍封面内葉正面題"元朝秘史十五卷"，背面牌記："道光廿七年秋／靈石楊氏刊本／道州何紹基題。"開本 26.9 厘米 × 16.6 厘米，版框 18.9 厘米 × 13.4 厘米，單魚尾。卷端題名"元朝秘史卷一"。每半葉 10 行，行 23 字，版心上端刻題名"元朝秘史"，魚尾内是卷次、葉碼，版心下端刻"連筠簃叢書"。第一册爲卷一至七，第二册爲卷八至一五；卷一、三、五、七、九、一一、一三、一五由張穆校，其餘卷則由何秋濤校。卷末刻張穆、錢大昕跋。鈐"長樂鄭振鐸西諦藏書"

"長樂鄭氏庋書之印"。據刊刻牌記得知，此本爲《連筠簃叢書》所收張穆抄自《永樂大典》的《元朝秘史》總譯本。

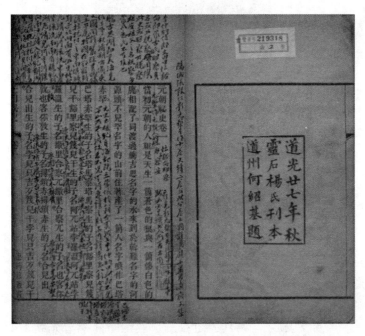

圖1　國家圖書館西諦舊藏《元朝秘史》卷首

卷末張穆跋中明確指出，張穆于清道光二十一年（1841）八月從《永樂大典》抄出《元朝秘史》總譯部分，二十七年（1847）與韓太華藏影抄本進行校對，二十八年（1848）刻入《連筠簃叢書》。因此，該書牌記所指"道光二十七年"，應是叢書始刻時間，而《元朝秘史》的刻入，應是道光二十八年，即晚一年。

卷末錢大昕跋也出現于多部《元朝秘史》前或後，此本中刊刻于書末，末行題"嘉定錢大昕跋"。

（二）批注者跋

本書從卷首起，天頭及行間滿篇墨筆批注，書末有批注者跋：

光緒辛卯十月十八日，順德李侍郎仲約前輩邀予校保定府試卷。是日出都門，二十又二日抵保府試院，至十一月十有九日試事畢。侍郎出所著《元朝秘史注》屬爲校定。自辰至亥，録成此書，字迹潦草，亦無暇檢對也。明日遂發保定，二十四日入國門。越一月，借王弢夫水部過本校之，覺雖草率，而尚無大錯。除夕，駿公志。

新正多暇，覆檢此書，覺遺漏差誤尚所不免，异日當檢元人文集補訂之。上鐙日，駿公又志。

291

圖2　國家圖書館西諦舊藏《元朝秘史》末跋

該跋透漏幾個信息。一、此本批注的過録者是駿公，即陳遹聲；二、此本批注與李文田著《元朝秘史注》有關，并且清光緒辛卯（十七年，1891）時，李文田將成文的《元朝秘史注》交給陳遹聲，囑其校定；三、過録時間爲清光緒十七年十一月十九日在保定府"試事畢"之後，于辰（十二月二十日）至亥日（十二月二十七日）完成過録；四、校訂時間爲本年十二月至次年上燈日，即正月十三日；五、校核補訂所用本爲王彦威（字弢夫）過録本以及元人文集。六、李文田作爲學政巡查鄉試期間，隨身帶其《元朝秘史注》，可見其對此部著作的重視程度。

（三）陳遹聲過録本相關人物

由上跋得知，此本批注的過録和補訂者爲陳遹聲，其應李文田囑托完成，并且參考了王彦威過録本。

1. 李文田

李文田（1834—1893），字畬光，又字仲約、若農、芍農，生于廣東南海縣佛山鎮，祖居順德均安上村鄉，故李文田習慣自稱順德人。清咸豐九年（1859）探花，授翰林院編修，放江蘇、浙江、四川鄉試主考，提督江西、順天學政。入值南書房，官至禮部右侍郎、工部右侍郎。一生勤于治學，其"學術成就，集中表現在元史及對元人著述之整理"②。李文田譯注多種元史著作，其中"《元朝秘史注》是李文田的最長篇代表著述，也是他影響最大的作品"③。而李文田"研究西北史地的重心大體應是1885年年底他回到北京之後的十年"④。

光緒八年（1882），李文田母親徐太夫人辭世，李文田服喪三年，于光緒十一年（1885）服闋，再度入京，以侍讀學士身份再度入值南書房。光緒十七年四月戊申（十五日），光緒帝"以本年鄉試、考試應開列試差人員于保和殿"⑤，考差閱卷派十人：

徐桐、麟書、李鴻藻、責恒、祁世長、景蕃、李文田、許庚身、徐樹銘、汪鳴鑾⑥。此後"光緒十七年辛卯八月壬辰朔，即八月初一，命吏部右侍郎李文田提督順天學政"⑦。相比于清朝文鄉試時間爲八月"初九爲第一場，十二日爲第二場，十五日爲第三場，每場都在考前一天點名搜檢入場，第二天交卷出場"⑧，"武鄉試時間在十月"⑨。于是李文田于十月赴保定，并邀友入幕校閱卷。據《桂林梁先生年譜》"十月順德李仲約侍郎文田奉命典學畿輔，邀公入幕。隨赴順直各屬校士閱文"⑩可見，李文田邀陳通聲入幕外，也邀請了廣西桂林人、光緒十一年順天鄉試舉人梁濟（1858—1918）。這符合"一學政幕友，不得延請本省之人。如兩省接壤亦必在五百里之外，方准延請。不得更帶本地生原閱卷"⑪的制度。翁同龢光緒十七年十月十七日記載："出城送若農行，未晤；訪陳伯雙，亦未晤。"⑫故李文田出發應于十月十七日或之前，早于陳通聲過録本末跋中的"十月十八日"，説明未與陳通聲等同行。據該跋，此次考試于十一月十九日結束。果然，接下來的幾個月内，無李文田活動記録，直到次年二月初二日，"爲所編《辛卯直省鄉墨文程》作序"，其後直至六月，纔與翁同龢、繆荃孫等友朋往來⑬。梁濟也是六月回京："在李公學幕周歷順直各屬校士閱文，六月回京。"⑭

2. 陳通聲

陳通聲（1846—1920），字毓疏，又字蓉曙，號駿公，又號畸園老人，浙江諸暨楓橋陳家村人。早年師從著名學者俞樾（曲園）。清光緒十二年（1886）第四次赴京參加會試，榮登進士二甲四十名，改授翰林院庶吉士。光緒十五年（1889）參加散館考核，以優异成績留任翰林，授編修⑮，光緒二十三年（1897）出任松江知府。陳通聲與時人翁同龢、李慈銘等齊名，對古董字畫的鑒賞造詣極深。著有《玉溪生詩類編》《歷代題畫叢録》《逸民詩選》《畸廬稗説》《畸園老人詩集》及《鑒藏要略》等。《清史稿》有傳。

陳通聲跋所述光緒辛卯時，陳通聲尚爲翰林，雖無相關資料記録其赴保定校試卷事宜，《順天鄉試同年齒録·光緒辛卯科》考官⑯中也未見載。但作爲翰林，完全能够充任這一職。其充任辛卯保定府試卷校閱官，顯然與李文田邀其入幕有關，正如上跋文所提"順德李侍郎仲約前輩邀予校保定府試卷"。

陳通聲的相關記録極爲少見，《清實録·光緒朝實録》中有關其記載僅5條。與李文田的交集，也少見記載。現所知，除陳通聲過録本外，僅見李文田一次朋友宴會中。光緒十八年（1892）閏六月十八日繆荃孫《藝風老人日記》：順德師招飲天寧寺，黄仲弢、王蓮生、志伯愚、王菶卿、馮夢華、陳蓉曙通聲、沈子培、子封、劉佛青、費屺懷、葉鞠裳、劉静階、文蕓閣、李木齋全席⑰。此時已完成保定府武鄉的閱卷事宜，返回京城。陳通聲所過録及補訂的《元朝秘史》也已形成。

3. 王彦威

陳通聲過録本跋中提及"王弢夫水部過本"。王弢夫即王彦威（1842—1904），原名禹堂，字弢夫，黎庵，黄岩縣城（今黄岩區）人。清同治九年（1870）舉人，歷任工部衡司主事、營繕司員外郎、軍機章京、江南道監察御史、太常少卿。著有《西巡大事記》《清朝掌故》《清朝大典》《樞垣筆記》《史漢校勘記》《秋燈課詩屋圖記》

《黎庵叢稿》等。

從各種資料得知，比起陳通聲，李文田與王彦威的來往則較爲密切。如，《王彦威日記》光緒二年（1876）十二月十七日記録："順德李若農座師以甲戌之冬乞養歸里。予時在京，屢往見之。師問此行外間議論如何，予謂師以少年科第，兩典試事，一任學政，兩年之間游升學士……"[18]又記光緒十五年"八月二十日，今日爲李若農、黄漱蘭師生日"[19]。光緒十二年十月十八日李慈銘《越縵堂日記》："黄漱蘭來、弢夫來、吴清卿來、若農師來、徐亞陶來，爽秋來，岑伯豫來，午後設飲逮闇而散。"[20]光緒十七年二月十一日《袁昶日記》："陪芍師、淑丈、夢華、莘伯、共集退谷舊園，苗生、班侯亦在座。子培、舅季、弢夫及余四主人。"[21]光緒十七年八月廿四日《藝風老人日記》："順德師招食魚生，王弢夫、楊蕒裳、龍伯鑾、李寄訓仝坐。"[22]可見二人關係并非陌生，王彦威向以師尊稱李文田。關于《元朝秘史》，王彦威早在光緒二年十二月十二日日記就曾記録："《元朝秘史》及李志常《長春真人西游記》，皆張石舟所校。二書自錢竹汀氏始稱之，謂足以訂正《元史》。《秘史》譯于元初，皆用俚俗語，使人易知，其事質實可信。"[23]因而王彦威過録李文田《元朝秘史注》[24]不足爲奇。

二、李文田注本與陳通聲過録本

（一）李文田注本

李文田注本是以十五卷《元朝秘史》總譯本爲基礎[25]所做注本。因李文田本人無自序，亦無相關記録，故其形成經過鮮有談及。目前所見李文田與《元朝秘史》的最早記録見于文廷式《蒙文〈元朝秘史〉十二卷抄本題記》："此書爲錢辛楣先生藏本，後歸張石州，輾轉歸宗師伯羲祭酒[26]。余于乙酉冬借得，與順德李侍郎各録寫一部，于是海内始有三部。"[27]李文田抄本藏于國家圖書館，前有李文田跋曰："此本今藏盛伯羲司成家，即千里手跋之本也。丙戌夏借抄一部，此後轉抄本數十家焉。"抄録時間與文廷式題記所云差半年，丙戌夏或爲抄畢年。又該本卷一首葉題跋講述《元朝秘史》來歷，落款爲光緒辛卯七月。另，李文田致翁同龢函云："《探路記》及《秘史注》閲畢，乞檢交去人携回爲幸。敬上叔平宫保閣下。文田頓首。正月晦。"[28]《翁同龢日記》中對此事的記録爲光緒十二年正月三十日。若文廷式所記正確無誤，則早于乙酉年，即光緒十一年冬李文田始抄一部十二卷《元朝秘史》，應爲其作批注做準備，光緒十二年正月時所作《元朝秘史注》已基本成型，至光緒辛卯時對此經典已有深入研究。

國家圖書館與上海圖書館均藏一部李文田著《元朝秘史注》稿本[29]，二本均用緑格紙一每行 19 字規格抄録，全部内容與清光緒二十二年（1896）刻漸西村舍彙刊本（下文簡稱"漸西村刻本"）相差無幾。則此二稿本，或爲刊行前的謄録本。就形式而言，上圖藏本爲詞條下均以雙行小字注解，包括將國圖藏本（刊行本中）天頭所見部分的注解也録入詞條下雙行小注。末有錢大昕跋并作雙行小注的同時，還有楊復吉（1747—1820）撰于乾隆丁未年（1787）跋及其所録萬光泰跋和《元氏譜》。這説明李文田注本初擬收入錢大昕和楊復吉等跋，但因楊復吉跋中未出注，最終捨弃，僅保留了做注的錢大昕跋。國圖稿本則有錢大昕跋無楊復吉跋，并且詞條後單行做注，與漸西村刻本更接近。國圖稿本無抄錄年代，上圖稿本則有題簽提示"上册卷一至卷七/光緒己丑十二月/借讀五千卷書/室所注本抄出"。"讀五千卷書室"是李文田齋號，該本底本出自李文田無疑。根據該本字迹以及鈐印"十二紫芝山館"，此本或由李文田弟子李宗顥所錄[30]。國圖稿本詞條"是天生一個蒼色的狼與（補"一個"）慘白色的鹿相配了"的原有注解上貼浮簽并補錄批注，末云："右二條已見采于官書，不涉誣妄，故捨彼引此。"上圖稿本則不但按此提示收入浮簽上批注内容，并將提示中建議的"捨彼"内容也一同抄錄，内容比國圖稿本豐富不少。而最終的漸西村刻本則依舊按國圖藏稿本，未采納浮簽内容。由此推測，上圖光緒十五年本應參考了國圖稿本上浮簽内容，并采納，因而國圖稿本應早于光緒十五年。當然，國圖稿本上有多處墨筆補充或修改痕迹，漸西村刻本均以修改爲準刊刻；也有若干浮簽抄錄補充的注解，刊行本中未采納，有關此類情況以及與上圖稿本間的微妙差異，本文不再細述。

李文田注本初由袁昶于清光緒二十二年刻入漸西村刻本中，後又有光緒二十九年（1903）金匱浦氏静寄東軒石印本、光緒二十九年上海文瑞樓石印本。本文依漸西村刻本探討李文田注本。

漸西村刻本正文前引《四庫全書總目》卷五八雜史類提要，即："蒙古源流八卷，乾隆九年奉敕譯進，其書本蒙古人所撰，按年臚事，首尾賅備，頗與《永樂大典》所載《元朝秘史》體例相近。"其後錄阮元《揅經室三集》所收續四庫提要的"元朝秘史提要"，再錄顧廣圻《思適齋集》的《元朝秘史跋》。

正文卷端題名下小字注："《永樂大典》本凡十五卷，殘元槧本分卷不同。今據'連筠簃本'爲主，即錢少詹所授從《大典》出者也。陽城張敦仁本從元槧足本影出，作十卷又續二卷。今以錢校本爲主，而記其异同于題目之下。錢本無撰人名氏，張氏影本有之。蓋元代撰訖，殆非一刻。故兩本互异。今并注出之云。"説明了李文田注本用的底本爲前所説連筠簃"叢書本"。其後爲對《元朝秘史》的蒙古文名"忙豁侖紐察脱察安"的解釋。

正文始于"當初元朝人的祖"。對《元朝秘史》總譯逐條加以注釋，十分詳盡。書末則與"叢書本"完全一致，亦是張穆記和錢大昕跋。正文逐條所做注釋，據粗略統計，李文田將《元朝秘史》十五卷總譯本析分爲985個詞條來做注解。第1條是對于書名《元朝秘史》下的二行"忙豁侖紐察/脱察安"的注解，第985條則是對書末張穆跋部分信息的解釋。如此，李文田對《元朝秘史》總譯正文的注解計983條：卷一2—153條，卷二154—187條，卷三188—249條，卷四250—407條，卷五408—475條，卷六476—522條，卷七523—591條，卷八592—668條，卷九669—706條，卷一〇707—740條，卷一一741—769條，卷一二770—808條，卷一三809—904條，卷一四905—958條，卷一五959—984條。其中，第187、249、407、740、958，共5條，無注解，均在該卷末尾。故李文田注本共有978條注解，其詳細程度前無古人後無來者，"一直到今天仍是研究蒙元史的必備書籍"[31]。

（二） 陳遹聲過録本

陳遹聲過録本中，天頭與卷末明顯呈段落的批注則共計204條。其中，"李仲約侍郎文田曰""李侍郎曰""李曰""又曰""文田案""李按""李侍郎説"等具有明確標記者有101條。這無疑爲李文田注的過録。有6條爲"文廷式案"等引自文廷式文，其餘條目則無特別標注。那麼陳遹聲過録李文田注本的同時，是否也進行了補充？我們可利用上圖稿本、國圖稿本和漸西村刻本進行比較分析。

上文已述，形成于光緒十五年或更早的國圖稿本及上圖稿本，其内容已與漸西村刻本相差無幾，已經十分成熟，其注解也基本包含陳遹聲過録本上批注。這説明陳遹聲過録本所録批注，光緒十五年甚至更早時已經産生。光緒十七年，陳遹聲僅對其進行了過録，而非補充。上圖稿本及國圖稿本與現所見刻本一樣，有多處注解不見于陳遹聲過録本，陳遹聲過録本中某些批注在國圖稿本天頭上以補録形式出現。由此我們認爲，李文田交給陳遹聲的批注本爲另一本，即李文田手中有各種不同本，交由不同人校核。將以上情況舉例説明如下：

表1　陳遹聲過録本與上圖、國圖稿本及漸西村刻本間關係對比表

卷次	注解詞條	陳遹聲過録本批注	上圖稿本	國圖稿本	漸西村刻本
卷前	忙豁侖紐察脱察安	李仲約侍郎文田曰：忙豁侖即蒙古氏，紐察其名，或與脱察安同撰此史，或紐察乃脱察安祖父之名。脱察安蒙以爲氏，不可考也。	右二行見影元槧本夾注題目之下，顧廣圻跋云，必是所署撰書人名銜是也。文田案：忙豁侖即蒙古氏也，紐察其名，或與脱察安同撰此史，或脱察安祖父名字。而脱察安蒙祖父名以爲氏，不可考也。聊出之，以存其舊。	右二行見影元槧本夾注標目之下，元和顧廣圻跋云，必是撰書人所署名銜是也。文田案：忙豁侖（後補"即"）蒙古氏也，紐察其名，或與脱察安同撰此史，或紐察乃脱察安祖父之名。脱察安蒙以爲氏不可考也。（後補"聊"）補（後補"出"）之，以存其舊。	右二行見影元槧本夾注題目之下，元和顧廣圻跋云，必是撰書人所署名銜是也。文田案：忙豁侖即蒙古氏也，紐察其名，或與脱察安同撰此史，或紐察乃脱察安祖父名。脱察安蒙以爲氏，不可考也。聊補出之，以存其舊。
卷一	是天生一個蒼色的狼與一個慘白色的鹿相配了。	無。	《周語》曰：穆王征犬戎，得四白狼四白鹿以歸。《史記·周本紀》張守節《正義》引……故字從犬。文田案：此皆元人自述其靈徵所本，蓋三古以前茫昧之説矣。	《國語·周語》曰：穆王征犬戎，得四白狼四白鹿以歸。《史記·周本紀》張守節《正義》引……故字從犬。文田案：此皆元人自述其靈徵，蓋三古以前茫昧之説矣。	《國語·周語》曰：穆王征犬戎，得四白狼四白鹿以歸。《史記·周本紀》張守節正義引……故字從犬。文田案：此皆元人自述其靈徵，蓋三古以前茫昧之説矣。

卷次	注解詞條	陳遹聲過録本批注	上圖稿本	國圖稿本	漸西村刻本
卷一	同渡過騰吉思名字的水。	騰吉思湖，即里海，見何主事秋濤《朔方備乘》，又圖閣讀麗琛《异域録》曰：土爾扈特……國邊境人畜。	今騰吉思湖名曰里海者也。何主事秋濤《朔方備乘》曰：滕紀思湖即里海，東西廣八百里，南北長一千數百里。圖閣讀麗琛《异域録》曰：土爾扈特……國邊境人畜也。	今騰吉思湖名曰里海者也。何主事秋濤《朔方備乘》曰：騰（後改"滕"）紀思湖即里海，東西廣八百里，南北長一千數百里。圖閣讀麗琛《异域録》曰：土爾扈特……國邊境人畜也。	今騰吉思湖名曰里海者也。何主事秋濤《朔方備乘》曰：滕紀思湖即里海，東西廣八百里，南北長一千數百里。圖閣讀麗琛《异域録》曰：土爾扈特……國邊境人畜也。
卷二	便是父一般，他如今在土拉河邊。	李侍郎曰《唐書》有獨樂河，此土兀剌河，即獨樂河……故以獨樂河名其部曰鐵勒也。	《唐書》有獨樂河，此土兀剌河，即獨樂河之轉聲也。……故以獨樂河名其部曰鐵勒也。宋王溥《唐會要》曰：鐵勒者本匈奴之別種……皆鐵勒之部内諸部（詞條下雙行録入）。	《唐書》有獨樂河，此土兀剌河，即獨樂河之轉聲也。……故以獨樂河名其部曰鐵勒也。宋王溥《唐會要》曰：鐵勒在本匈奴之別種……皆鐵勒之部内諸部（另筆補録于天頭）。	《唐書》有獨樂河，此土兀剌河，即獨樂河之轉聲也。……故以獨樂河名其部曰鐵勒也。宋王溥《唐會要》曰：鐵勒在本匈奴之別種……皆鐵勒之部内諸部（刊刻于天頭）。
卷一三	其餘金兵困餓，人皆相食……成吉思至北平失剌客額地面時。	其稱皇城曰黃者，鄭曉《今言》曰，宏治……衹見蒙古呼皇城爲黃義矣。……	其稱皇城曰黃者，鄭曉《今言》曰宏治……衹見蒙古呼皇城爲黃義矣。……	其稱皇城曰黃者，鄭曉《今言》曰，宏治……衹見蒙古呼皇城爲黃義矣（録于天頭，并以綫提示插入正文注解中）。	其稱皇城曰黃者，鄭曉《今言》曰，宏治……衹見蒙古呼皇城爲黃義矣（刊刻于天頭）。

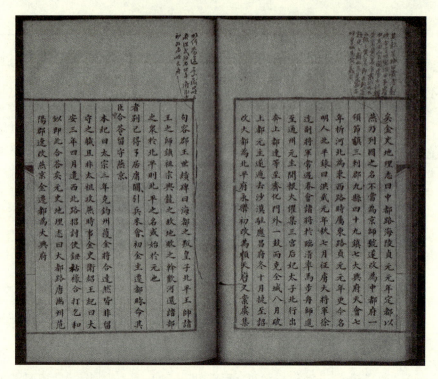

圖3　國家圖書館藏李文田著《元朝秘史注》稿本

陳遹聲過録本另有5處"補録"：

一爲卷二第八葉正面天頭第49條批注前示"補録卷末土兀剌河"，即對該卷第九葉背面首二行上"土兀剌河"的注解。

二爲卷五第四葉正面天頭第100條批注前示"補録忽巴合牙注"，即對該卷第三葉背面末"忽巴合牙"的注解。

三爲卷一一第二葉背面天頭第146條批注前示"補録末亦都兀惕節注"，即對該卷末"亦都兀惕"的注解。

四爲卷一一第三葉背面天頭第147條批注前示"又補末頁亦都兀惕注"，此即前第146條批注的補充。

五爲卷一三第二葉正面天頭第165條批注前示"補録大寧注"，即該卷第三葉正面末"大寧"的注解。

以上補録，均見于國圖、上圖藏稿本及漸西村刻本中，陳遹聲或爲借用王彥威過録本補充。現不知王彥威過録本下落，無從斷定。

（三）漸西村刻本與陳遹聲過録本批注

1. 漸西村刻本所見陳遹聲過録本批注内容

（1）數量

陳遹聲過録本批注有204條，除2條外，其餘均見于漸西村刻本中，即202條批注分布在漸西村刻本 209 個詞條的注解中。

未收 2 條是：陳遹聲過録本批注的第 12 條 "李侍郎曰：《秘史》中以名爲姓者，其末字皆收入齶音。此必蒙古語，如是非譯者前後互异也"。第 116 條 "此特上阿壇弟也客扯連，所以别于塔塔兒種人之也客扯連"。

（2）錯别字

陳遹聲過録本中明顯有錯别字，如陳遹聲過録本批注第 114 條中 "科布多西"，漸西村刻本第 500 詞條的注解中將其糾正爲 "科布多而"；陳遹聲過録本批注第 127 中 "賬本"，漸西村刻本第 576 詞條注解中糾正爲 "張本"。顯然是陳遹聲過録李文田注時所出現的錯字。

2. 漸西村刻本中所見陳遹聲過録本批注形式

漸西村刻本中所見陳遹聲過録本批注，除多條完全一致外，有部分條目有所變動。

（1）陳遹聲過録本中的 "李侍郎曰" 等提示語在李文田注本中或不見或爲 "文田案"

上述陳遹聲過録本批注中 "李侍郎曰" "李曰" 等提示做批注者 101 條，除第 12 條不見外，其餘均見于漸西村刻本中，但後者多爲 "文田案" 或不再特意提示。

（2）陳遹聲過録本所見批注分爲兩條

陳遹聲過録本一條完整批注，最終刊行本甚至國圖、上圖稿本中，有的在同一詞條的注解中被分割，有的則被分割爲不同詞條的注解中。

同一詞條中的分割，如，陳遹聲過録本批注第 184 條 "據《西游記》，太祖墜馬在十八年癸未。此文言……即《西使記》之撝思幹也"。作爲李文田注本詞條 "去征唐兀，以夫人也遂從行……就于搠斡兒合惕地面下營" 的注解出現，但是，先爲 "據《西游記》，太祖墜馬在十八年癸未"，後插入其他内容，再以抽取形式采入 "此文言，狗兒年秋者" 等内容，并未完整采納第 184 條注解。再如，西諦批注第 186 條 "此雪山乃西域雪山，非西夏之山，自漠北至西域隨地皆雪山"。作爲李文田注本第 913 詞條的注解，先采用 "此時所住雪山乃西域雪山，非西夏之山也"。之後插入其他内容，再録 "自漠北至西域隨地皆雪山"。

分割到不同詞條中者共 10 條，分别是第 11 條分到第 57、58 詞條注解中，第 22 條分到第 81、82 詞條注解中，第 42 條分到第 154、155 詞條注解中，第 79 條分到第 304、305 詞條注解中，第 111 條分到第 486、488 詞條注解中，第 140 條分到第 679、680 詞條注解中，第 146 條分到第 769、758 詞條注解中，第 154 條分到第 775、778 詞條注解中，第 176 條分到第 864、865 詞條注解中，第 177 條分到第 868、876、878 詞條注解中。以上條目内容，分割處均有明顯的 "又曰" 等提示語。故陳遹聲過録本批注中雖以連續形式抄録，但此 10 條亦可分開爲 21 條，即陳遹聲過録本批注條目可增加至 215 條。

（3）表述前後順序有變

陳遹聲過録本批注與漸西村刻本比，有的語序有所調整。如陳遹聲過録本第 13 條批注 "《輟耕録》蒙古七十二中姓氏，有合忒乞，蓋即合塔斤，後四卷偷太祖韁繩、八

299

卷從札木合處來降，皆此部族也"，爲李文田注本第 62 詞條的注解，其形式爲"後文四卷偷太祖轡繩、八卷從札木合處來降，皆此部族也。《輟耕録》蒙古七十二中姓氏有合忒乞，蓋即合塔斤矣"。

（4）條目前後順序有變

如上所述陳遹聲過録本批注所示"補録"條出現在漸西村刻本後條目之後外，還有第 159、195、199 條批注，出現于其後條目之後。

（5）陳遹聲過録本批注出現在漸西村刻本天頭位置

陳遹聲過録本部分批注出現在漸西村刻本天頭位置。如陳遹聲過録本的第 48、49 條批注，在漸西村刻本中作爲第 185 詞條的注解出現于第 52 條後，而且第 48 條的後半段内容出現于第 184—185 詞條的天頭上。此出現于天頭位置的批注，國圖稿本同樣也出現于天頭上，并明顯爲另筆補充抄録。出現于天頭者 14 條中，有 5 條爲引用文廷式文。文廷式另 1 條文則出現于第 85 條批注中，作爲李文田注本的第 338 詞條的注解來收入。李文田注本中，第 849 詞條的天頭批注，陳遹聲過録本批注雖未注明文廷式按，但李文田注本收入其時明確爲"文廷式按"。

（6）陳遹聲過録本批注以雙行小字形式呈現

陳遹聲過録本部分批注在漸西村刻本中以雙行小字形式出現，如陳遹聲過録本第 146、147 條批注作爲李文田注本第 769 詞條的注解收入，成爲該條完整的注解；第 146 條末"元史兵志曰，掌于内府尚供衣服者，曰速古兒赤"，在漸西村刻本第 758 詞條注解中以雙行小字形式出現。

諸如此類，漸西村刻本中所見陳遹聲過録本批注，部分條目的形式有所調整在此不一一列舉。

不過，陳遹聲過録本批注雖數量不少，但相比于李文田注本龐大的注解體系，遠不及後者 978 個詞條的完整解説。李文田注本内容，除了同見于陳遹聲過録本者外，尚有一部分内容見于另一本，即南京圖書館藏十五卷《元朝秘史》總譯本抄本批注。

三、南京圖書館藏十五卷《元朝秘史》

南京圖書館藏有一部十五卷《元朝秘史》總譯本（簡稱"南圖本"）抄本，上有朱筆批注約 114 條（不含行間注釋）。包括李文田注本中開篇《四庫全書總目》提要。據考證，該本以連筠簃叢書《元朝秘史》總譯本爲底本。其上批注有 90 條不但見于漸西村刻本中，在上述國圖、上圖藏稿本中均可見，由此得知南圖本至少光緒十五年時已産生，甚至更早。關于南圖本詳細情況，將在另文專門介紹[32]。

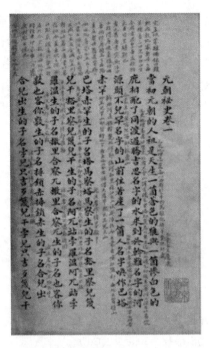

圖4　南京圖書館藏《元朝秘史》卷首

那麼，陳遹聲過録本與"南圖本"同樣作爲李文田注本内容的一部分而存在，二者間有何關係呢？簡單歸納如下：

1. 二本批注分布于前後，内容成綴合銜接狀，共有5條

（1）"南圖本"第42條前爲陳遹聲過録本第84條，内容前後銜接成完整段落。

（2）"南圖本"第1條前爲陳遹聲過録本第33條，内容能够綴接。

（3）"南圖本"第44條後爲陳遹聲過録本第88條，成完整條目。

（4）"南圖本"第46條後爲陳遹聲過録本行間注，成完整條目。

（5）"南圖本"第101條後爲陳遹聲過録本第175條，内容能够綴接。

2. 二本批注内容重叠

二本批注重叠者有29條，可分三種情況：

（1）完全重叠者有2條："南圖本"第18條與陳遹聲過録本批注第16條完全重叠，李文田注本具體收録則更接近于前者；"南圖本"第65條與陳遹聲過録本批注第120條重叠，後者内容更完整，與李文田注本實際收録相近。

（2）"南圖本"批注含在陳遹聲過録本批注中，此類有27條，鑒于該本批注更加完整，故李文田注本的實際收録均以陳遹聲過録本批注爲主。

（3）二本中均有類似條目，但李文田注本均不收，有2條。

四、結　語

陳遹聲過録本與"南圖本"儘管大多見于漸西村刻本中，但更多引用和校注、解

釋，仍爲李文田"以舊抄本，采録元人文集、野史、輿地等書，并運用他所學到的蒙古語音知識，與書中的一些地名、人名與史料互證"，其做注時間或始于光緒十一年，并多請其友朋批閲，于光緒十五年時形成較爲成熟本，終由其"好友袁昶的'漸西村舍'刊成，于光緒丙申年（1896）面世"[33]，此時他本人已與世長辭。李文田《元朝秘史注》校注細密、解釋詳盡，正如沈惟賢（1866—1940）于光緒丁酉《元秘史注跋》中所言："自昔歲從吾師鄭南兵備得讀順德李先生所爲《秘史注》，如髮受梳，如玉就理，五百年來榛蕪晦盲之徑，乃豁然昭明矣。"[34] "具有開創性意義"[35]。光緒辛卯年武科鄉試後產生的陳通聲過録本，不但反映李文田注本形成經過，也爲陳通聲一生事迹添加一份光彩，爲李文田年譜提供資料。

【本文係國家社科基金冷門絶學和國別史等研究專項"國家圖書館藏《元朝秘史》整理與研究"（19VJX012）研究成果之一】

注釋：

① 參烏蘭：《〈元朝秘史〉版本流傳考》，《民族研究》2012 年第 1 期，61—70 頁。

② 梁基永：《李文田》，廣東人民出版社，2008 年，36 頁。

③ 同上。

④ 李鶩哲：《李文田與"清流"》，上海社會科學院碩士畢業論文，2013 年，28 頁。

⑤《清實録·德宗景皇帝實録》，中華書局，1987 年，55 冊，930 頁。

⑥ 同注④，200 頁。

⑦ 同注⑤，968 頁。

⑧ 楚江：《清代舉人額數的統計》，湖南大學碩士畢業論文，2012 年，10 頁。

⑨ 葉曉川：《清代科舉法律文化》，中國政法大學博士畢業論文，2006 年，63 頁。

⑩《桂林梁先生年譜》，《桂林梁先生遺書》，沈雲龍主編《近代中國史料叢刊》第三十四輯，臺北文海出版社，1966 年，18 頁。

⑪ 故宮博物院編：《欽定禮部則例二種》卷五四"學政事例"，海南出版社，2000 年，第 3 冊 344 頁。

⑫ 同注④，195 頁。

⑬ 同注④，206 頁。

⑭ 同注⑩，19 頁。

⑮ 李志良：《陳通聲傳》，光明日報出版社，2015 年，18 頁。

⑯《順天鄉試同年齒録·光緒辛卯科》，清光緒十七年刻本。

⑰ 同注④，199 頁。

⑱ 李永明主編：《北京師範大學圖書館藏稿抄本叢刊》（17），國家圖書館出版社，2011 年，695 頁。

⑲ 同上，232 頁。

⑳ 同注④，170 頁。

㉑ 同注④，198 頁。

㉒ 同注④，202 頁。

㉓ 同注⑲，218 頁。

㉔《王彦威日記》不全，僅存光緒二至三、五至六、十五年及光緒二十五年之後日記，故不見其過録《元朝秘史注》相關記載。

㉕ 王川、謝國升在其論文《李文田與晚清西北史地學研究》（《史學史研究》2015 年第 1 期）中認爲李文田注所用底本爲顧廣圻校本，其實不然。李文田確有一部根據顧廣圻校十二卷《元朝秘史》而抄的《元朝秘史》，現藏國家圖書館。但其僅用于参考，而非以其爲底本。李文田爲什麽不以此本爲基礎而做注，反而用十五卷《元朝秘史》的總譯本爲基礎詳做校注呢？可能考慮總譯本内容簡練，宜做批注。

㉖ 此底本藏于國家圖書館（索書號：7394），據其上鈐印等，應非錢大昕及張石州藏本，而是從張敦仁次子手中流出，經清沈濤、楊書雲、敬徵及其孫盛昱收藏，後入涵芬樓，終歸國家圖書館藏。

㉗ 汪叔子編：《文廷式集》（上），中華書局，1993 年，706 頁。

㉘ 梁達濤：《李文田》，嶺南美術出版社，2017 年，54 頁。

㉙ 國家圖書館藏李文田著《元朝秘史注》（索書號：00761），著録爲稿本；上海圖書館藏李文田著《元朝秘史注》（索書號：善 796826—27），著録爲稿本。

㉚ 有關上圖本抄録者的斷定，上海圖書館郭立暄先生提供了重要綫索和信息。

㉛ 同注②，37 頁。

㉜ 薩仁高娃：《南京圖書館藏十五卷〈元朝秘史〉總譯本考》，《中央民族大學學報》待刊。

㉝ 同注②，38 頁。

㉞ 李文田注：《元朝秘史》，《叢書集成初編》，中華書局，354 頁。

㉟ 烏蘭校勘：《元朝秘史》（校勘本）前言，中華書局，2012 年，30 頁。

（作者單位：國家圖書館古籍館）

滿漢合集《壁勤襄公列傳》史料價值考

朱志美

內容提要： 壁昌，清代重臣，歷官嘉慶、道光、咸豐三朝。曾任葉爾羌辦事大臣、喀什噶爾參贊大臣、福州將軍、兩江總督等職。在新疆任職期間，領導了葉爾羌保衛戰，試行墾種，設立市廛。福州將軍任時，提出諸多練兵、實戰的具體方法。國家圖書館藏滿漢合集抄本《壁勤襄公列傳》爲清國史館編纂之進呈本，對壁昌一生詳細記述，脉絡清晰，可與《清史稿·壁昌傳》等史料互證互補，爲揭示壁昌一生的歷程的重要資料。

關鍵詞： 壁昌　勤襄公　傳記

國家圖書館藏有一部不多見的清國史館編纂滿漢合集抄本《壁勤襄公列傳》。傳主壁昌，字東垣，額勒德特氏，蒙古鑲黃旗人。清代重臣，刑部尚書和瑛之子。歷嘉慶、道光、咸豐三朝爲官，卒于咸豐四年（1854），謚勤襄。

全書共兩冊，封面題名爲“壁勤襄公列傳”，卷端題名爲“壁昌列傳”。書中有避諱之處皆以紅布遮擋，壁昌的昌字即爲遮擋之一。漢文、滿文單獨成冊，但內容一致。漢文本中夾黃簽，上題“咸豐七年九月十六日呈進”。滿文本中亦夾黃簽，上題“gubci elgiyengge i nadaci aniya jorgon biyai juwan ilan de ibeburengge”，漢文譯爲：“咸豐七年十二月十三日呈進。”可見此書是咸豐七年（1857）進呈本。漢文本先成書，9月份進呈，滿文本當依漢文本翻譯而成，于當年12月進呈。書中滿漢文皆無刪改之處，字迹端正，且有黃簽恭寫何年何月呈進，其爲進呈御覽之進呈本無疑。書中盡述壁昌一生經歷，可與其他史料互證互補，是研究壁昌的重要資料。

一、《壁勤襄公列傳》與《清史稿·壁昌傳》

《清史稿》有壁昌傳，爲便于瞭解《壁勤襄公列傳》內容價值以及各書區別，本文首先列《清史稿·壁昌傳》內容如下：

> 壁昌，字東垣，額勒德特氏，蒙古鑲黃旗人，尚書和瑛子。由工部筆帖式銓選河南陽武知縣，改直隸棗強，擢大名知府。道光七年，從那彥成赴回疆，佐理善後。壁昌有吏才，以父久官西陲，熟諳情勢，事多倚辦。九年，擢頭等侍衛，充葉爾羌辦事大臣。壁昌至官，于奏定事宜復有變通，清出私墾地畝新糧萬九千

餘石，改徵折色，撥補阿克蘇、烏什、喀喇沙爾俸餉，餘留葉城充經費，以存倉二萬石定爲額貯，歲出陳易新，于是倉庫兩益。葉爾羌喀拉布札什軍臺西至英吉沙爾察木倫軍臺，中隔戈壁百數十里。相地改驛，于黑色熱巴特增建軍臺，開渠水，種苜蓿，士馬大便。所屬塔塔爾及和沙瓦特兩地新墾荒田，皆回戶承種，奏免第一年田賦，以恤窮氓。新建漢城，始與回城隔別，百貨輻輳，倍于往時。以回城官房易新城南門外曠土，葺屋設肆，商民便之。訪問疾苦，聯絡漢、回，人心益定。

十年八月，浩罕糾諸部寇邊，圍喀什噶爾、英吉沙爾兩城，遂犯葉爾羌。容安率援師遷延不至，壁昌撫諭回酋，同心守禦，分扼科熱巴特、亮噶爾諸要隘。賊萬餘撲城，迎戰于東門外。擊破之，賊宵遁。詔嘉其援師未至之先即獲全勝，加副都統銜，尋授鑲黃旗漢軍副都統。自九月至十一月，賊復三次來犯，迭擊敗走之。最後賊攻城，相持五日，而哈豐阿援兵至，賊望風遁，追破之于哈拉布札什。越數日，進兵英吉沙爾，而喀什噶爾之賊已飽颺出塞，大軍至，則無賊矣。壁昌素得回衆心，是役尤得阿奇木伯克阿布都滿之助，賴以戰守。事定，奏請仍襲其祖郡王封爵。長齡、玉麟奉命會籌善後事，盡咨于壁昌。

十一年，擢參贊大臣，改駐葉爾羌，遂專回疆全局。興喀拉赫依屯田，招練民戶五百人，修渠築壩，以牌博爲界，不侵回地，凡墾屯地二萬二百四十畝。十二年，和闐回民塔瓦克戕伯克多拉特、依斯瑪伊勒等爲亂，捕其黨盡置諸法。疏言："長齡等奏增南路防兵三千屯巴爾楚克，因其地築城未竣，遂以二千人分屯葉、喀二城。二城形勝較巴爾楚克尤要，請以暫時分屯之兵永爲定額。喀城更增綠營兵三千五百，分屯七里河爲犄角，葉城增烏魯木齊滿洲兵五百、綠營兵一千。"詔從之。十三年，召還京。十四年，復出爲烏什辦事大臣。歷涼州副都統、阿克蘇辦事大臣、察哈爾都統。緣事降調，充伊犁參贊大臣。授陝西巡撫，擢福州將軍。

二十三年，署兩江總督，尋實授。英吉利和議初成，壁昌奏設福山鎮水師總兵，沿江形勢，扼險設防，請于五龍、北固兩山及圌山關、鵝鼻嘴修築炮臺炮隄，是爲籌江防之始。言官請團練鄉兵，以窒礙無益，奏寢其議。淮北已改票鹽，御史劉良駒疏請推廣于淮南試行。疏言其不便，略謂："淮南地廣引多，價昂課重，行銷之不齊，堵緝之難易，與淮北迥別。竈戶成本不能驟減至三四倍，民販更非一時可集，而課項皆常年要需。如改票議行，應納課銀孰肯再繳？應追積欠亦當豁除。此後攤帶錢糧亦將盡停，利猶未見，害已先形。爲今之計，但能肅清場竈以杜偷漏之源，整飭口岸以廣行銷之路，嚴禁浮濫以除在官之蠹，顧惜成本以冀商力之紓，庶淮鹺漸有起色。"疏入，如所請。二十七年，入覲，留京授內大臣，復出爲福州將軍。數月，以疾請回旗。咸豐三年，粵匪北犯，逼近畿，命爲巡防大臣。四年，卒，贈太子太保，謚勤襄。子恒福，直隸總督。孫錫珍，同治七年進士，由翰林院編修歷官吏部尚書。[1]

《清史稿·壁昌傳》可以讓我們對壁昌生平有大致的瞭解。但對比發現，國家圖書館所藏滿漢合集抄本《壁勤襄公列傳》不僅囊括了《清史稿》中記述，而且敘事上較其更加詳細，還收錄了很多其不載者。二者可互爲印證，補史料之不足。

《壁勤襄公列傳》記載，壁昌去世後咸豐皇帝專門下諭旨，回顧和總結了壁昌一生，文曰：

> 内大臣壁昌，由知縣于嘉慶年間在河南滑縣軍營出力，恩賞藍翎，洊升知府。道光七年派往回疆辦理善後事宜，蒙皇考宣宗成皇帝特恩，賞給頭等侍衛，作爲葉爾羌辦事大臣。因回匪滋事，守城擊賊，屢獲勝仗，賞加副都統銜，換戴花翎。歷任新疆各城大臣，十有餘載，鎮撫得宜，蒙恩特授兩江總督，籌辦江防，不遺餘力，整頓地方營伍，不染習氣。嗣以年屆七旬，籲辭重任，蒙恩授爲内大臣，管理健鋭營事務。復簡任福州將軍，因病開缺回旗。上年經朕特派辦理巡防，并管理火器營事務，均能黽勉從公，實心經理。本年春間，以舊疾加增，奏請開缺，諭令安心調理。遽聞溘逝，悼惜殊深。着賞給陀羅經被，派醇郡王奕譞帶領侍衛十員，即日前往奠醊，并賞加太子太保銜，照尚書例賜卹。任内一切處分，悉予開復，應得卹典，該衙門察例具奏。伊子恒福，見在琦善軍營，着回京穿孝，伊孫錫佩、錫璋均着服滿後帶領引見。②

此諭旨將壁昌一生重要履歷，尤其是功績，作了簡明扼要的總結，是當時當世皇帝對其評價，頗具參考價值。

存世另有滿漢合璧《壁昌諭祭碑》，彰顯壁昌一生偉績，其落款時間爲咸豐五年四月十七日，刻立地爲北京市順義區平各莊河南村，也可參考。

二、《壁勤襄公列傳》與《清國史·壁昌列傳》等

清國史館纂修了大量人物列傳，因編纂過程中有增補、删改的情況，故而在定稿呈御覽前會形成多個版本。這些傳記進呈御覽之後成爲定本，多庋藏于内府。《清國史》影印説明中提到："史館所纂紀、傳、志、表成稿，均按期進呈，經御覽後繕爲定本，冠以"欽定"字樣，貯藏于清宫東華門内國史館大庫。"③現流傳之《滿漢名臣傳》《國史列傳》《清史列傳》《國朝耆獻類徵》等收錄的傳記多源于國史館所修諸傳。但仍有大量傳記未流傳于坊間，未得收錄其中。國圖藏抄本《壁勤襄公列傳》即未在其收錄之列。

中華書局1993年影印出版了一套嘉業堂抄本《清國史》："復旦大學圖書館所藏嘉業堂抄本《清國史》一千八百七十五卷，又不分卷若干種，係現存卷帙最繁富、門類較齊全之清國史館史稿傳抄本……《清國史》係清代國史館所編纂之本朝史書底稿，其史料積纍自清初以至清末，迄未間斷。"④該書收錄有《壁昌列傳》。

爲了釐清《壁勤襄公列傳》版本情況，下面將其與嘉業堂抄本《清國史·壁昌列傳》進行比對，以見二者淵源。《壁勤襄公列傳》爲傳抄本，抄寫過程中難免發生丟字、添字或錯訛，所以筆者在比勘過程中，個別缺字、多字，不影響内容者一般不作比勘列出，祇將後來編纂者修改之處進行比對；個別改動較小，且不影響内容者亦不

列出。以下每條對比，上面爲《清國史·璧昌列傳》中記載，下面爲《璧勤襄公列傳》中記載。

1. 十四年，保送知縣。

十四年，保送知縣，得旨記名。

2. 十五年，京察一等，以同知通判用。

十五年，京察一等，記名以同知通判用。

3. 二十一年，調孟縣知縣。

二十一年，調孟縣。

4. 六年七月，以辦理大名等處賑務出力，賞加知府銜。

六年七月，以籌辦大名等處賑務周妥，經直隸總督那彥成保奏，賞加知府銜。

5. 七年正月，調大名府知府。

七年正月，調大名府。

6. 九年…二月，回疆善後事竣，賞換花翎。

九年…二月，回疆善後事竣，經那彥成以尤爲出力保奏，賞換花翎。

7. 九年…十二月…旋充葉爾羌辦事大臣。

九年…十二月…旋實授葉爾羌辦事大臣。

8. 十年八月…亦有安集延賊匪肆擾…璧昌先期派員帶兵堵禦…喀什噶爾調兵進勦，應需糧餉，請由陝甘撥解銀兩備用…署守備黃泰、五品伯克皮魯斯等奉檄搜捕，行至沙灘…殲俘二百餘名。

十年八月…亦有安集延賊匪千餘肆擾…璧昌先期派員帶領兵回，前往堵禦…喀什噶爾調兵進勦，應需糧餉，請由陝甘撥解銀二十萬兩備用…署守備黃泰、五品伯克皮魯斯等奉檄并力搜捕，行至距莊三十里之沙灘…殲二百餘名，俘三十餘名。

9. 十年…十月…璧昌飭副將任貴邦偕伯克等迎勦，并督兵回出城奮擊，大敗之。復跟蹤追勦，擒斬多名。

十年…十月…璧昌飭副將任貴邦偕伯克等，分隊迎勦，并親督商民，出城調撥，兵回奮勇進擊，大敗之。復跟蹤追勦，擒斬多名，奪獲旗械無算。

10. 十年…十一月…璧昌派兵接應，大敗之。餘賊西竄。

十年…十一月…璧昌亦派兵接應，殲擒多名，奪獲槍矛馬匹鍋帳無算。餘賊西竄。

11. 十一年…九月…時揚威將軍長齡奏籌喀什噶爾屯田事宜，上命長齡偕璧昌等再行詳議章程…其創辦資本必藉資民力，當委已革甘肅同知周廷芬專，辦屯田事務…經周廷芬等修渠築壩，共開屯地二萬二百四十畝，招種五六百人，惟地處機邊，小民遠道而來…

十一年…九月…時揚威將軍長齡奏籌喀什噶爾屯田事宜，上以屯田爲安邊便民，足食足兵之良法，命長齡偕璧昌等再詳細會議章程…其創辦資本，未便請動款項，必須藉資民力，當委商民等所舉熟悉情形之已革甘肅同知周廷芬，專辦屯

307

田事務…經周廷芬等修渠築壩，共開民屯地二萬二百四十畝，招種民人五百六人，惟地處極邊，去關內萬餘里，小民遠道而來…

12. 十二年…十月，以陳遞賀摺，擅發四百里，部議降一級調用。

十二年…九月，以前經長齡等奏准，移喀什噶爾參贊大臣，駐葉爾羌，總理回疆事務，至是善後事竣，遵旨移往。十月，以陳遞賀摺，擅發四百里，部議降一級調用。

13. 二十年…六月，以保阿克蘇糧餉章京那清阿，有心含混，降三品頂帶，仍降五級留任。

二十年…六月，以保奏阿克蘇糧餉章京那清阿，有心含混，下部嚴議，尋議降四級調用。上命降三品頂帶，仍改爲降五級留任。

14. 二十二年…四月…上命壁昌赴阿克蘇偕烏嚕木齊都統惠吉提訊，尋鞠實，按治如律。

二十二年…四月…上命壁昌于阿克蘇偕烏嚕木齊都統惠吉提訊，尋鞠實。又以葉爾羌年滿筆帖式珠爾罕安遞呈文，訐告參贊大臣圖明額等放缺徇私一案，訊係虛誣。均按治如律。

15. 二十三年…六月，以違例奏請補運判員缺，降二級留任。七月議覆御史田潤奏請團練鄉兵，疏陳平時鄉團易滋擾累。上韙其言。

二十三年…六月，以違例奏請補運判員缺，部議降調，上加恩改爲降二級留任。時御史田潤奏請團練鄉兵，以杜後患，而節軍需。上命各督撫體察情形，詳議具奏。七月，壁昌以平時團練鄉兵，易滋擾累，弊端迭出，窒礙難行奏覆。上韙其言。

16. 二十四年…六月…其藤牌一項…必不可少。報聞…尋復諭，以防守事宜能否確有把握，着再行詳議。

二十四年…六月…其藤牌一項…必不可少。曾調各營及滿營兵丁，在署教演，以後廣爲傳習，不難一律精熟。報聞…尋復諭曰：由海入江，水面寬闊，炮隄孤峙江洲，并無依傍，必須水陸各有援應，方能聲勢聯絡。所有五龍山等處修築炮墩炮隄，陸路能否互爲聲援，水路有無船隻，遥爲救應，萬一有警，防守事宜，能否確有把握。着壁昌再行詳議。

17. 二十四年…十一月…查原議操巡兵三千二百八十五名…輪流更替。逢閏月…後半月，以下月兵豫巡，仍照巡洋章程…

二十四年…十一月…查原議操巡兵三千二百八十五名…輪流更替。其兩起巡兵二千一百九十名，每名每日加給口糧銀四分，每年統計銀三萬一千五百有奇。除淮綱每年捐備三萬兩外，其不敷銀，在節省水師馬乾項下動撥。逢閏月…後半月，以下月之兵豫巡，加給銀兩，亦在節省項下動撥，仍照巡洋章程…

18. 二十六年八月，以…奏請借款修築。從之。

二十六年八月，以…奏請借款修築。十月，以江淮九幫節年截留減歇，懸欠庫項甚多，丁力疲累，請于調濟案內原動各款，提銀生息，以清積欠。均允之。

308

19. 二十七年…十一月，以老病奏請開缺回旗調理。允之。咸豐三年，以粵匪由湖北竄入河南，逼近畿甸，特命爲巡防大臣。

二十七年…十一月，以年老患病，奏請開缺回旗調理。允之。咸豐二年至三年六月，兩次捐備軍餉。九月，以粵匪由楚竄豫，逼近畿甸，特命爲巡防大臣。

20. 尋賜祭葬，予諡勤襄。子恒福，直隸總督，自有傳。同福，候補筆帖式。孫錫佩，四川川東道。錫璋，理藩院員外郎。錫珍，通政使司通政使。

尋賜祭葬，予諡勤襄。子恒福，山西巡撫。孫錫佩，賞員外郎，分吏部。錫璋，賞主事，分理藩院。

比勘發現，《清國史·壁昌列傳》所載較《壁勤襄公列傳》某些句子表述更爲簡潔，亦有少許刪減。《壁勤襄公列傳》爲清國史館編纂成書無疑，可以斷定爲同一種書不同時期的兩種版本。

二者關于壁昌的子孫及官職記述不盡相同。《壁勤襄公列傳》中祇記載了子恒福，孫錫佩、錫璋，并且所記其官職爲咸豐七年成書時所任職位。《清國史·壁昌列傳》較其多收錄了子同福、孫錫珍，所記官職乃是截至成書時他們的最高職位。通過書中對其孫錫珍"通政使司通政使"的記載，可以推斷出其成書大致時間。經查，《清實錄·德宗景皇帝實錄》卷四九，光緒三年（1877）三月二十四日記："以詹事府詹事錫珍爲通政使司通政使。"卷八六，光緒五年（1879）正月二十三日記："通政使司通政使錫珍爲理藩院右侍郎。"⑤由此可知錫珍擔任通政使司通政使一職的時間爲光緒三年三月二十四日至光緒五年正月二十三日。那麼《清國史》中收錄的《壁昌列傳》應是此段時間内在原有的列傳内容基礎上進行刪減修改，并將其子孫信息更新完善後形成的版本。而國家圖書館藏《壁勤襄公列傳》則是先于它成書，爲咸豐七年清國史館編纂的進呈本無疑。

國家圖書館還收藏有一部漢文抄本《葉爾羌參贊大臣壁昌履歷》。該書記事始于壁昌由筆帖式分工部行走，嘉慶九年（1804）四月補缺，直至道光二十九年（1849）因患病奏請開缺，奉上諭准其開缺回旗調理。全書祇記某年某月壁昌因何事升降職位，是一本簡單的履歷冊，并未對其所歷重大事件展開叙述。相較而言，《壁勤襄公列傳》記事時間截至咸豐四年，完整記錄了壁昌的一生，并且記事更加豐富具體。

三、《壁勤襄公列傳》與《清實錄》相關記載

有清一代，國史館編纂列傳多會用到相關奏摺、上諭、實錄、官員履歷冊以及徵調各衙門相關文書等官方材料，所纂内容相對客觀、公正。《壁勤襄公列傳》成書于壁昌去世後三年，并且爲清國史館所編進呈本，故而此書所記内容的準確性及完整性相對較高。因其編纂過程中參看實錄内容，但不局限于實錄，故而二者所錄相關内容不完全一致。此書與《清實錄》亦可參勘。在《清實錄》中關于壁昌有200餘相關條目，而最早的一條是《宣宗成皇帝實錄》卷一三二，道光八年（1828）正月二十六日的記載，而《壁勤襄公列傳》記事時間始于嘉慶九年，那麼嘉慶九年至道光七年（1827）

之間的相關內容實錄中皆沒有體現。通過比對，《壁勤襄公列傳》中有 41 條是實錄中所未載者。以下據該書對壁昌一生進行詳細梳理，并將實錄中有相關條目者加以注明：

嘉慶朝：

九年，授職工部筆帖式。

十二年，京察一等。

十四年，保送知縣，得旨記名。

十五年，京察一等，記名以同知通判用。

十七年，選授河南陽武縣知縣。

十八年，以滑縣教匪事平，辦理糧臺出力，賞戴藍翎。

二十一年，調孟縣，旋以回避歸德府知府胞兄奎昌，調直隸候補。

二十二年，丁母憂回旗。

二十三年，仍任工部筆帖式。

道光朝：

元年，丁父憂。

三年，服闋，赴直隸候補。

四年正月，署多倫諾爾理事同知。

四年七月，補棗強縣知縣。

四年十月，升開州知州。

六年七月，以籌辦大名等處賑務周妥，經直隸總督那彥成保奏，賞加知府銜。

六年十二月，升天津府知府。

七年正月，調大名府。

七年十一月，以回疆平定，隨欽差大臣那彥成往喀什噶爾辦理善後事宜（《宣宗成皇帝實錄》卷一三二，道光八年正月二十六日有記。以下括號中省略《宣宗成皇帝實錄》）。

七年十二月，以前在大名府任內緝捕出力，下部議敘。

九年正月，賞頭等侍衛，署葉爾羌辦事大臣（卷一五〇，道光九年正月二十六日有記）。

九年二月，回疆善後事竣，經那彥成以尤為出力保奏，賞換花翎。

九年七月，奏請于黑色熱巴特地方添設軍臺。允之（卷一五八，道光九年七月二十八日有記）。

九年九月，以葉爾羌新開塔塔爾及和沙瓦特一帶勘出百五十餘里地畝，試行墾種有效，安插窮苦回戶，奏請本年免納地糧…未盡開墾之地，可添移回戶，以次墾種，隨時報增歲賦。得旨：所辦甚好。

九年十月，以葉爾羌新城商賈輻輳，奏請將回城內舊有房基官園，易換新城南關外地基，俾商民等修蓋鋪房。另設市廛，聚族貿易，以便稽查彈壓，房地租息充作公用。得旨允行。

九年十二月，以葉爾羌各處印房額設書吏九名…奏請將九缺一體給予議敘。

得旨允行。旋實授葉爾羌辦事大臣（卷一六三，道光九年十二月二十七日有記）。

十年八月，塔什幹愛曼布魯特別什噶爾糾結浩罕、安集延、愛散等入卡滋事，犯喀什噶爾、英吉沙爾二城，葉爾羌所屬色呼庫勒地方亦有安集延賊匪千餘肆擾，皇上派伊犁參贊大臣容安、烏嚕木齊提督哈豐阿等率兵赴援。璧昌在援兵未至之前妥善安排部署，調度有方，援兵未到，即獲全勝，加恩賞給副都統銜。九月，西路英吉沙爾所屬黑孜爾莊及西南、東北兩路均有賊匪屯聚，復以添派兵回，嚴密防堵。上以所辦周妥嘉之。十月，補鑲黃旗漢軍副都統。時賊匪復勾結朵蘭回子在葉爾羌附近擄掠，并聚騎步賊六七千人，于東北之內亮噶爾屯扎，進撲回城。璧昌調度有方，以八百餘名兵民迎敵，以少勝眾。皇帝賞其白玉烟壺、搬指、大小荷包，仍交部從優議敘。又奏賊眾數百人由黑色熱巴特軍臺地方東犯，派官兵迎頭擊敗之。十一月，西路科科熱巴特軍營有賊千餘騎，自英吉沙爾前來撲擾，犯回漢兩城，均經璧昌派官兵擊退。賊尤屯西南附近回莊，適提督哈豐阿等已帶兵抵境，璧昌與之配合殲敵。十二月，以英吉沙爾、喀什噶爾被圍日久，糧料缺乏，將葉爾羌存備糧石，奏請動用，并進行采買以協濟口糧，二城旋即解圍（卷一七三至卷一八二，道光十年九月三日至十二月二十日關於此次剿匪有相關記載）。

十一年二月，調喀什噶爾參贊大臣（卷一八四，道光十一年二月二十五日有記）。

十一年三月，以葉爾羌、和闐出力回戶，應交本年糧賦，奏請分別豁免。允之。

十一年九月，奏籌各城善後事宜，與揚威將軍長齡共同詳議喀什噶爾屯田章程。上以籌辦妥協，均如所請行（卷一九七，道光十一年九月二十九日有記）。

十二年七月，和闐塔瓦克糾眾謀逆，璧昌審明後，將塔瓦克等二十一犯按律治罪并梟示和闐（卷二一五，道光十二年七月十一日有記）。

十二年九月，以前經長齡等奏准，移喀什噶爾參贊大臣，駐葉爾羌，總理回疆事務，至是善後事竣，遵旨移往。

十二年十月，以陳遞賀折，擅發四百里，部議降一級調用。召來京，暫停開缺（卷二二三，道光十二年十月七日有記）。先是奏籌善後事宜，以巴爾楚克新設防兵三千名，到防時，城堡尚未修竣，請將先到之一千名，留駐巴爾楚克，餘二千名，暫分駐葉爾羌、喀什噶爾，俟修城完工，再行遷駐（卷二一七，道光十二年八月十四日有記）。

十二年十一月，奏請將暫駐葉爾羌、喀什噶爾二城之巴爾楚克防兵各一千名，即作爲該二城防額，毋庸再議遷駐。以及巴爾楚克、喀什噶爾、葉爾羌防兵的具體相關事宜。二城回戶眾多，計每年額徵糧石，改徵小麥支給，有贏無絀。疏入，下大學士、軍機大臣議行。

十三年正月，以葉爾羌、喀什噶爾、英吉沙爾三城秋收歉薄，奏請緩徵零星回戶。允之。

十三年七月，遵旨來京。前議降調，加恩改爲降二級留任。旋署鑲藍旗蒙古副都統（卷二四一，道光十三年七月二十一日有記）。

十四年二月，署正黃旗漢軍副都統（卷二四九，道光十四年二月六日有記），充烏什辦事大臣（卷二四九，道光十四年二月二十一日有記）。

十四年九月，調甘肅涼州副都統（卷二五七，道光十四年九月二十四日有記）。

十七年，命以副都統銜充阿克蘇辦事大臣（卷三〇三，道光十七年十一月十六日有記）。

十八年，授正白旗蒙古副都統（卷三〇七，道光十八年三月十二日有記）。

二十年三月，升察哈爾都統（卷三三二，道光二十年三月二十一日有記）。

二十年六月，以保奏阿克蘇糧餉章京那清阿，有心含混，上命降三品頂帶，仍改爲降五級留任。

二十年十二月，賞都統銜，充伊犁參贊大臣（卷三四二，道光二十年十二月十二日有記）。

二十一年，偕將軍布彥泰奏伊犁三道灣續墾地畝，共交三色糧二萬四千石，請將承辦監工各員鼓勵。

二十二年正月，偕布彥泰遵旨將領隊大臣佛麟與已革署庫爾喀拉烏蘇糧員德慶，互相揭控各案，訊明奏結。

二十二年三月，授陝西巡撫（卷三六九，道光二十二年三月二十七日有記）。

二十二年四月，以烏什辦事大臣瑞元等奏劾城守營都司徐慶元在營放債，勒扣名糧，上命璧昌于阿克蘇偕烏魯木齊都統惠吉提訊，尋鞫實（卷三七〇，道光二十二年四月四日有記）。又以葉爾羌年滿筆帖式珠爾罕妄遞呈文，訐告參贊大臣圖明額等放缺徇私一案，訊係虛誣。均按治如律（卷三七二，道光二十二年五月五日有記）。

二十二年九月，擢福州將軍（卷三八一，道光二十二年九月二十九日有記）。命順道查核陝西西路驛站情形（卷三八〇，道光二十二年九月一日有記）。復以渭南縣已革武進士禹元魁京控狡展，遵旨按訊，懲辦如律（卷三八二，道光二十二年十月八日有記）。

二十三年正月，入覲。旋赴閩任。

二十三年三月，命署兩江總督（卷三九〇，道光二十三年三月七日有記）。

二十三年五月，奏請修築寶山縣大石塘等處。又請于福山地方添設水師總兵一員，以福山原設弁兵爲中營中軍，改蘇松鎮奇兵營弁兵爲左營，楊舍營陸路弁兵爲右營，以資防禦。均允之（卷三九二，道光二十三年五月十三日有記）。

二十三年六月，以違例奏請補運判員缺，部議降調。上加恩改爲降二級留任。

二十三年七月，璧昌以平時團練鄉兵，易滋擾累，弊端迭出，窒礙難行奏覆。上韙其言（卷三九四，道光二十三年七月二十九日有記）。

二十三年閏七月，遵旨議嚴江防。奏請試造閘頭舢板船隻。安設母炮四尊，子炮二十個，劈山炮二尊，紅彝炮二尊，分布頭尾四角，并令各營水師弁兵常川駕演。如所議行（卷三九五，道光二十三年閏七月七日有記）。

二十三年十一月，以江蘇沭陽等處被水旱灾，請分別蠲緩給賑。允之。

二十四年正月，命回福州將軍任。

二十四年二月，復署兩江總督（卷四〇二，道光二十四年二月一日有記）。

二十四年四月，奏校閱省標各營官兵技藝，略言⋯嗣後按期以五炮爲聯，每炮以三人輪替施放，中者賞，空者懲責，如此練熟，則于江南地方，田埂小路，分合可用。諭曰：此係人所未講者，汝能見到，甚好，加以長槍隨護尤妙。其酌之。又奏請遷建修理京口右營火藥局。允之。

二十四年五月，上諭壁昌，應如何分別演練抬炮、藤牌，以期習熟。究竟藤牌一項，臨陣能否適用，着妥議具奏（卷四〇五，道光二十四年五月三日有記）。

二十四年六月，針對上諭覆奏，說明了抬炮、藤牌臨陣利弊及如何改進、訓練。尋因違例奏請調署華亭縣缺，下部議處。又奏請于五龍北固兩山及圌山關、鵝鼻嘴等處建造炮墩炮隄，以資防禦。得旨照議妥辦。尋復諭曰：⋯所有五龍山等處修築炮墩炮隄，陸路能否互爲聲援，水路有無船隻，遥爲救應，萬一有警，防守事宜，能否確有把握。着壁昌再行詳議（卷四〇七，道光二十四年七月五日有記）。

二十四年七月，遵旨將各處築隄安炮，責成各營員督兵演習，并于炮隄後派陸路營汛官兵，各就毗連汛地接應，詳晰議定各條覆奏。復諭曰：所議甚爲周妥，俱着照議辦理。

二十四年八月，以江廣漕船抵龍江關，稅局查驗，辦理不善，部議降一級留任（卷四百八，道光二十四年八月二十五日有記）。

二十四年十月，御史劉良駒以淮北改行票鹽，着有成效，奏請推廣于淮南試行，再推及江西、湖廣。壁昌遵旨議奏，認爲淮南之地不適合改行票鹽。

二十四年十一月，復查奏瀕江港口及沿江形勢，分別籌防，并添築炮隄各事宜。亦得旨允行。又奏籌變通水師操巡章程。時御史江鴻升奏請飭水師精選弁兵巡洋，于各省交界處會哨，并添弁兵前往練習。上命各督撫查核情形議奏。壁昌奏言：江南洋面東與浙江，北與山東連界，西爲吳淞口岸，每年梭織巡哨，舊章尚屬周密，應請毋庸另議。允之。

二十四年十二月，實授兩江總督（卷四一二，道光二十四年十二月十四日有記）。

二十五年，以京口營拿獲盜犯，解至丹徒被奪，傷斃弁兵，部議降一級留任（卷四一九，道光二十五年七月十四日有記）。

二十六年八月，以江蘇海州等境內六塘河并薔薇河，淤墊冲缺，田疇受淹，奏請借款修築。

二十六年十月，以江淮九幫節年截留減歇，懸欠庫項甚多，丁力疲累，請于調濟案內原動各款，提銀生息，以清積欠。均允之（卷四三五，道光二十六年十月二十四日有記）。

二十七年三月，入覲。命留京。充內大臣。管理健銳營事務（卷四四〇，道光二十七年三月十六日有記）。

二十七年四月，七秩生辰，御書福壽字及文綺珍物賜之，并賜紫禁城騎馬（卷四四一，道光二十七年四月五日有記）。

二十七年六月，復授福州將軍（卷四四三，道光二十七年六月二十九日有記）。

二十七年十月，奏查閩海關稅課短絀…復奏請于二十七年所徵夷稅銀二萬九千餘兩內，撥出兩萬五千兩，作爲定數，以補常稅。即自二十七年爲始，按年撥補，再有不敷，着落管關之員賠繳。下部議行。

二十七年十一月，以年老患病，奏請開缺回旗調理。允之。

咸豐朝：

二年至三年六月，兩次捐備軍餉。

三年九月，以粵匪由楚竄豫，逼近畿甸，特命爲巡防大臣（《文宗顯皇帝實錄》卷一〇五，咸豐三年九月九日有記），管理火器營事務（《文宗顯皇帝實錄》卷一〇五，咸豐三年九月十日有記）。旋遵旨進所撰《兵武聞見錄》稿本。

四年，以舊疾加劇，陳請休致。上溫諭留之。旋卒。⑥

縱觀上述材料，壁昌履職經歷脉絡清晰，時間、地點具體，大體任職爲：工部筆帖式—河南陽武縣知縣—署多倫諾爾理事同知—棗强縣知縣—開州知州—天津府知府—大名府知府—葉爾羌辦事大臣—喀什噶爾參贊大臣—葉爾羌參贊大臣（據清實錄補充而來）—署鑲藍旗蒙古副都統—署正黃旗漢軍副都統，充烏什辦事大臣—甘肅涼州副都統—以副都統銜充阿克蘇辦事大臣—正白旗蒙古副都統—察哈爾都統，充伊犁參贊大臣—陝西巡撫—福州將軍—兩江總督—充內大臣，管理健銳營事務—復授福州將軍—巡防大臣，管理火器營事務。

壁昌雖一生任職經歷雖豐富，但多數職位在職時限較短，任職時間最長的是在新疆。壁昌初入新疆是道光七年十一月，“以回疆平定，隨欽差大臣那彥成往喀什噶爾辦理善後事宜”。後因在善後事宜上尤爲出力，賞換花翎。在新疆期間壁昌歷任各城大臣，在軍事管理及民生發展上都有所建樹。

在軍事上，最爲著名的便是葉爾羌保衛戰。綜合以上資料可見此役前後經過：道光十年（1830），塔什幹愛曼布魯特別什噶爾糾結浩罕、安集延、愛散等入卡滋事，犯喀什噶爾、英吉沙爾二城。葉爾羌所屬色呼庫勒地方亦有安集延賊匪千餘肆擾。皇上派伊犁參贊大臣容安、烏魯木齊提督哈豐阿等率兵赴援。時任葉爾羌辦事大臣的壁昌在援兵未至前妥善部署，團結各族軍民。援兵未到，即獲全勝。後賊衆又多次勾結撲擾，壁昌帶領各族兵民迎敵，以少勝多，與清朝援兵配合殲敵，取得葉爾羌保衛戰的最終勝利，深受皇帝嘉許。其優秀的軍事才能及良好的兵民基礎展現無遺。關於守邊作戰，壁昌曾撰寫《葉爾羌守城紀略》及《守邊輯要》，充分闡釋了他的作戰思想。

在多次戰爭中，壁昌能够團結各族群衆進行作戰、有堅實的群衆基礎，除了其自身的軍事才能外，還得益于他的父親和瑛。《清史稿·和瑛傳》載，和瑛"久任邊職，有惠政。後其子壁昌治回疆，回部猶歸心焉"⑦。上引壁昌傳載："壁昌有吏才，以父久官西陲，熟諳情勢，事多倚辦。"可相印證。和瑛在新疆爲官期間深得民心，爲壁昌打下了堅實的群衆基礎。在民生方面，壁昌試行墾種，安插窮苦回户；另設市廛，聚族貿易，管理井井有條。

壁昌另外任職較重的部分在南方。1842年九月擢福州將軍，1843年三月署兩江總督，1844年正月命回福州將軍任，1844年二月復署兩江總督，1844年十二月實授兩江總督，1847年三月入覲留京，充内大臣，1847年六月復授福州將軍，1847年十一月年老患病回旗。在這約五年的時間中壁昌在福州將軍、兩江總督之間游走，對于當地的軍政、鹽政都有自己的見解。

壁昌認爲平時團練鄉兵，易滋擾累，窒礙難行；奏請試選闊頭舢板船隻，安設各種炮，并令各營水師弁兵駕演；設計如何施炮；針對抬炮、藤牌臨陣弊端及如何改進、訓練進行分析。可見壁昌不墨守成規，注重江防，注重兵弁平時的實際操練，不空談。

在鹽政方面，當時御史劉良駒以淮北改行票鹽，卓有成效，奏請推廣于淮南試行，再推及江西、湖廣。道光二十四年（1844），壁昌遵旨議奏，認爲淮南之地不適合改行票鹽。壁昌在鹽政思想上相對保守，并未進行大刀闊斧的改革，在其任内淮南鹽政并無起色，頹勢愈顯。道光三十年，兩江總督兼兩淮鹽政陸建瀛仿照淮北推行的票鹽法，在淮南進行鹽政改革，并取得了顯著成效。雖然淮南票鹽改革推行不久，即爆發了太平天國起義，鹽運遭到重創，但不可否認的是陸建瀛在淮南施行的票鹽改革是正確之舉。

四、《壁勤襄公列傳》價值

此部滿漢合集《壁勤襄公列傳》，首先從版本上看，乃咸豐七年清國史館編纂而成進呈御覽的精抄本，完整保留了進呈本的原貌，以"〇"作爲斷句符號，抬格規範，版式典雅。并且除了漢文本外，還有與其内容一致的滿文本，形制完整。

從内容上看，該書應是最爲詳細且系統地展現了壁昌的生平，對于研究壁昌本人及其參與過的歷史事件都是不可多得的史料。

《壁勤襄公列傳》與《清史稿》中對壁昌的記載大體一致，但《清史稿》中保留的是其一生中比較突出的履歷，一些任職時間短，在任期間没有大事發生者并未收録，并且《清史稿》叙事高度概括，未具體展開表述。《壁勤襄公列傳》和《清實録》可補此不足，三者還可相互印證，糾正錯漏。如《清史稿》中記："（道光）十一年，擢參贊大臣，改駐葉爾羌，遂專回疆全局。"在上文梳理中可見，道光十一年（1831）二月，壁昌調喀什噶爾參贊大臣。道光十二年（1832）九月，以前經長齡等奏准移喀什噶爾參贊大臣，駐葉爾羌，總理回疆事務，至是善後事竣，遵旨移往。如果祇是看到這裏，那麼《清史稿》中道光十一年擢參贊大臣指的是喀什噶爾參贊大臣，但直至道光十二年九月方赴任，駐葉爾羌。然而通過查閱《清實録》，我們可以發現，道光十一年十月十一日："調喀什噶爾參贊大臣壁昌爲葉爾羌參贊大臣。"之後又多次出現壁昌爲葉爾羌參贊大臣的相關條目，例如道光十二年二月二十三日："壁昌係葉爾羌參贊大臣，有總理八城之任。"可見《壁勤襄公列傳》中缺漏了壁昌由喀什噶爾參贊大臣調爲葉爾羌參贊大臣這一重要信息，那麼《清史稿》中道光十一年，擢參贊大臣，改駐葉爾羌，是指道光十一年二月調爲喀什噶爾參贊大臣，亦或是十一年十月調爲葉爾羌參贊大臣，此處就産生了歧義。三種史料互爲補充、互爲印證的作用即顯現出來。

通過《壁勤襄公列傳》還可以瞭解壁昌後人情況。壁昌去世後，"尋賜祭葬，予諡勤襄，子恒福山西巡撫。孫錫佩賞員外郎，分吏部。錫璋賞主事，分理藩院"⑧。而《清史稿》中記："子恒福，直隸總督。孫錫珍，同治七年進士，由翰林院編修歷官吏部尚書。"二者所載其子恒福官職有出入，究其緣由，乃因《壁勤襄公列傳》成書時間爲咸豐七年，而其子恒福咸豐九年纔升直隸總督，故而兩書記載其官職不同。壁昌孫在《壁勤襄公列傳》中有錫佩、錫璋兩人，而《清史稿》中其孫祇記錫珍一人。蓋因《壁勤襄公列傳》中祇記其長子恒福及恒福之子，而錫珍父親同福乃壁昌第二子，故而此書未載，而《清史稿》中應是擇其有成就者録之。錫珍同治七年（1868）中進士，官至吏部尚書，故而得以載入。另，上文總結過《清國史》中《壁昌列傳》關于壁昌子孫的記載，與以上兩部書還不盡相同，三書對看，可互爲補充。

通過《壁勤襄公列傳》可以對壁昌的生年進行考證確認。關于壁昌的生年，或言生年不詳，或言生年爲1795年，或言爲1778年，不一而足。據《壁勤襄公列傳》記載：道光二十七年（1847）四月七秩生辰，御書福壽字及文綺珍物賜之，并賜紫禁城騎馬。由此回推，壁昌生年應是乾隆四十三年（1778），卒年爲咸豐四年（1854），享年77歲。另有兩份檔案可推斷壁昌生年，與此1778年的推斷相印證。《清代官員履歷檔案全編》載，嘉慶十七年（1812）"奴才壁昌，鑲黄旗蒙古俸泰佐領下監生，年三十五歲"⑨。依此回推，壁昌生年爲1778年。《道光十二年至宣統三年王公大臣年歲生日表》載：壁昌道光二十三年六十六歲，生日：六月二十日⑩。依此回推，壁昌生年爲1778年無誤。然該檔案記其生日爲六月二十日則是錯誤的，其注釋中提到道光二十四年以後生日單均記爲四月初五日應該正確。"道光二十七年四月七秩生辰"，可與生日單中四月初五日相互印證。至此可最終確定壁昌的出生年月日爲乾隆四十三年四月初五。另，《清實録》道光二十七年四月五日記載："命内大臣壁昌在紫禁城内騎馬。"此處并未説明爲何命其紫禁城騎馬，通過對照《壁勤襄公列傳》可知這是壁昌七秩生辰得到的賞賜，而《清實録》中此條的時間正是四月五日，印證了其生日爲四月初五。

壁昌一生根據其豐富的實戰經驗，著有《兵武聞見録》《葉爾羌守城紀略》等書，書中内容皆源于實踐。其《兵武聞見録》在《壁勤襄公列傳》中有載："（咸豐）三年九月，以粤匪由楚竄豫，逼近畿甸，特命爲巡防大臣，管理火器營事務。旋遵旨進所撰《兵武聞見録》稿本。"

不過，《壁勤襄公列傳》雖記述詳細，但亦有不載之處。《林則徐致楊以增書札（上）》⑪中第三通書札記云："壁星泉請覲已准，其摺所叙直似乞休。"此處"壁星泉"

即爲璧昌。該第三通書札乃道光二十六年（1846）十月二十八日書，所記爲二十六年十月間發生之事，説明璧昌于道光二十六年十月間請覲乞休已准，但在《璧勤襄公列傳》中璧昌于道光二十七年三月纔得以入覲，請求覲見和實際得以入覲約間隔五個月的時間。并且璧昌覲見的目的應該是"乞休"，而入覲後，璧昌并沒有成功辭去官職，而是命留京，充内大臣，管理健鋭營事務。并于同年六月，復授福州將軍，直至同年十一月以年老患病，奏請開缺回旗調理。之後咸豐三年（1853）九月以粤匪由楚竄豫，逼近畿甸，特命爲巡防大臣，管理火器營事務。咸豐四年，以舊疾加劇，陳請休致，上温諭留之，旋卒。可見從道光二十六年十月時璧昌就有辭去官職之意，至二十七年十一月准許其回旗。咸豐三年又因太平天國起義，璧昌再次被啓用，然咸豐四年即去世。可見璧昌爲清廷鞠躬盡瘁到生命的最後一刻，亦可見清廷對其重用及肯定。

注釋：

① 《清史稿》卷三六八列傳一五五，中華書局，1977 年，11485—11487 頁。

② 《璧勤襄公列傳》，國家圖書館藏。該書未標注葉碼。

③ 《清國史》，中華書局，1993 年，影印説明第一頁。

④ 同上。

⑤ 《清實録·德宗景皇帝實録》，中華書局，1987 年，52 册 685 頁，53 册 306 頁。

⑥ 據國家圖書館藏《璧勤襄公列傳》梳理而得。

⑦ 《清史稿》卷三五三列傳一四〇，11284 頁。

⑧ 同注②。

⑨ 秦國經主編：《清代官員履歷檔案全編》，華東師範大學出版社，1997 年，24 册 678 頁。

⑩ 張波、趙玉敏整理：《道光十二年至宣統三年王公大臣年歲生日表》，《歷史檔案》2010 年第 2 期，17 頁。文中于此條注釋云："璧昌，魏秀梅《清季職官年表》記爲璧昌。道光二十四年以後生日單均記爲四月初五日。"

⑪ 駱偉、徐瑛輯注：《林則徐致楊以增書札（上）》，《文獻》1981 年 01 期，105 頁。文中第三通書札的注釋："此信應爲道光二十六年十月二十八日書。信中所言官場升遷，皆爲道光二十六年十月間事。"

（作者單位：國家圖書館古籍館）

1949—2021 年全國新編藏文古籍目録綜述

王建海

内容提要： 1949—2021 年間，國内新編藏文古籍目録 136 種。具體包括佛典目録、文集目録、藏醫藥等專科目録、單位或地區收藏目録等綜合目録四大類。其中用藏文編成的目録 61 種，用漢文編成的目録 21 種，藏、漢對照目録 51 種，藏、漢、英對照目録 3 種。2000 年以前僅有 32 種，2000 年至今多達 104 種。藏文古籍目録編纂在覆蓋面和質量方面需要采取措施加强。

關鍵詞： 藏文古籍　目録　編纂　出版　綜述

藏文古籍目録編纂是藏文古籍整理工作的重要組成部分，也是藏學研究的一項基礎工作。1949 年以來，特別是 20 世紀 80 年代以來，藏文古籍整理工作得到了較大發展，與此同時，各類藏文古籍目録也陸續整理出版。這些目録，爲揭示藏文古籍文獻提供了重要路徑。這些目録方面的工作需要全面梳理，王偉光《建國以來國内藏文文獻目録研究綜述》[①]、索南多杰《當代藏文文獻目録學研究綜述》[②]等文對相關目録略有述及，但僅提及部分相關書名，或略作簡介，并未做深入全面的梳理總結。并且上述文章發表後，又有不少新的目録問世，故對這一階段新編藏文古籍目録之成績進行梳理，實屬必要。本文將 70 年來所編藏文古籍目録粗分爲佛典目録、文集目録、專科目録、綜合目録四大類，綜述如下。

一、佛典目録

佛教典籍是藏文古籍中的大宗，歷來備受重視。直到今天，藏文佛典目録特別是其中的《甘珠爾》（bkav vgyur）、《丹珠爾》（bstan vgyur），即"大藏經"相關目録之編纂依然方興未艾。

（一）甘珠爾目録

甘珠爾，是藏文大藏經中的佛語部分，"甘"意爲佛語，"珠爾"意爲翻譯，合起來就是翻譯成藏文的佛語，即佛經。經過歷代藏族學者的努力結集、編纂，形成了多種抄本和刻本《甘珠爾》，各版所收文獻在一千種左右。

2004 年 7 月，青海民族出版社出版的董多杰（vdo ba rdo rje rab brtan）編譯藏漢合璧《大藏經〈甘珠爾〉目録》（rgyal bavi bkav vgyur la bde blag tu vjug pavi dkar chag gsal bavi me long）③，是新編《甘珠爾》目録中較早問世的一部。該目録主要以德格版爲基礎編譯而成，收目 1108 種，分爲律部、般若部、華嚴部、寶積部等 9 大類。著録藏文題名、責任者、所在頁碼、漢文題名、責任者等項。

2006 年 10 月，土登江村（thub bstan vjam dbyangs legs bshad bstan pavi rgyal mtshan）《舊譯法藏編纂史·如意寶庫》④（snga vgyur bkav mavi bzhugs byang yid bzhin rin po chevi mdzod）由四川民族出版社出版。該書是新編舊譯佛經之目録，全書凡七章，其中第七章爲目録部分。著録經論數目不詳，每種僅著録題名及葉數。

2008 年 9 月，中國藏學研究中心《大藏經》對勘局編著《中華大藏經〈甘珠爾〉對勘本總目録》（bkav vgyur dpe bsdur mavi dkar chag chen mo）由中國藏學出版社出版。共收經目 1142 種，著録編號、題名、著者、譯者、附注等項，有的甚至著録校訂者、翻譯地點、翻譯時間等。

2014 年 12 月，由民族出版社出版的西道草（phyag rdor vtsho）編《藏文大藏經〈甘珠爾〉目録》（rgyal bavi bkav vgyur la bde blag tu vjug pavi dkar chag kun gsal me long），是以甘肅民族師範學院圖書館藏拉薩雪版藏文《甘珠爾》爲基礎編製而成。全書分爲律部、大般若經、兩萬頌、八千頌等 12 類，各類下按藏文字母排序，著録函號（版本）、葉數、種數、題名、譯者、校訂者等項。

2018 年 10 月，普窮次仁（bu chung tshe ring）《西藏大藏經甘珠爾五種版本校勘目録》（rgyal bavi bkav vgyur rin po che dpar ma lngavi gshib bsdur dkar chag）由西藏藏文古籍出版社出版。這是一部那塘版、北京版、德格版、卓尼版、拉薩版 5 種版本《甘珠爾》的對勘目録。分爲律部、般若部、大方廣部、大寶積經等 14 類，共收經目 1108 種。

（二）丹珠爾目録

丹珠爾，是藏文大藏經中的論疏部分，"丹"意爲論，"珠爾"意爲翻譯，合起來就是翻譯成藏文的論典。歷史上形成了各種抄本、木刻本《丹珠爾》，各版所收書目不盡相同。

在新編《丹珠爾》目録中，《現代佛學》1953 年第 2、3 期發表的林志鈞漢文《藏譯印度佛學論著録目（1）（2）》，是 1949 年後面世的丹珠爾目録中最早的一部，也可能是 1949 年後編纂出版的各類藏文古籍目録中的第一部。分爲般若類、中觀類、經疏類等 13 類，收目 601 種，每種僅著録題名及著者。

2004 年 12 月，由民族出版社出版的昂翁洛布（ngag dbang nor bu）《金汁寫本丹珠爾目録》（mi dbang po lha bavi gser bris bstan vgyur srid zhivi rgyan gcig gi dkar cha），是根據 1734 年左右頗羅鼐出資抄寫的金汁寫本丹珠爾⑤編纂成書。其目録分爲 41 類，共收目 3934 條，著録題名、著者、譯者、葉數，個別尚著録譯書時間、地點等項。

2007 年 12 月，中國藏學研究中心《大藏經》對勘局所編《中華大藏經〈丹珠爾〉對勘本總目録（上下）》（bstan vgyur dpe bsdur mavi dkar chag chen mo）由中國藏學出版社出版，共收目 3700 種，分爲禮贊、内明、因明、聲明、醫方明、工巧明等 10 類。著録編號、題名、著者、譯者、附注等項，有的還著録校訂者、翻譯地點、翻譯時間等。

2010 年 7 月，董多杰編譯《大藏經〈丹珠爾〉目録》（bstan vgyur dkar chag bod rgya shan sbyar）藏漢對照本由青海民族出版社出版。收目 3468 條，係以德格版藏文《丹珠爾》爲基礎編譯而成。著録編號、篇目、頁數、著者、譯者、校訂者等項。書後附有《大藏經〈丹珠爾〉目録統計表》。

2016 年 7 月，中國佛教協會西藏分會編《丹珠爾拉薩版目録》（rgyal bavi bstan vgyur lha sa dpar mavi dkar chag）由西藏人民出版社出版，收目 4395 條。分爲續部和經部兩大類，在《丹珠爾》總分類及其藏文編號之下以表格形式著録，著録法部編號、題名、著者、譯者、起訖頁碼等項。

（三）甘丹目録

所謂甘丹目録，是指把《甘珠爾》《丹珠爾》目録合編爲一書者。1983 年，甘南藏族自治州編譯局以内部資料形式編印的《歷代藏族譯師譯著目録》（gangs ljongs skad gnyis smara ba du mavi vgyur byang blo gsal dgav skyed）⑥，是一部較早的甘丹目録。全書共著録土彌桑布扎等 265 家歷代藏族翻譯家的譯著目録，以及甘珠爾、丹珠爾中無譯者的部分。目録按譯師名排列，其下著録所譯經名、卷數（偈頌數）、譯者等信息。大致按先《甘珠爾》後《丹珠爾》順序。

1993 年 12 月，黄顯銘編譯的《藏漢對照西藏大藏經總目録》（bkav vgyur dkar chag bod rgya shan abyar）由青海民族出版社出版。該目録以日本《西藏大藏經總目録》⑦一書爲基礎，做了一些拾遺補缺的工作。共著録書名 3722 部。按藏文字母順序排列，著録藏文題名、漢譯題名、著者/漢譯者幾類，每部藏文書名後面注明其所屬部類。

2018 年 3 月，甘肅民族出版社出版董多杰編《藏文〈大藏經〉總目録》（bkav vgyur dang bstan vgyur gyi spyivi dkar chag）藏漢對照本，是作者此前編纂出版的《大藏經〈甘珠爾〉目録》和《大藏經〈丹珠爾〉目録》的合編本。以德格版藏文大藏經爲基礎，分別將《甘珠爾》目録和《丹珠爾》目録進行編排、歸類和翻譯。

（四）續部目録

2000 年 7 月，土登曲達（thub bstan chos dar）編著的《寧瑪續部目録明鏡》（rnying ma rgyud vbum gyi dkar chag gsal bavi me long）由民族出版社出版。全書凡六章，即《寧瑪十萬續》介紹、德格女土司所修《寧瑪十萬續》介紹、德格版《寧瑪十萬續》簡目、德格版《寧瑪十萬續》廣目、晋美林巴所修《寧瑪十萬續》介紹、晋美林巴所修《寧瑪十萬續》法部目録。2009 年 11 月，民族出版社又出版了作者對該書的改編本《倉扎寧瑪續部目録》（mtshams brag rnying ma rgyud vbum gyi dkar chag gsal bavi me long）。全書分三個部分，即寧瑪續部之介紹、倉扎寧瑪續部之簡目、倉扎寧瑪續部詳目。簡目部分每條著録題名、責任者、葉數；詳目部分每條著録梵文題名、藏文題名、品數、譯跋、葉數、附注。

2009 年 11 月，嘎瑪德列（karma bde legs）所編《寧瑪續部彙編目録》（snga vgyur rgyud vbum rin po che phyogs sgrig gi dkar chag）由民族出版社出版。此目録是一部多種版本續部目録彙編，包括舊譯續部之産生、德格與倉扎續部之法部比較、倉扎續部補德格續部所缺之目録、毗盧續部補德格續部所缺之目録、丁杰續部補德格續部所缺之目録、毗盧續部之介紹、珠崗頂寺所藏舊譯續部目録、丁杰寺所藏舊譯續部目録、英國所藏舊譯續部目録。

2018 年 8 月，巴多（dpal rdor）《德格印經院館藏寧瑪續部木刻版總目》（sde dgevi rnying ma rgyud vbum gyi dkar chag chen mo）由四川民族出版社出版。共分六章，即舊譯十萬續彙編簡史、善説舊譯寧瑪續部底本之刊印、寧瑪續部之存目詳編、部分章節目録、法部相同和章節相異之表格、按字母順序排列之法部目録。其中，寧瑪續部之存目詳編又分爲阿底瑜伽、阿魯瑜伽、大瑜伽、補闕之續部、德格舊續木刻版目録五個部分。

此外，尚有如下續部目録發表于相關專業期刊。西藏社會科學院藏文參考資料編目小組所編《寧瑪十萬續目録》（rnying ma rgyud vbum gyi dkar chag），發表于《西藏研究》（藏文版）1984 年第 1 期；諾昌・吳堅（nor brang o rgyan）《顯密庫目録——金鑰匙》（mdo rgyud rin po chevi dkar chag gser gyi lde mig）發表于《西藏研究》（藏文版）1988 年第 1 期。

（五）其他佛典目録

1999 年，張慶有《拉卜楞寺藏經樓珍藏密宗典籍總録》發表于《西藏藝術研究》1999 年第 2 期。

2000 年 4 月，德格印經院、甘孜州編譯局所編《德格印經院目録大全（二）——伏藏典籍》（sde dge par khang gi dkar chag zhib rgyas su bkod pa shes byavi sgo vbyed, gter mdzod skor）由中國藏學出版社出版，該目録除收録伏藏典籍細目外，還有蓮花生等歷代伏藏師的簡傳。

百慈藏文古籍研究室編《時輪金剛彙編目録》（dus vkhor phyogs bsgrigs chen movi dkar chag），是百慈藏文古籍研究室編《時輪金剛彙編》的分輯目録，均由西藏藏文古籍出版社出版。先後出版三輯，第一輯（1—20）出版于 2012 年 12 月，收目 167 種。第二輯（21—40）出版于 2014 年 6 月。第三輯（41—60）出版于 2017 年 11 月。

此外，一些專業期刊也發表了相關目録，如王南南、黄維忠《甘肅省博物館所藏敦煌藏文文獻叙録（上）》發表于《中國藏學》2003 年第 4 期；曾雪梅《甘肅省圖書館藏敦煌藏文文獻叙録》發表于《敦煌研究》2003 年第 5 期；傅立誠、楊俊《敦煌市博物館藏古藏文〈大乘無量壽經〉目録（一）（二）》發表于《敦煌學輯刊》2004 年第 2 期、2005 年第 3 期；張延清等《敦煌研究院藏敦煌古藏文寫經叙録》、張耀中《酒泉博物館古藏文〈大乘無量壽經〉叙録》發表于《敦煌研究》2006 年第 3 期；張延清、李毛吉《西北民族大學圖書館藏敦煌藏文文獻叙録》發表于《西藏民族學院學報

（哲學社會科學版）》2012 年第 2 期；新巴·達娃扎西《四川大學博物館藏敦煌古藏文寫經叙録》發表于《敦煌研究》2019 年第 4 期；夏伙根等《重慶中國三峽博物館藏敦煌藏文寫經叙録》發表于《敦煌研究》2021 年第 3 期。

二、文集目録

文集是藏文古籍中重要的文獻類型之一。歷史上許多著名藏族學者的著作，都以文集形式刻版印行，如《薩迦五祖文集》《布頓文集》《宗喀巴文集》等。隨着文獻數量的積纍增多，編纂文集或全集目録便成爲必要。

20 世紀 80 年代以來，藏文古籍之文集目録彙編工作取得了一定成績。民族圖書館所編《藏文典籍目録文集類子目》（mi rigs dpe mdzod khang gi dpe tho las gsung vbum skor gyi dkar chag shes byavi gter mdzod）是這類目録中具有代表性的一部。先後共出版 3 册，上册由四川民族出版社于 1984 年 7 月出版，中册和下册改由民族出版社分別于 1989 年 12 月和 1997 年 3 月出版。收録當時民族圖書館所藏 182 家文集之目録，其中上册收録 54 家，中册 57 家，下册 71 家。全書按作者名字的藏文字母順序排列，著録項包括館藏號、版本、函號、題名、葉數，其中題名、作者以及後附的作者簡介爲藏漢對照著録。此目録之體例，對以後編纂的文集目録多有影響。

1990 年 4 月，西藏自治區文管會布達拉宮文保所編《布達拉宮典籍目録》（gsung vbum dkar chag）由西藏人民出版社出版，收録宗喀巴大師以來格魯派學者文集 201 家。全書按作者名稱排列，先著録宗喀巴大師、歷輩達賴喇嘛、歷輩班禪文集目録，其後按作者出生年代先後排列歷代學者之文集目録，著録編號、題名、葉數，并有《作者小傳》。

1992 年印行的《寧瑪派文集目録》（rnying mavi gsung vbum dkar chag）⑧僅以藏文著録，收 100 家寧瑪派學者文集目録。全書按作者名稱排列，著録編號、題名、葉數，并附《作者小傳》。

1994 年 10 月，德格印經院、甘孜州編譯局編《德格印經院目録大全（一）——文集類細目》（sde dge par khang gi dkar chag zhib rgyas su bkod pa shes byavi sgo vbyed—gsung vbum skor）由中國藏學出版社出版，收録《瑪尼文集目録》《隆欽巴文集目録》和《晋美嶺巴文集目録》3 家文集目録。每家還著録作者小傳、内容提要。其目録部分不僅按函著録每函中的篇目，而且將每篇裏面的章節目録均一一著録，并標明起訖頁碼。

2005 年以來，德格印經院、甘孜州編譯局又陸續在四川民族出版社出版了《德格巴宮——德格印經院藏版目録大全》（sde dge par khang gi dkar chag zhib rgyas su bkod pa shes byavi sgo vbyed），應是 20 世紀以來出版的藏文文集目録中部頭最大的一部。迄今共出版 7 册，全書以藏文著録。其中第一册爲《松贊干布、隆欽巴和吉美領巴文集目録》（dang po，srong btsan sgam po dang kun mkhyen klong chen pa yab sras kyi gsung vbum dkar chag），出版于 2005 年 12 月；第二册爲《〈米旁文集目録〉〈袞瑣文集目録〉》（gnyis pa, mi pham gsung vbum, kun bsod gsung vbum），出版于 2005 年 10 月；第三册爲《道果目録》（gsum pa, gsung ngag rin po che lam vbras bu dang bcas pavi dkar chag），出版于 2005 年 12 月；第四册爲《嘎當、嘎舉和薩迦文集目録》（bzhi pa, bkav gdams dang bkav brgyud sa skya bcas kyi gsung rab skor），出版于 2005 年 5 月；第五册爲《〈修法總彙〉〈協欽文集〉》（lnga pa, sgrub thabs kun btus, zhu chen bkav vbum），出版于 2005 年 5 月；第六册爲《伏藏寶典》（drug pa, gsung rab rin po che zab mo gter gyi mdzod, dkar chag），出版于 2011 年 10 月；第七册爲《索朗生格文集目録》（bdun pa, kun mkhyen bsod nams seng gevi gsung vbum dkar chag），出版于 2010 年 6 月。均著録作者小傳、内容提要、文集目録。其中目録部分不僅按函著録每函中的篇目，而且將每篇裏面的章節目録均一一著録，并標明起訖頁碼。

2005 年 5 月，民族出版社出版何布甲（hor rgyal）等編譯《覺囊派典籍要目》（jo nang dkar chag shel dkar phreng mdzes），收録 15 家文集和部分散集類目録。每個作者文集之細目著録版本（手抄或刻本）、函號、題名、葉數，并附作者小傳。均爲藏漢對照著録；散集類衹著録題名和葉數（部分缺）。

2005 年 8 月，格桑平措（skal bzang phun tshogs）編《西藏社會科學院圖書館館藏藏文文集目録》（bod ljongs spyi tshogs tshan rig khang gi dpe mdzod khang du bzhugs pavi gsung vbum dkar chag）由西藏藏文古籍出版社出版，共收録 58 家文集目録。每家文集下著録館藏編號、文集函號、題名、葉數，每一函後面著録該函總葉數。

百慈藏文古籍研究室（dpal brtsegs bod yig dpe rnying zhib vjug khang）編《嘎當文集目録》（bkav gdams gsung vbum phyogs sgrig gi dkar cha），爲百慈藏文古籍研究室搜集整理、四川民族出版社出版的《嘎當文集》（影印本）分輯目録。第一輯 1—30 卷于 2006 年 5 月出版，收目 128 種。第二輯 31—60 卷于 2007 年 8 月出版，收目 181 種。第三輯 61—90 卷于 2009 年 12 月出版，收目 173 種。第四輯 91—120 卷于 2016 年 1 月出版，收目 83 種。

2008 年 9 月，金巴仁青（vbro sbyin pa）編著的《玉樹地區名人名著録》（yul mdo khams stod kyi mkhas grub brgya rtsavi gsung vbum dkar chag phyogs gcig tu bsgrigs pa dwngs shel me long）由青海民族出版社出版。共收録 96 家文集，每一家文集按函著録，每一種文獻均衹著録題名和起止葉碼，并附作者小傳。2012 年 10 月由西藏藏文古籍出版社出版的《藏傳佛教經典文獻玉樹古籍叢書彙編》（yul mdo khams stod kyi mkhas grub rnam pavi gsung bcud bdud rtsivi thigs phreng）第一卷 "藏文古籍目録"（deb phreng dang po, gsung vbum dkar chag skor），實際上就是《玉樹地區名人名著録》的改編本。其中删去原書中的 6 位作者文集目録，在原書框架中新增 26 位作者文集目録，并在原書基礎上新增一項 "部分俗人學者文集"，含 12 人，均爲現當代學者。2018 年 10 月，西藏藏文古籍出版社出版的金巴仁青著《玉樹藏文古籍目録》（yul mdo khams stod mavi gnav dpevi them byang mi vjig srid pavi rdo ring），亦是上述目録的改編本，共收録 134 家文集目録，著録方式不變。

2013 年 8 月，扎扎編著的《甘南高僧大德及著述目録》由中國藏學出版社出版。

共收錄 23 家文集目錄，撰有每一作者的生平事迹，對每一函古籍內容作了簡單介紹，每種僅以藏漢對照方式著錄題名和葉數（但所有"葉"均誤爲"頁"）。

2013 年 12 月，同波·土登堅參（dom po ba thub bstan rgyal mtshan）所編《布達拉宮館藏格魯派典籍目錄》（pho brang po ta lar bzhugs pavi zhaw ser bstan pavi sgron me rje tsong kha pa chen bos dbus skyes chen dam pa rim byung gi gsung vbum dkar chag）由民族出版社出版。此目錄實際上是前述《布達拉宮典籍目錄》的再版本（衹有一家文集目錄做了替換，其餘完全相同），兹不贅述。

2014 年 10 月，措西僧格桑博（tshogs shul seng ge bzang po）著《扎西洛布丹增文集總目錄》（tshogs shul bla ma nor bu bstan vdzin gyi gsung vbum dkar chag legs bshad nor buvi gter gyi ldevu mig），由中國藏學出版社出版。

2015 年 9 月，西藏自治區圖書館所編《西藏自治區圖書館古籍目錄·文集卷》（bod rang skyong ljongs dpe mdzod khang gi gnav dpevi dkar chag, gsung vbum pod）由國家圖書館出版社出版。收錄西藏自治區圖書館藏藏文古籍中 53 家文集細目 4129 種。目錄以該館館藏索書號爲序編排，采用解題著錄格式，著錄藏漢文題名、責任者、版本、行款，以及附注等項，并附著者小傳。

2015 年 12 月，布達拉宮古籍文獻整理室編著的《布達拉宮館藏薩迦派典籍目錄》（pho brang po ta lar bzhugs su gsol bavi dpal ldan sa skyavi gsung rab rnams kyi dkar chag）由西藏人民出版社出版。收錄 75 家文集目錄，每家文集按函排列，著錄總編號、章節編號、函號、題名、著者、葉數、行數、版本、是否完整破損，并附各家著者小傳。

2019 年 6 月，《中華大典·藏文卷》編委會編《歷世班禪文集目錄彙編》（paN chen sku phreng rim byon gyi gsung vbum gyi dkar chag）印行，係配合《中華大典·藏文卷·歷世班禪文集》出版的目錄書，收錄一世班禪至十世班禪（缺二世班禪）文集目錄。編者在每一文集目錄前均撰有《整理説明》和《作者小傳》。

2019 年 10 月，更登（snyn bzang pa dge vdun）所著《〈宗喀巴師徒三尊文集（對勘本）〉説明及目錄大全》（rje yab sras gsum gyi gsung vbum dpe bsdur ma rab gsal me long）由民族出版社出版。其前兩部分爲宗喀巴師徒三尊，即宗喀巴、杰擦達麻仁欽、克珠格勒白桑三人文集合編之目錄，分別是《宗喀巴師徒三尊文集對勘本目錄》和《宗喀巴師徒三尊文集木刻本目錄》。前者爲細目，從篇名到章節名稱均一一著錄，每條包括題名和所在頁碼。後者則是後藏版、拉薩版、塔爾寺版、拉卜楞寺版四種版本的對勘目錄。以表格形式著錄，每一種題名下列出在以上各版中所在函號、法部序號、葉碼行數。

此外，又有西藏社會科學院藏文參考資料編目小組編輯的 4 種文集目錄發表于期刊：《布頓文集目錄》（bu ston lo tsav ba rin chen grub kyi gsung vbum dkar chag）發表于《西藏研究》（藏文版）1983 年第 1 期；《宗喀巴文集目錄》（tsong kha pavi gsung vbum dkar chag）發表于《西藏研究》（藏文版）1983 年第 2 期；《薩迦五祖文集目錄》（sa skya gong ma rnam lngavi gsung vbum dkar chag）發表于《西藏研究》（藏文版）1983 年第 3 期；《竹巴·白瑪噶波文集目錄》（vbrug pa badma dkar povi gsung vbum dkar chag）

發表于《西藏研究》（藏文版）1984 年第 2 期。

三、專科目録

專科目録，是指就某一專門學科的藏文古籍編製而成的目録，如藏醫藥古籍目録、史學目録等。

（一）藏醫藥、曆算典籍目録

孫文景、黄明信所編《藏文曆算典籍經眼録》最初于 1985 年 3 月以油印本面世，後經黄明信先生“補充、修改、并調整順序”，以《藏曆典籍經眼録》（bod yig gi rtsis gzhung dngos mjal gyi mtshan tho）爲名收于其《西藏的天文曆算》⑨一書。此目録爲藏漢對照，收目 420 餘條。

藏醫藥典籍目録問世最早的應是《達賽爾》（zla zer）1994 年第 3—4 期合刊發表的圖丹（thub bstan）《醫學典籍目録》（gso rig bstan bcos kyi mtshan byang ngo sprod），收目 292 種，每種僅著録題名和作者。

1997 年 2 月，拉瑪加（bla ma skyabs）所編《藏醫藥典籍目録》（bod kyi mkhas pa rim byon gyi gso rig gsung vbum dkar chag mu tig phreng ba）由甘肅民族出版社出版，收録 159 位作者的藏醫藥著作目録 1171 種。全書按著者名字的藏文字母順序排列，每個作者下面著録其所著藏醫藥典籍目録，每條目録僅著録編號、題名，并附著者小傳。

2002 年 9 月，民族出版社出版羅秉芬主編《敦煌本吐蕃醫學文獻精要》，書中收録《敦煌本吐蕃醫學文獻解題目録》（羅秉芬、劉英華編），其中包括“法國巴黎法國國立圖書館收藏品——伯希和收集品藏文文獻（P. t. 編號）醫學部分”14 種，“英國倫敦大英圖書館藏品（即原印度事務部圖書館藏品）——斯坦因收集品藏文（編號 S. t.）部分”14 種，共 28 種。

2006 年 12 月，索朗措姆（bsod nams mtsho mo）、拉珍（lhag sgrol）整理的《藏漢英古今藏醫藥文獻書目編製》（藏、漢、英，bod lugs gso rig gi dpe rnying dkar chagbod rgya dbyingsum shan sbyar ma）由西藏人民出版社出版，收目 500 餘種。

2008 年，格桑平措（bskal bzang phun tshogs）《西藏社科院圖書館藏醫、天文曆算書籍相關目録簡介》（bod ljongs spyi tshogs tshan rig khang gi dpe mdzod khang du yod pavi gsung vbum khag las skar rtsis dang gso rig sman dpyad sogs dang vbrel bavi rtsom rigs mtshan byang dkar chag phyogs bsdus su bsgrigs pa）發表于《西藏研究》（藏文版）2008 年第 1 期。

2015 年 6 月，馮嶺主編的《全國藏醫藥古籍名録》（藏、英、漢，rgyal yongs bod lugs gso rig gi dpe rnying dkar chag shan sbyar ma）由中國藏學出版社出版，收録全國各地圖書館、博物館、檔案館、寺廟等機構所藏藏醫藥古籍目録 1057 條。目録按藏文字母順序排列，每條均用藏、拉、漢、英四種文字著録書名、作者、時間、版本、頁數、收藏地。

2015 年 9 月，西藏藏醫藥研究院文獻所編《西藏藏醫曆算古今文獻目錄明鏡》（bod kyi sman rtsis gnav deng gzhung lugs dkar chag gsal bavi me long）由西藏人民出版社出版，收目 1500 種。著錄編號、題名、版本、葉數、内容提要、著者、年代。

2016 年 11 月，青海省藏醫藥研究院編、星全章譯《〈藏醫藥大典〉總目》（bod kyi gso rig kun vdus kyi dkar chag）由民族出版社出版。此目錄是《藏醫藥大典》⑩的總目錄。分爲醫學史典籍、古代醫學典籍、醫學《四續》等 8 大部分，每一部分下又細分若干集，每一集下又包括若干種。全書收目 492 種，每種均以藏漢對照著錄全名、作者、母本、内容提要、在《藏醫藥大典》位置。

2017 年 7 月，西藏自治區藏醫院所編《〈雪域藏醫曆算大典〉藏醫部分總目錄》（gangs ljongs sman rtsis rig mdzod chen movi zab don sgo brgya vbyed pavi lde mig bklags pas kun shes, gso rig skor）、《〈雪域藏醫曆算大典〉曆算部分總目錄》（gangs ljongs sman rtsis rig mdzod chen movi zab don sgo brgya vbyed pavi lde mig bklags pas kun shes, rtsis rig skor）兩種由中國藏學出版社出版。這兩部目錄係《雪域藏醫曆算大典（130 卷）》⑪之總目錄。前者分爲醫學典籍及其注釋類、醫學歷史傳記類等 4 類。後者分爲佛曆類、星曜軌道類、星算類等 10 類。兩書均在各類中又包含若干卷，每卷收書若干種，每種著錄題名（著者、著作年代、字體、版本、葉數等）和内容簡介（其中包括版本提供者等信息），每卷後附錄該卷所收每種書籍之章節目錄。

2019 年 8 月，達娃（zla ba）主編的《藏醫曆算古今文獻目錄明鏡（第二部）》（bod kyi sman rtsis gnav deng gzhung lugs dkar chag gsal bavi me long, deb gnyis pa）由四川民族出版社出版，收目 2230 條。著錄總編號、舊編號、索書號、題名、著者、類別、版本、葉數、是否完整。

2020 年 9 月，卡洛（sman rams pa kha lo）主編的《藏醫名著目錄指南》（gso rig gnav rtsom dkar chag）由甘肅民族出版社出版。該書第一部分是《藏醫名著目錄指南》，收錄古今 262 位藏醫學家有關藏醫學的著述目錄，大致以作者出生年代先後排列，每條著錄作者及其簡介、編號、題名，較爲簡單。

（三）史學目錄

1988 年，王繼光、才讓《藏文史籍四種叙錄》發表于《西藏研究》1988 年第三期。

1989 年，王繼光、才讓《藏文史籍叙錄之二》《藏文史籍叙錄之三》分別發表于《西藏研究》1989 年第三、四期。

1990 年，王繼光、才讓《藏文史籍叙錄之四》發表于《西藏研究》1990 年第四期。

2000 年 3 月，索朗頓珠（bsod nams don grub）所編《西藏史學書目》（bod kyi lo rgyus dpe tho）由西藏人民出版社出版，收目 2112 種。按藏文字母順序排列，著錄編號、題名、著者、版本、葉數。其中絶大部分爲古籍，也著錄了少量當代出版的古籍整理本和當代學者的歷史類著作。

百慈藏文古籍研究室所編《藏族史記集成目録》（bod kyi lo rgyus rnam thar phyogs bsgrigs kyi dkar chag），是百慈藏文古籍研究室搜集整理出版的《藏族史記集成》影印本叢書的分輯目録。已出四輯，均由青海民族出版社出版。第一輯（1—30 函）目録于 2010 年 2 月出版，收目録 63 種。均爲藏漢對照，藏文部分每條包括作者、題名、葉數，漢文部分尚著録有版本一項。所有作者均撰有小傳。第二輯（31—60 函）目録于 2011 年 6 月出版。第三輯（61—90 函）目録于 2012 年 11 月出版，收目 125 種。第四輯（91—120 函）目録于 2015 年 12 月出版，收目 116 種。後三輯著録方式均與第一輯目録相同。

2014 年 7 月，國家民族事務委員會全國少數民族古籍整理研究室組織編寫的《中國少數民族古籍總目提要·藏族卷·銘刻類》由中國大百科全書出版社出版。全書分爲聖旨敕諭碑、盟約記事碑、功德記事碑等 10 類。共收目 172 條。正文每類下包括提要和碑銘照片。每條提要的題名以漢、藏、國際音標對照著録，提要内容爲漢文。

2019 年，才讓《12—14 世紀薩迦派人物傳記提要——藏文歷史著作總目提要之一》發表于《中國藏學》2019 年第 2 期。

2020 年，才讓《15 世紀薩迦派人物傳記提要——藏文歷史著作總目提要之二》《16—17 世紀薩迦派人物傳記提要——藏文歷史著作總目提要之三》分别發表于《中國藏學》2020 年第 1 期、第 4 期。

（三）其他專科目録

1982 年 4 月，青海民族出版社出版東嘎·羅桑赤列《詩學明鑒》（snyang ngag la vgug tshul tshig rgyan rig pavi sgo vbyed）一書，書中《前輩學者譯著詩論目録》（snga rabs kyi mkhas pa tshos bsgyur pa dang brtsams pavi snyan ngag gi gzhung gangrnyed kyi dkar chag）收目 101 種。

1988 年，張慶有《拉卜楞寺藏經樓所藏工藝學經籍》發表于《西藏研究》1988 年第 4 期。

1989 年 9 月，孫文景編、黄明信校《藏文因明書目》收録于甘肅人民出版社出版的《因明新探》，後收入《黄明信藏學文集》[12]時改名爲《藏傳因明學典籍 260 種經眼録》（bod kyi tshad mavi skor dngos mjal gyi dpe tho）。分印度論著和西藏論著兩個部分，共收目 260 種，每條著録題名、著者、帙號、起訖葉碼，全部以藏漢對照形式著録。

1999 年，何布甲《藏文"小五明"古籍珍本目録輯選》（dpe rgyun dkon pa vgav zhig gi tho yig mu tig phreng mdzes）發表于《阿壩藏學》（藏文版）1999 年第 1 期（創刊號）。

2011 年 1 月，旦巴尼瑪（grub dbang bstan pavi nyi ma）《苯教丹珠爾目録》（k'yung drung bon gyi brten vgyur chen movi dkar chag rin chen gur khang）由西藏人民出版社出版。收目 598 種，分爲目録、大圓滿、般若性相、明處等 7 類，著録編號、題名、責任者、起訖頁碼、函號、形態、附録。

2017 年 1 月，李連榮所編《〈格薩爾〉手抄本、木刻本解題目録（1958—2000）》

由中國社會科學出版社出版。全書凡九章，依次著録青海《格薩爾》研究所藏本 94 種、西藏社會科學院藏本 95 種、雲南迪慶藏學研究院藏本 27 種、雲南社會科學院民族文學研究所藏本 29 種、中國社會科學院民族文學研究所藏本 98 種、中央民族大學圖書館藏本 19 種、民族文化宫與國家圖書館藏本 19 種、四川民族宗教委員會藏學研究所藏本 49 種、西北民族大學圖書館藏本 31 種。每種大致著録 9 項，即：1. 藏文題名；2. 拉丁轉寫；3. 漢譯名；4. 故事内容提要；5. 版本描述；6. 保存處及編號；7. 版本説明；8. 著作者、搜集者與搜集地；9. 其他（如題記、夾板等）。

2020 年 4 月，才讓多吉主編的《小五明文獻分類集成·目録索引》（bod kyi rig gnas chung ba lnga dang brda sprod kun vdus kyi dkar chag）由民族出版社出版。這是《藏族古籍經典系列叢書》喜馬拉雅文庫《小五明文獻分類集成》的目録。分簡目和細目兩大部分，簡目部分每條按分類在每卷下祇著録編號和書名，細目部分每條按分類在每卷下著録題名、責任者、頁碼。

四、綜合目録

所謂綜合目録，一是指所收目録類型多樣，二是指涵蓋内容非常廣泛。

（一）機構或地區收藏目録

1958 年，甘南藏族自治州德烏魯市（今合作市）拉卜楞寺工作組油印了《拉卜楞寺總書目》（bla brang dgon pavi dpe cha spyivi dkar chag）。著録拉卜楞寺藏藏文古籍 17833 册（不含甘珠爾、丹珠爾），分醫藥類、聲明類、綴韵類、工藝類等 17 大類。其中全集類共收 177 家，細録子目及葉數，是其主要部分。其餘一般典籍著録書名、作者、部數、葉數。

1981 年 8 月，四川民族出版社出版了《德格印經院》（sde dge par khang）一書。該書主體是《德格印經院藏版目録》，分爲總集（7 條）、全集（17 家）、醫藥曆算、語文、詩詞、傳記、史地、經論 8 類。每條著録藏文題名、葉數、漢譯題名。後 5 類的藏文題名還著録了簡稱和全稱。1983 年 9 月，四川民族出版社出版該目録修訂本，《德格印經院藏版目録》篇幅增加至 395 頁，目録不分類，每條僅著録藏文題名、葉數。

1985 年 1 月，青海民族出版社出版了《藏文典籍要目》（bod kyi bstan bcos khag cig gi mtshan byang dri med shel dkar phreng ba），全書分爲醫方明、聲明、文集等 17 大類。其中文集類著録 178 家。每種僅著録題名。黄明信認爲此書就是《拉卜楞寺總書目》的鉛字排印本，可惜换了書名而不交代原本，而且將每種書的葉數、文集類的函序都删去，原書少量錯字亦未改正，補遺未插入到應插之處，排版也有少量錯誤[13]。

1999 年 2 月，王堯主編的《法藏敦煌藏文文獻解題目録》（hpha ran sir nyar bavi tun hong bod yig shog dril gyi zhib gsal dkar chag）由民族出版社出版。此書係根據北京大學圖書館所藏伯希和所劫敦煌古藏文寫卷（P. T.）縮微膠卷，并參考拉露所編目録補充編成，共 4450 號。每條目録設 7 個項目：1. 卷號和盒號；2. 所録卷號的首行藏文；3. 所録卷號的末行藏文；4. 行數和內容；5. 小注（爲補充、說明、注解性文字）；6. 背面內容；7. 解題（國內外研究狀況）。其中 4、5、6、7 四項以漢文著録。

2003 年 2 月，噶瑪降稱、斯塔、曲扎、西饒降稱編譯的《德格印經院藏版細目》（sde dge par khang rig gnas kun vdus gzhal med khang chos mdzod chen po bkra shis sgo mang gi dkar chag rdo rjevi chos bdun ldan pavi ldevu mig）由民族出版社出版，全書分爲大藏經、文集兩類。大藏經包括甘珠爾、丹珠爾，僅按分類著録藏文編號和葉數；文集類收録 20 家目録，每條僅著録藏漢文題名和葉數。

2004 年 9 月，噶瑪降村編譯的《藏漢對照德格印經院藏版總目録》（sde dge par khang gi par shing dkar chag bod rgya shan sbyar）由四川民族出版社出版。全書分爲大藏經、叢刊、文集、綜合類 4 類。大藏經類的《甘珠爾》《丹珠爾》未著録細目，《舊譯續集》以及叢刊（6 部）、文集（38 家）、綜合類均著録細目。每條著録藏、漢文題名和葉數。

2004 年 12 月，百慈藏文古籍研究室所編《哲蚌寺藏古籍目録》（vbras spungs dgon du bzhugs su gsol bavi dpe rnying dkar chag）由民族出版社出版，著録哲蚌寺《乃居拉康書庫目録》22694 種，《蘭仁巴大師書庫目録》3044 種，《郭莽扎倉書庫目録》1244 種，《普喜院書庫目録》1855 種，以及郭莽書庫等處所藏文集目録多部。每條著録函號、法部數、題名、著者、字體、葉數、開本。

2008 年 2 月，浪東·多吉卓嘎（glang mthong rdo rje sgrol dkar）主編、西藏藏醫學院編的《西藏藏醫學院館藏典籍目録》（bod ljongs bod lugs gso rig slob graw chen mor bzhugs su gsol bavi dpe rnying dkar chag）由西藏人民出版社出版。著録該院 5000 函藏文古籍目録，分甘珠爾、丹珠爾、文集等 7 類。每條目録著録總編號、章節編號、書名、著者、著作時間、葉數、印經院、版本、規格（開本）。

2010 年 12 月，西熱桑布（ska ba shes rab bzang po）主編的《藏區名寺古籍目録》（bod khul gyi chos sde grags can khag gi dpe rnying dkar chag）由民族出版社出版，收録藏區 10 數座寺院所藏藏文古籍目録。各寺目録著録體例不一致，有的著録數量也不清楚，大致如下：查嘎爾達索寺 72 函、尼木縣切卡曲德寺 71 函、卓卡寺（不詳）、阿裏噶通寺 74 函、哲蚌寺乃居拉康所藏破損古籍目録（不詳）、那蘭扎寺 609 函零散及 63 家文集、色拉寺 2344 種、江孜白居寺 217 種、夏魯寺 610 種、白玉寺 195 種、八邦寺 130 函。每條著録函號、題名、著者、葉數等項。

2011 年 9 月，馬德主編的《甘肅藏敦煌藏文文獻叙録》（kan suvu zhing chen du nyar bavi tun hong bod kyi yig rnying dkar chag）由甘肅民族出版社出版。收録敦煌研究院、甘肅省博物館等 13 家公藏機構和蘭山范氏所藏敦煌藏文文獻目録 6672 件。每條著録編號、題名、紙張、首題、尾題、題記等項，每種視情況有所變化。其中首題、尾題、題記三項爲藏漢對照著録。

阿華·阿旺華丹主編的《北京地區藏文古籍總目》（pe cin sa khul gyi bod yig dpe rnying dkar chag chen mo shes byavi gter mdzod）是近年來出版的部頭較大的藏文古籍分

類目録。前後共出版三卷，均爲藏漢對照。第一卷于2013年8月由中國藏學出版社出版，收錄中國藏學研究中心圖書館、中國社會科學院民族學與人類學研究所圖書館、故宮博物院圖書館，以及國家圖書館所藏藏文古籍目録。第二卷、第三卷均于2020年10月改由民族出版社出版。其中第二卷收錄中國民族圖書館所藏藏文古籍目録。第三卷名爲北京地區藏文古籍目録，實際是1958—2012年間整理出版的藏文古籍類圖書目録。

2017年8月，曲珍（chos sgron）、西繞拉姆（shes rab lha mo）編譯的《甘孜州圖書館館藏藏文文獻藏漢對照目録（上卷）》（dkar mdzes khul dpe mdzod khang gi bod yig dpe chavi dkar chag bod rgya skad gnyis shan sbyar, stod cha）由四川民族出版社出版。該目録分爲《甘珠爾》和《寧瑪續部》《文集類》等6個部分。按作者名排列，其下按函排列，每種著錄編次號、題名和葉數，題名爲藏漢對照。

2021年12月，王啓龍主編的《法國國家圖書館藏敦煌藏文文獻目録解題全編》（hpha ran sir nyar bavi tun hong bod yig yig tshags kyi dkar chag go gsed mdor bsdus chen mo）由廣西師範大學出版社出版。該目録以卷號爲單元順序編排，全書8冊共收錄P. T. 0001至P. T. 4450號的3176個卷號（其中，第P. T. 2225號與第P. T. 3500號之間，原缺2226—3499號）。每一卷號之下一般包括6項：一、文獻題名（漢藏對照）；二、起首文字；三、末尾文字；四、文獻出處；五、卷子描述；六、研究文獻。各條根據實際情況，略有變動。

此外，又有阿華（ngag dpal）所編以下目録發表于專業期刊：《北京地區藏文典籍目録》（pe cing sa khul gyi bod yig bstan bcos skor gyi mtshan byang）發表于《中國藏學》（藏文版）2004年第1、2期；《北京地區藏文典籍目録（二）》（pe cing sa khul gyi bod yig bstan bcos skor gyi mtshan byang khag gnyis pa——spyi tshogs tshan rig khang mi rigs zhib vjug khang gi dpe mdzod khang du nyar bavi skor）發表于《中國藏學》（藏文版）2009年第1、2、3、4期；《北京地區藏文典籍目録（三）》（bod yig bstan bcos mtshan byang khag gsum pa）發表于《中國藏學》（藏文版）2010年第1、2、3期；《北京地區藏文典籍目録（四）》（bod yig bstan bcos mtshan byang khag bzhi pa）[⑭]發表于《中國藏學》（藏文版）2010年第4期。另有嘎藏陀美、扎西當知《〈法國國家圖書館藏敦煌藏文文獻〉（1—15冊）目録》[⑮]、才讓《〈英國國家圖書館藏敦煌西域藏文文獻〉（1—5冊）目録》[⑯]發表于《中國藏學》2014年S1期。

（二）古籍普查圖録

中國國家圖書館、中國國家古籍保護中心所編第一批至第五批《國家珍貴古籍名録圖録》，是根據國務院批准頒布的"國家珍貴古籍名録"編撰而成的大型珍貴古籍圖録，均由國家圖書館出版社出版。其中第一批圖録（全八冊）于2008年12月出版。全書按"第一批國家珍貴古籍名録"條目選配書影，每種古籍選圖一至二幀不等，著錄其書名、作者、版本、存卷、流傳過程、裝幀形式、現藏單位等，共收錄藏文古籍14種；第二批圖録（全十冊）于2010年9月出版，收錄藏文珍貴古籍圖録60種；第三批圖録（全八冊）于 2012 年 5 月出版，收録藏文珍貴古籍圖録 53 種；第四批圖録（全六冊）于 2014 年 4 月出版，收録藏文珍貴古籍目録 142 種；第五批圖録（全六冊）于 2016 年 10 月出版，收録藏文珍貴古籍名録 64 種。此外，國家古籍保護中心彙編的《國家珍貴古籍名録：一至五批（全二冊）》（國家圖書館出版社，2017 年 11 月）中也收有入選第一至五批國家珍貴古籍名録的藏文古籍目録。

2010 年 8 月，趙國忠、卓瑪吉、才讓卓瑪、李毛吉《藏文古籍圖録》由甘肅人民美術出版社出版，收録西北民族大學圖書館藏藏文古籍圖録 109 種，每種均撰有提要，并配以書影數幀。

2011 年 12 月，西藏自治區文化廳、國家古籍保護中心所編《雪域寶典——西藏自治區入選第一、二、三批國家珍貴古籍名録古籍圖録》（gangs ljongs gnav dpevi gter mdzod—bod rang skyong ljongs kyi thengs dang po gnyis pa gsum pavi rgyal khab rtsa chevi gnav dpevi ming mdzod du bzhugs pavi dpar ris）由國家圖書館出版社出版。收目 33 種，每種用藏漢文對照著録編號、題名、著者、版本、裝幀形式、開本、行數、館藏地、尾跋題記，每種配有若干圖片。

2014 年 6 月，羅桑（snye gzhung nor bzang）編譯的《拉薩古籍目録》（lha savi gnav dpevi dkar chag mu tig phreng mdzes）和《拉薩珍貴古籍圖録》（lha savi rtsa chevi gnav dpevi par mdzod）兩書由西藏藏文古籍出版社出版，均是拉薩市古籍普查成果。前者收録拉薩市各大寺院和私人的藏文藏書目録 776 種，目録以藏家爲單位編排，每種均以藏漢對照著録題名、著者、葉數、行數、字體、版本、裝幀、開本、板框。後者收録 101 種藏文古籍圖録，每種均以藏漢對照著録題名、著者、葉數、行數、字體、版本、裝幀、開本、板框、藏家，并配有數量不等的書影。

2017 年 3 月，西藏自治區古籍保護中心所編《西藏古籍保護系列叢書》之《西藏自治區第四批國家珍貴古籍名録圖録》（bod rang skyong ljongs thengs bzhi pavi rgyal khab rtsa chevi gnav dpevi ming mdzod du bzhugs pavi dpar mdzod）、《西藏阿里地區珍貴古籍圖録》（bod ljongs mngav ris sa khul gyi rtsa chevi gnav dpevi dpar mdzod）、《西藏那曲地區珍貴古籍圖録》（bod ljongs nag chu sa khul gyi rtsa chevi gnav dpevi dpar mdzod），以及《西藏阿里地區藏文古籍目録》（bod ljongs mngav ris sa khul gyi bod yig gnav dpevi dkar chag）、《西藏那曲地區藏文古籍目録》（bod ljongs nag chu sa khul gyi bod yig gnav dpevi dkar chag）由民族出版社出版。三種圖録分別收目 124 種、101 種、139 種，每種均以藏漢對照著録編號、題名、責任者、版本、紙張、字體、裝幀、行數、開本、館藏單位，并配有相關書影。兩種目録分別收目 1670 條、1560 條，均按照藏文古籍普查登記著録規則，以藏家爲單位，用藏漢對照方式著録款目標記、題名項、責任者項、稽核項、版本項、裝幀項、版式項。

2019 年 2 月，多吉（rdo rje）主編的《山南市藏文古籍普查目録》（lho kha grong khyer gyi bod yig gnav dpe yongs bsher dkar chag），由西藏人民出版社出版。著録西藏自治區山南市 12 個縣所轄 104 座寺廟和山南市博物館所藏藏文古籍目録千餘種。每種均以藏漢對照著録題名、函數、版本、字體、行數、裝幀、開本、板框。一些較爲特別的版本，還配有書影。

（三）總目提要及其他

1990 年 4 月，土登尼瑪（thub bstan nyi ma）著、甘孜州編譯局編《知識總彙細目》（shes bya kun khyab kyi sa bcad）[17]由四川民族出版社出版。

2004 年 3 月，東噶·洛桑赤列（dung dkar blo bzang vphrin las）所編《珍稀典籍書名拾録》（dpe rgyun dkon rigs kyi dpe tho bsdu rub mdzd pa khag gcig）收在民族出版社出版的《東噶·洛桑赤列文集》第二卷《目録學》（bod kyi dkar chag rig pa）[18]。收目 1838 種，分爲寧瑪派、薩迦派、夏魯派、噶當派、噶舉派、傳記、目録、聲明學、醫方明等 21 類。每種著録題名、著者、版本、葉數（部分僅著録題名、著者兩項）。

2007 年 12 月，海南藏族自治州少數民族古籍辦公室所編《中國少數民族古籍總目提要·青海卷·海南分卷》作爲内部資料印行。全書分爲書籍類和講唱類兩大類。書籍類下分顯密經論類等 21 類；講唱類下分民間故事類等 5 類。共收 4562 條，其中書籍類 3020 條，講唱類 1542 條。每種提要的題名以漢、藏、拉丁轉寫對照著録，内容均爲漢文所撰。

2014 年 5 月，直貢·貢覺嘉措（vbri gung dkon mchog rgya mtsho）著、霍爾噶·努木（hor dkar no mo）譯的《直貢大法庫目録》[19]（vbri gung bkav brgyud chos mdzod chen movi dkar chag bod rya shan sbyar ma）藏漢對照本由西藏藏文古籍出版社出版。著録藏傳佛教直貢噶舉派古籍目録 4813 種，内容涵蓋聲明、醫學、天文曆算、詩學、音樂舞蹈、傳記、歷史、法嗣、目録等。

2016 年 7 月，果洛藏族自治州少數民族語文工作辦公室所編《中國少數民族古籍總目提要·藏族卷·果洛分卷》由四川民族出版社出版。全書分爲書籍類、講唱類、銘刻類、文書類四大類，共收書目 5000 餘條。每條著録題名、卷册、葉數、著者、内容簡介、版本、紙張、裝幀、版式、字體、墨色、開本、板框、行款、館藏地等信息。除題名爲藏漢對照外，均以漢文著録。

2017 年 8 月，胡静、楊銘編著的《英國收藏新疆出土古藏文文獻叙録》由社會科學文獻出版社出版。全書收録出自新疆現藏于英國的 700 餘件文獻目録。按地域分類，每條包括序號、題名、編號、形制、尺寸、内容提要、著録狀況等項。

2017 年 12 月，張延清編著的《法藏敦煌古藏文抄經題記總録（漢、藏）》由中國藏學出版社出版。收目 800 餘條，每條著録收藏號、經名、現狀描述、收藏記録、首題、中題、尾題、題記等。

2019 年 5 月，阿壩藏族羌族自治州藏文編譯局、阿壩藏族羌族自治州民族宗教事務委員會編纂的《中國少數民族古籍總目提要·四川阿壩藏族卷》由甘肅民族出版社出版。全書分爲書籍類、銘刻類、文書類、講唱類 4 大類。所有題名均以漢藏對照著録，提要均爲漢文撰寫。除著録古籍外，也著録了部分古籍當代整理本。

2019 年 7 月，西藏藏文古籍出版社出版的昌臺·降洛（khro thar vjam blo）編著的《四川省藏文古籍搜集保護編務院已出版圖書總目録》（si khron bod yig dpe rnying bsdu sgrig khang kis lo bcuvi ring la gsung rab ji snyed spar du bskrun pavi dkar chag)。該目是四川省藏文古籍保護編務院 2009 年至 2019 年十年中整理出版的藏文古籍目録。

五、總結與展望

以上分類綜述了 1949—2021 年間新編藏文古籍目録 136 種（連載目録衹算 1 種）。從這些目録的刊行方式來看，由出版社出版或內部編印的藏文古籍目録專書共 100 種，其餘爲發表于期刊、刊行于其他書籍中的小型藏文古籍目録。從目録編纂所使用文種來看，衹用藏文編成的目録 61 種，衹用漢文編成的目録 21 種，藏、漢對照目録 51 種，藏、漢、英對照目録 3 種。從目録編纂的發展歷史來看，此 70 年可分爲三段。第一段 1949—1980 年之間新編目録僅有 2 種，第二段 1981—2000 年間共出版（發表）30 種，第三段 2001—2021 年間共出版（發表）104 種。可見越往後出版的數量越多。特別是 21 世紀以來，在數量上遠遠多于之前兩個階段。這與國家提倡古籍整理并實施"中華古籍保護計劃"等一系列措施，以及各類社科基金、出版基金的支持和藏文古籍從業人員的辛勤努力是分不開的。在目録編纂方式上，除了常見的書名目録之外，還出現了解題目録（如王堯主編《法藏敦煌藏文文獻解題目録》）、叙録（如馬德主編《甘肅藏敦煌藏文文獻叙録》）、圖録（如《西藏阿里地區珍貴古籍圖録》）等内容更爲豐富的目録，也是一大進步。在以上所有目録中，民族圖書館編《藏文典籍目録文集類子目》上、中、下三册編纂質量高，最爲人稱道，對其後的文集目録編纂工作產生了較大影響。

在爲取得這些成績而感到欣喜的同時，也應正視存在的缺點和不足，主要表現在以下兩個方面：

第一，目録編纂工作有待加强。如上所述，70 多年來新編藏文古籍目録不過百餘部（篇），其中有不少還是發表在雜志中的小型目録，并不便于檢索利用。相對于現存藏文古籍的巨大體量，這百餘部（篇）藏文古籍目録遠遠不能涵蓋所有的現存藏文古籍。一些圖書館、寺廟等所藏藏文古籍目録亦尚未全面公布，是今後需要加强的地方。

第二，目録質量有待提升。就以上目録的質量而言，校對不精、漢譯題名不統一、藏文拉丁字母轉寫錯誤等，是普遍存在的現象；有的目録排列雜亂，不便檢索；有的則衹有題名，而無編號，失之簡單；一些提要式目録的質量也有進一步提高的空間；有的目録雖編有索引，但并未按索引題目要求編排，有"文不對題"之嫌；有的目録則沒有客觀著録，造成了一定的混亂。這些也都是今後工作中亟待提升之處。

回顧過去，展望未來，竊以爲今後的藏文古籍編目工作也應該加强以下兩個方面：

第一，在具體工作方面，首先，要加快藏文古籍目録編纂步伐。在我國現有各民族文字古籍中，藏文古籍的數量僅次于漢文古籍，這是一筆豐厚的文化寶藏。那麼，如何更好更快將其揭示出來，取其精華以服務社會呢？顯然目録是最有效的途經之一。藏族著名學者東嘎・洛桑赤列曾説："目録是科學研究的最初入門。"[20]加快藏文古籍目録編纂步伐，特別是提要目録、分類目録、專科目録等的編纂工作，是推進藏學研究、挖掘文化寶藏的内在要求。同時，這也是響應黨和國家號召，做好藏文古籍保護工作的題中應有之義。其次，要提高藏文古籍目録編纂質量。藏文古籍目録作爲藏文古籍整理成果，作爲查找藏文古籍的指南，在編纂過程中把好質量關，應是毋庸置疑的首要目標。除了保證字詞準確等最基本的要求之外，一些藏、漢對照，或藏、漢、英對照的目録，在漢譯、英譯過程中，以往有準確譯名的應儘量參考；新譯題名要在尊重原文的基礎上，準確運用專業詞彙進行翻譯，不應爲標新立異而自造詞彙、草率行事。否則不僅會對藏文古籍的漢譯題名造成不必要的混亂，也會使讀者無法按圖索驥，達到檢索目的。

第二，在工作保障方面，首先要加强藏文古籍編目人才培養。事業要發展，人才是關鍵，藏文古籍編目工作亦不例外。衆所周知，古籍整理是一項艱苦細緻的工作，也是一項專業性很强的工作。對于藏文古籍編目人員來説，不僅要有一定的藏文水平，而且要具備一定的編目知識，掌握相關的編目方法，纔可勝任。因此，加强人才培養，勢在必行。除了舉辦藏文古籍編目培訓班之外，一些有條件的院校應當設立藏文古籍或藏漢文古籍兼修的古文獻相關學科專業。這也符合 2022 年中共中央辦公廳、國務院辦公廳印發的《關于推進新時代古籍工作的意見》中提出的要求。其次要加大藏文古籍編目出版經費支持。當前，保存在各類圖書館裏的藏文古籍，其編目方式主要以網絡系統編目爲主，而編纂出版目録書相對被忽略。其原因一方面是工作人員時間精力有限，另一方面則是因爲古籍目録成果在職稱評審中不算作科研成果，導致相關工作人員不重視目録編纂出版工作。此外，相當數量的藏文古籍保存在各地的寺廟裏，這些古籍因地處偏遠、網絡不便等原因，很難通過網絡予以揭示。投入一定的編纂出版經費，派人或就地培訓編目人員，對寺廟所藏藏文古籍進行編目，再根據目録數量多寡，以寺廟或地區爲單位予以出版，應該值得考慮。

注釋：

① 王偉光：《建國以來國内藏文文獻目録研究綜述》，《四川民族學院學報》2017 年第 3 期，24—30 頁。

② 索南多杰：《當代藏文文獻目録學研究綜述》，《四川民族學院學報》2018 年第 1 期，94—99 頁。

③ 本文所述文獻中漢文題名後括號内附有藏文題名拉丁轉寫者，爲藏文或藏漢對照方式編纂的目録；僅以漢文編纂之目録則不予附加藏文題名拉丁轉寫，特此説明。

④ 根據藏文題名，應漢譯爲《舊譯佛經目録·如意寶庫》。

⑤《金汁寫本丹珠爾》共 225 函，收書 3934 種，現藏西藏甘丹寺，1959—1988 年藏中國民族圖書館期間曾影印出版，共 100 册。

⑥ 其藏文《前言》落款時間爲 1983 年 3 月 5 日，據此可知其問世時間在此後不久。

⑦［日］東北帝國大學法文學部：《西藏大藏經總目録》，株式會社，昭和九年（1934）印刷。

⑧ 該目録係非正式出版物，原書没有版權頁，且祇有藏文題名。漢文題名爲筆者所譯。其《前言》寫于 1992 年 10 月 5 日，作者是布達拉宫圖書館的同波·土登堅參。

⑨ 黄明信：《西藏的天文曆算》，青海人民出版社，2002 年。

⑩ 艾措千：《藏醫藥大典（全 60 卷）》（bod kyi gso rig kun vdus），民族出版社，2011 年。

⑪ 西藏自治區藏醫院：《雪域藏醫曆算大典（130 卷）》（gang ljongs sman rtsis rig mdzod chen mo），中國藏學出版社，2016 年。

⑫ 黄明信：《黄明信藏學文集》，中國藏學出版社，2007 年。

⑬ 黄明信：《北京圖書館藏文古舊圖書著録暫行條例説明》，《黄明信藏學文集：藏傳佛教·因明·文獻研究》，中國藏學出版社，2007 年，413—450 頁。

⑭《北京地區藏文典籍目録（四）》（bod yig bstan bcos mtshan byang khag bzhi pa），《中國藏學》（krung govi bod rig pa）2010 年第 4 期。

⑮《法國國家圖書館藏敦煌藏文文獻》是西北民族大學、上海古籍出版社、法國國家圖書館聯合編纂，由上海古籍出版社出版的敦煌古藏文文獻系列叢書。

⑯《英國國家圖書館藏敦煌西域藏文文獻》是西北民族大學、上海古籍出版社、英國國家圖書館共同編纂，由上海古籍出版社出版的敦煌西域古藏文文獻系列叢書。

⑰《知識總彙》（shes bya kun khyab）是 19 世紀藏族著名學者工珠·雲丹嘉措（kong sprul yon tan rgya mtsho，1813—1899）所著系統介紹藏傳佛教知識的一部巨著，成書于 1864 年。全書共分 10 品：1. 所化刹土情器世間立因品；2. 能化大師云何興華品；3. 聖教正法建立品；4. 契經、真言、明處宏傳源流品；5. 增上戒三律儀廣辨品；6. 明處乘等聽聞品；7. 思惟發起增上慧品；8. 觀修成就增上定理趣品；9. 證受地、道行趣品；10. 究竟解脱果位品。

⑱ 東噶·洛桑赤列（mkhas dbang dung dkar blo bzang vphrin las）：《目録學》（bod kyi dkar chag rig pa），民族出版社，2004 年。

⑲ 封面題作《直貢噶舉古籍文獻叢書藏漢對照目録》。

⑳ 東嘎·洛桑赤列著，陳慶英譯：《論西藏政教合一制度　藏文文獻目録學》，中國藏學出版社，2001 年，88 頁。

（作者單位：國家圖書館古籍館）

魯迅輯校古籍手稿引用《海録碎事》探析

孫　俊

内容提要： 魯迅十分重視《海録碎事》一書的輯佚、校勘價值。《會稽郡故書雜集》《古小説鈎沉》《嶺表録异》《嵇康集》等現存魯迅輯校古籍手稿引用《海録碎事》凡 40 條。全面考察《海録碎事》在魯迅輯校古籍手稿中的引用情况，并結合周作人抄録《海録碎事》相關史實，有助于判斷魯迅手稿修改時間、厘清一些零散稿件的性質以及理解魯迅輯校原則。魯迅查考《海録碎事》當不早于 1915 年 6 月，有可能是在 1917 年 6 月周作人到北京大學圖書館抄閲《海録碎事》之後。

關鍵詞： 魯迅　周作人　《海録碎事》　《嵇康集》　《嶺表録异》

翻閲《魯迅手稿全集·輯校古籍編》[①]，我們發現魯迅幾種接近出版的稿本如《古小説鈎沉》《嶺表録异》等呈現出一種相似的狀態。即在寫定或者謄清之後又有修改，往往小字補書于天頭，少量于文内修改，整體眉目清楚。絶大多數修改内容或爲補校，或爲補輯，或爲補書出處。本文姑且統稱爲 "補注"，必要時再作區分。不同古籍補注引書也有重合之處，比如《古小説鈎沉》《嶺表録异》均校引了《海録碎事》《杜工部草堂詩箋》《類林雜説》等。與之形態近似的，還有魯迅自存《會稽郡故書雜集》刻本，其上修改手迹如出一轍。

以往對于魯迅定稿本上的修改内容研究不多，其藴藏的信息尚未被充分揭示。本文全面考察了《海録碎事》在魯迅輯校古籍手稿中的引用情况，并關聯到周作人抄録《海録碎事》的史實。通過綜合分析這一個案，我們在判斷魯迅手稿修改時間、厘清一些零散稿件的性質、理解魯迅輯校原則等方面都有收穫。

《會稽郡故書雜集》《古小説鈎沉》《嶺表録异》《嵇康集》等魯迅輯校古籍手稿引用了《海録碎事》。下文所引魯迅手稿（包括插圖）均出自《魯迅手稿全集》，册序爲《輯校古籍編》册序。

一、《海録碎事》簡介

《海録碎事》二十二卷，宋葉廷珪撰。該書是一部中型類書，依據 "分門别類" 原則，分爲天、地、衣冠服用、飲食器用等 16 部，16 部下又詳分爲 500 餘門。每門下列條目，條目標題一般爲一至四字，許多條目兼録原書和注釋。該書收録廣博，雖然存在引文訛脱、所注出處不符、漏標出處、條目重複等問題，但它對文史研究仍具有重要作用。首先，它提供了檢索詞語典故、風物、制度之便；第二，書成于宋，保留了一些散佚古書的片段，如書中所引《市舶録》等古籍今已不存；第三，書中引用的詩文，對于校勘古籍有一定參考價值。"遺憾的是，由于此書向少流傳，一般學者難于覓得，所以用之輯佚和校勘古書者尚爲寥寥"②。

《海録碎事》現存最早的刻本是明萬曆二十六年（1598）沛國劉鳳刻本③。其後有翻刻自劉鳳本的明萬曆二十七年（1599）卓顯卿刻本，轉刻自劉鳳本的日本文化十五年（1818）刻本。以上三種刻本可稱爲劉鳳本系列。國家圖書館還藏有一部明海隅書屋抄本④，傳抄致誤之處頗多。此本比劉鳳本多十餘個條目，出處多標數十處，文字異同更是隨處可見，可以判定其非出自劉鳳本。

魯迅没有提及所引《海録碎事》的版本，通過下文比對，可知爲劉鳳刻本系列。

二、《會稽郡故書雜集》校本

《會稽郡故書雜集》是魯迅輯録的會稽古代人物、歷史地理的已佚古籍叢書。包括謝承《會稽先賢傳》、虞預《會稽典録》等8種古籍。

1914年11月《會稽郡故書雜集》成稿之後，魯迅將稿本郵寄回紹興⑤，由當地許廣記印刷成書，周作人負責校訂等工作。據《周作人日記》，許廣記分批交付印稿，最後交齊日期爲1915年5月21日。次日，周作人將歷次散頁印稿裝訂成册，《日記》云："晚訂《會稽故書雜集》印稿爲一册，凡八十五葉。"樣張交付完畢、校訂無誤後，該書開始批量印刷、裝訂。6月14日，"許廣記送《雜集》九十册來，予洋十八元"。第二天，周作人將其中20册郵寄魯迅⑥。6月19日，魯迅"得二弟所寄《會稽郡故書雜集》二十册，十五日付郵"⑦。

魯迅利用新材料訂正刻本，形成了此《會稽郡故書雜集》校本（第2册158—168頁）。補校引書有《海録碎事》《杜工部草堂詩箋》《類林雜説》，用《海録碎事》訂補的古籍有2種6條。

魯迅補注常常書寫于天頭，爲使行文簡潔，下文凡言"補注"者均指天頭補注。若有其他情況，則隨文描述。

（一）《會稽先賢傳》

1. "闞澤"條。"夜夢名字炳然縣在月中"，"中"字右下角標"一"字。補注："一，《海録碎事》九引此二句，'夜夢'作'夢見'，無'縣'字。"兩處"一"字均用紅筆。

2. "鄭弘"條。補注："《海録碎事》八引'徐憲'至末。"

（二）孔靈符《會稽記》

1. "射的山南，水中有白鶴山。鶴爲仙人取箭。""箭"字右下角標注"△"。補

注："△，已，以。亦見《海録碎事》十三引，'水中'二字無。"兩處"△"字皆用紅筆。又，"射的山西南，有白鶴爲仙人取箭，因號箭羽山"。原有補注："《海録碎事》十三引云：'射的山南有白鶴山，此鶴爲仙人取箭。'"後爲墨框删去，大概因與前引重複。

2. "餘姚縣南百里有太平山。""山"字右下角標"一"字。補注："一，《海録碎事》三引此句，奪'南'字。"兩處"一"字均用紅筆。劉鳳本無"南"字，而明海隅書屋抄本有"南"字，可證魯迅所據爲劉鳳本系統。

3. "縣南有四明山"條，末尾補書出處"《海録碎事》三"。

4. "赤城山上有石橋懸度"條，末尾補書出處"《海録碎事》三"。

《海録碎事》引用《會稽記》還有卷一"鄭公風"、卷三"蕺山"、卷一五"梅市"等條。魯迅所輯"射的山南，水中有白鶴山"條與"鄭公風"⑧相關，文字有異。"蕺山""梅市"條未輯。

三、《嶺表録异》稿本及周作人抄稿

《嶺表録异》三卷是記載嶺南异物奇事的筆記，唐劉恂著。原本久佚，宋代《太平寰宇記》《太平廣記》《太平御覽》等書雖多徵引此書，但仍多挂漏，幸賴《永樂大典》存其大體。清四庫館臣從《永樂大典》裒輯其文，各以類聚，仍爲三卷。《四庫全書總目提要》舉"葉廷珪《海録碎事》釋《爾雅》'魁陸'引此書'瓦隴'以證之"等例説明其"有裨多識，非淺鮮也"。

（一）魯迅《嶺表録异》稿本

《魯迅譯著書目》提到："譯著之外，又有所校勘者，爲唐劉恂《嶺表録异》三卷（以唐宋類書所引校《永樂大典》本，并補遺。未印）。"⑨現存《嶺表録异》稿本四種，均在第21册。稿本一：《嶺表録异》三卷，庚戌十二月（1911年1月1日至29日間）抄録武英殿聚珍本，1册。後用《説郛》《太平御覽》《太平寰宇記》《太平廣記》校勘（第66—127頁）。稿本二：從《埤雅》《白孔六帖》等書輯録《嶺表録异》佚文，5葉，其中1葉爲周作人抄録《海録碎事》"鬼車"條（第128—135頁）。稿本三：《嶺表録异拾遺 嶺表録异校記》，1册，内有周作人字迹（第136—165頁）。稿本四：《嶺表録异校本》，1册又夾條2葉（第166—276頁）。據國家圖書館藏檔案，前三稿爲周豐一捐贈，稿本四爲許廣平捐贈。

《魯迅日記》1913年11月4日："下午得二弟所寄書一束，内《急就篇》一册，寫本《嶺表録异》及校勘各一册，……十月三十一日付郵。"⑩"寫本《嶺表録异》"應指稿本一，"校勘"指稿本三。

稿本四是在稿本一的基礎上綜合稿本二、三在内的各種材料而成的謄清稿，完成時間不早于1913年11月。此稿于正文三卷外增加《補遺》和《校勘記》。《補遺》爲武英殿本之外的條目，《校勘記》列出每條名稱、出處以及校語（魯迅稱四庫館臣原案語爲“舊校”）。補注引書有《離騷草木疏》《資治通鑑音注》《猗覺寮雜記》《北户録》《海録碎事》《賓退録》《埤雅》《大觀本草》等。有的是謄清時已經引用過的，如《賓退録》《埤雅》等；有的則是謄清之後新引用的，如《海録碎事》《猗覺寮雜記》等。稿本四補注《海録碎事》9 條，以下分析説明。

1. “龍眼子”條。稿本四，卷中。補注：“《海録碎事》二十二上引《嶺表异録》云‘荔枝過，龍眼始熟，故名荔枝奴，言在後也。’”按：“二十二上”當爲“二十二下”，疑魯迅筆誤。

2. “瓦屋子”條。稿本四，卷下。補注：“《海録碎事》二十二上引云‘魁蛤狀如海蛤，圓而厚，外有理縱横，即今蚶也。《爾雅》謂之魁陸。’”

3. “海鏡”條。稿本一“海鏡廣人呼爲膏葉盤”注云：“案：膏葉，《海録碎事》及《説郛》作‘膏菜’。”稿本四卷下補注：“《海録碎事》二十二上引《嶺表异録》，‘海鏡’上有‘《越絶書》云’四字，‘兩片合’作‘盤殻相合’，‘殻圓’作‘外圓而’，‘滑’作‘潔’，‘具備’作‘皆正’。”《校勘記》“膏葉”注云：“舊校云《海録碎事》及《説郛》作‘膏菜’，今案《御覽》《廣記》同，惟《紺珠集》作葉。”

4. 《校勘記》，“瘴母。《海録碎事》九上”。

5. 《校勘記》，“嶺表節日。《海録碎事》二”。

6. 《校勘記》，“獠市。《海録碎事》十五”。

7. “鶴子草”條。稿本一“鶴子草蔓生也”注云：“案《海録碎事》引此條云‘媚草，鶴子草也。’與此不同。”《校勘記》“蔓生也”注云：“舊校云：《海録碎事》引此條作‘媚草，鶴子草也。’”補注：“《海録碎事》二十二下引多節省，‘媚草’上有‘《述异記》’三字。”

8. 《校勘記》“鸕鶿”條，補注：“《海録碎事》二十二引‘雖東西’’至‘格磔聲’。”

9. 《校勘記》“海蝦”條，補注：“《海録碎事》五引《嶺表异録》云‘海中有大蝦，鬚可爲杖，長丈餘’，即省略《北户録》文作之。”

上第 2 條是《四庫全書總目提要》提及的《海録碎事》引用條目，第 3、7 兩條武英殿本已用《海録碎事》校勘，由此可以推測魯迅至少在 1911 年抄録武英殿本時已注意到《海録碎事》。大概因爲書不易得，魯迅在謄清後纔查考到原書加以補注。第 4—6條行間小注“《海録碎事》九上”“《海録碎事》二”“《海録碎事》十五”容易被誤認爲謄清時所書。仔細觀察，這三處文字墨色一致，比謄清文字墨色略濃、字形稍大（見圖 1）。考慮到《校勘記》“賈人船”“明皇舞象”兩條出處仍然空缺，筆者推測這三條謄清時亦未注出處，之後纔得以補全，因紙幅正好有空，于是補書行間。

綜上，魯迅查驗《海録碎事》當在稿本四完全謄清之後。

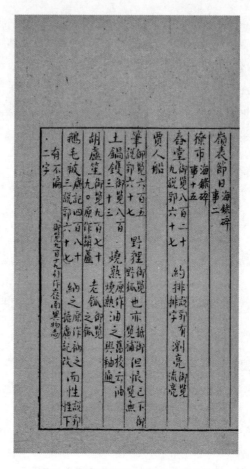

圖1　《嶺表録异校本·校勘記》

（二）周作人抄録《海録碎事》“鬼車”條

稿本二内有周作人抄録《海録碎事》“鬼車”條（圖2），録文如下：

鵋，又名休鶹，夜飛晝伏。能拾人爪甲以爲凶，凶則鳴于屋上，故人除爪甲必藏之。又名夜游女，好與嬰兒爲祟。又名鬼車，又名魚鳥，能入人家收魂氣。其頭有九，爲犬所噬，一首常下血，滴入人家則凶，故聞其聲則擊犬使吠以厭之。休鶹，晝目無見，夜則目明。陳藏器引《五行書》：“除手爪埋户内。此鳥乃姑獲、鬼車之類也。姑獲，夜飛晝藏，一名天帝少女，一名夜行游，一名隱飛，好取人家小兒養之。今小兒衣不欲夜露，爲此物愛以血點其衣爲志，即取兒也。又《异録》。

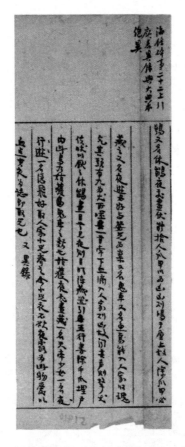

圖2　周作人抄録《海録碎事》"鬼車"條

　　上加點"入""家"二字，劉鳳本無，疑周作人抄誤。此條天頭有魯迅批注："《海録碎事》二十二上引《嶺表録异》，與《大典》本絶异。"然而稿本四對應部分并無補注，推測此條或應夾入稿本四。上文已指出周作人所抄葉爲周豐一捐贈，估計魯迅在與周作人失和之時（1923年）尚不及帶走，結果分置兩處。

　　《海録碎事》引用《嶺表録异》還有卷一"颶母"，較稿本四"颶母"條文字簡略。

四、《古小説鈎沉》定稿本

　　《古小説鈎沉》是魯迅輯録的古小説佚文集，收録周至隋散佚小説36種。魯迅云："我原已輯好了古小説十本，祇須略加整理，學校既如此着急，月内便去付印就是了。"⑪"古小説十本"現藏北京魯迅博物館，正文謄清基本無修改，天頭則有多處補注；每種尚缺小序，題名頁與正文之間爲小序留有空白頁，版心已寫就"青史子序""語林序"等標題；主體完成于1912年初⑫。其上有修改補注者，計有《裴子語林》《郭子》《俗説》《小説》《列异傳》《述异記》《孔氏志怪》《劉之遴神録》《幽明録》

《漢武故事》《玄中記》《曹毗志怪》《續异記》《録异傳》《宣驗記》《冥祥記》16 種。補注引用古籍計有《類林雜説》《杜工部草堂詩箋》《文房四譜》《海録碎事》《野客叢書》《西京雜記》《優古堂詩話》《觀林詩話》《續釋常談》《史記索隱》《法苑珠林》《猗覺寮雜記》《輿地紀勝》《古今類事》《山居新語》《辨正論》《路史》《史記正義》《集神州三寶感通録》《高僧傳》《法事感通録》《續高僧傳》等 20 餘種。與《嶺表録异》類似，有些書是謄清時已經引用過的，如《類林雜説》《法苑珠林》《文房四譜》《辨正論》《集神州三寶感通録》《續高僧傳》等；有的書則是謄清之後新引用的，如《杜工部草堂詩箋》《嶺表録异》《猗覺寮雜記》等。用《海録碎事》訂補者有以下 7 種 23 條。

（一）裴子語林

此種在第 12 册。

1. "劉道真子婦始入門，遣婦虔，劉聊之甚苦，婢固不從，劉乃下地叩頭，婢懼而從之。明日，語人曰：手推故是神物，一下而婢服淫。"補注："《海録碎事》七引'子婦'至'甚苦'十二字僅作一'求'字，'推'作'椎'。"按："十二"爲"十三"之誤，疑魯迅筆誤。

2. "羊稚舒瑈冬月釀酒"條，補注："《海録碎事》六引至'抱甕'，下云'速得味好'。"

3. "王中郎以圍棋爲手談"條，補注："《海録碎事》十四引，略同《水經注》，'或亦謂之'作'支公以圍棋爲'。"

4. "范啓云韓康伯似肉鴨"條，補注："《海録碎事》八引末六字，首作'《説林》云'。"

《海録碎事》引用《語林》還有卷六"徐家肺""羞煮""煎茶博士"、卷九"官銜"等條。魯迅輯本僅存"茶博士"目，其餘三條未輯。

（二）小説

此種在第 12 册。《海録碎事》引殷芸《小説》或作"商芸《小説》"。

1. "漢武以雜寶粧床屏帳等，設于桂宮，謂之四寶宮。"補注："《海録碎事》七引作'謂四寶宮也'。"按："《海録碎事》七"，"七"爲"四"之誤，疑魯迅筆誤。

2. "孔子嘗使子貢出"條，補注："《海録碎事》十四節引，末作'鼎無足，其乘舟來耶？果然。'"

3. "武帝幸甘泉宮"條，補注："《海録碎事》二十二節引，作'朔對曰：此蟲名爲怪蟲。'"

4. "胡廣以惡月生"條，補注："《海録碎事》七引，兩'背'字下皆有'其'字，'以其'二字無，'胡'下有'名廣'。"

5. "鄭玄在徐州"條，補注："《海録碎事》七引云：'袁紹稱鄭玄以布衣雄事。'"

6. "管寧避難遼東還"條，補注："《海録碎事》八節引，末有'風乃息'三字。"

7. "王安豐"條前,天頭補輯:"杜預書告兒:古詩'有書借人爲可惜,借書送還亦可嗤'。《海録碎事》十八。"

8. "劉道真年十五六"條,末尾補書出處:"《海録碎事》八。"

9. "鄭餘慶處分厨家"條,末尾補書出處:"《海録碎事》六引商芸《小説》。"

10. 《小説》末葉,補輯:"學者當取三多:看書多,持論多,著述多。三多之中,持論爲難,爲文須辭相稱,不然同乎按檢,無足取。《海録碎事》十八引《小説》。"

《海録碎事》引用《小説》還有卷一一"唐宣宗探丸命相"條(僅存目)。殷芸爲南朝時人,其書不應有唐時内容。魯迅本無此條。

(三)述异記

第13册"吳黃龍年中"條前,天頭補輯:"漢宣城太守封邵忽化爲虎,食郡民,民呼曰封使君,因去不復來。時語曰:'無作封使君,生不治民死食民。'《海録碎事》十二。"

(四)幽明録

第13册"河東賈弼之"條,補注:"《海録碎事》九略引作'愛君美貌,欲易君頭,遂許之。'"又補注:"《海録》亦有'半面啼'三字,在'半面笑'下。""亦作'文詞各异。'"

《海録碎事》引用《幽明録》者還有卷四"鷄窗"(未標出處)、卷八"金帶鈎"、卷一三"痴龍"(未標出處)等條。魯迅本"長安有張氏者"條(與"金帶鈎"相關)、"漢時洛下有一洞穴"條(與"痴龍"相關)、"晋兗州刺史沛國宋處宗"條(與"鷄窗"相關)内容皆較詳。

(五)漢武故事

此種在第13册。

1. "淮南王安好學多才藝"段,補注:"李少君言:冥海之棗大如瓜,種山之李大如瓶也。《海録碎事》二十二。"

2. "欒大曰"段,補注:"《海録碎事》五引云:'上起神屋,以真珠爲簾,玳瑁爲押。'"又補注:"《海録碎事》五引'以琉璃'至此,'御'亦作'居'。"按:劉鳳本"玳瑁爲押"作"玳瑁押之","以琉璃"作"以上琉璃",與魯迅引文略异。

3. "履玄瓊鳳文之舄",補注:"玄瓊句亦見《海録碎事》五。"

4. "下游人中,以觀天下,非陛下臣也",注文"《紺珠集》九"後補寫"一",補注:"一《海録碎事》七。"按:兩處"一"字均用紅筆。

5. 《漢武故事》末葉,補輯:"一畫連心細長,謂之連頭眉,又曰仙蛾妝。《海録碎事》七。"按:此條與"高皇廟中御衣"條均爲補寫,字形細瘦,與謄清文字略异(見圖3)。

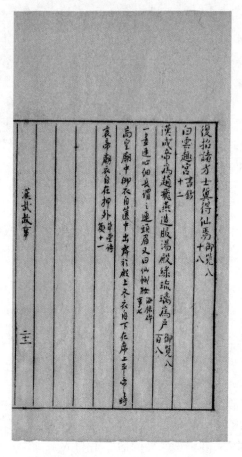

圖 3　《古小說鈎沉》定稿本中《漢武故事》末葉

　　《海錄碎事》引用《漢武故事》還有卷四"香柏""柏梁臺"、卷一〇"玉杯"、卷一三"青鳥"、卷一四"風實雲子"等條。魯迅本"鑿昆池"段（與"香柏""柏梁臺"有關）、"王母遣使謂帝曰"段（與"青鳥""風實雲子"相關）、"始元二年"段（與"玉杯"有關）與《海錄碎事》諸條內容相關，文字有異。

　　（六）玄中記

　　第 13 冊"尹壽作鏡"條，末尾補書出處"《海錄碎事》五"。《海錄碎事》卷五"地鏡"條作："《玄中記》。尹壽作《地鏡圖》云：'欲知寶所在，以大鏡夜照，見影若光在鏡中者，物在下。'"魯迅輯本正文僅四字，沒有增補具體內容。

　　（七）錄异傳

　　第 14 冊"昔廬陵邑子歐明者"條，補注："《海錄碎事》二略引，云'有商人過清明湖，見清明君'，末作'今人正旦，以繩繫偶人，投于糞壤中，云令如願。'"

　　綜上，《海錄碎事》相關條目魯迅大多已補注，補注時間不早于 1912 年。

344

五、《嵇康集》定稿本及周作人抄稿

《嵇康集》十卷，三國魏嵇康撰。《魯迅譯著書目》言校勘有"魏中散大夫《嵇康集》十卷（校明叢書堂抄本，并補遺。未印）"⑬。1913年，魯迅從京師圖書館借出明叢書堂《嵇康集》後，便開始了過錄、校勘和補遺工作。此後多年浸心于此，直到1931年11月13日還"校《嵇康集》以涵芬樓景印宋文［本］《六臣注文選》"⑭。此近20年間，形成了多種《嵇康集》校稿本。定稿本是1931年曾用《六臣注文選》校勘過的稿本（第8冊5—254頁）。該稿爲謄清稿，有少量修訂。前兩卷爲魯迅寫定，後八卷爲許廣平騰寫，基本上照1924年校訂稿（第7冊179—378頁）謄清。多種《嵇康集》校稿中，僅定稿本的修訂之處校引了《海錄碎事》。

在魯迅校勘《嵇康集》的材料裏，有一份周作人抄錄《海錄碎事》引用《嵇康集》的手稿。據國家圖書館藏檔案，此稿爲許廣平捐贈。

（一）周作人抄稿《嵇中散集［抄自〈海錄碎事〉]》

下文照錄周作人抄稿（第8冊255—257頁），標點爲筆者所加，原稿條前圓圈亦照錄。爲方便稱引，每條冠以數字序號；非出自《嵇康集》者，括注出處。

嵇中散集

1.《贈秀才入軍》詩：良馬既閑，麗服有暉。注：麗服，軍戎之服。《海》五。

2. 鸞翮有時鎩，龍性誰能馴？七下。（按：出自顏延之《五君咏》第二首）

3. ○長才廣度，無所不淹。又。又八上。

4. ○阮嗣宗與物無傷，唯酒過差耳。又六。

5. ○足下傍通，多可而少怪，謂山濤也。又八上。

6. ○剛腸疾惡，此其不可二也。又八下。

7. ○子文無欲卿相而三登令尹。又九上。

8. ○一行作吏，此事便廢。又。

9. 興命公子，携手同車。言起命公子，將同游也。又九下。

10. 目送歸鴻，手揮五弦。又。

11. ○昔吾讀書，得并介之人。并謂兼利，介謂自守。又十二。

12. 絃以園客之絲，徽以鍾山之玉。又十六。

13. 進《南荆》，發《西秦》，紹《陵陽》，度《巴人》。五臣注：南荆、西秦、陵陽、巴人皆琴曲。又。

14. 張急故聲清，氣和故響逸。又。

15. 或間聲錯糅，狀若詭赴。十六。

16. 羡門比壽，王喬争年。又九下《養生論》。

17. 少家孤露，母兄見憍。又。

18. ○筋駑肉緩，性復疏懶。又。

19. ○簡與禮相背，嬾與慢相成。又。

20. ○自卜已審。又。

21. 常人貴遠漸近，向聲背實。又。（按：出自曹丕《典論·論文》）

22. 有必不堪者七，其不可者二。又。

23. 左攬繁弱，右接忘歸。注：《新序》曰："楚王載繁弱之弓、忘歸之矢，以射兕于雲夢。"又二十。

24. 朝食琅玕實，夕飲玉池津。言鳳也。又廿二上。（按：出自江淹《雜體詩·嵇中散康言志》）

25. 安得忘歸草，言樹背與襟。忘歸草，即忘憂草也。又廿二下。（按：出自陸機《贈從兄車騎詩》）

第 1、10、23 條出自《四言十八首贈兄秀才入軍》，第 3—8、11、17—20、22 條出自《與山巨源絕交書》，第 9 條出自《四言詩十一首》，第 12—15 條出自《琴賦》，第 16 條出自《養生論》。其餘 4 條《海錄碎事》以爲嵇康文，實出自他書，上文已加按説明。

對比劉鳳本《海錄碎事》，周作人誤抄有兩處：第 6 條 "此其"，劉鳳本作 "此甚"；第 13 條 "五臣注：南荆"，劉鳳本作 "五臣注：荆南"。

抄稿加圈條均出自《與山巨源絕交書》，然而第 17、22 條亦出自此篇，未加圈。加圈含義尚不明確。

（二）魯迅《嵇康集》校引《海錄碎事》

魯迅《嵇康集》定稿本校引《海錄碎事》者，僅《與山巨源絕交書》中兩條：

1. "母兄見驕"。"驕"字下，校語刪改爲："《海錄碎事》卷九上引作'見憍'。《晋書》作'驕恣'。"

2. "惟飲酒過差耳"。"飲"字後補 "《海錄碎事》卷七下引無飲字"；"過"字後補 "《海錄碎事》引無過字"。

周作人抄稿異文，魯迅未出校者有如下 5 條：

1. 第 14 條，魯迅本上下兩句互乙，"氣和"作"器和"。

2. 第 15 條 "襟"，魯迅本作 "褓"。

3. 第 17 條 "少家"，魯迅本作 "加少"。注云："各本作'少加'，《文選》同。《晋書》及《御覽》四百九十引皆作'加少'。"

4. 第 18 條，魯迅本上下兩句互乙。

5. 第 23 條 "繁弱"，魯迅本作 "繁若"。

周作人抄稿之外，《海錄碎事》引用《嵇康集》者尚有數條，如卷一 "九陽"（劉鳳本未標出處）、"亮月"，卷五 "新衣翠粲"，卷六 "鸞觸" "當關"，卷八 "直性狹中" "禮法所繩"，卷九 "不喜作書" "登王塗"（劉鳳本未標出處，海隅書屋抄本標注 "嵇叔夜書"），卷一〇 "一年三秀"，卷一二 "榮心日頹" "機務纏心"，卷一五 "翕艶"，卷一六 "雅琴" "鍾山玉" "琴德"，卷二二 "瀺灂" 等⑮，與魯迅本有異者如：

1. "亮月" 條："皎皎亮月，麗于高樓。" 魯迅本作 "皦皦朗月"，"皦皦" 下注 "各本作皎皎"，"朗" 下注 "《文選》作亮"。

2. "禮法所繩" 條："幸賴大將軍保之耳。" 魯迅本 "保" 作 "保持"。

3. "不喜作書" 條："性不便書，不喜作書，而人間多事，堆案盈几，不相酬答，則犯教傷義；欲自勉强，則不能久，四不堪也。嵇康書。" 魯迅本 "性" 作 "素"，"不喜" 前有 "又" 字，"几" 作 "机"。

4. "榮心日頹" 條："任實之情日篤。" 魯迅本 "日" 作 "轉"。

5. "機務纏心" 條："心不耐煩，而官事鞅掌，機務纏其心，世故繁其慮，七不堪也。嵇康。" 魯迅本 "機務" 作 "萬機"，"繁" 作 "煩"。

魯迅本爲什麽衹有兩條出校，其餘是疏漏還是有意不取？戴明揚《嵇康集校注》[16] 相關條目亦未引用《海録碎事》。戴本與魯迅本有異而與《海録碎事》同者有："左攔繁若"，戴本作 "左攔繁弱"，并稱魯迅本誤[17]；"萬機纏其心"，戴本 "萬機" 作 "機務"；"世故煩其慮"，戴本 "煩" 作 "繁"[18]。我們傾向認爲，魯迅等校注者更加看重《嵇康集》不同版本以及《文選》《晉書》等較早時期的他書異文，對于《海録碎事》的異文并不全盤出校，而是取其可取之處。

（三）周作人日記抄閱《海録碎事》記録

《周作人日記》1917 年 6 月 26 日至 29 日，記載了周作人連續四天去北京大學圖書館閱覽和抄録《海録碎事》[19]。摘録如下：

廿六日。晴，熱。上午往大學，假《海録碎事》閱之。訪蔡先生。午返。……

廿七日。晴，風。上午往大學，閱《海録碎事》。霞卿來談，向假《希羅文史》等講義二册。午返。……

廿八日。晴，風。上午往大學録書。午返。……

廿九日。晴。上午得廿五日家信。往大學。館員胡君以猩紅熱卒，病纏三日云。抄《海録碎事》了。十時半出館。……

廿八日言 "録書"，據上下文判斷，此書當指《海録碎事》。周作人于 1917 年 4 月 1 日由紹興抵達北京，原本擬任北京大學新開設的希臘文學史與古英文課教員[20]。因爲學期中間不能添加新課，與蔡元培言定從 4 月 16 日開始在國史編纂處擔任編纂之職[21]。由此算來，周作人發現北大圖書館所藏《海録碎事》[22]也就是剛到北大兩個多月。他先連續兩個半天到館閱覽，接着兩個半天開始録文。周作人所抄《嵇中散集》和《海録碎事》"鬼車" 條抄稿很可能就是此時所抄。二者用紙一樣，後者是從完整葉面中裁出的小條。

周作人抄録《海録碎事》很可能是爲魯迅輯校《嶺表録异》《嵇康集》等古籍提供參考材料。《海録碎事》"鬼車" 條上有魯迅批語，《嵇中散集》抄稿後由魯迅保存，可資佐證。周作人抄録所得當不在少數，可惜目前所見僅此兩件，還有一些抄稿恐怕已經遺失。現存《魯迅日記》没有關于《海録碎事》的記載。

魯迅應該較早關注到《海録碎事》所引《嵇康集》异文，爲何直到《嵇康集》謄清後纔加以補充呢？有待進一步研究。

六、結 語

通過上述分析統計，我們總結出以下幾點：

一、魯迅十分重視《海録碎事》的輯佚、校勘價值。現存魯迅手稿中，引用《海録碎事》輯佚、校勘的古籍達到 11 種 40 條（周作人抄"鬼車"條暫不計入）。《海録碎事》引用《嵇康集》的多條异文中，魯迅僅兩條出校，大概由于他更看重《嵇康集》不同版本和《文選》《晋書》等較早時期的他書异文。

二、根據《會稽郡故書雜集》校本的形成過程以及周作人日記，我們推測魯迅查驗《海録碎事》不早于 1915 年 6 月，很可能是在 1917 年 6 月周作人到北京大學圖書館抄閱《海録碎事》之後。如果此前魯迅已經查考到《海録碎事》，周作人不大可能再花這麼長時間（四個半天）抄閱，最多祇是代校。

三、魯迅利用《海録碎事》補校的時間與查驗《海録碎事》差不多同時或者稍後。可以説，凡是魯迅手稿中利用《海録碎事》補校的條目，肯定不會早于 1915 年 6 月，有可能在 1917 年 6 月之後。

四、從魯迅和周作人輯校古籍的合作經歷來看，兄弟二人常常分頭查閱不同的古籍。周作人抄録《海録碎事》提供了又一例證。魯迅是否親驗了《海録碎事》原書，還是托周作人代抄之後依據抄稿校勘，目前尚不確知。值得注意的是，由于兄弟二人失和致使手稿分置兩處，有些稿件因此失序。

五、分析魯迅手稿後補内容時，要特别注意辨析魯迅在行間補寫的字迹，如果與謄清文字混同，得出的結論則不可靠。

上文已經提到，魯迅輯校古籍定稿本中補注所引古籍不下 20 種，有謄清時已經引用，也有謄清之後新引。如果能對這些修改情况作全面深入的考察，相信一定會有更多發現。

【本文係教育部人文社會科學重點研究基地北京大學中國古文獻研究中心項目《國家圖書館藏名家批校本整理研究及數據庫建設》（項目批准號：22JJD750007）階段性成果】

注釋：

① 《魯迅手稿全集》編委會編：《魯迅手稿全集》，國家圖書館出版社，2021 年。

② 李之亮：《校點説明》，（宋）葉廷珪撰、李之亮校點《海録碎事》，中華書局，2002 年。除特別説明外，本文引用《海録碎事》皆據此書。

③ 國家圖書館藏有一部，索書號：善 02645，國家圖書館"中華古籍資源庫"已收録。本文所引劉鳳本據此。

④ 索書號：善 A00491，"中華古籍資源庫"已收録。

⑤ 見魯迅 1914 年 11 月 10 日、11 月 12 日日記。魯迅：《魯迅全集》第 15 卷，人民文學出版社，2005 年，139—140 頁。

⑥ 周作人：《周作人日記（影印本）》上冊，大象出版社，1996 年，559、562—563 頁。

⑦《魯迅全集》第 15 卷，175 頁。

⑧ 王映予認爲"鄭公風"一條僅《海録碎事》有載。王映予：《宋代類書〈海録碎事〉研究》，博士學位論文，蘭州大學，2017 年，104 頁。

⑨《魯迅全集》第 4 卷，184 頁。

⑩ 同注⑦，86 頁。

⑪《兩地書·七五》，魯迅：《魯迅全集》第 11 卷，208 頁。

⑫ 林辰：《關於〈古小説鈎沉〉的輯録年代》，林辰著、王世家編校《林辰文集（貳）》，山東教育出版社，2010 年，117—120 頁。

⑬ 同注⑨。

⑭《魯迅全集》第 16 卷，277 頁。

⑮《海録碎事》卷八上"長卿慢"、卷一六"龍唇鳳足"，誤標出處爲嵇康文。

⑯（三國魏）嵇康著，戴明揚校注：《嵇康集校注》，中華書局，2014 年。

⑰ 同上，15—16 頁。

⑱ 同注⑯，197、216 頁。

⑲ 同注⑥，678 頁。

⑳ 錢理群：《周作人傳》，華文出版社，2013 年，151、154 頁。

㉑ 見 1917 年 4 月 1 日、1917 年 4 月 11 日及 12 日周作人日記，《周作人日記（影印本）》上冊，662、664 頁。

㉒ 感謝同學沈瑩瑩代查北京大學圖書館藏目録。

（作者單位：國家圖書館古籍館）

國家圖書館藏吳可讀《西洋小説發達史略》錢鍾書外文批注述要

彭福英

内容提要：國家圖書館藏《西洋小説發達史略》有錢鍾書先生外文批注，内容既有對"小説"一詞發展的歷史概述，亦有對從古希臘羅馬開始至近代英國各部小説内容、情節、人物、特色的介紹和點評，還有相關參考書。據書中錢鍾書先生的外文批注，可管窺錢鍾書先生的西方文學素養、藏書和治學旨趣。

關鍵詞：錢鍾書　《西洋小説發達史略》　外文批注

錢鍾書的外文手稿，絕大部分都被收入《錢鍾書手稿集·外文筆記》中，祇有零星手記和批注散見于其外文舊藏。目前國内所見其帶批注藏書，據查考有 7 種：即華東師範大學所藏的 4 種、孔夫子網所見的《文學創作》（*The Making of Literature*）、《水上吉普賽人》（*The Water Gipses*）和《奇幻故事》（*Contes Fantastiques*）[1]。7 種之外，國家圖書館外文善本特藏中近年入藏的《西洋小説發達史略》（*Great European Novels and Novelists*）一書亦爲錢鍾書先生舊藏，内有批注多處。筆者在此對錢氏批注略加辨讀和查考。如有疏誤，敬請指正。

一、《西洋小説發達史略》一書

《西洋小説發達史略》，1933 年由北平法文書店亨利·魏智（Henri Vetch）出版。藍色布面精裝，封面有吳宓漢文題書名及作者名。書前第一護葉正面有手寫的題贈：

To C. S. Chien	贈錢鍾書
with many thanks	不勝感激
from	
L. Pollard-Urquhart	吳可讀

據此推斷，此爲作者吳可讀贈送錢鍾書之書。前第二護葉正面爲英文題名"Great European Novels and Novelists"。題名頁右上角鈐"鍾書"方形藏書印，中有鋼筆題記："此先師吳可讀先生相贈者，即贈休徵（女士），爲別後讀小説之津逮，亦傳衣之遺風也。"可知此書先由吳可讀贈送錢鍾書，後轉贈休徵女士。1929 年錢鍾書考入清華大學之時，吳可讀在外文系教書，因而與錢鍾書有一段師生緣。

該書正文分爲兩個部分。第一部分爲前言和四章正文，內容分別爲早期小説、伊莉莎白時代的小説家、英雄小説和流浪漢小説，18世紀偉大的小説家，小説中的哲學和情感。第二部分共五章，主要講述了19世紀前半葉的英國小説、法國小説，19世紀前半葉之後的英國、法國和俄國小説，後有作家姓名表、作家和著作表以及作者和書名索引。

作者吳可讀（Arthur Lewis Pollard-Urquhart，1894—1940），1894年5月17日出生于愛爾蘭中部的韋斯特米斯郡（Westmeath），1919年大學畢業後來華，任教于清華大學，抗戰期間隨校遷至西南聯大。聯大教書期間，不幸在日軍的一次空襲中被汽車撞倒，跌傷膝部，遂即發炎，因治療無效于1940年10月24日逝世[②]。季羨林在《我和外國文學的不解之緣》一文中提到，清華大學西洋文學系中"教大一英文的是葉公超，後來當了國民黨的外交部長。教大二的是畢蓮（Miss Bille），教現代長篇小説的是吳可讀（英國人），教東西詩之比較的是吳宓，教中世紀文學的是吳可讀"[③]。由此可知，季羨林就讀清華大學之時，吳可讀至少擔任"現代長篇小説"和"中世紀文學"兩門課程的教學。有關吳可讀在清華和西南聯大教書的經歷，季羨林在《清華園日記》一書也多次談到。在該書引言中，季羨林介紹了當時在清華大學任教的多名外國教授，談到吳可讀時，有簡短的一句："吳可讀，英國人，講授'中世紀文學'一課，也沒有任何著作。"[④]文中提及的"沒有任何著作"，應該沒注意到此書。除了《西洋小説發達史略》之外，吳可讀還爲當時商務印書館出版的一些西方文學著作撰寫引言或導讀，如1926年版《注釋狄更司聖誕述异》（A Christmas Carol in Prose：Being a Ghost Story of Christmas）、1928年版《潘墅美人》（The Fair Maid of Perth）、《賓華德傳》（Quentin Durward），1930年版《英國散文選》等，促進了外國文學作品的譯介和傳播。

著名翻譯家許淵冲回憶西南聯大就讀期間，時任西南聯大英語系主任陳福田曾開設過《西洋小説》一課，但"他基本上是拿着Professor Pollard（吳可讀）的講義照本宣科，每句念兩三遍，連標點符號都照念不誤，要我們聽寫下來"[⑤]。陳福田（Chen Fook-Tan，1897—1956）1923年到清華大學執教，曾先後任清華大學外文系、西南聯大外文系主任，是著名的西洋小説史專家。陳福田使用吳可讀的講義授課，從側面説明對其講義內容的認可。

此書出版後，《中國評論周刊》（The China Critic）1933年第6期發表了錢鍾書的書評。文中指出：此書的中文題名《西洋小説史略》具有誤導性。因爲此書涵蓋的範圍比中文題名要窄許多，如美國小説就沒有被包括在內。雖然所選的亨利·詹姆斯（Henry James，1843—1916）生在美國，但却在英國去世[⑥]。在內容上，該書把重點放在了法國、英國和俄羅斯作家上；此外此書祇談及到了戰前的歐洲作家，當代作家并沒有談到。由此錢鍾書覺得這本書的英文名"Great European Novels and Novelists"直譯爲"歐洲偉大的小説和小説家"更能體現該書的傾向性。錢鍾書還談到了普魯斯特的意識流小説，認爲比起伯格森和弗洛伊德，普魯斯特的意識流小説受休謨的哲學影響更大。錢鍾書還批評了已被翻譯成中文的小説列表，認爲僅僅選出36種作品，而未陳述選擇的標準，是非常奇怪的。因爲已翻譯的小説遠遠多于這個數目，如《包法利夫人》僅僅給出了一個譯本，但彼時至少有兩個譯本；《學衡》（*Critical Review*）連載伏爾泰著作《老實人》（*Candide*）的譯本，理應比徐志摩的譯本得到更多的關注[⑦]。但總體來說，錢鍾書認爲，"作爲一本主要供學生使用的教科書，此書令人欽佩；該書目前在中國幾乎是獨一無二的，在未來相當一段時間也可能同樣如此。風格流暢清澈，主題集中，行文不急不緩"[⑧]。

1936 年，《國聞周報》刊登了周駿章對此書的評論文章。周認爲此書文字淺顯流暢，便于閱讀；内容上，該書從希臘開始，一直講述到 20 世紀初葉的小説爲止，將小説的源流、嬗變和盛衰闡明透澈；用生動的文筆，叙述每本小説的情節，然後予以批評，説明優劣，使讀者可以領略每本小説的梗概，并産生興趣。但同時作者認爲書名爲《西洋小説》，而缺少德國，似乎不近情理；部分論述小説家，没有按照時間先後次序，難以看出淵源和影響；將小説家斯蒂芬生（R. L. Stevenson）[⑨]列入二流作家不妥；個别小説家的代表作没有提及；叙述古代作品年代不確定的時候，語氣過于肯定，似不妥帖，同時還存在一些印刷錯誤[⑩]。在提出一些意見的同時，周駿章評價該書"是一部好書，勝過普通中文所作小説論、小説研究、小説大綱和小説 ABC；其中所有的訛誤，若在校對時慎重校閲，一定可以免去。我們希望此書再版時，一切欠妥之處都修正無誤，使本書成爲完璧，而讀者就可以完全信用它了"[⑪]。

這兩篇書評，一方面對書中的不足一一指出，另一方面也肯定了該書主題集中、脉絡清晰、文筆流暢、淺顯易懂，是優質的教科書。應該説評價還是非常中肯的。而今學術界對此書鮮有提及，但從當時的相關評論來説，此書還是有一定的影響和實踐意義。

二、錢鍾書批注整理翻譯及闡釋

國家圖書館所藏《西洋小説發達史略》有多處錢鍾書先生的批注，或爲當年先生撰寫上述書評前閲讀此書的筆記。這些批注，有的重在介紹小説主要内容，有的評價人物，有的評價作品本身；多爲鋼筆書寫，少部分爲鉛筆書寫。鉛筆字迹，由于時間原因，多數已模糊不可辨。下面嘗試將能辨析的批注轉録并翻譯、闡釋。原文的大小寫、單復數、時態、下劃綫、標點，不作任何改動。

（一）有關"小説"一詞的批注

在前言的反面空白頁，有錢鍾書一整頁手稿，主要討論"小説"一詞的發展歷史，兹録如下[⑫]：

The law governing the development of the novel is operative in all literacy development: the principle of action and reaction. Realist (like as it is) vs. idealists (like as it ought to be) – two poles of human nature. In one period, the ideal in ascendancy, in another, the real. The terms "romance" & "novel" are in themselves a summary of the two conflicting aims in fiction. The former from Fr. *Romanz*, in Eng. an older word in common use as early as the 14th cent = a highly idealized verse-narrative of adventure or love, tr. from a romance language (later extended to similar stories delivered from classic source of their own invention), for a verse-narrative approaching closer to the manners of real life. The Provencal poets employed the word "novas" (always plural). For a like narrative in prose, always short, Italians a cognate word novella. The stories of this realistic content written in England in the 14th century called "tales" (an elastic term which Chaucer made to comprehend all the different kinds of verse-stories current in his time). In the age of Elizabeth nouvelle tr. & the name adopted (a good name for it conveyed the notion that the incidents & treatment were new), but the Elizabethans preferred the word history e. g The Tragical History of Romeo & Juliet (a good name for it implied a pretended faithfulness to fact), eg. Richardson^⑬&Fielding^⑭, Clara Reeve^⑮ in Progress of Romance (1785) when supernatural stories came into fashion: "The novel is a picture of real life & manners, & of the times in which it is written. The romance, in lofted & elevated language, described what real happened or is likely to happen."

　　支配小說發展的法則在所有文學體裁的發展中都是有效的：作用和反作用的原理。現實主義者（如其所是）與理想主義者（如其所應）——人性的兩極。在一個時期，理想主義占優勢；在另一個時期，現實主義占上風。　"傳奇"（romance）和"小說"（novel）兩個詞本身就是小說中兩種衝突目標的總結。前者來自古法語*romanz*，早在 14 世紀就被普遍使用的更古老的一詞。這是冒險或愛情故事高度理想化的韵文敘事，從羅曼語言（後來擴展到類似的他們自己創造但有着古典傳統的故事）翻譯而來，因爲韵文敘事更接近真實生活方式。游吟詩人使用 "novas"（總是複數）一詞。對于類似的簡短散文敘事，意大利人使用同源的novella 一詞。而 14 世紀英國現實主義故事被稱爲 "tales"（喬叟爲了理解當時的各種散文故事而使用的彈性術語）。在伊莉莎白時代，novelle 一詞被翻譯和采用（這是一個好的名稱，因爲它傳達了事件和處理方式都是新的這樣一種理念），但伊莉莎白時代的英國人更喜歡用 "history" 一詞，如《羅密歐與茱麗葉的悲劇史》（暗示了對事實的假裝忠誠），如理查遜和菲爾丁。克拉拉·里夫在《傳奇的發展》（1785 年）談到當超自然故事開始流行時："小說是現實生活和禮節、同時也是其創作時代的寫照。傳奇則是用升華的語言描述真實發生或可能發生的事情。"

　　按：此段批注提及了小說的兩個詞 "Romance" 和 "novel" 的發展。"Romance" 的最早形式是 "romanz" "romant" 和 "roman"，是根源于羅馬帝國的一種方言。到了 12 世紀，"romanz" 不僅僅表示一種方言，而且表示用此方言寫成的故事。12 世紀法國詩人克雷蒂安·德·特羅亞（Chrétien de Troyes）使用了 "cest romans fist Cretïens"，既表明他是作者，同時也標志着一種新文學體裁的誕生。1300 年左右該詞被收入英語中，形式變爲 "romance"。但到了 16 世紀，"romance" 一詞很少爲人所用，如在伊莉莎白時代的英國，幾乎見不到此詞。在歐洲大陸，這個詞的含義變得更爲狹窄，主要指騎士傳說^⑯。到了 17 世紀，浪漫主義（romantic）一詞誕生之後，"romance" 幾乎成爲小説（fiction）的代名詞。

（二）有關古希臘羅馬小説的批注

目録頁的反面空白頁以及下一頁序言頁的邊白部分，有錢鍾書關于古希臘羅馬一些著作的批注，原文著録如下：

p. 5 The Latin Apollonius of Tyre, from a lost Greek original which claims as one of the earliest love-stories. Antiochus, King of Syria, entertaining an undue affection for his daughter, Tarsia, kept off suitors by an unsolvable riddle. But Apollonius, king of Tyre, discovered the answer, is obliged to fly, & (as well as Tarsia) undergoes many trials from pirates & other persecutors. An abridgment of Gesta Romanorum, the foundation of Shakespeare's *Pericles*.

Aethiopica: Full of the most improbable scenes & incidents. The hero is a weak & dull character, but the heroine is well drawn& full of interest. The description of customs & manners, especially the religious ceremonies, is minute& often most interesting in an antiquarian viewpoint. Tasso[17] praised the plot & the early life of Clorinda (Gerusalemme Liberata[18]c. xii) is almost identical with that of Chariclea. Racine meditated a drama on the subject of the romance, the dénouement imitated in Guarini's Pastor Fido[19], its chaste tone compares favorably with other worksof the same class.

Longus: Daphnis &Chloe, 4th or 5 the century shows traces of imitation of Aethiopica, the model of Honoré d'Urfé´s Astrée[20], Montemayor's Diana[21], Tasso's Aminta[22], Allan Ramsay's Gentle Shepherd[23], tr. into every European language. The development of the simple passion forms the chief interest, few incidents. The picture of rural felicity & innocent love make the charm of the book, but some details shocking to modern ideas of propriety. The romantic spirit of expiring classicism, the yearning of a highly artificial society for primitive simplicity. Dio Chryesostom's Hunter, a beautiful example of this tendency, 3 centuries before Longus.

Achilles Tatitus, the last of these authors who can be said to have the slightest merit, (5[th]cent. -beginning of 6th). Leucippe & Cleitophonfall in love and fly to escape parental anger. They, after shipwreck, are seized by brigands and separated. C. 1st believes L. dead. Then finds her, to lose her once more, &again to meet her, a slave at the very time he is going to marry her mistress, Mellita, a rich Ephesian widow, it so happens that the husband of the latter is not dead, but returns to persecute with his love & jealousy, both L & C. Descriptions good, incidents tiresome or repulsive, the character of the hero pitiable.

拉丁文《泰爾的阿波羅尼烏斯》，來自一部失傳的希臘文版，可以稱得上是最早的愛情故事之一。叙利亞的國王安提庫斯對自己的女兒塔爾西亞有着非分之想，并通過一個難以解答的謎語把女兒的追求者都拒之門外。但是來自推羅的國王阿波羅尼烏斯找到了答案，却被安提庫斯迫害而逃，同塔爾西亞歷經磨難。這是《羅馬人的故事》（*Gesta Romanorum*）的一個縮略版和莎士比亞的《泰爾親王配力克里斯》（*Pericles*）的基礎。

《埃塞俄比亞遺事》：充滿不可思議的場景和事件。男主角是個懦鈍之人，但女主角刻畫生動，使人興趣盎然。故事對于風俗禮儀的描述，尤其對宗教儀式的描寫，從古文物研究者的角度來看，是最細微且最有趣的。塔索稱贊了故事情節，其筆下克洛琳達（Clorinda）（《被解放的耶路撒冷》C. XII）的早年生活與卡里克列婭（Chariclea）幾乎如出一轍。拉辛（Racine）曾計劃寫作一部以此浪漫愛情爲題材的戲劇，瓜里尼（Guarini）的《忠實的牧羊人》模仿了其結局，但其純正的腔調比同類其他作品更爲出色。

朗戈斯：《達夫尼斯和赫洛亞》（公元 4 到 5 世紀的作品）顯示出模仿《埃塞俄比亞遺事》的痕迹，《埃塞俄比亞遺事》也是奧諾雷·杜爾菲的《阿斯特蕾》、蒙特馬約爾的《狄安娜》、塔索的《阿明塔》、艾倫·拉姆齊的《溫和的牧羊人》的原型，它被翻譯爲歐洲各種語言。書中情節不多，樸素感情的發展是主要興趣點。田園風景和純真愛情的描繪使此書更具魅力，但有些細節却震驚了現代禮節觀念。在朗戈斯之前 3 個世紀，迪奧·克里斯索托（Dio Chrysostom）的《獵人》（*Hunter*）是即將消逝的古典主義浪漫精神和高度人工化社會對原始純真嚮往的典範。

阿基里斯·塔提烏斯（Achilles Tatius），是這些作家中的最後一位可以説是略有建樹的作家（5 世紀末 6 世紀初）。琉基佩（Leucippe）和克勒托豐（Clitophon）墜入愛河，爲了逃避雙親的怒火離家出走。他們在遭遇海難後被强盗扣押并分開，克勒托豐起初誤認爲琉基佩已死，但後來發現她没死并錯過；後當他打算與她的女主人——富有的以弗所寡婦梅萊特結婚之時，重逢成爲女奴隸的琉基佩，而梅萊特的丈夫非但未死，還出于愛和嫉妒，回來報復。對男女主角的描述都不錯，但情節令人疲倦或令人反感，男主角的性格令人惋惜。

按：這一段文字主要評述了古希臘羅馬時期的四部作品。每段前面的阿拉伯數字表示的是《西洋小説發達史略》講述作品的頁碼。如第一段的"p. 5"，表示的正文第 5 頁。《泰爾的阿波羅尼烏斯》，希臘原著約出現于公元 3 世紀。公元 6 世紀之時，維納提烏斯·福爾圖那圖斯（Venantius Fortunatus）最早提到了拉丁文版。存留下來的拉丁手稿（最早可以追溯到 9、10 世紀）中，流傳最廣的是維泰博的教會史家戈弗雷（Godfrey of Viterbo, 1120？—？）的《羅馬人的故事》。該書爲拉丁文寓言和軼事集，在中世紀流傳下來的手稿多達 114 種，12—16 世紀陸續被翻譯爲古法語、丹麥語、古挪威語、西班牙語、德語、捷克語、荷蘭語、匈牙利語和波蘭語[24]，1471 年由德國奧格斯堡（Augsburg）的出版商京特·蔡納（Günther Zainer, ？—1478）首次印刷出版。錢鍾書的批注簡單概括了故事的主要内容，在中世紀的流行以及對後世文學的影響。

《埃塞俄比亞遺事》，又名《提亞戈尼斯與卡里克列婭》（*Theagenes and Chariclea*），作者爲公元 3 世紀希臘作家赫利奧多洛斯（Heliodorus of Emesa）。錢鍾書的批注則重在角色、作品特色和對後世文學家的影響，故事的主要内容在第 7 頁的批注中得到了揭示。

《達夫尼斯和赫洛亞》爲古代希臘作家朗戈斯（Longus）的代表作，爲歐洲第一部田園愛情小説。故事主要内容錢鍾書在第 8—9 頁的批注中有介紹。該書重在描述男女主人公之間愛情的發展。這種愛情具有一種超凡脱俗、沁人心脾和能够净化靈魂的美感。在潤飾男女主人公愛情的同時，該書還廣泛涉及當時的生産勞動、生活習慣、道德觀念等風俗畫面，極富遠古時代的地方色彩和民族風情，一定程度上反映了當時的社會現實^㉕。瑞典古典語言學教授托瑪斯·海格（Tomas Hägg）認爲朗戈斯是希臘小説家中最有自覺意識的，他明白自己想要塑造的人物形象，對各種表達方式能够運用自如。因而此小説得到了精心修飾，甚至連最小的細節也刻畫精緻^㉖。錢鍾書的批注言簡意賅勾勒了此小説對後世的影響和主要特色，强調此小説對人物情感發展以及當時田園風光的描繪。

《琉基佩和克勒托豐》作者爲阿基里斯·塔提烏斯，有關他的生平，我們知之甚少。學界對于他的生活年代，觀點不一，認爲 4 世紀、5 世紀和 6 世紀的都有。但 1938 年新紙莎草文獻的發現佐證了創作年代爲公元 2 世紀的觀點^㉗，該小説摒弃了傳奇中的英雄色彩而主要描寫東地中海的生活，故事情節生動複雜。説明歐洲小説發展到此時，在結構上已經漸趨複雜完善^㉘。錢鍾書此段批注簡要叙述了故事主要内容，同時對男女角色的描繪做出了肯定的評價，但故事的情節冗長繁瑣，錢鍾書對此持保留意見。

書中第 2 頁和第 3 頁鉛筆邊注如下：

The Ionic Greeks, living under an Asiatic sky &corrupted by the oriental luxury, were the 1st to cultivate the kind of lit. , which tickles the fancy by voluptuous pictures told in a witty manner. Tales, perhaps the story of the Ephesians matron in Satire & that of the Cupid & Psyche in Asinus, are more closely allied to them than anything we now possess. Even Ovid was shocked (Tristia ii^㉙, 413, 443 –44)

Plutarch (Crassus, 32) refers to a copy found in the baggage of a Roman officer who was anima-adverted for carrying infamous books during wartime. This testimony gives sufficient indication of the nature of the Milesian tales^㉚.

Imblichus wrote Bablyonica, only abstract preserved in (Photius^㉛: Bibliotheca), Sinonis & Rhodanes, married lovers, persecuted by Garmus, king of Babylon. They fly, pursued by eunuchs. A remarkable resemblance between the fugitives and another couple, Euphrates & Mesopotamian is the chief subject of the plot.

Dio Chrysostom left among his orations, a short novel The Hunter (7th oration). The narrator is supposed to have been wrecked on the shores of Euboea & meets a hunter who tells his history. He & his wife love in happy solitude, when one day a stranger came, the hunter goes to the city with the traveler, frightened by the bustle & excitement debates with an idler upon the comparative advantages of town & country life. Return home.

愛奧尼亞希臘人生活在亞洲的影響下，被東方的奢華所侵蝕，是第一個培育文學的民族。這種文學通過機智的方式展現出的奢侈淫逸的圖像激發了人們的想像力。民間故事，也許是《薩蒂利孔》中以弗所女人的故事以及《金驢記》中丘比特和普賽克的故事，比我們現在擁有的任何作品，都更貼進這些故事。甚至奧維德也感到震驚。

　　普魯塔克在《古希臘羅馬名人傳》的《克拉蘇》(*Crassus*, 32) 曾談及在一名羅馬軍官行李中發現的《米利都傳奇》，他因戰時携帶禁書而被責罰。這是《米利都傳奇》存在的有力證明。

　　揚布里柯的《巴比倫遺事》(*Babylonica*)，内容梗概保存在弗提烏斯 (Photius) 的《文庫》(*Bibliotheca*) 中。西諾尼斯 (Sinonis) 與羅鄧尼斯 (Rhodanes) 這對夫妻遭到了巴比倫國王格爾姆斯 (Garmus) 的迫害，逃跑了，國王派遣太監捉拿他們。逃犯與另一對夫婦——幼發拉底和美索不達米亞驚人的相似性是小説的關鍵主題之一。

　　狄奧·克里索斯托在演説詞之外，留下了一本小小説《獵人》(*The Hunter*)（其實爲第七篇演講詞）。人們認爲叙述者應該在優卑亞島遭遇海難，認識了一位獵人，獵人講述了他的故事。起初，獵人和他的妻子深愛對方，幸福地生活。一天一個陌生旅行者到來，獵人與旅行者一起去了城市，被喧囂和熱鬧嚇壞了的獵人和一個游手好閑的人，辯論城市與鄉村生活的比較優勢，于是就回家了。

按：錢鍾書的此段批注，簡要提及了古希臘三篇小説：《米利都傳奇》存在的歷史證明、《巴比倫遺事》的主要内容和得以保存下來的形式以及古希臘著名演説家、哲學家迪奧·克里斯索托 (Dio Chrysostom, ca. 40—ca. 120) 的《獵人》，亦即第七篇演講《優卑亞人》(*The Euboean Discourse or the Hunter*) 的主要内容，該小説也描繪了優卑亞島上的鄉村生活[32]。

第 4 頁批注爲鉛筆和鋼筆夾雜書寫，原文如下：

Voltaire in Pyrrhonisme de l'histoire[33] set the fashion of calling Cyropaedia[34] a novel. The vogue of the novel began in Alexandrian times, when social life was so far settled in tradition that the pleasure of reflecting on reality has definitely set in.

Alexandrian = Hellenistic literature from the end of Alexander the Grt. to the Roman conquest of Greece (300 – 146 B. C.). The center in Alexandria, Egyptian capital.

Antonius Diogenes: The wonders beyond Thule (abstract in Photius Bibliotheca) 3rd century A. D. Recitals of travelers to the Celts &Aquitanians, etc. by the Arcadian Dinias, the Phoenician brother Dercyllis & Mantinias, such as would be imagined by persons who had never left their native hamlet. The itinerary confused. By Thule, perhaps Iceland or Norway.

Thule: the name given by ancients to a point of land 6 days' sail north of Britain, & considered by them to be the extreme limit of the world. Ultima Thule, where day and night each lasted for 6 months, ice so thick & impenetrable to others.

Milesiaka: 2nd century BC by a certain Aristides. Only imitation of them in Latin

&Grk[35] writer.

伏爾泰《歷史的皮浪主義》開創了把《居魯士的教育》（*Cyropaedia*）稱之爲小説的風尚。這部小説在亞歷山大時代開始流行，當時社會生活傳統已經確定，反思現實的樂趣已然形成。

亞歷山大時代＝希臘化時代的文學是從亞歷山大大帝統治末期到羅馬征服希臘之時（前300—前146），其中心是埃及的首都亞歷山大里亞。

安東尼烏斯・第歐根尼的《圖勒遠方的奇事》（弗提烏斯《文庫》收録摘要），3世紀通過旅行者阿卡迪亞人迪尼亞斯（Dinias）、腓尼基人德賽里斯（Dercyllis）和她的兄弟曼提尼亞斯（Mantinias）等人對凱爾特人、阿奎坦尼亞人的旅行回憶，這都是那些從未離開家鄉的人們所想象的。行程混亂，圖勒可能是冰島或挪威。

圖勒：古人爲此地的命名。這個地方從英國北部出發，需要航行6天纔能到達，被認爲是世界的極點。在那里，白天和黑夜交叉持續半年，厚厚的冰雪，不可穿越。

《米利都傳奇》，公元前2世紀一個叫阿里斯提德斯（Aristides）的人所寫，衹存在後世希臘和羅馬作家的仿寫中。

按：此處批注簡單談及了《居魯士的教育》以及《米利都傳奇》。前1世紀，希臘小説進入發展成熟時期，并逐步形成了愛情和冒險兩大傳統。《米利都傳奇》這部集戀愛和冒險于一身的奇談，開文風之先，在當時影響非常大。後來的小説《金驢記》開宗明義表示“欲以米利都之文體”“編造各種笑談”[36]。錢鍾書的批注，更加詳細地談到了古羅馬作家安東尼・第歐根尼（Antonius Diogenes, ca. 100）的《圖勒遠方的奇事》。該書分爲24章，篇幅大概是《埃塞俄比亞遺事》的兩倍，但保留在浮提烏斯的《文庫》中還不到10頁[37]。故事情節相當曲折，專門研究古典小説的尼克拉斯・霍爾茨貝格（Niklas Holzberg）認爲僅僅從《文庫》中的梗概來推測該小説的情節的話，或許會與真實的情節不符[38]。

第六頁和第七頁的天頭和邊白鋼筆批注如下：

Alciphron (2nd cent. A. D) first developed the possibilities of fiction in epistolary form. 118 imaginary letters arranged in 3 bks Epistolae. Curious & interesting pictures of the life in Athens in the post-Alexandrine period, especially of low life, also the first successful attempts at character drawing in Grk. prose-fiction. The writers of these letters are supposed to be peasants, fishermen, parasites, men-about-town, & courtesans. The language is neat, artless, appropriate like a genuine correspondence. Alciphron effaces his own personality. The illusion is perfect, we feel as if in Athens, strolling in the street elbowing our way with the throng of the merchants, barbers, soldiers. Many letters by women—the daily life of the demi-mondaine, the toilet with mirrors, powders, vogue-pats, brushes, pincer& thousand & one accessories—acquaintance come into make a morning call, & we hear their chatter—They nibble cakes, drink sweet wine, gossip about their respective lovers, their evening rendezvous, the banquet (all the stages of the revel), depicting the baser side of human nature, cynical &realistic.

　　阿爾西弗倫（Alciphron，公元 2 世紀）首先嘗試以書信體形式進行小説創作，118 封虛構書信構成了 3 卷本的《書信集》（*Epistolae*）。該書生動有趣地描繪了後亞歷山大時期的雅典人，尤其是下層人的生活。該書也首次成功嘗試以散文小説的形式刻畫人物特徵。人們認爲，信件的作者可能是農民、漁民、放高利貸者、市井小民和歌妓。这些書信的語言簡潔樸實，恰如其分，就像是真正的通信一樣。阿爾西弗倫掩飾了自己的個性。這是一種完美的幻覺，我們仿佛漫步在雅典的大街上，與熙熙攘攘的商人、理髮師和士兵打成一片。很多信是女性寫的——描寫的是交際花的日常生活，帶鏡子的馬桶、粉末、時尚拍子、刷子、鉗子和上千個配件——熟人前來拜訪，我們聽到了他們在喋喋不休，輕咬蛋糕，喝甜酒，閑聊各自的戀人，他們的晚間活動，宴會（所有的狂歡活動），這描繪了人性不光彩的一面，既憤世嫉俗，又真實可信。

按：古希臘修辭學家阿爾西弗倫的《書信集》（*Alciphronis rhetoris Epistolae*）中的書信，在美國古典學家伊莉莎白·海特（Elizabeth Hazelton Haight，1872—1964）看來，這些信札大多都是獨立的，相互關聯性不大；而且這些信札短小精悍，很難稱得上人物描寫，最多祇能稱之爲縮圖，或者是相機的快照。但這些信件一起，却構成了公元前 4 世紀有關雅典生活的場景。從信件的主題來看，可分爲四類：漁民、農民、放高利貸者和歌妓。由于缺乏情節的連續性，阿爾西弗倫在他的書信中并沒有創造出"小説"或者達到"小説"的效果。但是，這些信件中包含時間的因素，描述的是一個特定時間段的生活，對後世的書信體小説産生了重要影響[39]。錢鍾書的這段評注，精彩地描繪了小説中所展示的雅典人的生活，富有感染性，同時也激發了讀者的想象力。

第七頁鋼筆邊注：

Aethiopica: C[40]. daughter of the king Ethiopia, born white because of the effect of a marble statue on her mother Persine while pregnant. For fear of accusation on account of this <u>caféaulait</u>[41]. The mother Persine entrusts the child to the care of a Greek priest Charicles, & Cha[42]. became a priestess of Apollo at Delphi. Th. falling in love with her, carries her away, after many adventures reach Ethiopia. C[43]'s identity discovered when she is about to be immolated.

Epistolary novel imitated by Aristaenetus 5th cent. A. D. , Theophylactus, 7th.

《埃塞俄比亞遺事》：卡里克列婭，埃塞俄比亞國王的女兒，因母親珀辛内（Persine）懷她時凝視白色大理石雕像而生來臉白。母后爲避通奸嫌疑，將其托付給希臘的祭司卡里克勒斯（Charicles），卡里克列婭成爲德爾菲阿波羅神廟的女祭司。提亞戈尼斯（Theagenes）愛上了她，并帶她逃走了，在經歷了許多冒險之後，到了埃塞俄比亞。在即將被獻祭時，人們發現了卡里克列婭的身份。

書信體小説後來被 5 世紀的阿里斯泰尼圖斯（Aristaenetus）和 7 世紀的塞奧菲拉克圖斯·西摩卡塔仿寫。

按:《埃塞俄比亞遺事》寫于公元 360 年左右[44]，情節複雜，條理清晰，故事富有戲劇性，人物性格與自然風景描繪生動，在當時產生了廣泛的影響。但公元 3—4 世紀以後，歐洲原始小說逐漸從文壇上消失。6 世紀的拜占庭人對古代希臘文學產生了濃厚的興趣，一些作家開始熱情地摹仿古希臘原始小說進行創作。古希臘文書學家，生活在 5、6 世紀的阿里斯泰尼圖斯（Aristaenetus）對古希臘書信體產生了濃厚的興趣，在阿爾西弗倫、阿基里斯·塔提烏斯等作家作品的基礎上，撰寫了《希臘文集》（*Vindobonensis philologicus graecus*）。公元 7 世紀，拜占庭歷史學家塞奧菲拉克圖斯·西摩卡塔（Theophylactus Simocattes，640—?）在其著作《道德、田園和愛情信札》（*Epistolaiethikai，agroichikai，hetairikai*）中也有仿寫，這正是錢鍾書批注中提到的仿寫，從中可以窺見錢鍾書對古希臘小說的流傳史非常熟悉。

第 8—9 頁有鋼筆和鉛筆夾雜的邊注和字里行間的批注，原文如下:

Daphinis and Cholè A novelette about 30，000 words，1st trans. by Amyot[45]. A voluptuous pastoral story，idyll. The only one that can be strictly called a novel. On the island of Lésbos. St. -Pierre: Paul &Virginie[46]. France. Le Génie Latin

Two（foundlings）infants discovered respectively by Lamon &Dryas，shepherds of Mitylene，&brought up by them to tend sheep & goat.

A realistic & naïve picture of 2 children，& the growth of their affection. To trace their instinctive origin &growth of pastorate，love in innocent beings left without restraint in each other's companionship.

The Greek novel arose with the decay of old Grk lit. & came into a feeble existence down to the 12th cent. The novel came late into the field where it remained in a secondary place. It invariably turned upon a hackneyed circle of incidents—the product of literary decrepitude and impotence disguised vicissitudes as originality. The characters are mere names; incident is crowded upon incident to the verge of satiety in order to hold the readers' attention.

《達夫尼斯和赫洛亞》一本約 30000 詞的小小說。由法國的雅克·阿米歐首次翻譯。這是一個充滿激情的田園故事和詩歌，是唯一一部嚴肅意義上可稱爲小說的作品。故事發生在萊斯博斯島（Lésbos）。聖·皮埃爾:《保爾與維吉妮》。阿納托爾·法朗士的《拉丁天才》（*Le Génie Latin*）[47]。

兩個弃兒分別被米提林尼（Mitylene）的牧羊人拉蒙和蒂亞斯發現，并被撫養長大，照看綿羊和山羊。

這是一幅關于兩個孩子及其情感成長的真實而又天真的圖景、描繪了兩個單純的人之間彼此陪伴不受束縛的田園愛情的起源和成長。

希臘小說在是在希臘文學開始衰弱之時產生的，并一直存續到 12 世紀。小說很晚纔進入人們的視野，并一直處于次要地位。它總是以一系列陳腐的事件爲基礎，將滄桑僞裝成原創，這是文學衰弱和無能的產物。人物祇是一些有名無實的名字，爲了吸引讀者的注意力，事件層出不窮，令人眼花繚亂。

按：此處主要評注了《達夫尼斯和赫洛亞》的内容、譯本和特色，并對希臘小説在希臘文學中的地位做出評價。

第10—11頁有鋼筆邊注，原文如下：

Nero's <u>arbiter elegantiarum</u>, perfect breeding, keen insight, quiet daring, careless gaiety. Given where the matter of the story, coarsest, the narrator's accent refined, touch light humors genial. Keeping his fine toga unsmirched by the filth amid which he treads, holding his artistic silver mirror up to the waste of Roman nature. <u>Satirorum Liber</u> originally 20 bks, only parts of the 15th and 16th bks with a few more disconnected fragments. The species of Satire Menippean[48], i. e. prose interspersed with bits of verse, a novel of manners & adventures-disgusting but fascinating. The freed man Encolpius relating his adventure &those of his friend Ascyltos, by sea & land. The best & most complete episode is that of a stupendous feast given by T. (<u>Cena Trimalchionis</u>). Each guest talks his proper dialect, wit & spirit & dramatic vividness in the satire of the high life of the day. T. made sentimental wine, composed his own epitaph. The two slipped away & resumed their vagrant life. The friends quarreled & parted company, weeping, guests sobbing, T. "Since we know that we must die, why not live while we may?" eg Horace: <u>Carpe diem</u>. Isaiah[49]: Let us eat & drink for tomorrow we shall die. Horatic Curiosa felicities.[50]

尼禄的風雅顧問，完美的教養，敏鋭的洞察力，沉穩的膽識，漫不經心的歡樂。考慮到故事講述内容粗俗，但叙述者的口音文雅、輕巧幽默。保持其漂亮的上等托加袍不被踩踏的污穢所擾，他用自己的藝術銀鏡將羅馬人的廢墟照亮。《薩帝利孔》原本20卷，衹有15和16卷的一些斷斷續續的片段留存下來。梅尼普體，散文夾雜在韵文中。這是一部冒險小説——令人作嘔但也令人着迷。被釋奴恩科爾皮烏斯講述了他以及他的朋友艾西爾圖斯（Ascyltos）的海陸冒險經歷。留存下來最完整的故事就是特里瑪爾奇奥晚宴。每個來賓都在説着自己的方言，機智、精神以及戲劇性的表演都諷刺了當時上層社會的生活。特里瑪爾奇奥釀製了多愁善感美酒，撰寫了自己的墓志銘。恩科爾皮烏斯和朋友溜走了，重新開始了他們的流浪生活。兩人吵架并分開、哭泣，客人哭泣。特里瑪爾奇奥説："人皆有一死，何不樂生？"賀拉斯（Horace）：抓住能享受的時光（Carpe diem）。《以賽亞書》：讓我們吃吃喝喝吧，因爲明天我們將死去[51]。賀拉斯的喜樂（*Horatic Curiosa felicitias*）。

按：《薩蒂利孔》（*Satyricon*）是古羅馬作家佩特羅尼烏斯（Gaius Petronius Arbiter,？—66）的唯一傳世之作，也是現存第一部羅馬小説[52]。小説用詩文間雜的體裁，將散文與詩歌、哲學與戲劇、傳奇與真實等雜糅一起，并在主幹情節之外，大量穿插了民間傳聞、神話傳説、歷史故事等[53]。故事由主人公恩科爾皮烏斯（Encolpius）自述，描寫公元1世紀意大利南部城鎮的社會生活，是研究古代民間拉丁語的重要資料，對公元2世紀羅馬作家阿普列尤斯（Lucius Apuleius, ca. 124—170）的《金驢記》

（*The Golden Ass*）和歐洲 17—18 世紀的小説創作都産生了重要影響。錢鍾書此段評注，涉及小説的作者、主要内容和小説主要情節，對于涉及相關内容古羅馬作者的描述，拉丁文典故信手拈來，體現了先生深厚的文學素養。

第 12—13 頁鋼筆邊注談論了《金驢記》，原文如下：

Supposed to be a magician, enriched himself by marrying an elderly rich widow, & accused of winning her by witchcraft.

Autobiography a young man of property, sets out his travels & sows his wild oats. The partner of his 1st intrigue is the maid of a witch. The curiosity of Lucius exercised about the sorceress & her magic, he importuned the girl to procure from her mistress a magic salve will transform him into an owl, amid the realistic grossness. The dainty poetic fancy of "Cupid & Psyche" put piquantly in the mouth of a giggled hag who is maid of all work in a robber's cave to distort the mind of a young maid held for ransom. Full of dramatic power &variety, a succession of incident & adventure engages the attention without a moment's dullness, style full of archaisms & conceits.

據説（作者）是一位魔術師，娶了一位富有的寡婦而致富，并被指控用巫術贏得了她。

這是一名富有年輕人的自傳，他出外旅行，并撒下野燕麥。他第一次陰謀的同夥是女巫的女僕。盧基烏斯對女巫和她的魔法感到好奇。他一再要求女僕從她的主人那里取得一種魔法藥膏，在現實的噁心中將他變成貓頭鷹。"丘比特和普賽克"的詩情畫意被一個傻笑巫婆娓娓道來，巫婆是强盗窩中的女僕，目的是扭曲年輕女孩的心靈，以索要贖金。該故事充滿戲劇性的力量和多樣性，一連串的事件和冒險吸引了人們的注意，没有片刻的沉悶，風格充滿了古代遺風和巧妙言辭。

按：評注第一句講述了作者古羅馬演説家、哲學家阿普列尤斯的早期經歷。在古代小説中，《金驢記》是最接近于長篇小説藝術使命和社會功能的鴻篇巨製。小説最初題名爲《變形記》（*Metamorphose*），公元 5 世紀之後被人傳誦爲《金驢記》。它通過主人公盧基烏斯（Lucius）變驢之後的獨特視點，第一次在小説史上以史詩的規模廣泛地反映當時的社會生活[54]。海格對阿普利尤斯評價甚高，認爲他是一種新藝術風格的創造者，將古體與新創造的詞語相結合，産生了非常個性化的融合。同時阿普利尤斯也是從一種文體轉變爲另一種文體的專家，在某一時刻他模仿誇張的修辭，在另一時刻他又有效地講述了一個通俗的故事。娛樂之外，該小説還具有社會諷刺、文學模仿，甚至宗教教化的作用[55]。錢鍾書此處的評注，言簡意賅地概括了小説的主要内容和特色，認爲該小説内容情節複雜且充滿戲劇性，言辭生動，評價甚高。

（三）有關中世紀傳奇的批注

第 23 頁的鋼筆邊注，原文如下：

1st & finest romance of chivalry in Eng. tongue. Arhtur, originally a mythical hero in vogue folk-tale of the primitive Celts. Layer after layer of legend, Welsh romance turned into Latin by Geoffrey of Monmouth in 12th cent. "Historia Regum Brittaniae" containing Arthur' ancestry, marriage, conquest, carried into France. Free employment of the marvelous, fierce adventures of knights, fights with knights & dragons. Art of philosophical love-making.

　　第一部也是最好的英文騎士傳奇。亞瑟最初是遠古凱爾特人流行的民間傳說中的神話英雄。傳說層出不窮。這個威爾士傳說由 12 世紀蒙茅斯的杰佛瑞轉譯成拉丁文——《不列顛諸王史》。此書收録亞瑟的祖先、婚姻、征服的故事，并傳播到法國。騎士奇妙而激烈的冒險，與騎士和龍戰鬥的故事被任意使用。這也有關哲學戀愛關係的藝術。

　　按：中世紀騎士傳奇不僅爲後世文學提供了冒險、愛情和宗教三大主題，而且還開始關注人物的内心活動，可以説是近代長篇小説的胚胎[56]。錢鍾書的批注，言簡意豐，談及了中世紀流傳最廣的亞瑟王傳奇的産生、流變和傳播，并點出了當時騎士小説的主要特色。

（四）有關文藝復興時期歐洲小説的批注

第 27 和 28 頁鋼筆批注，原文如下：

　　It is from northern Italy that the novel of modern Europe (both in type & in name) derives. An early collection of tales, called Il novellinoor Cento novelle antiche[57] (only 66 of the 100 survive), end of the 13th cent started this class of lit. in Europe, anonymous, of great extra-ordinary diversity, chivalrous, mythological, moral& scandalous, realistic. The earliest Italian novelist is Francesco da Barberino 1264 – 1348, Documenti d'Amor, Pastoral romance in Sannainod Aracdia (1558), man & women, who in the romance of chivalry last turned into knights and ladies, now assume the life & does of shepherd & shepherdess (Diana).

　　Picaresque romance—the medieval tradition of the "Reynerd the Fox" amplified & tamed to good account-a trick or a practical joke of a witty fellow. Rogue stories—a young scamp but realistic, the scenes of Spanish society commenting on them—an attack upon romance of chivalry—realistic, sarcastic, Lazarillo de Tormes, Don Quixote place the world of romance in the real world—the clash.

　　現代歐洲小説（無論是類型還是名稱）起源于意大利北部。13 世紀末，一部早期的故事集——《故事集》或《一百個古老的故事》（100 個故事祇有 66 個幸存下來）開創了歐洲小説先河。作者佚名，故事内容豐富，俠義色彩的、神話色彩的、关于道德與醜聞、現實主義的故事，都被囊括其中。最早的意大利小説家是弗朗切斯科·達·巴貝里諾（Francesco da Barberino, 1264—1348），其代表作爲《愛之文集》（*Documenti d'Amor*）。而在田園小説《阿卡迪亞》（*Aracdia*, 1558）中，騎士傳奇中的男人和女人——騎士和貴婦，現在開始呈現爲牧羊人與牧羊女的生活和行爲（《狄安娜》）。

流浪漢小説——中世紀《列那狐》的傳統得到加强和馴服，成爲一個機智家夥的把戲或惡作劇。這是關于無賴的故事——一個年輕的流浪漢的故事，但充滿現實主義精神，在故事中西班牙社會場景是對騎士精神的批判和諷刺。這類小説，如《小癩子》（*Lazarillo de Tormes*）和《堂吉訶德》（*Don Quixote*）將傳奇發生的背景置于真實的世界——衝突。

　　按：錢鍾書此處批注談到了歐洲現代小説的形成以及田園小説、流浪漢小説兩種流派的特色和代表作，脉絡分明，評述中肯，直指要害。《阿卡迪亞》成功地描繪了一系列富有詩意的田園生活畫面，反映了作者對鄉村自然風景的熱愛以及渴望在理想的牧歌式生活中逃避現實的傾向，開創了意大利、西班牙、法國等歐洲國家田園小説的傳統[58]，而流浪漢小説則充滿了現實主義精神。

　　第 31 頁的鋼筆筆記，原文如下：

　　Montemayor（a Portuguese writing in Spanish）<u>Diana enamorata</u> The misfortunes of Sireno & Sylvano, two shepherds in love with the shepherdesses Diana.

　　Lazarillo de Tomes：Started the story of fantastic modern adventure. Fixed the type of comic prose epic. Autobiography of the son of a miller who begins his career of fraud as a blind man's guide whose money& victual he steals. He passes into the service of various poverty-stricken & rascally employers.

　　蒙特馬約爾（葡萄牙人、西班牙文寫作）的《狄安娜》。兩個不幸的牧羊人西雷諾（Sireno）和席爾瓦諾（Sylvano）同時愛上了牧羊女狄安娜。

　　《小癩子》：開創了現代奇幻冒險故事模式，并確定了喜劇散文史詩的類型。一個磨坊主之子的自傳，他以盲人嚮導的身份開始了他的欺詐生涯，他偷了盲人的錢財和食物，後又相繼爲各種貧困的無賴雇主服務。

　　按：《狄安娜》是 16 世紀另一部田園小説，《小癩子》則開啓了新的小説類型——流浪漢小説。錢鍾書此處的批注，簡要點到了小説主要内容。

　　第 32 頁的批注：

　　H. J. C. von Grimmelshausen（1625—75）the earliest German novelist：Abenteuerlicher Simplicius Simplicissimus, 1669.

　　德國第一位小説家漢斯·雅各·克里斯托夫·馮·格里美爾斯豪森（1625—1675），《痴兒歷險記》（*Abenteuerlicher Simplicius Simplicissimus*, 1669）。

　　第 33 頁鋼筆邊注，原文如下：

　　Sannazaro：first eclogue connected by prose narrative. Rebuffed by the lady of his heart, Sincero come to Arcadia（a mountainousdistrict in the Peloponnese）seeking distractioninterested himself in the affairs of the pastoral folk. After monitions of evil, return home with the help of a knight to find his lady-love dead. Ended woundedly. "Arcade ambo" first in Virgil's eclogues started the literary & pastoral association with that lugged region.

聖納扎羅：通過散文敘事方式創作的第一個牧歌。被心愛女人拒絕後，辛切羅（Sincero）來到了阿卡迪亞（伯羅奔尼薩斯半島的一個山區）散心，對牧民生活產生了興趣。在經歷惡魔考驗後，辛切羅在騎士的幫助下回到家中，發現鍾愛的女子已經去世。小說結局悲傷。維吉爾（Virgil）《牧歌》（*Eclogues*）中的兩個阿卡迪亞（Arcade ambo）首先開創了這個地區田園小說的傳統。

按：錢鍾書此處的批注，補充了《阿卡迪亞》的主要內容。

（五）有關近代英國小說的批注

第 39 頁有關伊莉莎白時期的英國小說批注，原文如下：

The plot slender, simply a peg to hang on discourses, conversations, letters mainly on the subject of love. Sought to interest by his style, funs, witticious, antithese, etc. Elizabethan fops & ladies, sitting at dinner-table, discussing in pretty phrases such questions, why women love men, whether constancy or secrecy is most commendable in one's mistress, whether love in the first instance proceeds from the man or the woman. Language 1st, matter 2ndary.

單薄的情節祇是懸掛有關愛情主題的話語、對話和書信上的銷子。以自己的風格、風趣、詼諧、對比等方式引發讀者的興趣。伊莉莎白時代的花花公子和淑女們，坐在餐桌旁，討論諸如爲什麼女人愛男人，情人的堅貞還是保密最值得稱讚，愛情的主動者是男人還是女人這樣的話題。語言第一，內容第二。

第 40 頁天頭和夾雜在字裏行間的鋼筆批注，原文如下：

After upbraiding one another, unite in holding Lacilla as "most abominable" & parted friends.

Connected with P's love affairs with English ladies. Finally, Eu. recalled to Greece. From Athens Eu. addresses a letter to the ladies of Italy: "Eu's glass for Europe", a final letter of advice to P.

pamphlet of advice to lovers

Antithesis, alliteration, allusiveness

在相互斥責之後，他們一致認爲露西亞是"最可惡的"，并分道揚鑣。

跟菲勞圖斯同英國女士的愛情聯繫在一起，最後尤菲伊斯回到了希臘。在雅典，他給意大利女士寫了一封信，也是給菲勞圖斯寫的最後一封信，即《尤菲伊斯的歐洲之鏡》——給戀人建議的小冊子。

對偶，頭韻，暗喻。

按：此兩頁中的批注是對英國伊麗莎白時代小說的總體評價，和對英國散文家、詩人、劇作家約翰·李利（John Lyly, 1554—1606）《尤菲伊斯》（*Euphues, The Anatomy of Wit*, 1578）的內容介紹和評論。該小說情節較爲簡單，主要藉故事探討愛情、教育、信仰、道德和習俗問題。約翰·李利在語言運用上，大量使用錢鍾書提及的"對偶、頭韻、暗喻"以及對仗、雙聲等手法,古希臘羅馬神話、名人軼事典故也信手拈來。因此作品中諺語、雙關語和俏皮話堆砌,絢爛綺麗,這種風格被稱爲"尤菲伊斯"體,類似于中國六朝的駢體文。在當時宮廷文人圈中倍受歡迎,并引領着後20年英國文學的風尚,許多文人趨之若鶩。因而錢鍾書在此評價這種"尤菲伊斯"體爲"語言第一,內容第二"。

第41頁天頭的鋼筆批注原文:

When they (women) be robbed of their robes, thus they will appear so ugly that thou wilt thus think them serpents than saints, &so like hags, that thou wiltfear rather to be enchanted than enamoured.

當婦女們的長袍被褪去之時,她們會顯得如此醜陋,以至于您會以爲與其説她們是聖徒毋寧説是毒蛇,她們又如此像巫婆,以致于你會害怕被迷住而不是傾心。

田園風取代了綺麗體。

第43頁天頭上的鋼筆批注:

Scene, in Arcadia with its flowery meads where shepherd "pipe as Tho'ing wowed ever heard".

在 Musidorus and Pyrocles 的上面寫了:

Son & nephew of the king of Macedon

在 coast of Arcadia 上寫了 Laconia[59]

P. carried off by pirates, M. saved by shepherds & brought into Arcadia. After a number of preliminary incidents, P. meet Phil., fall in love with her, disguised as a woman (Zelmane), admittedly by Bas. into household. Mus. in love with Pamela.

這一幕發生在阿卡迪亞(Arcadia)鮮花盛開的草地上,牧羊人"吹着從未聽過的笛聲"。穆西多勒斯(Musidorus)和皮洛克勒斯(Pyrocles)是馬其頓國王的兒子和侄兒。

皮洛克勒斯(Pyrocles)被海盜帶走,穆西多勒斯被牧羊人拯救,帶回了阿卡迪亞。一系列事件發生之後,皮洛克勒斯女扮男裝化名澤爾梅妮(Zelmane),遇見了菲洛克里婭(Philoclea)并愛上了她,最終被菲洛克里婭的父親巴西里烏斯接受,而穆西多勒斯則愛上了帕梅拉(Pamela)。

按:這兩處評注講述的是英國作家、詩人菲力浦·錫德尼爵士(Sir Philip Sidney,1554—1586)《阿卡迪亞》(Arcadia,1590)的主要內容。此書與聖納扎羅的《阿卡迪亞》同名,但故事迥異,錫德尼在這部作品中使用了男扮女裝、王子屈身爲僕、私奔、誤食毒藥、死而復生等大量傳奇手法,是當時一部優秀的田園小説。

第44頁的邊注:

The noble courtesy, the high sense of humor, the princely virtues of undying friendship & bravery infused in this pastoral romance.

貴族的禮儀，高度的幽默感，王公貴族至死不渝的友誼和英勇美德融入了這部田園小說。

第46頁天頭部分鋼筆筆記，原文如下：

In direct antithesis to Arcadian, Euphuistic tradition, Elizabethan studies of robbers& highwayman.

與田園和綺麗體不同的是，伊莉莎白女王時期的盜賊和強盜研究。

第46頁下半部分的筆記，談到了羅伯特·格林（Robert Greene）：

A happy go-lucky Bohemian, his pamphletswritten from his personal knowledge of the "underworld".

一個樂天知命、隨遇而安的波西米亞人，他的小册子是根據自己對下層人民的認識而寫的。

按：錢鍾書評注中提到的"他的小册子"指的《騙術手册》（*Coney Catching Pamphlets*），作者爲大學才子派戲劇作家、英國散文作家和劇作家——羅伯特·格林（Rober Greene，1558—1592）。格林的主要代表作爲《修士培根與修士邦吉》（*The Honorable Historie of Frier Bacon, and Frier Bongay*）、《萬千悔恨換一智》（*Greenes Groats—Worth of Witte, Bought with a Million of Repentance*）等。

第48頁的批注，談論到了羅伯特·格林的《萬千悔恨換一智》，原文：

Begins with the death of the miser Gorinius who leaves the bulk of his large fortune to his elder son Lucanio, & only one groat to younger Robert (author) to buy a wit.

R. conspires with a courtesan to fleece his brother, betrayed, degradation.

Lodge: "Ingenuous, ingenious, fluent, facetious, nash! Little humor in Sidney &Lyly, fitful gaiety in Greene. But a rich fund & humour in Nash, like Greene he took the rogue in hand and painted the lively adventures, but with a smile on his lips."

故事從可憐的格里努斯（Gorinus）去世開始。格里努斯將大筆財産留給了他的大兒子盧卡尼奧（Lucanio），而祇給了小兒子羅伯托（Roberto）（作者）很少的錢去買智慧。

羅伯托與一名妓女合謀欺騙他的兄弟，爾後妓女又背叛了羅伯托，羅伯托墮落。

洛奇："天真無邪，聰明，雄辯，戲謔，納什！錫德尼和李利缺乏幽默風趣，格林（Greene）的歡快則是偶爾爲之。但納什富有幽默感，和格林一樣，他以流氓爲題材，生動地描繪了他們的冒險之旅，但嘴角却挂着微笑。"

第49頁批注，主要談論到了托瑪斯·納什的《不幸的旅行者，或，杰克·威爾頓傳》，原文如下：

little money, but plenty of wit & resource, careering over the continent, deceiving every one he can. A page attending in the court of Henry VIII during the siege of Tournay, become the domestic of Earl of Surrey, followed him to Italy, meet Luther,

Geraldine. passed himself as earl of Surrey & ran away with an Italian courtesan. At Rome witnesses the outbreak of plague. Converted to a better way of life & married the courtesan.

　　錢很少，但他機智有才，轉而到歐洲大陸四處游蕩，盡其所能欺騙每一個人。在圖爾奈被圍困期間，他從亨利八世的宮廷侍從搖身變成薩里伯爵的傭人，并跟隨伯爵前往意大利，結識了路德、杰拉爾丁等人。爾後與薩里改換身份，并與意大利妓女私奔了。在羅馬目睹了瘟疫的爆發，有更好的生活方式并與妓女結婚。

按：第48—49頁評注主要介紹了《萬千悔恨換一智》和《不幸的旅客》的主要内容，而 "Ingenuous, ingenious, fluent, facetious, nash!" 則是英國著名詩人和著作家湯瑪斯·洛奇（Thomas Lodge, 1558—1625）對英國著名詩人托瑪斯·納什（Thomas Nashe, 1567—1601）的評價。16世紀下半葉，英國的小說發展呈現兩個方面的特徵。一方面，田園小說盛行，以《尤菲斯》《阿卡迪亞》爲其代表；另一方面，反映社會下層的流浪漢生活或手工藝人命運的小說也大量問世，如《不幸的旅客》[60]。

第62頁布滿了鋼筆批注，原文如下：

　　To John B. Eng. novel, owe a great debt, neither the extravagancy of the romance nor the cynicism of the picaresque story-teller. The precision of his imagination makes an impossible story probable. An allegory which coined he understood without keys. The scriptural imaginary mingled with familiar incidents of Eng. village life. Concrete embodiments of abstraction. The idea of a heavenly city inspired the earthly pilgrim, itinerarium mentis ad deum[61] of mysteries, & de Graileviete of 14th cent. Le pélerinage de l'homme. But B. original in his conception.

　　Ben Jonson Zeal-of-the-land-busy[62], Pinchwife[63], Restoration Comedy[64], key names, sir Politick-would be[65], mirabell[66], millmant[67].

　　英國小說要大大歸功于約翰·班揚。他的小說既非充滿傳奇，也没有流浪小說家那樣的玩世不恭。他想象力的精確性使得一個不可能的故事成爲可能。他不費吹灰之力就能理解創作出來的寓言。在小說中，聖經的想象與英國鄉村生活熟悉的事件交織在一起。抽象概念的具體化。上帝之城的概念啓發了塵世的朝聖者，《通往上帝的心路歷程》（Itinerarium mentis ad deum）的神秘、14世紀吉爾多姆·德·吉爾維爾（Guillaume de Guileville）的《人的朝聖》（Le pèlerinage de l'homme）。但是班揚的想法是原創的。

　　本·瓊森塑造的本地的狂熱分子（Zeal-of-the-land-busy），瑪格麗夫人（Pinchwife），復辟戲劇，關鍵人物，世故先生（sir Politick-would be），米拉貝爾（Mirabell）和米拉蒙特（Millamant）。

此頁地脚部分有繁體中文"胡圖、詹光、單聘仁"。

第63—64頁的鋼筆批注，原文如下：

　　Pt 1. Christian flees from the city of Destruction. Through the Slough of Despond, the Valley of Humiliation, the Vanity Fair, to the Celestial City. On the way, the encountered various allegorical personages Mr Worldly Wiseman, Faithful (accompanying C. on his way but put to death in Vanity Fair), Hopeful (who next joins C), Giant Despair.

Pt II. Christian moved by a vision, set out with her children on the same journey, accompanied by her neighbor Mercy, despite the objections of Mr. Timorous etc., Escorted by Great-Heart who overcame Giant Despair & other monsters, & brings them to their destination.

第一部分：基督徒逃離了滅亡城，穿過灰心沼、降卑谷、虛華集，到達了天國。在途中，遇到了各種各樣的寓言人物，如"屬世達人"，"忠信"（在途中陪同基督徒，後在虛華集殉道），"盼望"（接下來加入基督徒），"絕望巨人"。

第二部分："女基督徒"受異象的指引，領着孩子們開始了同樣的朝聖之旅，在鄰居"慈悲"的陪同下，不顧"膽小"等人的反對，最終在"大無畏"的陪同下克服了絕望巨人和其他怪物，到達了他們的目的地。

按：錢鍾書在此談論的是英國文藝復興後期著名的小說家和散文家約翰·班揚（John Bunyan，1628—1688）的代表作《天路歷程》的主要内容、班揚小說的獨特之處和寫作特色。

《天路歷程》全稱爲《天路歷程，從今生到永世》（*The Pilgrim's Progress*, *from this World to that Which is to Come*），此書與但丁的《神曲》、奧古斯丁的《懺悔錄》并稱爲"世界三大宗教文學杰作"，同時也是歐洲文學史上一部著名的夢境寓言小说。分爲兩部，由"我"的夢境構成，描繪了基督徒一家歷經千難萬險，達到至善、至美、至福天國的朝聖之旅。該書寓意深刻，思想複雜，是一部具有獨特叙事風格的宗教文學小说。《天路歷程》中許多人物的命名都使用了"標名"，寓意深刻、生動形象。"標名"（aptronym）指的是一個人的名字適合于他的職業、性格特點或者適合于這一角色，最早是由美國報紙專欄作家弗蘭克林·亞當斯（Franklin P. Adams）1938 年提出。在文學作品，尤其是小說中，是一種頗具表現力的修辭手法[68]。錢鍾書在第 62 頁所寫的"詹光""單聘仁"是《紅樓夢》中賈寶玉家大院的門客，名字爲諧音，即分別諧"沾光""善騙人"。"胡圖"則是明清之際戲曲多見的人名，諧"糊塗"。此處列出，與西方文學中的標名有异曲同工之妙。

第 66—67 頁，有鋼筆和鉛筆夾雜的零星批注，從上到下，原文依次爲：

Aphra Behn The rise of the woman novelist, lived her early life in India, made use of her acquaintance with eastern races. [Imoinda], The king, his grandfather himself is enamored. Infuriated, the king ordered him to be sold out of the country as a slave, or entrapped by the captain of an English slave-trading ship & carried off to Surinam. Contract the style of nature with that of civilization, reprimandings everely the latter. anticipating, awaken Christians to the horrors of slavery, Defoe rob[69]. To Uncle Tom's Cabin[70], though not so moral earliest them.

阿芙拉·貝恩（Aphra Behn），女性小説家的崛起，她早年在印度生活，利用對東方民族的瞭解。奧魯諾克（Oroonoko）愛上了國王——他祖父寵愛的女人伊夢茵達（Imoinda）。國王大爲惱火，下令將他賣爲奴隸，或被一艘英國奴隸交易船的船長困住并帶到蘇里南。將自然風格與文明相結合，嚴厲譴責後者。有望喚醒基督徒對奴隸制的恐懼。從笛福的《魯濱遜漂流記》到《湯姆叔叔的小屋》，雖然道德上不是最樸實的。

按：錢鍾書此處批注談論的是 17 世紀英國女作家阿芙拉·貝恩（Aphra Behn，1640—1689）的《奧魯諾克，或王奴：一段信史》（*Oronooko or the Royal Slave, a True History*），此書爲英國文學史上第一部由女性寫作的小説。這部小説風格和文體雜糅，但作者根據自己的旅行經歷所創作的文本以及所提出的一些前瞻性思想，具有持續性的研究價值[①]。同時《奧魯諾克》也是一部人道主義和呼籲廢除奴隸制度的英國小説，激發了《湯姆叔叔的小屋》的創作靈感[②]，這也是錢鍾書談到此書的道德價值意義。

第 72 頁頁面空白處鋼筆批注，原文如下：

The writer of the picaresque story did not expect to be relieved. The aim of D. was the interest his narrative with a sense of reality, made use of every device at his command to deceive the reader. Memoir-diary in the preface only. The editor of a private main paper, "just a history of fact, no appearance of fiction in it." Wrecked on the island of despair, no exciting adventures, but a matter-of-fact of expedients. For feeding & clothing himself & making himself comfortable. He brings the story low to the hard-laboring English men that than condition in life is most conducive to happiness. Moral: Be patient, be industrious, be honest, & you will be rewarded by your labour. Humanistic adventure& make romance realistic.

流浪漢小説的作者并不指望得到解脱。笛福的目的是使他的叙事具有真實感而饒有趣味，因而利用他掌握的一切手段來欺騙讀者。回憶録祇在序言中。作者僅僅是私人文章的編輯者，"祇是事實的歷史，没有任何虛構的成分"。船沉没在絶望的島上，没有激動人心的冒險，祇是獲取自己衣食和讓自己舒服的權宜之計。他把故事呈現給英國勞動階層人民而不是衣食無憂的階層。道德教諭：保持耐心、勤奮、誠實，你的勞動將得到回報。充滿人文主義的冒險，讓傳奇成爲現實。

按：丹尼爾·笛福，英國著名小説家，啓蒙時期現實主義小説的奠基人，被譽爲英國和歐洲的"小説之父"。主要作品有《魯濱遜漂流記》、《摩爾·弗蘭德斯》（*Moll Flanders*）、《辛格頓船長》（*Captain Singleton*）等。丹尼爾·笛福寫作，一方面采用日記或回憶録的形式讓主人公自己講述漂泊的往事，圍繞一個中心人物的命運來展開故事。在英國文學中首次强調了個人奮鬥及個人在社會中的作用及地位，朝着現代小説反映環境與人物複雜關係的轉移。同時，笛福對現實的描寫追求逼真性。笛福在多年撰寫時政文章經歷養成了類似新聞記者的文風，加上他信奉的 18 世紀清教對一切虛構和想像的反感，促成了他在小説創作時着力于環境和生活細節描寫。這種詳盡的幾乎不加修飾的事實記叙，一方面給讀者造成類似新聞報導的真實感，另一方面也使英國小説完成了一個重要的突破，即從作者想像和杜撰的内容走向了反映人們在不利生存的社會條件下的生活現實[73]。魯濱遜這個形象的光輝還在于他對誠實勞動的熱愛和堅忍不拔的毅力，通過自己的勞動創造財富。錢鍾書這段文字言簡意賅地表現了笛福的寫作風格以及《魯濱遜漂流記》在英國文學史具有的重要意義。

第73頁，上半部分爲鋼筆批注，下半部分爲鉛筆批注：

Moll Flauders：autobiography of the daughter of a woman transported to Virginia for theft. Child brought up in the house of mayor of Colchester. Seduction expression numerous liaisons, marriage to Virginia, seeing mother, discover her husband to be her brother, saving him, return to England, becomes a thief &a pickpocket. Caught and deported to Virginia in the company of a highway man, her former husband reunited, became happy planters.

Having been kidnapped in his infancy, flew to sea, having no sense of virtue, or religion, takes part in amutiny & is put ashore in Madagascar with his courageous, reaches in the continent of Africa, explores it from east to west, encountering many adventure & obtains much gold which he dispersed on his return to England, takes once more to sea, a pirate, accumulated vast wealth, venturous, monies, settle down.

《摩爾·弗蘭德斯》，一個因偷竊而被發配到佛吉尼亞的女賊之女的傳記。孩子在科爾賈斯特市長家中長大。爲了過上幸福的生活，她多次結婚。有一次，發現她的丈夫是他的弟弟，于是孤身回到了英國，成爲了一個女賊。被抓後與一個强盜一起被發配到佛吉尼亞，與她的前夫團聚，最終成爲快樂的種植園主。

幼時期曾被綁架，逃到海上，毫無美德或宗教信仰的概念，參加了一次叛亂後被帶到了馬達加斯加，到達非洲大陸，從東到西探索，經歷了許多冒險并獲得很多黄金。他回到英國後把黄金散盡後，再次出海，成爲海盜，積纍了豐富的財富，富有冒險精神，賺錢，定居下來。

按：這兩段評注主要講述丹尼爾·笛福的小説《摩爾·弗蘭德斯》和《辛格頓船長》的主要内容。

第74頁有鋼筆和鉛筆筆記，原文如下：

Roxana or the fortunate mistress. Mille Beleau autobiography, daughter of French protestant refugees, married &deserted by a London Brewer, enters upon a career of prosperous wickedness, passingfrom protector to another in England, France& Holland, amassing much wealth. Known by the name Roxana, accompanied in her adventure by a maid Amy, marries a Dutch merchant & lives as a person of courageous in Holland. Discovered imprisoned death.

Rogue = feminial

historical fiction, to be the narrative of a resident parports in London, gradual spread of the plague, growing terror, measures[74].

《羅克珊娜，幸運的情婦》米勒·貝洛（Mille Beleau）的自傳，她是法國新教難民的女兒，嫁給倫敦啤酒製造商後被抛弃，然後開始了一段不道德的生涯，從英國、法國和荷蘭不斷尋求保護者，并積纍了大量的財富。後來，她同女僕埃米冒險到了荷蘭，同一個商人結婚，生活在荷蘭。

流氓＝女性。

歷史小説，記録了倫敦居民生活，如瘟疫的逐漸蔓延，日益增長的恐怖和采取的措施。

按：《羅克珊娜》是笛福又一部現實主義名著，錢鍾書的批注高度概括了作品的主要內容，并指出了小説的現實主義意義。

第 91 頁鋼筆批注，原文如下：

Pamela Andrew is series of letters, a young maid servant, whose mistress has just died when the story begins. The lady's son Mr. B. becomes enamored of Pamela & taking a dishonorable advantage, pursues her with his advances. She indignantly repels them, leaves the house. Mr. B. shows considerable astuteness in defending himself.

《帕梅拉》（Pamela）是書信集。一個年輕的女僕，故事開始時，她的女主人剛剛去世，這位女士的兒子 B. 先生迷上了帕梅拉，并利用不光彩的手段，繼續追求她。她憤慨地駁斥并離開了。B. 先生爲捍衛自己辯護時表現得相當狡猾。

按：塞繆爾·理查遜的《帕梅拉》爲書信體小説，通過主人公帕梅拉寫給其父母的一系列書信描寫了她的感情和坎坷命運。書信體小説不是理查遜的發明，但理查遜是第一個以書信形式來完成整部小説的作家，也是第一個嘗試用書信來系統刻畫人物性格并揭示深層心態的作家[75]。書信體小説在經歷 18 世紀的繁盛之後，隨着近代社會、歷史、政治、文化等方面的發展，走向衰落。但在內容上，以日常生活爲素材，以愛情、婚姻、家庭問題爲核心，集中描述一個完整的事件；在形式技巧方面，描寫重心轉向内心世界，集中刻畫情感和心理[76]，這些轉變對 18 世紀及其以後的小説産生了重要影響。

在這些具體小説評價之外，在第 1 章的第 1 頁，錢鍾書還列出了幾種書目：

V（Victor）. Chauvin : <u>Lesromanciersgrecs et Latins</u>

Emile Gebhart : Conteurs（Florentins）du moyen age

E. Rohde : Der griechische Roman

Salverte : Le roman dans la Grèce ancienne

A. Chassang : Hist du roman dans l'antiq Grec et Latine

維克多·肖萬：《希臘和拉丁小説家》

艾米爾·格巴爾：《中世紀佛羅倫斯講故事的人》

埃爾温·羅德：《希臘小説》

弗朗索瓦·薩爾維特：《古代希臘小説》

亞歷克斯·夏桑：《希臘和羅馬古代小説史》

按：這五種書都是有關古代希臘羅馬時期和中世紀小説發展的重要參考書。其中維克多·沙文（Victor Chavin，1844—1913），比利時人，列日大學的阿拉伯語和希伯來語教授。艾米爾·格巴爾（Emile Gebhart，1839—1908），法國作家、教授，主要代表作有《文藝復興和宗教改革》（*La Renaissance et la Réforme*，1877）、《意大利文藝復興的起源》（*Les Origines de la Renaissance en Italie*，1879）等。埃爾温·羅德（Erwin Rohde，1845—1898），德國古典學學者，主要代表作爲《普賽克：希臘人對靈魂的崇拜和對永生的信仰》（*Psyche：The Cult of Souls and the Belief in Immortality among the Greeks*），該書的全名爲《希臘小説及前身》（*Der griechische Roman und seine Vorläufer*）。弗朗索瓦·德·薩爾維特（François de Salverte，1872—1929）爲法國作家。亞歷克斯·夏桑（Alexis Chassang，1827—1888），法國語言學家，該著作全名爲《小説的歷史及其與希臘和拉丁古代史之關係》（*Histoire du roman et de ses rapports avec l'histoire dans l'antiquite grecque et latine*）。

三、結 語

《西洋小説發達史略》一書，内近 40 頁有錢鍾書的外文批注，約占整本書的十分之一，批注集中在前兩章，即早期小説、伊莉莎白時代的小説家、英雄小説和流浪漢小説部分，篇幅達 5000 餘詞，涉及英文、法文、德文和拉丁文等語種。其中談到了這一時期的主要小説家和小説，尤其是古希臘羅馬的小説，内容詳實。錢鍾書對相關小説的流傳脉絡瞭如指掌，拉丁掌故如數家珍，信手拈來，從中可以看出其對西方文學熟稔通達，文學素養之高。

這一方面得益于錢鍾書年輕時所受的教育，有扎實的語言基礎。錢鍾書 13 歲高小畢業後考入美國聖公會在蘇州所辦的桃塢中學。該校爲教會學校，全英文授課。1928年桃塢中學停辦後，錢鍾書轉入無錫輔仁中學。此校由上海聖約翰大學無錫同學會于1918 年所創辦，也非常重視英語教學。這樣，良好的學習環境加上錢鍾書本人的勤奮好學，爲其打下了良好的外語基礎⑰。

1929 年考入清華大學之後，錢鍾書更是接受了相當完備而良好的四年西洋文學教育。此時的清華外文系師資已很有規模，有王文顯（兼主任）、吳宓、吳可讀、翟夢生（R. D. Jameson）、温德（R. Winter）、艾克（G. Ecke）、陳福田、葉公超、温源寧等。當時清華大學學生四年需要修習 33 門課程，其中 29 門必修、4 門選修，包括英文、法文、倫理學、西洋通史、古代文學、戲劇、文學批評、莎士比亞、拉丁文、西洋文學史、美術史等⑱。清華大學外文系的課程編製講究博雅。學程完備，師資優良，内容以英文爲主，旁及法文、德文。錢鍾書的英文原有根底，四年下來，精益求精。僅次于英文的法、德兩種文字的基礎亦于此四年中奠定。從清華大學畢業之後，錢鍾書在上海的光華大學執教，開設英美散文課程，同時兼任英文雜志《中國評論周報》編輯并發表作品。

錢鍾書還有勤于筆記的習慣。1935 年錢鍾書考取公費留英，前往牛津大學學習。

在牛津，錢鍾書將藏書極富的牛津大學博德利圖書館（Bodleian Library）譯作"飽蠹樓"，大部分的時間都泡在"飽蠹樓"內啃噬樓裏的藏書。博德利圖書館的藏書不能外借，錢鍾書就養成了勤于寫筆記的習慣。這種習慣一直保持到晚年，留下了豐富的讀書筆記。

錢鍾書的傳記作家汪榮祖認爲，錢鍾書畢生以讀書爲志業，博覽中西典籍。但他對書"無情"。自少到老既不藏書，更不將書視若拱璧，而是儘量"消化"之，在書上隨興眉批，勤作筆記消化，閱後往往將書轉送別人，弃如敝履。他所景慕的是書中的知識，不是書的本身。他讀書成癖，無日不看書。在清華與牛津讀書時期，在湘西荒野間以及坐困孤島的歲月裏，博覽群書，留下大量的讀書筆記⑳。這是對錢老愛書、愛讀書的貼切總結。

《西洋小說發達史略》中的批注，從古希臘羅馬小說源頭一直講述到英國近代小說家笛福，本身也是一篇有關近現代以前小說發展史概述。內容豐富，有作者介紹和評述、有情節梗概簡介、亦有作品評價，還有二手參考文獻介紹。英文爲主，間或夾雜法文，幽默詼諧，從中可以看出錢鍾書先生早年治學旨趣。此批注本的贈人及輾轉遞藏，也昭顯了錢鍾書先生胸有萬卷書，書不在藏，而在用的理念。

注釋：

① 趙晨鳴：《散落的遺珠——錢鍾書西文藏書》，《蘭臺內外》2020 年第 18 期，59—60 頁。

② 聞黎明：《抗日戰爭與中國知識份子：西南聯合大學的抗戰軌迹》，社會科學文獻出版社，2009 年，110—111 頁。

③ 季羨林：《我和外國文學的不解之緣》，《外國文學評論》1987 年第 2 期，13—16 頁。

④ 季羨林：《清華園日記》，人民文學出版社，2014 年，8 頁。

⑤ 許淵冲：《聯大人九歌》，雲南人民出版社，2009 年，237 頁。

⑥ 亨利·詹姆斯（Henry James，1843—1916），美國小說家、文學批評家、劇作家和散文家。代表作有長篇小說《一位女士的畫像》（*The Portrait of a Lady*，1881）、《使節》（*The Ambassadors*，1903）等，其作品對 20 世紀現代派及後現代派文學影響甚大。

⑦ Qian Zhongshu，"Great European Novels and Novelists，BY A. L. POLLARD，M. A（OXON）Henri Vetch，Publisher，at the French Bookstore，Peiping. pp. 438，1933"，錢鍾書：《錢鍾書英文文集》，外語教學與研究出版社，2005 年，23—26 頁。

⑧ 同上，26 頁。

⑨ 羅伯特·史蒂文生（Robert Louis Stevenson，1850—1894），英國小說家，主要作品有《金銀島》（*Treasure Island*，1881）、《化身博士》（*Strange Case of Dr Jekyll and Mr Hyde*，1886）等。

⑩ 周駿章：《評吳可讀著西洋小說發達史略》，《國聞周報》第 13 卷第 41 期，1936 年，41—43 頁。

⑪ 同上，43 頁。

⑫ 英文錄文下，附本人中文譯文。下面不再一一説明。

⑬ 塞繆爾·理查遜（Samuel Richardson，1689—1761），英國 18 世紀小說家。主要作品有《克拉麗莎》（*Clarissa*，1747—1748）、《帕梅拉》（*Pamela*，1740）等。

⑭ 亨利·菲爾丁（*Henry Fielding*，1707—1754），英國 18 世紀小說家、戲劇家。主要代表有《約瑟夫·安德魯傳》（*Joseph Andrews*，1742）和《弃兒湯姆·瓊斯》（*Tom Jones*，1749）。菲爾丁和丹

尼爾·笛福（Daniel Defoe, 1660—1731）、塞繆爾·理查遜被并稱爲"英國現代小説的三大奠基人"。

⑮ 克拉拉·里夫（Clara Reeve, 1729—1807），英國 18 世紀小説家、批評家。主要代表作有《英國老男爵》（*The Old English Baron: a Gothic Story*, 1777）、《傳奇的發展》（*The Progress of Romance: through Times, Countries and Manners*, 1785）等。《傳奇的發展》以對話形式探討了中世紀傳奇發展演變爲現代小説的過程，至今仍具參考價值。

⑯ Christine S. Lee, "The Meanings of Romance: Rethinking Early Modern Fiction", Modern Philology, Vol. 112, No. 2 (November 2014), pp. 287 – 311.

⑰ 托爾夸托·塔索（Torquato Tasso, 1544—1595），意大利詩人、文藝復興運動晚期的代表人物之一，主要著作有《被解放的耶路撒冷》（*Gerusalemme Liberata*, 1581）。

⑱ 《被解放的耶路撒冷》，共計 20 歌，以第一次十字軍東征爲題材，描寫了基督教教徒歷經各種艱難險阻，最終取得對穆斯林的勝利，解放聖城耶路撒冷的故事。全詩歌頌現世生活的歡樂，富有濃郁的生活氣息，閃耀着人文主義的思想光輝。

⑲ 喬瓦尼·瓜里尼（Giovanni Battista Guarini, 1537—1612），意大利文藝復興時期詩人、文學家，代表爲《忠實的牧羊人》（*Il pastor fido*）。

⑳ 奧諾雷·杜爾菲（Honoré d'Urfé, 1567—1625），法國作家，主要代表作爲《阿斯特蕾》（*L'Astrée*）。《阿斯特蕾》，1607—1627 年出版，共分爲 5 個部分，長達 5000 餘頁，講述了阿斯特蕾和塞拉東（Céladon）之間的愛情故事。

㉑ 蒙特馬約爾（Jorge de Montemayor, ca. 1520—1561），葡萄牙籍作西班牙作家，主要著作爲《狄安娜》（*Los siete libros de Diana*）。

㉒ 《阿明塔》（*Aminta*），塔索創作的牧歌劇，1573 年上演，1581 年出版，主要講述了牧羊人阿明塔與狩獵女神戴安娜（Diana）侍女希爾薇婭（Silvia）的愛情故事。

㉓ 艾倫·拉姆齊（Allan Ramsay, 1686—1758），蘇格蘭詩人，代表作爲《温和的牧羊人》（*The Gentle Shepherd*）、《茶桌雜談》（*The Tea-table Miscellany*）等。

㉔ Gareth Schmeling ed., *The Novel in the Ancient World*. Leiden, New York and Köln: E. J. Brill, 1996, p. 550.

㉕ 褰昌槐:《歐洲小説史》，武漢大學出版社，1995 年，59 頁。

㉖ Tomas Hägg, *The Novel in Antiquity*. Berkeley and Los Angeles: University of California Press, 1983 (1999 reprinted), p. 37.

㉗ 同注㉔, p. 387.

㉘ 同注㉕, 58 頁。

㉙ 奧維德自傳體詩歌《哀歌集》（*Tristia*）。

㉚ 《米利都傳奇》，小亞細亞米利都的阿里斯提德斯（Aristides of Miletus, 公元前 2 世紀）用希臘語撰寫的一系列簡短愛情和冒險故事。原作遺失，衹有羅馬歷史學家盧修斯·西塞納（Lucius Cornelius Sisenna, ca. BC119—BC67）翻譯的拉丁文片段。

㉛ 弗提烏斯（Photius, ca. 815—897），東正教牧首、學者，主要代表作爲《文庫》（*Bibliotheca*），内收錄不少失傳的書籍。

㉜ J. Donald Hughes, "The Hunters of Euboea: Mountain Folk in the Classical Mediterranean", *Mountain Research and Development*, Vol. 16, No. 2 (May 1996), pp. 91 – 100.

㉝ 皮浪（Pyrrho, ca. BC360—ca. BC270），古希臘懷疑派哲學家。《歷史的皮浪主義》（*Pyrrhonisme de l'histoire*），出版于 1768 年，伏爾泰在書中指出，歷史著述必須搜集并甄選可靠的史實，不能人

云亦云。

㉞《居魯士的教育》，作者是古希臘著名作家色諾芬（Xenophon，BC430—BC350），主要描繪了居魯士大帝青年時代的生活和教育。

㉟ 此處爲“Greek”的省略寫法。

㊱ 同注㉕，52 頁。

㊲ 同注㉖，p. 118.

㊳ Niklas Holzberg, Tranlasted by Christine Jackson-Holzberg, *The Ancient Novel：an Introduction*. London and New York：Routledge, 1995, pp. 42 – 43.

㊴ Elizabeth Hazelton Haight, "Athenians at Home", *The Classical Journal*, Vol. 43, No. 8（May, 1948）, pp. 463 – 471.

㊵ 女主角，全名爲 Chariclea。

㊶ 法語，本意是指咖啡牛奶，咖啡爲深色，牛奶爲白色，用在此處指卡里克列婭的膚色。

㊷ Chariclea 的簡寫。

㊸ 同上。

㊹ 同注㉔，p. 420.

㊺ 雅克·阿米歐（Jacques Amyot, 1513—1593），法國主教、古典學家，翻譯了多部古典學著作，如普魯塔克的名人傳（*Les Vies des hommes illustresGrecs et Romains*，1559）、朗戈斯的《達夫尼斯和赫洛亞》等。

㊻ 雅克－亨利·貝爾納丹·德·聖皮爾（Jacques-Henri Bernardin de SaintPierre, 1737—1814），法國作家、植物學家，主要作品有《法蘭西島游記》（*Voyageàl' Île de France*，1773）和《大自然研究》（*Études de la nature*，1784）。1787 年，小説《保爾與維吉妮》（*Paul&Virginie*）出版，轟動一時，成爲當時的暢銷書，并被翻譯成多國語言，在法國文學史上占有重要地位。

㊼ 作者爲法國作家、文學評論家阿納托爾·法朗士（Anatole France, 1844—1924），内容主要爲多名文學家和其作品評述，内有《達夫尼斯和赫洛亞》的評論。

㊽ 梅尼普斯（Menippus of Gadara），公元前 2 世紀叙利亞作家，主要用希臘文寫作，特點爲詩文間雜、語言誇張，這種語言風格被稱爲“梅尼普體”。

㊾ "carpe diem quam minimum credula postero"，出自賀拉斯的《頌歌》（*Odes*, I. 11），意爲：抓住能享受的時光。

㊿ 拉丁文，意爲賀拉斯的喜樂，原文爲 "*Homerus et lyrici Romanusque Vergilius et Horatii curiosa felicitas*"。

○51《以賽亞書》22：13。

○52 唐麗娟：《歐洲第一部流浪漢小説——〈薩蒂利孔〉》，《外國文學評論》1993 年第 1 期，101—107 頁。

○53 劉建軍：《文藝復興與現代西方長篇小説藝術的興起》，《山東社會科學》2013 年第 3 期，68—73 頁。

○54 同注㉕，63 頁。

○55 同注㉖，p. 190.

○56 同注㉕，76—77 頁。

○57《一百個故事》（*Il Novellino*），短篇故事集，約寫于 1250—1300 年左右，爲意大利語形成過程中的早期作品之一。故事來源多樣，在當時的意大利極受歡迎，影響了後來的作家，如喬叟、莎士比亞等。

㉘ David Kalstone，"The Transformation of Arcadia：Sannazaro and Sir Philip Sidney"，*Comparative Literature*，Vol. 15，No. 3（Summer1963），pp. 234－249.

㉙ 拉科尼亞（Λακωνία/Laconia），希臘伯羅奔尼薩斯半島東南部分的區域，也是拉科尼亞州州府所在地。它的北面是阿卡迪亞，西面是麥西尼亞。直到公元前 190 年，拉科尼亞一直是斯巴達的核心地區。

⑩ 同注㉝。

⑪《通往上帝的心路歷程》，中世紀意大利神學家波那文都拉（Bonaventure，c. 1217—1274）的代表作之一。

⑫ 英格蘭劇作家、詩人本·瓊森（Ben Jonson，1572—1637）的《巴托羅繆市集》（*Bartholomew Fair*）中一個清教徒角色，他與普萊克拉夫特女士（Dame Purecraft）訂婚，後因爲没有許可證祈禱而被捕。

⑬ 英國劇作家威廉·威徹利（William Wycherley，1640—1716）《鄉下妻子》（*The Country Wife*）的男主角。他終日害怕戴"緑帽子"而不斷懷疑自己的妻子瑪格麗。而天真浪漫，對丈夫忠貞的妻子，最終因遭到丈夫的懷疑而背叛了自己的丈夫。

⑭ 英國查理二世 1660 年王政復辟到 1710 年之間所演的戲劇，統稱爲"復辟戲劇"。悲劇和喜劇是當時最爲流行的劇種。喜劇常描寫貴族的風流放蕩生活，公開嘲諷英格蘭精英階層，反映家庭和婚姻問題，代表性作品有威廉·威徹利的《鄉下妻子》等。

⑮ 本·瓊森的《福爾蓬奈》（*Volpone*）裏的角色，英國騎士，容易上當受騙，却極力裝出博學的樣子。

⑯ 復辟時期喜劇作家威廉·康格里夫（William Congreve，1670—1729）作品《如此世道》（*The Way of the World*）中的男主角。

⑰《如此世道》中的女主角。

⑱ 扈啓亮、覃先美：《淺析〈天路歷程〉中"標名"的修辭功能》，《長沙鐵道學院學報》（社會科學版）2006 年第 4 期，198—200 頁。

⑲ 此處略寫，指英國小説家丹尼爾·笛福的《魯濱遜漂流記》（*Robinson Crusoe*）。

⑳ 美國作家哈麗葉特·比切·斯托夫人（Harriet Beecher Stowe，1811—1896）的《湯姆叔叔的小屋》。

㉑ 張德明：《〈奥魯諾克〉：第一部英國旅行小説的文化意義》，《寧波大學學報》（人文科學版）2010 年第 2 期，13—19 頁。

㉒ 林書舟：《評 17 世紀的現實主義和廢奴主義雛形——評小説〈奥魯諾克〉》，《新聞與寫作》2006 年第 6 期，126 頁。

㉓ 劉意青主編：《英國 18 世紀文學史》，外語教學與研究出版社，2005 年，175 頁。

㉔ 此處指的是笛福的《瘟疫年紀事》（*A Journal of the Plague Year*）。

㉕ 同注㉓，181 頁。

㉖ 龔翰熊主編：《歐洲小説史》，四川大學出版社，1997 年，132 頁。

㉗ 汪榮祖：《槐聚心史》，中華書局，2020 年，52 頁。

㉘ 許麗青：《錢鍾書與英國文學》，復旦大學博士論文，2010 年。

㉙ 同注㉗，55 頁。

（作者單位：國家圖書館古籍館）

探幽索隱：僞裝本革命文獻揭載與研究概覽

吴　密

内容提要：僞裝本是近代以來出現的一類特殊版本的革命文獻，在傳播革命思想，宣傳中國共産黨的政策，團結革命和進步力量等方面發揮着不可估量的作用，具有極高的文獻價值、版本價值和文物價值。僞裝本存世極少，可供研究的資料不多，僅有少量親歷者、研究者和收藏愛好者進行過探幽索隱式的整理和研究工作，其未來的研究和保護工作仍然有待進一步的深化和拓展。

關鍵詞：革命文獻　僞裝本　版本研究　綜述

僞裝本，又稱"托名本""僞裝書"，是近代以來革命和進步陣營爲了應對反動當局的封鎖、檢扣和禁毀，以僞裝手段印製的革命歷史文獻。僞裝本往往通過借用或虛構書名、作者、出版發行機構等信息，對文獻的封面進行僞裝，甚至對扉頁、版權、封底、序言、目録、章節名稱和正文内容進行深度僞裝，以達到隱蔽自己、迷惑敵人的目的。新民主主義革命時期，特别是國民革命失敗後，以僞裝形式印刷、出版、發行、傳播黨的文獻和進步書刊是革命陣營内部比較常見的方法。

僞裝本是近代革命文獻中極爲重要的一種版本形態，内容多爲中共早期領導人論著、重要文件或時評文章，具有極高的文獻價值、版本價值和文物價值。僞裝藝術各具特色，備受公私收藏單位和個人的矚目，亦是革命史、黨史、出版史等領域的一個研究課題。然而，在革命戰爭年代，這類文獻秘密印發，可以查考的資料極少，傳本不多。又因爲其僞裝屬性，留存下來的實物不易發現，保存保護不易，研究起來往往有無米之炊之憾。筆者長期從事革命文獻的徵集和保護工作，對這一類珍貴革命文獻格外留意。本文爬梳前人整理的存目，回顧親歷者的憶述，搜集近幾十年來公私收藏者的研究和揭載文字，匯爲一篇，希望有助於學界和收藏愛好者瞭解這一類文獻的基本收藏情况和研究進展。

一、僞裝本的發現與存目整理

中華人民共和國成立後，以僞裝出版進行革命宣傳已經成爲歷史。僞裝本由此成爲具有收藏和研究價值的珍貴革命歷史文獻，引起了人們的注意。1959 年，中華書局出版的《中國現代出版史料》收録了《第二次國内革命戰争時期上海革命報刊僞裝名目撮談》[①]一文，這是目前見到的最早專門揭示革命僞裝本的一篇文章。第二次國内革命戰争時期是僞裝本集中出現和出版最多的一個歷史時期，該文提到這一時期的僞裝本有中共中央機關刊物《布爾塞維克》和《紅旗》，中共中央在上海編輯出版的黨内秘密刊物《黨的生活》，中國共産黨青年團主辦的《列寧青年》，黨領導的中華全國總工會出版的《工人寶鑒》特刊，上海總工會印行的《上海工人特刊》，中共江蘇省委出版的《白話日報》，等等。該文也介紹了少量以僞裝形式出版的書籍和宣傳品，如瞿秋白著《三民主義批判》（托名《三民主義》）、王明等翻譯的《武裝暴動》（托名《藝術論》），以及第五次全國勞動大會通過的系列綱領性文件。這篇文章介紹的主要是報刊，較爲簡單，亦不全面，但是使人們注意到有這麼一類珍貴革命歷史文獻的存在。

僞裝本是革命和進步出版機構應對反動當局書刊檢查的産物。魯迅的著作是國民黨政府的重點查禁對象。1933 年，魯迅題贈日本友人山縣初男《呐喊》一書時寫道："弄文罹文網，抗世違世情。積毀可銷骨，空留紙上聲。"表達了魯迅對於國民黨政府嚴酷的書刊審查和文化專制制度的憤懣與不滿。在《且介亭雜文二集》的後記中，他談及 1934 年國民黨政府一次較大規模的禁書行動并附了一份 149 種禁書目録。在"文禁如毛，緹騎遍地"的 20 世紀 30 年代，魯迅産生了編寫一部中國文網史的想法，這一想法促使唐弢有意識地搜集民國時期的禁書材料。1962 年，唐弢在《人民日報》上連續發表《"取締新思想"》《關于禁書之二》《關于禁書之三》《書刊的僞裝》《"奉令停刊"》《別開生面的鬥争》《若有其事的聲明》等書話作品，揭露了反動當局的文化專制，并且簡略介紹了部分僞裝革命書刊。唐弢談到書刊的僞裝現象時指出："當國民黨反動派殘酷壓迫，對革命書刊實行封鎖、扣留、禁毁的時候，黨和進步文化界爲了滿足人民的需要，采取了一種權宜而又機智的對策：把書刊僞裝起來。這種書刊封面名稱和内容毫不相干，進步的政治内容，往往用了個一般的甚至是十分庸俗的名稱。作爲反動統治下鬥争的一個特色，尖鋭的形勢促使革命刊物和政治小册子蒙上一層足以瞞過敵人的保護色，就像戰士在前沿陣地用草葉和樹枝來僞裝自己一樣。"[②]這一認識已經觸及僞裝本産生的背景和原因，爲後來的研究者所稱許。

1963 年，上海古舊書店的劉華庭將工作中見到的和相關書刊記載的僞裝本精心撿選和整理出來，編成《革命書刊僞裝本目録》。這本書目按第二次國内革命戰争時期、抗日戰争時期和第三次國内革命戰争時期進行編排。每一時間段又按圖書、期刊、報紙、特刊、宣傳品分類，收録僞裝本共計 187 種，絶大部分書刊詳細載明其版本特徵和主要内容，是迄今爲止著録革命僞裝本最爲詳盡的一種專題目録。上海古舊書店前身爲 1954 年成立的上海圖書發行公司，1958 年改名，是當時上海唯一經營古舊圖書的專業單位。在當時的條件下，整理了如此詳盡的僞裝本目録，可見對於這類特殊版本革命文獻的重視以及社會大衆的興趣和需求。《革命書刊僞裝本目録》主要是帮助上海古舊書店工作人員瞭解革命書刊的出版情況，提高購銷古舊圖書的工作質量。不過這本供内部參考的油印小册爲後來的僞裝本研究提供了很好的指引。

圖1　上海古舊書店編印的《革命書刊僞裝本目録》封面

　　在中國第二歷史檔案館工作的張克明特別留意民國時期查禁目録的整理和研究。
20 世紀 80 年代，他根據檔案資料先後整理了北洋政府查禁書目，第二次國内革命戰争
時期、抗日戰争時期和第三次國内革命戰争時期國民黨政府查禁書刊目録，輯録民國
時期查禁書目近 5000 種③。在整理禁目的過程中，張克明發現革命書刊化名出版這一
極爲有趣的現象，于是懷着激動和興奮的心情從事革命書刊僞裝本的整理和研究工作。
1982 年，他發表《第二次國内革命戰争時期革命書刊的僞裝》，介紹這一時期這類文
獻的概況，附録了 50 餘種僞裝本書目；1987 年，發表《二戰時期以僞裝面目在上海流
傳的革命書刊》，介紹這一時期上海出版或流傳的革命僞裝本的各種類型，附録 100 多
種僞裝本書目；1987 年，又公布完整的《革命書刊化名録（1927—1949）》，收録僞裝
本 285 種，是目前收録數量最多的一種僞裝本目録。張克明在從事這項工作時遇到了
許多困難。檔案中的相關記載非常簡單，爲此他經常到圖書館搜集資料，借閱原書核
對和考訂版本信息。僞裝本存世原件畢竟少之又少，故張氏搜集的目録比較簡略，有
的僞裝本甚至僅有一個書刊原名和化名。

　　劉華庭整理的《革命書刊僞裝本目録》和張克明整理的《革命書刊化名録
（1927—1949）》具有非常高的參考價值，爲後續鑒藏、研究提供了許多便利。後來也
有一些學者整理僞裝本目録，但數量均不多，且與這兩份目録多有重複。

二、親歷者的憶述

偽裝本雖然有實物佐證，但是僅靠檔案記錄無從知曉其出版經過、傳播途徑和背後的故事等詳細情形。一些老同志曾亲身參與過偽裝本的出版、印刷和發行工作，還有一些讀者曾在革命時期受到偽裝本的影響，這些親歷者的回憶爲我們瞭解偽裝本提供了十分重要的參考。

中國共産黨在保定成立的地下出版機構北方人民出版社曾出版和翻印過大量革命書刊。其負責人王禹夫回憶："一九三一年秋天，在國民黨血腥統治的北方，上海的黨中央出版物很難運來，而北平又缺乏刊印進步書刊的印刷所，保定的黨組織因此決定刊印一些適宜群衆閱讀的馬列主義讀物，以應急需。"通過保定進步人士所辦的協生印書局，保定的黨組織首先試印了兩種書籍，其中一種是托名《社會科學研究初步》的瞿秋白《社會科學概論》。試印成功後，黨決定采用對讀者有較大影響的"人民出版社"這個名號繼續印書，後來出版的書都印上了"人民出版社出版"（有的書前面還加上"北方"二字）、"新生書店發行"等。爲了避免國民黨政府的檢扣和查禁，有時對書籍進行改裝，在封面上或版權頁上印上"人民書店""北國書社""新光書店""新生書社"等名號。北方人民出版社出版的書籍絶大部分是重印人民出版社、新青年社、上海書店、華興書局、無産階級書店、啓陽書店等黨的出版機構的優秀讀物。爲了適應白區工作的需要，對書刊版權信息上的地址進行了偽裝，郵件來往也多采用不同的化名且經常變更④。目前我們知道北方人民出版社出版的偽裝本有《孫文主義理論與實際》（《民衆革命與民衆政權》偽裝本）、《政治問題講話》［《斯大林同志在聯共（布）第十六次大會上的政治報告》偽裝本］、《藝術論》（《武裝暴動》偽裝本）、《國際政治法典》（《第三國際議案及宣言》偽裝本）、《中國革命論》（《共産國際對中國革命的決議案》偽裝本）、《中國革命與中共的任務》（《國際代表在中共六次大會上的政治報告》偽裝本）、《資本主義之解剖》（《共産主義 ABC》偽裝本）等。這些出版物除了寄往上海，大部分寄到北平和北方的其他城市，爲發展革命力量，擴大黨在北方的影響發揮了積極作用。

著名愛國人士董竹君曾利用自己的特殊身份和社會地位，協助中國共産黨做了大量文化和宣傳工作，《燈塔小叢書》就是她出資秘密印刷的一套偽裝本。據董竹君《我的一個世紀》回憶："1946 年 2 月，中國燈塔出版社以黨的整風文獻二十三篇爲内容出版的燈塔小叢書，以一兩篇文章印成一本（共十四本出齊）打成紙型，一再再版。小叢書携帶方便，售價爲一張報紙的售價，起初由上海書報聯合發行所代發行，後被特務干擾，發行受阻，即改由地下黨組織傳送。"⑤由于當時這些文獻在國民黨統治區是嚴禁發行的，爲了掩人耳目，印刷廠不得不把這些書籍偽裝成普通書。《燈塔小叢書》又薄又小，携帶方便，起到了很好的宣傳作用，産生廣泛的影響。

圖2　中共七大通過的《中國共產黨黨章》（托名《燈塔小叢書8》）

　　1947年9月，向愚（又名向金聲）、劉國英（又名劉雯）夫婦創辦的金國印書館接受中共湖南省工會領導和指示，無償印刷黨的學習文件和宣傳資料。根據肖功璞、向佑文回憶，1948年初，向愚接受省工委的任務印刷第一批文獻："計《目前形勢和我們的任務》5000本，封面改裝爲《和平奮鬥救中國》；毛澤東著《新民主主義論》3000本，封面改裝爲《中國往何處去?》，以香港某出版社印刷發行。"根據這段回憶，我們纔瞭解到現存托名《中國往何去處?》《和平奮鬥救中國》，僞托"香港時代出版社時論叢刊"的毛澤東著作僞裝本正是這一時期金國印書館所印⑥。

　　1988年，原國家海洋局副局長張玉麟向中共中央文獻研究室捐贈3冊托名《文史通義》的毛澤東著作僞裝本。該書未署出版時間、出版者和出版地點。中央文獻研究室研究人員介紹這套書的同時，呼籲參與這類書籍出版、印刷或發行的老同志提供更加詳細的情況⑦，引起一部分親歷者和研究者的興趣。高文明在《書刊印刷見聞片斷——回憶華北〈新華日報〉、華北新華書店書刊印刷廠和永興印刷局片斷情況》中披露太行革命根據地華北新華書店首先出版了這套僞裝本⑧。1992年，張玉麟撰文回憶了他在山西祁縣工作時得到這三本書的情形⑨。抗日戰爭時期曾在晉察冀日報社印刷廠工作的周明、邢顯廷、曹國輝撰文回憶了印刷裝訂毛澤東著作僞裝本的一些情況，其中就有這一套僞裝本。這些書印成後，有的經過劉仁領導的城工部秘密發行到北平、天津、保定、石家莊、太原、大同、張家口等敵占城市，有的經過韓光領導的東北工委秘密發行到瀋陽、大連等地⑩。這些憶述讓我們大致瞭解了這套書的出版發行和傳播情況。

　　北平解放前後，在北平進步學生中流傳着兩種中共時評文件彙編本。一種托名周作人自編文集《秉燭後談》，另外一種托名老舍幽默文學《不夜集》，僞裝手段極爲巧妙。經濟日報社的周銘撰文回憶了這兩種書的出版背景和版本特徵，并將其捐贈給了中共中央文獻研究室⑪。1949 年 1 月 17 日，顧隨在日記中隱晦地記載了他到中法大學授課，"學生某君以新出版之老舍幽默文學《不夜集》見借。歸時風勢益狂。燈下飲咖啡，閲'不夜'"⑫。著名藏書家姜德明認爲顧隨當時閲讀的很有可能就是進步學生傳閲的僞裝本。

這些親身經歷者的記述雖隻字片言，甚或不那麼準確，但是爲我們瞭解這類革命文獻的出版和傳播情況，也爲這些書籍的進一步研究提供了極有價值的綫索。

三、僞裝本的鑒藏與研究

僞裝本的收藏價值和文獻價值逐漸被公衆認可，一些研究者和收藏者或拾遺補缺，或揭示藏品，或辨析概念，一點一滴地推進着這類文獻的保護和研究。

湖南省圖書館李龍如在《革命書刊的僞裝》一文中探討了僞裝本的形式，整理了一份《所知曾僞裝過的革命進步書刊目録》，輯録見存目録 50 多種，并且撰文揭示了湖南圖書館收藏的僞裝本書刊情況⑬，在劉華庭和張克明所輯目録的基礎上略有增益。1996 年，《北京出版史》第 8 輯刊出《國統區的革命書刊僞裝出版拾零》《"國統區"革命書刊的僞裝三例》，文中公布的僞裝本有幾種未見著録。前者公布 1929 年 11 月第五次全國勞動大會通過的《第五次勞動大會對黄色工會決議案》（托名《伏狗術》）、《共産國際綱領》（托名《環球旅行指南》，封面右上角印"常惺翁著"，左下角印"天津書店發行"）、《黨的生活》（第七期、第八期，分別托名《靈學研究》《文學研究》）⑭。後者根據 1948 年 5 月 19 日國民黨北平市警察局發出的《本市各書店發現僞裝中共宣傳書籍飭屬詳查具申報核辦》的訓令檔案，輯録了 3 種僞裝書。其中《中國土地法大綱》（托名《論田賦法案》）和《目前形勢和我們的任務》（托名《時事評論》）兩種見於國家圖書館館藏，第三種名爲《天空的秘密》，檔案指稱該書"最前頁爲科學或其他引人悦讀之書名目録，實際係完全宣傳中共文字"⑮，具有明顯的僞裝特徵。河北省文物保護中心收藏的近現代革命文物中有不少僞裝本，其公布的 7 種精品之中有一種托名《三國新志》，僞托"新中國書局印行"，真實題名爲《莫斯科三國會議的偉大成功》，收録《毛澤東在慶祝十月革命節幹部晚會上的講演》等 7 篇文章；還有一種托名《燕趙實録》的僞裝本，正文收録《八路軍新四軍的英雄主義》等 4 篇文章。這兩種僞裝本均未見著録⑯。

大革命失敗後，中共中央機關刊物《布爾塞維克》、中國共産主義青年團機關刊物《列寧青年》、中國共産黨中央委員會機關刊物《紅旗週報》都曾大量采取僞裝的方式出版發行。這一現象早爲學界關注。有賴於學者研究和出版界的影印出版，爲我們瞭解其版本特徵和僞裝特點提供了諸多便利⑰。

陳小枚在《特殊時期的密寫文件和僞裝刊物》一文中披露了中央檔案館所藏一批黨内秘密刊物僞裝本。其中有中共中央委員會主辦的《中央通訊》（又稱"《中央政治通訊》"），出過《昭覺禪師傳》《催眠術》《離騷》《宋六十名家詞》等多種僞裝本；中共中央編輯出版的黨内秘密刊物《黨的生活》，之前我們知道出過《衛生叢書》《知難行易淺説》《學校生活》《社會建設淺説》等幾種僞裝本，作者在文中又首次披露了《南極仙翁》（《黨的生活》第六期）、《世界書局》（《黨的生活》第八期）兩期僞裝本；中共中央關于組織問題的機關報《黨的建設》則有《摩登雜志》《建設雜志》等題名的僞裝本[18]。

圖3　《論持久戰》（托名《文史通義》内篇之一）

　　僞裝本中有大量中共領導人的早期著作，尤以毛澤東著作僞裝本爲多，爲收藏界和學界所看重。20世紀90年代初，袁競主編的《毛澤東著作大辭典》[19]、何平主編的《毛澤東大辭典》[20]、廖蓋隆等主編的《毛澤東百科全書》[21]等工具書均有毛澤東著作僞裝本詞條，説明這一特殊版本的文獻在當時就已經引起人們的注意。劉躍進《毛澤東著作版本導論》中提到毛澤東著作特殊版本時，就談到了當時已經發現的毛澤東著作僞裝本的一些基本情況[22]。聞立樹在《僞裝封面版本的中共七大文獻淺析》一文中介紹了托名《美軍登陸與中國前途》《和平奮鬥救中國！》《中日事變解決的根本途徑》等多個版本的《論聯合政府》僞裝本[23]。李龍如發表了《形形色色的毛澤東著作僞裝本》[24]《〈新民主主義論〉的僞裝本》[25]等文章。奚景鵬是北京著名的毛澤東著作收藏家，擅長版本考訂，他收藏的8種僞裝本中，以《論新階段》（托名南京興華書局版《建國真旨》）、《毛澤東選集》（托名劉大白著《紅樓夢考證拾遺》）和《論聯合政府》（托名香港時代出版社時論叢刊之一《和平奮鬥救中國！》）3種毛澤東著作僞裝本最爲珍貴㉖。此外，他還撰文考證了托名《文史通義》的 3 册毛澤東著作偽裝本㉗。湖南著名的紅色收藏家張曼玲收藏有大量毛澤東著作早期版本，偽裝本有 10 餘種之多㉘。王紫根所編《毛澤東書典》介紹毛澤東著作諸版本，專辟"托名本（偽裝本）"一類，撰寫毛澤東著作偽裝本提要 26 種㉙。施金炎主編的《毛澤東著作版本述錄與考訂》也談到了毛澤東著作偽裝本的問題㉚。施文嵐參與了《毛澤東著作版本述錄與考訂》的編寫，一直關注毛澤東著作偽裝本的新發現，在原有基礎上將歷年所見各種毛澤東著作偽裝本分單行本、合訂本、彙編本三類集中起來，加以述錄與考訂，注明其收藏地或相關出處，藉以反映毛澤東著作偽裝本的全貌㉛。楊志偉《中國共產黨偽裝書研究》圖文并茂地介紹 6 種國家博物館藏毛澤東著作偽裝本，包括《文史通義》系列偽裝本 3 種、《一九四五年的任務》（托名《新金剛經》）、《論聯合政府》與《論解放區戰場》合訂本（托名《嬰兒保育法》）和《目前形勢和我們的任務》（托名《珠簾寨》），均屬毛澤東著作偽裝本中的精品㉜。

偽裝本遺存較少，一般人難以見到實物，從事偽裝本研究和整理的主要是公藏單位的工作人員和部分私人藏家。從公開的資料來看，揭示、展示或報道藏有偽裝本的公藏單位有國家圖書館、中央檔案館、中央黨史和文獻研究院㉝、南京圖書館、上海圖書館、上海市檔案館、山西省圖書館、國家博物館、上海市歷史博物館、河北省文物保護中心、上海市檔案館、中國人民大學圖書館、韶山毛澤東圖書館、山東省圖書館等，私人藏家則有奚景鵬、張曼玲、張國柱、張其武、張興吉、馬乃廷、何佩欽等。偽裝本是一個出現得比較晚的版本學概念，唐弢、聞立樹、陳巧孫、張克明、李龍如、黃霞、趙長海等學者圍繞什麼是偽裝本進行了討論，此處不一一贅述。

近 20 年來，國家圖書館搶救性地發掘和徵集了大量偽裝本，在偽裝本的保護、研究和利用上也做了大量工作。2003 年，黃霞在《簡述國家圖書館藏革命歷史文獻中的偽裝本》一文中公布了近 30 種國家圖書館早期入藏的偽裝本，對偽裝本的概念和特徵的描述引起學界的廣泛關注㉞。2009 年，黃霞在《國家圖書館新購毛澤東著作早期版本述錄》一文中公布了《中國革命與中國共產黨》（托名《修道新介紹》）、《中國人民解放軍宣言》（托名《復興宣言》）、《目前形勢和我們的任務》（托名《悟性修道須知》）3 種新入藏的毛澤東著作偽裝本，這 3 種文獻均爲未見著錄的新發現㉟。2013 年，黃霞和筆者撰文公布了國家圖書館近 6 年來新徵集的 15 種偽裝本，除了前述 3 種毛澤東著作偽裝本，還有《青苗》（《新民主主義論》學習材料）、《食糧增產問題研究》（《自由祖國》半月刊系列偽裝本）、《華夏春秋續編》（《中國共產黨時評文獻彙編》偽裝本）、《燈塔小叢書（7）》（《論毛澤東思想》偽裝本）、《歐游漫記（50）》（《群衆》周刊香港版第一卷第五十期偽裝本）、《復興宣言》（《中國人民解放軍宣言》偽裝本）、《救國之路》（《紀念五一勞動節口號》偽裝本）等偽裝本㊱。2015 年，筆者和黃霞公布新徵集的抗日戰爭時期和解放戰爭時期印行的中共早期領導人著作、黨內文件、時事評論彙編等偽裝本 17 種。屬于毛澤東著作偽裝本的有《新民主主義論》（托名《中國往何處去》）、《論聯合政府》（托名《勝利的指南》）、《目前形勢與我們的任務》（托名《歧路燈》）、《整頓"學風""黨風""文風"》（托名《燈塔小叢書2》）。其他還有托名《大東亞之路》《中國之命運》《戰國策注解》《大東亞戰爭下的國際情勢——加藤華北軍報道部長講演詞》《論戰爭》《救世箴言》《世界之動向》《怎樣在改革》《茶亭雜話（35）》等偽裝本㊲。2016 年，黃霞撰文公布了《燈塔小叢書 8》（中共七大通過的《中國共產黨黨章》偽裝本）、《指南針使用法》（《中國共產黨中央委員會為"七七"九周年紀念宣言》偽裝本）、《論革命的修養》（《論共產黨員的修養》偽裝本）3 種中國共產黨歷史文獻偽裝本，以及《戴笠將軍及其事業》（《特務批判》偽裝本）、《二中全會》（《批判國民黨六屆二中全會的中共時評彙編》偽裝本）和 3 種香港《群眾》周刊偽裝本㊳。

　　為弘揚革命文化，傳承革命精神，開展革命傳統教育和愛國主義教育，國家圖書館依托館藏紅色資源，舉辦了一系列大型公益展覽，向公眾展出了部份偽裝本精品。2001 年，為紀念中國共產黨成立 80 周年，國家圖書館舉辦館藏珍貴革命文獻展覽，展出的 200 多件實物中有《新出繪圖國色天香》（《中國共產黨第六次全國大會議決案》偽裝本）、《布爾塞維克》（托名《中央半月刊》《中國古史考》《平民》等）、《最近日帝國主義在中國屠殺民眾的殘酷》（《列寧青年》第四期）等偽裝本。2011 年，國家圖書館舉辦紀念辛亥革命 100 周年館藏珍貴文獻展，聯袂展出了 1903 年初版《革命軍》和 1904 年新加坡華僑集資翻印的偽裝本《圖存篇》。同年舉辦的紀念建黨 90 周年的珍貴歷史文獻展上展出了托名《新出繪圖國色天香》和《國民政府建國大綱》的《中國共產黨第六次全國大會議決案》偽裝本，以及包括毛澤東、劉少奇、朱德等著作偽裝本在內的偽裝本 10 餘種。2015 年，國家圖書館舉辦紀念中國人民抗日戰爭暨世界反法西斯戰爭勝利 70 周年館藏文獻展，展出了解放社出版的《論持久戰》最早的單行本和托名《文史通義（內篇之一）》的偽裝本，以及《大陸作戰之新認識》（《論解放區戰場》偽裝本）。2016 年，國家圖書館舉辦紀念建黨 95 周年展覽，展出了《燈塔小叢書 8》（《中國共產黨黨章》偽裝本）、《衛生叢書》第十種（《黨的生活》第九期偽裝本）、《虞初近志》（《中國四大家族》偽裝本）、《悟性修道須知》（《目前形勢和我們的任務》偽裝本）、《老殘游記》（《慶祝濟南解放特刊》偽裝本）等 10 餘種偽裝本。2021 年，為慶祝中國共產黨成立 100 周年，國家圖書館與浙江省委宣傳部共同主辦了《共產黨宣言》專題展。在眾多《共產黨宣言》珍貴版本中，有陳望道（署名"仁子"）譯本和華崗譯本兩種偽裝本。此外，在 2012 年紀念《在延安文藝座談會上的講話》發表 70 周年館藏文獻展、2017 年紀念中國人民解放軍建軍 90 周年館藏文獻展、2019 年慶祝中華人民共和國成立 70 周年暨澳門回歸 20 周年文獻特展上，國家圖書館均展出了少量的偽裝本。偽裝本在講好黨的故事、革命的故事、根據地的故事等方面發揮了重要的作用，取得了非常好的社會反響。

　　國家圖書館歷來重視革命文獻的保存和保護，這些傳世較少、形態各異的偽裝本很早就引起圖書館前輩的注意。20 世紀 50 年代初，北京圖書館（國家圖書館前身）建立新善本特藏庫，許多偽裝本就是當時從舊平裝書庫中提入新善本特藏庫，作為重要革命文獻加以典藏。因為工作關係，筆者特別留意各類檔案和文獻資料中關於偽裝本的相關記載，每有所見，即行摘錄，集腋成裘，目前已至 500 多種。在整理偽裝本革命文獻知見目錄的過程中，筆者發現《上海市歷史與建設博物館籌備處文獻目錄》（上海市歷史與建設博物館籌備處編，1958 年）、《全國解放前革命期刊聯合目錄（1919—1949）》（全國圖書聯合目錄組和北京圖書館編，1965 年）、《北京圖書館館藏革命歷史文獻簡目》（北京圖書館善本組編，書目文獻出版社 1984 年出版）、《民國時期總書目》（北京圖書館編，書目文獻出版社 1986—1997 年出版）、《解放區根據地圖書目錄》（中國人民大學圖書館編，中國人民大學出版社 1989 年出版）等回溯性的目錄中偶見偽裝本條目。在公私收藏單位和個人的收藏中，既有《文史通義》《秉燭後談》一類早經發現的偽裝本，也有《國色天香》《國民政府建國大綱》《論田賦法案》《老殘游記》《東周列國志》等大量未見著錄的新發現。由于版本特殊，偽裝本在革命戰爭年代迷惑了敵人，同時也誤導了圖書館工作者和讀者。許多珍貴的偽裝本長期隱藏在書庫和書肆之中，塵封積壓，其蘊含的紅色基因和文獻價值沒有得到充分的挖掘，需要各方面重視起來，繼續推進相關的保護和研究工作，充分發揮其在黨史學習教育、革命傳統教育、愛國主義教育等方面的重要作用。

注釋：

① 吳貴芳：《第二次國內革命戰爭時期上海革命報刊偽裝名目摭談》，張靜廬輯注《中國現代出版史料（丁編）》上卷，中華書局，1959 年，139 頁。

② 唐弢：《書話》，北京出版社，1962 年，81 頁。

③ 張克明整理的查禁書目側重于政治性書目，其他類別的查禁書目和抗日戰爭時期日偽查禁書目沒有收錄。如果這些全部算進去的話，民國時期的禁書數量至少有 15000 種。

④ 王禹夫：《記北方人民出版社》，張靜廬輯注《中國現代出版史料（乙編）》，中華書局，1957 年，18 頁。

⑤ 董竹君：《我的一個世紀（增訂版）》，生活·讀書·新知三聯書店，2013 年，391 頁。

⑥ 肖功璞、向佑文：《堅持地下鬥爭的印刷廠：金國印書館紀實》，《長沙黨史通訊》1986 年第 1 期。

⑦ 張鵬：《三本毛澤東著作的偽裝本簡介》，《黨的文獻》1988 年第 4 期。

⑧ 高文明：《書刊印刷見聞片斷——回憶華北〈新華日報〉、華北新華書店書刊印刷廠和永興印刷局片斷情況》，太行革命根據地史總編委會編《太行革命根據地史料叢書之八：文化事業》，山西人民出版社，1989 年。

⑨ 張玉麟：《關于以〈文史通義〉偽裝的毛主席著作的一些回憶》，《黨的文獻》1992 年第 1 期。

⑩ 周明、曹國輝、邢顯廷：《印行毛澤東著作偽裝本的回憶》，《黨的文獻》1992 年第 1 期。

⑪ 周銘：《兩本黨的文件集偽裝本的來歷》，《黨的文獻》1990 年第 4 期。

⑫ 顧隨：《顧隨全集》卷二，河北教育出版社，2014 年，232 頁。

⑬ 李龍如：《革命書刊的偽裝》，《新民主主義革命時期出版史學術討論會文集》，中國書籍出版社，1993 年。

⑭ 孫春華：《國統區的革命書刊偽裝出版拾零》，《北京出版史》第 8 輯，北京出版社，1996 年。

⑮ 潘慶海：《"國統區"革命書刊的偽裝三例》，《北京出版史》第 8 輯，北京出版社，1996 年。

⑯ 劉慶禮：《革命文獻偽裝本擷萃》，《當代人》2015 年第 2 期。

⑰ 這三種刊物的目錄索引和偽裝出版情況可參考樂豐《〈布爾塞維克〉目錄》（《上海革命史資料與研究》第 6 輯）、王美娣《〈列寧青年〉期刊介紹及目錄索引》（《上海革命史資料與研究》第 3

輯）、唐正芒《〈紅旗周報〉的封面偽裝》（《新聞研究資料》1990 年第 2 期）。2014 年湘潭大學出版社出版的《紅藏：進步期刊總匯（1915—1949）》收錄了這三種期刊，可以與前述研究文字互爲參照。

⑱ 陳小枚：《特殊時期的密寫文件和偽裝刊物》，《中國檔案》2009 年第 2 期。

⑲ 袁競主編：《毛澤東著作大辭典》，中國國際廣播出版社，1991 年，317 頁。

⑳ 何平主編：《毛澤東大辭典》，中國國際廣播出版社，1992 年，612 頁。

㉑ 廖蓋隆等主編：《毛澤東百科全書》，光明日報出版社，1993 年，1130 頁。

㉒ 劉躍進：《毛澤東著作版本導論》，北京燕山出版社，1999 年，281 頁。

㉓ 聞立樹：《偽裝封面版本的中共七大文獻淺析》，《中共黨史研究》2004 年第 5 期。

㉔ 李龍如：《形形色色的毛澤東著作偽裝本》，《文史博覽》2009 年第 2 期。

㉕ 李龍如：《〈新民主主義論〉的偽裝本》，《湘潮》2009 年第 9 期。

㉖ 奚景鵬：《對八本偽裝書刊的考證》，《北京黨史》2008 年第 4 期。

㉗ 奚景鵬：《關於以〈文史通義〉偽裝的三本毛澤東著作的考證》，《黨的文獻》2004 年第 4 期。

㉘ 張曼玲：《毛澤東早期著作版本精品圖錄》，湖南人民出版社，2011 年。

㉙ 王紫根：《毛澤東書典》，湖北人民出版社，2011 年，110—114 頁。

㉚ 施金炎主編：《毛澤東著作版本述錄與考訂》，海南國際新聞出版中心，1995 年，8 頁。

㉛ 施文嵐：《毛澤東著作托名本版本匯訂》，《文史博覽（理論）》2014 年第 6 期。

㉜ 楊志偉：《中國共產黨偽裝書研究》，《中國國家博物館館刊》2017 年第 9 期。

㉝ 中央黨史和文獻研究院官網"館藏資源"欄目展示有中央編譯局文獻信息部（圖書館）收藏的部分偽裝書刊，包括《世界全史》（《列寧選集》）、《秉燭後談》（實爲毛澤東等人著作）、《東周列國志》（實爲第三次國內革命戰爭時期的通訊），以及《平民》《光明之路》《新生活》《摩登周報》《時時周報》《實業周報》《真理》（實爲《紅旗周報》）等。

㉞ 黃霞：《簡述國家圖書館藏革命歷史文獻中的偽裝本》，《文獻》2003 年第 4 期。

㉟ 黃霞：《國家圖書館新購毛澤東著作早期版本述錄》，《文津流觴》2009 年第 3 期。

㊱ 黃霞、吳密：《國家圖書館 2007—2012 年入藏新善本述要》，《文津學志》第六輯，國家圖書館出版社，2013 年。

㊲ 參拙著《2013 年以來新善采訪藏品介紹》，《文津流觴》2015 年第 3 期；吳密、黃霞：《國家圖書館近三年來入藏新善本述略》，《文津學志》第九輯，國家圖書館出版社，2016 年。

㊳ 黃霞：《新入藏革命文獻偽裝本介紹》，《文津流觴》2016 年第 3 期。

（作者單位：國家圖書館古籍館）

籌建古籍修復用紙儲備庫的必要性分析

易曉輝

内容提要： 修復用紙是古籍保護與修復工作中最重要的原材料，其性能直接影響對古籍文獻的保護效果。從修復偏好陳紙的使用習慣、古籍修復用紙的品種多樣性需求、優秀傳統手工紙品種亟待搶救性收集留存、當前傳統手工紙價格不斷上漲的市場形勢、建設古籍修復用紙庫的益處幾方面看，籌建古籍修復用紙儲備庫具有必要性和緊迫性。國内古籍修復機構中，浙江圖書館較早籌建實體的古籍修復用紙庫，目前已具備相當規模，具有示範作用。

關鍵詞： 修復用紙　儲備庫　傳統手工紙　質量檢測

在古籍修復工作中，修復用紙作爲最重要的載體材料，其質量性能直接關乎最終的修復效果，因而一直備受修復師們重視[1]。在過去，許多古籍修復師有收集老紙、屯積好紙的習慣，以便在工作中能爲不同品類的古籍選配合適的修復用紙。近些年在中華古籍保護計劃的推動下，古籍修復工作越來越受到社會公衆的關注，修復工具和修復用紙也逐漸朝着專業化方嚮發展。伴隨着修復工作的廣泛和深入開展，修復用紙的使用需求不斷加大，傳統依靠收集老紙的辦法早已杯水車薪，根據修復任務臨時採購常常會面臨新紙燥性較大的問題，批量定製修復用紙又難以兼顧多樣性和特殊性[2]。修復用紙的穩定供應成爲大型修復機構日常運行中的一項重要因素。

由于清末民初以來現代機器造紙對傳統手工紙的不斷衝擊，傳統的手工造紙行業日益衰落。到如今僅宣紙尚存一點規模，其他傳統手工紙品種大多百不存一，許多歷史上的優質名紙早已悄然絶迹。僅存于偏遠鄉村的個别品種，工藝水平也都嚴重下滑，成品質量早已今非昔比。更爲嚴重的是，這種衰落不僅僅是個别紙種，而是涉及所有的産區，乃至傳統手工紙的整個産業鏈。整體衰落造成的損失往往是不可逆的，許多紙種一旦消失，就很難再恢復到往日水平。傳統品種的大量減少，使得修復用紙的選擇範圍越來越小[3]。

與此同時，近年來書畫用紙對于手工紙使用性能的單一導向，致使傳統手工紙普遍存在同質化和劣質化傾向。在書畫領域，時下盛行的寫意畫法和流行書風對于紙張的洇墨性的過度偏好，吸水性較强的宣紙和書畫紙成爲手工紙市場的主流。産品的低價競爭導致由工業龍鬚草漿、慈竹漿和木漿製作的書畫紙假借宣紙之名大量充斥市場。

麻紙、皮紙和竹紙等具有一定天然抗水性的傳統手工紙日漸式微，部分紙種甚至瀕臨絕迹。僅存的一些傳統紙坊在市場需求的引導下，也逐漸往原料中添加龍鬚草、慈竹漿和木漿，以迎合使用者對于洇墨性的要求。這種情況的出現導致當前大多數手工紙在原材料和生產工藝上跟傳統手工紙存在明顯偏離，能够與古籍紙張相匹配，滿足修復用紙質量要求的優質傳統手工紙越來越少④。

修復古籍老紙終將會有用盡之時，未來大量的古籍修復工作還得依靠新紙來完成。爲應對市場上可供古籍修復的手工紙品種大量減少、品質低下的問題，古籍修復機構應具備一定量的修復用紙儲備。在種類上應盡可能囊括日常修復所用主要紙張品種，數量上則應滿足新紙一定時間的陳放需要，尤其是要儲備一些優質的傳統紙種。早做準備，避免日後在手工紙市場環境發生變化時，造成無好紙可用的窘境。

一、手工紙需要陳放以獲得良好的使用性能

許多傳統手工紙相關的領域都有好用老紙的習慣，書畫家認爲老紙滲化更加均匀，墨色清潤柔和；修復師認爲老紙"燥性小，温和無火氣，服帖好用⑤"，"前人買紙，後人用紙"。有經驗的古籍修復師常常會收集一些老紙，以備不時之需，或將新紙存放若干年後再使用，靠時間的沉甸逐漸消除所謂的"火氣"，改善紙張的使用性能。

從紙張相關性能的研究結果來看，這種做法具備一定的科學依據。一方面手工紙在剛剛生產出來時，纖維內部殘留的樹脂、蠟質等抗水性成分隨機分布在紙張結構中，跟纖維良好的吸水性形成明顯的反差。這種反差使得紙張在遇水時會產生不均匀的滲透，具體表現就是當墨液刷到紙上時，墨迹會出現不可控制的毛刺，或是一些淺色斑，影響書畫表現的效果。另一方面抄紙過程中水流對纖維方嚮的整理作用使得纖維在紙面呈一定程度的定嚮排列，這種定嚮排列的纖維在浸濕和乾燥的過程中會因爲纖維形態的伸縮導致紙張尺寸發生變化，并在縱橫嚮上產生明顯差異⑥。在修復和裝裱工作中，這種乾濕交替時的尺寸變化常常會導致紙張起皺或者崩裂。

而老紙經過長時間的陳放，紙張內部一些抗水性和吸水性較爲突出的物質經過緩慢的氧化，以及乾濕變化所引起的風化作用，整體的吸水性逐漸均質化，水墨浸潤時的擴散和滲透都更加均匀⑦。同時由于纖維的逐漸老化，彈性應力不斷消解，受其影響的紙張伸縮率也不斷降低，即在乾濕變化時紙張的尺寸變化逐漸變小。所謂老紙"燥性小，温和無火氣，服帖好用"，就是這些內在變化在宏觀上給人整體感受。

結合古籍修復工作的具體要求，由于待修的古籍原件大多經過長時間的自然老化，紙張強度大多偏低，伸縮性較小。進行托裱等操作時，要求修復用紙應具有和原件相近的伸縮率，以避免乾濕變化時因伸縮不同步對脆弱的古籍紙張造成損傷。因此用于修復古籍的紙張，尤其是跟原件粘合的紙張，剛生產出來的新紙并不適合直接使用。必須經過一段時間的陳放以降低紙張的伸縮率，纔能符合修復用紙對于尺寸穩定性的要求。

然而手工紙的老化過程是非常緩慢的，大部分紙張至少需要陳放 20—30 年纔能達

到相對穩定的狀態。修復用紙的這一特性要求修復機構應當建立修復用紙的儲備庫，定期采購一定數量的新紙入庫陳放，通過長時間的自然老化使紙張達到最佳使用狀態，滿足古籍修復工作對于紙張使用性能的相關要求。

二、古籍紙張的多樣性要求修復用紙的種類應盡可能豐富全面

從國內現存古籍書頁的用紙情況來看，因朝代、地域以及造紙原料和工藝的差異，古籍紙張的種類極其豐富，狀態千差萬別。自魏晋以來的黃麻紙、白麻紙，到隋唐時期的硬黃紙、捶紙，再到宋元時逐漸崛起的各種竹紙、白綿紙，以及明清以來的連四紙、宣紙、太史紙……尤其南方出產的各類竹紙名目繁多，五花八門，不勝枚舉。據《長汀紙史》統計，民國年間僅福建長汀地區所産竹紙，有據可查的品類就有上百種。若推及全國，各類手工紙的數量是非常龐大的。

古籍修復用紙的選擇，最理想化的標準莫過于與原件一致或相近。以這項要求來看，古籍修復機構應盡可能儲備足夠多種類的手工紙，以涵蓋古籍紙張的各個品類，保證在修復工作中能夠選配到跟原件特性相近的紙張。尤其是隨着晚清民國以來傳統手工紙的衰落，許多優秀的手工紙品種早已銷聲匿迹。以當前的條件和現狀，從現有的傳統手工紙生産體系中找出跟每件古籍完全一致的修復用紙幾無可能，不過這不妨礙在實踐中將其作爲努力的方嚮。對于大多數修復機構而言，只要儲備紙張的種類能夠覆蓋傳統手工紙常見的原料類別、産區和基本品種，選配與古籍紙葉相近的修復用紙并非難事。

對于修復用紙的儲備工作來說，一方面要以常見的、大宗紙張類別爲基礎，確保大多數待修古籍都能匹配上材質、特性相近的修復用紙。同時也需不斷求精求全求細，廣泛收集全國各個産區的手工紙品種，盡可能囊括所有傳統紙種的品類規格，努力建成中國傳統手工紙的基因庫。以便于在選擇修復用紙時，能夠更大程度地延展覆蓋面，保證每一次修復都能選配上最合適的紙張，從紙張原料上最大限度地提升古籍修復的質量和水平。

以國家圖書館古籍修復中心的紙張儲備爲例，近十餘年購入的修復用紙基本以常見類別爲主，能夠保證一般修復用作的需求。配紙時主要考慮紙張的種類、厚薄、色澤及質感與原件大致相近即可。當色澤及質感有些許差異時，亦可通過染色加工等方式使修復用紙與書頁紙張相接近。對于一些較爲珍貴的古籍文獻，也會根據原件紙張的狀態專門定制修復用紙。但這類案例所占比例較小，絕大部分修復操作仍是以常見紙張爲主。整體而言，大多數修復過程對于紙張的選擇允許有一定的寬容度，這種寬容度的存在其實是修復用紙和古籍紙張不能完全匹配時的權宜之計。從原則上講，修復用紙選擇的寬容度當然是越小越好。隨着常用修復用紙種類不斷完善，一些小衆紙種的收集也應儘早計劃。祇有當儲備的紙張品種足夠豐富，修復用紙選擇的匹配度纔能不斷提高，進而從原材料的層面提升古籍修復的最終效果。

三、優秀傳統手工紙品種亟待搶救性收集留存

隨着現代造紙工業的發展，傳統手工紙的主流市場被大規模攻占，自民國以來持續衰落，而今已逐漸邊緣化。大量傳統手工紙產區和紙張品種消失，部分殘延至今的紙種其生產規模和質量也都普遍下滑。尤其是近些年許多手工紙坊都面臨從業人員老化、經濟效益下降等問題，致使生產經營困難，或瀕臨停產，或直接關門大吉，許多傳統名紙因此絕迹[⑧]。時至今日，僅存于書畫和文博領域的傳統手工紙發展形勢依然嚴峻，存在諸多問題。

（一）主流市場大規模丟失

需求量最大的印刷用紙和文書用紙市場被機製紙占領，文房及書畫市場則被大量充斥着低端書畫紙，傳統手工紙逐漸被市場邊緣化，優質紙種不斷消失。特別是70年代夾江地區率先使用龍鬚草抄製書畫紙以來，以工業龍鬚草漿、慈竹漿和木漿爲主要原料的低端手工紙以廉價優勢占領市場。傳統的麻紙、皮紙、竹紙、宣紙則因工序繁複，成本居高不下而面臨生存危機。以宣紙產區安徽涇縣爲例，采用青檀皮和沙田稻草製成的傳統真宣紙不到當地手工紙產量的十分之一。以龍鬚草、慈竹漿、木漿製成的書畫紙假借宣紙之名充斥市場。由于普通使用者對紙張瞭解有限，手工紙市場尤其是書畫用紙市場上出現明顯的劣質化傾向。精工細作的傳統手工紙品種鮮有人瞭解和關注，反而因成本居高不下，在競爭中居于劣勢，導致大量品種消失。

（二）從業人員老齡化嚴重，年輕人不願意繼承"水深火熱"的手工造紙

由于傳統手工造紙程序繁瑣，勞動强度大，工作環境較爲艱苦，收入不高，對年輕人缺乏吸引力。許多手工紙坊的勞動力以50歲以上的中老年人爲主，在一些偏遠產區，年輕人多選擇外出務工，不願從事繁重的手工造紙。即便在境况稍好的產區，青壯年從業者也鳳毛麟角。以當前發展較好的元書紙產區浙江富陽爲例，該地傳統家庭紙坊中有80後90後子女願意接班製紙的僅有兩三例，其他年輕人即便參與也僅負責銷售，傳承千年的手工造紙面臨後繼無人的窘境。

（三）市場關注度局部集中引發手工紙品種的單一化趨勢

近年來隨着新媒體及網絡宣傳渠道的增多，人們對手工紙的生產也有更多關注和瞭解，也給手工紙市場帶來更多機遇。但與此同時，這種關注也呈現出追逐熱點和標簽化的傾向，對單個紙種和紙坊過度關注，而冷落臨近區域的其他紙種。致使資源向個別產品過度集中，壓縮了同類或近似產品的生存空間，最終造成一些小衆品種消失，破壞了傳統手工紙品類的豐富性。

這種單一化趨勢不僅對臨近產區的紙坊造成影響，甚至還會影響到那些偏遠的小產區紙種。傳統手工紙在涇縣、富陽、閩西、夾江等大產區之外，在雲南、貴州、湖

南等偏遠產區還存留有不少手工造紙村落。這些村落交通閉塞，受外界影響小，仍保留着許多傳統的手工造紙技藝。雖管這些大山深處的小紙坊產量不大，寂寂無聞，但其原汁原味地活態傳承至今，留存和延續着造紙術最傳統、最純正、最珍貴的基因。相較于大產區，這些小村落紙坊的傳承環境更加脆弱，在長時間缺少市場關注後，常常尚不爲人知便已悄悄消失⑨。

此外，一些地方的非遺傳承工作也有類似傾向。非遺傳承人的設立一方面推動了傳統手工紙的復蘇，但也促使更多資源向傳承人集中，造成資源分配不均，影響了同類紙張的生存環境。甚至還有一些傳承人在獲得榮譽之後，將精力放在擴大宣傳和包裝上，逐漸脫離生產，或成爲表演項目，或放弃傳統，發展產量更高的書畫紙，偏離了非遺保護的本義。

（四）隨着環保要求不斷提高，手工紙坊多因排污限制陷入困境

近兩年由于環保工作的大力推進，許多手工紙坊由于污水排放問題被限產停產。尤其許多地方部門在執行政策時容易矯枉過正，運動式的限令關停，却很少給出具體的整改措施和執行標準。手工紙的從業者大多文化程度不高，對于污水的處理較爲陌生，拿不出有效的解決辦法時，只能停產停業。許多紙坊近年因爲傳統文化的復興和非遺保護的扶持，好不容易有恢復之勢，又因爲排污的問題重新陷入困境。

基于上述各方面的原因，傳統手工紙面臨嚴重的市場萎縮和品種劣質化傾向，大量優質紙種首當其衝，傳統名紙不斷停產消失，至今仍維持生產的已屈指可數。在古籍修復領域，毛太紙因其輕薄而有一定的韌性，且在明清時大量用于印製書籍，曾被許多修復師視爲修補竹紙本古籍的上佳之選。遺憾的是這種生料竹紙在 20 世紀 70—80 年代後便悄然匿迹，一同消失的還包括這種薄韌光亮竹紙的製作技術。而今在閩西、贛東等毛太紙的主產區已經找不到能做毛太紙的紙坊和工匠，也沒有人能再説清楚這種超薄竹紙的製作技術的細節。近些年雖然有個別紙坊試圖復原，但傳統技術方法一旦丟失，再重新恢復談何容易。尤其那些特殊的工藝技巧或特製工具，凝聚着一代代工匠的經驗和智慧。它們并不會有詳實的文字記載，完全由紙匠們在實踐中傳承和領悟，一旦斷檔便再也無法完整重現。像毛太紙這樣的案例還有不少，比如砑花箋。

在手工紙大環境尚未有效改善，傳統紙種未見明顯恢復的情況下，應盡早對仍維持生產的優質紙種開展搶救性采購，以實物的方式儲備我國傳統手工紙的品種資源和基因庫，避免因突然停產造成某些重要紙種的缺失和湮滅。這樣做不僅可以儲備更多種類的修復用紙，還能在一定程度上緩解紙坊的經營困難，促進相關從業人員維續生產。同時古籍修復用紙對于紙張質量的高要求，也能爲當前劣質化嚴重的手工紙市場樹立質量標桿，引導紙坊積極提高產品質量，恢復和開發更多優質紙種。

四、優質手工紙的價格不斷上漲

從傳統手工紙的生產要素來看，其成本主要來自原材料和人工費用。由于傳統手

工紙的原材料大多因地制宜，以産區内規模化生長的植物韌皮和禾草莖稈爲主，原料本身一般比較廉價易得，其成本主要來自采集和加工過程。

在浙江、福建、安徽、湖南、雲貴等許多手工紙産區，造紙所用的構樹、青檀、結香、竹子等原料植物大多生長于村子周邊的山野之中。儘管野生狀態下基本没有種植成本，但因山林險峻，原料的采集過程極費人力，非常辛苦。在浙江富陽手工紙産區，許多村周邊都是茂密的毛竹林，原料可以説隨處可得，但每年伐竹季許多紙坊都無法收購足量的竹料。這是由于村裏的輕壯勞動力大多流入城市務工，僅有一些留守老人願意上山備料，勞動力的缺乏以及備料過程的複雜性推動原料價格不斷上漲。

另一方面，傳統手工紙的製作過程以人工操作爲主。因機械化手段在成品質量和使用效果上無法與手工相媲美，爲了保證手工紙的質量優勢，一些傳統紙坊仍然使用較爲繁複的製作方式，精工細作。備料、漚料、蒸煮、漂白、洗滌、打漿、抄紙、牽曬……每一道工序都需要耗費大量人工。以傳統宣紙的製作過程爲例，僅蒸煮和日曬漂白的過程就要重複三次。蒸曬往復上山下山，全部由人工完成，前後歷時一年有餘。此外，手工紙的抄紙、牽曬過程還因工作環境惡劣而著名，甚有"水深火熱"之稱。隨着近年來人工成本的大幅度提升，這類勞動密集型的傳統手工紙的價格也快速上漲。

伴隨我國人口紅利的消失，人力成本的增長自然會引發手工紙價格繼續上漲，而處在手工紙金字塔頂端的古籍修復用紙將更爲明顯。修復用紙對于原料和造紙過程有着較爲嚴苛的要求，需采用傳統原料，并盡可能依照傳統手工方法精工細作，這無疑提高了生產環節的人力成本。國家古籍保護中心辦公室在 2010 年集中采購的某款修復用紙，當時每刀價格不足千元，而今公開的售價早已翻了四五倍，并且還常常缺貨。

五、建設古籍修復用紙庫便于科學化采購、管理和選配紙樣

隨着各收藏單位古籍保護和修復工作深入開展，尤其是對于修復用紙科學化選配的要求日益提高，過去以舊紙爲主比較粗放的收集和選配方式逐漸無法適應當前的工作需求。特別是當前新紙成爲修復用紙主流，紙張的初始特性與古籍紙張存在區別。如何科學化選購合適的紙張品類，安全管理庫存紙張，有效分類并標識其關鍵信息，盡可能方便選配合適的修復用紙，這些關鍵環節逐漸成爲各修復機構日常工作中亟待解決的問題。

在采購環節，古籍修復用紙一般需要預先購買并進行適當的陳放。這就要求在選購時根據收藏古籍的紙張類型、日常修復中不同紙張的消耗量等信息，合理制定修復用紙的采購計劃。同時，考慮到手工紙市場環境魚龍混雜，古籍修復用紙對紙張質量有非常高的要求，采購前需要紙張的關鍵指標進行檢測分析，以保證紙張質量符合古籍保護修復的相關標準[⑩]。

當修復用紙的儲備達到一定數量時，紙張的存藏管理也成爲日常工作需要考慮的問題。大量的紙張存放不僅要考慮紙架設計，目録及標簽的製作，方便收納以及隨時取用[⑪]。同時還要注意保存環境對紙張的影響，盡可能避免潮濕天氣、紫外綫以及蟲霉

對紙張的危害。從某種意義上講，修復用紙的存儲管理與紙質文獻的保存收藏有相似之處，應盡可能開闢專門空間進行科學管理。

在選配修復用紙環節，主要解決的問題是如何從已有紙樣中選出符合質量要求，又能跟古籍書葉相適配的紙張。過去有經驗的修復師會根據紙張色澤及手感來選擇適宜的紙張，主觀性比較強。隨着保護修復工作科學化要求的提出，從大量的紙樣中選出最合適的修復用紙，亦需要有科學的標準和規範的方法。這便要求古籍修復用紙庫不僅僅是實物的儲藏，更需要紙張關鍵指標的標識與管理。包括紙張種類、規格、產地、原材料、厚度、酸鹼度等關鍵信息及理化指標，以便于修復師在選紙時能夠依據實際需求及相關標準，快速、科學地選擇適宜的修復用紙[12]。

六、國內修復機構建設古籍修復用紙庫概況

國內古籍修復機構中，浙江省圖書館較早籌建實體古籍修復用紙庫，目前已具備相當規模[13]。浙圖修復用紙庫又稱古籍修復材料中央庫，自 2009 年開始有計劃地收集和存儲修復用紙，到 2012 年紙庫正式成立。現有庫房六間，占地 100 多平米，收藏各類修復用紙 200 多種，共計 60 多萬張。其中有不少 20 世紀 80—90 年代的老紙，許多紙張品種現在已經失傳[14]。

爲持續支持修復用紙庫的建設，浙江省圖書館設有每年購買紙張的專項經費，用于搜集和采購各種傳統手工紙，同時還派專人到全國各地的手工紙坊調研，瞭解不同產區手工紙的生產過程，盡可能搜集具有代表性的傳統手工紙品類。在質量控制方面，浙江省圖書館有配備有纖維顯微分析儀、紙張白度儀、厚度儀、酸鹼度儀等設備，能夠對紙張的關鍵指標進行分析和檢測，排除不符合修復要求的紙張。

在建設修復用紙庫的過程中，浙江省圖書館還專門定制存放紙張所用的紙架，按照原料種類對所有紙張系統分類，設計簡潔明晰的紙張信息標識，便于選配修復用紙時能夠快速檢索對照。紙庫的日常管理參照紙張保護相關要求執行，雖然還無法像古籍一樣在恒溫恒濕的條件中保存，但也盡可能控制庫房的溫濕度和存藏環境，尤其是潮濕天氣時開啓空調控制濕度，避免因溫濕度過高引發蟲霉病害等問題。

浙江省圖書館建設古籍修復用紙儲備庫的先行嘗試，爲行業內其他古籍保護和修復單位的配紙和選紙工作提供了很好的示範。浙江圖書館以外，越來越多的古籍保護單位開始意識到儲備修復用紙的必要性。國家圖書館、天津圖書館等許多古籍收藏單位的修復部門也都有建設專門的庫房儲存修復用紙[15]。

七、小結

修復用紙是古籍文獻保護與修復最常用的原材料，規模化的古籍修復工作需要有充足的紙張儲備，并對紙張進行適度陳放以達到較爲理想的使用性能。在當前傳統手工紙市場日漸衰落，優質紙張品種不斷減少，紙張價格持續上漲的大環境下，應籌建

古籍修復用紙儲備庫，廣泛搜集和收藏更多具有代表性的優質傳統手工紙。未雨綢繆，爲未來的保護修復工作儲備更多可供挑選和使用的優質紙張，并延長紙張的陳放時間，滿足保護修復工作的使用需求。這樣既能爲古籍文獻的長久保護和永續傳承提供材料支撐，也能爲保存中華傳統手工造紙非遺技藝與文化提供有效途徑。

注釋：

① 張美芳：《歷史檔案及古籍修復用手工紙的選擇》，《檔案學通訊》2014 年第 2 期，75—80 頁；鄭冬青、張金萍等：《古代紙質文物修復用紙的研究》，《中國造紙》2013 年第 7 期，71—73 頁。

② 盛蘭：《古籍文獻修復用紙紙庫建設的困境及其對策》，《文化產業》2022 年第 1 期，70—72 頁。

③ 王珊、顧蘇寧、嚴文英等：《清代吳煦檔案紙張調查和修復用紙的思考》，《中國文物科學研究》2016 年第 1 期，72—79 頁。

④ 祝金夢：《檔案修復用紙選配存在的問題及對策研究》，《北京檔案》2020 年第 10 期，24—26 頁。

⑤ 張平、田周玲：《古籍修復用紙談》，《文物保護與考古科學》2012 年第 2 期，106—112 頁。

⑥ 易曉輝、閆智培、龍坤、田婷婷：《濕熱加速老化法降低古籍修復用紙伸縮性的研究》，《文物保護與考古科學》2020 年第 5 期，126—134 頁。

⑦ 徐文娟、陳元生：《書畫裝裱材料——宣紙形穩定性的研究》，《文物保護與考古科學》2005 年第 2 期，27—30 頁。

⑧ 陳剛：《檔案與古籍修復用竹紙的現狀與問題》，《檔案學研究》2012 年第 1 期，80—84 頁。

⑨ 汪帆：《被遺忘的"非遺"：中國傳統手工紙非遺項目存在的問題》，《造紙信息》2020 年第 7 期，32—35 頁。

⑩ 李愛紅：《關于古籍修復工作環境的建設》，《中州大學學報》2017 年第 1 期，98—100 頁。

⑪ 葉旭紅：《論古籍修復用紙及紙庫的建立》，《河南圖書館學刊》2013 年第 2 期，138—140 頁。

⑫ 閆琳：《古籍修復用紙性能評估體系的建立》，《圖書館雜志》2017 年第 10 期，47—50 頁。

⑬ 汪帆：《古籍修復用紙的紙庫建設芻議》，《蘭臺世界》2010 年第 6 期，57—58 頁。

⑭ 柏萍、閆靜書：《浙江圖書館古籍修復紙張實物庫建設及數字化管理》，《蘭臺世界》2015 年第 2 期，155—156 頁。

⑮ 萬群、高學湉：《談數字化背景下古籍保護紙張信息系統的構建》，《圖書館工作與研究》2016 年第 9 期，67—69 頁。

（作者單位：國家圖書館古籍館）

化纖紙中的熒光增白劑及遷移問題
——修復材料的安全性預警

田婷婷

内容提要： 化纖紙近年在古籍修復中使用較多，屬于一種新材料，在修補、清洗、脱酸、壓平等一些環節爲古籍修復工作提供了便利。但是，筆者清洗試驗時偶然發現在用的某批次 D-80 型號的化纖紙中含有熒光增白劑，而且熒光增白劑容易遷移到與它接觸的紙張上面，在紫外光綫下會産生藍紫色熒光。發現其在一定水分和密切接觸的情况下會發生遷移。雖然肉眼不可見，但其易遷移的特性存在一定的安全隱患。

關鍵詞： 化纖紙　熒光增白劑　遷移　古籍修復材料　安全

近年筆者在對舊紙上的黄斑進行清洗試驗時，偶然發現試驗的紙張上出現了藍紫色熒光現象。後經多方調查確認，其來源爲實驗時所襯墊的化纖紙[①]，試驗過程中化纖紙上的熒光增白劑發生了遷移，從而導致實驗紙張被化纖紙上的熒光增白劑污染而産生熒光現象。化纖紙是古籍修復行業近些年使用較多的一種新型修復輔助材料，在修補、清洗、壓平等諸多環節有所應用，爲修復工作提供了較大助力，國家古籍保護中心曾爲各大修復中心配發過此類材料。是否化纖紙都含有熒光增白劑，而熒光增白劑在什麽條件下會發生遷移，有什麽危害，如何處理等等？筆者對化纖紙中的熒光增白劑開展了調查和試驗研究。

一、含熒光增白劑的化纖紙探源

筆者發現的含有熒光增白劑的化纖紙包裝如圖 1 所示。"MBSテック"是這種化纖紙的日語名稱，D-80 是型號。據查，這種名爲"MBSテック"的化纖紙是 1971 年三菱製紙開始發售的一種特殊紙張，具有耐水性，可縫製和用膠水加工，也可用于印刷。此紙 2020 年 11 月以後就不做了，以另外一種名爲"MBSテックA"的類似產品替代[②]。

熒光增白劑是從一包新啓用的 D-80 型號化纖紙中檢測出，但同型號另一包化纖紙中并未檢出，説明并不是所有此型號的化纖紙都含有熒光增白劑，衹是某批次出現。

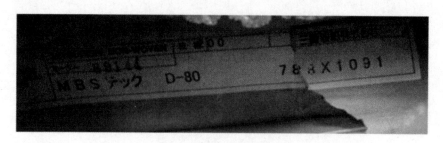

圖1　含有熒光增白劑的化纖紙外包裝信息

二、熒光增白劑在紙張中的使用、檢測

熒光增白劑與自然界的熒光物質不同，本質是一種熒光化學染料，或稱白色染料，具有亮白增艷的作用，廣泛用于造紙、紡織、洗滌劑等多個行業。造紙中使用熒光增白劑的作用在于提高紙張白度，是通過光學增白抵消紙張中纖維、膠料、填料等助劑的黃色外觀，提高其白度。是繼化學漂白之後提高紙張白度的重要手段，多應用于白度要求高的紙張的增白處理，如我們日常打印複印所使用的紙張。熒光增白劑種類比較多，據相關研究，雙三嗪氨基二苯乙烯類熒光增白劑的產量占各類熒光增白劑的80%以上，造紙工業主要使用該類熒光增白劑[③]。雖然現代造紙工業中廣泛使用熒光增白劑，但傳統手工紙對紙張白度沒有那麼高的要求，通常造紙過程使用日光漂白和化學漂白，一般不含有熒光增白劑。

造紙工業使用較多的雙三嗪氨基二苯乙烯類熒光增白劑，其吸收紫外光綫會發出藍色或藍紫色熒光。熒光增白劑檢測有多種方法，《熒光增白劑檢測方法研究進展》一文綜述了白度法、紫外燈照射觀測法、紫外分光光度法、高效液相色譜法和液相色譜－串聯質譜法及其利弊[④]。據此文介紹，紫外燈照射觀測法是目前檢測熒光增白劑的最常用方法，其原理主要是基于熒光增白劑不僅能反射可見光，而且還可以吸收不可見的紫外光，在吸收紫外光的能量後可發射出一定强度的可見藍紫色熒光，通過肉眼觀測樣品表面的熒光現象而進行辨別[⑤]。此檢測，要在拍照暗室或避光條件下進行，首先采用紫外燈照射待測樣品，然後觀察樣品表面是否有可見藍紫色熒光，可采用數碼相機記錄紫外光下的樣品照片。此種方法操作簡單快捷，對檢測設備及技術要求低。雖說衹可定性檢測而不能定量，但在修復實踐中，定性檢測材料中是否含有熒光增白劑足以。紫外燈照射觀測法符合修復中簡單定性檢測的需求。

在沒有紫外燈的情況下，我們以同樣能發出紫外光的紫外手電筒替代。我們使用的複印紙一般都含有熒光增白劑，以此爲參照物，再准備兩種化纖紙進行對照檢測，如下圖2所示，化纖紙D-80（左下）、參照用A4打印紙（右下）、化纖紙60#（上）。左圖是自然燈光下三種紙張，右圖是三種紙張在紫外手電筒照射下的不同熒光現象，可見左側的D-80型化纖紙與右側的打印紙具有同樣藍紫色熒光，説明其含有熒光增白劑，而上方的60#化纖紙沒有熒光現象，説明其不含熒光增白劑。

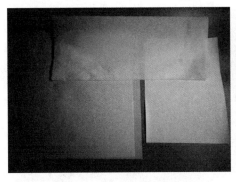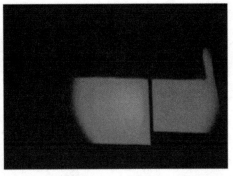

圖2　三種紙張自然光綫下與紫外光綫下對比

三、化纖紙在修復中的使用與熒光增白劑遷移

近些年在古籍修復中，化纖紙的應用逐漸變多，其用途主要在書葉修補與加固、書葉壓平、書葉清洗、脫酸與排平等環節進行襯墊保護，因此會常與待修文獻緊密接觸。古籍修復所使用的化纖紙中如含有熒光增白劑，其危害主要在于熒光增白劑的牢度與遷移性。根據古籍修復中化纖紙的主要用途及典型使用場景我們設計了如下試驗，確定化纖紙中熒光增白劑牢度及其遷移條件，爲古籍修復過程中化纖紙的選用和處置提供參考。

（一）書葉修補、加固時襯墊化纖紙與熒光增白劑的遷移

古籍修復過程中的修補環節，一般會使用化纖紙結合透光補書板替代傳統貼紙的補書板，襯墊在書葉下方能有效避免修補、加固時書葉與補書板及化纖紙粘連。

試驗中，我們在充當書葉的竹紙邊緣撕去一塊模仿破損，下墊含有熒光增白劑的化纖紙，在破損邊緣用毛筆塗稀漿，補紙後同時按壓搭接口，使其粘貼牢固，然後用紫外手電筒檢測熒光增白劑的遷移情況。根據修補上漿的不同，分爲書葉上漿和補紙上漿兩種略微不同的方式。如圖3a、3b所示，兩種上漿方式襯墊化纖紙都有熒光增白劑的遷移，遷移處在紫外光下都呈現藍紫色，而熒光增白劑集中在修補處，基本爲塗抹稀漿糊的部位。而如果補紙襯墊別的紙張上漿，修補後按壓時在化纖紙上，則沒有明顯的熒光增白劑遷移（圖3c）。究其原因，襯墊化纖紙上漿，塗抹漿糊部位充分潤濕緊貼化纖紙，因而發生了熒光增白劑的遷移。

書葉加固與修補情況類似，衹是加固主要針對書葉脆弱部位，上漿面積與量會更大，如果襯墊含有熒光增白劑的化纖紙，熒光增白劑必然會在加固部位隨着稀漿量發生相應的遷移，此不贅述。

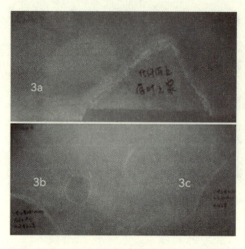

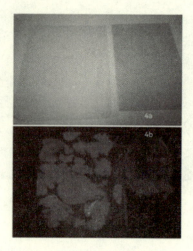

圖 3　襯墊化纖紙修補的熒光增白劑遷移　　圖 4　襯墊化纖紙清洗的熒光增白劑遷移

（二）書葉清洗、脱酸時襯墊化纖紙與熒光增白劑的遷移

書葉清洗、脱酸時，需要大量使用水。手工紙的書葉在濕潤的情況下強度比較低，修復操作過程中爲保護書葉，常在書葉下方或上下襯墊強度比較高的化纖紙。化纖紙具有透水且濕度高、不易變形的特性，有利于在清洗、脱酸過程中保護書葉。

試驗模擬局部清洗書葉時的操作，在兩種不同厚度的竹紙上用毛筆點上水點，潤濕不同大小面積，紙張濕潤後與化纖紙緊貼在一起。圖 4a 是自然光下兩種紙的潤濕情況，圖 4b 是紫外光下的熒光增白劑遷移情況，可見凡是紙張潤濕的地方熒光增白劑明顯沾染在竹紙上。兩圖對照，可發現即使没有緊貼化纖紙，紙張潤濕擴散的部位仍有熒光增白劑，説明隨着水分的擴散，紙張上沾染的熒光增白劑也會隨之遷移擴散。

書葉水相脱酸與清洗類似，整體或局部操作一般會襯墊化纖紙保護書葉，因而熒光增白劑的遷移情況也類似。根據水量多少、接觸面積大小，熒光增白劑遷移程度會有所不同。

（三）壓平環節襯墊化纖紙與熒光增白劑的遷移

書葉修補加固後，通常需要噴水壓平。直接用吸水紙壓平容易與其局部産生粘連，因此爲了在壓平過程中保護書葉的安全，需要在書葉上下襯墊化纖紙進行隔離。化纖紙因材質與植物纖維的手工紙完全不同，二者不易粘連，且化纖紙不易變形，有透氣性，而不會阻礙書葉壓平過程中的乾燥進程，是非常理想的隔離保護材料。

試驗模擬書葉壓平過程操作，分爲兩種情況：一是將紙張放在化纖紙上進行噴水，一是將紙張拿在手中，噴水後放在同一張化纖紙上。然後蓋上一張乾燥的化纖紙，墊上吸水紙，用壓書板與石頭壓平後，檢測熒光增白劑遷移情況。如圖 5 兩張紙在不同區域有不同程度的熒光現象。圖 5a 熒光明顯的是噴水量較多的地方，邊緣是噴水後紙張吸附化纖紙上多餘水分的地方。圖 5b 熒光區域是紙張二次噴水量多的區域，以及紙張接觸并吸收化纖紙上次噴水時産生的水分區域，呈條紋狀。如果在紙張上噴水量不多，放在乾燥的化纖紙上，紙張上的熒光遷移現象就不會明顯，由此可見，化纖紙接觸的水量與熒光增白劑的遷移量成正比。

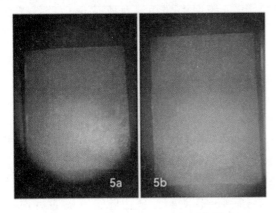 

圖 5　噴水壓平時熒光增白劑的遷移　　　　圖 6　墊化纖紙排平時熒光增白劑的遷移

（四）墊化纖紙排平時熒光增白劑的遷移

　　書衣重新揭托或書葉整體及局部加固後，對于托紙及加固部位一般要用棕刷排平，使其黏貼牢固。由于化纖紙强度高而耐摩擦，排平過程中我們有時也會在書葉或書衣上方襯墊化纖紙，以防止棕刷將書衣或書葉背面摩擦起毛，以有效保護書衣及書葉的平整與安全。

　　試驗中，在一張竹紙上噴水，使其完全潤潮平展，然後墊化纖紙用棕刷排平，排平部位有輕微的熒光增白劑遷移（圖 6a）。然後在另一張紙上增加局部噴水量，盡量模擬整體托裱或加固後的書葉濕度，再墊化纖紙排平，紙上出現明顯的熒光增白劑遷移現象（圖 6b）。可見一定量的水分結合施壓後密切接觸，熒光增白劑隨即發生遷移。水量越多，熒光增白劑遷移越多。

　　通過以上的試驗，可知含熒光增白劑的化纖紙中的熒光增白劑是水溶的，具有很强的遷移性。其遷移條件是接觸水，有適量水分化纖紙中的熒光增白劑便會溶出，隨水遷移到與其密切接觸的紙張上，爲原本沒有熒光增白劑的手工紙帶入熒光增白劑。水量愈多，熒光增白劑遷移量愈多。由于修復中的修補與加固、清洗與脫酸、噴水壓平及襯墊排平等環節都有水的介入，且化纖紙會與局部或整體濕潤的書葉充分接觸，熒光增白劑發生遷移是必然的。

四、熒光增白劑的危害及相關禁用標準

　　熒光增白劑作爲一種增白染料，是現代工業的産物，廣泛應用于紡織、造紙等多個行業。近年來，熒光增白劑的危害也逐漸引起重視，不過對于其危害的探討主要集中在人體健康方面。《造紙使用熒光增白劑的危害》一文提出熒光增白劑是具有一定毒

性的物質，違規添加會對人們的身體健康造成不良影響⑥。《熒光增白劑的毒性分析》一文對熒光增白劑在造紙工業中的應用進行了毒性分析，并呼籲各學科、各行業產、學、研能够聯合攻關，纔能控制其危害⑦。基于熒光增白劑的潛在危害，食品包裝紙、《手洗餐具用洗滌劑》（GB/T 9985 – 2000）現行標準中禁止添加熒光增白劑；《紙巾紙》（GB/T 20808 – 2011）、《衛生紙（含衛生紙原紙）》（GB/T20810 – 2018）標準則要求不含有可遷移熒光增白劑⑧。

　　傳統手工紙及以傳統手工紙爲材質的古籍或文物本身并不含有熒光增白劑，因而紙質文物理論上也不應該出現熒光增白劑，尤其是可遷移的熒光增白劑。一般在對傳統手工紙等修復材料進行檢測的時候，都會有熒光增白劑的檢測一項。在《中國古籍修復紙譜》一書中，每種紙張也有熒光檢測一項，且熒光數據都爲0，也説明修復用紙中不能含有熒光劑。《古籍函套技術要求》（GB/T 35662 – 2017）中明確提出製作古籍函套的“紙和紙板中不應含有熒光增白劑”⑨。筆者向標準主要起草人龍堃咨詢原因，他也提到熒光增白劑易遷移，且難去除。易遷移已有明證，難去除這一點筆者也深有體會。筆者曾進行水洗化纖紙，發現即使清洗多遍，化纖紙中的熒光增白劑仍舊存在。對于熒光增白劑的消除，有文章提出二氧化氯能消除廢紙漿中的熒光增白劑，同時也指出二氧化氯的氧化能力強，能選擇性去除木質素，對纖維素和半纖維素破壞較少⑩。但是紙張的主要成分就是纖維素、半纖維素，也含有部分木質素，二氧化氯在消除熒光增白劑的同時也會對紙張有所破壞。所以最好的辦法是避免接觸熒光增白劑及含有此類物質的材料。

五、熒光增白劑問題的處理建議

　　化纖紙中的熒光增白劑雖然肉眼不可見，但容易遷移，對接觸的古籍文獻等造成熒光污染，存在潜在的危害，必須予以重視。慎重起見，這類含有熒光增白劑的化纖紙及其他紙張應該禁止在古籍修復中使用，以免對古籍的安全帶來隱患。

　　筆者建議規範材料的安全采進與管理，加强材料采進入庫前的安全檢測與檢查，保障庫存材料的安全；加强相關的基礎研究，使修復材料、手段的安全使用有據可依，推進經驗修復嚮科學修復的轉化，切實保障修復安全；對于新材料的使用一定慎重，要建立在充分調研與驗證的基礎之上，從而避免不安全因素的發生，爲古籍修復安全提供切實保障。

注釋：
① 化纖紙有時也稱不織布、無紡布，似布一樣結實，但没有布的紡織紋，抄造方式類似紙，但材質不同于常用紙張的天然植物纖維，化纖紙的纖維爲人工合成，非天然，因而我們習慣稱其爲化纖紙。
② MBSテック：《紙辭典》，http://www.yayoi—paper.co.jp/special_detail.php? id = 52（2022.10.9 檢索）。
③ 張紅杰、胡惠仁等：《造紙用熒光增白劑的結構特點及其影響因素》，《天津造紙》2007 年第 3 期，

12 頁。

④ 莊新文、周妮：《熒光增白劑檢測方法研究進展》，《環境與發展》2017 年第 9 期，12—14 頁。

⑤ 同上，13 頁。

⑥ 劉軍鈦：《造紙使用熒光增白劑的危害》，《中華紙業》2011 年第 14 期，56 頁。

⑦ 郭惠萍、張美雲等：《熒光增白劑的毒性分析》，《湖南造紙》2007 第 4 期，43 頁。

⑧《食品包裝用原紙衛生管理辦法》第四條第一項規定：食品包裝用原紙不得采用社會回收廢紙作爲原料，禁止添加熒光增白劑等有害助劑。參《食品包裝用原紙衛生管理辦法》，《中國包裝工業》2007 年第 7 期，40 頁。《手洗餐具用洗滌劑》《紙巾紙》《衛生紙（含衛生紙原紙）》標準相關內容，可檢索 https://openstd.samr.gov.cn/bzgk/gb/。

⑨《古籍函套技術要求》GB/T 35662－2017，可檢索 https://openstd.samr.gov.cn/bzgk/gb/。

⑩ 李甲、李平煌：《二氧化氯製備及漂白工藝探討》，《2005 年涂布加工紙技術及造紙化學品應用國際技術交流會論文集》，2005 年，128—129 頁。

（作者單位：國家圖書館古籍館）